생태유아교육개론

임 재 택 지음

양서원

이 책은 생태유아교육의 학문적 체계를 정립하고자 시도한 최초의 생태유아교육 개론서이다. 생태유아교육에 관한 실천 프로그램의 개발과 적용은 우리가 처음 시도했고, 생태유아교육이라는 용어도 우리가 처음 사용했으며, 생태유아교육의 학문적 체계를 정립하기 위한 석·박사과정의 강좌 개설과 학위논문 발표를 비롯한 이론적 연구도 우리가 처음 추진하였다. 또한 생태유아교육 실험은 그동안 1995년 3월 개원한 부산대학교 부설 어린이집에서 진행되어 왔다. 이런 점에서 생태유아교육은 한국의 자생적 유아교육이다.

또한 이 책은 생태유아교육 씨앗이 뿌려진 지 10년만에 얻은 아직 영글지 않은 작은 열매에 불과하다. 하지만 세월이 가면서 음양오행의 기운으로 열매가 영글어지듯이 생태유아교육에 관한 연구와 실천이 계속되면서 생태유아교육의 학문적 체계도 탄탄해져 갈 것이다. 특히, 2002년에 창립된 한국생태유아교육학회와 전국 각지의 생태유아공동체는 이론적·실천적 측면에서 생태유아교육의 학문적 체계를 다져가는 데 많은 기여를 할 것으로 생각된다.

생태유아교육은 이제 막 탄생한 학문 분야이다. 생태유아교육의 학문적 진보는 지난 5천 년간 우리 조상들의 아이 키운 지혜와 그 실천 방식에 대한 이론적 탐구와 실천적 적용에 얼마나 많은 노력을 기울이느냐에 달려 있다. 또한 생태유아교육은 서양의 첨단 학문에 밀려 미개한 것으로 여겨졌던 세계 각지 모든 민족들의 전통적인 자녀양육 방식과 그들의 오래된 미래에서 아이살림, 생명살림의 지혜를 찾는 이론적 연구와 실천적 적용을 통해 학문적 체계를 갖추어 가게 될 것이다.

생태유아교육에 대한 사회적 관심은 날이 갈수록 높아지고 있다. 자연생태계와 인간의 생존 위기에 직면한 산업문명의 끝자락에서 어린 아이들의 병든 몸과 마음을 치유하는 유일한 길은 생태유아교육이기 때문이다. 이제 아이살림·생명살림을 위한 새로운 패러다임의 생태유아교육은 피할 수 없는 시대사회적 요청이다. 생태유아교육에 대한 관심이 늘어나면서 관련 자료를 찾는 이들도 꾸준히 늘어나고 있다. 어린 아이들의 부모들은 물론 유아교육 현장의 원장과 교사들도 꾸준히 관련 자료를 요청하고 있다. 특히, 최근 들어 생태유아교육 강좌를 개설하는 대학과 대학원의 유아교육학과들이 늘어나면서 교재의 필요성이 절실한 상황에서 이 책의 출판을 서두르지 않을 수 없었다. 이러한 분위기에 떠밀려 아직 미흡하기 짝이 없지만 이 책을 내놓고 많은 사람들의 비판과 지도를 받아 고쳐 나갈 생각이다.

필자는 이 책을 구상하면서 여러 가지 고심을 했다. 특히, 생태유아교육 개론서의 체제를 어떻게 할 것인가에 대한 고심이었다. 결국 독자들의 이해와 친밀성을 고려하여 기존 유아교육 개론서의 체제와 비슷하게 구성하기로 했다. 그리하여 이 책은 모두 10장으로 구성되어 있다.

제1장은 '생태유아교육의 성격'으로 생태유아교육의 개념, 본질, 기본 체계, 이념 및 방향, 그리고 특성에 관해 살펴보았다. 제2장 '생태유아교육의 배경'에서는 생태유아교육의 시대·사회적 배경, 사상적·철학적 배경, 심리학적·신과학적 배경, 국내·외 생태담론과 생태유아교육의 흐름 및 학문의 생태론적 접근 동향을 다루고 있다.

그리고 제3장 '생태유아교육의 기본관점'에서는 생태유아교육의 세계관, 아동관, 발달관 및 교육관에 대해 살펴보고 있으며, 제4장 '생태유아교육과 생명의 의식농(醫食農)'에서는 아이들의 질병, 건강, 영양, 먹을거리, 식생활 등과 관련하여 생명의학, 생태영양학 및 생태농업으로의 전환의 필요성을 제시하고 있다. 또한 제5장 '생태유아교육과정'에서는 생태유아교육과정의 성격, 교육이념 및 교육목표, 교육내용 및 활동, 교육방법 및 평가 등에 대해 살펴보고, 제6장 '생태유아교육 프로그램 운영'에서는 생태유아교육 프로그램의 개요, 계획 및 운영에 대해 살펴본다.

그리고 제7장 '생태유아교육과 생활공간'에서는 생활공간의 개념, 생태건축, 생태적 실내·외 공간의 구성 및 활용, 생태적 비품 및 교재·교구의 성격 등에 대해 살펴보고, 제8장 '생태유아교육과 교사'에서는 생태유아교사의 자질, 역할과 태도, 성장과 교육 등을 살펴보고, 제9장 '생태유아교육과 부모'에서는 현대 부모와 가정교육의 위기, 생태적 부모의 자질과 역할, 생태유아교육기관의 부모교육 등을 살펴보았으며, 제10장 '생태유아교육의 과제와 전망'에서는 생태유아교육의 현황과 문제, 과제와 전망에 대해 살펴보았다.

결국 이 책은 생태유아교육의 이론체계를 대충 얽어매어 놓은 상태이다. 앞으로 깊이 있는 연구를 통해 더욱 정교하게 발전시켜 나가야 할 것이다. 이 책은 생태유아교육에 관심이 있는 유아교육 관계자들은 물론 학부모들과 일반인에게 도움이 되었으면 하는 바람이다. 유아교육을 공부하는 학부, 대학원 학생들에게도 유익한 읽을거리가 되기를 바란다. 특히 그동안 생태유아교육은 산책 가고, 텃밭 가꾸고, 세시풍속 행사하고, 유기농 먹이는 것 정도로만 인식하고 있던 교수, 연구자, 원장, 교사 등 유아교육 관계자들의 경우 생태유아교육의 이해와 관심을 높이는 계기가 되었으면 하는 바람이다. 생태유아교육의 폭과 깊이를 실감하는 계기가 되었으면 한다.

이 책이 나오기까지 많은 사람들의 노력이 있었다. 지난 10년간 생태유아교육에 관심을 가지고 함께 공부하고 연구해 온 석·박사과정의 제자들과 현장에서 생태유아교육 프로그램을 개발하고 실천한 동료 교사들에게 깊이 감사하며, 특히 부산대 부설 어린이집에서 신명나게 자라준 우리 아이들에게 머리 숙여 감사한다. 이 책의 집필 및 편집과정에서 여러 가지 의견과 정보를 제공해 준 김은주 박사, 하정연 박사, 권미량 박사, 조채영 교수, 서영희 선생, 한미라 선생에게 감사의 뜻을 전하며, 관련 자료의 수집과 원고의 정리에 수고를 아끼지 않은 최은주 선생과 박지인 선생에게도 감사의 뜻을 전하고자 한다. 특별히 지리산 자락의 산청(山淸) 산골에서 자연의 순리대로 저를 잉태하여 낳고 기르고 사람의 도리를 다하며 살라고 가르치면서 생태유아교육의 지혜를 일러주신 올해 여든넷 되신 어머님과 10년 전에 승천하신 아버님 영전에 삼가 이 책을 바칩니다. 이 책의 발간에 도움을 주신 양서원 사장님을 비롯한 직원 여러분들에게 특별히 감사를 드린다.

끝으로 이 책이 아이살림·생명살림의 생태유아교육의 학문적 체계를 다져가는 기초가 되고, 산업문명사회의 아이들에게 잃어버린 자연과 놀이와 아이다움을 되찾아 주는 데 도움이 되기를 바라며, 독자 여러분들의 끝없는 애정과 기탄없는 비판을 부탁드린다.

2005년 8월 23일
경주 황룡골 우거에서
임 재 택 모심

2판을 내면서

『생태유아교육개론』 초판이 발행된 지 거의 2년이 되어 간다. 이 책에 대한 독자들의 반응은 대체로 긍정적인 것으로 보인다. 이 책은 생태유아교육의 학문적 체계 내지 이론적 토대 구축은 물론 생태유아교육의 이론과 실제의 연결고리를 찾는 데 기여한 바 있다. 특히, 이 책은 생태유아교육 관련 이론의 실제화와 우리 삶 속에서 실천하고 있는 생태유아교육 실제의 이론화를 위한 지난 10여 년 간의 노력의 결과물이라고 할 수 있다.

그 동안 유아교육 현장의 상당수 원장이나 유아교사들의 경우 이미 개발 보급된 여러 가지 생태유아교육 프로그램을 실천하면서도 내심 제대로 잘하고 있는지에 대한 의구심을 지니고 있었던 것이 사실이다. 이 책은 이런 분들에게 생태유아교육에 대한 체계적 이해와 학문적 믿음을 주고, 아이들과 함께 하는 생태유아교육의 실천에 대한 자신감과 자부심을 갖게 하는 데 일조를 하고 있는 것으로 보인다. 그리고 이 책은 생태유아교육에 관한 학문적 연구를 하는 석·박사 과정의 학생들을 비롯한 많은 연구자들에게 생태유아교육의 기본체계를 제공할 뿐 아니라 생태유아교육 관련 연구의 지침서 내지 안내서 역할을 하고 있다고 할 수 있다.

또한 이 책은 지난 10여 년 간의 생태유아교육 현장 실천을 바탕으로 생태유아교육이라는 하나의 생명수(生命樹)를 어머니 대지에 심어둔 정도에 비유된다. 생태유아교육의 기본 체계도로서의 생명수는 생태유아교육이라는 하나의 생명체가 탄생하여 천지만물의 지극한 기운으로 점차 커다란 나무로 자라가는 과정을 상징적으로 나타낸 것이다. 이제부터 이 생명수를 정성과 공경과 사랑으로 잘 가꾸어 거목으로 키워내야 한다.

이번 2판인 전정판을 내게 된 것은 이 생명수를 심어놓고 지난 2년간 가꾸다 보니 오자와 탈자는 물론 다소 수정하고 보완해야 할 부분이 발견되었기 때문이다. 특히, 전체 10개 장 중에서 제1장, 제2장, 제3장, 제9장, 제10장의 내용을 부분적으로 고치게 된 것이다. 그 중에서도 제2장과 제3장과 제9장은 내용체계도 다소 수정, 보완하였다. 그러다보니 461쪽 분량의 초판이 전정판에서는 491쪽으로 30쪽 정도가 늘어나 다소 방대한 느낌을 주게 되었다.

아무튼 생태유아교육은 한국의 자생적 유아교육인 동시에 보편적 세계 유아교육임에 틀림없다. 또한 생태유아교육은 자연의 순리와 조상들의 지혜가 담겨 있는 오래된 미래의 유아교육이다. 이 책은 그런 생태유아교육의 개론서이다. 앞으로 많은 사람들이 생태유아교육을 잘 가꾸어서 보다 세련되고 체계화된 이론과 실제를 정립하는 데 함께 할 것이다. 이 책은 그 노력의 산물을 담아 세상 사람들에게 전하는 일을 계속하게 될 것이다. 그 일이 지속적으로 이루어지다보면 우리 아이들의 몸과 마음과 영혼이 되살아나고 천지만물의 생명이 되살아나는 그런 세상이 올 것이라 확신한다. 이번 전정판의 발행은 그 시작에 불과하다. 생태유아교육에 관심을 가진 많은 분들의 정성어린 성원과 비판적 조언을 기대한다.

2007년 5월

부산 장전동 우거에서

임 재 택 모심

3판을 내면서

이번 3판은 2판인 전정판이 나온 지 채 1년이 안 된 시점에서 발행되었다. 초판과 2판은 10개 장으로 구성되어 있다.

그러나 3판은 「잉태 · 태교 · 출산 · 육아」 영역을 한 장으로 추가하여 모두 11개 장으로 구성하였다. 요컨대, 3판은 「잉태 · 태교 · 출산 · 육아」 영역을 2판의 제3장 다음에 「제4장 잉태 · 태교 · 출산 · 육아」를 끼워 넣음으로써 2판의 제4장 이후부터는 1개 장씩 순차적으로 밀려서 전체 11개 장으로 구성하게 되었다.

이번 3판은 「제4장 잉태 · 태교 · 출산 · 육아」 영역을 추가함으로써 생태유아교육이라는 학문적 체계를 정립하는 바탕을 마련한 것으로 볼 수 있다. 다시 말해서 「잉태 · 태교 · 출산 · 육아」 영역을 생태유아교육이라는 학문적 체계 속에 자리매김함으로써 그 동안 현대 유아교육이 구조적으로 안고 있는 이론과 실제, 학문과 생활, 연구와 실천 등에서의 괴리와 모순을 해소하는 데 기여할 것으로 기대된다.

유아교육이란 아이 잘 키우는 일이다. 생태유아교육 역시 자연의 순리와 조상의 지혜대로 아이를 잘 키우려는 노력이다. 이러한 측면에서 보면 잉태 · 태교 · 출산 · 육아는 유아교육의 기초이고 뿌리이다. 유아교육의 근본을 이해하고 올바른 방향을 정립하기 위해서는 잉태 · 태교 · 출산 · 육아의 본질적 의미와 실천적 지혜를 제대로 알고 있어야 한다는 것은 상식이다.

그러나 지금까지 현대 유아교육에서는 이처럼 중요한 잉태, 태교, 출산 및 육아의 영역을 무시하거나 외면해온 것이 사실이다. 그러다보니 유아교육 · 보육을 전공하여 유아교사 자격증을 취득한 소위 전문가라는 사람들의 대부분이 잉태 · 태교 · 출산 · 육아에 대해 잘 모르고 있다. 또한 유아교육 · 보육 전공 석 · 박사 학위를 취득한 사람들도 잘 모르기는 마찬가지다. 우리 조상들의 육아지혜를 외면한 서양식 유아교육의 현주소다.

따라서 3판은 잉태 · 태교 · 출산 · 육아의 영역이라는 1개 장을 추가한 정도를 넘어 생태유아교육이라는 학문 체계를 정립하는 데 기여한 것으로 평가할 수 있다. 이번 3판 발행을 계기로 생태유아교육의 학문적 발전과 현장 실천의 확산을 기대해 본다. 생태유아교육에 관심을 가진 많은 분들의 정성어린 성원과 비판적 조언을 기대한다.

2008년 6월
부산 장전동 우거에서
임 재 택 모심

차례

제 8 장 생태유아교육과 생활공간 399

제 9 장 생태유아교육과 교사 443

제 1 장

생태유아교육의 성격

- 생태유아교육의 개념
- 생태유아교육의 본질
- 생태유아교육의 기본 체계
- 생태유아교육의 이념 및 방향
- 생태유아교육의 특성

지구의 일

해가 뜨고
달이 뜨고
꽃이 피고
새가 날고
잎이 피고
눈이 오고
바람 불고
살구가 노랗게 익어 가만히 두면
저절로 땅에 떨어져서 흙에 묻혀 썩고
그러면 거기 어린 살구나무가 또 태어나지
그 살구나무가 해와 바람과 물과 세상의 도움으로 자라서
또 살구가 열린단다
가만히 생각해보면 얼마나 신기하니?
또
작은 새들이 마른 풀잎을 물어다가 가랑잎 뒤에 작고 예쁜 집을 짓고
알을 낳아 놓았지
가만히 생각해보면 그것 또한 얼마나 기쁜 일이니
다 지구의 일이야
그런 것들 다 지구의 일이고
지구의 일이 우리들의 일이야

어떤 일이 있어도 사람이 지구의 일을 방해하면 안돼

김용택(1996). 지구의 일. 녹색평론, 제 30호, p.73.

이 장에서는 생태유아교육의 성격에 대해 논의하고자 한다. 이를 위해 생태유아교육의 개념, 본질, 기본 체계, 이념 및 방향, 그리고 특성으로 나누어 살펴보고자 한다.

1. 생태유아교육의 개념

1) 생태유아교육의 의미

생태유아교육(生態幼兒敎育)이란 무엇인가? 생태유아교육의 개념을 한 마디로 정의하는 것은 아직은 적절하지 않다. 왜냐하면 생태유아교육은 이제 막 하나의 개념으로 탄생하여 자라고 있는 어린 생명체이기 때문이다. 이와 같은 생태유아교육이라는 어린 생명체의 본성(本性)과 본질(本質)을 충분히 탐구하기도 전에 그 개념을 미리 규정하는 것은 결코 올바른 접근이 아니라고 본다.

따라서 생태유아교육의 개념을 한 마디로 규정하거나 정의하기보다는 생태유아교육의 의미를 다각적으로 검토함으로써 그 본질에 접근하고자 한다. 여기서는 생태유아교육의 의미를 다음 몇 가지로 제시하고자 한다.

첫째, 생태유아교육은 생명사상 내지 생태론적 세계관에 바탕을 둔 생명론적 접근의 유아교육(幼兒敎育)이다. 생태유아교육은 생명학(life studies)과 생태학(ecology)을 비롯한 우리나라와 동·서양의 생명사상에 바탕을 둔 유아교육이다. 따라서 생태유아교육은 아동중심 유아교육을 포괄하면서 그것을 넘어서는 보다 높은 차원의 근원적인 생명중심 유아교육이다. 이러한 생태유아교육을 영어로 표기한다면, 생명론 내지 생태론과 유아교육의 만남이면서 생태론적 접근의 유아교육이라는 의미를 내포하는 'eco-early childhood education & care' 혹은 'eco-early childhood educare'라고 할 수 있다.

여기서 언급한 유아교육은 인간 생명의 시작인 잉태(孕胎)에서부터 초등학교 취학 전까지의 아이가 스스로 잘 자라고 더불어 잘 자라도록 돌보고 기르는 일(즉, 현대적 표현으로 하면, 잉태, 태교, 출산, 수유, 양육, 교육 등을 모두 포괄하는 의미)을 뜻한다. 즉, 생태유아교육에서 말하는 유아교육은 태아, 영아 및 유아의 보호와 교육을 의미하는 것으로 '영유아보육'의 개념을 포괄하고 있다. 한편 사회적 필요에 의해 초등학교 아이들도 유아교육기관의 방과후 프로그램에 참여하게 되는데, 이런 측면에서 초등학생들을 유아교육의 범주에 포함시키고 있지만 결코 주류는 아니다.

둘째, 생태유아교육은 새로운 패러다임(paradigm)의 유아교육이다. 생태유아교육은 최근 산업문명의 최대 피해자인 우리 아이들의 병든 몸과 마음과 영혼을 살리고, 나아가 성장과 개발, 자본과 경쟁의 논리가 지배하는 지금의 유아교육 현실을 개선하고자 하는 새로운 패러다임의 유아교육이다. 양(陽)이 극에 달하면 음(陰)을 위해 물러나는 것이 자연의 이치이다. 이처럼 자연의 이치를 무시하고 아이들을 '양계닭'처럼 키우고 있는 기존의 잘못된 유아교육은 물러나야 한다. 그리하여 우리 아이들을 '토종닭'처럼 돌보고 기르는 새로운 패러다임의 유아교육으로 전환해야 한다. 이제 생태유아교육은 유아교육의 대안이 아니라 주류가 되어야 하며, 선택적 고려사항이 아니라 필수적 실천사항이 되어야 한다.

셋째, 생태유아교육은 자연의 순리에 따르는 자연친화적 유아교육이다. 생태유아교육은 자연의 본성을 지닌 아이들을 자연의 순리대로 스스로 잘 자라도록 돌보고 기르는 일을 하는 것이다. 본래 아이는 부모의 자식, 사람의 아이인 동시에 자연의 아이이다. 따라서 생태유아교육은 아이를 사람의 아이이면서 자연의 아이로 기르는 것으로서 자연의 순리(順理)대로, 사람의 도리(道理)대로 아이를 기르는 것을 의미한다. 따라서 생태유아교육은 자연의 순리와 사람의 도리는 하나로 통한다는 천지인(天地人)의 조화사상 내지 천인합일사상(天人合一思想)에 바탕을 두고 있다.

넷째, 생태유아교육은 아이를 한울님으로 모시는 아이살림의 교육이다. 생태유아교육은 아이라는 생명을 한울님으로 모시고 살리는 아이모심과 아이살림의 교육이다. 여기서 아이는 자연의 본성을 지닌 뭇 생명체 중의 한 생명체이다. 아이는 자연의 모든 생명체들이 지니고 있는 자연의 본성인 생명을 지니고 있다. 이 같은 아이를 한울님이라고 하는 것은 동학(東學)을 창도한 수운 최제우(崔濟愚) 선생의 말씀이고, 소파 방정환 선생의 표현이며, 요즘 생명문화운동에서의 합의된 생각이다.

다섯째, 생태유아교육은 생명의 원리에 따라 아이라는 생명을 모시고 살리는 생명살림의 교육이다. 아이라는 생명체 속에는 본래부터 한 사람으로 스스로 자라날 수 있는 생명의 씨앗이 유전인자 형태로 내재되어 있다. 이는 나락 한 알 속에는 장차 지수화풍(地水火風)의 도움으로 뿌리를 내리고, 잎이 나고, 줄기가 자라고, 꽃이 피고, 열매를 맺고, 벼로서의 생명을 다하면, 다시 흙으로 돌아가는 벼의 일생의 유전정보가 내재되어 있다는 것과 같은 이치이다. 농부가 벼농사를 짓는 것은 볍씨 속에 들어 있는 벼의 생명이 그 생명의 힘(즉, 생명력, 生命力), 그 생명의 기운(즉, 생기, 生氣)을 제대로 잘 발휘할 수 있도록 돌보고 기르는 일이 바로 생태유아교육인 동시에 생명살림의 유아교육의 근본이다.

여섯째, 생태유아교육은 우리 조상들의 아이 기른 지혜에 바탕을 둔 오래된 미래의 유아교육이다. 우리 조상들은 지난 5천년 동안 한반도에 터를 잡고 자식들을 길러 세계적으로 드높일 만한 찬란한 민족문화를 꽃피웠다. 그러한 조상들의 자녀양육 지혜를 오늘의 현실에서 창조적으로 활용하려는 것이 생태유아교육의 관심이고 접근이다. 이런 측면에서 생태유아교육은 우리 민족의 문화이고, 우리 민족과 아이들의 삶이고 생활 그 자체이다.

2) 생태유아교육과 유아생태교육의 구분

생태유아교육은 유아생태교육과는 다르다. '생태'라는 단어가 앞에 있느냐 뒤에 있느냐는 그런 정도의 차이 이상이다. 생태유아교육은 생명사상 내지 생명의 세계관에 기초한 유아교육으로서 유아교육 자체를 생명의 세계관에서 접근하는 것이다. 생태유아교육은 세계관, 아동관, 발달관, 교육관 등이 생명의 세계관에 근거를 두고 있다. 또한 생태유아교육은 교육이념, 교육목적, 교육내용, 교육방법, 교사의 역할, 교육환경 등에 대한 접근 역시 생명의 세계관에 기초를 두고 있어 기존의 유아교육과는 근본적으로 다르다고 할 수 있다.

반면, 유아생태교육은 유아언어교육, 유아과학교육, 유아미술교육 등과 같이 유아교육의 하나의 영역이나 교과를 의미하는 것이다. 유아생태교육은 유아들에게 언어교육, 과학교육, 미술교육 등을 하듯이 생태교육을 하는 것을 의미한다. 이러한 성격의 유아생태교육은 유아환경교육이나 유아녹색교육과 유사한 교과교육의 의미를 지니고 있다. 물론 환경교육, 녹색교육, 생태교육의 개념에는 다소 차이가 있을 수 있지만 유아교육 분야의 한 영역이나 교과로 접근한다는 측면에서는 맥을 같이 하고 있다. 이처럼 교과교육으로서의 유아생태교육은 기존 유아교육의 터전인 기계론적 세계관 내지 인간중심적 세계관에서 접근할 수밖에 없다는 한계를 지니고 있다.

3) 관련 용어의 이해

(1) 생태 대 환경

생태(生態, eco)라는 용어는 환경문제와 관련하여 환경(環境, environment)이라는 용어와 같은 의미로 사용되는 경우가 많은데, 엄밀한 의미에서 두 용어는 그 근본 출발이 다르므로 구분되어야 한다. 생태라는 용어인 '에코(eco)'는 희랍어 '오이코스(oikos)'에서 왔는데, 집을 의미한다. 한편 환경은 일본인들이 영어의 environment를 번역한 용어로서 그 중심어인 'environ'은 '둘러싸고 있는'이란 뜻을 지니고 있다. 즉, 환경은 인간을 중심에 두고 그를 둘러싸고 있는 것을 의미한다.

또한, 생태는 사람과 자연을 하나로 보는 의미인데 비해 환경은 사람과 자연을 별개로 구분하는 의미를 지니고 있다. 그리고 생태는 자연지향적, 자연중심적, 생명주의적 사상에 바탕을 둔 의미의 용어인데 비해 환경은 인간지향적, 인간중심적, 물질주의적 사상에 바탕을 둔 의미의 용어로 사용되고 있다. 그리고 생태는 인간과 자연을 하나로 보는 일원론적 사상을 담고 있으나 환경은 인간과 자연을 분리해서 보는 이원론적 사상을 담고 있다.

기존 유아교육에서는 유아들이 주변 환경과의 상호작용을 통해 성장, 발달, 변화한다고 말한다. 여기서 말하는 환경은 유아들을 둘러싸고 있는 인적 환경과 물적 환경을 말하는 것이며, 이 환경은 유아들과는 별개로 분리된 사물이나 현상을 말한다. 유아들을 둘러싸고 있는 환경은 그 필요와 용도에 따라 세부적으로 나누고 쪼갤 수 있으며, 동일한 환경도 유아의 상황이나 필요에 따라 교육적 가치가 있을 수도 있고 없을 수도 있다. 또한 이런 환경은 유아를 중심에 두고 그 유아의 성장, 발달 및 변화에 도움이 되는 환경과 그렇지 못한 환경으로 구분된다. 즉, 이러한 환경은 유아의 성장, 발달 및 변화에 긍정적 영향을 미치느냐 부정적 영향을 미치느냐의 정도에 따라 그 환경의 가치(價値, value)가 매겨진다.

따라서 환경은 유아교육을 담당하는 전문가나 유아교사의 교육적 판단에 의해 그 사용가치나 효용가치가 결정된다. 결국 유아와 환경, 인간과 환경의 관계 설정에 있어서 철저하게 유아중심적이고 인간중심적 입장을 취하고 있다. 유아교육에서 유아를 둘러싸고 있는 주변 환경은 유아를 위해 존재하는 것이며, 유아들의 교육적 효용성에 의해 그 가치가 결정되며, 유아교육을 위해서는 얼마든지 주변 환경은 활용, 실험, 조작, 폐기 등 다양하게 이용해도 되는 소위 '교육적 도구'라고 할 수 있다.

따라서 생태유아교육에서는 생태와 환경을 엄격히 구분하는 것이 필요하다. 생태유아교육은 생태주의 내지 생명주의에 그 사상적·철학적 바탕을 두고 있다. 생태주의 내지 생명주의에서는 사람과 자연을 별개로 구분하지 않고, 사람과 자연을 하나로 본다. 자연을 대변하는 하늘, 혹은 하늘과 땅은 사람과 하나로 통하는 것으로 보는 동양적인 천인합일(天人合一) 내지 천지인(天地人) 사상이 이를 잘 보여주고 있다.

(2) 생명 대 목숨

우리는 생명(生命)과 목숨이라는 말을 자주 사용한다. 사람을 포함한 생물의 수명(壽命)을 표현하는 용어로 생명과 목숨을 같은 의미로 사용하는 것이 보통이다. 인간의 수명, 즉 인명(人命)은 하늘에 달려 있다(在天), 어떤 사람의 생명이 위독하다 혹은 어떤 사람의 목숨이 위태롭다 등의 표현이 그 예라고 할 수 있다.

그러나 엄격한 의미에서 생명과 목숨은 같은 말이 아니다. 생명(生命)이라는 말은 살아 있다는 뜻의 생(生)과 명령이나 질서, 영어의 order, 자연법, 목숨 등의 뜻을 지닌 명(命)의 합성어이다. 생명의 의미를 동양의 음양론에서는 다음과 같이 규정하고 있다.

> 생명(生命)이란 사람이 땅에서 태어났는데(生) 자기 명(命)을 하늘에 걸었다는 겁니다. 몸이라는 것은 땅이라는 음(陰)에서 만들어졌는데, 그 안에 명(命)이 있습니다. 명이라는 것은 하늘의 명령입니다. 그것을 하늘에다 매달았습니다. 천지(天地)가 합해져야지 사람의 생명이 태어난다고 보고 있습니다. 생명은 사실 천지의 기(氣)가 합해져서 생겨난 일시적인 산물입니다. 그러니까 기(氣)의 이합집산(離合集散)에 의해서 음적인 땅의 기와 양적인 하늘의 기가 합해져서 사람의 생명이 된다고 보고 있습니다(박석준, 2000, 55-68).

한편 목숨이라는 말은 사람을 비롯한 생물체의 모가지를 의미하는 목과 호흡, 즉 날숨과 들숨의 숨쉬기를 의미하는 숨의 합성어이다. 사람의 목숨은 목으로 숨을 쉬는 것, 호흡하는 것을 의미한다. 사람이 호흡을 하면 목숨이 있는 것이고, 호흡을 하지 않으면 목숨이 다한 것, 숨이 끊어진 것, 즉 죽음이다.

결국 생명과 목숨은 다른 의미를 지니고 있다. 생명은 영원히 지속될 살아 있는 자연의 질서를 가리키는 말이고, 목숨은 언젠가 스러질 구차스런 육신(肉身)을 가리키는 말이다. 따라서 생명을 돌보는 것과 목숨을 돌보는 것은 질적으로 다르다. 예수께서도 생명과 목숨을 분명히 구별하여 사용하고 계신다. 생명을 나타낼 때는 조에라는 단어를 쓰고, 목숨을 나타낼 때는 프쉬케란 단어를 쓴다. 전자는 예수께서 주시는 생명, 영적 생명을 가리키고, 후자는 순수한 육체적인 생명, 즉 목숨을 가리킨다(송봉모, 1999, 7-8). 이러한 관점에서 우리는 지금 생명을 돌보는 일을 하는지 아니면 목숨을 돌보는 일을 하는지 고민할 필요가 있다.

(3) 생명운동 대 환경운동

일상에서는 생명운동(生命運動)과 환경운동(環境運動)을 구분하지 않고 통용되는 경우가 많다. 사람들은 대체로 국내 주요 환경단체들이 하는 활동을 환경운동이라고 하고, 그 환경운동을 생명운동으로 바라보는 경향이 있다.

그러나 생명운동은 환경운동과 분명히 다른 의미를 지니고 있다. 환경운동은 환경을 오염시키는 오염원을 제거하거나 그것을 유발하는 정책이나 제도를 바꾸려는 대중적·집단적 운동의 성격을 지니고 있는 반면 생명운동은 생태환경 파괴의 현장이 치유되고 일부의 제도와 정책이 바뀐다고 해서 문제가 해결되는 것이 아니라 지구 생태계 파괴와 인류 생존의 위기를 초래한 근원인 산업문명을 새로운 문명으로 전환해야 한다는 일종의 문명전환운동의 성격을 지닌다. 생명운동에서는 현대 산업문명이 생태환경 위기뿐만 아니라 인간성 상실, 공동체 붕괴 등 인간의 삶과 전지구적 생명위기를 초래했다고 보고 있다. 따라서 생명운동에서는 새로운 생명의 세계관 확립과 그에 따른 새로운 생활양식의 창조운동이 필요하다고 보고 있다(모심과 살림연구소, 2004).

한살림을 비롯한 생협운동단체, 인드라망생명공동체, 정농회, 귀농운동본부, 생태공동체 등은 생명운동의 성격을 지향하고 있는데 비해 국내의 주요 환경단체, 시민사회단체, 노동운동단체 등은 환경운동의 성격을 지향하고 있다. 이러한 측면에서 생태유아공동체와 한국생태유아교육학회가 지향하는 이념이나 추진하고 있는 활동은 생명운동의 성격을 지향하고 있다,

(4) 생명주의 대 생태주의

생명 세계관, 생명중심주의, 생명론적 세계관 등으로 표현되는 생명주의(生命主義)와 생태 세계관, 생태중심주의, 생태론적 세계관 등으로 표현되는 생태주의(生態主義)라는 용어 역시 관련 분야에서나 일상생활에서 거의 같은 의미로 사용하고 있다.

그러나 생태주의와 생명주의라는 용어는 엄격히 구분할 필요가 있다는 제안도 있다. 대표적으로 김지하 시인의 주장을 들 수 있는데, 그에 의하면, 생태주의는 그 사고체계가 아직 서양 사상과 과학과의 운명적 한계로 인해 더 근원적인 생명의 세계관이 부족하다는 지적이다. 즉, 생태주의는 인간과 자연의 관계를 설명할 수 있는 생명 세계관이 없기 때문에, 무기물을 생태계로 인정은 하지만 신령한 생명으로까지는 인식하지 못한다는 것

이다. 생태주의에 대한 김지하의 불만은 서양의 생태주의가 자연과의 관계에서 소박한 '존중의 윤리'는 있지만 근본적인 '공경의 윤리'를 가능하게 하는 세계관이 없고, 생태주의가 강조하는 영성은 인간에게 제한되어 있으며 자연의 신령함에까지 생각이 미치지 못하고 있다는 것이다(박준건, 2001, 70-71, 재인용).

따라서 김지하가 대안으로 내세우고 있는 생명문화운동은 생명 세계관의 기초와 핵심으로서 동학과 풍수학, 그리고 서양의 현대 생태론 등을 결합하여 기독교의 생명 세계관, 불교의 화엄 세계관, 노장철학과 무속의 생명원리를 포함하고 있다(김지하, 1996). 한편 생태유아교육에서는 그동안 생명주의와 생태주의라는 용어를 함께 사용하고 있지만 겉으로 드러난 용어상으로는 생태주의 경향을 보이지만 안으로 숨겨진 내용상으로는 생명주의를 지향하고 있다.

2. 생태유아교육의 본질

1) 아이, 생명의 본질

아이는 하나의 생명체이다. 또한 아이는 자연의 모든 생명체 중의 하나이다. 아이라는 생명체는 자연에서 태어나서 자연 속에서 살다가 수명이 다하면 다시 자연으로 돌아가지만 그 생명체의 본성인 생명(生命)은 없어지지 않는다. 이 인간의 생명은 자연의 모든 생명체의 생명과 하나로 통한다. 즉, 모든 생명은 서로 연결되어 있는 하나의 생명이다. 이 하나의 생명이 바로 자연의 본성이며 아이의 본성이고 나무의 본성이고 돌의 본성이고, 모든 생명체의 본성이다. 이 같은 생명의 본성을 불교에서는 불성(佛性)이라 하고, 기독교에서는 신성(神性)이라 하고, 공자는 인(仁)이라 하고, 또 동학(東學)에서는 이를 지기(至氣)라고 한다. 그래서 인간이라는 생명체는 소우주이고, 자연은 대우주이다. 아이를 비롯한 우주의 뭇 생명체들은 자연의 순리, 즉 생명의 원리에 따라 존재한다.

생명의 본성은 살아 있음과 움직임이다. 또한 생명은 다른 모든 생명과 연결되어 있는 연계성을 지니고 있으며, 생명은 생·장·멸(生長滅)을 반복하는 순환성을 지니고 있다. 또한 생명은 자연의 본성인 자연성을 지니고 있을 뿐 아니라 각 생명체 나름의 독특한 특성인 개별성도 지니고 있다. 이 같은 생명은 항상 변화무쌍하면서 변하지 아니하고 음양의 조화를 이루고 욕심도 낭비도 없다. 이것이 바로 생명의 본질이고 원리이다.

모든 생명은 본질적으로 우열이 없이 평등하다. 이런 생명을 가진 모든 생명체는 존귀하고 거룩한 존재이다. 동학(東學)의 표현대로라면 모든 만물은 한울님이다. 따라서 우리는 모든 생명체들을 한울님으로 모시고 섬기고 돌보고 살려야 한다. 마찬가지로 아이도 한울님으로 모시고 섬기고 돌보고 살려야 하는 귀한 존재이다. 결국 모든 생명체는 모심, 섬김, 돌봄, 살림의 연결고리로 이어져 있는 '하나의 유기체'요, '유기체적 하나'이다(고제순, 2004).

또한 아이는 생명의 본성, 즉 자연의 순리에 따라 스스로 살아가는 존재인 동시에 다른 생명체들과 더불어 살아가는 존재이다. 아이는 다른 모든 생명체와 마찬가지로 스스로 그러하게 살아가고(自然生活), 더불어 그러하게 살아가는(共然生活) 존재이다. 즉, 아이는 자생(自生)하면서 공생(共生)하고, 공생하면서 자생하는 생명체이다. 우리는 아이가 자생하고 공생하면서 잘 자라도록 살려야 하고, 주변의 모든 생명체도 살려야 한다. 전자는 아이살림이고, 후자는 생명살림이다. 결국 아이살림과 생명살림은 동시에 이루어지는 것으로 아이살림이 곧 생명살림이고, 생명살림이 곧 아이살림이다. 아이살림·생명살림의 유아교육이 바로 생태유아교육이다.

인간이 살아간다는 것은 정자와 난자의 결합, 즉 음과 양의 결합인 수정체에서부터 죽기 전까지 살아서(生) 활동하는(活) 것을 의미한다. 인간이 살아간다는 것은 즉 삶이고, 살아서 활동하는 생활(生活)이다. 여기서 아이들의 삶, 즉 생활의 기본적 행위는 입고 먹고 자고 놀고 생각하는 것이다. 아이들은 이 같은 존재행위를 통해서 자연생태계에 점차적으로 적응하면서 성장한다. 아이들이 잘 자란다는 것은 자연생태계에 잘 적응하는 것을 말한다. 아이들이 자연생태계에 잘 적응하려면, 적응력, 생명력, 면역력, 생기(生氣) 및 자연치유력이 왕성해야 한다. 이런 능력을 길러 주는 것이 바로 생태유아교육이다.

그리고 아이는 몸과 마음과 영혼으로 이루어진 존재이다. 아이는 몸과 마음과 영혼의 세 부분이 하나의 생명으로 연결된 생명체이다. 이것은 하나이면서 셋으로 작용하는 일체삼용(一體三用)이다. 몸과 마음과 영혼은 각각 생명의 본성을 지니고 있으며, 셋이 모여진 아이라는 생명체도 동일한 생명의 본성을 지니고 있다. 따라서 몸살림, 마음살림 및 영혼살림은 아이살림, 생명살림으로 통한다. 여기서 몸은 마음과 영혼을 담고 있는 그릇이고 수명이 다한다는 것은 이 그릇인 몸이 자연으로 돌아간다는 것을 의미한다. 하지만 마음과 영혼의 생명은 영원하다.

2) 아이, 삶 그리고 살림의 원리

인간이 세상을 살아가는 인생사(人生事)는 밥하고 빨래하고 청소하고 아이 돌보는 일이다. 인생사의 근본은 의식주와 육아이다. 인간은 의식주를 통해 생존하고 육아를 통해 종족을 번식한다. 그래서 의식주는 인간을 살리는 가장 기본적인 행위이다. 결국 인간의 의식주는 인간의 '삶'이고 '생활'이며, 인간을 살리는 '살림'이면서 '살림살이'이다.

이러한 인간의 삶 즉, 살림은 임신 열 달 동안 자궁인 '아기집'에서, 세상에 태어나서는 '자연집'에서 이루어지고, 그러다 목숨이 다하면 다시 고향인 '흙집'으로 돌아가는 순환의 과정을 거친다. 이처럼 집에서는 인간이라는 생명체를 모시고 돌보고 섬기고 살리는 일을 한다. 우리가 일상적으로 살아가는 '가정집'을 '살림집'이라고 하는 것도 이 같은 깊은 뜻을 반영한 말이다. 이러한 집들 중 태아가 살아가는 '아기집'이 생명을 가장 잘 살리는 집이라 할 수 있다. 따라서 아이들을 돌보는 집에서는 '아기집'의 모습을 본받아야 한다.

일반적으로 가정집은 사람과 동물과 식물 등 만물이 함께 어울려 살아가는 살림의 집이다. 가정집에서 아이가 살아가는 것은 입고 먹고 자고 놀고 생각하는 일을 반복하는 것이다. 가정집에서 아이가 살아가려면 집의 구성원인 가족들은 물론 가축, 곡식 및 채소들과 땅과 물과 공기가 살아 있어야 하며, 또한 이들은 각자가 살려면 서로를 살려야 한다. 그래서 가정집은 모든 생명체를 살리는 생명의 기운이 깃든 생기 있는 살림집이어야 한다.

3) 아이 · 생명의 살림살이

지금 우리 아이들은 가정집과 유치원 · 어린이집 등에서 생활한다. 예전에는 아이들이 주로 가정집에서 생활했는데, 지금은 가정집보다 유치원 · 어린이집에서 생활하는 시간이 점차 늘어나고 있다. 가정집은 어린아이를 포함하여 가족들이 함께 생활하는 집인 반면 유치원 · 어린이집은 여러 명의 어린아이들을 집단적, 전문적으로 돌보고 기르는 곳이다.

요즘 우리 아이들의 병든 몸과 마음과 영혼을 치유하기 위해서는 아이들의 삶을 생태적으로 전환해야 한다는 데 이론의 여지가 없다. 이제 우리는 지금의 병든 가정집을 본래의 모습대로 살림집으로 회복해야 하듯이 유치원 · 어린이집에서도 아이들의 삶을 생태적으로 전환하여 어린 생명체들이 생기발랄하고 신명나는 아이들로 자라도록 돌보는 생명의 살림집으로 바꾸어야 한다.

결국 유치원 · 어린이집은 아이들의 생명을 살리는 살림집이어야 한다. 아이들의 생명을 모시고 섬기고 돌보고 살리는 살림집이 되어야 한다는 말이다. 원장과 교사를 비롯한 어른들은 태아를 잉태한 임신부의 마음과 정성과 소망으로 아이들을 모시고 섬기고 돌봐야 한다. 유치원 · 어린이집이 살림집이 되려면 그 집의 모든 생명체들이 함께 살아야 한다. 즉, 유치원 · 어린이집의 아이들은 물론 원장과 교사, 동물과 식물, 심지어 흙과 물과 공기도 함께 살아야 한다. 그리하여 유치원 · 어린이집은 모든 생명체들이 내뿜는 생명의 기운(氣運)으로 가득한 살림집이 되어야 한다.

이를 위해 유치원 · 어린이집에서는 아이들을 '양계닭'처럼 키우는 것이 아니라 '토종닭'처럼 돌보는 방향으로 전환해야 한다. 아이들에게 잃어버린 자연과 놀이와 아이다움을 되찾아 주는 노력을 기울여야 하고, 유치원 · 어린이집의 의식주를 자연적, 생태적, 생명적인 살림의 의식주로 바꾸는 노력이 필요하다. 유치원 · 어린이집에서는 아이들이 스스로 잘 자라고, 더불어 잘 자라도록 돌보는 일을 해야 하는데, 이를 위해 아이들이 입고 먹고 자고 놀고 생각하는 활동이 자연적이고 생태적으로 이루어질 수 있는 여건을 마련해야 한다.

따라서 생태유아교육을 제대로 실천하는 유치원·어린이집은 아이들을 비롯한 수많은 생명체들을 모시고 살리는 '살림살이'를 잘 하는 '살림집'이라고 할 수 있다.

3. 생태유아교육의 기본 체계

1) 기본 체계도의 구상

여기서는 생태유아교육의 기본틀(framework) 내지 체계(體系)를 이해하기 쉽게 도식으로 나타내고자 한다. 생태유아교육의 기본틀을 나타내는 상징적 도식의 소재를 무엇으로 하느냐가 문제이다. 그 소재는 생태유아교육의 기저에 깔린 사상과 이념은 물론 생태유아교육의 골격을 그런 대로 담을 수 있어야 하기 때문이다.

생태유아교육의 기본틀을 상징하는 소재를 '나무(木)'로 하고자 한다. 나무는 자연의 일부이고 매우 자연친화적인 것이며, 주역에서 말하는 오행(五行)인 목(木), 화(火), 토(土), 금(金), 수(水) 중의 하나로써 우주만물을 생성하는 주 요소이다. 또한 나무는 태어나서(生) 자라고(長) 결실을 맺고(藏) 소멸하는(滅) 순환의 과정을 반복하는 생명체로서 인간의 성장 모습을 상징하며, 뿌리·잎·줄기·꽃·열매 등으로 구성되어 있어 생태유아교육의 골격을 표현하기에 비교적 용이하다. 우리 민족사상의 원형을 담고 있는『환단고기(桓檀古記)』에 보면, 생태유아교육의 사상적 기저가 되는 천(天), 지(地), 인(人)의 합일사상과 인간과 자연이 하나의 도(道)로 연결되어 있다는 생명사상을 '나무(木)'와 관련해서 다음처럼 잘 나타내고 있다.

> "밖에 큰 것이 없고 안에 작은 것이 없으니 곧 도(道)는 감싸지 못하는 것이 없다. 하늘에 기틀이 있으니 내 마음의 기틀에서 보고, 땅에 모양이 있

으니 내 몸의 모양에서 보고, 만물에 다스림이 있으니 내 기(氣)의 다스림에서 본다. 곧 하나를 잡으면 셋이 포함되고 셋이 모이면 하나로 돌아간다. 하나님이 내려오시는 것은 만물의 이치이니 곧 하늘이 첫 번째로 물을 낳는 도(道)다. 성에 통하여 빛이 밝은 것은 낳는 이치이니 곧 땅이 두 번째로 불을 낳는 도(道)다. 세상에 머물면서 다스려 교화시키는 것은 마음의 이치이니 곧 사람이 세 번째로 나무를 낳는 도(道)이다. 대저 한 처음에 삼신이 삼계를 만들어 물은 하늘을 본뜨고, 불은 땅을 본뜨고, 나무는 사람을 본떴다. 무릇 나무는 땅에 뿌리를 박고 하늘을 향해 나왔으며 또한 사람도 같아서 땅에 서서 나왔으니 능히 하늘을 대신한다"(방건웅, 1993, 46).

2) 기본 체계도로서의 생명나무(生命樹)

생명수(生命樹)는 생명나무, 우주목(宇宙木), 신단수(神檀樹), 지혜나무 등 다양하게 표현된다. 예로부터 나무는 하늘과 땅을 이어주는 매개 역할뿐 아니라 성서 속의 생명나무, 민족설화 속의 우주나무, 단군신화 속의 신단수, 지혜나무인 불경 속의 보리수(菩提樹) 등에 나타난 것처럼 생명의 탄생과 생명력을 상징한다. 이 같은 생명수는 천지인(天地人) 삼재(三才)에서 사람(人)을 상징하며, 아버지인 하늘과 어머니인 땅 사이에 태어난 자식, 즉 아이로 상징된다.

여기서 생태유아교육의 기본 체계도로서의 생명수(生命樹)는 생태유아교육이라는 하나의 생명체가 탄생하여 천지만물의 지극한 기운으로 점차 커다란 나무로 자라가는 과정을 상징적으로 나타낸 것이다. 이 생명수는 땅에 뿌리를 박고 그 땅의 기운인 생명사상(生命思想)과 생명원리(生命原理)에 의해 자라게 되는데, 전자인 생명사상은 민간신앙, 상고사상, 민족종교(동학・천도교, 대종교, 증산교, 원불교) 등 한국 전통사상, 유교, 불교, 도교, 기독교 등 외래 종교사상, 생태학, 생명학, 생명철학, 신과학 등 서양 생태사상 등에 바탕을 두고 있고, 후자인 생명원리는 관계성(接), 순환성(化), 다양성(群) 및 영성(生)을 의미한다. 또한 생태유아교육이라는 생명수는 천지만물을 화생(化生)하는 지극한 생명의 기운(氣運)과 생태론적 접근으로의 학문 패러다임 전환 추세의 기운(氣運)에 의해 자라게 되는데, 그러한 생태론

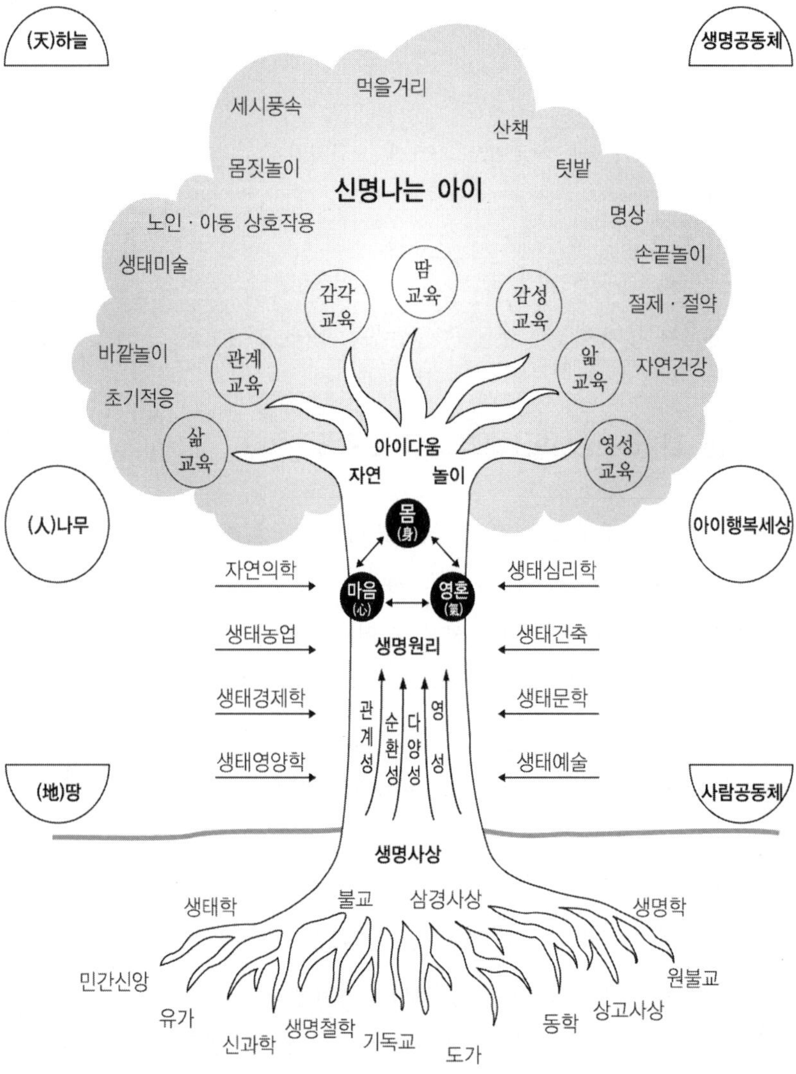

[그림 1-1] 생태유아교육의 기본체계도– 생명수(生命樹)

고구려 장천1호분 벽화의 우주목

적 접근의 학문은 자연의학(自然醫學), 생태농업, 생태경제학, 생태영양학, 생태심리학, 생태건축, 생태문학, 생태예술 등을 들 수 있다. 이러한 생태론적 학문적 추세는 생태유아교육이라는 생명수가 크게 자라는 데 물과 바람과 햇볕의 역할을 할 것으로 기대된다.

이와 같은 학문 패러다임 전환의 바람은 지금까지 산업문명의 위기 속에서 죽어가는 생명체들을 전체적으로 살리기 위한 커다란 기운의 변화와 더불어 문명전환의 기운이 도래하고 있음을 예감하게 한다. 소위 후천개벽이라는 변화의 기운 속에서 이제 생태유아교육은 몸(身)과 마음(心)과 영혼(氣)이 건강하고 행복한 신명나는 아이로 잘 자라도록 지금 아이들이 잃어버린 자연과 놀이와 아이다움을 되찾아 주는 노력을 해야 할 것이다. 이처럼 신명나는 아이로 자라도록 돌보는 교육과정은 삶교육, 관계교육, 감각교육, 땀교육, 감성교육, 앎교육, 영성교육 등이 필요하고, 구체적인 프로그램으로는 바깥놀이 프로그램, 노인・아동 상호작용 프로그램, 생태미술 프로그램, 몸짓놀이 프로그램, 세시풍속 프로그램, 먹을거리 프로그램, 산책 프로그램, 텃밭가꾸기 프로그램, 명상 프로그램, 손끝놀이 프로그램, 절제・절약 프로그램, 동・식물 교감 프로그램, 도시・농촌 교류 프로그램, 초기적응 프로그램 등이 필요하다.

결국 생태유아교육이라는 생명수는 아이살림・교육살림・생명살림을 통해 사람과 자연이 하나되는 '생명공동체', 사람과 사람이 더불어 사는 '사람공동체', 아이들이 행복하게 사는 '아이행복세상'을 꿈꾸면서 크게 자랄 것으로 기대된다. 여기서 우리는 생명수가 천지만물의 기운으로 씨앗에서 줄기가 나고 잎이 돋고 꽃이 피고 열매를 맺듯이 생태유아교육이라는 학문도 점차 이론적・실천적 체계를 확립하게 될 것으로 믿는다.

4. 생태유아교육의 이념 및 방향

생태유아교육은 유아교육의 새로운 패러다임이라고 할 수 있다. 전지구적 위기를 가져온 현대 산업문명의 최대 피해자로 대두된 어린 아이들의 생명을 살리고 삶의 질을 높일 수 있는 최선의 길이 바로 생태유아교육이다. 여기서는 이러한 생태유아교육의 이념과 방향에 대해 언급하고자 한다.

1) 생태유아교육의 이념

(1) 생명중심 유아교육

생태유아교육은 기존의 아동중심 교육에서 생명중심 교육으로 나아가고자 한다. 기계론적 세계관에서는 인간이 자연의 주인임을 자처하고 자연지배의 도구로 기계와 기술을 개발, 이용함으로써 마침내 인간 자신을 주체적인 삶을 잃고 기계의 조종을 받는 하나의 부품으로 전락시키고 말았다. 이러한 인간중심주의가 유아교육에서는 아동중심교육으로 나타난다. 일반적으로 유아교육에서 말하는 아동중심교육은 크게 두 가지 의미를 지니고 있다.

첫째, 아동중심 유아교육은 아이와 어른의 관계에서 볼 때, 어른보다는 아이에 중심을 둔다는 의미를 지니고 있다. 사실 아동중심이란 20세기 이전에 아동과 성인의 관계에 있어서 아동을 성인 축소판 내지 성인의 종속물로 보아 인격적으로 대우하지 않고 노동을 착취하는 것에서 아동 자체의 본성과 인격을 인정하여 더 이상 성인의 종속물이나 축소판이 아닌 하나의 독립된 인격체이며 무한한 잠재능력을 지닌 가능성의 존재로 인정하는 것으로의 아동관의 전환을 의미한다.

이러한 아동중심적 접근은 아이들을 미숙한 존재로 보고 인간으로서의 존재가치를 인정하지 않고 단지 어른의 소유물 정도로 바라보던 종래의 접근에 비하면 가히 획기적인 변혁이라고 할 수 있다. 즉, 근대 이전 아동의 존재가치를 발견하고 이를 인정하는 사회적 공감대가 형성되기 전까지의 유아교육은 성인중심 유아교육이라고 할 수 있다. 근대 이후 아동기의 중요성과 아동의 가치와 권리를 이해하고 인정하기 시작하면서 아동의 입장과 그들의 성장과 발달에 초점을 두는 아동중심교육이 자리를 잡아가면서 오늘과 같은 아동중심 유아교육에 이르고 있다.

둘째, 아동중심 유아교육은 아이와 환경의 관계에서 볼 때, 환경보다는 아이에 중심을 두고 있다는 의미를 지니고 있다. 이러한 의미의 아동중심 유아교육은 아이들의 성장과 발달을 위해 주변 환경을 얼마든지 이용하고 활용할 수 있다는 것이다. 조금 극단적으로 표현하면, 유아교육에 도움이 된다면 주변 환경은 얼마든지 조작하고 실험하고 처분해도 상관없는 단순한 물질이나 도구 정도로 보고 있는 것이다. 이런 관점의 아동중심 유아교육은 아이와 어른의 관계에서의 아동중심 유아교육보다 훨씬 적극적인 아동중심 유아교육이라고 할 수 있다. 이 입장은 '인간은 만물의 척도다'를 넘어 '아이는 만물의 척도다'라는 주장을 대변한다고 말할 수 있다.

이러한 아동중심사상은 미래를 짊어지고 나갈 다음세대에게 전수되어서는 안될 위험 천만한 사상이라고 할 수 있다. 그 이유는 그러한 아동중심 사상 속에서 자란 아동들은 커서도 자연을 하나의 이용물이나 착취의 대상으로 보고 자연을 마구 파헤친다면 그 결과 인류의 지속 가능한 삶 자체에 커다란 위협을 가져올 수 있기 때문이다. 따라서 이제 기존의 인간중심주의에 기초를 둔 아동중심 유아교육은 생명중심 유아교육으로 전환해야 한다.

생명중심 유아교육은 아동중심의 유아교육을 부정하거나 비하하는 것이 아니라, 다만 아동중심의 유아교육이 기존의 성인중심의 유아교육에 반하여 그 한계를 극복하려는 획기적인 발상이었던 것처럼, 아동중심이라는 틀의 한계점을 인식하고 이를 넘어서 크게 보는 새로운 관점이라고 할 수 있다. 한 개인으로서의 아동에 국한되는 국부적인 관점의 교육이 아니라 아동과 아동, 사람과 사람, 나아가 사람과 자연 만물과의 관계성 속에서 교육을 보는, 아동중심의 관점을 극복한 새로운 패러다임이라고 할 수 있다.

요컨대 생명중심 유아교육은 생명론적 세계관에 기초한 유아교육으로서 산업문명사회의 아이들에게 잃어버린 자연과 놀이와 아이다움을 되찾아 주는 교육, 이성과 감성과 영성의 조화로운 교육, 몸과 마음과 영혼을 돌보는 교육을 통해 신명나는 아이로 키움으로써 사람과 자연이 하나 되고, 사람과 사람이 더불어 살며, 아이들이 행복하게 사는 세상을 꾸리고자 하는 소망과 노력의 산물이라고 할 수 있다.

(2) 공동체중심 유아교육

생태유아교육은 기존의 개인중심 교육에서 공동체중심 교육으로 나아가고자 한다. 산업사회에서는 개인과 개인, 개인과 가족, 사람과 사회, 사람과 자연이 별개로 분리됨으로써 사람들은 기능론적 이기주의에 빠져들면서 공동체 의식이 점차 사라지고 있다. 유아교육에서도 유아 개개인의 성장과 발달에 중심을 둠으로써 개인이기주의 내지 가족이기주의에 매몰되는 현상을 보이고 있다.

이러한 이기주의는 어린 유아기에서부터 남을 누르고 이기고자 하는 과도한 경쟁의식을 부추기는 현상을 낳고 있다. 다른 국가와의 경쟁에서 이기기 위해 학생들을 서열화, 계층화하는 국가의 교육정책, 여기에 발맞추어 젖먹이 시기부터 온갖 것들을 배우게 하여 내 아이만 잘 되면 되고, 내 아이만 최고면 된다는 식의 부모들의 잘못된 이기심, 이러한 교육시류에 편승하여 효율적인 원 운영에 동참하는 원장들, 이러한 교육 추세에 합세하여 외국의 유아교육 이론과 프로그램을 경쟁적으로 수입·소개하는 교수들, 이 모두가 아이들의 개인주의적, 이기주의적 성향을 부추기는 요인으로 작용하고 있다. 이겨야만 선택되고 사회적 성공이 보장되는 원리가 작동하는 사회적 풍토도 문제다.

요즘 보다 더 심각한 이기주의적이고 개인주의적인 사회를 상상해 보라. 얼마나 무섭고 끔찍한 일이 일어나겠는가? 생명과 평화, 공생과 상생, 사랑과 믿음이 흘러넘치는 세상을 꿈꾸고 가꾸어 나가야 한다. 이를 위해 유아교육에서는 유아 개개인의 개성 존중과 능력 신장 뿐 아니라 공동체의식의 함양이 동시에 이루어져야 한다. 특히, 유아교육에서는 경쟁보다는 함께 어울려서 이루어내는 힘이, 혼자의 힘보다는 여럿의 힘이 더 강하고 크고 의미 있다는 것을 가르쳐야 한다.

나는 혼자만의 고립된 존재가 아니라 모든 만물과 상호작용하면서 연결되어 있는 존재라는 것을 알게 된다면, 그리고 모든 생명은 부분이 유기적 전체이며 또 전체이면서 부분이라는 것을 알게 된다면, 내 아이만을 최고로 키우려고 하지 않고 다른 아이도 돌보게 되며, 타인을 애써서 이기려고 하지도 않을 것이며, 자연을 마구 파헤치지도 않을 것이다. 미래사회의 유아교육은 사람과 사람이 더불어 살아가는 사람공동체, 개인과 가족이 함께 어우러지는 가족공동체, 사람과 사회가 함께 하는 사회공동체, 사람과 자연이 함께 하는 생명공동체를 재건하는 방향으로 이루어져야 한다.

(3) 몸 · 마음 · 영혼의 유아교육

생태유아교육은 기존의 이성중심교육에서 아이들의 몸과 마음과 영혼을 함께 돌보는 유아교육으로 나아가고자 한다. 오늘날과 같이 지식과 기술, 정보에 의존하는 지식기반사회에서는 국가 경쟁력을 높이기 위해 필요한 지식과 기술과 정보를 중요시 한다. 그리하여 아이들을 이성과 감성, 정신과 육체, 지능과 감각으로 분리하여 정보 습득에 필요한 이성, 정신, 지능을 우위에 두는 경향이 있다. 이로 인해 교육에서는 국가 경쟁력을 높이는데 필요한 인간 능력인 이성, 정신, 지능의 개발에 주력함으로써 지식주입식 교육, 점수따기식 교육, 획일주의적 경쟁교육의 병폐를 낳고 있다.

이러한 병폐는 유아교육에서도 예외가 아니다. 이제 아이들은 자연 속에서 흙을 밟으며 시원한 공기를 마시며 맘껏 뛰어 놀면서 자연이 주는 삶의 풍요로움을 맛볼 수 없게 되었다. 또한 성인들로부터 한 발 먼저 산업사회의 일원으로 진입할 수 있기를 요구받게 되므로 아동기를 잃어버렸다. 즉, 아이들은 자연과 놀이와 아이다움을 잃어버린 것이다. 이처럼 아이들은 자연과 놀이와 아이다움을 잃어버린 채 어릴 때부터 과도한 지식과 정보를 머리 속에 집어넣는 기계가 되고 있다. 그리하여 아이들은 도구적 이성만을 비대화시키는 결과를 낳게 되었으며, 따뜻한 감성과 맑은 영성은 점차 약화되어 마침내 몸과 마음과 영혼이 병든 아이들로 자라고 있다.

그러므로 생태유아교육은 이성과 감성, 정신과 육체, 지능과 감각을 동시에 강조하는 방향으로 나아가야 한다. 즉, 지 · 덕 · 체를 고루 갖춘 전인적 인간, 머리 · 가슴 · 손이 조화된 인간을 기르는 것이 바람직한 교육이다. 나아가 생태유아교육은 아이들의 몸과 마음과 영혼을 함께 돌보는 방향으로 나아가야 한다.

2) 생태유아교육의 방향

유아교육은 아이 키우는 일이다. 유아교육의 역사는 인류의 역사라고 할 수 있다. 유아교육은 본래 가정에서 부모나 가족의 몫이었다. 유치원이나 어린이집으로 대변되는 현대 유아교육은 산업사회의 부산물이다. 따라서 농경사회의 유아교육과 산업사회의 유아교육은 근본적으로 다르다. 산업문명의 피해자인 지금 우리 아이들은 산업화 이후 많은 것을 잃었지만 특히 '자연'과 '놀이'와 '아이다움'을 잃어버린 채 자라고 있다. 따라서 생태유아교육은 아이들에게 잃어버린 자연과 놀이와 아이다움을 되찾아 주는 데서 길을 모색해야 한다.

(1) 자연을 되찾아 주는 유아교육

생태유아교육은 아이들에게 잃어버린 자연을 되찾아 주는 방향으로 나아가고자 한다. 불과 20~30년 전만 하더라도 우리의 아이들은 또래들과 함께 자연 속에 뛰어놀면서 자랐다. 산에서, 들판에서, 개울에서, 바닷가에서 햇빛과 바람과 물과 흙과 밤하늘의 별과 함께 어우러져 자랐다. 메뚜기, 개미, 참새, 게, 가재, 송사리, 올챙이가 친구였고, 나무, 돌, 풀 잎사귀, 들꽃도 친구였다. 동네의 큰 아이와 작은 아이, 남자아이와 여자아이가 모두 친구였다. 산, 들, 개울, 하늘, 별, 메뚜기, 개미 등 자연과 함께 하는 놀이는 아이들에게 꿈과 희망을 길러 주고 자연의 순리를 저절로 깨닫게 해준다. 또래와 형, 누나, 동생들과 함께 어우러져 놀던 놀이는 꿈과 희망은 물론 사람의 도리를 익히게 한다. 자연과 또래들이 모두 아이들의 선생님이었다. 자연은 우주만물의 섭리를 깨우쳐 주는 큰 선생님이었고, 또래 친구들은 사람의 도리를 가르쳐 주는 작은 선생님이었다.

(2) 놀이를 되찾아 주는 유아교육

생태유아교육은 아이들에게 잃어버린 놀이를 되찾아 주는 방향으로 나아가고자 한다. 플라톤은 『국가론』에서 아이들은 놀이와 노래와 오락으로 기르는 것이라고 말한다. 이 말은 아이들이 충분히 즐겁게 놀 수 있도록 하는 것이 교육의 전부라는 의미이다. 아이들이 필요로 하는 진정한 놀이는 신선한 공기와 햇빛이 드는 자연에서 부모나 교사의 간섭 없이 또래들과 어울려 자유롭게 생각하고 상상하면서 마음껏 소리치고, 온몸으로 힘껏 뛰어노는 일이다. 어릴 때 놀지 못한 아이는 어른이 되어 제대로 일을 하지 못하며, 어릴 때 활기 있게 마음껏 뛰어논 아이는 어른이 되어서도 자신의 일을 활기차게 할 수 있다는 것은 인류의 오랜 경험이 입증한다.

아이들은 한껏 뛰어놀기 때문에 긴 수면이 필요하다. 자연은 아이들에게 낮에는 뛰어놀고 밤에는 잠자는 습관을 주었다. 태양 광선에 의해 따뜻해진 공기가 아이들의 감각을 조용하게 놓아두지 않고 움직이게 하기 때문에 아이들은 태양과 함께 일어나고 태양과 함께 잠드는 것이다.

아이들에게는 일과 놀이와 공부는 하나로 통합되어야 한다. 사람이란 본디 손발을 움직이며 일(또는 놀이)을 하게 되어 있다. 사람은 일을 해야 착해진다. 일을 안 하거나 못하게 될 때 사람의 몸은 병들고 마음은 악해지는 것이다. 농부는 농사가 일이듯이 아이들은 놀이가 바로 일이고 공부다. 농부는 자연의 순리대로 씨앗을 뿌리고, 김을 매고, 거름을 주고, 정성을 쏟아 때가 되면 수확을 한다. 농사의 과정은 일이지만 재미나는 일이며, 노력과 정성을 다한 만큼 수확을 올리므로 그 과정 전체가 공부하는 일이다. 아이들 역시 놀이를 해야 몸과 마음과 영혼이 건강하고 너그럽고 맑고 밝아진다. 농심(農心)이 천심(天心)이듯이 아이들의 노는 모습 역시 천사(天使) 같다는 것도 그런 이치이다.

(3) 아이다움을 되찾아 주는 유아교육

생태유아교육은 아이들에게 잃어버린 아이다움을 되찾아 주는 방향으로 나아가고자 한다. 아이는 아이다워야 한다. 사람이 사람다워야 사람인 것과 마찬가지로 아이는 아이다워야 아이인 것이다. 어른이 아이 같으면 문제이듯이 아이가 어른 같은 것도 문제이다. 이는 '군군 신신 부부 자자(君君 臣臣 父父 子子), 즉 임금은 임금다워야 하고 신하는 신하다워야 하며 어버이는 어버이다워야 하고 자식은 자식다워야 한다'는 것과 같은 이치이다. 임금이 임금답지 못하면 이미 임금이 아니며, 그런 임금은 폐해도 마땅하다.

아이는 어른이 아닌 아이이기를 바라고, 어른은 아이가 아닌 어른이기를 바라는 것이 본래 이치이다. 현대 산업사회에서 어른들은 아이들을 아이 모습 그대로 두기를 거부하고, 아이 모습이나 아이 노릇에서 빨리 벗어나 어른 행세를 하는 아이로 키우고자 한다. 산업사회의 아이들은 조기교육을 통해 어른 행세(말, 사고, 행동 등)하는 것을 빨리 익혀 다른 아이들보다 한 발 먼저 산업사회의 일원으로 진입할 수 있기를 요구받고 있다. 이미 산업사회의 아이들은 '유아기, 아동기'를 잃어버렸다. 아이들은 자연의 아이로 태어나 사람의 아이로 자라면서 점차 본성을 잃어가게 된다. 아이는 차츰 자라나면서 사람의 손에 의해 사회악에 물들면서 나빠지게 된다. 현대 산업사회를 받쳐 주는 구조기능주의 유아교육이 그 이론적 근거와 실천적 업무를 뒷받침해 주고 있는지도 모른다.

인간을 포함한 모든 생명체는 자연에서 태어나 자연으로 돌아간다. 자연에서 태어난 어린아이는 자연을 그대로 닮아 있다. 어린아이의 몸과 마음과 영혼은 자연의 본성 그대로이다. 아이의 본성은 자연처럼 맑고 밝고 선하고 아름답다. 본래 인간성은 아이의 본성 그대로이다. 만약 어른들이 자연의 품 속에서 자연의 원리에 따라 아이를 키운다면 그 아이는 타고난 본성을 그대로 간직하게 될 것이다. 흙에서 나서 흙으로 돌아갈 때까지 아이의 본성을 그대로 간직한 삶을 누린 사람을 일러 성인(聖人)이라고 한다. 성인은 석가모니, 예수, 간디만이 아니라 이름 없이 살다 가신 우리의 할아버지, 할머니들 중에도 많으리라 생각된다. 본래 교육은 인간이 세상을 살아가는 과정에서 성인의 경지에 이르지는 못할망정 성인에 가까워지려는 일련의 노력이라고 할 수 있다. 결국 인간교육은 아이의 본성을 오랫동안 간직하도록 도와주는 일이다.

5. 생태유아교육의 특성

지금까지 논의를 통해 생태유아교육이 무엇인지에 대해 어렴풋하나마 짐작할 수 있을 것이다. 생태유아교육의 성격이 조금 드러나기는 하지만 그 개념을 명확히 정의하는 데는 다소 시간이 필요할 것으로 보인다. 여기서는 생태유아교육이라는 이름으로 행해진 이론적 연구와 실제적 실천의 과정에서 접한 여러 가지 경험과 느낌과 생각을 제시하고자 한다.

1) 자생적 한국 유아교육

생태유아교육은 자생적(自生的) 한국 유아교육이다. 생태유아교육은 한국에서 시작된 유아교육으로서 한국의 문화와 전통에 뿌리를 둔 유아교육의 한 접근이다. 생태유아교육은 동양사상과 철학 그리고 한국 전통사상과 민간신앙에 근거를 두고 있다. 생태유아교육은 유교, 불교, 도교 및 주역 사상은 물론 우리 민족 고유의 상고사상, 삼신사상, 풍류도(風流道), 풍수사상, 한의학, 사상체질론, 동학(東學)·천도교(天道教), 대종교(大倧教), 증산교(甑山教), 원불교(圓佛教), 정역(正易), 기학(氣學) 등에서 그 지혜를 찾고 있다.

특히, 우리 조상들이 5천년의 긴 역사에서 자식들을 키우면서 쌓아 온 깊고도 드넓은 지혜는 불과 2백여 년의 역사를 지닌 미국식 자녀양육 지식(아동심리학, 유아교육학 등)과 감히 비교할 수 있겠는가? 예컨대, 아이는 삼신할머니가 점지하신 '신의 선물'이고, 아이 양육은 아이라는 생명을 모시고 살리는 거룩한 일로 보는 민족 전통의 아동교육관과 '아이는 한울님'이라고 하는 동학·천도교의 인내천(人乃天) 사상과 그 사상을 이어받은 소파 방정환의 생명중심 아동관은 최고의 생명주의 사상으로 생태유아교육의 핵심사상이다. 생명중심 세계관으로의 문명전환이 요구되는 지금의 절박한 시대 상황에서 그 사상적 토대를 우리 민족의 전통 문화와 사상에서 찾는다는 것은 민족의 긍지이고 자부심이라고 할 수 있다.

또한 생태유아교육은 한국 아이들의 잉태와 출산, 성장과 발달 그리고 그들의 삶과 생활에 대한 깊은 관심과 이해와 사랑에서 시작된 유아교육이다. 생태유아교육은 한국 사회의 급속한 근대화, 산업화 및 서구화 과정에서 나타난 유아교육의 파행적 모습과 아이들의 삶의 실상에 대한 경험과 반성을 토대로 모색된 유아교육의 새로운 패러다임이다. 다시 말해서 21세기 자연생태계 위기와 인간을 비롯한 생명위기의 시대를 맞아 산업문명의 가장 큰 피해자인 아이들의 생명을 살리는 길은 아이살림, 생명살림의 유아교육인 생태유아교육이라는 결론에 이르게 된 것이다.

우리는 생태유아교육이라는 개념을 정립하는 초기 논의과정에서 우리의 전통문화와 사상을 반영한 유아교육의 의미를 지닌 용어들인 '공터놀이식 유아교육', '자연친화적 유아교육', '토종닭식 유아교육' 등의 용어를 사용하기도 하였다. 그 후 한동안 생태지향적 유아교육, 생태론적 유아교육, 생명중심 유아교육 등의 용어를 사용하다가 2000년 들어 생태유아교육이라는 용어로 정착하게 되었다. 아무튼 생태유아교육은 한국 유아교육의 자존심이며, 유아교육의 새로운 지평을 여는 '유아교육의 패러다임 전환'이라고 할 수 있다.

2) 보편적 세계 유아교육

생태유아교육은 보편적(普遍的) 세계 유아교육이다. '가장 지역적인 것이 가장 세계적인 것이다', '가장 한국적인 것이 가장 세계적인 것이다'는 말이 있다. 이처럼 생태유아교육은 가장 한국적인 유아교육이라는 측면에서 가장 세계적인 유아교육이라고 말할 수 있다. 생태유아교육의 근간인 한국인의 5천년 자녀양육 지혜보다 더 확실하게 검증된 자녀양육 이론과 방법이 과연 어디에 있겠는가? 아마도 이보다 더 보편적이며 세계적으로 통용될 수 있는 유아교육의 지혜는 그다지 흔치 않을 것이다. 생태유아교육은 우리의 오래된 미래에서 배운 보편적이고 일반적인 유아교육의 지혜이다.

예컨대, 물리학자, 과학철학자이면서 생태론적 세계관으로의 문명전환 주창자인 미국 버클리 대학의 프리쵸프 카프라(Fritjof Capra) 교수는 1995년부터 버클리 지역의 일부 초·중·고등학교의 학생들이 텃밭을 일구어 유기농업으로 곡식과 야채를 재배하고, 그 유기농산물로 까페테리아에서 요리를 하여 점심과 간식으로 활용하고 남는 농산물은 판매하여 기금으로 활용하는 버클리 푸드시스템 프로젝트(Berkley Food System Project)를 실행하고 있다(김은영, 2001). 이 같은 생태론적 교육혁명은 독일의 루돌프 슈타이너의 발도르프 교육 프로그램에서 1920년대에 이미 실천되고 있었는데, 그 내용 역시 텃밭을 가꾸는 생태농업과 요리활동이다. 한편 우리 조상들은 벌써 5천년 전부터 어린아이들을 키우는 모든 가정에서 텃밭가꾸기를 통한 생태농업과 요리활동과 생태적 식생활 교육(즉, 밥상머리교육)을 실행해 왔다. 이것이 바로 우리 조상들의 어린아이를 키운 지혜이고, 이런 지혜가 바로 '자생적 한국 유아교육'이며, 동시에 '보편적 세계 유아교육'이라는 사실을 입증하고 있다.

또한 생태유아교육은 자연의 순리 내지 자연의 본성에 따르는 유아교육이라는 측면에서 보편적 세계 유아교육이라고 할 수 있다. 즉, 아이는 자연의 본성을 지닌 존재로서 자연의 순리에 따라 먹고 놀고 자면서 성장 발달한다는 원리나 이치는 어떤 발달이론이나 심리학적 접근보다 더 불변적이고 보편적 원리라고 할 수 있다. 이처럼 '가장 자연적인 것이 가장 보편적인 것이다'라는 명제는 농업사회, 산업사회 및 정보사회를 거치면서 실체적 진실로 밝혀지고 있다. 그리고 생태유아교육은 생명의 원리에 따르는 아이살림의 교육이라는 관점에서도 보편적이고 일반적 유아교육이라고 할 수 있다.

이러한 측면에서 생태유아교육은 산업문명 지향의 잘못된 현대 유아교육에 대한 반성을 통해 유아교육의 정도(正道)와 본질을 찾으려는 노력이다. 또한 생태유아교육은 "지구적으로 생각하고, 지역적으로 행동하라"는 생명운동의 취지에 따라 유아교육의 서구화·세계화보다는 지역화·민족화를 지향한다.

3) 생명위기 극복을 위한 유아교육

생태유아교육은 생명위기(生命危機) 극복을 위한 유아교육이다. 우리는 지금 지구 생태계 파멸과 인류 생존의 위협, 공동체의 해체 위기를 가져온 현대 산업문명에 대한 반성을 통해 새로운 문명 전환을 모색하고 있다. 이러한 맥락에서 생태유아교육은 산업문명의 최대 피해자인 아이들의 생명위기를 극복하기 위한 몸부림이라고 할 수 있다. 따라서 생태유아교육은 아이들이 행복하게 사는 세상, 사람과 사람이 더불어 사는 세상, 그리고 사람과 자연이 하나 되는 세상을 꿈꾸고 있다.

또한 생태유아교육은 근대 이후 산업문명의 터전을 제공한 기계론적 세계관과 인간중심주의 사상을 멀리하고, 생명과 평화의 세상인 생명공동체 실현을 위한 생태주의 내지 생명주의 사상을 지향한다. 또한 생태유아교육은 상품가치와 경제가치를 추구하기보다 생명가치와 존재가치를 지향한다. 생태유아교육에서는 부자와 승자의 삶을 추구하는 것이 아니라 자연의 순리에 따른 청빈과 달관의 삶, 절약과 절제의 삶을 추구한다. 또한 생태유아교육에서는 오늘날 생명위기에 처한 지구 생태계를 살리고 지구촌의 모든 사람들이 생명과 평화를 누리며 사는 세상을 꿈꾸며, 기르고자 하는 어린 이상으로 '생명을 존중하는 어린이', '지구를 지키는 어린이' 및 '더불어 사는 어린이' 등을 제안하고 있다.

요컨대, 생태유아교육은 21세기 지구와 인류가 당면한 제반 문제들의 해결에 기여하고자 하는 간절한 소망을 담고 있는 미래 지향적 유아교육이라고 할 수 있다. 이 같은 간절한 소망은 너무 낭만적이고 순진하고 바보스럽게 보이지만 자연을 닮은 어린 아이들의 꿈이고 희망이고 천심(天心)이기에 그 자체로서 가치가 있다고 생각된다. 그리하여 이제 더 이상 지구상에 굶어 죽는 아이들이 없고, 전쟁과 테러가 없고, 질병과 고통이 없는 그런 생명과 평화의 세상을 꾸리고자 한다. 이런 소망이 지역과 문화와 종교와 국가를 초월해서 지구상의 모든 어린 아이들의 꿈이 되고 희망이 된다면, 언젠가 그 소망은 우리에게 현실로 다가올 것이다.

4) 삶으로 실천하는 유아교육

생태유아교육은 삶으로 실천하는 유아교육이다. 생태유아교육은 아이들이 스스로 잘 자라고, 더불어 잘 자라도록 돌보고 기르는 일을 한다. 즉, 생태유아교육은 아이들의 생명을 모시고 기르고 돌보고 살리는 일을 하는 것이다. 그러므로 아이모심과 생명살림의 거룩한 마음을 가진 사람이면 누구나 생태유아교육을 할 수 있다. 생태유아교육을 실천하는 사람은 아이들을 모시고 돌보고자 하는 마음과 정성, 사랑과 지혜가 있으면 된다. 이처럼 생태유아교육에서는 아이 돌봄의 지혜가 필요한 것이지 아이 가르치는 지식과 정보와 기술이 필요한 것이 아니다. 지난 세월 학교 문턱도 밟아 보지 못하고, 문자도 해독하지 못한 우리의 선조들이 자식들을 훌륭하게 키워 온 역사를 되돌아보면 생태유아교육의 모습을 충분히 짐작할 수 있다.

생태유아교육은 유치원이나 어린이집에서 아이들에게 가르치는 「봄의 날씨, 봄의 식물, 봄의 동물」 주제를 교실에서 책이나 그림을 통해 교사의 말과 행동으로 접근하기보다는 교실 밖의 자연에서 산책을 통해 아이들이 오감과 몸으로 경험하는 방식으로 접근한다. 매일의 산책이 아이들의 일상적인 삶이 되는 생태유아교육을 실천하는 시설에서는 봄철이 되면 자연스럽게 봄의 날씨와 꽃과 벌레와 사람들의 옷차림과 생활의 변화를 아이들 스스로 몸으로 익히게 될 것이다. 또한 현미잡곡밥, 된장국, 김치 및 나물을 먹는 것이 아이들의 건강에 좋다는 것을 말이나 글로 가르치는 것이 아니라 유치원이나 어린이집에서 현미잡곡밥과 된장과 김치와 나물을 직접 만들어 먹이는 일상생활과 세시풍속 활동을 통해 아이들의 삶으로 실천하는 것이 바로 생태유아교육을 제대로 실천하는 것이다.

따라서 삶으로 실천하는 생태유아교육에서는 젊은 유아교사의 현대적 삶으로서의 경험도 필요하지만 나이 드신 할머니, 할아버지의 전통적 삶에서 우러나온 경험도 귀하게 활용하고자 한다. 지난 날 우리 조상들의 자녀양육과 교육의 지혜는 젊은 부모와 늙은 조부모의 조화로운 협동적 노력의 결과물이다. 즉, 양의 기운과 음의 기운의 조화에 의한 자녀양육 방식이다. 이처럼 우리 전통의 유아교육에서는 조부모의 역할이 매우 중요한 부분을 차지하고 있었다.

예컨대, 생태유아교육에서 노인·아동 상호작용 프로그램을 강조하는 것도 이 같은 우리 조상들의 자녀양육 지혜를 오늘의 현실에서 되살리고자 한다. "노인들에겐 일감·보람을! 아이들에겐 노인의 따뜻한 사랑을!" 이것이 노인·아동 상호작용 프로그램이 내건 구호이다. 본래 노인과 아이는 동무다. 동무는 서로 만나야 한다. 만나면 서로 행복해진다. 세상이 갈라놓은 노인들과 아이들을 생태유아교육의 노인·아동 상호작용 프로그램을 통해 자연스럽게 만나도록 함으로써 노인 문제와 유아교육 문제를 함께 해소하고자 하는 것이다.

5) 연구와 실천이 함께 가는 유아교육

생태유아교육은 연구와 실천이 함께 가는 유아교육이다. 생태유아교육은 학문적 연구와 실천적 적용을 함께 하고자 한다. 다시 말해서, 생태유아교육은 아이살림, 교육살림 및 생명살림에 관한 생활 실제의 이론화 작업과 그것들에 관한 사상과 철학의 실제화 작업을 병행하고자 한다.

이러한 측면에서 연구와 실천이 함께 가는 생태유아교육의 실현을 위해 한국생태유아교육학회와 사단법인 생태유아공동체를 설립·운영하고 있다. 한국생태유아교육학회는 생태유아교육에 관한 학문적 연구, 실천적 적용, 생태유아교육 강좌와 교사연수, 생태유아교육 관련 홍보와 운동 등을 추진하고 있다. 학회에서는 춘계·추계 학술대회를 통해 실제의 이론화 작업을 진행하고 있으며, 현장 실천 보고대회를 통해 생태유아교육의 실천적 적용과 그 확산을 추진하고자 한다. 또한 관련 시민사회단체와의 연대사업 추진을 통해 반생태적 유아교육 환경 해소를 위한 대국민 홍보 및 사회운동도 추진하고자 한다. 자연분만 운동, 모유 먹이기 운동, 유기농산물 먹이기 운동, 유치원·어린이집의 생태건축 운동 등은 그 예라고 할 수 있다.

한편 사단법인 생태유아공동체에서는 2002년 3월부터 「유치원·어린이집 아이들에게 유기농산물을 먹입시다. 우리 아이들의 몸과 마음을 살리고 우리 농촌을 살립시다」는 구호를 내걸고, 아이들에게 친환경 유기농산물 먹이는 일을 적극 추진하고 있다. 부산에서 시작된 이 생명운동은 울산, 광주, 수도권 및 대구에서 지역별 생태유아공동체가 설립·운영되고 있으며, 경남, 전북, 제주 등에서도 지역별 생태유아공동체 설립을 추진하고 있어 조만간에 전국적으로 확산될 것으로 판단된다(임재택, 2004).

생태유아교육은 이제 막 탄생한 학문 분야이다. 생태유아교육의 학문적 진보는 지난 5천년간 우리 조상들의 아이 키운 지혜와 그 실천방식에 대한 이론적 탐구와 실천적 적용에 얼마나 많은 노력을 기울이느냐에 달려 있다. 또한 생태유아교육은 서양의 첨단 학문에 밀려 미개한 것으로 여겨졌던 세계 각지 모든 민족들의 전통적인 자녀양육 방식과 그들의 오래된 미래에서 아이살림, 생명살림의 지혜를 찾아야 한다는 깨달음에서 시작된 것이다. 우리는 그동안 과학·학문·교육이라는 이름으로 아이들을 과학적·학문적으로 연구하고, 교육적으로 적용·실천한 결과, 그들의 몸과 마음과 영혼이 병들었다는 사실을 발견하고 나서야 비로소 문제의 심각성을 인식하게 되었다. 이러한 문제 인식이 바로 생태유아교육의 출발이며, 연구와 실천이 함께 가는 유아교육이 올바른 유아교육임을 깨닫게 한다.

참고문헌

고제순(2004). 생태적 식주의(食住醫)와 생명운동. '생명의 묵상'. 「흙처럼-흙건축 아쉬람」 http://cafe.daum.net/mudhouse.

김은영(2001). 생태지향적 유아과학교육 프로그램 모형 개발을 위한 기초연구. 부산대학교 대학원 석사학위 청구논문.

김지하(1996). **생명과 자치**. 서울: 솔 출판사.

모심과 살림연구소(2004). **살림의 말들: 모심과 살림 총서 4**. 서울: 모심과 살림연구소.

박석준(2000). 대자연의 이치와 소우주로서의 인체: 자연을 보는 눈. 장회익 외 저, 한국교회환경연구소(편). **생태적 삶을 추구하는 영성**. (pp.55-68). 서울: 내일을 여는책.

박준건(2001). 생태적 세계관, 생명의 철학. 경상대학교 인문학연구소(편). **인문학과 생태학**. (pp.61-83). 서울: 도서출판 백의.

방건웅(1993). **환단고기(桓檀古記)**. 미간행 번역자료집. 8월 8일.

성장기 아이들 건강기본권선언 준비모임(2005). 「아이들의 건강과 지속가능한 사회를 위한 2005인 선언」 정책자료집. 6월 30일, 국회 의원회관 104호실.

송봉모(1999). **생명을 돌보는 인간: 성서와 인간-3**. (pp.7-8). 서울: 바오로딸.

윤재옥(2003). 생태건축과 미시기후조절. 임상훈, 이시웅, 김정태(편). **생태건축시리즈 3 - 생태건축론**. (pp.161-178). 서울: 도서출판 고원.

임재택(2002). 아이들의 삶과 생태유아교육. **한국생태유아교육학회, 2002 추계학술대회 자료집**, 5-32. 12월 7일. 부산: 부산대학교 본관 대회의실.

______(2004). 생태유아공동체의 유치원·어린이집은 아름답다. **생태유아공동체 소식지, 제 8호**, 1-2. 11월 1일 발행.

제 2 장
생태유아교육의 배경

시대 · 사회적 배경

사상적 · 철학적 배경

심리학적 · 신과학적 배경

국내 · 외 생태담론과 생태유아교육의 흐름

학문의 생태론적 접근 동향

시키고 있다는 데 많은 사람들이 우려하고 있다. 또한 이 생태위기는 자본주의 국가, 사회주의 국가 및 제3세계 국가들이 모두 당면한 공통적 현상이다.

이러한 생태계 위기의 주범은 산업사회가 이룩한 산업문명이다. 산업문명은 인간을 우주 만물의 중심에 두고 인간의 이성·지능을 최대한 활용하여 과학과 기술을 개발하고, 그것을 이용하여 기계와 도구를 만들고, 그 기계와 도구로 제품을 생산하여 경제가치(즉, 돈)를 창출·확대·재창출하는 기제(mechanism)이다. 이러한 산업문명은 생산력을 증대시키고 성장 집착의 가치관을 내세우며, 사람들로 하여금 더 많은 소비를 유도해 무조건 많은 물자를 생산하고 많은 소비를 하는 것을 미덕인 것으로 부추기고 있다. 인간은 오랫동안 이러한 산업문명을 '산업혁명(產業革命)'으로 칭송해 왔다. 산업문명이야말로 인간의 고통인 가난과 질병을 몰아내고 영원토록 풍요와 행복을 보장해 줄 인류 문명사의 일대 전환점으로 착각하고 있었다. 20세기 말에 와서야 인간은 산업문명이 자연생태계 파멸이라는 엄청난 재앙을 잉태하고 있었다는 사실을 깨닫기 시작했다.

이처럼 산업문명을 뒷받침하는 사상으로서 오늘날 심각한 생태위기의 근본적 원인은 인간과 자연을 별개로 보는 이원론적 세계관, 인간을 세계의 중심으로 보는 인간중심적 세계관, 모든 삼라만상은 물질로 구성되어 있어 한낱 기계에 불과한 것으로 보는 기계론적 세계관, 인간은 무한한 능력을 가지고 있어 과학과 기술의 발전이 무한정 가능하다고 보는 과학기술주의, 이러한 과학과 기술로 경제발전은 계속될 수 있다는 성장제일주의, 자연자원은 무한하다고 보는 자원무한주의, 세계는 일정한 방향으로 움직여 다시 돌아오지 않는다고 보는 직선적 세계관 등이다.

(2) 지구와 인류가 당면한 재앙

오랜 인류 역사에서 비추어 보면 2~3백년의 산업문명 시대는 결코 긴 시간이 아니다. 이런 산업문명이 자연의 섭리에 따라 수천년 이어온 생명의 터전인 농촌을 죽임의 터전인 도시로 바꾸어 놓았으며, 생명산업인 농업을 죽임산업인 공업으로 바꾸어 놓고 말았다. 산업문명은 물질가치, 경제가치를 추구하는 반면 농업문명은 정신가치, 생명가치를 추구한다. 땅과 물이 생명이고, 생명이 거룩하다는 신념이 살아 있는 문화에서는 땅과 물이 죽는다는 것은 상상할 수 없다. 그러나 산업문명이 지배하는 사회에서는 자연은 인간의 물질적, 경제적 욕구충족을 위한 단순한 재료, 도구, 수단에 불과하기 때문에 그 생명이 온전할 수 없다.

산업문명은 인간이 자연을 지배하고 조작하는 이성적 존재로서 자연을 이용할 수 있다는 인간중심적 세계관에 뿌리를 두고 있다. 인간중심적 세계관은 결과적으로 과학기술이 인간과 자연을 통제하고 지배하는 전체주의적인 세계를 만들고 말았다. 이러한 전체주의적 세계는 인간을 인간답지 않게, 사회를 사회답지 않게, 자연을 자연답지 않게 만들고 있다. 따라서 산업문명은 생명 소외의 체제이며, 본질적으로 비인간적일 뿐만 아니라 반생태적인 체제이다. 과학지상주의 혹은 기계론적 이데올로기에 의한 산업문명은 개인의 일상생활에서부터 사회, 경제, 정치, 문화, 교육 등 모든 영역에서 위기 상황을 만들어 내고 있다.

산업화, 도시화로 인한 자연생태계 위기의 징후들은 우리의 실생활에서는 물론 전지구적으로 나타나고 있다. 인구 증가와 도시화율의 증가, 산림파괴, 사막화, 기아와 질병, 국경을 초월한 대기오염과 지구 온난화 및 오존층 파괴, 산성비, 토양오염, 수자원 고갈 및 수질오염, 생물종의 감소, 유해화학물질 사용량의 증가, 핵발전소의 증가와 핵무기 확산, 환경호르몬의 폐해 등 이루 헤아릴 수 없이 많으며, 그 심각성은 우리의 상상을 초월한다.

2) 한국의 생태위기와 인간성 상실

우리나라의 자연생태계 파괴와 인간성 상실의 위기는 1960~1970년대 시작된 경제개발에서부터 초래되었다. 박정희 군사정권에 의해 계획·실행된 국가 경제개발은 '보릿고개'로 상징되는 가난을 극복하기 위한 한국인의 처절한 몸부림이었다. 이것은 한국인에게 있어서 5천년의 역사를 이어온 농경사회에서 산업사회로 이전되는 사회의 변혁이었으며, 농업문명에서 산업문명으로 이전되는 문명의 전환이었다. 우리의 경제개발은 '잘 살아보세, 우리도 한 번 잘 살아보세, 초가집도 없애고, 마을길도 넓히고, …' 등의 구호 아래 전개된 새마을운동에 전 국민이 동원되었으며, 1980년이 되면 '1,000불 소득에, 100억 불 수출에, 새 나라 자동차를 탈 수 있다'는 꿈과 희망으로 부풀게 하였다. 그 결과 미국과 유럽에서 200여 년에 걸쳐 이룩한 산업사회를 30여 년만에 달성했다. 단기간에 이룩한 우리 경제의 고속·압축 성장은 국민들에게 '보릿고개'의 가난을 벗어나게 했지만 그보다 더 소중한 많은 것들을 잃게 하였다.

경제개발과정에서 우리들이 잃어버린 것은 유형·무형의 민족자산이었다. 이러한 민족자산은 돈으로 계산할 수도 없고, 돈으로 살 수도 없으며, 그렇다고 복원하기도 어렵다. 수많은 사례들을 나열할 수 있지만 그 중 몇 가지를 들면 다음과 같다.

첫째, 농경사회의 붕괴이다. 경제개발과정에서 농촌 인구가 도시로 이동하고 공장 노동자로 전락하면서 농경사회가 붕괴되었다. 농경사회의 붕괴는 단순히 주곡, 야채, 과일, 가축 등 먹을거리 생산체제의 왜곡만이 아니다. 그것은 사람들의 삶의 양식을 바꾸어 놓았을 뿐만 아니라 자연생태계의 파괴로 이어졌다. 공업화와 도시화로 대변되는 산업사회는 농업기반의 붕괴, 도시로의 인구 집중, 가족구조와 기능의 변화, 빈부격차와 계층 간의 갈등 등 수많은 사회문제를 낳고 있다. 오늘날 우리 사회가 안고 있는 정치, 경제, 사회, 교육, 환경, 교통 등 거의 모든 현안 문제의 원인은 농경사회의 붕괴에서 비롯된 것이라고 해도 과언이 아니다.

둘째, 민족 전통문화의 말살이다. 전통문화는 의, 식, 주를 비롯한 전통적으로 이어온 전반적 삶의 양식이다. 경제개발은 서양의 기술과 자본과 가치에 바탕을 두고 있다. 경제개발은 서양 것은 좋은 것이고, 우리 것은 좋지 않은 것이라는 이분법적 논리에 의해 진행되었다. 우리 민족이 5천년 동안 지켜온 전통문화는 '구악(舊惡)'으로써 없애버려야 할 대상이며, 서양의 기독교적 가치에 비추어 타파해야 할 미신(迷信)이었다. 경제개발과정에서 당국에서 내건 '초가집도 없애고', '구악을 일소하고', '미신을 타파하자' 등의 구호가 이를 웅변하고 있다. 이로 인해 초가지붕은 슬레이트나 양철

지붕으로 바뀌었고, 한복은 양복으로 대치되었고, 김치·간장·된장으로 대변되는 우리의 고유 먹을거리는 수입 먹을거리로 바뀌었으며, 음력은 양력으로 바뀌었고, 우리 고유의 세시풍속은 서양 문물의 영향으로 크리스마스나 발렌타인데이가 그 자리를 차지하였으며, 장승·솟대·성황당으로 상징되는 기층 민중들의 민간신앙은 행정당국과 기독교의 말살 대상으로 지목되어 야만과 미개로 치부되어 사라졌다.

셋째, 자연생태계의 파괴이다. 경제개발은 우리 조상들이 5천 년간 지켜온 금수강산을 단숨에 파괴해 버렸다. 산, 들, 강, 바다 어느 곳 하나 온전한 데가 없으며, 땅, 물, 공기 어느 것 하나 썩지 않은 것이 없다. 한반도 전체가 중병에 걸려 신음하고 있다. 어릴 적 교과서를 통해 배웠던 그 많던 평야들은 공장과 아파트로 바뀌어 사라져 가고 있으며, 수없이 건설된 댐과 간척사업은 자연생태계를 파괴하고 수몰민들의 삶의 터전과 고향의 향수마저 앗아갔다. 메뚜기, 미꾸라지, 개구리는 물론 텃새와 제비들이 사라지는가 하면, 수컷 물고기가 암컷으로 변하고, 남자의 정자 수가 급격히 감소하고 있다. 경제개발은 한반도 생태계의 파멸을 가속화시켜 마침내 인간의 생존마저 위협받는 지경에 이르렀다.

넷째, 민족성과 인간성의 상실이다. 우리 민족은 오래 전부터 산 좋고 물 맑은 한반도에 터를 잡고 사람과 자연이 하나 되어 살아온 생명공동체와 사람과 사람이 더불어 살아온 마을공동체의 정신과 윤리와 덕목을 지키며 살아왔다. 그러나 개발독재의 주도자들은 경제개발과정에서 온 국민들에게 '하면 된다', '싸우면서 건설하자'는 식의 도전적, 경쟁적, 이기적, 물질적 가치관을 주입시키면서 민족 고유의 가치관을 송두리째 매몰시켜 버렸다. 정신보다 물질을, 과정보다 결과를, 보전보다 개발을, 화합보다 경쟁을, 작은 것보다 큰 것을, 우리 것보다 서양 것을 추구하는 방향으로 몰아갔다. 이 같은 경제개발로 인해 농경사회가 산업사회로 바뀌면서 농경사회에서 추구하는 중심가치인 생명가치와 정신가치는 점차 사라지고, 산업사회에서 추구하는 중심가치인 경제가치와 물질가치로 변모되었다. 이로 인해 우리 민족은 주체성과 정통성을 잃고 서양의 물질문명과 기독교 정신에 점차 동화되었으며, 겸손과 섬김과 나눔의 정신은 과시와 경쟁과 욕망의 정신으로 변질되었다. 남들보다 더 앞서고, 남들보다 더 많이 가지고, 남들보다 더 높은 지위를 차지하려는 욕망으로 가득 찬 우리의 지금 모습은 경제개발 이전의 우리 조상들의 모습과는 너무나 대조적이다. 불과 30여 년에 걸쳐 이루어진 경제개발과정은 우리의 민족성과 인간성을 이처럼 타락시켰다.

우리는 대대로 이어온 가난을 면하기 위해 고도의 경제성장을 이룩했다. 한때 아시아의 네 마리 용(龍) 중의 하나로 이웃 나라들의 부러움을 사기도 했다. 그러나 경제성장의 후유증은 너무나 심각하다. 경제성장을 통해 파이는 커졌지만 골고루 나누지 못해 가진 자와 못 가진 자 간의 갈등의 골을 깊게 파 놓은 천민 자본주의체제를 만들어 놓았다. 90의 못 가진 자들은 10의 가진 자들을 향해 누구를 위한 개발과 성장이었는가를 묻고 있다. 지금 우리의 경제성장은 부모들이 개발과 성장의 역군으로 밤낮 없이 고생하여 부(富)를 움켜쥐고 돌아와 보니 자식들은 망나니가 되어 있고, 이웃은 온데간데 없고, 땅과 물과 공기는 썩어 한 몸 쉴 곳이 없는 형국이다. 과연 누구를 위한, 무엇을 위한 개발이고 성장이었는가를 되씹고 있다. 어디서, 무엇이 잘못되어 이 지경에 이르렀는지 그 근본원인을 찾아야 한다. 이제 우리는 경제개발과 성장의 업보(業報)를 겸손하게 받아들여야 한다. 그 치유책은 자연의 순리대로, 사람의 도리를 다하며 살아온 우리 선조들의 삶의 지혜에서 찾을 수 있을 것이다.

3) 산업문명의 피해자인 병든 아이들

(1) 산업사회 모순과 병든 아이들

산업문명과 경제성장은 아이들에게 과연 어떤 영향을 주었는가? 산업화 과정에서 아이들은 얻은 것보다 잃은 것이 훨씬 많다. 아이들은 어른들이 그토록 갖고 싶었던 TV와 장난감과 사탕과 신발을 얻었지만 사랑과 이웃과 친척과 파란 하늘과 맑은 공기와 푸른 숲과 흙을 잃었다. 가족구조와 기능의 변화로 인해 할아버지와 할머니의 사랑과 너그러움을 잃었고, 엄마의 젖과 가슴과 사랑 대신에 우유와 잔소리와 돈을 얻었으며, 가정과 동네 공터 대신에 시멘트와 벽돌로 둘러싸인 유치원과 어린이집을 얻었다. 또한 아이들은 밥과 김치 대신에 햄버그를 얻었고, 신선한 야채와 과일 대신에 농약에 오염된 야채와 과일을 얻었다. 아이들은 할머니의 옛날 이야기 대신에 TV와 동화책을 얻었고, 캄캄한 밤하늘과 별 대신에 밝은 빛의 전등을 얻었다.

요즘 아이들은 대부분 도시에 살고 있고, 그 대다수는 아파트에 살고 있다. 인류 역사에서 오늘의 도시 아이들처럼 풍요한 환경 속에서 가장 각박하게 자라는 아이들도 없는 것 같다. 지금 우리 아이들의 삶의 모습은 마치 '양계닭'의 처지와 비슷하다. 부모들은 자식을 위해 엄청난 시간과 돈을 투자하면서 온갖 정성을 쏟고 있다. 그 결과 부모들 자신이 보기에는 내 아이가 잘 자라고 있다고 생각할지 모르지만 주변의 많은 지각 있는 사람들은 자라나는 어린 아이들의 모습을 바라보면서 심각하게 우려하고 있다. 이들이 걱정하는 요즘 아이들의 모습은 심신이 나약한 아이, 버릇없는 아이, 이기적인 아이, 욕심 많은 아이, 남을 배려할 줄 모르는 아이, 참을성이 없는 아이, 정서적으로 불안정한 아이, 마음이 조급하고 공격적인 아이, 또래와 어울리지 못하는 아이, 진취성이 없는 아이 등으로 거의 비슷하다. 만약 요즘 아이들의 모습이 이들의 우려대로라면 여간 심각한 것이 아니다.

(2) 날로 악화되는 양육 · 보호 · 교육환경

우리 사회는 불과 30~40년의 짧은 기간 동안에 농경사회에서 산업사회로 바뀌었듯이 아이들의 양육 · 교육환경 역시 급작스런 변화를 겪고 있다. 이런 소용돌이 속에서 아이들을 낳고 기르는 일이 종전의 자연스런 일에서 인위적이고 가식적인 일로 변질되어 가고 있다. 아이를 잉태하면 자연스럽게 이루어지던 태교(胎教)는 부모의 욕망과 가식이 앞서는 억지 태교로, 아이를 낳는 성스럽고 자연스런 일인 자연분만은 인공분만으로, 아이를 낳으면 사람 젖을 먹이는 자연스런 일인 모유수유는 소젖을 먹이는 분유수유로, 아이가 자라려면 마땅히 먹여야 할 자연의 먹을거리는 패스트푸드와 인스턴트 음식으로 대변되는 인공의 먹을거리로 변질되고 있다.

이러한 양육 · 교육환경에서 자라난 아이들이 온전하고 정상적이기를 기대하는 것 자체가 자연의 이치, 즉 상식에 맞지 않는 과욕이다. 특히, 우리 사회는 산업문명이 낳은 환경오염의 폐해도 심각하지만 아이들의 양육·교육환경은 그 도를 넘은 상황이다. 세계화의 망령 속에서 영어를 잘 할 수 있도록 하기 위해 돌도 안된 자식에게 외국인 영어 학습을 시키는가 했더니 멋진 영어 발음을 위해 자녀의 혀를 수술하는 지경에까지 이른 사회적 풍토는 그 단면이라고 할 수 있다. 우리는 지금 '민족적 염원'이었던 고도 산업사회를 이룩했다고 자랑스러워 했지만 이 사회를 지켜나갈 우리 아이들의 몸과 마음과 영혼은 병들어 가고 있는 안타까운 현실에 직면해 있다.

(3) 제왕절개율과 모유수유율, 세계적 불명예

1960년대 우리나라 아이들의 출산은 거의 가정에서 자연분만으로 이루어졌다. 그러나 최근에는 거의 모든 아이들이 병원에서 태어나고, 그 절반 정도(약 43%)는 제왕절개로 태어나며, 그 비율은 세계 최고 수준이다. 제왕절개는 산모의 모유먹일 권리와 기회를 빼앗는다. 산모에게 투여된 항생제와 마취제로 인해 모유가 나온다 하더라도 아기에게 모유를 먹이는 것이 쉽지 않다. 출산 후 아기가 모유를 먹느냐 못 먹느냐의 문제는 그 아이의 신체적·정신적 건강뿐만 아니라 향후 식성과 식습관 문제와 직결된다.

우리나라의 모유 먹이는 비율(약 10%)이 세계 최하위이다. 이는 유럽 75%, 미국 52%, 일본 45%, 브라질 42%에 비해 터무니없이 낮은 비율이다. 우리나라의 모유수유율은 1960년대 거의 100%에 이르던 것이 병원분만이 증가되면서 1985년 59%, 1988년 48.1%, 1994년 11.4%, 1997년 14,1%로 점차 줄어들고 있다. 특히 모유수유율은 대졸 이상 7.7%, 고졸 11.3%, 중졸 이하 19.8% 등으로 학력이 높을수록 젖먹이기를 기피하는 것으로 나타났다.

(4) 불량 먹을거리와 아이들의 질병

분유를 먹고 자란 아이들은 그와 유사한 성분을 지닌 사탕류, 아이스크림, 케이크, 탄산음료, 패스트푸드, 인스턴트 식품 등을 자연스럽게 좋아하게 된다. 입맛이 그런 식으로 길들여졌기 때문이다. 요즘 아이들이 좋아하는 음식은 돈가스, 햄버그, 피자, 자장면, 라면, 햄, 소시지 등이고, 싫어하는 음식은 나물, 김치, 야채, 콩류, 생선 등이다. 국민영양조사(2000)에 따르면, 아침을 안 먹는 청소년들이 46.3%에 달해 일반인 평균 35.1%보다 훨씬 높으며, 규칙적으로 식사를 하는 사람의 비율은 31.5%에 불과하다.

최근 미국인들은 육류, 가공식품, 패스트푸드 중심의 식생활이 설사병, 만성두통, 비만, 당뇨, 아토피 피부염, 과잉행동장애, 정서장애 등 국민들의 정신과 육체를 황폐화시키고 있다는 위기의식에 따라 곡물, 야채 위주의 동양식 식생활로 바꾸고 있다. 그런데 우리는 미국식 식생활을 쫓아가고 있으니 한심하기 그지없다는 생각이 든다.

패스트푸드나 인스턴트 음식의 과다 섭취는 소아비만, 자폐증, 과잉행동장애(ADHD), 청소년 폭력, 뇌신경 장애, 아토피 피부염 등을 유발할 가능성이 높다. 소아 아토피 피부염 원인의 30%는 패스트푸드나 인스턴트 음식의 과잉섭취와 잘못된 식습관에서 온다.

(5) 아토피 피부염 증가의 심각성

아토피 피부염은 환경오염, 불량한 먹을거리, 스트레스, 생활리듬 파괴 등 외부 자극에 대해 인체가 적절히 대응할 수 있는 면역체계가 약화되어 피부로 나타난 증상이다. 아토피 피부염은 목이나 팔오금, 무릎오금, 사타구니 등 피부가 접히는 부분에서 발생하여 얼굴, 팔, 다리 등 온몸으로 번져 나가며, 피부가 매우 가렵고, 긁으면 진물이나 상처가 나고 심해지면 코끼리 피부처럼 거칠어지고 검붉게 변해 바깥 출입이 어렵게 된다.

최근 환경오염과 양육환경의 악화로 인해 어린 아이들에게서 아토피 피부염이 급격히 증가되는 추세이다. 우리나라의 경우, 10명 중 3~4명 수준이며, 나이가 어릴수록 증가되고 있다는 데 문제의 심각성이 있다. 일본의 경우 10명 중 7~8명 정도로 심각한 수준이다. 우리나라도 향후 10년 내에 일본의 현재 수준에 이를 것으로 내다보고 있다. 지금처럼 환경오염이 가속화되고, 제왕절개율과 분유수유가 증가되고, 오염된 먹을거리 풍토 등이 개선되지 않는 한 우리 아이들의 아토피 피부염 증가는 불을 보듯 뻔하다.

인류가 자연과 친하게 살 때는 아토피 피부염 같은 알레르기성 질환이 드물었고, 질환이 있어도 그저 관리만 적당히 하면 자연스럽게 치료되었다.

자연분만으로 태어나 깨끗한 물과 흙과 공기 속에서 엄마 젖과 신선한 제철 먹을거리를 먹고 자연 속에서 마음껏 뛰놀면서 자란 예전의 아이들은 아토피 피부염을 겪지 않았다.

(6) 대를 잇는 식습관 다음이 문제

어린 아이들은 아침밥을 꼭 먹어야 한다. 그런데 아침을 굶는 아이들이 절반 정도인 지금의 현실을 어떻게 받아들여야 할 것인가? 아이들이 아침을 거르면 혈당치의 저하로 무기력해지고 집중력이 떨어지며 성장에도 좋지 않은 영향을 준다. 부모교육을 해서라도 집에서 아침을 먹이도록 하든지 아니면 유치원이나 어린이집에서라도 아침을 먹여야 한다.

요즘 신세대 가정의 식사문화는 미국식이다. 아침은 안 먹거나 토스트와 커피 한 잔 정도이고, 아이는 콘프레이크에 우유를 타서 먹는다. 햄버그와 콜라로 점심을 먹거나 도시락을 가져가는 경우에도 햄이나 소시지 반찬이다. 저녁은 외식을 하거나 육류 위주 음식이 주종을 이룬다. 아이들의 식습관은 부모, 특히 엄마로부터 물려받는다. 요즘 아이들은 태어나자마자 모유 대신 분유로 배를 채우고, 간편하고 달짝지근한 시판 이유식으로 또 1년을 보내며, 그 때 길들여진 입맛으로 과자나 탄산음료, 각종 인스턴트 식품만을 선호하게 되는 순서를 밟아간다. 아이들의 식습관은 출생 이전 임신기간과 부모의 처녀, 총각 시절 식습관으로 거슬러 올라간다.

아이들의 모든 질병의 원인은 임신기간은 물론 처녀 총각 시절 부모의 건강 상태와 식습관으로 거슬러 올라간다. 처녀 총각의 건강과 식습관이 이처럼 중요한데도 이 문제를 해결하려는 사람들이 얼마나 되는지 묻지 않을 수 없다. 대를 잇는 식습관 다음 세대가 문제다.

(7) 체격은 크나 체력이 약한 아이들

대체로 요즘 아이들의 경우 체격은 커졌을지 모르지만 체력은 형편없는 수준이다. 요즘 아이들이 잘 먹어서 크다고 하지만 아이들이 즐겨 먹는 음식물에 들어 있는 성장 호르몬의 영향이 더 큰 것인지도 모른다. 옛날 사람들은 8척 거구라고 하면 진짜 힘도 세고 골격도 탄탄했는데, 요즘 사람들은 덩치만 크고 체력은 형편없는 경우가 많다. 요즘 사람들은 고기 양을 늘리려고 성장 호르몬이 든 사료를 먹여 키우는 소나 돼지나 닭처럼 덩치만 커진 게 아닌가 하는 의구심을 갖지 않을 수 없다.

이런 아이들일수록 과자류, 빙과류, 탄산음료, 인스턴트 식품을 거의 입에 달고 있다. 시도 때도 없이 먹고 몸을 움직이지 않고 앉아만 있으니 과체중 내지 비만이 될 수밖에 없다. 최근 비만아동이 급증하고 있는데, 초등학생은 10명 중 3명이고 취학 전 유아는 20명 중 1명 수준이다.

(8) 정신적 질환에 시달리는 아이들

산업문명은 교통사고의 증가로 아이들의 생명을 빼앗기도 하고, 집 밖에서 뛰어놀 공간을 빼앗아갔다. 아이들은 실내 공간 생활에 익숙해져 가정과 유아시설에서 앉아서 TV를 보거나 플라스틱 장난감을 가지고 논다. 각국 아이들의 여가시간을 보면, 미국 아이들은 스포츠를 주로 하고, 대만 아이들은 외국어를 배우는데 비해 한국 아이들은 산수를 주로 한다는 것이다. 특히, 최근 매스미디어에 매몰된 아이들은 감각차단결핍증, TV・컴퓨터・인터넷 중독증, 정서불안, 과잉행동장애, 스트레스, 히스테리, 이상성격, 불안, 초조, 고립, 이상과 현실의 혼돈, 환상, 자아상실, 인간기피증, 쾌락추구 등 각종 정신적 질환이 증가하는 추세에 있다.

4) 아이살림을 외면한 유아교육 현실

(1) 인적자본 양성의 경쟁교육

산업사회에서의 교육은 과학기술 향상을 통해 경제발전에 유용한 인력양성(人力養成)에 주력한다. 산업사회에서의 교육은 인간의 삶을 가꾸는 교육이나 사람을 키우는 교육이 아니라 인적자본 양성교육이라고 할 수 있다.

우리 교육의 병폐로 지적되는 입시위주 교육, 획일주의 교육, 지식주입식 교육, 점수 따기 경쟁교육 등은 소위 국가발전에 유용한 인력을 골라내기 위한 교육제도와 정책의 당연한 귀결이다. 우리 교육은 모든 아이들의 삶을 가꾸고 사람으로 키우는 인간교육이 아니라 아이들을 유용성에 따라 차별화 하는 불평등교육이고 엘리트교육이며 인력교육이다. 보다 큰 문제는 상당수의 교육학자, 교육관료, 교사 그리고 학부모들이 이러한 정부의 교육제도와 정책의 문제점을 제대로 인식하지 못하고 오히려 그러한 정책 추진에 앞장서고 있다는 데 있다. 언론매체들 역시 그것을 알면서도 더욱 부추기고 있다. 다시 말해서 정부, 교육계, 언론계, 학부모 모두가 한통속이 되어 교육이라는 미명 아래 우리 아이들의 가슴에 깊은 상처를 안겨 주고 있다. 우리 아이들은 학교교육을 통해 철저한 이기심과 고도의 경쟁의식을 배운다. 또한 대부분의 아이들은 깊은 패배의식을 배우고, 극히 일부 아이들은 왜곡된 우월의식을 배운다.

(2) '양계닭' 같은 아이로 키우는 유아교육

유아교육은 '아이가 스스로 잘 자라도록 돌보는 일'이다. 유아교육의 역사는 인류 역사와 맥을 같이 한다. 유아교육은 집안 차원에서 보면 '자식농사'이고, 국가 차원에서 보면 '사람농사'이다. 예나 지금이나 농사(農事)는 자연의 섭리에 따라 이루어져야 하며, 아이농사 역시 자연의 순리를 따라 생명을 키우는 일이다. 유아교육은 본래 아이의 생명을 키우는 일이다. 이러한 유아교육이 농경사회에서는 그런 대로 본래의 모습이 있었는데, 산업사회에 접어들면서 본래의 모습을 잃어가고 있다. 오늘의 유아교육은 산업사회의 부산물이다.

오늘날 유아교육시설은 사회구조와 기능의 변화로 인해 어른의 편의와 경제적 효율성을 빌미로 아이들을 집단적으로 양육, 보호, 교육하는 시설인 셈이다. 농경사회에서 아이들은 토종닭처럼 자연 속에서 또래들과 어울려 놀이를 하면서 스스로 자유롭게 자란데 반해 산업사회에서 아이들은 양계장 닭처럼 시설 내에 갇혀서 부모나 교사의 감독 하에 미리 짜여진 계획에 따라 자연과 놀이와 아이다움을 잃어버리고 키워지고 있다.

(3) 외국 유아교육 이론과 프로그램 전시장인 유아교육 현실

현재 우리나라에는 헤아릴 수 없이 많은 영유아교육 이론과 프로그램들이 우후죽순처럼 쏟아지고 있으며, 이들 상업적 프로그램 시장은 매년 증가 추세에 있다. 한 조사보고에 의하면 우리나라 학습지 시장이 2~3조 원대에 이르고, 소위 엔젤산업이 연평균 40% 이상 신장하는 신종 산업으로 번창하고 있다고 한다. 외국의 유아교육관련 학자들의 이름을 딴 몬테소리 프로그램, 프뢰벨 은물, 피아제 프로그램, 그리고 이스라엘의 오르다 프로그램, 일본의 시찌다 프로그램, 이탈리아의 레지오 에밀리아 프로그램, 독일의 발도르프 프로그램 등 외국 프로그램의 전시장이라 할 만큼 수많은 유아교육 프로그램들이 성행하고 있다.

오늘날 우리의 유아교육은 우리의 전통과 사상에 의해 우리 아이들로 키우는 것이 아니라 외국의 전통과 사상에 의해 외국 아이들로 키우는 것이 되어 버렸다. 유아교육학계에서는 언제까지 외국 이론과 프로그램의 소개와 검증을 위해 우리 아이들을 실험대상으로 활용할 것인가? 외국 책을 번역하는 방식의 대학원 수업은 언제까지 계속할 것인가? 대를 잇는 서양 학문의 세습은 어찌할 것인가? 100년의 역사를 자랑하는 우리나라 유아교육의 현주소이다.

(4) 아이들의 삶과 생활을 외면한 유아교육

본래 유아교육은 아이들의 삶과 생활을 돌보는 것이다. 유아교육의 기본은 아이들이 잘 먹고 잘 자고 잘 노는 일상적 삶을 바르게 하는 것이다. 또한 유아교육은 아이들의 오감각과 몸과 마음과 영혼을 건강하게 키우고 일깨우는 일이다. 그러나 지금의 유아교육은 아이들의 삶과 생활이라는 기본을 외면하고 어쩌면 불필요한 일에 몰두하고 있다. 부모, 원장, 교사, 연구자 모두 정도의 차이는 있지만 그러한 경향은 유사하다.

아이들에게 지식과 정보, 문자와 숫자, 영어 등 외국어를 보다 일찍, 보다 많이, 보다 오래 가르치는 것이 유아교육으로 받아들여지고 있다. '공부 못하고 학벌 없으면, 이 땅에서 서러움을 겪는다'는 인식에 의해 학부모들의 조기교육 열풍은 끝이 보이지 않는다. 극성스런 엄마들은 영아교육을 부르짖으며 돌이 갓 지난 아이에게 한글과 영어를 가르치기 시작한다. 이 아이들은 젖을 빨 시기에 조기교육기관에서 선생님의 구령에 맞추어 교육을 받는다. 이에 따른 부작용들에 대한 경고에도 불구하고 조기 사교육은 그 교육적 효과에 대한 치밀한 검증 없이 확산일로에 있다.

(5) 보여주기식 유아교육

유아교육은 이미 거대한 시장을 형성하고 있다. 모든 사업에 불황이 있지만 유아를 대상으로 하는 사업은 불황이 없다는 말도 있다. 조기교육 열기와 맞물려 유아교육기관에서는 부모에게 유명한 프로그램, 더 많은 경험, 더 많은 교육을 시키는 것을 보여주고 원을 소개할 수밖에 없다. 따라서 부모에게 보여줄 수 있는 교육을 시킬 수밖에 없는 것이다. 한자교육, 영어교육, 예능교육, 체육교육 등을 한다고 선전하게 된다. 각종 전시회, 솜씨자랑, 재롱잔치 등은 유아교육기관을 알리는 데 중요한 역할을 한다. 그러나 그 겉모습 이면에 숨겨져 있는 교육의 실상을 보지 못하는 것이다. 교육의 주체인 아동의 자발적인 흥미에서 시작된 교육이 아니라 보여주기식 교육의 대상으로 이용되고 있는 현 교육은 뭔가 크게 잘못 되어가고 있다.

2. 사상적 · 철학적 배경

여기서는 생태유아교육의 사상적 · 철학적 배경에 관해 논의하고자 한다. 생태유아교육의 사상적 · 철학적 배경을 논의하기 위해 한국의 생태사상 및 철학, 동양의 생태사상 및 철학, 그리고 서양의 생태사상 및 철학의 3부분으로 나누어 살펴보고자 한다. 먼저, 한국의 생태사상 및 철학 부분에서는 민간신앙과 전통육아, 민족고유사상 및 민족종교사상으로 나누어 살펴보는데, 민족고유사상에서는 삼신사상, 홍익인간 사상 및 풍류도를 중심으로 살펴보고, 민족종교사상에서는 동학 · 천도교, 증산교, 대종교 및 원불교에 대해 언급하고자 한다. 다음으로 동양의 생태사상 및 철학 부분에서는 유교, 불교, 도교의 생명 사상과 철학을 중심으로 살펴보고, 마지막으로 서양의 생태사상 및 철학 부분에서는 아리스토텔레스의 목적론적 자연관, 그리스도교의 생명사상 및 생태철학에 대해 언급하고자 한다.

1) 한국의 생태사상 및 철학

여기서는 우리 민족의 생태사상 및 철학에 대해 살펴보고자 한다. 우리 민족의 민간 신앙과 이를 바탕으로 한 전통육아사상, 상고사상, 민족종교사상 등은 천인합일(天人合一)을 넘어 자연 공경의 원리를 따르는 생명사상으로 생태유아교육의 사상적 근본자리라고 할 수 있다.

(1) 민간신앙과 전통육아

마을은 생산공동체, 놀이공동체, 신앙공동체이다. 아이들은 이 셋에 감싸져 자란다. 여기에 또 하나가 있다면 교육공동체로서 마을이다. 마을은 할머니 할아버지를 아우른다. 아이 하나를 마을공동체의 건실한 인간, 자주적 인간으로 키우는데, 눈에 보이는 그리고 눈에 보이지 않는 마을의 온갖 것들이 쓰인다. 할머니 할아버지와 놀고, 엄마나 아빠를 따라가 일하고, 동무들과 놀고 대보름이나 단오 때는 마을 모든 사람들과 하나가 되어 배운다.

민간신앙과 아이들은 어떤 관계가 있을까? '아기팔기' 풍속이 예가 될 수 있겠다. 아들이 귀한 집에서는 아이를 뒷산 큰 바위나 나무에 팔았다. 그러면 이 아이는 바위나 나무의 아들이 된다. 낳은 부모도 있어야 하지만 자연이 부모 노릇을 올바르게 해주지 않으면 아이들이 잘 자랄 수 없다. 이렇게 아이들은 자신도 모르는 사이에 자연과 하나가 된다. 이렇듯 아이들이 바위나 나무를 제 부모 위하듯이 위하는 것이 생태유아교육의 시작이다. 이 아이들이 커서 부모와 같은 바위나 나무를 결코 함부로 하지 않는다. 태교도 빠뜨릴 수 없다. 임재해는 태교사상(胎敎思想)에 깃든 사상을 학생, 교사, 학부모의 관계 속에서 다시 살핀 바 있다.

> 태교에서 태아를 학생이라고 하고 임신모를 교사라 한다면 가족은 학부형이나 다름없다. 그러나 교사적 권위를 일방적으로 행사하고 시험을 통해 학습을 강제하는 권력관계의 교사나 교육현장에서 소외되거나 학교와 결탁하고 있는 학부형이 아니다. 그야말로 교사와 학생, 학부모가 함께 하는 사랑의 교육관계이다. 태교의 내용을 보면 완전히 사제동행(師弟同行)이다. 게다가 학부형까지 적극 참여한다. 학생에게 기대되는 삶을 그 교사와 학부형이 오롯이

> 실천하는 셈이다. 따라서 태교는 그 자체로 바람직한 삶의 태도이자 삶의 성숙을 가져오는 수양이어서, 태아에 대한 태중교육이자 부모교육이며 가족교육이기도 하다. 교사와 학생이 함께 인격적으로 성숙하는 것은 물론 학부형까지 성숙하게 하는 교육이 있다면 더 바람직한 교육이 어디 있겠는가. 그러므로 태교는 우리가 본받아야 할 미래 교육이기도 하다(임재해, 2001, 181-182).

전통적인 육아방식에서 어른들의 아이들에 대한 관심이 어떠했는지 살펴보자. 예로부터 아이들에 대한 할머니, 할아버지, 어머니, 아버지, 그리고 이웃 어른들의 사랑과 지혜가 한데 녹아 민속문화로 다양하게 전승되었다. 이러한 민속문화는 학습으로 강제되는 것이 아니라 생활 속에 스며들어 있다. 아이 어르는 노래, 아이 재우는 노래, 배가 아플 때나 오줌똥을 가리게 해주는 것들을 들 수 있는데, 이런 문화 속에서 우리 민족 나름의 정서를 자연스럽게 느끼며 컸다.

아이 어르는 노래부터 보자. 아이는 엄마나 할머니 할아버지가 돌본다. 이 때 아이들의 발달단계에 따라 그에 맞는 몸짓과 노래가 있다. 엄마나 할머니가 발달단계를 의식해서 그렇게 했던 것은 아니다. 끊임없이 이어져 온 우리 민속문화와 사람들의 삶 속에 발달단계가 녹아 있을 뿐이다. 이렇게 하면서 할머니와 손자나 손녀는 따뜻한 사랑을 나누었다. 중요한 것은 관심과 사랑이다.

한편, 이 같은 '유아유희요(幼兒遊戱謠)'는 기실 단군왕검의 '단동치기(檀童治基) 십계훈(十戒訓)'에서 그 연원을 짐작케 한다. '단동치기'란 글자 그대로 단군왕검의 혈통을 이어받은 배달의 아기들에게 단군왕검의 훈시에 따라 기초의 다스림을 가르친다는 뜻이다. 이 십계훈은 돌도 안된 어린 자손들에게 훈교(訓敎)하던 열 가지 훈계로 인간이 지켜야 할 계도를 가르친 것이다. 그런데 이 십계훈도 소개하는 이마다 다른 것을 보면 원전은 일실(逸失)되고 민요에 존속되어 그 명맥을 잇고 있는 듯한 인상이 짙다(이규호, 2004). 예를 들면 지정순(2002)의 「단군의 어린이 십계명」, 김숙경의 「단동치기 십계훈」(www.children.nakle.com), 이창식(1999)의 『한국의 유희민요』에서 언급한 아동유희요와 유아유희요, 흩어져 있던 '단동치기 십계훈'을 민요에서 찾아 재구성하여 집대성한 가사 모음집인 남사고(南師古)가 지었다고 전해지는 격암유록(格菴遺錄)의 「농궁가」의 내용(이규호, 2004) 등으로 알려져 있다. 여기서 지정순(2002)의 것을 소개하면 다음과 같다.

단군(檀君)**의 십계명**(十誡命) – ① 불아 불아(不亞 不亞), ② 시상 시상(侍想 侍想), ③ 도리 도리(道理 道理), ④ 지암 지암(持闇 持闇), ⑤ 곤지 곤지(坤地 坤地), ⑥ 섬마 섬마(西摩 西摩), ⑦ 어비 어비(業非業非), ⑧ 아함 아함(亞合 亞合), ⑨ 짝짜궁 짝짜궁(作作弓 作作弓), ⑩ 질라라비 휠휠(質羅阿備 活活議)

1. **불아불아**(不亞 不亞)는 할머니들이 어린아이의 허리를 잡고 좌우로 기우뚱 기우뚱 하는 것인데, 그 의미는 하늘에서 땅으로 내려오는 것이 불(弗)이요, 땅에서 하늘로 올라가는 것을 아(亞)라 하는 것이니. 사람으로 땅에 내려오고 신(神)이 되어 하늘로 올라가는 무궁무진(無窮無盡)한 생명을 가진 나(我)를 예찬하는 것이다.
2. **시상시상**(侍想侍想)은 앉아서 앞뒤로 끄덕끄덕하는 것인데, 사람의 형체와 마음은 태극(太極)에서 받았으며, 기맥(氣脈)은 하늘에서 받고 신체(身體)는 지형(地形)에서 받은 것이므로, 나의 한 몸이 작은 우주(宇宙)이기 때문에 하느님을 나의 몸에 모신 것이니, 매사에 하느님의 뜻에 맞도록 순종(順從)하겠다는 뜻을 의미한 것이다.
3. **도리도리**(道理道理)는 머리를 좌우로 흔드는 것인데, 이것저것 생각해 보니 천지(天地)의 만물(萬物)이 무궁무진한 도리(道理)로 생겨나는 것이니 너도나도 도리로 되었음을 잊지 말라는 것이다. 또한 머리를 좌우로 흔드는 것은 좌선우선(左線右線)을 가르침이니 너와 나의 과거와 미래를 가르침인 것이다.
4. **지암지암**(持闇持闇)은 두 손을 내 놓고 다섯 손가락을 쥐었다 폈다 하는 것인데, 그윽하고 무궁한 진리는 창졸간(創卒間)에 알 수 없는 것이니 듣고 듣고, 생각하며 깨달아야 한다는 의미이다.
5. **곤지곤지**(坤地 坤地)는 오른손 집게 손가락으로 왼쪽 손바닥을 찍는 것인데, 지암지암한 이치를 깨달아서 곤지곤지로 돌아오라는 것이니 건천, 즉 하늘의 이치를 깨닫거든 사람과 만물이 서식(棲息)하는 곤지도(坤地道)에 입각하며 천지간의 무궁무진한 조화를 이내 몸에 갖춤으로 깨달으라는 의미인 것이다.
6. **섬마섬마**(西摩西摩)하는 것은 어린아이를 일으켜 세우며 서라는 말인

데, 건운(乾運)에서 곤운(坤運)으로 돌아설 때는 정신문명인 강상(綱常)의 이치만으로는 안 되는 것이니 섬마도(西卍)에 입각하여 물질문명을 받아들여 동양의 정신문명 바탕 위에 물질문명을 받아들여 잘 발전시키라는 심오한 뜻인 것이다.

7. **어비어비**(業非業非)는 무서운 것을 가르치는 것인데, 사람은 누구나 하느님의 뜻에 따라 활동을 하며 살아가라는 뜻인데 하느님의 뜻이 아니면 하느님이 벌을 준다는 뜻이니 즉 무위도식하는 것보다 무서움이 없다는 것이다. 온 나라 안에 실직자가 하나도 없게 하는 것이 가장 훌륭한 정치이며, 개인적으로도 무한한 행복인 것이다.
8. **아함아함**(亞合亞合)은 손바닥으로 입을 막으며 소리를 내는 것인데, 두 손들 가로 모아 아자(亞字)의 형국이니, 이것이 천지 좌우의 체국(體局)이며 아군아제(亞君亞帝)를 이 몸에 모시었다는 의미인 것이다.
9. **짝짜궁 짝짜궁**(作作弓 作作弓)은 두 손바닥을 마주치며 소리내는 것인데, 작작궁은 천체(天體)의 조작(造作)이다. 활 궁자를 등지어 두 개 쓰고 밑에 일자를 그으면 아자(亞字)가 되니 활 두 개에 화살 하나를 위에 놓은 것이요, 두 손을 마주 잡으면 아자(亞字)의 형국이 되니 천지 좌우의 체궁(體弓)이요, 태극(太極)의 궁궁을을(弓宮乙乙)이라 하늘에 오르고 땅으로 내려 사람으로 오고, 신(神)으로 가는 이치를 깨달았으니, 작궁무(作弓舞)나 추어 보자는 의미가 들어 있는 것이다.
10. **질라라비 훨훨**(質羅阿備 活活議)은 팔을 훨훨 치며 춤추는 것인데, 질라라비 활활은 천지자연의 모든 이치를 갖추고 지기(地氣)를 받은 육신이 활활(活活) 자라나서 작궁무(作弓舞) 추어가며 즐겁게 살아가자는 것이다.

이것을 종합하여 연구하여 보면, 인간의 존엄성을 다시 없이 강조하는 동시에 이지적(理智的)이며 진보적(進步的)이며 활동적(活動的)인 동시에 낙천적(樂天的)인 정신이 포함되어 있음을 짐작할 수 있는 것이다. 천진무구한 어린이들을 달래고 놀리는 단순한 행동에 무궁무진한 교훈이 포함되어 있음을 감탄하지 않을 수 없다. 수리(數理)로 풀어낸 천부경(天符經), 삼일신고(三一神誥) 등의 우주관을 신체의 언어에 접목시켜 지금까지 맥이 끊이지 않은 것은 지혜로운 선견지명이라 여겨진다. 단군의 십계명은 선조들의 숨은 노고 끝에 1962년 성문각 발행, 휴계(休溪) 안명선(安明善) 저(著) 『빛나는 겨레의 얼』이라는 책자에 소개되었었다(지정순, 2002).

아이에게 가장 먼저 하는 것이 아이 기저귀를 갈아 주면서 다리를 주물러 주며 하는 '쭉쭈기' 또는 '빼대빼대'이다. 이 때 사내아이인 경우는 기저귀를 갈아 주기 전에 불알을 위로 몇 번을 쓰다듬어 주기도 했다. 차이는 좀 있으나 다음에 하는 것이 '짝짝꿍'이다. '까꿍'이나 '깨꼬'도 이 때쯤 한다. 이렇게 하면 앞밖에 못 보던 아이가 눈동자를 옆으로 돌리거나 소리 나는 쪽으로 고개를 돌리려고 한다. '도리도리'도 마찬가지다. '꾸벅꾸벅'도 하는데, 고개를 좌우로 돌리는 '도리도리'와는 달리 고개를 앞뒤로 숙였다 들었다 한다. 다음으로 '짝짝꿍'이다. 이어서 하는 것이 '진진'인데 흔히 아는 '곤지곤지'이다. 앞서 했던 '짝짝꿍'보다는 한층 섬세하다. 다음이 '쪼막쪼막'인데 '잼잼'이다. 이것은 손에 힘을 주어 쥐었다 폈다 해야 하기 때문에 한결 어렵다.

'맘물레 맘물레', '범벅꿍이 범벅꿍이'도 한다. '맘물레'는 두 손을 앞쪽에 내고 서로 부딪히지 않게 돌리는 것이고, '범벅꿍이'는 거꾸로 돌리며 하는 소리다. 범벅꿍이는 '벅구' 다시 말해 '소고'이다. 범벅꿍이 몸짓이 소고치는 것과 비슷해 이런 노랫말을 썼다. '맘물레'는 실을 뽑는 '물레'에서 나왔다. 처음에 어린 아이는 이 말이 무슨 뜻인지 모르지만 우리 문화 속에서 크다 보면 자연스럽게 알게 되어 문화동질감을 갖게 된다. 두 팔을 새 날개짓처럼 흔들어대는 '질라래비 훨훨'이나 '헐러래비가 훨훨'도 한다. 이러한 놀이와 노래는 윗몸을 고루 발달시킨다.

'달강달강'이라는 노래도 한다. 이 노래는 둘이 마주 앉아 손을 잡고 앞뒤로 손을 당겼다 밀었다 하며 부르는 노래인데, 아이는 이것을 하면서 몸도 가누고 우리 음악의 가락도 자연스럽게 익힌다. 이 모든 것은 마침내 걸음마를 걷기 위한 앞 놀이였다. 노랫말도 참 재미있다. 서울에 가서 밤 한 바리를 사다가 시렁 위에 얹어 놓았더니 생쥐가 들랑날랑 다 까먹고 딱 한 개 남은 것을 동솥에다 삶아 조리로 건져 밥주걱으로 문질러 껍데기는 엄마 주고 보늬(속껍질)는 너 할아버지 주고 알맹이는 너랑 나랑 둘이 먹자는 손자 손녀와 할머니와의 깜찍한 사랑이 오고가는 따뜻한 노래이다. 여기서 중요한 것은 노래와 동작이 아니라 이런 것을 하면서 쌓이고 둘 사이에 오고가는 따뜻한 관심과 사랑이다.

아이를 안고 어르면서 '둥게야'도 하고 손바닥에 올려놓고 '고네고네'도 한다. 그러다가 어느 날 아이가 스스로 한 쪽 벽을 붙잡고 혼자 막 일어서려고 할 때 기운을 북돋아 주며 '섬마섬마'나 '따로따로'를 해준다. 아이들이 스스로 첫걸음을 떼어놓는 걸음마는 참 놀라운 일이다. 처음에는 방바닥에서 뒤집지도 못하던 아이가 일어나 걸으니 말이다. 다리가 튼튼해지라고 아이 겨드랑이에 두 손을 넣어 몸을 좌우로 흔들며, '불미 노래'도 불러준다. 이처럼 아이가 엉금엉금 기어다닐 때부터 걷기까지 가까운 가족들이 아이에게 할 수 있는 모든 정성과 관심을 쏟는다. 이 정성과 관심은 구체적인 몸짓과 노래로 드러나는데, 그것이 바로 민속문화이다. 민속문화 속에 잘 녹아 있는 육아의 이런 모습은, 가장 앞서가는 요즘 아이들 발달과정에 따른 교육과 견주어 조금도 뒤지지 않는 가장 우리 아이들과 우리 문화에 맞는 것들로 가득 채워져 있다.

아이 재우는 노래는 우리 문화 속에서 사는 사람이라면 가장 먼저 듣는 노래이다. 누구라도 자기를 가장 사랑하는 분의 목소리로 이 노래를 듣는다. 노래만 들었던 것이 아니라 할머니나 엄마의 따스한 품과 토닥여 주시던 손의 기억까지 가슴에 함께 새겼다. 그러나 옛날과 달리 다른 나라의 이름난 음악가가 작곡한 '자장가'를 듣고 잠이 드는 요즘 아이도 많은 것 같다. 어떤 노래를 듣든지 듣고 잠만 잘 자면 되는 것 아니냐고 할지 모르지만 그렇지 않다. 민속문화는 그 문화 속에서 살던 사람들이 주인이었다. 그러나 요즘 문화는 그 문화 속에 사는 사람들을 단순한 소비자로 만든다. 우리 어머니 세대만 해도 다들 아이 재우는 노래를 부르며 아이를 재울 수 있는 문화적 역량이 있었지만 지금 엄마들은 그런 문화적 역량이 없다. 그러니 그것을 대체할 물건과 낯선 배움을 찾게 되면서 문화전승자 또는 문화생산자의 자리에서 멀어져 문화소비자로 떨어지고 만다.

아이들이 가끔 배가 아프다고 할 때가 있다. 아픔과 그에 따른 약을 처방하는 것도 좋은 일이지만 옛날 할머니들은 약보다는 사랑과 정성을 더 쏟았다. '니가 배가 아프구나' 하시며 아픈 배를 정성껏 쓰다듬어 주셨다. 할머니가 쪼글쪼글한 손으로 아기 똥배를 문지르며 '내 손이 약손이고 네 배는 똥배다' 이렇게 몇 번을 하면 배가 정말 나았다. 듣기만 해도 재미있는 '내 손은 약손이고 범의 손은 털 손이다'라는 옛날 이야기 같은 노래를 듣다 보면 어느 새 다 나았다. 할머니가 마치 무슨 마술을 부린 것처럼 말이다.

할아버지가 심심해 하는 손자 손녀들을 등에 태우고 '소탄양반 꺼떡 말탄양반 꺼떡' 하시며 방안을 돌아다니기라도 하면 아이들은 좋아한다. 엄마가 밤에 아이 손을 잡고 밤마실을 가면서 팔을 흔들며 불렀던 '장에 가자 저자 가자' 같은 노래는 컴컴한 밤을 조금도 무섭지 않게 했다. 또 아버지가 방바닥에 누워 아이를 발바닥에 얹고 비행기를 태우며 '솔개미 떴다. 병아리 감춰라'를 하면 아이들은 좋아 자지러진다.

똥오줌을 아직 못 가리는 아이를 교육하는 것도 민속문화 속에 공동체의 아이 키우는 지혜로 녹아 있다. 키를 뒤집어 쓰고 옆집 아주머니한테 소금 꾸러 가다가 동무들을 만나 놀림을 당하고 아주머니한테는 주걱으로 한 차례 살짝 맞기까지 한다. 이 일이 있은 뒤에는 자연스럽게 오줌을 가리게 되었다고 한다. 또 밤에 자다가 꼭 오줌이 마려워 깨는 아이들한테는 달에게 절하고 빌면 밤으로 오줌이 안 마렵다는 말도 해준다. 이렇게 밤에 똥이 자주 마려우면 횃대 위에서 자는 닭이나 하늘에 뜬 달님에게 똥마렵지 않게 해달라고 '닭이나 밤똥누지 사람이 밤똥누나' 빌기도 한다.

오줌 싸면 안 된다거나 혼난다고 하지 않고 이웃끼리의 왕래와 어른들의 따뜻한 관심이 깃든 민속문화와 전통육아 속에서 자연스럽게 배변훈련을 한 셈이다. 가까운 가족과의 빈번한 부대낌을 통해 싹트는 사랑과 공동체의 지혜로 아이를 키웠던 마을은 따뜻한 인간을 기를 수 있는 바탕이었다. 이처럼 아이 하나를 온전한 인간으로 성숙하게 키워내기 위해 가족과 이웃과 마을의 온갖 것이 쓰인 셈이다. 민간신앙의 원리는 나눔과 섬김이며, 전통육아의 원리는 관심과 사랑임을 알아야겠다.

(2) 민족고유사상(民族固有思想)

우리 민족은 선사시대부터 천신숭배사상(天神崇拜思想) 내지 삼신사상(三神思想)과 함께 홍익인간(弘益人間)의 이념을 지녀왔고, 유불선(儒佛仙) 삼교(三教)를 포용한 풍류도(風流道)라는 고유한 사상 내지 신앙을 갖고 있었다.

그 후 신라, 고려에 걸쳐 불교 전성시대를 이룩하고 조선조에는 유교의 전성기를 이루어 왔다. 그러다가 조선 말기 유교가 쇠퇴하면서 서양의 물질문명과 기독교가 들어오게 되었다. 서양의 물질문명이 날로 융성하면서 우리의 정신문명이 점차 쇠약해지자 민족고유의 정신과 신앙과 철학을 바탕으로 정신개벽과 사회개벽을 주창하면서 동학·천도교, 증산교, 대종교, 원불교 등 민족전통 종교가 등장하게 되었다. 여기서는 민족고유사상으로 삼신사상, 홍익인간 사상 및 풍류도에 대해 살펴보고자 한다.

① 삼신사상(三神思想)

우리 민족은 반만년의 역사를 가진 민족으로서 그 뿌리에는 삼신사상이 있다. 삼신사상은 삼일철학(三一哲學), 경천사상(敬天思想), 하늘사상, 단군사상(檀君思想), 풍류사상(風流思想) 등 여러 가지 용어나 개념으로 언급하고 있다. 여기서는 삼신사상이라는 용어를 쓰고자 하며, 방건웅 박사의 견해(방건웅, 2006a)를 중심으로 서술하고자 한다. 우리 민족이 갖고 있는 삼신(三神)의 개념 속에는 천신(天神)·지신(地神)·인신(人神)이나 환인(桓因)·환웅(桓雄)·단군(檀君)이나 조화신(造化神)·교화신(敎化神)·치화신(治化神) 등을 담고 있다는 것으로 언급되고 있지만 우리의 삶 가까이 드러나는 그 흔적은 삼신할미라는 말에서 찾아볼 수 있다. 사실 어린 시절에 삼신할미가 점지해 주면 아기가 생기는 것으로 들었던 것을 생각하면 최근까지도 그 전통이 전해져 왔음을 짐작할 수 있다.

그렇다면 삼신할미는 도대체 누구이고 왜 아이를 점지해 준다고 하였던 것일까? 삼신은 세 신을 말하는데 세 신은 누구인가? 삼신이 출산과 관계가 있는 것으로 보아 창조와 연관이 있는 것은 아닐까?

또한 우리는 장구한 세월 동안 하늘은 숭상하여 왔다. 우리 민족은 하늘을 숭상하는 경천민족(敬天民族)이다. 우리의 시원인 환인(桓因) 천황은 하늘에서 왔다고 전해져 오고 있으며 제사를 지내는 이유도 우리 온 뿌리가 하늘이기 때문에 하늘이라는 근본에 보답하기 위해서 지내는 것으로 『환단고기(桓檀古記)』에 적혀 있기도 하다. 이것은 유교(儒敎)에서 조상에게 예를 갖춘다는 미명하에 위계질서를 확립하여 집안을 단속하기 위해 제사를 지내는 것과는 전혀 다른 차원임을 알 수 있다.

하늘에 제사를 지낸 흔적은 부여의 영고(迎鼓)와 고구려의 동맹(東盟), 그리고 예(穢)의 무천(舞天) 등에서 찾아볼 수 있다. 우리 민족이 하느님 내지 하늘을 공경하고 숭상하여 왔다는 증거는 이처럼 멀리 가지 않아도 최근의 동학(東學)에서도 발견된다. 경천애인(敬天愛人)하는 글의 내용, 즉 하늘을 공경하고 사람을 아낀다는 말에서 전해지는 그 느낌은 마음을 삼가게 하고 옷깃을 여미게 하는 마력이 있다. 이것은 종교적 배경을 굳이 들지 않더라도 한국인이면 누구나 천성적으로 하늘을 두려워하고 공경하는 마음을 태어나면서부터 지니고 있기 때문이다.

기독교 선교사(宣敎史)에 있어서 우리나라에서처럼 기독교의 하느님 혹은 하나님을 쉽게 이해하고 이를 심정적으로 공감하면서 열성적으로 받아들인 민족은 없는 것으로 알려져 있다. 일설에는 선교를 하던 처음에는 하느님이라는 말을 안 쓰고 주님 내지는 천주(天主)님이라는 용어를 사용하였으나 이것을 하느님으로 이해하면서 급속하게 전파된 것으로 전해지기도 한다. 어찌되었거나 우리에게 있어 하느님은 누구에게나 마음 속에 자리하고 있으며, 특히 우리 어머니나 할머니들이 일이 있으면 비는 대상이기도 하였다. 그러면서 삼신할미에 대한 믿음도 끊어지지 않고 전해져 왔다(방건웅, 2006).

하늘과 삼신, 양자간에 어떤 관계가 있는 것일까? 왜냐하면 삼신(三神)도 삼이라는 말이 앞에 붙었다 뿐이지 신(神)을 뜻하고, 하늘에 제사 지내는 천제의 대상도 천신(天神), 즉 하늘의 신(神)이기 때문이다. 『환단고기』에 보면 삼신은 조화(造化)의 신, 교화(敎化)의 신, 치화(治化)의 신이라고 설명되어 있으며, 때로는 이것이 천(天), 지(地), 인(人)으로 표현되기도 한다. 잘못 생각하면 세신(三神)이 따로 있는 것으로 지레 짐작하기 쉬우나 삼신에 대한 설명을 더 찾아보면 무엇보다도 중요한 개념을 발견할 수 있는데, 그것은 삼신이 각기 따로 있는 것이 아니라 단지 그 작용을 나타낸 것이라는 점이다.

비유하자면 컴퓨터가 작동하는데 소프트웨어(software), 하드웨어(hardware), 전기에너지(electronic energy)가 필요한 것과 마찬가지이다. 이를 『환단고기』에서는 셋은 셋이로되 나눌 수 없는 셋이라고 절묘하게 표현하고 있다. 또한 만물은 모두 삼신이 있어 그 모습을 드러낸다고 하였다. 이 개념을 확장한다면 마치 3요소가 같이 작용하여 컴퓨터가 작동하는 상태에 있는 것과 마찬가지로 만물은 삼신이 있어 모두 살아 있는 상태가 된다고 설명할 수 있다(방건웅, 2006).

삼신의 모습으로 작용하는 주체는 무엇일까? 『환단고기』에 보면 삼신의 주체는 일신(一神), 즉 하나의 신, 하나님, 하느님으로 되어 있다. 하느님과 삼신의 관계를 비유하자면, 하느님의 춤추는 모습이 삼신인 셈이다. 다만 춤추는 방법이 세 요소별로 나누어서 역할을 분담하는 형식인 것이다. 이를 두고 체(體)로서는 하느님이요 용(用)으로서는 삼신이다. 이렇게 되면 하느님과 삼신의 관계가 일체삼용(一體三用)으로 명료하게 드러난다. 이들 간의 관계를 달리 비유하자면, 깃발의 천은 하느님이요, 깃발의 흔들리는 모습은 만물이며, 그 흔들리는 방식은 삼신이라고 할 수 있다. 이것을 현대과학의 용어로 표현한다면 하느님이 스스로 짜짓기(자기조직 自己組織)하여 만물을 만들어 내는 것이다. 그 과정에서 천, 지, 인이 조화롭게 셋으로 작용하는 기제를 두고 삼신이라고 하였던 것이다(방건웅, 2006).

이것을 보면 참으로 절묘한 설명이라는 생각이 든다. 왜냐하면 하느님이라고 하는 절대적인 존재를 상정하면서 만물이 생겨나는 것은 절대자의 창조에 의한 것이 아니라 스스로 짜짓기 하여 그 모습을 드러낸다고 한 점이다. 이렇게 만물의 시원을 설명함으로써 창조론에서 보이는 논리적 모순을 극복하면서 만물이 진화해 간다는 창조진화론(創造進化論) 내지 조화론(造化論) 사상으로 승화시키고 있다. 그 옛날, 어떻게 오늘날 현대과학에서 말하고 있는 자기조직이라는 개념을 알았을까? 또한 이러한 설명은 하나님을 수용한다는 측면에서 본다면 일신론(一神論)이 되고 만물이 하나님의 모습이라는 측면에서 본다면 범신론(汎神論)이 된다(방건웅, 2006). 그 옛날에 우리 조상들이 일신론과 범신론을 아우르는 이같은 사상 체계를 제시하고 있다는 점에 감탄할 따름이다.

일신인 사람은 마음(心), 기운(氣), 몸(身)의 삼신으로 표현되는 데에서도 삼신 간의 관계를 설명할 수 있다. 몸이 마음과 기운의 중간에 있다고 하는데, 이것은 달리 말하면 마음이라고 하는 정보와 기가 결합하면서 기의 흐름이 결정되고 이에 따라 몸이 생성된다고 하는 것과 같다. 이것은 기의 흐름이 만물의 실상이라는 이치와 일치하는 내용이다. 이렇게 보면 사람인 컴퓨터는 마음인 소프트웨어와 기운인 전기에너지와 몸인 하드웨어의 세 가지에 의해 작동되는 것에서 삼신의 역할을 충분히 짐작할 수 있다.

오랜 세월 동안 우리 민족은 하늘을 받들면서 새로운 세상이 오기를 기다려 왔다. 모든 어려움을 이겨내면서 반만년 이상의 장구한 역사를 이어 올 수 있었던 것은 기적에 가까운 일이다. 세계사를 일견하여 보면 반만년 이상의 긴 시간 동안 역사를 이어온 나라는 거의 없다. 이렇게 긴 세월을 이어올 수 있었던 것은 경제적인 국력이 아니라 문화적인 힘이지 않았을까 하는 짐작이다. 그것은 하늘을 공경하는 마음이었고 그 기저에는 만물의 존재와 실상에 대한 이해가 깔려 있음을 하나님과 삼신에 대한 이해를 통하여 짐작할 수 있다.

이와 같은 삼신사상을 바탕으로 홍익인간(弘益人間)과 이화세계(理化世界) 이념을 내세울 수 있었을 것이다. 홍익인간의 과정은 하나님이 우리의 머릿골 속에 내려와 계시다는 것에서 시작한다. 『삼일신고(三一神誥)』에 있는 "신이 뇌 속에 내려와 있다(神降在以腦)", 즉 우주 만물의 주재인 하느님(혹은 신)이 바로 인간의 뇌 속에 내려와 있다는 것과 상통한다. 우리의 모습이 바로 하나님의 모습으로 일신강충(一神降衷)과 같은 내용이다. 이러한 이해를 바탕으로 한다면 만물을 중시하지 않을 수 없다. 뭇 생명을 업신여기지 않고 오히려 만물에 신령함이 깃들어 있다고 이해하는 샤머니즘의 근저에는 이와 같은 사상적 배경이 있음을 다시 살펴보아야 할 것이다. 타고르가 말하였던 동방의 등불은 이를 되살릴 때 켜지지 않겠는가? 생태유아교육의 사상적 뿌리는 바로 우리 민족 고유의 삼신사상 내지 삼일철학(三一哲學)에서 찾을 수 있으며, 그 구체적인 사상과 철학은 우리 민족 고유의 삼대 경전이며 세계 최고(最古)의 경전인 『천부경(天符經)』, 『삼일신고(三一神誥)』, 『참전계경(參佺戒經)』에 잘 새겨져 있다. 다시 말해서 이들 경전에는 우리 민족 전통문화사상의 원형과 뿌리가 담겨져 있으며, 생태유아교육의 사상과 철학의 보고라고 할 수 있다.

② 홍익인간(弘益人間) 사상

『삼국유사』의 단군신화에는 우리 민족문화의 핵심원리가 집약적으로 들어 있다. 신적 생명인 하늘의 환웅(桓雄)과 인간적 생명인 땅의 웅녀(熊女)가 결합하여 신과 인간, 하늘과 땅, 몸과 마음 등의 생명적 교류를 통해 천지만물이 연결되어 서로 감응하게 된다. 단군신화가 이상으로 그리는 인간 세상은 산과 숲을 무대로 하늘과 땅, 신과 동물이 만나 인간을 잉태하는 천지인(天地人)의 삼재론(三才論) 및 천부지모(天父地母) 사상이 토대를 이룬다. 천지인의 3재론을 바탕으로 천신과 인간, 동물 곧 '신(神)·인(人)·수(獸)'의 세 존재가 순환하는 것이다. '천지인'의 공간적 소통과 '신인수'의 존재론적 순환을 매개하는 것이 나무이자 산이다. 그러므로 신과 인간, 동물과 식물, 비바람과 구름이 산과 나무를 매개로 공생적 세계 속에서 서로 소통하고 순환하되, 인간 세상을 동경하며 천지자연을 인간의 부모로 삼고 있다는 점에서 자연 우위적 인본주의에 터잡고 있는 세계상이라고 할 수 있다. 그러므로 천신과 인간을 섬기는 신본주의나 인본주의에 맞서서 자연 생명을 섬기며 자연생태계를 널리 이롭게 하는 일, 곧 '홍익생명' 이념을, 새로운 세계를 만들어 가는 생태주의 세계상으로 설정할 필요가 있다(임재해, 1999).

단군신화에서 말하는 홍익인간의 이념은 자연을 수단화하여 인간을 널리 이롭게 하는 것이 아니라, 인간과 자연이 서로 공생하며 순환하는 생태학적 세계를 이룸으로써 인간세상을 널리 이롭게 하는 것이다. 그것은 배달민족만을 대상으로 한 홍익민족도 아니고 인류를 대상으로 한 홍익인류도 아니며, 인간세상을 두루 겨냥한 홍익인간 세상이다. 홍인인간 세상은 인간이 사는 이 세상의 삼라만상을 모두 널리 이롭게 하는 것이다. 달리 말하면 홍익인간 세상은 홍익생명주의 곧 생태주의 체제를 이상으로 여기고 있는 세계상으로서 이화세계(理化世界)라고 할 수 있다. 그러므로 '인간을 포함한 우주만물을 널리 이롭게 하는 인간'을 의미하는 홍익인간(弘益人間)과 '천지만물의 운행 이치대로 저절로 순화되는 세상'을 의미하는 이화세계(理化世界)의 사상은 우리 민족 고유의 사유구조를 집약적으로 나타내고 있다.

우리는 인간 생명으로서 인간 세상에 머문 채 만물의 영장을 자처하며 먹이사슬의 정상에서 군림할 것이 아니라, 자연 생명의 하나로서 자연생태계 속으로 들어가 뭇 생명과 대등하게 공생하며 순환하는 가운데 생명그물의 한 고리를 이루어야 할 것이다. 그것이 바로 '홍익생명' 이념의 실천이자, 자연친화적 홍익인간 사상을 지금 여기서 발전적으로 이어받는 길이다.

그렇기 때문에 홍익인간(弘益人間)의 인간(人間)을 서구 근대의 개체적 인간이나 인간 집단에 국한시켜서는 안 되며, 인간을 비롯한 천지만물과 우주공간 전체로 보아야 한다. 그래서 인간을 이롭게 한다는 것은 개체적 인간이나 인간 집단을 이롭게 한다는 좁은 의미가 아니라 천지만물 전체를 이롭게 한다는 포괄적인 의미로 이해되어야 한다. 따라서 홍익인간·이화세계의 이념과 사상은 우리 인류가 지향하는 생태적 세계관에 따른 문화와 교육에 대한 우주적·총체적·전일적 이해의 틀을 제공하고 있다.

③ 풍류도(風流道)

우리 민족의 고유사상으로 풍류도가 있었다는 사실에 대해 잘 모르는 사람들이 많다. 여기서는 방건웅 박사의 풍류도에 대한 견해(방건웅, 2006b)를 중심으로 서술하고자 한다. 그에 의하면, 중국에서 유교와 도교가 시작되었고, 인도에서 불교와 힌두교가 시작되었으며, 중동지방에서는 기독교와 이슬람교가 시작된 것과 마찬가지로 반만년의 역사를 가지고 있는 우리 민족은 우리의 긴 역사에 걸맞는 우리 나름의 고유사상이 있었으니, 그것이 바로 선도(仙道), 신선도(神仙道), 풍류도(風流道) 등으로 일컫는다는 것이다.

고려 말의 행촌(杏村) 이암(李巖)이 남긴 『태백진훈』에 보면, 불가(佛家)는 마음(心)공부에 치우쳐 있고, 도가(道家)는 기운(氣)공부에 치우쳐 있고, 유가(儒家)는 몸(身)공부에 치우쳐 있다고 하면서 오직 우리의 선가(仙家)만이 이 세 가지를 고르게 수련한다고 하였다. 한마디로 우리의 사상은 유불도(儒佛道)를 모두 아우르는 것이라는 말이다.

그러나 불행히도 여러 식자들이 선가(仙家)와 도가(道家)를 혼돈한 때문에 유불선(儒佛仙) 삼교를 합한 것이 우리의 사상이라는 말이 여기저기에서 보인다. 엄밀하게는 시대의 흐름에서 본다면 유불도(儒佛道) 삼교가 있고 이를 종합한 것이 우리의 사상이 된 것이 아니라 우리의 사상인 선도의 가르침을 살펴보니 이미 삼교의 내용이 모두 내포되어 있었다는 것으로 해석하여야 할 것이다. 그러나 유감스럽게도 선도(仙道)가 우리의 고유 사상이자 종교였다는 사실은 잘 알려져 있지 않다(방건웅, 2006b).

우리의 고유사상인 선도의 구체적 내용은 무엇일까? 신라 화랑들이 선도를 수련하였으며, 이를 풍류도라고도 했다. 이 풍류도에 대한 기록은 신라 때의 명 문장가이고 당나라에까지 그 이름을 알린 고운(孤雲) 최치원(崔致遠)의 글에서 찾아볼 수 있다. 『삼국사기』「신라본기의 진흥왕조」에 보면 난랑비서(鸞郎碑序)가 적혀 있다. 난랑은 사람의 이름이 아니라 화랑을 봉황의 일종인 난새에 비유하여 표현한 것이다. 이 글은 화랑을 기리는 비문의 머리글인 셈이다. 이 글은 아래와 같은데, 우리나라에 풍류(風流)라는 현묘의 도가 있으니 유교, 불교, 도교의 삼교가 포함되어 있는 선도(仙道)의 바탕이라 하겠다.

> "최치원의 난랑비서에 이르기를 나라에 현묘한 도가 있으니 풍류라 한다. 이는 가르침을 세운 근원으로서 선가(仙家)의 사서(史書)에 상세히 실려 있다. 실질적으로 삼교(三敎)를 포함하고 있으나 모든 생명들을 가까이 하여 교화한다. 이를테면 집에 들어서면 효도하고 나아가서는 나라에 충성하니 노나라 사구의 가르침이고, 일을 함에 있어 억지로 함이 없고 가르침을 말없이 실행하는 것은 주나라 주사의 가르침이며, 모든 악한 일을 짓지 않고 모든 선한 일을 받들어 실행함은 축건태자의 교화이다."

위 글에 나오는 노사구(魯司寇)는 공자를 가리키고, 주주사(周柱史)는 도가(道家)에 속하는 인물을 가리키며, 축건태자(竺乾太子)는 석가모니를 가리킨다. 이것은 현묘지도(玄妙之道)가 유불도의 삼교를 모두 포함하고 있음을 의미한다. 여기서 풍류와 선도는 같은 맥락에서 이해할 수 있다. 풍류의 본뜻은 멋들어지게 노니는 것이 아니라 '바람 흐르는 대로'이니 말 그대로 자연스러운 것을 말한다. 풍류는 바람 따라 흘러가면서 자연의 이치를 깨우치고 배우는 것이다. 이처럼 자연과 합일이 되는 것이 수행과 수련의 근본 목적이기도 하다. 이로부터 현묘의 도, 혹은 풍류도는 선도를 가리키는 것이며, 또한 화랑도의 근본원리임을 알 수 있다.

여기서 우리는 고운 최치원이 우리 민족고유의 하늘사상 내지 풍류도를 중심으로 유교사상과 도가사상 및 불교사상의 통합을 지향하고 있었음을 짐작할 수 있다. 최치원은 나라의 사상인 하늘사상이 유·불·도 세 가르침을 모두 갖춘 사상이라고 선언했는데, 이 선언 또한 그의 통합의지를 드러낸 것이다. 흔히 유교사상가로 알려진 최치원이 인생의 방랑길에서 도가사상을 만나고, 황혼길에서는 불교사상가처럼 살았던 것도 그가 여러 사상에 대해 편견이 없었음을 보여주는 것으로 짐작된다.

한편 김지하 시인의 풍류도에 대한 견해도 주목할 만하다. 최치원의 난랑비서(鸞郎碑序)에 따르면 "나라에 현묘한 도가 있으니 그 이름이 풍류다. 그것은 포함삼교하고, 접화군생한다(國有玄妙之道 曰風流 包含三教 接化群生)"고 기록되어 있다. 여기서 포함삼교(包含三教)란 유(儒)·불(佛)·선(仙) 삼교를 아울러 포함한다는 것이고, 접화군생(接化群生)이란 인간뿐 아니라 모든 우주만물이 가까이 사귀어 서로 변화, 감화, 진화하는 것이다(김지하, 2002). 이 말 속에는 총체적·전일적인 자연관 및 생명관의 특성이 잘 드러난다. 이처럼 우리 민족의 고유사상은 인간의 삶 속에서의 일상과 종교가 따로 분리되어 있지 않으니, 일상이 곧 종교요, 기도이다. 한 마디로 일상 속에 신성함이 깃들어 있는 것이다. 이 땅에 유불도가 들어오기 전에 이미 그들의 도(道)를 다 포함하는 아름다운 삶이 있었음을 지적하고 있다(서정록, 2003).

(3) 민족종교사상

여기서 언급하고자 하는 민족종교사상은 한국민족종교협회(2003)에서 주요 민족종교로 지칭한 수운(水雲) 최제우(崔濟愚)의 동학·천도교, 증산(甑山) 강일순(姜一淳)의 증산교, 홍암(弘巖) 나철(羅喆)의 대종교 및 소태산(少太山) 박중빈(朴重彬)의 원불교에 관해 살펴보고자 한다. 우리의 민족종교는 모두 유불도 합일(儒佛道 合一)의 이념을 바탕으로 하고 있다. 여기서 유불선 합일이란 모든 종교의 합일을 의미한다. 즉, 유교의 윤리(倫理), 불교의 견성각심(見性覺心), 도교의 양기양생(養氣養生) 및 기독교의 박애까지도 모두 포괄하고 있다는 것이다. 동학에서는 동학을 만고없는 무극대도라고 하고, 원불교에서도 세계의 모든 종교는 그 근본원리는 본래 하나이며 그 하나가 바로 일원(一圓)이라는 것이다.

① 동학(東學)·천도교(天道教)

동학은 조선 말기, 1860년 수운(水雲) 최제우(崔濟愚, 1827~1864)에 의해 창도된 학문이며 사상이고 종교이며, 삶 그 자체이다. 제1대 교조 수운 최제우의 '시천주(侍天主)' 사상, 제2대 교주 해월(海月) 최시형(崔時亨, 1827~1898)의 '사람이 곧 하늘이니 사람 섬기기를 하늘 섬기듯 하라'는 '사인여천(事人如天)' 사상, 제3대 교주 의암(義菴) 손병희(孫秉熙, 1861~1922)의 '사람이 곧 하늘이다'는 '인내천(人乃天)' 사상으로 집약된다.

수운은 모든 사람을 '하늘님'으로 모시는 '시천주(侍天主)'라고 주장한다. 수운은 『동경대전』 「논학문」에서 시(侍), 즉 모심에 대해 "안에 신령이 있고(內有神靈) 밖에 기화가 있어(外有氣化) 온 세상 사람이 각각 알아서 옮기지 않는 것이요(一世之人 各知不移者也)"라고 하는데, 이는 하늘님이 신령 안에 있고, 천지우주에는 근원적 생명력(氣)이 가득 차 있으므로 신령한 하늘님을 모신 인간은 서로 공경해야 한다는 것이다. 그러나 인간 이외의 것들은 기(氣)에 의한 생명적 연결성은 있지만 공경의 차원은 아닌 것 같다. 그래서 수운의 시천주(侍天主) 사상은 초월적 천(天) 혹은 신(神)의 개념을 탈피하여 인간을 비롯한 모든 우주만물에 내재해 있는 범재신론적 사상(김경재, 1974)이라고 할 수 있다.

해월의 사인여천은 사회적 계급에 상관없이 모든 사람, 더 나아가 "사람뿐만 아니라 풀 한 포기, 나무 한 그루, 벌레 한 마리 모두 한울님 아님이 없으니(天地萬物 皆莫非 侍天主也)"라고 하여 하늘과 사람 그리고 만물을 두루 공경하라는 삼경사상(三敬思想) 혹은 물물천(物物天), 즉 범천론적 만물평등사상(박맹수, 2003)으로 확대되었다. 그래서 우리가 밥을 먹는 것은 바로 한울을 먹는 것이라는 이천식천(以天食天)의 사상이 나오게 되고, 풀 한 포기나 벌레의 생명을 해치는 살생도 반드시 피해야 한다(천도교서, 13장). 더 나아가 만물을 공경하되 부모님에게 효성을 바치듯 극진하게 공경을 드려야 한다. 왜냐하면 천지, 즉 자연은 부모와 하나이기 때문이다. 이른바 천지부모 일체설이다.

그러므로 밥 한 그릇에 태양의 기운과 대기의 흐름과 비와 땅의 양분이 맺어져 있기 때문에, 사람이 살기 위해 밥을 먹는 것은 자연의 기운(氣運)을 흡수하는 동시에 생명이 생명을 먹는 일종의 제사가 되기 때문에 밥 한 그릇을 지극히 공경하는 마음을 가져야 한다. 이러한 천지부모 일체설의 사상은 '향아설위(向我設位)'라는 혁명적 제사방식으로도 이어진다. 우주와 조상과 우주만물을 품고 있는 자신에게 신위를 돌려놓은 제사방식은 종래의 유교 전통의 향벽설위(向壁設位)와 비교해 보면 가히 혁명적이라고 할 수 있다. 그러므로 동학사상은 인간과 우주만물의 생명적 연결성을 전제로 서로가 서로를 모시는 관계를 통해 삶에서의 실천을 강조하여 새로운 세상의 도래, 즉 개벽에 대한 희망적 대안을 제시하고 있다.

이러한 동학사상은 소춘 김기전, 소파 방정환 등의 교육사상과 교육운동에 잘 나타나 있으며, 장일순과 김지하 등의 생명사상과 사회운동의 사상적 배경이 되었다. 그러므로 동학・천도교 사상은 신인합일을 넘어 인간은 물론이고 우주만물이 그물망으로 연결된 유기적인 생명 연대로 얽혀 더불어 서로 모시며 살아갈 수 있는 세상을 지향한다는 측면에서 생태유아교육의 철학적・사상적 기틀이 된다(김점옥, 1998).

② 증산교(甑山敎)

증산교는 증산(甑山) 강일순(姜一淳, 1871 ~ 1909)이 1902년경에 창도한 민족 신흥종교로서 일제강점기에는 <흠치교>라고도 하였다. 증산교는 조선조 말기 봉건사회의 구조적 모순과 경제적으로 궁핍한 삶의 질곡과 외세의 침략 등으로 인한 사회적 혼란을 수습하여 세상을 구원하는 길을 모색하려는 강증산의 큰 뜻과 깨달음에서 시작된 종교이다. 그는 1901년 전라북도 모악산(母岳山)에 들어가 세상이치를 궁구(窮究)하여 천지대도(天地大道)를 깨달아 천지공사(天地公事)를 행하며 주변 사람들을 가르쳤다.

이같은 증산교는 증산의 큰 뜻과 당시 기층민중들의 소망이 동학사상, 미륵사상, 정감록비결 등과 두루 맞물리면서 점차 종교적인 틀과 교리를 갖추어 나갔다. 또한 증산도는 한국 신종교의 하나로 성장하였으며, 유(儒)・불(佛)・선(仙)・단군사상・기독교 등 전통종교의 유산을 거의 모두 간직하고 있는 것으로 평가된다. 오늘날 증산교는 강일순의 사후 보천교, 태을교, 선도교, 보화교, 대순진리회 등 수많은 교파로 나뉘어져 있는 상태이다(최준식, 2004).

『대순전경』에 보면 증산 강일순은 천지공사(天地公事)라는 특유의 종교의식을 행하는데, 이는 인간계와 신령계를 화해시키고자 하는 해원(解冤)이라는 그의 중심사상에서 비롯된 것이다. 즉, 천지공사는 인간과 인간, 인간과 신령, 신령과 신령의 한을 푸는 것을 말하며, 그 범위는 시간적으로 과거·현재·미래가 연결되어 열려 있고, 공간적인 제약이 없을 뿐 아니라 신령계[혹은 신명계 내지 영계(靈界)]라는 초월적인 세계에까지 유기적 연결성을 가진다. 그래서 대순전경에는 "천지간에 찬 것이 신이니 풀잎 하나라도 신이 떠나면 마르고 흙 바른 벽이라도 신이 떠나면 무너지고 손톱 밑에 가시 하나 드는 것도 신이 들어서 되느니라(6 : 99)", "파리 죽인 귀신이라도 원망이 붙으면 천지공사가 아니니라(6 : 44)"고 했다. 하찮은 파리 한 마리 풀잎 하나도 모두 신으로 연결되어 있어 해하면 천지공사가 안 된다는 강일순의 사상은 천지만물의 유기적 연결성을 강조하여 자연을 공경하여 더불어 공생하고자 하는 생태적 세계관과 많은 연관성을 가진다.

③ 대종교(大倧敎)

대종교는 1909년 홍암(弘巖) 나철(羅喆, 1863~1916)이 망국(亡國)의 비운을 예감하고 민족종교의 부흥을 기원해 단군교의 중광(重光)을 공포하고 개칭한 것이다. 대종교는 조화신(造化神)인 환인(桓因), 교화신(敎化神)인 환웅(桓雄), 치화신(治化神)인 환검(桓儉) 혹은 단군(檀君)의 삼위일체(三位一體)인 한얼님을 신앙대상으로 받드는 민족종교로서 단군교(檀君敎)라고도 한다. 우리 민족의 흥망성쇠와 더불어 그 운명을 같이 하여 온 대종교의 내력을 살펴보면, 옛 고조선 시대에는 천신교(天神敎)라 하였고, 부여에서는 대천교(代天敎), 고구려에서는 경천교(敬天敎), 신라에서는 숭천교(崇天敎), 백제에서는 수도[蘇塗], 발해에서는 진종교(眞倧敎), 고려에서는 왕검교(王儉敎)라고 하였으며, 조선시대에는 10월에 집집마다 고사를 올리는 제천(祭天) 형식으로 그 명맥을 이어왔다.

사실상 대종교의 역사는 우리 민족의 역사와 같이 하며, 그 교리는 우리 민족의 정통사상과 철학을 담고 있으며, 그 목적은 우리 민족의 건국 이념인 홍익인간 이화세계(弘益人間 理化世界)이다. 대종(大倧)이란 천신(天神), 신인(神人), 한얼이란 뜻을 지니고 있다. 대종교의 삼신일체(三神一體)이신 한얼님은 절대신·주재신·우주신으로서의 유일신이며, 우주의 절대 주신(主神)인 한배검께서 홍익인간·이화세계의 이념을 이 땅위에 펴고자 현신한 모습으로 사람이 되어[以神化人]서 백두산에 내려온 것이다.

대종교의 교조인 나철은 1905년 백전(伯佺)에게 『삼일신고(三一神誥)』와 『신사기(神事紀)』를 받고, 1908년 두일백(杜一白)에게 『단군교포명서(檀君敎佈明書)』, 『신가집(神歌集)』, 『입교절차』 등을 받았다. 대종교는 일제 36년간 포교활동의 일환으로 단군 숭봉운동과 조국 광복운동에 전 교운을 걸고 국내외에서 맹렬히 활약하다가 수많은 순교자와 순국 희생자를 냈다. 일제는 대종교를 "국조 단군을 숭봉하는 항일 교단"으로 지목하고 일체 종교활동을 금지하고 심한 박해를 가하자 1914년 총본사를 만주로 옮기고 망명하였다(김홍철, 2003).

당시 김좌진 장군과 이범석 장군 등의 광복군 인사들, 박은식, 신규식, 이시영, 이동녕 등 임시정부 요인들, 주시경, 최현배, 신채호, 정인보, 안호상, 이은상 등 학계인사들을 비롯한 민족지도자들의 대다수가 대종교의 교인이었다는 사실에 주목할 필요가 있다. 개천절(10월 3일)의 제정과 단기연호의 사용은 대종교의 전통이었으며, 오늘날 개천절을 국경일로 지정하고 홍익인간을 우리 교육의 기본이념으로 『교육기본법』에 명시하고 있는 것은 대한민국 정부 수립후 초대 교육부 장관이었던 안호상 선생의 공로서 이를 가볍게 볼 수만은 없을 것이다.

『대종교요감(大倧敎要鑑)』에 따르면 "천부경은 한배검께서 홍익인간의 이념으로 천하 만민을 교화하는데 있어 조화의 원리, 즉 우주창조의 이치를 81자로 풀이한 진경(眞經)으로 1에서 10까지의 수리로 천지인(天地人) 삼극(三極)의 생(生)·장(長)·노(老)·병(病)·몰(歿)의 무한한 반복의 경위를 설파한 것"이라고 하였다.

김지하(1999)에 따르면 천부경의 "인중천지일(人中天地一)", 즉 사람 안에 천지, 우주가 하나로 통일되어 있다는 것은 동학사상의 시천주(侍天主), 사인여천(事人如天), 인내천(人乃天) 사상의 배경이 되었다는 것이다. 그러므로 대종교의 천부경과 동학의 유기적 연결성을 통해 생태적 세계관의 바탕을 확보할 수 있을 것이다.

④ 원불교(圓佛敎)

원불교는 1916년 전라남도 영광(靈光)에서 소태산(少太山) 박중빈(朴重彬, 1891~1943)이 창도한 민족종교이다. 원불교는 수운 최제우의 동학, 증산 강일순의 증산교에 이어 후천개벽사상(後天開闢思想)을 포함하는 민중종교로 출발하였다. 원불교의 교리는 크게 일원상(一圓相), 사은(四恩), 삼학(三學), 삼동윤리(三同倫理) 등으로 되어 있다.

일원상은 원불교 최고 종지로 모든 존재를 서로 가능하게 하는 큰 힘과 법칙으로서, 이를 불생불멸과 인과응보를 뜻하는 일원[○]으로 표현한다. 사은은 천지은(天地恩)・부모은(父母恩)・동포은(同胞恩)・법률은(法律恩)으로 이는 모든 존재를 살아 있게 하는 힘의 관계를 말하며, 삼학은 정신수양・사리연구・작업취사로 되어 있으며, 성숙한 인격에 이르게 하는 수행요목이고, 삼동윤리는 앞으로 세계 인류가 크게 화합할 세 가지 대동(大同)의 관계를 밝힌 원리로서 동원도리(同源道理), 동기연계(同氣連契), 동척사업(同拓事業)을 말한다.

소태산 박중빈 사상의 핵심은 우주의 근원적인 힘을 은(恩)으로 파악하는 것이다. 우주 진리의 최고의 상징인 일원(一圓)의 내용이 바로 네 가지 은혜, 즉 '천지은, 부모은, 동포은, 법률은'이다. 『원불교 교전』「교의품」 제4장에 따르면 "일원(一圓)의 내역을 말하자면 곧 사은(四恩)이요, 사은의 내역을 말하자면 곧 우주 만물로서 천지 만물 허공 법계가 다 부처 아님이 없나니, 우리는 어느 때 어느 곳이든지 항상 경외감을 놓지 말고 존엄한 부처님을 대하는 청정한 마음과 경건한 태도로 천만 사물에 응할 것이며"이라고 하여 천지만물, 즉 자연이 인간에게 은혜를 내리므로 자연은 인간이 살아가는 데 없어서는 안 될 은적(恩的)인 존재가 된다.

이것이 바로 천지은(天地恩)인데, 『정전』 제2장 1절에 따르면 하늘에는 공기가 있어 호흡하게 하고, 땅에는 바탕이 있어 의지하고 살고, 해와 달에는 밝음이 있어 사물을 분별하고, 바람, 구름, 비, 이슬 등이 있어 만물이 자라나게 되니 이 모든 것이 은혜가 된다. 우리는 이 은혜를 깨닫고 갚기 위해서(報恩) 천지의 도와 덕을 행하여 천지와 하나가 되는 마음공부를 계속해야 한다. 따라서 모든 생명은 은혜 그 자체, 내 생명 그 자체이므로 다른 생명의 도움 없이는 살아갈 수 없으므로, 서로를 공경하며 소통하여 은혜를 주고받으며 생명을 유지해야 하는 유기적 자연관·인간관을 내포하고 있다(최준식, 2004).

특히 원불교 제2대 교주인 정산은 『정산종사법어』에서 삼동윤리를 설파하고 있다. 정산은 "삼동윤리는 앞으로 세계 인류가 크게 화합할 세 가지 대동(大同)의 관계를 밝힌 원리니, 장차 우리 인류가 모든 편견과 편착의 울 안에서 벗어나 한 큰 집안과 한 큰 권속과 한 큰 살림을 이루고, 평화 안락한 하나의 세계에서 함께 일하고 함께 즐길 기본 강령"이라고 말한다. 첫째 강령은 동원도리니, 곧 모든 종교와 교회가 그 근본은 다 같은 한 근원의 도리인 것을 알아서, 서로 대동 화합하자는 것이고, 둘째 강령은 동기연계니, 곧 인종과 생령이 근본은 다 같은 한 기운으로 연계된 동포인 것을 알아서, 서로 대동 화합하자는 것이며, 셋째 강령은 동척사업이니 곧 모든 사업과 주장이 다 같이 세상을 개척하는 데에 힘이 되는 것을 알아서, 서로 대동 화합하자는 것이다.

이러한 원불교의 삼동윤리는 우주 만물은 하나로 연계되어 있다는 일원론적이고 유기체적 세계관, 사람과 자연이 하나 되는 생명공동체와 사람과 사람이 더불어 사는 사람공동체를 지향하는 생태유아교육의 이념 및 경천(敬天), 경인(敬人), 경물(敬物)을 주장하는 동학의 삼경사상(三敬思想)과도 맥을 같이 하고 있다.

이처럼 민족종교사상들은 많은 부분에서 공통점을 가지고 있는데, 특히 천지만물의 유기적 연결성과 신인합일(神人合一), 자연에 대한 경외감을 통해 신·인간·천지만물이 서로 상생할 수 있는 바른 길을 찾고자 노력하였으며, 이를 삶 속에서 실천했다는 것이다. 그러므로 민족종교사상들은 현대

과학 혹은 신과학이나 생태론에서 주장하는 생명위기를 근본적으로 극복할 수 있는 명쾌한 해답의 실마리를 던져 주고 있다.

2) 동양의 생태사상 및 철학

앞에서 살펴보았듯이 우리 민족은 이미 유(儒)·불(弗)·도(道)를 모두 다 포함하는 포함삼교의 민족 고유의 상고사상이 있었고, 이러한 사상들은 인도와 중국에서 유입되는 사상들과 공통점을 가지고 서로 융합하기도 하고, 시대적 상황에 따라 우열을 달리하며 발전하기도 했다. 따라서 중국과 인도에서 유입되긴 했지만 오랜 역사를 거치면서 우리 민족의 전통문화에 깊이 뿌리내린 불교·유교·도교는 천지만물의 유기적인 연결성과 독자성, 그리고 다양성을 동시에 설명할 수 있는 사상적 배경을 가지고 있으므로 생태유아교육의 사상적 바탕으로 충분하다. 여기서는 우리나라는 물론 세계 종교와 사상에 커다란 영향을 미치고 있는 유교와 불교와 도교의 생태사상 및 철학에 대해 살펴보고자 한다.

(1) 유교(儒敎)

유교(儒敎)는 춘추시대 말기에 공자(孔子, B.C. 552~479)가 창시한 사상으로서 그의 언행과 제자들의 문답을 담은 『논어(論語)』에 잘 새겨져 있다. 공자의 사상은 한마디로 인(仁)과 예(禮)의 사상이라고 할 수 있다. 그는 인을 바탕으로 예를 제대로 실천하는 사람을 군자(君子)라 하고, 그렇지 않고 자신의 사리사욕에 매여 있는 사람을 소인(小人)이라 한다. 또한 공자는 사람을 다스림에 있어 도덕과 예의로 교화시키는 덕치(德治)와 명분을 가지고 제각기 자신의 역할을 다하는 정명(正名)을 제안하고 있다. 임금이 임금다워야 하고 신하가 신하다워야 하고, 어버이는 어버이다워야 하고 자식은 자식다워야 한다는 말로서 공자의 사상이 드러난다.

맹자(孟子, B.C. 371~289)는 전국시대 사람으로 공자 사상의 주요한 계승승자이다. 맹자 사상은 성선설(性善說)과 왕도정치로 집약되는데, 성선설은 공자의 인(仁)을 발전시킨 것이고, 왕도정치는 공자의 덕치주의를 새롭게 해석한 것으로 볼 수 있다. 맹자는 사람에게는 누구든지 타인을 측은하게 여기는 마음, 악을 미워하는 마음, 다른 사람에게 사양하는 마음, 시비를 가리는 마음을 갖고 있다고 하면서 이것을 인(仁), 의(義), 예(禮), 지(智)라고 하는 네 가지 도덕의 단서라고 말한다. 맹자는 인간의 내면적 도덕성에 대한 깊은 신뢰에 바탕으로 성선설을 주장하는 반면 순자(荀子, BC 300~230)는 사람의 본성을 악한 것으로 보고 외면적 사회규범에 의해 교정해야 한다는 성악설(性惡說)을 주장하고 있다.

중국 철학사 전반을 살펴보면 자연을 완전무결한 것으로 보는 태도는 각 학파 간에 공통된 것이다. 그러나 인간의 본질을 규정하고 인간을 천지만물 간에 어디에 두며, 어떤 가치와 의의를 부여할 것인가 하는 문제에 대해서는 의견이 분분하다. 대체적으로 도가(道家)의 자연주의는 인위문화를 거부하고 자연으로 돌아갈 것을 외치고, 유가(儒家)의 인본주의는 비록 자연이 그 나름대로 완전하지만 인간의 이상적 요구에서 보면 유감스러운 면이 없지 않다고 주장한다. 그래서 문화적 이상을 말하려면 유교를 모델로 해야 하고, 문명비판을 가하려면 도교를 내세워야 하는데, 오늘날의 문명위기를 비판한다면 유교 또한 유력한 비판이론을 가진다.

이러한 두 가지의 주장은 농경문화에서 비롯된 것으로 농경은 일정한 토지에 계절과 기후 등의 자연적 순리에 맞추어 필요로 하는 재화를 생산해야 하며, 그 과정에 생기는 천재지변으로 인한 위기 상황도 극복해야 하므로 집단(가정, 이웃, 마을 등)의 결속력과 노동력이 필수적인 요소로 작용하는 배경에서 출발한다. 따라서 농경은 천지와 인간, 인간과 인간의 상호 긴밀한 협조체계의 구축과 조화가 필수적이다. 유교는 이러한 필수적 균형과 조화를 이상적인 입장에서, 도교는 실생활에서 도출되는 균형과 조화의 균열을 비판하는 입장을 견지하고 있다,

유교적 입장에서 보면, 인간은 자연 상태에서 다른 동물에 비해 열세에 놓여 있기 때문에 문화를 갖지 않고는 생존할 수 없다. 천지만물은 자연상태로 두면 아무런 가치나 의미가 없기 때문에 인간이 적극적으로 천지의 경영에 참여하여 인문세계로 창진시켜야 크게 성취되는 것으로 자연을 '미완성의 존재'로 파악한다. 즉, 인간과 자연 모두를 불완전 존재로 보며, 인

간의 부족은 천지자연이 보충해 줄 수 있고 천지의 부족은 인간이 대행할 수 있다고 주장한다. 이러한 논리는 유교가 인간중심주의를 취하기는 하지만 천지만물을 중시하지 않을 수 없는 이유가 된다. 그렇기 때문에 인간은 천지만물을 경영하기에 앞서 인간 심성을 도야하고 천지 생물지심을 체득한 대인군자로 대성해야 한다고 거듭 강조하는 것이다.

그래서 『주역(周易)』「건괘 문언전(乾卦 文言傳)」에 따르면 "대인이란 천지와 그 덕을 합하고, 일월과 그 밝음을 합하고, 사시와 그 질서를 합하고, 귀신과 그 길흉을 합한다. 자연을 앞서서 인도해도 자연이 어긋나지 않는데 하물며 인간에게서나 귀신에게서 어긋나겠는가?(夫大人者, 與天地合其德, 與日月合其明, 與四時合其序, 與鬼神合其吉凶, 先天而天弗違, 後天而奉天時. 天且弗違, 而況於人乎, 況於鬼神乎)"라고 했다. 즉, 대인은 자연에 따라 움직이며 자연의 시간적 변화에 순응하여 자연법칙에 따라 사는 인격체이다. 이 같은 유교 내지 유학이 생태유아교육에 주는 시사점과 관련하여 「유아교육에서 본 유학의 몸 교육론」(김혜은, 2001)에 관한 연구를 시도한 바 있다.

(2) 불교(佛敎)

불교(佛敎)는 인도의 왕족인 석가모니(고타마 시타르타, B.C. 563 ~ 483)에 의해 시작된 종교이다. 석가모니는 인간의 근원적 문제를 해결하기 위해 여러 가지 형태의 명상과 금욕, 나아가 단식이라는 극단적인 고행을 하다가 최후에는 독자적인 명상을 통해 마침내 부처, 즉 깨달은 자가 되었다. 붓다가 된 석가모니가 펼친 최초의 가르침은 중도(中道)의 길이었다. 그는 일반 사람들의 감각적 쾌락에 대한 탐닉과 마찬가지로 당시 인도의 수행자들이 행하는 극단적 고행도 진정한 해탈(解脫)에 도움이 되지 않는다는 것을 강조하고, 양 극단의 치우침을 넘어서 중도를 실천할 때 진정한 깨달음에 이를 수 있다는 자신의 실천적 체험을 가르쳤다.

또한 그는 중도의 중요성과 아울러 네 가지 거룩한 진리, 즉 사성제(四聖諦)를 설하였다. 그것은 고(苦), 집(集), 멸(滅), 도(道)이다. 먼저, 고는 생로병사의 괴로움, 사랑하는 사람과 헤어지는 괴로움, 싫어하는 사람과 만나는 괴로움, 얻고자 하는 바를 얻지 못하는 괴로움 등 세상은 온갖 괴로움으로 가득 차 있다는 것이다.

집은 그 괴로움이 어떻게 일어나게 되는가를 밝히는 것이다. 즉 고의 원인에 대한 체계화된 설명으로써 십이연기설(十二緣起說)이다. 생로병사의 근본 원인은 바로 무명(無明)에 있다는 것이다. 무명은 실재성이 없는 것을 자신의 실체로 착각하는 것을 말한다. 무명에 의해 행(行)이 있고, 행이 있으므로 식(識)이 있고, 명색(名色), 육처(六處), 촉(觸), 수(受), 애(愛), 취(取), 유(有), 생(生)이 있으므로 모든 괴로움(苦)이 있다는 것이다.

멸은 바로 그 원인을 없애는 것이다. 부처님은 인간의 고행은 무명에 의해 생긴 것이므로 무명을 멸함으로써 행이 멸해지고 행이 멸해짐으로써 식이 멸해지고 이런 식으로 나아가 마침내 생로병사를 포함한 모든 괴로움이 멸해진다는 것이다.

마지막으로 도는 괴로움을 소멸시키는 방법을 가리킨다. 부처님은 괴로움을 소멸시키는 여덟 가지 바른 길, 팔정도(八正道)를 설하였다. 바른 견해, 바른 사유, 바른 말, 바른 행동, 바른 직업, 바른 생활수단, 바른 노력, 바른 기억, 바른 삼매가 바로 팔정도이다. 후에 대승불교에서는 보살의 실천원리로써 소승불교의 팔정도와는 약간 다른 육바라밀다를 가르치고 있다.

불교의 주요 사상으로 사성제, 십이연기설, 팔정도, 육바라밀 외에 삼법인(三法印)이 있다. 삼법인이란 불교의 핵심 진리를 세 가지로 정리한 것인데, 제행무상(諸行無常), 일체개고(一切皆苦), 제법무아(諸法無我)가 그것이다. 제행무상은 모든 것은 변하므로 영원한 것은 아무 것도 없다는 것이고, 일체개고는 모든 것은 괴로움으로 영원하지 않는 것에 집착하는 것은 결국 괴로움일 뿐이며, 제법무아는 모든 것은 인연화합으로 이루어진 것으로 그 속에 독립적으로 존재하는 실체는 없다는 것이다.

특히 불교사상의 기본은 연기설에 있다. 연기설은 일체의 사물은 그 자체만으로 존재하지 않으며 영원불멸하지도 않고 인간이나 인간을 둘러싼 모든 것은 상호 의존적인 존재인 것이며, 이 관계를 떠나서는 존재할 수 없다는 것이다. 인간이나 만물을 피조물로 보고 창조주를 외부에 두는 것이 기독교라고 하면 창조주를 내부에 두는 것이 힌두교이다. 그러나 연기법에서는 인간을 존재하게 하는 절대 궁극의 실체가 인간의 밖이나 내부에 따로 있음을 부정한다(p.31).

불교는 브라만교나 힌두교와는 달리 우주창조의 원리나 신의 존재에 대한 언급이 없이 인간의 실제적 고통을 해결하는데 중점을 두고 있다. 불교는 존재와 우주의 실상을 인간의 진리로 삼는 종교이며, 그래서 지금 이 순간 참되게 존재함을 실현할 것을 요구하는 종교이기도 하다. 그러므로 불교는 가장 현실 참여적이며 역동적인 종교이다. 해탈 열반과 인과 윤회가 종이 한 장의 차이도 없고 부처와 중생의 차이도 없는 종교이다. 조화와 공생을 지향하는 불교의 연기법과는 달리 자본주의의 가치는 자연을 물질로 보는 인간중심의 가치와 개인을 절대 존재로 보는 개인중심의 가치에 기반을 두고 있다. 오늘날 인간과 인간, 인간과 자연, 인간과 사회의 조화와 공생을 깨고 모든 사람들을 경쟁 일변도로 몰아가는 현대 산업문명은 인간중심과 개인중심의 가치관에 편향되어 있다.

그러나 불교에서 보는 자연세계는 실재하는 것이 아니라 관념의 소산임을 전제하고 볼 때 자연을 생명으로 파악한다. 그리고 이 생명의 세계는 모두 참다운 실재인 불성(佛性)으로부터 연유한 것이다. 이것을 일러 '일체중생실유불성(一切衆生悉有佛性)'이라고 한다. 그런데 모든 생명체는 그 이면에 불성을 실상(實相)으로 지니고 있으며, 이런 불성은 인간 각자의 내면에 깃든 불성과 다른 것이 아니므로 모든 생명체를 나의 생명의 연장선상에서 바라보게 된다. 즉, 모든 생명체는 불성의 끈으로 서로 연결되어 있다는 것이다. 그리고 불성이야말로 너와 나가 없는 만유공통(萬有共通)의 참 생명인 것이다(손병욱, 2001). 이러한 관점에서 보면 자연계와 인간계는 서로 구분될 수 없으므로 인식론적 관점으로 볼 때, 일원론에 입각하고 있으며 자연을 생명체로 보는 유기체적 자연관을 지녔다고 할 수 있다. 특히, 불교의 연기사상(緣起思想)과 불살생(不殺生)에는 전일적, 순환적, 관계적, 상호 의존적인 생태론적 세계관의 특성이 잘 드러난다.

불교에서는 모든 물질의 순환 및 생명의 사멸과 탄생은 모두 연기법(緣起法)에 따른다. 모든 우주의 현상은 개체의 움직임뿐만 아니라 마음 표현까지도 모두 업(業)으로 나타나는 인과(因果)의 고리로 설명할 수 있다. 아함경(阿含經)에 나타난 '연기'는 '이것이 있음으로써 저것이 있고 이것이 생김으로써 저것이 생긴다. 그리고 이것이 없음으로써 저것이 없고, 이것이 멸함으로써 저것이 멸한다.' 또한 연기를 보는 자는 법을 보고, 법을 보는 자는 연기를 본다. 연기를 보는 자는 부처를 본다(김용운, 2001). 즉, 연기사상은 우주만물은 제각기 독립적으로 존재하는 것이 아니라 서로 의존하고 서로 관계를 가지며 생명 행위를 영위하는 것으로 본다.

따라서 인간과 자연도 각각이 서로 분리되어 존재하는 것이 아니라 함께 더불어 존재하는 관계성을 가진다. 이러한 연기의 관계성은 과거와 현재 그리고 미래까지도 모두 유기적으로 연결되어 있는 것이고, 더 나아가 삶과 죽음의 끝없는 윤회(輪廻)를 거친다. 한 개체의 태어남과 죽음은 언제나 이 연속적인 윤회 안에서 가능하며, 이것은 우주 안의 모든 것이 결국 떨어져 생각할 수 없다는 것으로 결국 인간과 자연은 분리된 것이 아닌 오히려 서로 의존적으로 바라보고 살아야 한다는 것이다.

불교의 불살생(不殺生) 계율은 우주나 자연 자체가 온갖 생명들의 처소요, 거주지이며 동시에 자연 자체가 또한 총체적 생명과 같은 것이기 때문에 자연을 파괴하는 것은 곧 살생죄(殺生罪)를 범하는 것으로 본다. 불살생 계율은 또한 공생의 근본원리가 된다. 즉, 다른 생명을 빼앗지 않는 것이 곧 생명을 주는 것이 된다는 것으로 대부분의 중생들이 서로 타자를 살생하여 자기의 생명을 부지해 나가는 모순 속에 있기 때문에 상호간에 어떤 희생은 운명적인 것이지만 오히려 그 때문에 나의 생명을 줄 만큼 다른 생명을 아끼고 죽이지 않는 것이 바로 생명을 주는 셈이 된다는 것이다(김용정, 1997). 이러한 측면에서 불교의 생명사상이 생태유아교육의 사상적 토대가 된다는 점을 밝힌 연구(김점옥, 1998; 신지영, 1999)뿐만 아니라 생태유아교육에 주는 시사점을 다양한 관점에서 논의하는 연구가 필요하다.

(3) 도교(道敎)

도교(道敎)는 도(道)를 바탕으로 하는 가르침을 뜻한다. 도교와 비슷한 의미로 도가(道家)라는 말이 있다. 도가와 도교는 약간의 차이가 있다. 도가는 춘추전국시대 노자(老子, B.C. 5~6세기)와 장자(壯子, B.C. 369~289)를 중심으로 하는 사상가를 말하며, 이들의 사상을 도가사상(道家思想) 내지 노장

사상(老莊思想)이라고 한다. 이에 비해 도교는 후한 말에 등장하여 위진남북조를 거치면서 외래종교인 불교에 대항하였던 중국의 대표적인 민족종교를 가리킨다. 도교는 원래 주술적이고 기복적인 민간신앙에 바탕을 둔 민중종교로 출발하였지만 우주만물의 본체인 도와 무위자연의 길을 추구하는 도가사상(道家思想)과 불로장생의 신선을 추구하는 신선사상(神仙思想)이 합쳐서 이루어진 종합적인 사상체계이다(박석, 2004).

도교는 두 가지 의미로 쓰이는데, 전자는 중국 민중종교를 말하는 좁은 뜻의 도교이고, 다른 하나는 민중종교와 도가사상과 신선사상의 세 갈래가 합쳐진 넓은 뜻의 도교이다. 도교는 힌두교와 마찬가지로 다신교에 속하며, 도가사상과 신선사상과 융합되어 있다고 할 수 있다.

먼저, 도가사상 내지 노장사상에 대해 살펴본다. 노장(老壯)의 도가사상은 인간사회의 규범, 제도 및 가치체계의 확립을 통해 혼란한 시대를 극복할 대안을 제시하고 있는 공맹(孔孟)의 유가사상의 한계성을 넘어서는 보다 근원적이고 본질적인 섭리를 찾고자 하였다. 노자는 “도는 하나를 낳고, 하나는 둘을 낳고, 둘은 셋을 낳고, 셋은 만물을 낳는다”라고 하여 도가 바로 천지만물의 근원임을 밝히고 있다. 또 노자의 『도덕경(道德經)』 제 25 장에 따르면 “사람은 땅을 본받고, 땅은 하늘을 본받고, 하늘을 도를 본받고, 도는 스스로 그러함을 본받는다(人法地 地法天 天法道 道法自然)”라고 하여 도를 인간이 본받아야 할 최고의 규범으로 삼고 있고, 그 도는 바로 스스로 그러함, 즉 자연에서 나온다고 하였다. 노자는 이전까지 사람들이 믿어 온 최고의 존재인 하늘 위에 도와 자연이라는 새로운 개념을 만들어 냈다. 그는 우주의 근원적 원리이자 최고의 규범인 도를 체득하기 위해서 무위(無爲)를 제시하고 있다. 무위란 그냥 단순히 아무 것도 하지 않음을 말하는 것이 아니라 작위(作爲)가 없음을 말한다. 작위가 없을 때 스스로 그러함에 이를 수 있다는 것이다. 그것이 바로 무위자연(無爲自然)이다. 노자는 성인(聖人)이란 바로 무위자연의 경지에 이른 사람이라고 생각하였다.

또한 노자는 유약(柔弱)을 강조하고 있는데, 딱딱하고 강한 것은 죽음의 무리이고 부드럽고 약한 것은 삶의 무리라고 하고, 『도덕경』 곳곳에서 수컷보다는 암컷, 즉 양보다는 음의 중요성을 강조하며, 유약의 상징인 물(水)

이 결코 유약하지 않음을 예찬하고 있다. 그래서 노자의 사상을 음유(陰柔)의 사상이라고 하고, 노자를 물의 철학자라고 한다.

한편 장자는 기본적으로 노자의 사상을 수용하고 있지만 노자보다 현실세계로부터 초월적 자유와 도피적 은둔을 지향하고 있다. 『장자(壯子)』의 첫 편 「소요유(逍遙遊)」에서 날개의 길이가 삼천척이나 되는 상상 속의 새인 대붕(大鵬)이 구만리 상공을 날아가는 모습을 통해 현실세계를 완전히 초월한 절대적 대자유를 희구하고, 삶과 죽음의 세계를 넘어선 본래의 세계를 꿈꾸는 장자의 사상을 엿볼 수 있다. 장자에 따르면 삶이란 기(氣)가 모인 것이고 죽음은 기가 흩어진 것이다. 그것은 천지자연의 변화 가운데 일부분일 뿐이다. 더구나 삶은 유이고 죽음은 무인데, 유에서 무로 돌아가는 것은 더 본래적인 상태로 돌아가는 것이므로 슬퍼해야 할 일이 아니라 도리어 기뻐해야 할 일이다. 이것은 장자가 죽음예찬론을 주장한 것이 아니라 나아가 인간사회의 선악, 시비, 미추 등의 판단기준을 넘어서서 보다 근원적인 도(道)와 정신적 안정과 자유를 갈구하고 있음을 말해 주는 것이다. 결국 장자 사상의 기본방향은 삶과 죽음을 천지자연의 변화의 일부로 받아들임으로써 정신적 자유를 추구하는 데 있다.

다음으로 신선사상(神仙思想)에 대해 살펴보고자 한다. 어느 문화권에서나 생사관으로 내세(來世)에 대한 관념을 갖고 있다. 그것은 하늘나라의 영생, 신과의 합일, 생사윤회로부터의 해탈 등으로 나타난다. 그런데 중국에서는 내세에 대한 관심이 별로 없다. 상대적으로 현실 중시 관념이 어느 문화권보다 강하다. 그래서 그들은 현실의 삶을 연장시키는 방법으로 불로장생(不老長生)의 길을 추구한다.

중국에서는 춘추전국시대부터 불로장생을 추구하는 사람들이 있었는데, 이들을 신선가(神仙家) 또는 선가(仙家)라고 하고, 이들이 추구하는 이념을 신선사상이라고 한다. 이들은 육체와 정신을 단련하는 여러 가지 방술(方術)로 도인술, 호흡법, 정신집중법 등을 활용한다. 이런 신선가는 불로장생을 목표로 수행을 한다. 신선가의 수행 또는 명상은 신선이 되는 길이기 때문에 선도(仙道)라고도 하며, 호흡법과 정신집중법을 위주로 하는 내단법(內丹法)이 주종을 이룸으로써 단(丹)이 핵심개념이기 때문에 단학(丹學)이라고도 한다. 단전호흡 또는 복식호흡을 위주로 하는 선도 내지 단학에서는 정기신(精氣神), 단전(丹田), 경락(經絡), 경혈(經穴) 등이 가장 중요한 개념들이다(박석, 2004).

앞서 살펴본 것처럼 도교는 도가, 도가사상, 노장사상, 신선가, 선도, 단학 등의 용어들이 문맥에 따라 구분되어 사용하는 경우도 있지만 서로 혼용되는 경우도 있다는 점에 유의할 필요가 있다. 예를 들면, 같은 문맥에서 '유(儒)·불(佛)·선(仙)' 혹은 '유(儒)·불(佛)·도(道)' 등으로 다르게 표현하고 있지만 '선(仙)'과 '도(道)'는 거의 같은 맥락의 개념으로 이해할 수 있다.

3) 서양의 생태사상 및 철학

(1) 아리스토텔레스의 목적론적 자연관

서양의 사상과 철학은 반생태적인가? 유진 하그로브는 그의 『환경윤리학』에서 환경문제는 본질적으로 철학적 문제이며, 서양 사상의 주요 원천인 철학이 환경보전을 방해하는 사고와 태도를 제공해 왔다는 점에서 환경문제에 대한 책임이 있다는 것이다. 이러한 하그로브의 주장은 특히 서양의 자연관이 생태학적 관점의 성장을 방해하고 환경보전에 관심을 갖는 일을 방해함으로써 환경문제를 초래한 주범의 하나라는 것이다. 그는 서양 철학자들이 제시한 자연관은 그리스 철학 이래 서양 철학에 내재한 3가지 근본 가정 – 즉 '세계는 합리적 구조를 가지고 있으며, 그 구조는 잘 알려질 수 있고, 쉽게 이해될 수 있을 정도로 단순하다' – 이 근대에 이르기까지 서양 철학을 관통하고 있으며, 그것이 환경에 대한 사고에 지속적인 영향을 미쳤다고 주장하고 있다(유진 하그로브 저, 김형철 역, 1994).

서양의 자연관은 자연을 목적론적으로 보는 관점과 기계론적으로 보는 관점으로 대별된다. 전자는 아리스토텔레스의 목적론적 자연관이고, 후자는 근대의 기계론적 자연관이다. 아리스토텔레스의 목적론적 자연관은 고대 및 중세에 걸쳐 서양의 중심적인 자연관으로 이어져 온 관점인데 비해 근대의 기계론적 자연관은 16세기 이후 갈릴레이, 데카르트, 베이컨, 뉴턴 등이 확립한 입자론적 자연관으로 오늘날 생태위기를 가져온 서구 산업문명의 근원이라고 할 수 있다.

아리스토텔레스의 목적론적 자연관은 자연의 중심에 있는 것이 생명체이고, 자연의 모든 변화는 생명의 실현으로 나타난다는 것으로 생태론적인 세계관이라고 할 수 있다. 아리스토텔레스는 자연(physics)을 살아 있는 만물의 생성과 성장과정이라고 규정하고, 발생(genesis)이라는 말과 동의어로 쓰고 있다. 또한 그는 자연은 합리적인 자기재생적 질서를 가지고 있으며, 자연의 모든 존재는 그 자신 안에 목적을 포함하고 그것을 실현하는 과정에 있다는 것이다. 그리고 그는 자연을 조화적 질서(cosmos)로 봄으로써 인간의 문화적 · 사회적 영위를 자연에 포섭시키고 있다. 또한 목적론적 자연관에서는 인간을 이성적 영혼이 있는 존재로 봄으로써 자연계의 다른 사물들과 구분한다. 다시 말해서, 인간은 신들처럼 이성이라는 특성을 가지고 있으며, 다른 동물들처럼 감각 · 영양 · 번식과 같은 다른 기능들을 공유하고 있다(정병훈, 2001).

또한 아리스토텔레스의 목적론적 자연관은 완전한 생태론적인 세계관으로서의 한계점을 보이고 있다. 아리스토텔레스는 동물과 식물을 포함한 자연계의 모든 사물들은 인간을 위해서 만들어졌다고 생각함으로써 자연에 대한 인간 우위적인 관점을 보이고 있는 것이 주된 한계점이다. 다른 한계점은 아리스토텔레스는 자연계 모든 사물의 부분과 전체의 유기적 관계와 그것의 상호작용을 구체적으로 논술하고 있지 않다는 점에서 유기체적 자연관에 이르지 못하고 목적론적 자연관에 머무르고 있다는 점이다.

한편 근대의 기계론적 자연관 내지 기계론적 세계관은 서양 사상과 철학이 오늘의 생태위기를 초래한 주범임을 17세기 베이컨의 다음과 같은 언급에서 입증해 주고 있다. '아는 것이 힘이다'는 명제로 우리에게 잘 알려져 있는 프란시스 베이컨은 방황하고 있는 자연을 사냥해서 노예로 만들어 과학과 기술에 봉사해야 한다는 것이다. 또한 그는 자연은 구속되어야 하며, 과학자의 목적은 고문을 해서라도 자연의 비밀을 밝혀내는 것이라고 노골적으로 표현하고 있다. 자연을 역학적 도구를 사용하여 고문을 해서라도 비밀을 캐내야 하는 여성으로 비유하는 폭력적인 이미지는 17세기 마녀재판에서 여성을 고문하던 것에 강한 암시를 보여준다. 사실 그 당시 제임스

1세 영국 왕 밑에서 법무장관이었던 베이컨은 마녀재판에서 여성이 고문당하는 것에 익숙했을 것이다. 여기서 우리는 미래 과학과 기술의 발달에 엄청난 영향을 주었던 기계론적 세계관과 가부장적 가치관 사이에 중요하고 놀라운 연관관계가 있음을 발견하게 된다(이우봉, 2001).

17세기 베이컨을 기점으로 그 이전과 이후의 과학의 목표가 뚜렷이 구분된다. 17세기 이전의 과학의 목표는 자연과 더불어 조화를 이루고 살면서 자연의 질서를 이해할 수 있는 지혜를 얻는 것이었다. 이와 같은 생태학적 태도는 정반대로 바뀌었다. 즉, 17세기 이후 과학의 목표는 자연을 지배하고 통제하는 데 사용할 수 있는 지식을 얻는 데 있으며, 오늘날 과학과 기술은 위험하고 유해하며 반생태적인 목적에 주로 사용되고 있다.

(2) 그리스도교의 생명사상

그리스도교는 기본적으로 예수의 말씀을 믿고 따르는 모든 종교를 지칭한다. 대표적으로 가톨릭(천주교)과 정교회(한국정교회) 그리고 개신교(기독교) 등이 있다. 그런데 공자나 부처와 마찬가지로 예수는 자신의 생각을 글로 남기지 않았다. 예수를 따르는 이들에 의해 기록된 것을 모은 문집과 같은 형태의 글 묶음을 성서(聖書)라고 하는데, 그 중에 예수의 말씀과 직접 관련된 것이 바로 신약성서(新約聖書)이다. 성서에는 신약성서뿐 아니라 구약성서가 있는데, 유대교는 구약성서(舊約聖書)만을 인정한다. 그러므로 예수의 존재를 인정하지 않는 유대교는 그리스도교의 범주에 포함되지 않는다. 가톨릭과 정교회는 구약성서와 신약성서 외에 외경도 성서로 인정한다. 이렇듯 성서의 범위는 그리스도교 안에서도 차이가 있다. 그리고 성서의 원본은 분실되거나 파손되어 사라지고 없고, 수많은 필사본과 다양한 언어에 의해 번역된 역본이 존재하고 있을 뿐이다. 현재 우리나라에서는 영어뿐 아니라, 독일어 성서·프랑스어 성서 및 라틴어·히브리어 원본·그리스어 원본도 참조하여 번역한 성서를 사용하고 있다.

그러므로 성서는 예수의 직접적인 기록도 아니고, 완벽하게 필사된 사본이라고 할 수 없으며, 다양한 세계관을 배경으로 하는 언어로 번역되었기 때문에 번역자의 세계관이 전혀 반영되지 않았다고 볼 수도 없다. 즉, 예수의 말씀을 직·간접적으로 듣고 기록한 기록자들에 의해, 필사했던 수많은 필사본 기록자들에 의해, 다양한 언어를 가진 번역자들에 의해 성서의 사상은 여러 차례의 수많은 변화를 거듭해 왔다. 특히, 중세에 이르러 아우구스티누스, 토마스 아퀴나스 등은 아리스토텔레스의 그리스적 세계관을 그리스도교 신학에 도입하게 되는데, 결국 신학은 신을 설명하기 위해 인간이 만든 하나의 인간학이 되었다. 이 지점이 바로 린 화이트를 비롯한 생태론자들이 현대의 생태위기의 근원을 그리스도교의 인간중심적 사상에서 찾는 이유이며, 가톨릭과 개신교의 그리스적 세계관이 극복해야 할 난점 중의 하나이다.

이 같은 난점에도 불구하고 예수의 존재와 말씀을 진리로 믿고 자신의 삶의 지침으로 삼으려는 수많은 민족과 사람들에게는 성서의 진실성 여부를 따지는 것은 별로 의미가 없어 보인다. 단지 이들에게 남은 것은 성서에 대한 이해와 해석의 문제인데, 이 또한 일치된 해석학적 원리가 존재하는 것도 아니다. 그러므로 역사적·문화적 상황에 따라 성서에 대한 신학적 해석이 다양해지고, 이에 따른 인간의 실제적 삶의 방식도 다양성을 가지는 것은 필연적일 수밖에 없다. 때문에 성서에 대한 특정한 하나의 해석만을 진리로 주장하는 것은 한낱 이데올로기적 발상에 불과하다. 그러므로 예수의 복음은 가톨릭을 통해 200년 전, 개신교와 정교회를 통해 100년 전에 문화적 배경이 다른 우리나라에 들어와 다양한 방향으로 진행되고 있다.

가톨릭의 가톨릭(Catholic)이란 말은 보편적이라는 뜻이며, 시대와 지역을 초월해서 모든 민족에 수용되어야 하고, 어떠한 문화와 전통 아래서도 융화되어야 한다. 즉, 토착화되어야 한다. 그래서 토착화란 초월적인 보편적 진리를 어떻게 개별적 현실 속에 내재하여 그 생명력을 발휘하게 하느냐 하는 방법론이다. 희랍문화와 로마문화를 모체로 하는 유럽의 신학계도 여러 가지 조류와 유형이 있는데, 고유한 전통과 역사를 가지고 있는 다른 문화권에 고유한 신학이 성립될 수 있다는 것은 자연스런 이치이다(박석돈, 2005). 그러므로 가톨릭은 우리 민족의 전통사상, 즉 단군사상, 무속, 불교, 유교, 도교사상 등을 연구하여 동화 내지 융화하려는 토착화의 노력을 통해 우리 문화에 맞는 성서의 해석을 시도하고 있다. 그리고 가톨릭의 신부였던 아씨시의 성 프란치스코, 떼이야르 드 샤르댕, 토마스 베리 등은 기존의 세계관과는 다른 신앙적 삶과 신학적 방향을 제시하는데, 이들의 사상에서 생태적 세계관의 사상적 배경을 찾을 수 있다.

한편 정교회(正教會)가 우리나라에 처음 들어온 것은 1897년 러시아 정교회를 통해서이다. 그리스도교는 1054년경 십자군 전쟁과 같은 정치적 상황, 교황 중심주의에 대한 반대 등과 같은 교리적 차이, 성령이 성부와 성자로부터 나올 수 있는가 하는 필리오케(filiuque)와 같은 신학적 차이 등에 의해 동방교회(정교회)와 서방교회(가톨릭)로 1차 분리되었고(임영상, 1999), 그로부터 500년 후 가톨릭의 신부였던 루터나 칼뱅과 같은 종교개혁가에 의한 내부 분열로 가톨릭과 개신교로 2차 분리되었다. 이러한 분리는 민족과 언어 등의 문화적 차이에 의한 것이다. 정교회는 원래 초대 교회의 계속이며, 초대 그리스도교의 정신에 충실하며, 가톨릭에 비해서 의(義)보다는 사랑, 십자가보다는 부활, 죄보다는 구원을 중요하게 여긴다. 또 가톨릭이 성과 속을 분리하여 구별하고 정신을 물질보다 우위에 두며 신학을 중시하는 것과는 달리 성속일치·영육일치·정교일치를 특징으로 하며, 신학보다는 신을 몸으로써 체험적으로 배우는 신앙 체험을 중시하여 동양적 색채가 짙다(파스칼백과사전, 2002). 그러므로 정교회는 가톨릭과 분리되기 이전부터 독자적인 성서 해석을 하였으며, 생태위기의 원인으로 지목되고 있는 서양의 그리스적 세계관과는 다른 신학적 체계를 가지고 있다. 특히 성속일치·영육일치·정교일치 사상은 우리의 상고사상과 생태적 세계관, 가톨릭의 토착적 신학, 한국적 기독교 사상 등과 공통적인 부분으로 생태적 세계관에 시사하는 바가 크다.

또한 개신교는 그리스도교의 2차 분리에 의해 형성되었다. 사상적으로는 신학과 철학을 종합하려는 스콜라주의의 붕괴, 정치적으로는 교황권과 왕권의 위계적 질서가 붕괴됨으로써 시작된 종교개혁에서 출발한다. 그러나 루터나 칼뱅의 종교개혁은 기존 가톨릭의 신조나 신학 자체를 바꾸어 놓은 것은 아니다. 1884년경 우리나라에 수용된 개신교의 신학적 방향은 대체로 세 가지로 진행되고 있다. 즉, 한국 보수주의적 정통주의 신학, 한국 진보주의적 삶의 신학, 문화 대화적 토착신학 등으로 대별할 수 있다(주재용, 1985).

첫째, 한국 보수주의적 정통주의 신학은 독창적이고 창의적인 신학이 아니라 선교사들에 의해 이식된 것으로 타종교나 타종파에 대해 배타적인 근본주의적 신학이다.

둘째, 한국 진보주의적 삶의 신학은 사회 참여적이며 타종교와의 대화를 처음으로 시도하였다. 한국에서 생긴 민중신학과 중남미의 해방신학이 그 대표적인 유형이다. 서남동은 우리 삶이 텍스트이고, 성경은 콘텍스트라고 하여 이전과는 상반된 주장을 하는데, 이를 두고 김용옥은 코페르니쿠스적 혁명이라고 했다.

셋째, 문화 대화적 토착신학은 문화 변천에 따른 예수 복음의 재해석을 시도하여 한국 개신교 신학의 전환기를 마련하였다. 한국의 문화전통과 개신교가 만나게 함으로써 개신교를 재해석하고, 한국 문화, 예컨대 단군사상, 유교, 불교, 무교 등 타종교에 대해 배타적이지 않으며 수용적 자세를 취한다. 유동식(1997)의 풍류신학은 인간과 인간의 관계 회복을 주장하는 민중신학을 넘어 인간과 자연과의 유기적 통일성을 바탕으로 하는 새로운 신학이다(이현주, 1993).

한편 위와 같은 신학적 방향과는 달리 류영모와 함석헌 등은 그리스도교 자체보다는 그 나름대로 예수의 삶과 성서의 말씀에 대한 이해와 해석에 집중하여 실제 생활에서 실천하는 삶을 살았다. 따라서 그리스도교의 성서에 대한 새로운 이해와 해석이 요청되고 있는 이 시점에 한국의 토착적 가톨릭(천주교) 사상, 초대 그리스도교의 원형을 간직한 정교회(한국 정교회) 사상, 한국적 개신교(기독교)의 사상적 방향은 기존의 그리스적 세계관에 의한 성서의 해석을 극복할 뿐만 아니라 이를 통해 생태위기를 극복할 수 있는 생태적 세계관에 시사하는 바 크다. 생태유아교육과 관련해서는 「기독교의 생명사상이 유아교육에 주는 시사점」(안서영, 1999)이라는 석사학위 논문을 통해 그리스도교의 근본사상은 '하나님이 보기에 좋았던 세상', '삼위일체 하나님', '하나님은 빛이요 진리요 생명이다' 등의 사상에서 알 수 있듯이 생명사상에 뿌리를 두고 있음을 확인해 보았다.

또한 천지만물을 창조하신 하느님은 사람은 물론 가축과 물고기, 날짐승과 들짐승, 곡식과 나무와 들풀도 사랑으로 돌보고 가꾸신다. 하느님은 우주만물을 보살피는 어버이시다. 이런 측면에서 농부의 최고봉은 종교를 가진 농부인데, 그는 한 마디로 하느님의 심부름을 하는 농부다. 하나님의 심부름을 하는 것, 이것이 종교다. 농작물은 천지의 힘으로 경영하는 작업이니까 농부가 신앙심이 없으면 세상 어디서 신앙이 자랄까? 농업이야 말로 선(善)에 이르는 길이고 농촌이야 말로 신앙을 얻는 장소다. 종교는 농업노동의 가치를 높여 주어야 한다. 성서에도 우리 아버지는 농부라 하고 노동은 인격 실험과 함께 창조사업의 협력이고 이웃사랑의 실천이라고 가르치고 있다. 아브라함, 모세, 다윗, 예수 모두 축산, 과수, 원예 등 농업에 종사했다(홍순명, 2002).

우리나라에서는 김용기 장로가 가나안농군학교를 설립하여 하느님의 뜻대로 농부로서 살아 많은 이들에게 그리스도교의 참된 가르침을 일러 주었다. 이러한 고귀한 그리스도교의 실천적 삶의 모습은 풀무농원을 창설하고 일본의 애농회(愛農會)와 연계하여 정농회(正農會) 창립의 기틀을 만든 원경선 선생의 평화의 공동체, 남강 이승훈 선생의 뜻을 받아 이찬갑·주형로에 의해 설립된 풀무농업기술학교, 우리나라 유기농업운동을 주도해 온 정농회, 지학순 주교와 장일순 선생의 원주 생협운동, 가톨릭 농민회의 농촌살리기운동 등은 그리스도교의 생명사상, 즉 창조주 하나님의 심부름을 하는 것이 종교이고, 종교와 생명의 꽃인 농업(農業)을 터전으로 우리 사회에 그리스도교의 정신과 사상을 뿌리내린 것이다. 이와 같이 '하나님이 진리요 빛이요 생명이요 사랑이다'는 그리스도교의 올바른 정신과 사상을 삶으로 실천한 본보기를 보여주고 있다는 점에서 한국의 주류 기독교계의 반성과 회개를 기대해 본다.

(3) 생태철학

오늘날 생태철학은 철학의 한 영역으로 자리 잡고 있다. 생태철학은 생태사상, 생태론, 생태학, 에콜로지 등 다양하게 표현되고 있다. 생태철학은 자연과학의 한 분야로 등장한 생태학(ecology)을 뛰어넘는 다른 차원에서 바라본 인문사회과학의 한 분야이다. 이러한 측면에서 생태론(ecology)은 현대 생태위기의 근본 원인을 진단하고 극복하기 위한 철학적 사색을 말하며, 단순한 환경보호의 차원을 넘어 현실적으로 실현 가능한 대안을 모색하려는 실천적 운동을 포함하는 포괄적인 개념이다. '에코(eco)'는 희랍어 '오이코스(oikos)'에서 유래된 것으로 '집'이라는 뜻인데, 여기서 집이란 좁은 의미로는 인간이 사는 집이고, 넓은 의미로는 지구 전체 혹은 우주 전체를 뜻한다.

아르네 네스(Arne Naess)는 이러한 생태론 내지 생태학을 표층생태학(表層生態學, shallow ecology)과 심층생태학(深層生態學, deep ecology)으로 구분하고 있다. 표층생태학은 자연이 인간에게 이롭기 때문에 보호해야 한다는 생각에 바탕을 두고 있으며, 심층생태학은 자연은 그 자체로서 본유의 가치를 지니고 있기 때문에 보호해야 한다는 생각에 바탕을 두고 있다. 특히, 심층생태학에서는 자연은 영혼을 가지고 있으며 살아 있는 존재로 인식하고 있다. 우리는 근대 교육을 통해 자연이 마치 죽어 있는 존재인 것처럼 배웠다. 그러나 사연은 살아 있는 존재이며, 신성한 것이다. 우리는 스스로에게서 자연의 영성을 개발해야 한다. 이러한 접근은 심층생태학보다 한 발 더 나아간 것으로 사티쉬 쿠마르의 표현을 빌리면 '공경의 생태학(恭敬 生態學)'이라고 한다(사티쉬 쿠마르, 2004, 9-10).

특히, 사티쉬 쿠마르(1936년 출생)는 1973년 영국의 생태잡지 『리서젼스(Resurgence)』의 편집자가 되었다. 이 잡지는 자연으로부터 배우기, 자연에 대한 존중, 사회적·정치적·정신적 활동의 통합에 충실한 잡지로서 세계에 대한 전일적(holistic) 접근방식을 갖고 있다. 또한 그는 몇몇 동료들과 함께 영국에 슈마허 칼리지(Schumacher College)를 창립하였는데, 슈마허 칼리지가 하는 일은 자연으로부터 배우기와 정신적·실천적 활동의 통합이며, 이 대학의 중심사상은 심층생태학, 가이아 이론, 양자과학, 전일적 과학, 복잡성, 영성, 유기농업 등 새로운 생태적·전일적 패러다임에 터전을 두고 있다(사티쉬 쿠마르, 2004, 11).

한편, 마이클 짐머맨(M. Zimmerman)은 생태철학을 크게 인간중심적 개량주의, 환경윤리학, 급진적 환경철학(즉, 근본생태론: radical ecology)으로 나누고, 이 중에 근본생태론을 다시 심층생태론(deep ecology), 생태여성주의(ecofeminism), 사회생태론(social ecology) 등 세 가지의 입장으로 나누고 있다

(장춘익, 1999). 이들은 생태위기의 철학적, 심리적, 사회적 근원을 모색하려는 공통점을 지니고 있으며, 모두 기존의 기계론적 세계관의 전환만이 생태위기를 극복할 수 있다고 보고 있다. 특히, 이들은 서구 근대의 데카르트적 세계관, 즉 심신이원론이나 기계론적 자연관과 근대적 과학과 기술에 대해 강하게 비판하고 있다.

한편 이들 사이에도 약간의 견해차를 보이고 있는데, 생태위기의 근본 원인에 대한 진단에 있어서 심층생태론은 인간중심주의로 보고 있고, 생태여성주의는 남성 지배를 정당화하는 억압적 사회구조로 보고 있으며, 사회생태론은 권위주의적 사회의 계층구조로 보고 있다. 그리고 생태위기에 대한 처방도 각기 다르기 때문에 이들 사이의 논쟁이 필연적이라면, 생태위기를 극복하기 위해서는 이들의 통합적 접근도 역시 필연적인 것으로 보인다. 앞으로 서양 생태론자들의 당면과제는 서로에 대한 비판보다는 통합 내지 융합을 위한 방안을 모색하여 현대의 생태위기를 극복할 궁극적인 대안을 제시하는 것이다. 여기서 심층생태론, 생태여성주의 및 사회생태론에 대해 간략히 살펴보면 다음과 같다.

첫째, 심층생태론(深層生態論, deep ecology)은 노르웨이 철학자 아르네 네스(Arne Naess)의 논문 「피상적인 생태운동과 근본적이고 장기적인 생태운동」에서 처음 제기된 것으로 산업문명이 가져온 심각한 환경 파괴로부터 지구 생태계를 구하려면, 우리의 인식과 가치 그리고 생활방식의 근본적인 변화, 즉 서구 사회의 보편적 세계관의 근본적인 변화가 있어야 한다. 생태위기의 근본 원인은 바로 인간중심주의이며, 인간중심주의는 철학이나 종교와 같은 신념체계에 의해 형성된 것이므로 기존의 모든 신념체계에 대한 비판적 시각을 견지해야 하며, 그 대안으로 고대 아시아의 신념체계에 대한 고찰이 필요하다. 이를테면 도교, 불교, 힌두교, 유교 등 고대 아시아적 신념체계는 인간과 자연이 하나라는 생태론적 세계관 내지 생명주의 사상에 바탕을 두고 있다.

둘째, 생태여성주의(生態女性主義)는 1972년 프랑스 여성주의자 프랑소와 도본느(Francoise d'Eaubonne)가 설립한 〈생태여성주의 센터〉에서 처음 사용되었다. 생태위기의 근본 원인을 가부장제, 즉 여성에 대한 남성의 지배를 당연시하는 사회구조에서 비롯된 것으로 보고 있다. 가부장제의 관념적 지배구조는 여성과 유사하거나 혹은 여성으로서 상징되는 자연에 대한 인간의 지배를 당연시 하는 결과를 가져왔다. 그러므로 생태여성주의는 여성과 자연의 해방을 동시에 추구한다. 더 나아가 지구를 살아 있는 생명체라고 주장하는 러브록의 가이아 가설은 생태여성주의의 자연과 여성의 밀접한 관련성을 확인시켜 준다.

셋째, 사회생태론(社會生態論)은 심층생태론이 사회구조에 대한 언급이 부족하다는 비판에서 등장한 이론이다. 대표적인 사회생태론자인 머레이 북친(Murray Bookchin)은 생태문제를 사회적 차원의 문제로 파악하고 인간이 다른 인간을 억압하고 착취하는 사회적 구조의 문제를 무시하고 인간-자연이라는 측면만으로 생태문제를 바라보는 심층생태론을 비판하면서 오늘날 환경위기의 뿌리는 지난 수 세기 동안 자리해 온 지배의 문제, 즉 인간에 대한 지배, 그리고 인간의 자연에 대한 지배에 있으며, 이를 극복하는 생태운동은 사회운동으로 나아가야 한다고 주장한다(박준건, 2003). 그러므로 생태운동은 사회운동이 되어야 한다는 것이다. 기존의 기술관료적 정치권력과 자본주의적 경제체제는 공동의 생태학적 가치와 공동의 생활 서약을 통해 규제되는 유기적 공동체, 이를테면 생태공동체로 대체되어야 한다는 것이다.

따라서 현대의 생태위기를 극복하기 위한 서양의 다양한 철학적 탐색과 대안 제시는 바람직하겠지만, 어느 하나의 철학적 탐색에 비중을 두는 것은 생태철학에서 공통적으로 지적했던 생태위기의 근본 원인으로 지목한 근대적 세계관의 연장 내지 아류에 불과하다고 볼 수 있다. 따라서 생태유아교육은 서양의 다양한 생태론적 주장을 수용하되 어떤 관점의 이론이 인간과 자연의 도(道) 내지 관계, 생명의 원리를 가장 잘 설명하고 있는가를 바라보는 혜안이 필요하다.

3. 심리학적 · 신과학적 배경

여기서는 생태유아교육의 심리학적 배경과 신과학적 배경에 관해 살펴보고자 한다. 생태유아교육은 임신부터 취학 전까지 유아가 주된 대상이므로 이들의 성장 발달 과정과 특성을 제대로 이해하는 것이 우선적으로 필요하다. 또한 생태유아교육은 자연과 하나 되고 다른 사람과 더불어 살아가는 아이들의 몸 · 마음 · 영혼을 함께 돌보는 교육이라는 측면에서 서양의 아동심리학이나 발달심리학 내지 물질론적 현대 과학의 도움도 필요하지만 생명론적 관점의 심리학적 접근과 신과학적 접근이 절실한 것으로 보인다.

1) 심리학적 배경

여기서는 서양 심리학의 한계에 대한 논의를 바탕으로 생태유아교육의 심리학적 배경에 관한 논의의 시작으로써 생태심리학, 초월심리학, 요가심리학, 동양적 발달심리학 등을 제시하고자 한다. 앞으로 이와 관련하여 다양한 논의와 연구가 진행되기를 기대한다.

(1) 서양 심리학의 한계

학문에는 사람의 이치를 다루는 심리학(心理學), 사물의 이치를 다루는 물리학(物理學), 우주만유 본성의 이치를 다루는 성리학(性理學) 등이 있다. 그렇다면 심리학(心理學)은 사람의 이치를 제대로 다루고 있는가? 다시 말해서 철학에서 분리 독립한 서양의 현대 심리학은 사람의 이치를 제대로 설명하고 있는가 하는 것이다.

그동안 기존 서양 심리학은 몸 · 마음 · 영혼 또는 성(性) · 명(命) · 정(精) 또는 심(心) · 기(氣) · 신(身)으로 이루어져 있는 사람의 이치를 제대로 이해하지 못했을 뿐만 아니라 그 성질을 제대로 파악하지 못하고 있는 것이 현실이다. 또한 기존 심리학은 사람의 숨겨진 부분과 드러난 부분, 성(性)과 질(質), 불연(不然)과 기연(其然) 중에서 후자만 다루어 왔고, 사람의 심리(心理)

는 다루면서 심기(心氣)나 심령(心靈)에는 제대로 접근하지 못하고 있으며, 사람의 인지(認知)나 이성(理性)은 주로 다루면서 감성(感性)과 영성(靈性)은 별로 다루지 않아 왔다.

특히 기존의 심리학은 하늘을 이고 땅을 딛고 살아가는 사람을 천지인(天地人)의 관계 속에서 바라보지 않고, 사람을 천지와 별개로 분리된 인물(人物)로 보고 그 사람의 이치만을 다루어 왔다. 그리고 기존 심리학은 사람을 자연과 인간을 포함한 우주 만물과의 관계 속에서 바라보지 않고 산업사회라는 체제, 도시라는 공간, 개인적인 행동 특성 등의 폐쇄적이고 제한된 측면에서 사람의 이치를 다루어 왔다. 그러다 보니 기존 심리학(心理學)은 20세기 말 산업문명의 끝에서 직면한 자연생태위기와 인간생명위기 상황을 부추기는 데 기여해 왔다는 비난을 피할 수 없게 되었다. 이러한 현실에서 생태유아교육의 심리학적 기초로 아이살림과 생명살림의 이치를 제대로 바라보고 다루는 새로운 심리학적 접근이 필요하다는 데 공감하고 있다.

(2) 생태심리학

생태심리학(生態心理學)은 영어로는 Ecopsychology 혹은 Ecological Psychology로 표기하는데, 생태론 내지 생명론에 기초한 심리학이라고 할 수 있다. Roszak, Gomes and Kanner, Hillman and Brown(1995)이 공동 집필한 『생태심리학(Ecopsychology : Restoring the Earth, Healing the Mind)』이라는 교재의 부제에서 보는 것처럼 생태심리학은 '지구를 살리고 마음을 치유하는 심리학'이라고 말할 수 있다. 생태심리학은 인간을 결정론적인 관점으로 보지 않고, 자율적이며 능동적인 개체로 보는 관점에 바탕을 두고 있으며, 심성(psyche)과 대지 사이에는 공감적인 유대가 있다고 주장한다.

한편 생태심리학은 초창기 Metzner Ralph(김덕호, 김연진 역, 2001, 재인용)가 주창하여 사용되기 시작한 용어로 생태학(生態學, Ecology)과 심리학(心理學, Psychology) 간의 연관성을 찾아 인간과 환경이 상호작용을 한다는 것으로 미국의 심리학자 바커(R. B. Baker)의 스승인 레빈(K. Lewin)이 제창했던 심리학적 생태학(Psychological Ecology)을 더욱 발전시킨 심리학의 분야를 말한다. 이 같은 생태심리학은 크게 게스탈트 심리학, 환경심리학, 그리고 생태심리학의 세 단계로 발전되어 왔다고 말할 수 있다.

우선, 게스탈트 심리학(Gestalt Psychology)은 장(場, field), 총체성, 형상과 기반 그리고 환경(environment) 등을 주요 개념으로 사용하고 있으며, 인간의 행동은 사람과 환경과의 상호작용에 의해서 결정된다고 보고 있다.

다음으로 환경심리학(Environmental Psychology)은 자연·사회 환경문제와 심리학의 연계로써 사회심리학의 한 분파라고 할 수 있다. 이러한 환경심리학은 환경론과 심리학의 만남으로써 인간생태학 운동(Human Ecology Movement)에 그 뿌리를 두고 있다. 이와 같은 게스탈트 심리학과 환경심리학은 인본주의 내지 인간중심주의에 바탕을 두고 있다고 할 수 있다.

한편 생태심리학은 인본주의 내지 인간중심주의를 넘어 생태주의 내지 생명주의에 바탕을 두고 있다. 엄격히 말하면 심리학의 역사는 곧 인류 역사이다. 이런 점에서 옛날 심리학은 모두 생태심리학이었다고 할 수 있다. 최초의 이른바 '주술의사(witch doctor)'는 신성한 생태계의 맥락 속에서 치료행위를 하였고, 원시인들은 인간이 산천초목과 더불어 살아간다는 것을 익숙한 상식으로 여겼다. 이살렌연구소(Esalen Institute)에서 열린 생태심리학 대회에서 한 인디언 원주민 여인은 발표를 통해 자기네 원주민들이 사용하는 '정신이상(精神異常)'이라는 단어를 세 가지 의미로 설명하고 있는데, 첫째, 자기 머리 속에서만 되풀이해서 이야기하는 것, 둘째, 뿔뿔이 흩어진 채 공동체를 가지지 못한 것, 그리고 셋째, 땅과 관계를 가지지 못하는 것이다. 인디언의 접근처럼 대지는 몸이기 때문에 땅과의 단절은 불완전한 인간일 뿐이다. 이것은 우리의 동학(東學)에서 말하는 경천(敬天), 경인(敬人), 경물(敬物)의 삼경사상(三敬思想)과 더불어 사람 속에 천지가 하나로 합일되어 들어 있다는 『천부경(天符經)』의 인중천지일(人中天地一)의 사상과 통한다.

또한 생태심리학은 인간의 본성과 행동 유형에 관한 연구는 물론 인간의 가장 깊은 심층(deepest level the psyche)과 인간을 형성한 대지와의 관련성에 관심을 두고 있다. 따라서 환경 파괴도 인간의 무의식의 필요나 욕망의 투사, 예를 들면, 불안이나 적개심에서 유발되었다고 본다. 그러므로 이들은 환경 파괴도 유년기에 생긴 억압 본능의 일환으로 본다. 이처럼 아이들의 잘못된 성장과정과 교육이 환경 파괴를 유발한다는 측면에서 생태심리학적 접근은 생태유아교육에 시사하는 바가 많다.

그리고 생태심리학은 심리생태학, 생태치료, 지구치료, 녹색치료, 자연심리치료 등으로 불리어지고 있다. 그리고 생태학적 우주론은 모든 우주를 포용하고 있다. 가장 포괄적인 생태계는 우리 인간을 포함한 총체적이고 생동적이며 모든 것을 내포한 일종의 망(網)인 지구의 생태체계이다. '가이아(Gaia) 가설'은 꽤 논리적인 것인데, 지구는 스스로 생명을 낳고 증식시키는 자기통제적인 초유기체라고 하는 가설이다. 이 가설은 생태계뿐만 아니라 인간의 심리에 대한 이해를 위해 깊은 의미를 지니고 있다. 가이아와 심성(psyche)이 교차하는 점을 생태적 무의식이라고 부른다. 바로 여기에서 생태심리학은 우리가 심성과 몸을 모두 포함하는 지구적(地球的) 생명망 안에 살고 있다고 가르치는 기본적인 생태학적 가르침과 가장 진지하게 만난다. 심성은 어떤 다른 생물의 다리나 기관과 마찬가지로 대지가 진화론적인 산고를 거치며 낳은 자식이기 때문이다.

한편 생태심리학과 매우 유사한 분야로 생태요법(生態療法, ecotherapy)을 들 수 있다. 생태요법은 인간의 성장과 치유는 자연과의 건강한 상호 교감으로 이루어진다는 것으로써 인간의 파괴나 치유가 동시성을 가지고 있다는 점에서 착안된 새로운 치유법이다. 생태요법은 환경요법(Environmental Therapy), 녹색요법(Green Therapy), 지구중심 요법(Earth-centered Therapy), 자연중심 요법(Nature-centered Therapy), 통합요법(Global Therapy) 등 다양한 용어로 불리어지고 있다. 생태요법은 자연이 가지는 치유 에너지를 인간의 성장과 치유에 적용한다는 것으로써 자기치유(self-care), 자연치유(nature-care), 영혼치유(soul-care) 등에 생태학적 주기를 사용하는 요법이다. 또한 생태요법은 본질적으로 땅(자연)으로부터의 소외를 포함하여 온갖 소외와 역기능, 질병 등과 치유 사이의 중간 지점에서 일어나는 하나의 치유과정(healing process)이라고 표현할 수 있다(문영석, 1999). 생태요법은 녹색심리학(green psychology) 또는 생태심리학(ecopsychology)과 밀접한 관계를 맺고 있는데, 이는 인간의 성장과 치유가 심리적인 문제뿐만 아니라 마음(mind) - 육체(body) - 영혼

(spirit)의 유기적 관계를 말하고 있다는 것이다(문영석, 1999).

여기서 한 가지 지적해 두고자 하는 것은 '인간발달의 생태학적 접근'을 주창한 대표적인 학자인 브론펜브레너(Uri Bronfenbrenner)의 이론은 생명론에 기초한 생태심리학적 입장이 아니라 인간중심주의에 기초한 환경론적 심리학적 입장이라고 할 수 있다. 그는 '맥락 속의 발달(development-in-context)' 혹은 '발달의 생태학(ecology of development)'을 연구해야 한다고 주장하고 있다. 그가 말하는 생태학(ecology)은 개인이나 유기체가 경험하고 있는 혹은 개인과 직접·간접으로 연결되어 있는 환경적 상황을 의미한다. 그가 주창하는 생태학적 접근(ecological approach)에서는 가족, 지역사회, 문화 등 인간이 몸담고 있는 생태환경을 보다 체계적으로 구조화하고 이들 환경체계와 개인 간의 관계를 이해하는 것을 인간발달의 주요 과제로 삼고 있다. 그의 저서 『인간발달의 생태학(The Ecology of Human Development)』(1979)에서 사람과 상황이 상호작용하는 방식들을 설명하고 있는데, 그 설명 모델은 가장 큰 인형 속에 점차 작은 인형들이 차례로 들어 있는 '러시아 인형'에 비유된다. 미시체계는 중간체계 속에 담겨 있고, 중간체계는 외체계 속에 담겨 있다. 즉, 그는 인간을 둘러싸고 있는 생태학적 환경을 가장 가까운 것에서부터 가장 먼 것에 이르기까지 네 개의 구조체계로 구분하여 인간행동을 설명하고 있다.

(3) 자아초월심리학

자아초월심리학(自我超越心理學, Transpersonal Psychology)은 초개인심리학(超個人心理學), 무아심리학(無我心理學)이라고도 번역 사용한다. 김재희(2003)에 따르면, 근대의 과학혁명 이후 인간 영성의 차원도 몹시 제한하고 규격화하면서 19세기 말에는 사람의 마음도 기계론으로 처리하는 심리학과 정신분석이 기틀을 잡아 100년 남짓 세월이 흘렀는데, 이 같은 유럽 전통의 입장과 통념을 벗어나고자 1970년대 미국을 중심으로 형성된 새로운 흐름이 바로 초개인 심리학이라는 것이다. 또한 이 분야의 선두주자는 10년 동안 3천 회가 넘는 임상실험을 통해 태아가 어머니 자궁에서 몸 밖으로 빠져나오는 출생과정에 특별한 의미가 숨어 있음을 발견한 체코 출신 스타니슬라브 그로프라고 한다.

그동안 과학주의와 물질만능의 패러다임 속에서 제대로 인식하지 못했던 인간 본래의 모습을 일깨우고 드러내 보이는 것이 필요하고 또한 절실하였다. 인간의 보이는 부분과 숨겨진 부분, 물질적 부분과 정신적 부분, 성과 질 중에서 보이고 드러나고 객관적인 부문에만 관심을 기울여 왔다. 그간 인류는 지난 400여 년 동안 기계론적 우주관, 그리고 그것을 기반으로 발달한 실증적 과학주의 패러다임에 따라 마음의 세계나 초월적인 경험, 영혼, 영성, 감성 등의 현상에 대해서는 거의 무관심하거나 무시하는 태도를 보여 왔다.

미국의 물리학자, 과학철학자이면서 동양사상에 심취한 프리죠프 카프라(F. Capra)는 그의 저서 『*The Turning Point*(현대문명과 동양사상)』에서 지금은 인류사적 전환의 시대라고 진단하고 각 분야에서 변화의 양상들이 나타나고 있다는 것이다. 특히 심리학 분야에서의 변화는 과거의 기계론적이고 환원론적인 입장에서 한층 더 나아가 총체적이고 전일적인 방향으로 발전하고 있음을 지적하고 있다. 이런 맥락에서 마음의 세계를 다루는 심리학인 자아초월심리학의 등장을 꼽고 있다. 기존의 정통 심리학은 객관적으로 증명 가능한 행동과 그에 상응하는 정신 과정만을 연구대상으로 삼기 때문에 신비한 마음의 세계나 영혼의 세계를 제대로 설명하지 못하고 있다. 또한 정통 심리학은 합리적인 인간의 자아와 개인의 사고, 감정, 행동의 문제만 다루느라 개인 차원을 뛰어넘는 영적인 문제, 자연과의 관계, 무의식과 초월의식의 문제, 잠재능력의 문제 등에 관해서는 제대로 설명하지 못하고 있다. 그러나 자아초월심리학은 그러한 초월적인 제반 현상과 경험을 주된 연구의 대상으로 삼고 설명하고자 한다. 일반적으로 심리학은 인간의 행동과 정신과정을 과학적으로 연구하는 행동과학이라고 정의되고 있다. 현대심리학에서는 인간의 마음, 영혼, 꿈, 최면, 투시, 텔레파시, 무의식, 잠재의식 등의 내용들은 다루지 않고, 생리학적인 사실, 고양이나 쥐를 대상으로 하는 행동의 실험, 사고 및 기억과 같은 인지적 과정, 비정상적인 문제들을 다루고 있다(설기문, 2000, 100-111).

자아초월심리학은 심리학의 제 4 세력(The fourth force)이라고 한다. 전통적으로 현대 심리학에서는 시대적으로 세 개의 큰 세력이 존재해 왔고 영향력을 행사해 왔다. 제 1 세력은 프로이트의 정신분석학(Psychoanalysis)이고, 제 2 세력은 파블로프, 왓슨, 손다이크, 스키너로 대표되는 행동주의 심리학(Behaviorism)이며, 제 3 세력은 매슬로우, 로저스 등으로 대표되는 인본주의 심리학(Humanistic Psychology)이다. 이상의 세 가지 심리학 세력들은 제각기 그 시대의 심리학을 대표하면서 인간의 행동을 과학적으로 설명하려고 노력하였다.

그러나 특히 1960년대 후반부터는 자아초월심리학이 제 4 세력으로 새로이 등장하였다. 초기 윌리암 제임스(William James)와 칼 융(Karl Jung)과 같은 인물의 작업이 자아초월심리학의 태동에 분명히 기여하였지만 실제적인 자아초월심리학의 시작은 매슬로우가 1969년 초월심리학회를 창설하면서 시작되었다. 기존의 인본주의 심리학을 창시한 매슬로우는 인본주의 심리학이 개인 차원의 성장과 개발에 대해서만 초점을 두는 한계가 있기 때문에 개인의 의식차원을 초월하는 영적이고 우주적인 경험과 심리현상들을 제대로 설명하지 못한다고 하면서 제 4 세력으로 자아초월심리학을 제창하였다. 아쉽게도 매슬로우는 1970년에 세상을 떠났기 때문에 자아초월심리학의 발전에 더 이상 참여할 수는 없었지만 그의 삶을 더듬어 보면 자아초월심리학의 제창을 이해할 수 있다. 젊은 시절 그는 열렬한 행동주의 심리학자였다. 그러다 결혼을 하게 되고, 자녀 출생과정에서 어떤 신비로움을 체험한 후, 행동주의를 초월하여 인본주의 심리학의 주창자가 되었다. 그러나 자아실현자들의 특성을 밝혀내기 위해 많은 위대한 사람들을 만나 인터뷰하는 과정에서 다시 자신이 주창한 인본주의 심리학을 초월(?)하여 자아초월심리학을 주창하기에 이르렀다. 매슬로우는 이렇게, 그야말로 심기일전, 자신의 삶의 관심을 완전히 초월, 초월하면서 살았다.

특히, 자아초월심리학은 개인의 행동과 의식을 초월하는 우주적이고 신비적인 경험, 영혼과 신성한 경험, 명상과 같은 초월적인 정신수련을 통해 경험되는 고도의 정신현상과 초월의식의 세계, 자연과의 조화와 합일의 세계를 다루는 심리학이라고 할 수 있다. 초월심리학회는 물론 에살렌연구소를 중심으로 동양의 여러 가르침들, 요가의 명상, 불교의 참선, 도교나 수

피즘의 명상이나 춤 등을 통하여 육체적, 정신적, 영적인 성장을 도모하였다. 그 목적은 인간 성장의 궁극적 도달점, 최고의 경지, 인간성을 초월하는 마음의 상태에 이르는 것이었다. 이후 자아초월심리학은 오늘에 이르기까지 과학으로서의 심리학의 범위를 넘어 인간의 신체적, 정신적, 영적 측면의 통합적 성장을, 또한 자연과 함께하는 생태적 존재로서 인간의 무한한 잠재 가능성을 열어 가는 길을 터 가고 있다.

자아초월심리학은 이름 그대로 인간성 초월의 모습을 설명하고 그것에 도달하려고 추구한다는 측면에서 생태유아교육이 지향하는 신명(神明)이 밝게 드러난 아이, 천성이 밝게 드러난 아이 모습에서 찾을 수 있다.

(4) 요가심리학

요가(Yoga)는 인도에서 수십 세기 동안 시행되어 온 삶의 지침이다. 요가는 신성(神性), 즉 진리와의 결합을 가르치는 것이다. 요가라는 단어의 의미는 결합(union)이라는 뜻으로 육체적, 정신적, 심리적 에너지의 복합체를 의미한다(전세일, 2004). 또한 요가라는 말은 여러 가지 의미를 지니고 있지만 그 대의는 깨달음에 이르는 길을 막고 있는 '무지를 걷어내다' 또는 '우주적 절대존재, 절대의식, 절대기쁨인 브라흐만과 개인성으로서의 절대의식, 절대존재, 절대기쁨인 아트만의 하나 됨'을 말하기도 하며, 또한 그것에 이르는 길을 말하기도 한다.

요가의 목적지는 하나지만 그 길은 다양하다. 사람의 수만큼 많은 길이 있다 할 수 있다. 어떤 사람은 명상을 통해서, 어떤 사람은 헌신을 통해서, 어떤 사람은 지혜를 통해서, 또 다른 사람은 카르마 청소를 통하여, 그것은 박티요가, 갸냐요가, 즈나나요가, 카르마요가 등 다양한 이름으로 불려진다. 인도적 정신에서 본 최고의 심리학자는 요가를 통해 깨달음에 이른 성자(聖者)를 말한다.

여기서는 이러한 요가의 다양한 접근들을 체계화한 성인 파탄잘리의 요가수트라(경전)를 간략하게 요약·소개하고자 한다. 파탄잘리 요가심리학의 궁극적 목적이 생태유아교육이 지향하는 바, '신명나는 어린이'와 다름아님에 주목할 필요가 있다. 파탄잘리의 『요가수트라』에 따르면 요가에 이르는 길은 8단계 수행과정으로 설명된다. 이 단계들은 모두 통합되어 있지만 설명의 방편상 독립적인 부분들로 다뤄진다. 예를 들어, 나무는 뿌리, 줄기, 가지, 잎, 꽃, 열매를 가지고 있지만 이들 각 부분들 혼자서는 나무가 될 수 없듯이, 요가는 이 여덟 단계를 거치면서 점차 자신의 참모습에 이르게 된다.

그 첫 단계가 야마(Yama) 즉, 금계(禁戒), 금해야 할 계율 다섯 가지이다. 다양한 설명이 가능하지만 간략하게 소개하면 처음 아힘사(Ahimsa)는 일체의 다른 생명에게 살생이나 해를 입히지 않음이다. 두 번째 사띠아(Satya)는 거짓되지 않고 진리를 행함이다. 세 번째 아스떼야(Asteya)는 훔치지 않음이다. 네 번째 브라흐마챠리야(Brahmacharya)는 성적인 욕구의 절제 내지는 승화다. 마지막으로 아파리그라하(Aparigraha)는 탐욕하지 않음이다. 이 계율들은 영원하여, 계급, 시대, 장소를 초월한 위대한 서약이라고 한다. 우리가 함께하는 어떤 생명에게도 피해를 입히지 않고 상생하기를 시사한다.

두 번째 단계는 다섯 가지 니야마(Niyama), 즉, 권계(勸戒)인데, 이는 자기 정화를 위한 계율이다. 그 처음이 쇼오차(Saucha), 청결이다. 청결방법은 여러 가지가 있다. 두 번째 권하는 계율이 삼토샤(Samtosha) 즉, 만족이다. 세 번째는 타파스(Tapas) 고행이며, 네 번째는 스와디야야(Svadhyaya), 경전(깨달은 자의 말씀) 공부이며, 마지막이 이쉬와라 프라니다나(Ishvara pranidhana) 신에의 헌신이다. 야마와 니야마는 다음 단계의 기본이 된다는 의미에서 모든 것의 기초라고 할 수 있다.

세 번째 단계는 아사나(Asana)인데, 일상적으로 요가라 하면 이 아사나 수행을 말하기도 한다. 아사나 수행은 몸과 마음 수련 모두를 위해 필요하다. 달리 말하여 신체적인 건강을 지켜 나가기 위해서도 필요하고 명상을 위한 준비로서도 필요하다. 아사나에는 팔만 사천 가지가 있다고 한다. 물론 이 팔만 사천 가지의 몸놀림이란 이 세상에 있는 모든 몸놀림을 말한다. 이러한 아사나 자세는 우주의 모든 생명들을 관찰하는 과정에서 왔다. 자연 속의 모든 생명들의 몸놀림이 모든 아사나의 고향이다. 몸놀림과 마음놀림은 다르지 않다.

네 번째 단계는 프라나야마(Pranayama), 즉 호흡수련, 숨쉬기다. 호흡이란 나와 우주와의 주고받음이다. 숨을 들이쉴 때 우주의 기운이 들어와 나와 하나 되고, 내어 쉴 때 내가 우주와 하나 된다. 호흡이 몸이며, 호흡이 마음이다. 아사나의 몸놀림처럼 호흡방법에도 팔만 사천 가지 방법, 사람 수만큼의 호흡 방법이 있다고 할 수 있다. 호흡은 크게 들이쉬기, 멈춤, 내쉬기, 멈춤으로 구성된다. 이 구성을 어떻게 조절하느냐에 따라 몸과 마음을 조절할 수 있다. 역으로 몸과 마음을 조절하여 호흡을 조절할 수도 있다. 이 셋의 하나 됨, 그것이 집중이다. 좋은 호흡법은 어떤 것인가? 각자 처한 형편에 따라 분명 다르겠지만, 가장 일상적으로 권해지는 좋은 호흡은 고요하고, 고르고, 깊고, 길게 호흡하는 것이다. 그것을 따라 마음도 그렇게 바뀌어 간다.

다섯 번째 단계는 프라티야하라(Pratyahara), 즉 감각 통제다. 감각을 통제한다 함은 외부로부터 들어오는 통로를 제어한다는 말이다. 왜 외부로부터 들어오는 자극을 통제하는가? 여러 이유들이 있겠지만 가장 중요한 이유는 의식의 초점을 내면으로 전환시키기 위함이다. 참나는 내면에서 체험되기 때문이다. 간단한 프라티야하라 방법에 양 손으로 우리 얼굴에 있는 감각기관 눈, 코, 입, 귀를 막고 마음으로는 생각 또한 막는 수련이 있다. 밖을 차단하면 안이 열린다.

여섯 번째 단계는 다라나(Dharana), 집중이다. 집중은 대상(트라타카: Trataka)에 몸과 숨과 마음을 모은다는 것이다. 집중 대상은 외부에 둘 수도 있고, 내부에 둘 수도 있다. 외부 트라타카로 사용할 수 있는 것은 무수히 많다. 점이나 글자, 촛불, 사진 속의 인물, 소리, 공간 등 무엇이든 사용할 수 있다. 내부 트라타카로 사용할 수 있는 것으로는 호흡, 신체의 부위, 신체 내 의식의 중심, 추상적인 대상, 신체 내의 다양한 활동 등이 있다. 화두를 들고 있다는 것도 일종의 집중이다. 집중을 잘 하는 방법이 있을까? 우선 이전 단계들, 즉 야마와 니야마의 실천, 아사나, 프라나야마, 프라티야하라의 수행을 권한다. 성 에너지를 잘 보존하면 놀랄 만큼 집중력을 높일 수 있다. 이것을 일상생활과 관련하여 정리하면 바르게 먹고, 바른 자세를 취하고, 잘 놀고, 잘 숨쉬고, 잘 싸고, 잘 자고 등과 다르지 않다.

일곱 번째 단계는 디야나(Dhyana), 명상이다. 명상이란 무엇인가? 수많은 표현이 가능하다. 그러나 어떻게 정의되건 명상은 언제나 우리 영혼의 참 모습인 아트만을 드러내기 위한 활동이다. 명상은 마음 속의 흐름들을 점차로 사라지게 한다. 그리하여 마음이 쉼에 이르도록 한다. 명상을 잘하는 방법이 있을까? 당연히 이전 단계들을 충실하게 마스트하는 것이다. 그렇다 하더라도 명상을 돕는 방법으로 다음을 권할 수 있다. 우선 호흡에 집중함으로써 그에 따라 자연스럽게 마음을 고요하게 하고, 나아가 의식의 초점을 참나에 두는 것이다. 다음으로 만트라 명상, 일종의 소리 명상인데, 진리의 소리인 소함(soham), 옴(Om) 등을 지속적으로 소리내는 명상방법이다. 또한 우리 몸의 일곱 중심 챠크라에 집중하여 차례로 에너지를 상승시켜 가는 챠크라 명상을 권할 수 있다.

마지막 여덟 번째 단계는 사마디(Samadhi), 깨달음이다. 사마디에는 두 단계가 있다. 하나는 아직 '내가' 깨달았다는 나 - 느낌이 남아 있는 사마디(사비칼파)다. 이 사비칼파 사마디를 넘어서면 '나'조차도 없어진, 아트만이 브라흐만과 하나가 되어버린. 우리들이 진정으로 바라고 원하는 사마디는 니르칼파 사마디다. 이 모든 단계의 수련에서 깨달음에 이른 진정한 심리학자, 완성자의 안내가 필요하다.

이상에서 간단하게 소개한 요가심리학의 과정과 목적은 인간의 성장 발달이 어떻게 어디로 나아가는지를 분명하게 제시해 준다. 이 과정과 목적은 곧 생태유아교육의 지향점인 신명나는 아이와 다르지 않다. 신명나는 아이는 몸과 마음과 영혼이 완전히 꽃 피어난, 완성된 인간의 다른 표현이다. 여기에 소개된 요가심리학의 내용은 "Swami Prabhavananda & Christopher Isherwood (Ed.)(1981). 『*PATANJALI YOGA SUTRA*』, Sri Ramakrishna Math Printing Press" 자료를 참조하여 창원대학교 보육교사교육원 최재욱 교수가 제공해 준 것임을 밝혀둔다.

(5) 동양적 심리학의 지혜

데카르트 이후 서양 철학이나 그 영향을 받은 심리학의 주류는 인간의 이치를 연구함에 있어서 몸과 마음과 영혼이 분리되어 있음을 전제하고 있었다. 이러한 인식은 20세기 후반까지 계속되다가 최근에 와서야 그것이 분명 잘못되었음을 인식하기에 이르렀으며, 생태심리학이나 자아초월심리학을 통해서 구체적인 변화가 나타나고 있다. 이러한 전환에 동양적 삶 속의 심리학적 지혜가 큰 영향을 미쳤음은 주지의 사실이다. 사실 동양적 심리학이란 일상의 삶 속에 배어 있는 지혜이다. 여기서는 우리 민족의 삶 속에 녹아 있는 심리학적인 지혜를 살펴봄으로써 생태유아교육이 지향하는 바와의 관련성을 예감하고자 한다.

우선, 불교 경전인『근본설일체유부비나야잡사』에서는 인간의 일생을 백년으로 보고 다음과 같이 10단계로 나누어 말하고 있다.

> 난타야, 백년의 수명에는 열 가지 단계가 있으니, 하나는 갓난애기로서 포대기에 누워 있는 것이요, 둘은 동자로서 소꿉놀이를 하는 것이며, 셋은 소년으로서 모든 욕락을 받으며, 넷은 소장으로서 용맹 건장하여 힘이 많으며, 다섯은 성년으로서 지혜와 담론이 있으며, 여섯은 성취로서 능히 잘 생각하고 교묘히 계책을 하며, 일곱은 점쇠로서 법식을 잘 알며, 여덟은 후매로서 모든 일이 쇠약하며, 아홉은 극로로서 능히 하는 바가 없으며, 열은 백년으로서 죽음에 당하는 것이라 (안경식, 2002, 106-107).

둘째, 인간의 생명이 시작되는 수태(受胎)에 대해 동양에서는 서양의 과학적 설명과는 달리 설명하고 있다. 즉, 불교에서는 연기설을 바탕으로 수태는 부모의 정자와 난자의 결합 외에 정신적 요소가 필요하다는 것을 설(說)하며, 결국 수태의 순간을 한 인간의 초기 형태로 보고 있다. 수태에 대한 기록을 살펴보면, 원시경전인「증일아함경(增壹阿含經, 제12)」에서는 "모(母)에서 욕(欲)이 있어 부모가 함께 자더라도 밖에선 식(識)이 오지 않으면 수태하지 못한다"라고 기록하고 있거나, "부모가 병이 없고 식신(識神)이 오고 부모가 아기를 얻을 상(相)을 갖추었다면 수태된다"라고 함으로써 부모의 육체적인 교합(交合) 이외에 식(識)과 식신(識神) 또는 중유(中有)라고 부르는 요소가 필요하다고 설명하고 있다.

한편 우리 민족의 민간신앙에서도 부부의 합방과 삼신할머니의 점지에 의해 수태됨을 밝히고 있으며, 허준이 왕명으로 편찬한 의학 서적인『동의보감』에서도 수태에 대하여 언급하고 있는데, 여기서는 수태의 조건으로 모친의 건강함, 부친의 기화(氣和), 심신(心身)의 마음 상태를 들고 있다. 즉, 잉태 조건으로 정자와 난자의 교합만을 드는 것이 아니라 욕심이 없는 정(精)한 마음 상태를 강조하고 있다. 예전 부부들과는 달리 요즘 겉보기에는 멀쩡한 젊은 부부들이 아기를 잉태하지 못해 애태우는 경우가 수없이 많은데, 위와 같은 동양적 수태이론이 그 이유를 설명해 주고 있는 것으로 보인다.

셋째, 동양적 심리학에서는 태중 발달의 단계와 특징은 물론 태교에 대해 체계적이고 구체적으로 언급하고 있다. 즉, 『부모은중경』에서는 태중 발달의 단계를 10개월로 구분하여 아래와 같이 말하고 있다.

> 잉태한 첫 달에는 마치 풀 위에 있는 이슬과 같아 아침에는 있었다가 저녁에는 없어질 수도 있고 이른 새벽에 모여들었다가 낮이면 흩어져 없어지는 것과 같다. 둘째 달에는 마치 우유 방울을 떨어뜨린 것과도 같다. 석 달이면 마치 엉긴 피와 같다. 넉 달이면 차츰 사람의 모습을 이룬다. 다섯 달이면 어머니의 배 속에 오포가 생긴다. 오포란 머리, 두 팔꿈치, 두 무릎이다. 여섯 달이면 태아가 어머니의 배 속에서 육정을 열게 된다. 무엇을 육정이라 하느냐 하면 눈, 귀, 코, 입, 혀, 마음이다. 일곱 달이 되면 태아는 어머니의 배 속에서 삼백예순 개의 뼈마디와 팔만 사천 개의 털구멍이 생긴다. 여덟 달이 되면 태아는 의지와 지혜가 생기고 외부와 통하는 아홉 기관이 자란다. 아홉 달이 되면 태아는 어머니 배 속에서 무엇을 먹고 마시게 된다. … 그러나 어머니는 복숭아나 배나 마늘은 먹지 말고 오곡만을 먹어야 한다. … 열 달이 되면 바야흐로 태어난다(안경식, 2002, 98-99).

또한 『불설포태경』과 『해탈도론』에서는 태내기간을 약 38주로 보고 각 주마다 성장과정을 자세히 묘사하고 있다. 즉, 태내의 태아는 38주(266일)가 되면 일체의 정신과 육체가 모두 구족(具足)하며, 그리고 4일 지나면 탄생하게 된다. 이러한 불교의 태내 발달은 오늘날 의학이 발달하여 실험을 통하여 태아 성장과정을 관찰할 수 있게 된 연구결과와 거의 일치하고 있다.

한편 태아의 발달단계에 대해서는 각 주마다 구별하여 그 상태를 비교적 상세히 설명하고 있는 데 반해 신생아가 탄생한 후 발달단계에 대해서는 단지 명칭만 보일 뿐 단계 단계마다 발달과업에 대해서는 현대 발달심리학에서와 같이 구체적인 설명을 하고 있지 않다. 그것은 발달의 최종 목표인 깨달음에 도달하는 데 신체적인 발달, 즉 나이의 적고 많음이 문제가 되지 않기 때문이다.

넷째, 우리 민족은 나이 매김에 있어서 서양의 매김과 다르다. 우리 아이들은 태어나자마자 한 살을 받는다. 서양의 아이들은 태어나서 1년을 살아야 한 살이라고 한다. 이것은 태내 생활에 대한 의미부여를 드러내는 간단하지만 분명한 증거다. 『태교신기』에는 아이를 갖기 전에 그 부모가 어떤 아이를 가질 것인지에 대해 궁리하는 바는 태아가 잉태하여 궁전 속에서 자라는 열 달보다 중요하고, 어머니 궁전 속에서 자라는 열 달은 아이가 태어난 후 가르치고 키운 십 년보다 더 중요하다고 한다.

오늘날 서양에서 발달된 최신의 기술들은 태아가 어머니 궁전에서 어떻게 자라는지를 낱낱이 보여주고 있다. 그런데 이와 같은 내용이 이미 오래 전에 불교의 경전인 『부모은중경』 속에 낱낱이 기록되어 있다. 우리 선조들은 이미 오래 전에 마음의 눈(心眼)으로 태내에서 아이들이 어떻게 자라는지를 알고 있었다. 서양의 선구적인 학자들은 이러한 사실들을 알아차리고 동양적 삶 속의 심리학적인 지혜를 배우려고 한다.

다섯째, 우리 민족의 삶 속에서 아이들 자람 때(발달단계)를 나누는 방법은 여자 아이와 남자 아이가 같지 않다. 남자 아이는 7살씩, 여자 아이는 6살씩, 즉 여자 아이는 6세, 12세, 18세, 24세를 기점으로, 남자 아이는 7세, 14세, 21세, 28세를 기점으로 중요한 변화가 일어난다는 것이다. 반면에 발도르프 학교는 전 세계적으로 유아교육은 물론 초·중등교육에서 많은 주목을 받고 있다. 발도르프 학교의 창설자이자 인지학의 창설자이기도 한 루돌프 슈타이너는 발달을 구분함에 있어서 남녀 구별 없이 7세씩 삶의 변화가 일어난다고 본다. 즉, 7세까지 발달과업은 의지력 키우기, 14세까지 발달과업은 정서 함양하기, 21세까지 발달과업은 지성 기르기, 그 이후는 이전의 준비를 바탕으로 영성을 개발하는 것이다(곽노의, 1999).

우리들이 일상적인 눈으로 관찰하건 대도 아이들의 자람 때에 따른 변화는 남·여 아이 간에 분명한 차이가 있다는 우리 선조들의 구분이 훨씬 실제적임을 부인하기 어렵다. 앞으로 검증해야 할 과제이다.

여섯째, 영아의 마음과 행동은 부처의 마음과 행동과 같다는 것이다. 『대반열반경』「제18권 영아행품」에서는 아래와 같이 영아의 마음과 행동은 바로 여래의 마음과 행동과 같은 것으로 묘사하면서, 영유아의 마음이 바로 중생이 추구해야 할 이상이라고까지 설명하고 있다.

일곱째, 아이들이 타고난 천성을 잘 지켜 가도록 돕고, 세상과 사람과 자연과 자연스럽게 만나 자라갈 수 있도록 돕는 아이들 놀이가 있었으니 단동십훈(檀童十訓)이다. 단동십훈은 앞에서 언급한 바와 같이 단동치기라고도 하는데, 단군 자손인 아이들이 몸놀림을 통해 천지인의 이치를 깨닫게 하는 10가지 슬기로운 가르침의 놀이를 말한다. 단동십훈은 아이들과 음양의 조화가 잘 맞는, 삶의 지혜로 아이들을 잘 관찰할 수 있는 할아버지 할머니들이 아이들의 자람 때에 맞춰, 아이들의 몸부림을 보아 지금 여기에서 바라고 원하는 바를 몸놀림과 소리를 통해 몸을 열어 주고, 마음을 바르게 안내하며, 나아가 타고난 천성을 드러나게 안내하고 있다. 단동십훈으로 우리는 깨달음에 이르는 길을 찾아갈 수 있고, 타고난 천성을 지켜 줄 수 있다. 아이든 어른이든, 모든 인간의 몸과 마음과 영혼을 꽃피우게 하는 데 실제적으로 도울 수 있다. 이 같은 단동십훈의 현대적 의미는 첫째, 하늘로부터 부여받은 아이들의 천성을 자람 때에 맞게 몸놀림과 말을 통하여 열어 주고, 지켜 주고, 꽃피어나게 돕는다. 둘째, 단동십훈을 통하여 아이와 어른들(특히 할아버지, 할머니)은 서로에게 필요한 기운을 자연스럽게 교류하여 상생하며, 나아가 함께 하는 어른들도 타고난 천성을 잊지 않고 때 묻고 티 묻은 천성을 닦아 행복한 삶을 살게 돕는다. 셋째, 몸과 마음과 영혼이 함께 건강하고, 아는 것, 믿는 것, 행하는 것이 통합적으로 열린 아이로 자라게 돕는다.

많은 현대인들은 공허하다. 어디로 가야 할지 몰라 헤맨다. 하이데거는 '철학은 고향을 그리워하는 마음'이라 하였다. 모든 사람들의 마음 속엔 그들이 떠나온 고향', '신명이 일어나는 곳'을 그리워한다. 우리 민족의 삶 속에 배어 있는 심리학적인 지혜들이 바라고 원하는 인간상은 생태유아교육이 지향하는 '신명나는 아이'와 다르지 않다.

2) 신과학적 배경

(1) 신과학의 개념

신과학적 접근은 과학과 예술과 종교의 만남, 소통을 지향한다. 신과학적 접근은 서양의 종교인 가톨릭과 개신교뿐 아니라 동양의 종교인 힌두교, 불교, 유교, 도교 등에 관심을 기울인다. 우주만유의 눈에 보이지 않는 성(性)과 눈에 보이는 질(質) 모두에 관심을 두고 있다. 또한 신과학은 사람의 이치를 다루는 심리학(心理學)과 사물의 이치를 다루는 물리학(物理學)의 만남과 교류를 지향한다. 인간의 감각, 인지, 태도, 정서, 의식 등 관찰 검증 가능한 분야뿐 아니라 무의식, 영혼, 영성, 마음 등 숨겨진 세계, 선험적 세계, 초월적 세계, 본래 진면목의 세계 등을 이해하고 밝히는 데 관심을 갖는다.

근대 과학의 패러다임의 특성은 자연을 정복하고 제어하는 식의 태도이다. 베이컨이 근대 과학을 정립한 이후, 대부분의 과학자는 자연을 정복하고 착취하는 것이 과학의 임무라고 생각했다. 그 무렵의 시대사조에 따라 베이컨은 자연을 미련하고 말 안 듣는 여성으로 간주하는 아주 고약한 비유를 하였다. 답답하고 미욱하기가 여자와 다름없는 자연의 비밀을 캐내기 위하여 과학자는 능력껏 그녀를 괴롭히고 고문해야 한다는 말이다.

이에 대해 슈마허(Ernst Schumacher, 1913~1977)는 이런 식의 과학을 두고 지혜(智慧)의 과학이 아니라 조작(操作, manipulation)의 과학이라고 규정하고, 이제 신과학을 제창하는 사람들은 지혜의 과학으로 돌아가야 한다는 것이다. 다시 말해서 자연의 지식을 약탈하는 과학이 아니라 자연이 스스로 보여주는 계시에 따라 신과학 지식을 밝히고 정리하는 것이 필요하다.

또한 신과학과 관련된 가장 최근의 과학이론은 가이아 이론(Gaia Theory)이다. 가이아는 하나의 살아 있는 지구, 유기체를 뜻한다. 이 이론은 또한 제임스 러브록 – 현재 가장 뛰어난 환경과학자 중의 한 사람 – 이 한 섬의 강가, 숲, 바닷가, 산 속에서 자연을 관찰하고 경험한 결과로 나온 것이다. 그 결과 그는 지구는 각각이 분리되어 있는 것이 아니라 하나의 전체적인 시스템이라는 사실을 발견하였다.

(2) 신과학의 특징

프리죠프 카프라는 그의 공저인 『신과학과 영성의 시대』(김재희 역, 1997)에서 과학의 패러다임 변동을 다음과 같이 다섯 가지로 정리하고 있다. 구과학의 패러다임을 데카르트식, 뉴턴식, 베이컨식이라고 하는 까닭은 구과학의 기본 특성을 결정하는데, 데카르트와 뉴턴 그리고 베이컨이 큰 역할을 했기 때문이다. 신과학의 패러다임을 온살스럽다(holistic) 하고, 생태론식이라 하고, 시스템식이라 하지만 이들 중 어느 하나만으로는 그 특성을 온전하게 설명하지 못한다. 신과학의 패러다임은 다음의 다섯 가지 준거로 가늠할 수가 있으니 처음 두 개는 자연에 대한 관점의 변화이고 나머지 세 개는 인식론적인 변화라 할 수 있다.

첫째, 부분에서 전체로의 전환

구과학의 패러다임은 아무리 복잡한 시스템도 전체적인 역동성은 각 부분의 특성을 모두 합한 것으로 이해할 수 있다고 믿었다. 신과학의 패러다임은 부분과 전체의 관계가 바뀐다. 부분의 특성은 전체의 역동성을 이해해야 밝혀지며, 따라서 똑 떨어지는 부분은 있을 수 없다. 부분이란 쪼갤 수 없이 얽히고설킨 관계의 그물에서 드러난 무늬이다.

둘째, 구조에서 과정으로의 전환

구과학의 패러다임은 골격에 해당하는 기본 구조가 있고 거기에 힘이 작용하고 이들이 상호작용하는 역학관계가 어떤 과정을 일으킨다고 생각하였다. 신과학의 패러다임은 드러난 구조는 모두 안에서 일어나는 과정의 표현이며 전체적인 관계의 그물은 그 본질상 역동적으로 본다.

셋째, 객관적 학문에서 '인식론식' 학문으로의 전환

구과학의 패러다임은 관찰자나 지식을 획득하는 과정과 상관없는 객관적 관찰이 이루어진다고 믿었다. 신과학의 패러다임은 인식론(認識論, 즉, 지식은 어떤 과정을 거쳐 얻어지는지의 연구)도 자연현상을 기술하는 데 명시적으로 포함되어야 한다고 믿는다. 아직까지 인식론의 적용범위가 확실하게 규정된 것은 아니지만 앞으로는 모든 과학이론에 인식론적 측면이 중요한 요소로 포함되어야 한다는 데 대한 공감대가 확산되어 가고 있다.

넷째, 건물에서 그물로 전환하는 지식의 체계

서구의 과학과 철학은 수천 년 동안 지식을 기초법칙, 기초원리, 기초단위 등의 건축물에 비유하였다. 패러다임의 전환이 일어나자 마치 지식의 기초가 모두 무너져버리는 듯한 느낌이었다. 건물이라는 비유는 그물이라는 비유로 바뀐다. 우리 현실이 관계의 그물로 여겨지듯, 서술하는 양식도 관찰된 현상들이 서로 얽히고설킨 관계의 그물로 표현된다. 관계의 그물에는 계층적인 위계질서도 없고 특별한 기본 요소도 없다. 건물에서 그물로의 전환과 더불어 이전에는 현실을 이상화하는 물리학이 모범과학이었는데, 이제는 다른 분야의 과학 모두가 나름대로의 독특한 양식을 내놓아 서로에게 영향을 준다.

다섯째, 절대치에서 근사치로의 전환

데카르트식 패러다임은 과학의 진리를 통해 절대적이고 최종적인 확실성을 얻을 수 있다는 믿음에 토대를 두었다. 새로운 패러다임은 모든 개념이나 이론들 그리고 발견이라는 것도 결국 제한된 범위 안에 통용되는 근사치임을 인식한다. 과학은 실상(reality)을 온전히 이해하는 절대적 진리가 결코 아니다. 어떤 현상과 이에 대한 서술은 정확하게 일치하지 않으므로 과학자는 진리의 절대치를 다룬다기보다 실상을 제한된 범위에서 근사치로 표현하고자 한다(카프라 외 저, 김재희 역, 1997, 10-15).

(3) 유아교육의 신과학적 접근

유아교육과 관련하여 기존 과학 접근과 신과학 접근의 차이점은 기존 과학이 물질 중심인 반면 신과학은 몸과 마음과 영혼을 같이 아우른다는 점이다. 즉, 기존 과학은 아이들을 기계장치로 보는데 비해 신과학은 아이들을 살아 있는 생명체로 본다. 아이들을 하나의 기계장치로 보는 기존 과학의 관점에서는 교육의 목적이 당연히 성능을 높이는 데 있게 된다. 이것은 아이들을 가르치는 데 있어 지식을 주입하여 저장 정보를 늘리고 IQ를 높여서 정보 활용 속도를 높이는 형태로 그 모습이 드러난다. 이것은 또한 이성적 사고와 능력을 중시하는 교육 형태로서 또 다른 문제점은 정보처리 능력은 뛰어나도 더불어 살아가는 인생의 지혜를 제대로 익히지 못한다는 데 있다.

반면 신과학의 관점에서 본다면 아이는 기계장치이기만 한 것이 아니라 마음이 있는 살아 있는 존재이다. 마음의 작용은 감성의 형태로 드러난다. 감성은 혼자서 발현되는 것이 아니라 상호작용의 결과에 의해 드러난다는 특성이 있다. 그 대상이 자연이건 물체이건 다른 사람이건 간에 상호작용이 없으면 감성은 생길 수가 없다. 이것은 더불어 살아가는 데 있어 감성교육이 매우 중요함을 뜻한다. 자연과 하나가 되고 다른 생명체들과 교감할 수 있는 능력은 여기에서 온다.

요컨대, 기존 과학의 교육방식은 독립된 개체 중심이라고 한다면 신과학의 교육방식은 하나로 아우러지는 전체를 중시하는 교육이라 할 수 있다. 전자의 경우에는 개체들 간의 경쟁이 중시되며, 후자의 경우에는 협동이 중시된다. 사람으로서 성장하려면 양자 모두를 균형 있게 갖추는 것이 필요하다. 이 바탕 위에서 삶의 목적을 논하는 영성을 생각할 수 있을 것이다(방건웅, 2003, 13).

현행 유아교육의 문제점은 아이들을 기계적인 존재로만 인식하고 성능평가라는 잣대 하나로 천편일률적으로 재단한다는 데 있다. 개체만을 중시하다 보니 혼자서 놀고 사는 것에만 익숙하고 전체가 같이 어울려 일하는 협동의 기본적 가치를 등한시한다. 지식 정보를 처리하는 기능에만 치우쳐 있어 무엇 때문에 공부를 해야 하는지가 분명하게 전달되지 않고 있으며, 개체간의 경쟁논리가 극심하여 화합하면서 공존하는 원리에 대한 공부가 매우 부족하다. 화합하면서 공존하는 방법에 대한 것이 윤리이고 철학이며 그 구체적인 드러남은 감성(感性)에 의존한다.

그렇다고 경쟁 없는 사회체제가 바람직한 것만은 아니다. 생태계의 구조를 유심히 보면 경쟁과 협동이 공존한다. 생태계는 필요에 따라 양자를 적절히 활용하면서 균형을 유지하고 있다. 경쟁이 아주 없어지면 생태계는 생존에 대한 동기유발이 감소하면서 종국에는 모두가 공멸의 길을 택하게 된다. 이것은 사회체제에도 동일하게 적용할 수 있는데 경쟁 일변도의 사회는 긴장과 함께 사회 구성원들이 강한 스트레스를 받게 만들지만 협동 일변도에 치우쳐 분배와 평등을 강조하면 반대로 동기유발이 일어나지 않게 되어 사회가 정체에 빠지게 된다. 경쟁이 나쁜 것만은 아니다. 중요한 것은 경쟁과 협동의 균형을 유지하면서 생태계 순환이 지속적으로 잘 일어나게 하는 것이다.

한편 경쟁의 논리가 지배하던 사회에서는 경쟁에서 이기는 데 필요한 기능이 최고로 중요하게 여겨졌고, 따라서 뇌 기능의 수준을 나타내는 지능지수(IQ)만으로 사람들을 평가하였다. 그러나 경쟁의 논리가 약화되면서 협력과 공존의 가치가 중시되자 곧바로 등장한 잣대가 감성지수(EQ)[1]나 도덕지수(MQ)[2]인 것이다. IQ는 개체(個體)로서의 능력에 대한 것이라면 EQ와 MQ는 전체(全體)를 구성하는 한 요소로서 더불어 살아가는 능력에 대한 것이다. 문제는 감성지수와 도덕지수가 여전히 기능적인 관점에서 사람을 보는 것이어서 이들만으로는 사람이 살아가는 이유와 존재 근원에 대한 답을 구하기 어렵다는 데 있다. 살아가는 방법은 알았어도 사는 이유에 대한 답을 추구하려면 이것만으로는 부족하다. 이에 대한 다른 대안이 영성(靈性)이다. 도너 조하와 이언 마셜이 제안한 영성지수(SQ)[3]는 주체적인 존재로서의 의미와 가치의 문제를 다루는 창조성과 연관이 있다. 다시 말하여 절대적인 가치, 존재 이유에 대한 근원과 연관이 있는 것이다. 이들은 IQ나 EQ가 특정한 환경의 테두리 안에서 적절히 행동하게 하는 일종의 적응 능력인 데 비해, SQ는 규칙이나 상황을 바꿀 수 있는 창조적 능력이다.

이 같은 SQ가 인체의 조직과도 연관이 있다는 점으로서 마음과 몸이 둘이 아니라는 설명을 뒷받침한다는 사실이다. SQ에 해당하는 제 3 의 지능이 있다는 신경학적 증거로는 1990년대에 알려진 신경학자 볼프 싱어의 연구를 들 수 있다. 싱어는 뉴런 다발이 진동하면서 경험을 통합하고 의미를 갖게 한다는 사실을 발견하고, 뇌신경 조직에는 IQ의 기초가 되는 순차적

1) **Emotional Quotient** : 심리학자 골맨(D. Goleman)이 제안한 용어이다. 내용은 첫째, 자신의 진정한 느낌을 존중하고 진심으로 납득할 수 있는 결정을 내릴 수 있는 능력, 둘째 충동을 자제하고 불안이나 분노와 같은 감정을 억제할 수 있는 능력, 셋째 목표 추구에 실패하였어도 좌절하지 않고 자신을 격려할 수 있는 능력, 넷째 타인의 감정에 공감하는 능력, 다섯째 집단 내에서 조화를 유지하고 다른 사라들과 협력할 수 있는 사회적 능력 등이다.

2) **Moral Quotient** : 아동심리학자 로버트 콜스가 제안하였다. 얼마나 착하고 양심적인가를 가리키는 지수이다. 초등학교 때 양심에 눈을 뜨게 되므로 이 때부터 가르치는 것이 좋으며 도덕지수가 높은 아이로 키운다는 것은 곧 강한 양심의 소유자로 키운다는 뜻이다.

3) **Spiritual Quotient** : 도너 조하와 이언 마샬이 제안하였다. 의미와 가치의 문제를 다루고 해결하는 창조적 지능을 측정하는 지수이다.

신경 연결과 EQ의 기초가 되는 신경망 조직만 있는 것이 아니라, SQ의 기초가 되는 신경 진동 과정도 있다는 것을 밝혀냈다. 인간은 신경 진동을 통해서 경험의 의미와 가치를 파악하고, 삶의 목적을 결정할 능력을 갖게 된다는 것이다. 조하는 이 연구결과를 토대로 IQ, EQ와 마찬가지로 SQ도 훈련과 학습을 통해 높일 수 있으며 측정도 할 수 있다고 주장했다. 그에 따르면 유연한 사고와 확고한 자기 인식을 갖고 고통을 생산적으로 활용하는 사람, 비전과 가치에서 영감을 얻고 다양성 사이의 연관을 파악하며 인습에 역행해서 행동하는 능력을 소유한 사람이 SQ가 높다. 이들이야말로 인류만이 아니라 생명체의 진화를 이끄는 원동력이다.

영성은 개체에 바탕을 둔 이성(理性)과 전체에 바탕을 둔 감성(感性)을 통합하여 인류의 진화를 담보하는 능력이다. 생태유아교육의 궁극적인 방향이 여기에서 감지된다. 아이들의 몸과 마음을 건강하게 할 뿐만 아니라 자연과 함께 녹아드는 경험을 될수록 많이 할 수 있게끔 기회를 제공하는 것이 중요하다. 특히 이러한 경험은 어린아이일수록 용이하다는 점에서 주목하여야 할 부분이다. 이것이 훗날 영적인 성장을 이루는 데 있어 큰 거름이 될 것이기 때문이다(방건웅, 2003, 16-21).

4. 국내 · 외 생태담론과 생태유아교육의 흐름

1) 국내 생태담론의 흐름

한국 사회에서 생태담론에 대한 논의가 본격적으로 등장한 것은 1970년대에 들어서면서부터이다. 이는 박정희 정권의 군사독재와 급진적 산업화에 대한 반발로 우리 사회의 민주화에 대한 요구와 인간과 자연이 상생할 수 있는 삶에 대한 동기가 마련되고 있음을 단적으로 드러내 주는 일이었다. 국내의 생태담론은 크게 두 가지 맥락에서 이루어졌다. 하나는 사상적인 접근이었고, 다른 하나는 구체적인 실천운동이었다. 이 두 가지 맥락을 좀 더 자세히 언급하면 다음과 같다.

첫 번째 맥락은 사상적 접근이다. 한국 현대사에서 생명사상을 본격적으로 논의한 최초의 저작은 1974년에 출간된 『신생철학』이라고 할 수 있다. 이 책에서 윤노빈은 서구적 세계관이 지배하는 오늘날의 세계를 '죽임의 세계'라고 규정하고, 데카르트 이후 진행된 서구 산업문명을 신랄하게 비판하면서 동학사상을 기반으로 하는 생명사상을 표방하고 있다. '생명은 막힘없이 피어나는 우주의 꽃'으로 '연결과 협동으로써 유지되고 확장되어야' 하며, '생명은 공유, 생존은 공존'이라는 그의 말은 산업문명의 폐해를 극복하기 위해서 사람들 사이의 공유, 공존, 나눔의 철학을 제안한 것(윤노빈, 2003)이다. 이는 이후 개화될 한국의 생명사상과 생태운동의 실마리를 제공하는 것이었다.

그리고 1984년 출간된 임효선의 『삶의 정치사상』 역시 '근대성은 인간과 자연의 부조화로부터 결과된 명백한 병폐'라고 진단하고, 서구의 기계론적, 인간중심적 시각으로 근대성이 탄생했으므로 도가와 유가를 포함하는 동양사상의 유기체적이고 반기계적인 시각으로 이를 해결하고자 주장한다(임효선, 1996). 그 후 1998년에 출간된 박이문의 『문명의 전환과 생태학적 세계관』에서도 인류가 생태위기를 극복하기 위해서는 서양의 인간중심 세계관에서 동양의 생태적인 세계관으로의 대전환이 필요하다고 역설하고 있다. 그러나 그는 서양적 세계관을 부정한다고 해서 서양의 과학과 기술까지 모두 부정할 필요는 없다고 했다. 동양적 세계관에서 서양사상을 재해석하고 접목시켜 나갈 것을 제안하고 있다는 점에서 주목해 볼 만하다.

이렇듯, 학계에서는 1970년대 이후 끊임없이 현대문명의 위기를 해결할 수 있는 사상적 근거로 동양의 생태적 세계관에 주목하자는 주장이 지속적으로 제기되어 왔다. 그러나 우리나라의 생명사상과 생명운동의 역사는 이미 광복 이전부터 활동해 온 류영모와 함석헌, 장일순의 사상으로 거슬러 올라간다.

류영모(1890~1981)는 기독교, 불교, 도교 및 유가사상을 두루 탐구하면서 동서고금을 막론하고 모든 종교가 다양한 형태로 나타났지만 그 뿌리에는 생명존중이라는 하나의 '참 진리'가 존재함을 설파하고 있다(박영호, 2002). 이러한 그의 사상은 후일 많은 생명사상가들에게 영향을 미치기에 충분했다.

특히 제자였던 함석헌(1901~1989)은 '씨올사상'을 통해 훗날 전개되는 생명운동의 사상적 기반을 제시했다고 할 수 있다. "우주의 법칙, 생명의 법칙은 다양하기 때문에 나와 달라도 모두 하나가 되어야 함"을 역설한 함석헌의 생명존중사상(김성수, 2001)은 비록 시도에 머물긴 했으나 1957년에 천안에 마련한 씨올농장을 통해 이후 생명공동체 형성의 바탕이 되었으며, 1970년대의 반독재 민주화 운동의 원동력을 자연과 인간의 호혜적 관계 속에서 찾으려고 했던 노력은 현대사회의 문제를 생명사상으로 해결할 수 있다는 것을 보여주었다는 점에서 주목할 만하다.

또한 장일순(1928~1994)은 1970년대의 민주화 운동이 1980년대의 생명운동으로 전환하는 중심에 있었다. 그는 고향인 강원도 원주 지역에서 신용협동조합운동, 농민운동, 민주화운동 등에 앞장섰는데, 특히 1977년부터는 생명운동을 제창하고 이를 실천하기 위해 1983년 도·농 직거래 조직인 「한살림」을 창립하여 죽어가는 모든 생명을 살리고자 본격적인 생명운동을 전개하였다. "나락 한 알 속에 우주가 담겨 있다", "이제 인간은 자기 집착에 빠져 인간과 자연이 한 몸이라는 사실을 망각하고 자멸의 위기에 놓여 있다", "생명이라는 것은 보이지도 만질 수도 냄새맡을 수도 없지만 분명히 있다", "우리가 한살림운동을 하는 것은 환경문제를 살펴서 생명의 제자리로 돌아가자는 것이다"(장일순, 1977)라는 주장 속에서 생명에 대한 고뇌와 실천의 뿌리를 엿볼 수 있다.

1980년대 중반 이후에 활동한 생명사상가로 또 한 사람 주목해 보아야 할 사람은 김지하이다. 그는 1960년대와 1970년대의 우리 사회의 아픔을 노래한 반체제 저항시인으로 알려져 있으나, 그의 사상의 뿌리에는 동학의 생명론적 세계관이 있음을 알 수 있다. 그는 동학의 생명존중원리인 '시천주(侍天主)'의 '시(侍)'를 생명의 '모심'으로 풀이하면서, 인간뿐 아니라 일체의 삼라만상을 모시는 것이라 했다(김지하, 2003). 이러한 그의 생각은 2003년, 2004년의 '세계생명문화포럼'이나 2004년 8월 창립된 '(사)생명과 평화의 길' 등과 같은 연구 및 실천활동 등을 통해 드러나고 있다.

이들의 사상에서 공통적으로 나타난 부분은 현대 산업사회가 지니고 있는 문제를 생명이라는 화두로 풀어 보고자 한다는 점이다. 또한 한국의 생태담론이 민족적 정서를 담고 있는 동양사상에 근거를 두고 있다는 점은, 근대화 과정에서 잃어버린 전통사상 및 민중사상이 본래 생태사상 내지 생명사상이었다는 것과 따라서 우리나라의 생명사상과 생태사상의 역사가 매우 길고도 깊다는 것을 의미하는 것이라고 볼 수 있다. 즉, 국내의 생태담론은 현대문명에 대한 반성으로 새롭게 부각된 가치관이기도 하지만 본래부터 우리 민족에게 있어 왔던 '오래된 미래'임을 알 수 있다.

두 번째 맥락은 구체적인 실천운동이다. 예를 들어, 1970년대 대학가를 중심으로 펼쳐진 민중문화운동은 급진적 근대화의 폐해를 우리 전통의 공동체 문화가 지닌 생명력으로 해결해 보고자 한 노력의 표출이었다. 이러한 민중문화운동은 1980년대와 1990년대에 다양한 형태의 사회운동으로 이어졌다. 유기농업운동, 도·농 직거래 운동, 생활협동조합운동 등을 통하여 인간과 자연의 생명을 억압하고 파괴하는 산업문명 전반에 대항하여 생명을 총체적으로 살리고자 밥상살림·농촌살림·생명살림의 기치를 내걸고 창립된 「한살림」(1986년 결성, www.hansalim.co.kr), 환경오염과 자연생태계 파괴를 막기 위해 환경운동을 주도하는 「환경운동연합」(1988년 결성, www.kfem.or.kr), 「녹색연합」(1996년 결성, www.greenkorea.org) 및 「환경정의실천연대」(1992년 결성, www.eco.or.kr) 등 환경운동단체, 농촌과 농업과 생명을 살리고자 귀농운동(歸農運動)을 실천하는 「전국귀농운동본부」(1996년 결성, www.refarm.org) 등이 그 대표적인 사례이다.

그 외에도 종교계의 생명운동도 주목할 만하다. 불교계의 경우, 도법(道法) 스님을 중심으로 한 「인드라망 생명공동체」(1999년 결성, www.indramang.org), 법륜(法輪) 스님을 중심으로 한 「한국불교환경교육원」(1994년 결성, www.junto. org) 등이 있으며, 가톨릭계의 '우리농업살리기운동(1991년 결성, www.wrn.or.kr)', '가톨릭농민회(1966년 결성, www.kcfm.or.kr)', 「가톨릭환경연대」(1993년 결성, www.cen.or.kr) 등이 있고, 기독교계의 「기독교환경운동연대」(1981년 결성, www.greenchrist.org), 원불교계의 「천지보은회」(1999년 결성, www.boeun.org) 등이 그것이다. 이러한 모임들은 종교적 바탕은 다르지만, 그 근본은 현대문명의 위기를 생명의 가치로 접근하려는 것에 있어서는 동일하다.

또 하나 주목해 볼 만한 것이 출판문화계의 활동이다. 우리나라 생명담론을 이끌어가고 있는 격월간지 「녹색평론」(1991년 창간, www.greenview.co.kr)은 오늘날 생태위기는 "생태학적으로 건강한 생활을 조직하는 일밖에 다른 선택이 없다"는 입장을 표방하면서 현대문명에 대한 문제 제기와 아울러 그 대안을 모색하고 있다. 이 외에도 우리 시대의 환경위기와 생명위기를 극복하기 위한 정책 제언과 녹색 대안사회를 지향하는 계간지 「환경과 생명」(1994년 창간, www.greenera.or.kr), 인간의 몸과 마음과 영혼의 건강, 깨달음 및 행복을 위해 맑은 정신·밝은 세계를 표방하면서 출판문화활동과 자연건강운동을 지향하는 「정신세계원」(1984년 '정신세계사'로 창립, www.mindvision.org), 서구의 신과학 운동 시각에서 과학을 새롭게 조망해 보려는 「미내사클럽」(1996년 창립, www.herenow.co.kr), 새로운 교육문화의 방향과 실천을 제안하고 있는 「보리출판사」와 「우리교육」 잡지는 물론 대안교육의 전문지 역할을 하고 있는 「민들레출판」(1999년 창간)의 활동도 눈여겨 볼 만하다.

교육계에서도 1990년대를 전후하여 생태농업, 생태교육 및 생명살림을 지향하는 일련의 교육운동이 일어나고 있다. 교육계의 생명담론은 「풀무농업고등기술학교」(1958년 설립)의 오랜 전통을 기반으로 1990년대 중반 대안학교의 형태로 「푸른꿈고등학교」(1996년 설립), 「간디학교」(1997년 설립), 「공동육아와 공동체 교육」(1994년 '공동육아어린이집'으로 창립), 「녹색대학」(2002년 설립) 등이 설립되어 기존의 교육현상에 대한 반성과 새로운 교육의 방향을 모색하는 사례들이 보고되고 있다.

이렇듯 우리 사회에서 생명사상과 생명운동에 관심을 갖고 실천하고자 하는 것은 절박한 생태위기의 시대, 문명의 대전환이 요청되는 시대에 새로운 문명의 대안으로서 생태담론이 자리매김하고 있음을 입증해 주는 결과이다.

2) 국외 생태담론의 흐름

미국과 유럽에서는 1960년대부터 끊임없는 생태학적 연구와 환경운동이 촉발되었다(박이문, 2001). 1960년대의 사상적 접근을 소개하면, 하이데거(M. Heidegger, 1962)는 이성을 지닌 인간만이 내재적 가치를 지니고 있으며, 모든 자연은 인간을 위한 도구라는 사고를 버려야 함을 주장하였고, 카슨(R. Carson, 1962)은 인간이 자연환경에 가하는 생물학적인 피해가 생태적 순환 원리에 따라 다시 인간에게 되돌아와 치명적인 피해를 입힐 것이라고 경고하면서 인간중심의 오만함을 경고하고 있다. 화이트(L. White, 1971)는 '생태위기의 역사적 기원'이라는 글에서 기독교에서는 자연은 인간을 위해 정복하고 다스려야 할 대상으로 보기 때문에 인간의 편리를 위한 개발 논리가 정당화되었다며 인간중심 세계관을 비판하였다.

그 후 1970년대에 접어들어 코모너(B. Commoner, 1971)는 '모든 것은 다른 것과 서로 연결되어 있다', '모든 것은 어디엔가로 가야 한다', '자연이 가장 잘 안다', '무에서 창조되는 것은 아무 것도 없다'라는 생태학적 인식을 우리에게 던져 줌으로써, 인간 또한 '자연 안의 인간(man in nature)'으로 존재하기 때문에 자연을 남용하고 통제할 것이 아니라 자연과 더불어 순환과 연계의 체제를 실천하여 지속 가능한 사회에 대한 관심을 불러일으켰다. 또한 슈마허(Schumache, E. F., 1973)는 환경위기의 원인을 근대적 과학기술을 바탕으로 하는 자본주의 사회의 구조에서 찾고 자본의 이윤 증대를 위한 대량생산과 소비체제가 필연적으로 환경 파괴를 가져왔음을 인식하게 했다.

이처럼 여러 학자들은 현대문명이 반생태적 기술문명과 더불어 자본주의 체제를 기반으로 한 독선적 경제가치에 의해서 왜곡·변질되었으며, 자연과 인간을 포함한 생명공동체의 전체 유익이나 공생은 무시한 채 특정 집단의 이익이나 일부 국가집단의 편파적인 이익 추구를 통해 오히려 인류는 반문명적인 모습으로 역행해 가고 있음을 지적하였다. 이러한 인간과 자연에 대한 새로운 시각은 환경운동의 출발점이 되어 1970년 4월 22일 제1회 「지구의 날(Earth Day)」을 선포하게 하였고, 1972년 로마클럽보고서 『성장의 한계(The Limits to Growth)』에서는 지속 가능한 사회를 모색하려는 움직임을 촉발시켰다. 또한 지구를 보호하기 위한 「유엔인간환경회의」가 1972년 스웨덴의 스톡홀롬에서 처음 개최되었는데, 이는 환경문제를 토의하기 위한 세계 최초의 정치적 수준의 회의였다. 그 후 오존층 보호를 위한 「빈 협약」과 「몬트리올 의정서」 채택이 각각 1985년과 1987년에 이루어졌으며, 1988년 6월 지구환경보호를 위한 캐나다의 「토론토 회의」에서는 대기오염, 산성비,

기후 변화 등의 문제해결을 위한 선언문이 채택되었다.

한편 1992년 6월 브라질의 리우데자네이루에서는 110여개국 정상들과 178개국 대표단이 참석한 가운데 「지속적인 환경개발을 위한 유엔회의」가 개최되었다. 이 리우회담에서는 스톡홀롬에서 채택한 유엔인간환경회의 선언을 재확인하고 지구환경 보전을 위한 국제적 의지를 강력히 표명하는 환경과 개발에 관한 「리우선언」과 이를 뒷받침하는 구체적 실천계획인 「의제 21」을 채택하였으며, 기후변화협약과 생물다양성 보전협약에 대한 서명이 있었는데, 각각에 대해 약 160여개국에서 서명하여 환경문제가 전 세계적인 현안과제라는 것이 입증되었다

이러한 시대적 인식은 생태학(ecology)이라는 학문 분야에 새롭게 주목하게 했다. 생태학이란 살아 있는 유기체의 습성, 생활양식 및 그 주변과의 관계를 다루는 학문으로 생물학의 한 분야이다(박찬구, 박병기, 1998). 과학적인 측면에서의 생태학은 인간을 포함한 생물 및 비생물적 물질의 총체적인 순환관계를 뜻하지만, 실천적인 측면에서의 생태학은 인류의 생존 자체를 위협하는 위기에 봉착하도록 만든 인간의 책임을 인식하게 한다. 대표적인 접근인 심층생태학(deep ecology)에서는 인간을 자연으로부터 분리하고 자연을 대상화한 근대적 세계관을 환경위기의 원인으로 진단하고, 그 철학적 대안으로 '이성적인 존재로서의 인간이 아닌 새로운 인간 이해', '그 자체로서의 자연관', '인간 이외의 생명에 대한 가치 인정과 배려'라는 대원칙을 주장하고 있다(Naess, A., 1993).

인간을 위한 개발논리로 과학기술을 발전시켜 환경 파괴의 원인을 제공한 것으로 비판받았던 과학계에서도 자성의 움직임이 시작되어, 과학은 기존 서구 과학의 분석적, 미분적 방법보다는 총체적으로 전체를 보고 직관에 의한 통찰을 중요시하는 방법으로 방향 전환할 것을 주장하는 소위 '신과학 운동'이 전개되고 있다(방건웅, 1998; 황종국, 2000). 물리학자이자 시스템 이론가인 카프라(Capra, F., 1981) 역시 세계를 기계론적인 세계관으로 보면 하나의 거대한 기계로서 인과율에 따라 운동하는 존재로 전락하게 되고, 이럴 경우 인간과 자연의 상호 교통을 인정하지 않기 때문에, 인간이 자연을 지배하고 정복해야만 하는 대상으로 여기고 인간의 편의에 따라 무분별

한 개발을 하도록 허용한다고 보았다. 그는 20세기 말을 문명의 전환점으로 보고 있다. 현대는 과학·기술문명이 극에 달한 상황으로 인류는 총체적인 위기, 극단적으로 인류가 지구라는 위성에서 사라질 수도 있는 위기를 맞고 있다고 말한다. 그는 음양의 원리에 입각하여 양이 극에 달하면 음이 나타나듯이 이 위기를 극복하는 길은 양의 문명을 음의 문명으로 바꾸는 것으로, 이를 위한 전환의 물결이 다양한 사회적 운동으로 나타나고 있다고 하였다. 이 전환의 물결 속에서 우리에게 필요한 것은 기존의 사고, 인식, 가치를 근본적으로 바꾸는 것이다. 이러한 그의 생각은 교육적 실천으로 드러나는데, 한 예로 미국의 '생태적소양연구소(www.ecoliteracy.org)'와 '생태교육실천학교(www.edibleschoolyard.org)'는 현대문명의 위기를 생태적 시각에서 극복해 보려는 노력의 일환이다.

이상에서 살펴본 바와 같이, 서구사회에서는 현대 산업사회가 낳은 문명의 이기에 대한 반대급부로서 드러나고 있는 환경문제를 생물학·철학·물리학·경제학·교육학 등 다방면에서의 학제간 논의를 통해 해결해 보려는 움직임이 활발하게 전개되고 있다. 이와 같은 학제간 논의는 환경보호를 위한 환경운동적 의미에서가 아니라 환경문제를 실마리로 해서 전지구적 위기상황으로 규정되고 있는 현대문명에 대한 근본적인 반성과 지속 가능한 가치를 추구하는 새로운 대안을 모색하려는 방향으로 발전하고 있다.

3) 생태유아교육의 흐름

생태유아교육은 필자의 주도 하에 1990년 10월에 결성된 「우리 아이들의 보육을 걱정하는 모임」에서 씨앗이 싹트기 시작했다고 할 수 있다. 이 모임은 "어린 아이들에게는 보호·교육받을 권리를, 아이 엄마들에게는 일할 권리를"이라는 구호를 내걸고 도시빈민지역 아이들의 탁아문제 해소를 위한 제도개혁과 내용개혁 운동을 추진하였다(임재택, 1991). 이러한 일련의 유아교육개혁 운동 과정에서 저자는 1991년 1월 「영유아보육법」 제정·시행을 계기로 그 법률에 근거하여 1992년 부산대학교 부설 보육시설종사자교육훈련원(지금의 보육교사교육원)을 설립·운영하게 되었다. 이 기구를 모태로 1993년 부산대학교 보육종합센터 설립을 구상하게 되었는데, 그것은 「영유아보육법」에 근거한 '보육교사교육원', '보육정보센터' 및 '어린이집'과 대학 연구 기능의 '영유아보육연구소'를 결합한 보육종합센터를 대학 캠퍼스 내에 설립하는 것이었다. 이 같은 보육종합센터 설립 구상은 당시 보건복지부와 부산광역시의 행·재정적 지원 및 독지가 이필연 여사의 출연금, 그리고 당시 부산대학교 장혁표 총장의 적극적인 지원에 의해 현실화 되어 1993년 말경 착공하여 1995년 3월 개관하게 되었다. 참고로 당시 교육부는 사범대학 유아교육과의 부속유치원 설립에 대한 우리의 5차례 요구를 「국립학교 설치령」에 근거조항이 마련되지 않았다는 이유로 계속적으로 무시하고 있던 상황에서 유아교육과로서는 어린이집의 설립을 추진할 수밖에 없는 불가피한 현실이었음을 밝혀둔다. 당시 이러한 상황을 인식하지 못한 학내·외 관련 인사들은 유치원을 설립하지 않고 어린이집을 포함한 보육종합센터를 설립한다는 불평과 비난이 있었던 것도 사실이다.

저자는 1994년 초부터 유아교육학과와 보육교사교육원 출신 제자 10여 명과 함께 1년여에 걸쳐 부설 어린이집 개원에 대비하여 유아교육 프로그램 개발을 위한 세미나를 계속하였다. 물론 그 당시에는 '생태유아교육'이라는 용어는 사용하지 않았지만 '한국전통 유아교육', '우리식 유아교육', '공터놀이식 유아교육', '자연친화적 유아교육', '자연주의 유아교육' 등 여러 가지 용어들이 논의되었다. 당시 세미나팀의 구성원들은 「보육시설의 노인·아동 상호작용 프로그램 개발 연구」 프로젝트 참여와 함께 "가장 한국적인 유아교육이 가장 세계적인 유아교육이 될 수 있다"는 데 모두 공감하고 있었다. 당시에 확정한 유아교육 프로그램을 통해 기르고자 하는 어린이상인 '신명나는 어린이'와 그 구체적인 '10가지 어린이상'을 비롯한 보육이념, 반명(학급의 명칭) 등 상당 부분은 지금까지 그대로 유지되고 있다. 그 후 생태유아교육이라는 용어는 자연친화적 유아교육, 정원식 유아교육에 대비되는 숲식 유아교육, 생태지향적 유아교육, 생명중심적 유아교육 등의 용어들과 혼용하여 사용하다가 1998년 '생태유아교육강좌'를 시작하면서부터 '생태유아교육(生態幼兒教育)'이라는 용어로 통일되었다.

요컨대, 1990년 「우리 아이들의 보육을 걱정하는 모임」에서 발아(發芽)된

2가지 유아교육 개혁운동 중 첫 번째, 제도개혁운동은 1996년 9월부터 2004년 1월 「유아교육법」 제정까지 약 8년 동안 「유아교육 공교육체제 실현을 위한 범국민연대모임」의 상임공동대표 활동으로 집약되며, 두 번째 내용개혁운동은 부산대학교 부설 어린이집에서의 생태유아교육 프로그램의 개발·적용이라는 실천적 접근, 유아교육학과의 대학원·교육대학원 석·박사과정과 「한국생태유아교육학회」의 이론적 접근 및 「우리 아이들의 보육을 걱정하는 모임」과 「(사)생태유아공동체」 등의 운동적 접근에 의해 추진되고 있다. 생태유아교육은 현대 산업문명사회의 최대 피해자로 전락하여 몸과 마음과 영혼이 병들어 가는 아이들을 살리고 교육을 살리고 생명을 살리고자 하는 유아교육의 새로운 패러다임이다. 이러한 문제의식에서 아이들에게 잃어버린 자연과 놀이와 아이다움을 되찾아 주려는 노력의 결집이 바로 생태유아교육이다. 이러한 생태유아교육의 짧은 역사적 흐름에서 '연구와 실천과 운동의 조화'로 꿈과 희망의 터전을 일구어가고 있다.

특히, 1995년 3월 개원된 '부산대학교 부설 어린이집'은 기존 개원 준비팀원들이 거의 교사로 참여하였으며, 이들은 '신명나는 어린이상'의 실현을 위해 노인·아동 상호작용 프로그램, 산책 프로그램, 텃밭가꾸기 프로그램 등을 실천하면서 자연주의 보육을 지향하는 방향으로 세미나를 개최하는 등 연구활동을 계속하였다. 어린이집 교사 세미나 시간을 통해 생태사상과 생명운동, 한국전통 유아교육, 동양사상가의 교육철학, 대안교육 등에 관한 책을 읽고 토론을 하는 등 새로운 유아교육의 방향 찾기에 힘을 쏟았다. 이러한 노력은 이 시기 이후부터 부산대학교 대학원 유아교육학과와 교육대학원 유아교육 전공에서 본인이 지도한 생태유아교육 관련 석·박사학위 논문(≪부록 1≫ 참조)을 살펴보면 그 흐름을 짐작할 수 있을 것이다.

또한 개원 후부터 산책을 가고 텃밭활동을 하는 등 자연친화적인 보육을 하였고, 이를 가정통신문을 통해 '자연주의 보육'을 실시함을 알림으로써 생태유아교육의 기틀을 마련하였다. 이러한 노력은 1999년부터 '생태유아교육 프로그램 시리즈'라는 이름으로 10여 종의 생태유아교육 프로그램들(≪부록 2≫ 참조)을 출판 보급하기에 이르렀다. 그동안 개발·보급된 10여 종류의 생태유아교육 프로그램과 생태유아교육 관련 석·박사 학위논문들은 백지 상태의 생태유아교육의 이론적·실천적 토대를 마련하는 데 크게 기여한 것으로 판단된다.

생태유아교육이라는 용어가 본격적으로 소개된 것은 앞서 언급한 것처럼 1998년 「우리 아이들의 보육을 걱정하는 모임」에서 유아교육기관의 원장과 유아교사 및 일반인들을 대상으로 주관한 '생태유아교육강좌'(≪부록 3≫ 참조≫)에서이다. 1998년 6월 '21세기 문명의 전환과 유아교육의 새로운 방향'이라는 주제로 제1기 생태유아교육강좌가 개설되었고, 이후 1999년 5월 제2기 생태유아교육강좌Ⅰ, 1999년 10월 제2기 생태유아교육강좌Ⅱ, 2000년 4월 제3기 생태유아교육강좌Ⅰ, 2000년 9월 제3기 생태유아교육강좌Ⅱ, 2001년 4월 제4기 생태유아교육강좌로 이어지면서 자연친화적이고 생명존중적인 유아교육을 알려 나갔다. 이 자리를 빌려 그동안 생태유아교육강좌를 맡아 주신 스님, 목사, 학자, 운동가, 교사 등 생명사상과 생태운동, 공동체 운동의 이론가와 실천가 분들께서 생태유아교육의 길라잡이 역할을 해주신 것에 대해 특별히 감사의 인사를 드린다. 더욱이 부산대학교 유아교육학과에서는 2000년 10월 20주년 기념 학술대회(≪부록 4≫ 참조)를 개최하였는데, 그 주제를 "문명의 전환과 유아교육의 새로운 방향"으로 설정함으로써 학과 차원에서 생태유아교육을 내외에 주창하는 계기가 되었다.

이러한 생태유아교육 관련 실천적 운동은 2002년 3월 "유치원·어린이집 아이들에게 유기농산물을 먹입시다. 우리 아이들의 몸과 마음을 살리고 농촌도 살립시다"는 취지 아래 「(사)생태유아공동체」(www.ecokid.or.kr) 설립으로 이어졌고, 같은 해 6월 생태유아교육에 관한 학문적·실천적 연구를 위해 「한국생태유아교육학회」(www.ecoece.or.kr)를 창립하여 연간 2회의 학술대회와 학회지 발행, 교사연수 등을 개최하고 있다. 특히, 한국생태유아교육학회에서 매년 봄과 가을에 개최한 학술대회(≪부록 5≫ 참조)의 연구 주제와 내용을 살펴보면 생태유아교육의 실체적 모습을 짐작할 수 있다. 지금까지 생태유아교육 관련 학술대회, 강좌, 세미나 등에서 발표된 수많은 논문들 중에서 20여 편을 선정하여 『생태유아교육선집 1』(한국생태유아교육학회, 2005)을 출판하였는데, 이 책은 생태유아교육의 기본틀을 이해하는 데 많은 도움이 될 것으로 생각된다.

5. 학문의 생태론적 접근 동향

1) 학문의 패러다임 전환 추세

지금까지 거의 대부분의 학문분야는 인간중심주의와 기계론적 세계관에 기초한 이론과 법칙, 과학과 기술의 개발을 통해 산업사회와 정보사회의 구축에 철저히 헌신하고 기여해 왔다. 그 결과 지금 인류는 지구촌의 생명위기에 직면하고 있으며, 이를 극복하기 위한 새로운 학문적 접근이 시도되고 있다. 지구 생태위기 시대인 21세기 인류의 중심 화두는 자본주의나 사회주의가 아니라 생태주의 내지 생명주의라는 데 대체로 동의하고 있다. 최근 여러 학문 분야에서 생태주의 내지 생명주의에 기초한 연구와 접근이 시도되고 있다. 즉, 인간 중심의 학문에서 생명 중심의 학문으로 패러다임의 전환이 시도되고 있다. 이 같은 학문 패러다임 전환은 인간 중심을 넘어 돈 중심, 물질 중심, 욕망 중심의 시대의식에 기초한 학문은 필연적으로 생명 살림보다는 생명 죽임에 기여한 경험적 사실에 비추어 볼 때, 여러 학문 분야의 생태론적 접근 추세는 생명위기 시대의 당연한 귀결로 볼 수 있다.

이제 모든 학문은 인간을 비롯한 지구촌의 모든 생명을 모시고 살리는 방향으로 나아가야 한다. 다시 말해서 모든 학문은 생명 중심의 학문 내지 생명살림의 학문, 요컨대 생명학(生命學, life studies)으로 나아가야 한다. 생명학은 인간과 모든 생명을 살리고 치유하며 생명력을 고양시키는 일체의 활동과 지식체계라고 할 수 있다. 인문학, 사회과학, 자연과학, 공학, 의학 등 모든 학문 분야는 이제 생명의 학문으로 방향 전환이 이루어져야 한다. 또한 사람의 생명을 위협하는 반생태적 의식주 생활을 생태적 의식주 생활로 바꾸는 학문적 접근도 요청된다.

생명 파괴적인 현대의 화학농업에서 자연농업 내지 유기농업으로, 자연을 파괴하고 새집병을 유발하는 현대 건축에서 생태건축으로, 인간의 건강을 위협하는 열량 중심의 칼로리 영양학에서 생태영양학으로, 인간의 면역력과 자연치유력을 약화시키는 약물과 시술 중심의 서양의학에서 대체의학으로 등 각 학문 분야에서 생태론적 접근이 활발히 진행되고 있다. 또한 생태철학, 생태문학, 생태미술, 생태음악은 물론 생명의 정치학, 생명의 사회학, 나아가 돈 가치보다 생명 가치를 창출하는 생태경제학, 구성원들의 신명과 사기를 높여 주는 생태경영학, 환경 파괴 없는 기계를 개발하는 생명의 공학(工學)도 논의되고 있다.

이제 교육학 분야에서도 학문적 추세 변화가 있어야 한다. 자연 만물은 물론 인간마저 인적 자본으로 규정하고, 성장과 개발, 자본과 경쟁의 논리를 지향하는 지금의 인간중심 교육학 내지 구조기능주의 교육학은 인간을 포함한 지구촌의 모든 생명을 살리는 생명의 교육학이라기보다는 생명을 죽이는 죽임의 교육학이 아닌지 깊이 반성해 볼 필요가 있다. 이제 교육학 분야에서도 생태교육학으로의 학문 패러다임 전환이 필연적으로 이루어져야 할 시점이다.

2) 생태론적 접근 학문의 동향

여기서는 여러 학문 분야 중에서 생태론적 접근이 활발히 논의되고 있는 주요 학문 분야의 성격과 현황에 대해 개략적으로 살펴보고자 한다. 여기서 언급하고자 하는 학문 분야는 생태농업, 생명의학, 생태영양학, 생태건축, 생태문학 및 생태경제학이다. 특히, 생태농업, 생명의학 및 생태영양학 분야는 이 책의 제 4 장에서, 생태건축은 이 책의 제 7 장에서 비교적 자세히 살펴볼 것이므로 여기서는 기본 개념 정도만 언급하고자 한다.

(1) 생태농업과 생명의학

① 생태농업

생태농업(生態農業, Ecological Agriculture)은 생명농업(生命農業), 자연농업(自然農業), 유기농업(有機農業, Organic Agriculture), 친환경농업(親環境農業) 등 여러 가지 용어로 불리어지고 있다. 생태농업은 우리 조상들이 오랫동안 지켜온 전통농업으로서 생명의 원리에 따른 생명농업이고, 지수화풍(地水火風)의 자연 순리에 따른 자연농업이고, 생명체의 유기적·순환적 원리에 따른 유기농업이라고 할 수 있다. 이런 용어와 관련해서 일반인들에게 가장 널리 통용되는 용어는 유기농업이고, 행정기관에서는 『친환경농업육성에 관한 법률』이 제정·시행되면서 친환경농업이라는 용어를 주로 사용하고 있다.

유기농업은 일체의 화학비료, 유기합성농약(농약, 생장조절제, 제초제 등), 가축사료 첨가제 등 일체의 합성화학물질을 사용하지 않고, 유기물과 자연광석, 미생물 등 자연적인 자재만을 사용하여 농산물을 생산하는 농업이다. 한편 친환경농업이란 농업과 환경의 조화로 지속 가능한 농업생산을 유도해 농가 소득을 증대하고 환경을 보전하면서 농산물의 안전성도 동시에 추구하는 농업이라고 규정하고 있다.

수천년 이어온 한국의 유기농업은 1960년 경제개발과정에서 공업 중심의 경제성장을 뒷받침하는 수단 내지 도구로 전락되어 품종개량과 화학농법을 통한 식량증산 위주의 농업정책을 추진하면서 파멸의 길을 걷게 되었다. 그 후 30~40년간 같은 정책기조로 지속된 우리의 농업은 농약과 제초제와 화학비료, 수입 사료와 비닐하우스 등에 의존한 현대 화학농업 내지 공장식 농업으로 변질되었다. 이 같은 화학농업은 땅과 물과 공기의 오염 등 극심한 자연생태계의 파괴는 물론 농업과 농촌공동체의 붕괴를 가져왔고, 거의 모든 농민들을 수 천 만원 내지 수 억 원의 빚더미에 앉게 만들었고, 그들이 생산한 농수축산물은 사람들이 안심하고 먹을 수 없는 불량 먹을거리가 되고 말았다.

지난 30~40년 동안 농약과 화학비료와 제초제로 오염된 우리 농수축산물과 수입 가공한 불량식품을 먹게 되면서 암, 당뇨병, 고혈압, 비만 등 성인병으로 고통받는 사람들이 수십 배로 증가했다. 한편 지금 농촌에는 나이 든 노인들만 농토를 지키고 있다 보니 아이들 울음소리가 들리지 않는다. 자손이 끊어지면 가문이 문을 닫듯이 농촌에 아이들이 태어나지 않으면 농촌공동체도 문을 닫고 농업도 막을 내리게 된다. 더욱이 WTO 체제가 출범하면서 쌀 시장 개방 압력까지 겹치면서 우리 농업은 아사(餓死) 직전 상황이다.

결국, 한국은 농경사회를 산업사회·정보사회로 전환시키는 자본주의 발전과 사회변동 과정에서 농업의 기계화와 산업화 및 농업의 자본 추구를 지향하면서 농촌의 붕괴와 농업의 황폐화, 그리고 자연생태계 파멸이라는 결과를 가져오고 말았다(김철규, 2003). 또한 농업의 산업화는 농민들로 하여금 농사일과 관련된 전통적 가치들을 버리고, 능률과 편협한 경제적 편의를 추구하게 만들었으며, 심지어 개인적이고 사회적인 가치에도 영향을 미치고 있다(정영목 역, 2003). 이러한 상황에서 우리 농업이 나아갈 길은 가족중심 소농(小農)을 살리고, 생명 순환의 원리에 따른 유기농업으로 전환하는 것 이외는 달리 길이 없다. 이 길은 우리의 땅과 물과 공기를 살리고, 오염된 자연생태계를 살리고, 생명의 기운이 들어 있는 먹을거리를 생산하고, 우리 국민들의 건강을 지키고, 수많은 일자리를 창출하고, 농촌공동체 문화를 회복함으로써 삶의 질을 회복하고, 무너져 가는 가족공동체를 되살리며, 경쟁과 욕망과 파괴로 얼룩진 도시 문제를 해소하는 데도 도움을 줄 수 있다. 이제 우리 농업은 화학농업·산업농업에서 생태농업·유기농업으로 전환하는 것이 필연적이며, 세계적인 추세이다.

② 생명의학

생명의학(生命醫學, Life Medicine)은 서양의학, 한의학, 대체의학을 모두 포괄하며, 생명을 살리는 일체의 의료적 지식체계와 활동을 말한다. 특히 생명의학은 구태의연한 기존 의학과 달리, 생명을 근원적·전인적으로 치유하고 살리는 새로운 희망의 의학이어야 한다. 인류와 온 생명을 살리는 의학이 되기 위해 생명의학은 많은 에너지와 생명력을 갖고 있어야 한다(이명복, 2004). 생명의학은 자연의학(自然醫學, 예컨대 녹색대학 자연의학과)이라고도 하고, "동양의학, 서양의학, 대체의학을 모두 합쳐서 융합한 의학을 칭하여 통합의학, 종합의학 또는 전일의학(全一醫學, Intergrative Medicine)이라 일컫는 것이다"(전세일, 2004, 103).

오늘날 생명의학이 주목을 받게 된 것은 현대의학 내지 서양의학의 한계에서 기인한다. 즉, "현대의학은 병을 고치고 병자를 만든다"는 비판을 받고 있다. 현대의학은 생명력의 약화에서 생긴 병(病)이라는 결과적 현상만을 약(藥), 즉 화학약품으로 고치려는 접근방법이다. 가령 그것이 성공해서 병이라는 현상이 고쳐졌다고 해도 생명력은 약해진 채로 조금도 회복된 것이 아니다. 다시 말해서 현대의학은 응급조치적인 훌륭한 장점이 있는 반면 "병을 고쳐 주고 환자를 만든다"는 중대한 결점을 지니고 있다. 이 같은 의료체계로서 국민의 건강을 지키려고 한다면, 국민은 오히려 약의 만성중독에 걸리고, 건강을 잃게 되는 결과를 낳게 되므로 면역력을 강화하고 자연치유력과 생명력을 튼튼하게 하는 생명의학의 발전이 절실하다(최병칠 역, 1986, 20).

20세기 초만 해도 환자 중에는 폐렴, 독감, 콜레라 같은 급성질환자의 비율이 90% 이상이었으나 요즘은 이런 급성질환자의 비율이 줄어든 반면 당뇨병, 고혈압, 암과 같은 비병원성(非病源性) 만성질환자가 크게 증가하여 그 비율이 역전되었다. 그렇게 되자 얼마 전까지 용맹을 떨치던 현대의학 또는 서양의학의 위력도 크게 약화되었다. 서양의학은 세균이나 세포를 죽이는 약물요법이 주류를 이루고 있다. 하지만 오늘날 수많은 성인병·난치병에는 면역력이 관건이며 약물로는 별 효과가 없고 유감스럽게도 약물은 환자의 면역력을 높이기는커녕 오히려 감퇴시키기 때문이다. 환자는 면역력이 강하면 만병을 자가치유할 수 있으며, 모든 바이러스의 감염도 억제할 수가 있다. 증가된 백혈구가 병균이나 이물질을 모두 정화하기 때문이다.

그러나 오늘날 현대인들은 과거와 달리 운동량 부족, 과중한 업무, 극심한 스트레스, 패스트푸드 등 서구화된 식생활, 환경 호르몬에의 노출, 면역력 약화, 전자파의 무제한적인 공격, 알코올·담배·마약 등 물질 남용, 항생제나 진통제, 소화제 등 약물 남용 등으로 연결되어 다시 면역력 저하로 이어짐으로써 결국 이러한 악순환을 거치면서 많은 사람들이 각종 암이나 당뇨병, 고혈압, 자가면역질환 등 성인병에 무력해질 수밖에 없게 된다.

우리 사회에는 서양의학, 한의학 그리고 대체의학이 공존하고 있다. 특히 서양의학이 인류사회에 기여한 바는 과소평가될 수 없으며 앞으로 더 많은 기여를 할 것으로 기대된다. 항생제의 남용, 과잉진료, 수술남발 등 부작용을 극소화하고 의료윤리와 전인적 치료를 지향한다면 보다 훌륭한 생명의학이 될 수 있을 것이다. 전통 한의학 역시 전인적 치료를 지향하는 우수한 생명의학이다. 한의학은 음양오행설 등 기과학(氣科學)과 생명학(生

命學)의 정보를 적극 활용하고 더 많은 연구를 바탕으로 세계의 생명의학으로 나아가야 한다. 그리고 대체의학 역시 현재 서구에서는 암 등 난치병에 대한 대안요법으로 널리 정착되어 가고 있다. 대체의학에 대한 정부의 지원과 체계적인 연구의 필요성이 절실한 시점이다(이명복, 2003).

(2) 생태영양학과 생태건축

① 생태영양학

생태영양학(生態營養學, Ecological Nutrition)은 영양학의 본거지인 서구에서 기존 영양학에 대한 반성으로 대두된 새로운 학문적 접근이다. 생태영양학은 생태학(Ecology)과 영양학(Nutrition)의 만남에서 탄생한 학문 분야이다. 생태영양학은 빵과 육식 위주의 서구 식생활을 기초로 나이와 성별에 따라 인체에 필요한 '칼로리(열량)' 중심의 칼로리 영양학의 문제와 폐해를 해소하기 위한 차원에서 자연스럽게 시작된 학문적 접근이라고 할 수 있다. 일본의 '밥 전도사'이면서 조식건강론(粗食健康論)의 주창자인 마쿠우치 히데오는 생태영양학은 자연과 인간이 하나라는 관점에서 인체영양학을 재해석한 대안학문이라고 말하고 있다(마쿠우치 히데오, 2003).

지난 5천년 동안 우리 민족이 철따라 자연에서 농사를 지어 수확한 생명의 기운이 들어 있는 식품으로 차려진 민족 전통의 식탁을 통해 검증된 민족영양학(民族營養學), 생명영양학(生命營養學) 내지 자연영양학(自然營養學)이 바로 생태영양학이라고 할 수 있다. 또한 사람 체질과 음식 유형의 관계, 즉 '음식궁합론'을 제시한 우리의 한의학과 사상체질론에서도 생태영양학의 진면목을 엿볼 수 있다. 우리 민족의 오랜 전통으로 이어온 주식(主食)인 '현미잡곡밥 + 된장국 + 김치 + 나물'과 세시풍속에 따른 절기음식은 생태영양학적 입장에서 보면 최고의 음식인 셈이다.

우리는 지난 30여 년 동안 잘못된 식생활 교육을 해왔다. 그 결과 아이들의 건강문제뿐 아니라 식량, 농업, 환경 등에서 여러 가지 심각한 문제들이 나타나고 있다. 우리는 서양의 칼로리 영양학에 기초한 영양교육(營養敎育)을 통해 우리 민족의 전통음식을 칼로리나 영양소 측면에서 뒤떨어지는 비과학적이고 하찮은 음식으로 취급해 왔다. 그러나 지금 세계인들은 우리의 소박한 밥상을 세계 최고의 밥상으로 인정하고 있다(마쿠우치 히데오, 2003; 전홍준, 2004). 서구인들에게 비만, 당뇨, 암, 고혈압 등 심각한 건강문제를 가져온 육식 위주의 식생활과 칼로리·영양소 위주의 서구 영양학은 자체적 반성을 통해 생태영양학으로 전환을 모색하고 있다. 이러한 세계적 학문 추세에도 불문하고 우리의 대학이나 전문대학에서는 지금도 서양을 이상(理想)으로 그리면서 칼로리와 영양소 위주의 영양학이 주류를 차지하고 있고, 초·중등학교에서는 그런 류의 영양교육이 행해지고 있으며, 학교 급식 또한 칼로리 영양학과 칼로리 영양교육의 한계를 뛰어넘지 못하고 있다.

② 생태건축

생태건축(生態建築, Ecoiogical Architecture or Eco Architecture)은 녹색건축(綠色建築, Green Architecture), 환경친화적 건축, 자연친화적 건축, 전통건축 등 다양한 용어로 표현되고 있다. 생태건축은 자연생태계 파멸 위기와 환경문제가 인류의 생존과 직결된 최대 현안으로 부각되면서 기존의 건축이 안고 있는 문제를 해결하기 위해서 대두된 새로운 패러다임의 건축이라고 볼 수 있다. 생태건축은 에코하우스(Eco House), 환경공생건축 등의 개념으로 사용되기도 한다(김귀곤, 2001).

생태건축은 1979년 크루쉐 등이 공식 명명한 용어로 "자연환경과 조화되며 자원과 에너지를 생태학적 관점에서 최대한 효율적으로 이용하여 건강한 주생활 또는 업무가 가능하도록 한 건축"으로 정의하고 있다. 즉, 생태건축이란 자연생태계의 일부로서 자연환경에 해를 주지 않고 자연자원을 활용하며, 환경의 4대 요소(태양, 토양, 공기, 물)로 구성된 자연의 순환체계에 건축이 연계되어 자연생태계와 더불어 인간이 안정된 생활을 하도록 하는 데 그 이상적 목표가 있다(이윤하, 2004, 155-156)는 것이다.

이 같은 생태건축은 자연의 소재(돌, 흙, 나무, 풀, 물 등)만으로 집을 지어 자연과 더불어 살아가는 주거와 생활환경을 꾸미는 것으로써 한국 '전통건축'의 실체와 같은 맥락이라고 할 수 있다. 이런 측면에서 생태건축은 전통건축을 이어받은 현대화된 전통건축으로서 2천년대 새로운 한국의 전통 건축기술이라고 말할 수 있다(윤원태, 2004).

생태건축은 반생태적이고 반생명적이고 비자연적인 현대 건축의 폐해를 극복하려는 노력이라고 할 수 있다. 현대 건축물의 건축자재는 대부분 유해성분을 배출하는 석유화학제품들로 자연과 동떨어진 것들이다. 여기서 분출되는 유해성분 문제는 새집증후군, 새학교증후군, 새빌딩증후군이라는 이름의 '새집병(Sick House or New House Syndrome)'을 유발하고 있는데, 이는 현대 건축이 낳은 새로운 질병이다. 건축자재는 목재, 짚, 기와, 흙, 돌 등 사람이 먹어서도 이상이 없는 것이 원칙인데, 현대 건축에서는 석유화학제품의 건축자재, 가구 모두가 그야말로 아토피(兒土避) 제품으로 자연에서 멀어진 것들이다. 집이 놓인 위치 또한 문제이다. 종래의 4~5층 아파트에서 지금은 기본이 수 십 층이 넘는 고층 아파트이다. 흙으로부터 완전히 멀어진 완벽한 아토피(兒土避) 집에 사는 사람들은 질병에 시달릴 수밖에 없다. 이진아(2004)는 시멘트, 단열재, 페인트, 접착제 등에서 뿜어 나오는 라돈가스, 포름알데히드, 석면, 유기화합물 등에 노출되었을 경우 정서적 불안정, 기억력 상실, 정신집중 곤란, 어지럼증, 구토, 각종 염증 등을 일으키며, 장기간 노출되었을 경우에는 월경불순, 불임 등은 물론 암까지 유발한다고 경고하고 있다.

이제 현대 건축의 문제점과 폐해를 인식하고, 인간과 자연이 한 생명으로 공생할 수 있는 주거·생활공간을 생태건축으로 접근하는 것이 하나의 큰 흐름으로 다가오고 있다. 특히, 어린 아이들이 생활하는 곳, 노인들이나 장애인들이 생활하는 곳, 임산부나 병약자들이 생활하는 공간은 생명의 기운이 감도는 생태적 주생활 공간을 제공하는 것이 필수적이다. 특히, 어린 아이들이 집단적으로 생활하는 공간인 유치원이나 어린이집의 신축이나 리모델링을 하고자 할 경우에는 생태건축방법으로 접근하는 것이 절대적으로 필요하다고 판단된다. 유아교육기관의 신축과 증·개축에서의 생태건축 추세는 건축학계와 건축업계의 새로운 변화의 훈풍이 될 것이다.

(3) 생태문학

① 생태문학의 개념

생태문학(生態文學, Ecological Literature)은 생태학(Ecology)과 문학(Literature)

의 만남이다. 생태문학은 생태론적 세계관에 바탕을 둔 문학 혹은 생태학적 인식을 바탕으로 씌어진 문학이라고 할 수 있다. 생태문학은 녹색문학(綠色文學, Green Literature), 생명문학(生命文學, Life Literature), 환경문학(環境文學, Environmental Literature) 등 생명, 생태, 환경과 관련되어 다양하게 표현되고 있다. 이처럼 생태문학과 관련된 용어가 다양한 것은 환경문제나 생태학에 대한 관점이나 범위나 강조점 등의 차이 때문이다. 이런 관점에서 생태문학, 녹색문학 및 생명문학은 거의 유사한 개념으로 사용하는데 비해 환경문학과는 다소 차이가 있는 개념으로 사용되고 있다(김용민, 2003).

여기서 환경문학은 환경문제를 다루는 문학이고, 생태문학은 생태학적 인식을 바탕으로 씌어진 문학이라고 할 수 있다. 다시 말해서 환경문학은 생태학적 인식을 분명히 지니고 있지는 않지만 환경오염이나 자연 파괴의 실상을 문제삼고 그에 대한 비판이나 절망 등을 표현한 문학이라 할 수 있다. 한편 생태문학은 단순히 환경문제, 환경 파괴만을 고발하는 것이 아니라 물질문명, 산업사회, 가부장제, 인간 욕망에 대한 비판 등 현대사회의 병폐를 생태학적 인식으로 바라보며 녹색가치의 아름다움에 대한 민감한 감성을 일깨워 주고자 한다. 요컨대, 생태문학은 생태학적 인식을 바탕으로 생태문제를 성찰하고 비판하며, 더 나아가서 새로운 생태사회를 꿈꾸는 문학을 의미한다(김용민, 2003). 이처럼 생태문학과 환경문학을 구별하는 입장이 있는 반면 양자의 통합을 시도하는 입장도 있다.

② 생태문학의 배경 및 역사

생태문학은 산업문명의 폐해로 나타난 환경오염과 자연생태계 파멸을 해소하기 위한 세계 각국의 환경운동을 배경으로 등장한 새로운 패러다임의 문학이라고 할 수 있다. 생태문학은 1970년대 이후 환경운동이 활발하게 일어나고 생태의식이 일반 대중에게까지 광범위하게 확산됨에 따라 문학에서도 자연히 환경문제에 대한 관심이 고조되면서 싹트기 시작한 것으로 볼 수 있다. 이와 같은 생태문학의 형성 배경과 역사에 관해 김용민(1999, 195)은 다음과 같이 언급하고 있다.

유럽과 미국에서는 이미 1970년대 초반부터 다양한 이미지와 형상화를 통해서 생태계 문제를 본격적으로 다루기 시작한 문학작품이 등장하기 시작하였다. 이에 따라 새로운 경향의 문학을 지칭하는 〈문학생태학〉이라는 용어가 70년대에 미국에서 처음으로 사용되었고[4] 80년대 중반부터는 생태문학에 대한 본격적인 연구서들이 등장하게 되었다.[5] 이후 생태문학은 생태시, 생태소설, 생태비평, 생태미학, 생태페미니즘 등과 같은 다양한 개념으로 분화되어 하나의 커다란 흐름을 형성하게 된다. 90년대 들어서면서부터는 생태문학에 대한 토론회와 학술대회 그리고 대학에서의 강좌 등이 이루어지면서 생태문학 연구는 유럽보다 오히려 미국에서 가장 활발하고 생산적인 양상을 띠고 진행되고 있다.[6]

이러한 김용민의 주장에 의하면, 생태문학은 1970년대 초기 논의과정에서 '생태문학'이 아닌 '문학생태학'이라는 용어를 사용하다가(김욱동, 1998) 1980년대 중반부터 '생태문학'으로 개념을 정립하게 되었다는 것이다. 또한 생태문학은 시, 소설, 수필, 비평 등 문학의 여러 장르 중에서 시 분야에서 가장 먼저 생태적 접근이 시도되었다. 즉, 생태시의 대두는 원래 문학의 고향인 자연을 노래해 온 오랜 전통의 자연시(自然詩)에서, 파괴되는 자연과 사회현실을 비판하는 정치적 자연시(自然詩) 내지 환경시(環境詩)로 나아가서, 자연생태계 보전이나 문명의 전환을 통한 생명과 평화의 세상을 꿈꾸는 녹색시(綠色詩) 내지 생태시(生態詩)로 변화된 것이다. 생태문학의 변화과정 역시 생태시의 변화과정과 그 맥을 같이 하는 것으로 보인다.

---

4) 〈문학생태학〉이라는 용어는 미국의 문학 이론가인 조셉 미커가 1974년에 펴낸 책에서 처음 사용하였다. Joseph W. Meeker, *The Comedy of Survival: Studies in Literary Ecology*, New York: Charles Scribner's Sons, 1974.

5) 미국에서의 생태문학 연구사는 다음 책의 서론에 자세히 나와 있다. The Ecocritism Reader. *Landmarks of Literary Ecology*. Hrsg. v. Cheryll Glotfelty and Harold Fromm. Athens, Georgia 1996.

6) 1992년에 〈문학과 생태학 연구협회(Association for the Study of Literature and the Environment)〉가 결성되어 1995년에 첫 학술대회가 개최되었다. 1993년에는 Patrick Murphy가 생태비평 잡지인 〈문학과 생태학의 학제간 연구(Interdisciplinary Studies in Literature and Environment)〉를 창간하였다. 한편 미국에서 이처럼 문학과 생태학에 대한 연구와 활동이 왕성한 이유는 미국의 대학제도가 보다 유연하여 학제간 연구나 새로운 학문분과의 신설 및 강의 개설이 쉽기 때문이라고 할 수 있다. 그에 따라 생태학과 문학을 결합시키는 협동연구나 공동강의가 많이 이루어졌다. 이에 대해서는 Axel Goodbody: Literature und Ökologie. Zur Einführung. In: Literatur und Ökologie. Hrsg. v. Axel Goodbody. Amsterdam, 1998, S.12 참조.

결국 생태문학은 산업문명의 모순을 극복하기 위한 고뇌의 문학적 표현이라고 할 수 있다. 산업사회의 개발 이데올로기와 인간중심주의는 낡고 작은 것을 경시하는 풍조를 만들었고, 자연을 개발의 도구로 삼아 생태계를 훼손해 왔다. 그 결과 인류는 겉으로는 편리하고 안락한 생활을 누리게 되었으나 그 대가로 생태계 파괴를 불러왔고, 이는 결국 인류의 생존을 위협하고 있다. 이러한 자연생태계와 인류의 생존위기에 직면하여 인간과 자연이 한 생명으로 공생하는 생명과 평화의 세상을 이룩하기 위한 꿈으로 생태문학 내지 생명문학이 등장한 것으로 보는 것이 바람직하다.

③ 생태문학의 현황 및 과제

생태문학은 문학 고유의 감수성으로 아름답고 따뜻한 생태사회를 보여주어 인류에게 그것을 동경하고 꿈꾸게 하는 새로운 대안 프로그램이다. 죽임의 문화가 창궐하고 자연생태계의 파괴로 인간의 삶이 훼손되는 시대를 극복할 수 있는 새로운 대안 프로그램이 될 생태문학은 문학적 상상력과 생태학적 인식으로 죽어가는 것을 살리는 인류 생존을 위한 또 하나의 희망이 될 것이다. 모두가 함께 잘사는 생태사회를 이루는 데 문학은 분명 많은 기여를 할 수 있다. 김용민은 생태학적 인식의 깊이에 따라 생태문학의 양상을 다음과 같이 몇 가지 유형으로 나누고 있다(김용민, 1999, 200-203).

첫째, 환경과 생태계의 파괴를 직접적이며 사실적으로 서술하는 문학이다. 죽어가는 숲, 오염된 강물, 시멘트로 덮인 땅, 자동차와 소음 공해 등의 환경문제를 분노와 걱정, 슬픔과 두려움을 가지고 묘사하고 고발하는 문학이 여기에 속한다.

둘째, 생태학적 인식을 바탕으로 생태계 파멸의 실상과 그 원인에 대해 성찰하고 있는 문학이다. 이들 문학에서는 인간과 자연의 관계를 생태학적 관점에서 유기체적 관계로 보고, 인간이 생태계에 가하는 폭력의 치명적 결과와 문제점을 지적한다.

셋째, 자연이나 환경의 실상이 직접 드러나지는 않지만 생태계 문제를 깊이 있게 다루고 있는 작품이다. 이 작품들은 생태계 파괴 현상의 고발보다는 그 원인을 분석하고 성찰하는 작업이 주류를 이룬다. 물질문명과 산업사회에 대한 비판, 기술 비판, 이성주의, 인간과 자연의 관계, 물질만능주의, 진보에 대한 믿음, 이원론적 세계관, 목적중심주의 등과 같은 가치에 대해 근본적인 문제를 제기하고, 그 문제점을 파헤치는 문학이 여기에 속한다.

넷째, 페미니즘적 관점에서 생태계 문제를 바라보고 성찰하는 작품이다. 이들 작품은 크게 보아 셋째 유형에 속한다고 볼 수 있지만 '생태페미니즘(Ecofeminism)'이라는 독자적인 특징을 보여주고 있다. 이들 작품은 생태계 위기의 주원인을 여성적 특성을 하위 가치로 폄하하고 남성적 특성을 우위에 두는 남성중심주의의 가부장적 사회라고 보고, 이를 분석하고 비판하는 문학이 이에 속한다.

다섯째, 생태계의 현실 비판을 넘어서서 미래의 생태사회를 꿈꾸고 모색하는 작품이다. 이들 작품에서는 사회제도 및 인간의 의식 전반을 근본적으로 바꾸어야 비로소 현재의 생태계 위기를 극복할 수 있다는 전제 하에 지금까지와는 질적으로 다른 생태사회를 이루기 위해 다양한 대안 프로그램을 모색한다.

이처럼 생태학적 인식의 깊이에 따라 생태문학의 유형이 나누어지는 것처럼 생태문학의 영역과 범위 역시 어디까지 넓히고 깊이 있게 파고들 것인가를 고민해야 할 것이다. 아마도 향후 생태문학은 인류가 당면한 지구적 생명위기에 대한 인간 자신들의 집단의식의 폭과 깊이와 맞물려 진전될 것으로 보인다.

김용민은 산업화시대 우리 문학에서 보여준 생태문학의 사례를 다음과 같이 제시하고 있다. 눈부셔야 할 가을 들판의 폐허를 그린 정현종의 『들판이 적막하다』, 굴뚝과 간통하여 무뇌아(無腦兒)를 낳았다는 산모를 노래한 최승호의 섬뜩한 『공장지대』, '농약으로 얼룩진 상추에 병든 고기를 싸고 있다'는 신경림의 『이제 이 땅은 썩어만 가고 있는 것이 아니다』, 구매욕을 자극하는 슈퍼마켓이 현란한 바람을 내뿜는 유하의 『바람 부는 날이면 압구정동에 가야한다』 등 기존에 생태문학이라는 인식 없이 읽혔던 우리의 작품들을 생태학적 관점에서 소개, 분석하고 있는 점이 주목된다(김용민, 2003). 또한 그는 박노해의 『내가 보고 싶은 것들』(토실토실 살 오른 아프리카의 아이들이/ 두 뺨 발그레한 남북한 아이들과 어울려/ 맑은 한강에서, 낙동강에서 발가벗고 물장구치는/ 여름 캠프를 보고 싶어요)에서는 우리가 꿈꾸는 생태사회의 모습을 그리고 있다. 동양적 자연관을 바탕에 깔고 있는 우리에게 자연에 대한 관심은 매우 오랜 전통이자 지극히 자연스러운 것이었다. 김용민은『생태문학: 대안사회를 위한 꿈』이라는 책을 통해 문학 속에 담겨 있는 생태학적 인식을 발견하는 안목을 길러 줄 뿐만 아니라 동양적 생명사상에 뿌리를 두고 있는 생태사회를 보여주고자 노력하고 있다. 또한 그는 "과학적 연구를 통해 생태계의 위기를 진단하고 알리는 것도 중요하지만 한 줄의 시, 한 편의 소설이 우리 가슴에 꽂힐 때 무엇보다 큰 반향을 일으킬 수 있다"는 말로 생태문학의 꿈과 희망을 보여주고 있다(김용민, 2003).

문학의 본질은 꿈꾸는 것이다. 생태문학은 생태사회를 보여주거나 생태사회에 대한 꿈을 생생하게 그려 주어 우리의 마음에 생태사회에 대한 그리움이 피어나게 하는 것이다. 따라서 인류의 존재 자체를 위협할 생태계 문제가 점점 더 현실적인 위협이 되어갈수록 생태문학의 역할은 더욱 절실해진다. 이러한 생태문학적 접근은 어린 아이들일수록 더욱 필요하고 절실하다. 이제 유아문학에서도 생태학적 접근이 시도되고 있다(조희숙, 2004; 최은주, 2005). 유아교육계의 유아문학 현실은 어떠한가? 자연의 본성을 지닌 아이들의 심성과 영성을 모시고 가꾸어야 할 유아문학이 소위 총체적 언어(whole-language) 교육 접근법이라는 식으로 아이들에게 지식과 정보를 전달하고, 창의력과 논리적 사고를 자극하고, 독서지도와 문자지도 등의 수단이나 도구로 전락하여 유아문학의 본질이 왜곡·변질되고 있는 현실에 대해 유아교육학계와 현장에서는 어떤 입장을 취해야 할 것인가에 대해 깊이 고민해야 할 시점이다. 유아문학 내지 유아문학교육 분야에서의 인식의 전환, 패러다임 전환이 필요하다. 생태유아문학 내지 생태유아문학교육에 대한 관심과 연구가 요청된다.

(4) 생태경제학

① 생태경제학의 개념

생태경제학(生態經濟學, Ecological Economics)은 생태학(Ecology)과 경제학(Economics)의 만남이다. 생태학과 경제학은 어원상으로 보나 내용상으로 보나 서로 긴밀한 관계를 맺고 있다. 생태학과 경제학은 eco, 즉 생태, 자연이라는 동일한 어원을 가지고 있으며, '자연의 경제'인 생태학(生態學)과 '인간의 경제'인 경제학(經濟學)은 내용상에서도 서로 밀접한 관계를 맺고 있다.

생태경제학은 생명경제학, 살림경제학, 지역자립경제학 등 다양한 용어들이 사용되고 있다. 우리에게 '작은 것이 아름답다'로 잘 알려진 프릿츠 슈마허는 윤리적이고 도덕적이고 영적인 경제학인 불교경제학의 채택을 주장하고 있는데(슈마허, 2002), 이것이 바로 생태경제학이라고 할 수 있다. 한편 인도의 성자 마하트마 간디가 주창한 스와데시 경제학 역시 생태경제학이다. 스와데시 경제학은 자립적 경제, 자급자족적 경제를 말한다. 스스로 만들 수 있는 것은 스스로 만들어야 한다는 뜻이다. 개인적 자립, 가족단위 자립, 마을단위 자립, 지역 자립, 국가단위 자립 등을 의미한다. 요즘처럼 외국의 수입에 의존하는 경제는 지속 가능하지 않다. 지속 가능한 경제를 건설하기 위해서는 스와데시 경제학을 따라야 한다. 스와데시 경제학에 따르면, 소농이 지역경제와 국가경제를 지키고, 죽어가는 땅과 지구를 살릴 수 있다. 이 경제학은 세계화 경제시대에 대응하는 반세계화 경제학이다(사티쉬 쿠마르 외, 2004). 또한 생태경제학은 돈의 경제가 아닌 삶의 경제, 이윤의 경제가 아닌 필요의 경제, 독점의 경제가 아닌 나눔의 경제, 죽임의 경제가 아닌 살림의 경제, 분열의 경제가 아닌 협동의 경제, 파괴의 경제가 아닌 생명의 경제를 의미한다(강수돌, 2004).

② 생태경제학의 배경 및 역사

생태경제학 내지 생명경제학은 자본주의 시장경제의 근대 경제학과 사회주의 계획경제의 마르크스 경제학에 대한 제3의 경제학이라고 할 수 있다. 근대 경제학은 시장을 통한 자원의 분배를 이상으로 하고, 마르크스 경제학은 계획을 통한 자원의 분배를 주장한다. 전자는 가격이 결정적 역할을 하고 자유를 이념으로 하는 경제시스템인데 비해 후자는 규격에 따른 생산과 분배를 따르며 평등의 이념을 존중하는 경제시스템이다(나카무라 하시시 저, 윤형근 역, 1995, 15-26).

생명경제학은 자본주의 시장경제와 사회주의 계획경제 모두 생산과 소비의 확대를 지향하는 성장과 개발의 경제시스템으로서 자연생태계 파멸의 위기와 인간성 상실의 위기를 초래한 것으로 보고 있다. 따라서 생명경제학은 새로운 패러다임의 경제학으로서 생명의 본질인 순환성, 다양성 및 관계성을 경제활동의 바탕으로 삼고 생명계에 미치는 영향에 중점을 두고 있다.

그런데 최근에 이르러 생태계와 경제활동의 상호작용 과정에서 큰 문제들이 발생하기 시작하였다. 지역적인 환경 파괴 및 오염에서부터 전지구적인 차원의 환경 파괴(지구 온난화, 오존층 파괴, 생물종 다양성 감소)에 이르기까지 인간의 경제활동이 지구 생태계가 지탱할 수 있는 위험수위를 넘나들고 있다는 우려와 비명이 터져 나오고 있다. 이는 인간의 경제활동이 생태계와 생태학적 원리를 고려하지 않은 채, 눈앞의 이익에만 몰두하는 근시안적인 시장원리에 의존한 결과이다(조영탁, 2004). 요컨대, 생명경제학은 상품가치 · 경제가치보다는 생명가치를, 지구 단일시장을 추구하는 세계화 경제보다는 지역자립경제를, 신자유주의 시장의 차가운 상품경제보다는 인간의 얼굴을 한 따뜻한 도덕경제를, 지구 생태계와 자원 파괴의 죽임경제보다는 지구 생태계의 모든 생명체들의 상생을 추구하는 살림경제를 지향한다.

이러한 생명경제학은 일본에서 제3의 경제학을 주창한 다마노이 요시로우(玉野井芳郞) 교수가 1982년 『생명계의 경제』라는 제목의 책을 출간하였고, 1986년 영국에서, 1987년 미국에서 녹색당을 비롯한 생태운동을 토대로 한 경제이론이 정리되어 파올 에킨스(Paul Ekins)가 편집한 『생명경제학(The Living Economy)』이란 제목의 책이 출판되기에 이르렀다(나카무라 하시시 저, 윤형근 역, 1995, 15-26).

한편 독일의 프란츠 알트는 생태학과 경제학 간의 결합, 생태계의 원리에 기초한 경제활동, 인간사회 전체의 생태화 등을 주장하면서 『생태적 경제기적』이라는 저술을 통해 "거의 50억 년의 역사를 관통해 온 생태계의 원칙을 불과 200년 역사의 경제학이 무시하는 지금과 같은 경제활동 방식으로는 인류의 생존을 장담할 수 없다"고 비판하면서 '경제의 생태화'를 통해 '생태적 경제기적'을 실현하고자 노력하고 있다(프란츠 알트 저, 박진희 역, 2004).

이 같은 생태경제학은 1990년대 들어 활성화되고 있는데, 우리나라에서도 국제생태경제학회(www.ecologicaleconomics.org) 및 한국생태경제연구회(www.ksee.re.kr)에서 연구와 실천활동이 활발히 진행되고 있다.

③ 생태경제학의 현황과 과제

오늘날 신자유주의, 세계화, 시장경제는 파괴의 경제이고, 죽임의 경제이다. 이러한 반생태적 경제의 뿌리를 강수돌(2004)은 7대 분리현상 – 공동체와 개인의 분리, 생산수단과 노동력의 분리, 쉼터와 일터의 분리, 자연과 인간의 분리, 생산과 소비의 분리, 내면과 외면의 분리, 구상과 실행의 분리 – 에서 찾고 있다.

이러한 세계화 물결의 반생명적, 적대적 과정은 인간 스스로 그 삶의 토대 자체를 허물어뜨려 실업과 빈곤화, 삶의 질과 민주주의의 파괴, 사회 분열과 생태계 파괴 등으로 이어지고 있다. 결국, 자본주의적 생산은 '창조적 파괴'라기보다는 차라리 '파괴의 창조(생산)'이고, 지배와 탐욕의 생산과정이다. 상품, 화폐, 자본의 생산과정이 인간, 자연, 공동체 그 모두를 파괴하는 것으로 '생산과정이 곧 파괴과정'이라는 역설이 성립한다.

생태경제학 내지 생명경제학은 이와 같은 반생태적 시장경제에 대한 대응책을 마련하려는 노력이라고 할 수 있다. 강수돌 교수(2004)는 돈의 논리가 아닌 삶의 논리, 돈벌이가 아닌 살림살이 및 경제가치가 아닌 사회가치와 생명가치를 지향하는 '살림의 경제학'을 제안하고 있다. 이러한 측면에서 이제 우리는 돈과 권력, 지위와 명예 등을 더 많이 가지면 가질수록 좋다는 '삶의 양' 중심적 생각에서 벗어나 돈과 일은 수단이고 인간다운 삶과 행복한 삶이 목적인 '삶의 질' 중심적 생각으로의 전환이 필요하다.

경제(經濟)라는 말은 동양에서는 경세제민(經世濟民)의 줄임말로서 백성이 잘 먹고 살도록 세상을 잘 다스린다는 말이다. 또한 경제라는 서양말

economy의 어원은 그리스말로 oikos + nomos라 한다. oikos란 원래 home을 뜻하고 nomos란 management를 뜻하는데, 결국 economy란 어원적으로 가정 경영(home management), 즉 '살림살이'라는 뜻이다. 살림살이의 기본 원칙 중 하나는 절약이고, 다른 하나는 살림이다. 이런 뜻에서 경제는 인간과 자연을 모두 살려내는 활동이고, 건강하게 먹고 사는 것, '살림살이'이다.

따라서 생태경제학은 '돈의 패러다임'이 아니라 '삶의 패러다임'을 지향하고 있으며, 그 두 패러다임을 다음 〈표 2-1〉과 같이 대비할 수 있다(강수돌, 2004, 143).

〈표 2-1〉 돈의 패러다임과 삶의 패러다임의 차이

비교 기준 \ 패러다임	돈	삶
인간	인적 자원, 가변자본	생동하는 주체
자연	자연 자원, 원료, 개발 대상	생명의 원천, 사람의 어머니
농업	경쟁력 없는 산업, 저부가가치산업	생명산업, 천하 근본
교육	노동력 생산 공장	삶의 자율성 학습
정치	돈벌이 여건 조성	책임 있는 자기결정
경제	돈벌이	먹고 사는 것
문화	지배이데올로기, 이윤 공간	생동하는 삶의 과정 자체
사회	노동력 공급원, 상품시장	공동체, 선물 주고받는 관계
본질	파괴적 자기증식	창조적 상호관계

이런 관점에서 보면, 우리는 생산성 향상 운동보다는 생산성 저하 운동을, 잘 살기 운동보다는 고루 가난하게 살기 운동을 해야 할지 모른다. 결국, 생명의 경제, 살림의 경제학은 생명살림의 세상을 지향한다. 미국의 사회비평가 루이스 멈포드(Lewis Mumford)는 1차 산업보다 2차 산업, 2차 산업보다 3차 산업이 발전해야 선진국이 되어 모두 잘 살 수 있다는 개발과 성장의 논리는 제국주의 경제전략이자 자본의 세계체제 유지전략이라고 혹독하게 비판하고 있다. 이어서 그는 가장 건강한 사회, 지속 가능한 사회는 1차 산업인 농업(農業)이 70 ~ 80% 차지하는 사회라고 규정하고, 식량 자급

과 인간성, 자연성, 영성, 농심(農心)의 회복을 제안하고 있다.

진정으로 우리가 행복하게 살려면 돈벌이가 아닌 살림살이 관점으로 경제행위와 구조를 재창조해야 한다. 이를 위해 사람들은 경제가치를 중시하는 삶에서 사회가치, 생명가치를 중시하는 삶으로 바꾸어야 한다. 이러한 삶의 태도 위에 새로운 제도와 구조를 구축해야 한다.

참고문헌

강수돌(2004). 생명의 경제를 위한 '살림의 경제학'시론. 한국의 생명담론과 실천운동. 생명과 평화의 길·경기문화재단, **세계생명문화포럼-경기2004 자료집**. (pp.125-152). 11월 13일. 경기도 파주: 아시아출판문화정보센터.

곽노의(1999). **21세기 유아교육 모델로서 자유 발도르프 유아교육**. 서울: 밝은누리.

권은주(1998). **불교아동학개론**. 서울: 양서원.

김경재(1974). 최수운의 신개념. **최수운 연구**. (pp.45-62). 서울: 한국신학연구회.

김귀곤(2001). 생태건축을 위한 옥상습지의 조성에 관한 기술. 임상훈, 이시웅, 이점우(편). **생태건축시리즈1 - 생태건축**. (pp.161-187). 서울: 도서출판 고원.

김성수(2001). **함석헌 평전**. 서울: 상인.

김용민(1999). 생태문학의 정의와 분류를 위한 하나의 시도. **독일언어문학, 제12집**, pp.195-207.

______(2003). **생태문학: 대안사회를 위한 꿈**. 서울: 책사랑.

김욱동(1998). **문학생태학을 위하여**. 서울: 민음사.

김점옥(1998). 불교와 동학에서 나타난 생명사상의 유아교육적 함의. 부산대학교 교육대학원 석사학위논문.

김재희(1994). **신과학 산책**. 서울: 김영사.

______(2003). 「아이들의 몸·마음·영혼, 다시 보기」에 대한 토론2. **한국생태유아교육학회, 2003 추계학술대회 자료집**, (pp.28-33). 12월 6일. 부산: 부산대학교 본관 대회의실.

김지하(1999). 홍익인간은 죽었는가?. **교육개발**, 120(10), 16-26.

______(2001). 접화군생(接化群生): 인문학과 생태학. 경상대학교 인문학연구소 엮음, **인문학과 생태학**. (pp.23-57). 서울: 도서출판 백의.

______(2003). **생명학 1**. 서울: 화남.

김혜은(2001). 유아교육에서 본 유학의 몸 교육론. 부산대학교 대학원 석사학위논문.

김홍철(2003). **한국민족종교운동사: 개항기의 민족종교운동**. 서울: 한국민족종교협의회.
문영석(1999). 생태요법. 한국천주교중앙협의회, **사목, 제249집**, 48-54.
박맹수(2003). 동아시아의 고유한 생명사상 - 동학을 중심으로. 21세기 문명의 전환과 생명 문화. 생명과 평화의 길 · 경기문화재단, **세계생명문화포럼-경기 2003 자료집**, (pp.399-416). 11월 12일. 경기도 파주: 아시아출판문화정보센터.
박석돈(2005). 한국그리스도사상연구소. http//bh.knu.ac.kr/~psdon/catholic/c9.htm.
박영호(2002). **다석 유영모 어록**. 서울: 두레.
박이문(2001). **문명의 전환과 생태학적 세계관**. 서울: 당대.
박준건(2003). 생태론적 세계관에서 본 자연, 아이 그리고 교육: 생태철학과 생태유아교육. **한국생태유아교육학회, 2003 추계학술대회 자료집**, (pp.71-87). 12월 6일. 부산: 부산대학교 본관 대회의실.
박찬구, 박병기(1998). **윤리사상의 흐름과 주제들**. 서울: 담론사.
방건웅(2003). **신과학이 세상을 바꾼다**. 서울: 정신세계사.
______(2003). 아이들의 몸 · 마음 · 영혼, 다시 보기. **한국생태유아교육학회, 2003 추계학술대회 자료집**, (pp.13-21). 12월 6일. 부산: 부산대학교 본관 대회의실.
______(2005). **氣가 세상을 바꾼다 1부**. 서울: 도서출판 예인.
______(2005). **氣가 세상을 바꾼다 2부**. 서울: 도서출판 예인.
______(2006a). 하느님과 삼신할미. 정신세계 웰빙라이프, 1월호, pp.39-40.
______(2006b). 현묘지도와 화랑도. 정신세계 웰빙라이프, 2월호, pp.17-19.
설기문(2000). 초월심리학, **지금여기, 5 · 6월호**, 미내사클럽, 100-111.
손병욱(2001). 동양의 자연관 고찰: 생태학적 자연관의 제시를 위한 접근. 경상대학교 인문학연구소 엮음, **인문학과 생태학**. (pp.193-233). 서울: 도서출판 백의.
신지영(1999). 불교의 생명사상에 나타난 유아교육원리. 부산대학교 교육대학원 석사학위논문.
심성보(1995). **전환시대의 교육사상**. 서울: 학지사.
안경식(2002). **한국전통아동교육사상**. 서울: 학지사.
안서영(1999). 기독교의 생명사상이 유아교육에 주는 시사점. 부산대학교 대학원 석사학위논문.
오철우(2004). "뇌연구 발자취…MRI등 영상술 힘입어 큰 진전", 한겨레신문, 11월 20일자, 11면.
유동식(1997). **풍류도와 한국의 종교사상**. 서울: 연세대학교 출판부.
윤노빈(1974). **신생철학**. 부산: 제일출판사.
______(2003). **신생철학**. 서울: 학민사.
이규호(2004). 『격암유록』 소재 가사 「농궁가(弄弓歌)」연구. 우리말글학회, **어문학**, 30, 185-208.
이명복(2003). **기공이란 무엇인가?**. 서울: 도서출판 장수.

______(2004). 생명론과 생명의학의 전망: 기적(氣的) 세계관을 중심으로. 한국의 생명담론과 실천운동. 생명과 평화의 길 · 경기문화재단, 세계생명문화포럼-경기2004 자료집, (pp.157-190). 11월 13일. 경기도 파주: 아시아출판문화정보센터.

이우봉(2001). 새로운 환경관. 경상대학교 인문학연구소 편, 인문학과 생태학. (pp. 86-113). 서울: 도서출판 백의.

이윤하 외(2004). 당신에게 좋은 일이 나에게도 좋은 일입니다. 서울: 고즈윈.

이종성(2000). 선진도가의 자연관을 통해 본 현대문명의 비판적 대안. 철학논총, 22, 65-89.

이진아(2004). 아픈집. 녹색평론, 75, (pp.62-74). 대구: 녹색평론사.

이창식(1999). 한국의 유희민요. 서울: 집문당.

이현주(1993). 한국종교와 한국신학. 유동식박사 고희기념 논문집. 천안: 한국신학연구소. 93.

임영상(1999). 동방정교회의 특징과 교회의 분열. 외대사학, 10(1), pp.235-259.

임재택(1991). 걱정모임의 활동 개요, 우리아이 · 우리엄마, 제1권, 제1호, pp.3-6.

임재택, 이호영(2004). 아이와 어머니의 식생활에 관한 기초조사. 부산대학교 영유아보육연구소, 영유아보육연구, 제9집, pp.85-116.

임재해(2003). 단군신화를 보는 생태학적인 눈과 자연친화적 홍익인간 사상.

______(2001). 한국 민속문화의 교육적 의미와 기능. 교육철학회(편). 문화개방과 교육. (pp.181-182). 서울: 문음사.

임효선(1996). 삶의 정치철학(증보판). 서울: 한길사.

장일순(1977). 나락 한 알 속의 우주. 대구: 녹색평론사.

장춘익(1999). 생태철학. 생태문제와 인문학적 상상력. (pp.87-90). 서울: 나남출판사.

전세일(2004). 보완대체의학. 서울: 계축문화사.

정병훈(2001). 서양의 자연관은 반생태적인가?. 경상대학교 인문학연구소 편, 인문학과 생태학. (pp.235-254). 서울: 도서출판 백의.

조순영(2004). 연구계획서 내용 참조.

조영탁(2004). 서평-기적의 경제학과 예수의 생태학. 녹생평론, 제76호, pp.155-163.

조희숙(2004). 생태유아교육에서 풀어내는 이야기 세상: 생태유아문학. 한국생태유아교육학회, 2004년도 추계학술대회 자료집. (pp.136-163). 11월 20일. 부산: 부산대학교 학생회관 대강당.

주재용(1985). 한국 기독교의 신학적 전망과 과제: 한국 신학의 뿌리. 서울: 아카데미총서.

지정순(2002). 단군의 어린이 십계명. 창작수필, 여름호.

최은주(2005). 생태유아문학에서의 이야기 프로그램 구성을 위한 기초연구. 부산대학교 교육대학원 석사학위논문.

최재욱(2005). "우리 전통 영유아 교수방법: 단동십훈을 중심으로", 창원대학교 보육교사교육원 직무교육, 창원대학교 보육교사교육원.
파스칼백과사전(2002). **정교회**. 서울: 동서문화사.
한국생태유아교육학회(2005). **생태유아교육선집 1**. 서울: 양서원.
황종국(2000). 민간의술의 유용성과 과학적 검증문제. **녹색평론, 52**, pp.24-46.
나카무라 하시시 저, 윤형근 역(1995). **공생의 사회 생명의 경제: 지역자립의 경제학**. [지역자립의 경제학]. 서울: 도서출판 한살림. (원저 1992년 출판)
마쿠우치 히데오(2003). 현미밥+된장국+김치… 소박한 밥상이 한국인 살린다: 일본의 '밥 전도사' 마쿠우치 히데오의 '조식(粗食) 건강론'. 2월 1일, **건강정보**, 통권 521호, pp.658-667.
리처드 니스벳(2004). **생각의 지도: 동양과 서양, 세상을 바라보는 시선**. (최인철 역). 서울: 김영사. (원저 2004년 출판).
사티쉬 쿠마르 외(2004). 평화를 위해 무엇을 할 것인가: 21세기를 위한 사상강좌(제4회). **녹색평론, 제77호**, pp.2-28.
사티쉬 쿠마르 저, 정도윤 역(2004). **그대가 있어 내가 있다**. [*You are therefore I am*]. (pp.190-192). 서울: 달팽이. (원저 2002년 출판).
유진 하그로브 저, 김형철 역(1994). **환경윤리학**. 서울: 철학과현실사.
프란츠 알트 저, 박진희 역(2004). **생태적 경제기적**. 서울: 양문사.
헬레나 노르베리호지, 피터 고어링, 존 페이지 저, 정영목 역(2003). **모든 것은 땅으로부터: 산업적 농업을 다시 생각한다**. [*From the ground up*]. 서울: 시공사. (원저 1993년 출판).
梁瀨義亮 저, 최병칠 역(1986). **生命의 醫 生命의 農**.[生命の医と生命の農を求めて]. 서울: 동환출판사. 한국 유기농업보급회. (원저 1978년 출판).
Bronfenbrenner, U.(1979). *The ecology of human development*. 이 영 역(1992). **인간발달 생태학**. 서울: 교육과학사.
Capra, F.(1985). **새로운 과학과 문명의 전환**. [*The turning point*]. (이성범, 구윤서 역). 서울: 범양사. (원저 1981년 출판).
Carpra, F. and David Steindl-Rast.(1997). **신과학과 영성의 시대**. [*Belonging to the Universe: Exploration on the frontiers of science and spirituality*]. (김재희 역). 서울: 범양사. (원저 1991년 출판).
Carson, R.(1991). **침묵의 봄**. [*Silent spring*]. (이태희 역). 서울: 참나무. (원저 1962년 출판).
Commoner, B.(1981). **원은 닫혀야 한다: 자연과 인간과 기술**. [*The closing circle: Nature, man and technology*]. 송상용 역(1981). 서울: 전파과학사. (원저 1971년 출판).
Heidegger, M.(1993). **기술과 전향**. [*Die frage nach der technik*]. (이기상 역). 서울:

서광사. (원저 1962년 출판).

Naess, A.(1993). *Ecology, community and lifestyle*. New York: Cambridge University Press.

Roszak, T., Gomes, M. E., Kanner, A. D., Hillman, J. and Brown, L. O.(1995). *Ecopsychology: Restoring the Earth, Healing the Mind*. New York: Sierra Club Books.

Swami Prabhavananda & Christopher Isherwood(Ed.)(1981). *PATANJALI YOGA SUTRA*, Sri Ramakrishna Math Printing Press.

Schumacher, E. F.(1998). **작은 것이 아름답다**. [*Small is beautiful*]. (김진욱 역). 서울: 범우사. (원저 1973년 출판).

Timothy Leary, RalphMetzner, Richard Albert(2001), **현대미국의 사회운동**. [*The Psychedelic Experience*(Eds.)]. (김덕호, 김연진 역). 서울: 비봉출판사. (원저 1966년 출판).

White, Jr. L.(1967). *The historial roots of our ecologic* crisis. *Science, 155*, 1203-1207.

부록 1 생태유아교육 관련 석·박사학위논문 목록

〈박사학위논문〉

김은주(2003). 생태유아교육의 사상체계 및 실천원리 연구. 부산대학교 대학원 박사학위논문.

하정연(2004). 생태유아교육 프로그램에 관한 문화기술적 연구: 부산대학교 부설 어린이집을 사례로. 부산대학교 대학원 박사학위논문.

권미량(2005). 생태유아교사교육 프로그램 모형 개발연구. 부산대학교 대학원 박사학위논문.

조채영(2006). 생태유아교육기관에서의 유아들의 일상생활에 관한 문화기술적 연구. 부산대학교 대학원 박사학위논문.

〈석사학위논문〉

조채영(1996). 소파 방정환의 유아교육 사상과 실천연구. 부산대학교 대학원 석사학위논문.

권미량(1997). 유아과학교육의 생태학적 접근. 부산대학교 교육대학원 석사학위논문.

김미정(1998). 생태학적 유아환경교육 방안 모색. 부산대학교 대학원 석사학위논문.

김점옥(1998). 불교와 동학에서 나타난 생명사상의 유아교육적 함의. 부산대학교 교육대학원 석사학위논문.

조순영(1998). 보육교사의 어린이집 생활사(生活事)에 대한 질적 분석. 부산대학교 대학원 석사학위논문.

김성옥(1999). 생태중심 유아교육에 대한 교수·원장·교사의 인식에 관한 연구. 부산대학교 교육대학원 석사학위논문.

마경희(1999). 자연친화적 유아교육에 대한 부모의 인식에 관한 연구. 부산대학교 교육대학원 석사학위논문.

서영희(1999). 생태중심 유아교육 프로그램 운영 사례연구. 부산대학교 교육대학원 석사학위논문.

신지영(1999). 불교의 생명사상에 나타난 유아교육원리. 부산대학교 교육대학원 석사학위논문.

안서영(1999). 기독교의 생명사상이 유아교육에 주는 시사점. 부산대학교 대학원 석사학위논문.

김수경(2000). 유아교육기관 실외놀이 실태에 관한 양적·질적 분석: 생태유아교육의 활성화를 위한 한 접근. 부산대학교 대학원 석사학위논문.
김미경(2001). 사상체질별 유아들의 체격, 기질 및 행동특성에 관한 연구. 부산대학교 대학원 석사학위논문.
김은영(2001). 생태지향적 유아과학교육 프로그램 모형 개발을 위한 기초연구. 부산대학교 대학원 석사학위논문.
김혜은(2001). 유아교육에서 본 유학의 몸 교육론. 부산대학교 대학원 석사학위논문.
박은미(2002). 현대사회 유아기 가정교육의 위기와 개선방안 모색. 부산대학교 교육대학원 석사학위논문.
이미래(2002). 한국의 식속신(食俗信) 탐구. 부산대학교 교육대학원 석사학위논문.
이하정(2002). 조모세대와 모세대간의 자녀양육문화 차이에 관한 연구. 부산대학교 대학원 석사학위논문.
김진경(2003). 한국 전통의 유아몸짓놀이 탐색을 위한 기초연구 - 도인법을 중심으로. 부산대학교 대학원 석사학위논문.
박영신(2003). 함석헌 씨올사상의 생태유아교육적 함의. 부산대학교 대학원 석사학위논문.
박영경(2003). 유아의 식생활 실태와 인성 특성에 관한 연구. 부산대학교 교육대학원 석사학위논문.
박순금(2003). 장일순 생명사상의 생태유아교육적 함의. 부산대학교 교육대학원 석사학위논문.
이수진(2004). 유아를 위한 생태적 식생활교육 프로그램 개발을 위한 기초연구. 부산대학교 대학원 석사학위논문.
김정미(2004). 한국 전통의 영유아 몸짓놀이프로그램 개발 및 적용: 도인(導引)체조를 중심으로. 부산대학교 교육대학원 석사학위논문.
이성희(2004). 원불교 은사상에 나타난 유아교육관에 관한 고찰. 부산대학교 대학원 석사학위논문.
주정순(2004). 발도르프학교 교육의 생태유아교육적 함의. 부산대학교 교육대학원 석사학위논문.
한미라(2004). 사상체질별 어머니의 양육행동에 관한 질적 연구. 부산대학교 대학원 석사학위논문.
최필금(2004). 유아의 생태적 식생활을 위한 부모교육 프로그램 개발연구. 부산대학교 교육대학원 석사학위논문.
박지인(2005). 생태유아교육 프로그램 유아교사의 교직생활에 관한 이야기. 부산대학교 대학원 석사학위논문.
이애심(2005). 생태유아교육 교사연수프로그램. 부산대학교 교육대학원 석사학위논문.
이정애(2005). 유아교육기관의 생태건축 모형 연구. 부산대학교 교육대학원 석사학위논문.
채영숙(2005). 유아를 위한 생태적 식생활 프로그램 운영 사례연구. 부산대학교 교육대학원 석사학위논문.
송민영(2005). 부모세대와 자녀세대의 유아기 일상생활 차이에 관한 연구. 부산대학교 대학원 박사학위논문.
최은주(2005). 생태유아문학에서의 이야기 프로그램 구성을 위한 기초연구. 부산대학교 교육대학원 석사학위논문.
이은지(2006). 생태유아음악교육 프로그램 개발을 위한 기초연구: 영가무도(詠歌舞蹈)를 중심으로. 부산대학교 대학원 석사학위논문.
김진희(2006). 생태유아교육기관 유아교사와 초등학교병설유치원 교사의 교직생활 비교 연구. 부산대학교 교육대학원 석사학위논문.
김우경(2006). 불교유치원에서의 생태유아교육 프로그램 실천 사례연구. 부산대학교 교육대학원 석사학위논문.
신주연(2006). 생태유아교육기관 영아들의 초기 적응과정에 관한 질적 연구. 부산대학교 교육대학원 석사학위논문.
김정민(2006). 소리선(禪) 프로그램이 유아의 오장(五臟)에 미치는 효과연구. 부산대학교 대학원 석사학위논문.
박경숙(2007). 유아 어머니의 민간요법에 대한 인식 및 실천 연구. 부산대학교 교육대학원 석사학위논문.
조민영(2007). 유아교육기관의 생태건축 설계모형 개발연구. 부산대학교 대학원 석사학위논문.
방순자(2007). 원불교 생명사상과 마음공부의 생태유아교육적 함의. 부산대학교 대학원 석사학위논문.
심미연(2007). 공동육아 어린이집의 시간·공간 및 연령통합 교육과정 운영연구. 부산대학교 교육대학원 석사학위논문.
전주영(2007). 유아의 아토피성 피부염 유무에 따른 가정 생활양식 비교 연구. 부산대학교 대학원 석사학위논문.
이소영(2008). 초등학교 병설유치원 교사의 생태유아교육에 대한 인식 및 실천에 관한 연구. 부산대학교 대학원 석사학위논문.

부록 2 생태유아교육 프로그램 목록

1. 임재택, 하정연, 김은주, 박채숙, 박명숙, 최윤정(1999). **얘들아 산책가자: 교사들이 직접 쓴 산책프로그램**. 서울: 양서원.
2. 임재택, 하정연, 조채영, 노진형, 홍정애, 강현진, 김미옥(2000). **선생님 텃밭가요: 선생님들이 직접 쓴 텃밭가꾸기 프로그램**. 서울: 양서원.
3. 임재택, 하정연, 노진형, 이숙희, 김정미(2001). **선생님 세시풍속이 뭐예요: 선생님들이 직접 쓴 세시풍속 프로그램**. 서울: 양서원.
4. 임재택, 하정연, 김경호, 김은주, 최윤정(2001). **할아버지·할머니 함께 놀아요: 선생님들이 직접 쓴 노인·아동 상호작용 프로그램**. 서울: 양서원.
5. 임재택, 하정연, 김은주, 최윤정, 강신영(2002). **손끝으로 만나는 세상: 선생님들이 직접 쓴 손끝놀이 프로그램**. 서울: 양서원.
6. 임재택, 하정연, 조채영(2002). **선생님! 바깥놀이 해요: 선생님들이 직접 쓴 바깥놀이 프로그램**. 서울: 양서원.
7. 임재택, 권미량, 김은주(2002). **우리가 아껴쓰고 나눠쓸래요: 선생님들이 직접 쓴 절제·절약 프로그램**. 서울: 양서원.
8. 임재택, 임숙희, 최미현, 김정신, 조희주, 최애경(2003). **선생님! 우리도 명상할 수 있어요: 선생님들이 직접 쓴 명상 프로그램**. 서울: 양서원.
9. 임재택, 김정신, 류경, 이숙희, 김영옥(2003). **초기적응, 이렇게 도와주세요: 선생님들이 직접 쓴 초기적응 프로그램**. 서울: 양서원.
10. 임재택, 하정연, 김정미, 김진경, 유경, 배은진, 백현윤(2004). **몸짓으로 자라는 아이들: 선생님들이 직접 쓴 몸짓놀이 프로그램**. 서울: 양서원.
11. 하정연, 임재택, 안영숙, 진보경, 이미래, 남연주, 신주연, 엄순정(2005). **아이들이 그리는 세상: 선생님들이 직접 쓴 생태미술 프로그램**. 서울: 양서원.
12. 하정연, 임재택, 안영숙, 이숙희, 이미래, 남연주, 이영임(2006). **아이들이 차리는 생명밥상: 생태유아교사들의 요리활동 실천기록**. 서울: 공동체.

부록 3 생태유아교육 강좌

강좌명		강좌 내용	강사
제1기 I	21세기 문명의 전환과 유아교육의 새로운 방향 (1998. 6 ~ 10월)	가장 훌륭한 교사는 자연이다	윤구병
		우리 아이들을 하나님으로 모시자	이현주
		지속 가능한 공생의 교육	김종철
		21세기를 열어갈 대안교육	정유성
		두밀리 자연학교 이야기	채규철
		민들레 학교 아이들	김희동
		생명중심의 유아교육을 위하여	임재택
제2기 I	21세기 문명의 전환과 유아교육의 새로운 방향 (1999. 5 ~ 7월)	가장 훌륭한 교사는 자연이다	윤구병
		생태적 세계관과 새로운 문명	박이문
		지금 생태유아교육이 절박하다	김종철
		민들레 학교 아이들	김희동
		우리 아이들을 하느님으로 모시자	이현주
		생태체험학습(1박 2일) : 산청 간디학교 : 작은 학교가 아름답다	양희규
		자연체험과 생태적 교육	송순재
		생명중심의 유아교육을 위하여	임재택
제2기 II	21세기 문명의 전환과 유아교육의 새로운 방향 (1999. 10 ~ 12월)	전통 안에서 찾는 생명존중의 유아교육	유안진
		사례발표 1 : 자연 속에서 뛰놀며 크는 아이들 - 산책과 바깥놀이	김성옥 외
		아이들 속의 부처님을 살립시다	법 륜
		사례발표 2 : 텃밭의 새싹과 함께 자라나는 동심 - 텃밭가꾸기	김미옥
		사례발표 3: 몸과 마음을 다스리는 아름다운 시간 - 명상	김종수
		일본의 생태유아교육 사례 : 마이즈루 유치원의 생명친화적 유아교육	야스타케 치사토
		해외 생태체험연수(일본 유아교육 현장, 3박 4일)	일 본
		독일의 생태유아교육사례 : 발도르프 유치원의 생명친화적 유아교육	윤선영

강좌명		강좌 내용	강사
제3기 I	21세기 문명의 전환과 유아교육의 새로운 방향 (2000. 4~6월)	아이와 자연을 섬기는 교육	윤구병
		아이와 함께 가는 생명의 길	도법
		열린 마음으로 아이 키우기	이현주
		지역에 뿌리내리는 유아교육	김조년
		마을사람들의 아이 키우기	김용택
		죽어가는 아이들을 살리는 교육	김종철
		유아교육을 아름답게 ~	김종철
		생활 속의 작은 실천으로 생명을 살립시다	장 원
		생명중심의 유아교육을 실천합시다	임재택
		해외 생태체험연수(일본 유아교육 현장, 3박 4일)	일 본
제3기 II	21세기 문명의 전환과 유아교육의 새로운 방향 (2000. 9~11월)	생태마을에서 자라는 아이들 세상	허병섭
		아이들의 몸과 마음을 튼튼하고 아름답게	정해영
		자연의 섭리에 따르는 참된 삶 - 귀농, 노동, 수행, 청빈	도 법
		옛날 아이들은 서당에서 무엇을 배웠을까?	신창호
		선생님, 아름다운 자연 속에서 쉬고 싶어요	홍신자
		시간과 올바른 관계 맺기로서의 삶과 교육	이철국
		1. 옛날 아이들은 산과 들, 냇가, 바다에서 어떤 놀이와 노래를 부르며 놀았을까? 2. 하늘・땅・해・달・별・물・불, 이것이 생긴 옛날이야기 한번 들어보지 않을래?	편해문
		국내 생태체험연수(실상사 귀농학교, 1박 2일) 생태유아교육 실천사례 워크숍	귀농학교 우리들의 이야기
		생태적 삶과 유아교육	임재택
제4기 I	21세기 문명의 전환과 유아교육의 새로운 방향 (2001. 4~6월)	21세기 문명의 전환과 교육의 새로운 방향	고병헌
		마을에서 더불어 살고 함께 자라는 아이들	문재현
		강아지 똥 선생님의 생태교육 체험이야기	이철국
		아이들의 몸과 마음을 튼튼하고 아름답게	박석준
		나를 알고 아이들을 알기 - 체질에 따른 아이들 이해	송재희
		헝겊인형과 어린이의 세계	최영란
		물, 불, 바람, 흙, 지렁이와 함께 하는 과학활동	김옥자 외
		오감 살리기 - 얼굴을 그려 보아요	정승각
		어른들끼리 모여 맘껏 한번 뛰놀아보는 혼자나 둘, 여럿이 안이나 밖에서 놀았던 옛 아이들 놀이, 판! 판! 판!	편해문
		사례발표 1 : 할머니 같이 놀아요 - 노인・아동 상호작용 프로그램 사례발표 2 : 자연의 리듬에 따르는 세시풍속활동 - 세시풍속 프로그램	최윤정 김정미
		국내 생태체험연수(무주 생태마을, 1박 2일)	무주생태마을

부록 4 부산대학교 유아교육과 20주년 기념 학술대회

날 짜	학술대회 제목 및 내용
2000년 10월 14일	부산대학교 유아교육과 20주년 기념 학술대회 주제 : 문명의 전환과 유아교육의 새로운 방향 장소 : 부산대학교 본관 대회의실 발표 1 문명의 전환과 생태공동체의 재창조 전경수(서울대 인류학과 교수) 발표 2 민속문화의 자연친화적 성격과 생태학적 교육기능 임재해(안동대 민속학과 교수) 발표 3 유아교육 패러다임의 전환 : 생태유아교육 임재택(부산대 유아교육과 교수) 발표 4 생태유아교육의 실천 사례와 해결 과제 하정연(부산대 부설 어린이집 원감)

부록 5 한국생태유아교육학회 학술대회 목록

날 짜	학술대회 제목 및 내용
2002년 6월 8일	창립총회 및 기념강연 주제 : 21세기 문명의 전환과 유아교육의 새로운 방향 기념강연 : 스스로 살아남기 · 더불어 살아남기 발표 : 윤구병(변산공동체 대표, 전 충북대 교수) 장소 : 부산대학교 본관 대회의실
2002년 12월 7일	2002년도 추계학술대회 주제 : 아이살림 · 생명살림의 유아교육을 위하여 장소 : 부산대학교 본관 대회의실 기조발제 아이들의 삶과 생태유아교육 발표 : 임재택(부산대 교수, 본 학회 회장) 주제 1 자연의 본성을 지닌 아이들 발표 : 송순재(감리교신학대 교수) 토론 : 박석준(호서대 교수, 한의사), 임갑빈(서일대 교수) 주제 2 출산 · 수유환경과 아이들의 미래 발표 : 박석준(호서대 생명과학부 교수, 한의사) 토론 : 최민희(수수팥떡모임 회장), 김경애(한겨레신문 기자) 주제 3 조기교육과 아이들의 삶 발표 : 김규수(원광대 교수) 토론 : 나정(한국교육개발원 연구위원), 유성숙(남양주 초록어린이집 원장) 주제 4 아이 · 농촌 · 생명을 살리는 먹을거리 발표 : 서형숙(한살림 서울 이사) 토론 : 정경식(정농회 부회장), 김수현(바른식생활실천연대 대표, 약사)
2003년 6월 21일	2003년도 춘계학술대회 주제 : 생태유아교육의 뿌리를 찾아서 장소 : 감리교신학대학교 100주년기념관 중강당 기조발제 어머니의 교육 · 우리의 교육 홍순명(풀무환경농업전공부 대표, 전 풀무학교 교장) 주제 1 우리 전통사상에서 본 아이 박맹수(원광대 원불교학과 교수) 주제 2 우리 민속문화에서의 아이들 삶 편해문(안동대 민속학과 강사) 주제 3 우리 조상들의 아이 키우기 안경식(부산대 교육학과 교수) 주제 4 자연의학에서 본 아이들의 '몸' 양동춘(녹색대학 자연의학과 교수)

날 짜	학술대회 제목 및 내용
2003년 12월 6일	2003년도 추계학술대회 주제 : 유아교육 근본으로 돌아가기 장소 : 부산대학교 본관 대회의실 기조발제 아이·교육·생명살림을 향한 발돋움 발표 : 도 법(실상사 주지, 스님) 주제발표 1 [신과학] 아이들의 몸·마음·영혼, 다시 보기 발표 : 방건웅(한국표준과학연구원 책임연구원) 토론 : 김재희(〈신과학 산책〉 저자) 강길전(충남의대 산부인과 교수, 의사) 주제발표 2 [자연의학] 병든 지구·아픈 아이, 그 돌봄과 살림 발표 : 박석준(호서대 생명과학부 교수, 한의사) 토론 : 김종원(동의대 사상체질과 교수, 한의사) 김진목(한일대체의학클리닉 원장, 의사) 주제발표 3 [생태철학] 생태론적 세계관에서 본 자연, 아이 그리고 교육 발표 : 박준건(부산대 철학과 교수) 토론 : 윤형근(모심과살림연구소 사무국장) 김세곤(동국대학교 유아교육과 교수) 주제발표 4 [종교] 아이 돌봄의 지혜, 종교적 삶과 생태적 감수성 발표 : 이은선(세종대 교육학과 교수) 토론 : 정홍규(대구 고산성당 주임신부), 정준기(동국대 선학과 교수, 스님)
2004년 6월 12일	2004년도 춘계학술대회 주제 : 우리 삶에서 찾는 유아교육의 지혜 장소 : 광주대학교 호심관 대강당 주제발표Ⅰ [의(衣)] 발제 1. 문명의 옷이 아이들을 가둔다 최정화(서울대 의류학과 교수) 발제 2. '입히는' 옷에서 '입는' 옷으로 오현정(광주대 디자인학부 교수) 주제발표Ⅱ [식(食)] 발제 1. 도시 아이들의 똥, 파리도 안 앉는다 전홍준(조선대 대학원 대체의학과 겸임교수) 발제 2. 아이들의 '몸과 마음'을 살리는 생태적 식생활 임락경(화천환경농업연합 회장) 주제발표Ⅲ [주(住)] 발제 1. 회색도시 · 닫힌 공간 · 아픈 아이 정기용(녹색대학 생태건축학과 교수) 발제 2. 생태건축으로 여는 아이들의 삶의 공간 윤원태(경성대 한국학연구소 전임 연구원) 종합발제 [락(樂)] 아이들의 자연치유력 회복을 위하여 방건웅(한국표준과학연구원 책임연구원)

<table>
<tr><th>날 짜</th><th>학술대회 제목 및 내용</th></tr>
<tr><td>2004년
11월 20일</td><td>2004년도 추계학술대회
주제 : 아이들의 신명 살리고 펼치기
장소 : 부산대학교 학생회관 대강당

기조발제 생명문화운동에서 본 아이살림 · 생명살림의 유아교육
김지하(시인)
주제발표 1 〔 춤 · 노래 〕
풍류, 신명 그리고 아이들의 몸짓
채희완(부산대 무용학과 교수)
어른이 만들어준 노래에서 아이 스스로 만든 노래로
편해문(옛 아이들 놀이노래 이야기 연구소장)
주제발표 2 〔 그리기 〕
아이들의 그리기, 영혼과 삶의 무늬
김수현(경상대 미술교육과 교수)
생태적 감수성을 표현하는 아이들의 그리기
김정(숭의여대 교수, 화가)
주제발표 3 〔 이야기 〕
자연과 삶을 엮는 아이들의 이야기
윤구병(변산공동체 대표)
생태유아교육에서 풀어내는 이야기 세상
조희숙(부산대 유아교육과 교수)</td></tr>
<tr><td>2005년
6월 18일</td><td>2005년도 춘계학술대회
주제 : 생태건축으로 여는 아이들의 삶터
장소 : 부산대학교 학생회관 대강당

주제발표 1 생태적 삶과 생명의 살림집
고제순(흙처럼 아쉬람 대표)
주제발표 2 새로운 대안으로서의 생태건축
이태구(세명대학 건축공학과 교수)
주제발표 3 유아교육기관의 생태건축 : 신축과 리모델링
이윤하(생태건축연구소장)
주제발표 4 유아교육기관의 생태건축 : 국내 · 외 실천사례
사례 1 강화도 흙벽돌생태어린이집 신축 사례
임정숙(흙벽돌생태어린이집 원장)
사례 2 여수 베타니아장애아어린이집 생태적 환경 및 교재·교구
김종호(베타니아장애아어린이집 원장)
사례 3 서울·부산 유아교육기관 옥상생태공원 조성·운영 사례
김철민(한국도시비오톱센터 대표)
사례 4 일본 바람의아이어린이집 생태건축 사례
하정연(부산대학교부설어린이집 원감)
사례 5 독일 괴테아눔을 중심으로 한 슈타이너 건축관
홍승기(한국실내건축가협회 이사)
마당행사 1 유아교육기관의 생태건축 실천사례 포스터 발표마당
마당행사 2 생태건축 자재 · 재료 전시마당</td></tr>
</table>

<table>
<tr><th>날 짜</th><th>학술대회 제목 및 내용</th></tr>
<tr><td>2005년
11월 12일</td><td>2005년도 추계학술대회
주제 : 위기의 아이들, 그 실상과 대책
장소 : 동국대학교(서울캠퍼스) 본관 중강당

기조발제 아이, 어떻게 자라야 하는가
윤석산(한양대 국문학 교수)

주제발표 1 우리나라 아이들의 24시
발표 1 아기집, 생명의 집인가
박문일(한양대 의과대학 교수)
발표 2 가정집, 살림의 집인가
우석훈(아픈 아이들의 세대 저자)
발표 3 아이들집, 신명나는 집인가
양정미(부산 효원어린이집 원장)
종 합 우리나라 아이들의 24, 그 실상과 진단
이진아(환경과 건강문제 관련 저술가)

주제발표 2 다른 나라 아이들의 24시
발표 1 일본, 놀면서 크는 아이들
손우정(부산대 교육연구소 전임연구원)
발표 2 독일, 자연에서 크는 아이들
조현옥(여성정치세력민주연대 대표)
발표 3 캐나다, 아이답게 크는 아이들
염지숙(건국대 유아교육과 교수)
종 합 다른 나라 아이들의 24, 그 현황과 전망
김재희(페미니스트저널 이프편집인)

종합발제 유아교육, 도(道)교육인가 술(術)교육인가
임재택(부산대 유아교육과 교수)</td></tr>
<tr><td>2006년
5월 20일</td><td>2006년도춘계학술대회
주제 : 자연의 순리·조상의 지혜로 아이키우기
장소 : 부산대학교 본관 대강당

주제발표 1 우리 민족의 뿌리 깊은 생명중심 교육사상을 찾아서
: 소춘 김기전과 소파 방정환의 사상을 넘어
오문환(경희대 연구교수)

주제발표 2 자연농업 원로가 들려주는 생태육아 이야기
조한규(자연농업협회 회장, 자연농업연구소장)

주제발표 3 민족생활의학 원로가 본 육아의 문제와 대안
장두석((사)한민족생활문화연구회 이사장)

주제발표 4 육안(肉眼)에서 심안(心眼)을 넘어 영안(靈眼)으로 아이돌보기
조효남(한양대 토목환경공학과 교수)

종합토론 지속가능사회를 위한 유아교육을 꿈꾸며
사회: 임재택(부산대 유아교육과 교수)
토론: 김영옥(전남대 유아교육과 교수)
서영숙(숙대 아동복지학과 교수)
이창미(중앙보육정보센터장)
이성애(부산유치원연합회장)</td></tr>
</table>

날 짜	학술대회 제목 및 내용
2006년 11월 11일	2006년도 추계학술대회 주제 : 생태유아교육은 지금, 어디에 와 있는가 : 유아교육 현장의 목소리를 듣는다 장소 : 대구산업정보대학 대강당 주제발표 1 유아교육, 생명 · 평화 · 영성의 시대 어떻게 맞이할 것인가? 황대권(풀빛문화연대 대표) 주제발표 2 이 시대 유아교육과정, 어디로 가야 할 것인가? 이부미(경기대 유아교육학과 교수) 논문발표 및 사례발표 분과 1 - 논문발표(4편) 예비유아교사의 텃밭활동에 대한 인식 비교 한미라(경상대 유아교육과 강사) 유아통합교육, 분리를 넘어 상생으로: 생명사상의 관점에서 최은아(경남정보대 사회복지과 강사) 표상활동을 통한 예비유아교사의 심미감에 관한 인식 연구 이연선, 박선미, 강효정, 김영란(부산대 유아교육과 석·박사과정) 교육실습 전후에 따른 예비유아교사의 교사 이미지 변화 허우정(부산정보대 유아교육과 강사) 분과 2 - 사례발표(4편) : 텃밭가꾸기 프로그램 아이들이 가꾸는 텃밭 박숙(광주 신미라유치원 원장) 옥상에 작은 텃밭 만들기 김정화(서울 청파어린이집 원장) 자연과 교감하는 텃밭 남영옥(대구 리오바어린이집 원장) 작은 텃밭으로 시작해서 유기농 벼농사 체험까지 최지영(울산 꿈밭유치원 원장) 분과 3 - 사례발표(4편) : 먹을거리 프로그램 제주도에서는 우영밭을 가꾸어요! 김영중(제주관광대 부속유치원 원장) 아이와 지구를 살리는 먹을거리 프로그램 이숙희(부산대 부설 어린이집 교사) 엄마, 나 보리밥이 어떤 건지 알아, 가운데 까만 줄이 있지? 정은경(구리 덕현유치원 원장) 아이를 살리는 먹을거리 김광희(광주 희망어린이집 원장) 분과 4 - 사례발표(4편) : 세시풍속 프로그램 아이들의 설 권화숙(경산 아이누리유치원 원장) 신명나는 세시풍속 프로그램 박길순(광주 피노키오유치원 원장) 세시풍속 속에서 자라는 아이들 원종미(용인 꿈나무생태어린이집 교사) 생태유아교육의 일과 운영 박영경(부산 민들레유치원 원장) 종합토론 생태유아교육 앞으로 어디로 갈 것인가? 좌장: 임재택(부산대 유아교육과 교수) 토론자: 정명숙(부산 서명초등학교병설유치원 교사) 김진숙(부산 효원어린이집 교사) 박숙현(수원 새동신유치원 원장) 박정혜(서울 백산어린이집 원장)

날 짜	학술대회 제목 및 내용
2007년 6월 23일	2007년도 춘계학술대회 주제 : 한국유아교육을 다시 생각한다 장소 : 부산대학교 본관 대강당 주제발표 1 한국유아교육의 새로운 방향 모색 - 7차 유치원 교육과정 개정의 의미 문미옥(서울여대 교수, 한국유아교육학회 전회장) 주제발표 2 민족고유사상에서 찾은 생명살림의 지혜 방건웅(한국표준과학연구원 책임연구원) 주제발표 3 새로운 과학의 관점에서 보는 아이살림의 길 이진아(생명·생태 관련 연구 및 저술가) 주제발표 4 한국 유아교육의 새로운 화두, 생태유아교육의 실현 임재택(부산대 교수, 한국생태유아교육학회 회장)
2007년 11월 3일	2007년도 추계학술대회 주제 : 생태유아교육, 내 안의 영성을 찾아서 장소 : 한남대학교 성지관 주제발표 1 유아교육, 왜 영성을 이야기하는가 방건웅(한국표준과학연구원 책임연구원) 주제발표 2 영성공부, 동·서양에서는 어떻게 해왔는가 박 석(상명여대 교수) 주제발표 3 뇌과학에서 본 영성, 아이들에게 어떻게 다가갈 것인가 박병운(한국정신과학연구소 소장) 주제발표 4 아이를 닮아가는 영성공부, 부모와 교사는 어떻게 할 것인가 김춘성(부산예대 교수) 주제발표 5 자연을 닮아가는 영성공부, 부모와 교사는 어떻게 할 것인가? 곽노순(목사) 논문·실천사례 발표 분과 1 - 사례발표(2편) 유아마음공부 안경덕 교무(계룡 원광유치원) 생태위기시대 유아영성교육 사례 이미영 수녀(살레시오 수녀회) 분과 2 - 사례발표(2편) 반항성 장애아동의 생태미술치료 실천 사례 정옥남 원장(마산 숲속자람터 어린이집) 아이들의 영성을 살리는 명상 프로그램 신주연 교사(부산대 부설어린이집) 분과3 - 사례발표(2편) 아이를 성공시키는 지혜 민정암 회장((사)세계신선도연맹, 전 민족사관고) 마리학교에서의 영성교육 : 성년식을 중심으로 황성진 교장(강화 마리학교) 분과 4 - 논문발표(2편) 생태유아음악프로그램 개발을 위한 기초연구 : 영가무도를 중심으로 이은지 원장(울산 키즈어린이집) 어린이에게 어떻게 요가를 접근할 것인가 양희연 교육위원(서울불교대학원대학교 요가연구소)

제 3 장 생태유아 교육의 기본관점

- 세계관
- 아동관
- 발달관
- 교육관

1850년 시애틀 추장* 연설문에서

우리는 알지.
세상만물은 우리를 하나로 엮는 핏줄처럼 서로 연결돼 있다는 것을.
우리들 사람이 이 생명의 그물을 엮은 것이 아니라
우리는 단지 그 그물 속에 들어있는 하나의 그물코일 뿐.
우리가 이 그물을 향해 무슨 일을 하든 그것은 곧바로
우리가 우리 자신에게 하는 일.

어린애가 엄마의 뛰는 가슴을 사랑하듯
우리는 땅을 사랑한다.
이제 우리는 당신들에게 우리 땅을 주니
우리가 보살폈듯 애써 보살펴라.
이제 당신들이 이 땅을 가진다고 하니
지금 이대로 이 땅의 모습을 지켜가라.
당신의 아이들을 위해 땅과 대기와 강물을 보살피고 간직하라.
우리가 사랑했듯 똑같은 마음으로 그것들을 사랑하라.

* 북미 아메리칸 추장. 피어스 대통령은 그의 연설에 감동하여, 오늘날 태평양 연안의 북부에 자리잡은 도시의 이름을 '시애틀'로 지었다고 한다.

수잔 제퍼슨 글 · 그림, 최권행 옮김(2004). 「시애틀 추장」. 서울: 한마당, pp.22-24.

여기서는 생태유아교육을 바라보는 기본관점에 관해 논의하고자 한다. 앞서 언급한 것처럼 생태유아교육은 새로운 패러다임의 유아교육으로서 기존 유아교육의 패러다임 전환을 의미한다. 다시 말해서 생태유아교육의 관점은 기존 유아교육의 관점과는 차이가 있다는 것이다. 생태유아교육의 기본관점을 이해하는 하나의 접근방안으로 생태유아교육의 세계관, 아동관, 발달관 및 교육관으로 나누어 살펴보고자 한다. 여기서 논의하고자 하는 세계관, 아동관, 발달관 및 교육관은 생태유아교육의 이념과 방향의 설정은 물론 생태유아교육의 실천과 적용의 지침 내지 준거가 될 수 있다는 점에서 매우 중요하다.

1. 세계관

1) 산업문명의 위기와 세계관의 전환

세계관은 세계를 보는 관점 내지 안목이다. 어떤 관점이나 안목으로 세상을 바라보느냐에 따라 세계관이 달라진다. 세계관이 달라지면 세계를 이해하고 접근하는 사고, 태도 및 행동방식이 달라진다.

일반적으로 세계관을 중시하는 것은 세계관이 사회의 문제를 드러내는 근본적인 원인이면서, 또한 세계관의 전환을 통해 기존의 역사를 개조하여 새로운 역사를 창조할 수 있다고 보기 때문이다. 최근에는 '패러다임'이라는 용어도 이 세계관과 같은 맥락으로 사용되고 있다. 패러다임은 다양한 현실을 뒷받침하고 있는 체계나 구조를 가리키는데, 역사의 전환기에는 필연적으로 패러다임의 전환이 생긴다고 한다(모심과 살림연구소, 2004). 여기서 패러다임 전환은 동학의 수운 최제우 선생이 말한 후천개벽(後天開闢)과 상통한다. 후천개벽은 천지개벽(天地開闢)이 아닌 정신개벽으로서 인류 문화 역사의 전반에 걸친 일대 변혁과 새로운 창조적 진화를 의미한다(박응삼, 1975).

이처럼 생태운동 내지 생명운동에서는 기존 산업문명을 대변하는 기계론적 세계관과 새로운 패러다임의 창조적 문화를 지향하는 생명론적 세계관으로 구분한다. 그 근거는 오늘의 산업문명이 자연생태계 위기뿐만 아니라 인간성 상실, 공동체 붕괴 등 인간의 삶과 전지구적 생명위기를 초래하고 있다고 보는 데 있다. 이러한 맥락에서 어린 아이들의 삶의 위기를 초래한 기존 유아교육은 역시 기계론적 세계관에 기초한 산업문명에서 초래된 것이므로 그 위기 극복을 위한 생태유아교육은 생명론적 세계관에 기초한 새로운 패러다임의 문명 전환이 필요하다는 입장이다.

우리 민족과 전 세계 인류가 당면한 생명위기의 근본적인 해결은 산업문명을 뒷받침하고 있는 세계관을 새로운 세계관으로 사고의 틀을 궤도 수정하는 길밖에는 다른 방책이 없다. 즉, 이원론적 세계관을 일원론적 세계관으로, 인간중심적 세계관을 생명중심적 세계관으로, 기계론적 세계관을 유기체론적 세계관으로, 과학기술주의를 생태적 합리주의로, 성장제일주의를 조화발전주의로, 자원무한주의를 자원유한주의로, 직선적 세계관을 순환적·연기적 세계관으로 바꾸는 것이 자연생태계 위기를 극복하는 최선의 길이다.

이렇게 될 때만이 인간은 스스로만 위할 줄 알았던 이기주의를 극복하고, 지구 안에 있는 모든 생명이 같이 살 수 있는 공생의 길을 가게 될 것이다. 좀 더 구체적으로 말한다면, 인류 한 사람 한 사람이 생태위기의 심각성과 그 근본 원인을 파악해서 스스로의 사고와 생활규범을 바꾸는 것이 생태위기의 유일하면서도 궁극적인 해결방안인 것이다. 이것을 종교적인 용어로 표현하면 인류 개개인이 갖고 있는 '영성(靈性)의 각성(覺醒)'이라 할 수 있는데, 김지하 시인은 이와 같은 것을 '생명운동(生命運動)'으로 표현하고 있다.

1972년 스웨덴 스톡홀름의 유엔인간환경회의에서 '하나뿐인 지구(only one earth)'가 선언되면서 자연생태계 위기와 비인간화를 극복하기 위해서는 인간중심적 세계관을 생명중심적 세계관으로 패러다임을 전환해야 한다는 논의가 급속히 확산되고 있다. 21세기의 중심 화두는 자연생태계 위기와 비인간화 극복이며, 그 중심사상은 생명중심적 세계관이라는 데 많은 사람들이 동의하고 있다. 또한 생태론적 세계관 내지 생명중심적 세계관은 동양사상에 그 근본이 있다는 데도 많은 사람들이 의견을 같이 하고 있다. 특히, 프리죠프 카프라(Fritjof Capra) 교수는 오늘의 생태위기 극복의 근본적인 해결책은 세계관의 전환이며, 그 새로운 세계관은 동양사상에서 찾아야 한다면서 다음과 같이 언급하고 있다.

> "나는 중국의 음양(陰陽) 사상이 그와 같은 불균형을 묘사하는 데 대단히 쓸모가 있다는 사실을 깨닫게 되었다. 서양문화는 꾸준히 양(陽) 또는 남성적 가치와 태도를 선호해 왔고, 그와는 상보적으로 대립하는 음(陰)을 가벼이 보았다. 서양인들은 융합보다는 자기 주장, 종합보다는 분석, 직관적 지혜보다는 합리적 지식, 종교보다는 과학, 협동보다는 경쟁, 보전보다는 확장에 편중해 왔다. 이 같은 일방적인 발전은 이제 극히 위험한 단계, 즉 사회적·생태계적·도덕적 그리고 정신적 차원의 위기에 도달하였다. 그러나 동시에 '양이 극에 달하면 음을 위하여 물러난다'는 중국의 옛 격언을 예증하는 거대한 진화운동이 우리 눈앞에 펼쳐지고 있다"(카프라 저, 1998, 14).

이러한 카프라 교수의 지적처럼 오늘날 인류가 당면한 생명위기를 극복할 수 있는 새로운 세계관은 하늘의 도(道) 내지 자연의 이치를 따르는 것이며, 인간과 자연은 하나로 연계된 것으로 보는 동양적 일원론과 상통한다. 또한 이는 불교의 근본사상인 연기법의 세계관 또는 인드라망 세계관에서 진면목을 볼 수 있다. 즉, 관계의 그물인 우주는 본래 하나의 유기적 생명공동체이다. 시간과 공간, 정신과 물질, 인간과 자연, 인간과 신, 너와 나 등 모든 삼라만상이 그물처럼 서로 연결되어 인연을 맺고 공동체로 활동하는 것이 우주의 진면목이다. 이 같은 생명론적 세계관은 주역(周易), 유가(儒家), 도가(道家), 동학(東學) 등의 사상은 물론 우리의 전통 민간신앙이나 상고사상(上古思想)에도 내재되어 있다. 예컨대, 동학의 3세 교조 의암 손병희 선생은 1900년대 초에 세계관 전환 내지 패러다임 전환과 관련하여 다음과 같이 언급하고 있다.

> "개벽(開闢)이란 한울이 떨어지고 땅이 꺼져서 한 덩어리로 합하였다가 자축(子丑) 두 조각으로 나뉘임을 의미하는 것인가. 아니다. 개벽이란 부패한 것을 청신(淸新)케 하고 복잡한 것을 간결케 하기 위함이니 천지만물의 개벽은 공기(空氣)로써 하고 인생만사의 개벽은 정신(精神)으로써 하나니 너의 정신이 곧 천지의 공기니라. … 천지의 기수로 보면 지금은 일 년의 가을이

요 하루의 저녁 때와 같은 세계라 물질의 복잡한 것과 공기의 부패한 것이 그 극도에 이르렀으니 이 사이에 있는 사람인들 어찌 홀로 편안히 살 수 있겠는가. 큰 시기가 한 번 바뀌일 때가 눈앞에 닥쳤도다."(오익제 편저, 1986, 147-149).

또한 박이문(2000)은 이와 같은 생태론적 세계관의 특징을 다음과 같이 요약하고 있다. 첫째, 생태론적 세계관은 인간중심주의에서 자연중심주의로의 시각 전환을 의미한다. 둘째, 생태론적 세계관은 '수학적, 기계적 이성'에 앞서 '미학적, 예술적 이성'을 더 근본적인 것으로 본다. 셋째, 생태론적 세계관 안에서는 자기중심적 배타성이 사라지고 공동체적 협동이 살아난다. 넷째, 생태론적 세계관은 물질적 소유나 쾌락적 경험보다는 내면적 체험과 의미구성을 강조한다.

그리고 노벨 화학상 수상자인 일리야 프리고진(Ilya Prigogine) 역시 이와 같은 맥락에서 현대사회가 직면한 생명위기 극복을 위해서는 새로운 세계관이 모색되어야 하는데, 그러한 세계관의 전환에 대해 다음과 같이 언급하고 있다.

근대과학은 이성의 승리이지만 이성의 승리는 우리들에게 슬픈 진리를 가져다 주었다. 이제 얼어붙은 진리가 아니라 따뜻한 진리가 요구된다. 세계관이 변해야 한다는 것은 인간과 인간, 인간과 자연의 관계가 변해야 한다는 말이다. 정복, 약탈, 착취의 관계가 조화와 친화력 있는 사랑의 관계가 되어야 한다(박준건, 2001, 76, 재인용).

이 같은 세계관은 천명(天命)과 천리(天理)에 따라 생명가치를 중시하는 농업문명의 세계관과 상통하는 것으로서 인간의 탐욕에 따라 물질가치를 중시하는 산업문명의 세계관과는 근본적으로 다른 것이다. 특히, 동서양을 막론하고 인간과 자연의 관계에 대한 일반적 견해는 크게 세 갈래로 나누어지는데, 첫째는 인간이 자연을 마음대로 이용해도 된다는 정복관(征服觀)이고, 둘째는 인간과 자연은 함께 공존해야 하는 관계로 보는 조화관(調和觀)이며, 셋째는 인간은 자연에 순응해야 하는 관계로 보는 순응관(順應觀)이다. 이 같은 3가지 관점 중에서 생태유아교육은 인간과 자연이 하나 되는 관점인 조화관 내지 순응관을 지향하고 있다.

2) 아동중심 유아교육의 세계관

자본주의와 자유민주주의를 지향하는 국가들의 현대 유아교육은 대체로 아동중심 유아교육이라고 할 수 있다. 아동중심 유아교육은 아동존중을 기본으로 한다. 아동존중사상은 인간존중사상과 같은 맥락에 속하면서도 아동의 존재와 가치를 인정하고 독립된 인격체로 존중하는 입장이라고 볼 수 있다. 따라서 아동존중을 기본으로 하는 아동중심 유아교육은 인간중심 세계관 내지 인간중심주의를 지향하고 있다.

인간중심 세계관의 견지에서 보면, 아동중심 유아교육에서는 어떤 사물이나 현상에 대한 가치판단을 할 때, 아동을 가장 중심에 두고 아동 우선으로 판단하며, 아동을 둘러싸고 있는 주변 환경과 자연은 아동의 성장과 발달을 위한 도구 내지 수단 정도로 보는 것을 당연시 한다. 예를 들어, 아동의 발달은 아동이 주변의 인적·물적 환경과의 상호작용을 통해 이루어진다는 피아제 이론에서 교사나 또래 아이들을 비롯한 인적 환경과 교재·교구나 사물이나 현상을 비롯한 물적 환경은 아동의 성장과 발달 및 변화에 도움이 되느냐 안 되느냐에 따라 그 가치가 결정되는 도구 내지 수단에 불과하다고 볼 수 있다.

역사적으로 볼 때, 오늘날 아동중심 유아교육은 서구 산업문명과 근대교육에 커다란 영향을 미친 계몽주의·실증주의·실용주의 사상의 맥락에서 발전해 왔으며, 그 배경에는 인간중심 세계관, 이성중심 세계관, 기계론적 세계관이 자리 잡고 있다. 결국 인간중심 세계관이 유아교육의 주체로서의 아동의 인격과 권리를 되찾아 주는 데 큰 역할을 한 반면 아동 이외의 모든 것들을 도외시하는 결과를 가져왔다고 볼 수 있다. 또한 아동을 성인과 대비되는 측면에서 과학적으로 규정되어야 할 존재로 받아들이게 되면서 자연과학의 뿌리에서 시작한 심리학의 영향을 받아 아동을 지나치게 분석하고 객관화함으로써 오히려 아동마저 소외시키는 현상을 낳고 말았다는 비판을 면하기 어렵게 되었다.

또한 아동중심 유아교육은 인간존중, 특히 인간의 이성(理性)을 존중하는 합리론 내지 이성중심 세계관에 바탕을 두고 있다. 이런 측면에서 자연은 인간을 위해 도구화될 수 있으며, 인간의 자연현상에 관한 이해는 객관적이고 과학적인 실증 가능한 것이어야 가치가 있다고 본다. 이러한 세계관에 따른 아동중심 유아교육은 인간으로서의 아동을 존중하고, 자연물을 놀이 도구화하며, 표준화된 검사도구로 인지능력을 평가하는 것 등에 의존하는 경향을 나타내고 있다. 또한 기계론적 세계관에서 강조하는 단순성, 분절성, 독립성, 합리성, 효율성 등의 가치가 그대로 유아교육에 나타나 자연과학의 한 분야인 발달심리학의 객관성과 관찰 가능성 등을 옹호하고 아동을 이해하는 틀로 삼고 있는 것도 아동중심 유아교육의 중요한 경향이고 현상이라고 볼 수 있다.

따라서 유아교육의 중심에 아동이 들어 있다 하더라도, 그 경우 아동은 인간에게 있어 비본질적인 그래서 가급적 빨리 벗어나야 할 과도기적인 존재로 간주될 수밖에 없었으며, 발달과 학습, 성장과 변화의 개념이 유아교육의 주된 개념이 될 수밖에 없도록 만들었다는 지적도 설득력을 얻고 있다(김은주, 2003). 한편 아동중심 유아교육은 인간중심 내지 아동중심이 아닌 돈중심, 물질중심, 욕망중심의 시대의식이 지배하는 유아교육에 비하면 훨씬 우월적 가치를 지닌다고 할 수 있지만 아이들의 몸과 마음과 영혼이 병들어가고 있는 생명위기 시대의 유아교육으로는 한계점을 드러내고 있다고 보는 것이 타당하다.

3) 생태유아교육의 세계관

생태유아교육은 생명중심 세계관을 지향한다. 생명중심 세계관은 우주만물의 중심이 오직 인간이라고 보는 인간중심 세계관이 아니라 모든 생명체와 무생물까지도 포함하는 우주 만물이 그 나름의 존재가치와 선을 지니고 있으므로 존중받아야 한다는 천인합일적(天人合一的) 사상에 바탕을 두고 있다. 이러한 세계관에 기초한 생태유아교육은 아동을 포함한 모든 생명을 존중하고, 자연을 이용하기보다는 자연 속에서 자연을 닮고자 하며,

아동을 분절적으로 보기보다는 관계 속에서 유기적·총체적인 차원으로 바라보고 있다. 여기서 인간중심 세계관, 생명중심 세계관을 그림으로 형상화(形象化)하면 다음과 같다.

[그림 3-1] 생명중심 세계관

인간(아래)이 해와 달이 있는 가운데 식물(위), 짐승(오른쪽) 및 새·물고기(왼쪽)와 머리를 맞대고 받들어 모시고 있는 형상[1)]

[그림 3-2] 인간중심 세계관

인간(위)이 해와 달은 물론 식물(아래), 짐승(오른쪽) 및 새·물고기(왼쪽)를 발로 딛고 있는 형상[2)]

생태유아교육을 비롯한 생명운동은 일종의 문명전환 운동이라고 할 수 있다. 생태환경의 위기와 인성의 위기로 요약되는 현대문명의 위기를 극복할 수 있는 길은 생명의 세계관 확립과 그 세계관에 기초한 새로운 생활양식을 창조·실천하는 데 있다. 생명의 세계관 확립은 현대사회의 인간중심, 물질중심의 가치관을 생명중심, 생태중심의 가치관으로 전환하고자 하는 교육운동 내지 문화운동의 성격을 지니고 있다.

지금까지 주장해 온 것처럼 생태유아교육은 사람과 자연이 하나 되는 세상(즉, 생명공동체), 사람과 사람이 더불어 사는 세상(즉, 사람공동체) 그리고 아이들이 행복하게 사는 세상을 지향하고 있다(임재택, 2002). 이와 같은 맥락에서 생명운동이 궁극적으로 지향하는 삶은 "아이들 데리고 이웃들과 친화하면서" 사는 것이라는 장일순 선생의 말씀은 우리에게 많은 것을 일러주고 있다(윤형근, 2003). 우주만물의 유기적 연관성, 관계성의 회복을 통해

1) 이것은 인드라망생명공동체 상임대표인 도법 스님이 2004년부터 생명평화탁발순례를 추진하고 있는 '생명평화결사(生命平和結社)'의 로고이다.
2) 이것은 위 주1)의 로고를 바탕으로 필자가 변형한 것이다.

천지인(天地人)이 조화된 삶이 진정으로 행복한 삶이다. 이러한 삶이 바로 생태유아교육이나 생명운동이 지향하는 삶이라고 할 수 있다. 또한 이 책의 제2장에서 논의한 것처럼 생태유아교육의 사상적·철학적 배경이라고 할 수 있는 우리나라의 민간신앙과 전통육아사상, 단군사상과 풍류사상, 민족종교사상, 유교·불교·도교의 동양사상 등이 생태유아교육이 지향하는 세계관이라고 할 수 있다.

이러한 맥락에서 주요섭(2000)과 모심과살림연구소(2004, 69-70)에서 제시한 '삼재론(三才論)으로 본 생명세계의 삶의 본래면목'에서 생태유아교육에서 지향하는 생명의 세계관을 엿볼 수 있는데, 이를 표로 제시하면 다음 〈표 3-1〉과 같다.

〈표 3-1〉 삼재론(三才論)으로 본 생명 세계의 모습

삼 재 론	천(天 우주생명)	지(地 지구생명)	인(人 인간생명)
관 계	신과 인간의 관계	자연과 인간의 관계	인간과 인간의 관계
삶의 모습	영적(靈的) 삶	생태적(生態的) 삶	사회적(社會的) 삶
운동 영역	영성·문화운동	생태·환경운동	자치·공동체운동
특 성	영성(靈性)	감성(感性)	이성(理性)
윤 리	경천(敬天)	경물(敬物)	경인(敬人)

천지인(天地人) 삼재(三才)는 고대 동양사상에서 우주의 3가지 근원을 의미한다. 삼재는 삼극(三極)이라고도 한다. 『주역(周易)』 〈계사전(繫辭傳)〉에 보면, "천도(天道)가 있고, 지도(地道)가 있고, 인도(人道)가 있으며, 삼재(三才)를 겸하여 이를 둘로 한다"고 했다. 한국 문화에서 삼재론 역시 우주 만물은 하늘과 땅과 인간 3자의 조화 속에서 운행된다는 것이다. 또한 삼재론에 근거하여 인간의 삶도 영적인 삶(天), 생태적 삶(地), 사회적 삶(人)의 통합적 삶이 되어야 하고, 운동 영역 역시 영성·문화운동(天), 생태·환경운동(地), 자치·공동체운동(人)의 세 가지 측면이 종합된 총체적 운동이 이루어져야 한다. 그리고 삼재론에 근거한 인간의 세 가지 특성인 영성, 감성, 이성의 조화와 통합이 이루어져야 하고, 해월 선생이 말씀하신 경천(敬

天), 경물(敬物), 경인(敬人)의 삼경사상(三敬思想)이 생태유아교육의 윤리적 바탕이 되어야 한다. 특히, 삼경사상은 하늘을 공경하고 사람을 공경하는 것은 물론 동·식물과 무생물까지도 공경한다는 것을 의미한다.

한편 생태유아교육은 아동의 생명과 가치를 존중하고 있다는 점에서 당연히 아동중심 유아교육이다. 아동중심 유아교육 역시 인간존중과 아동존중을 지향한다는 점에서 생태유아교육과 공통점을 지니고 있다. 그러나 생태유아교육과 아동중심 유아교육이 바라보는 인간중심 내지 아동중심은 그 차원을 달리하고 있다. 인간중심 세계관에 기초한 아동중심 유아교육에서는 아동을 아동 이외의 다른 생물이나 무생물보다 우월적 가치를 지니고 있으므로 존중되어야 한다는 것을 의미하는 반면, 생태중심 세계관에 기초한 생태유아교육에서는 아동을 다른 모든 만물들과 동등한 차원에서 그 나름의 존재가치를 지니고 있으므로 존중되어야 한다는 것을 의미한다. 이런 측면에서 생태유아교육은 아동중심 유아교육을 포함하고 있는 반면 그 역은 성립하지 않는다. 다시 말해서 생태유아교육은 아동존중, 인간존중을 넘어 자연생태계의 모든 생명들을 존중하는 생명가치 내지 정신가치를 중시하는 더 넓고 포괄적인 생명의 세계관을 지향한다는 점에 주목할 필요가 있다.

2. 아동관

1) 아동의 세기와 아동관의 변천

아동관은 아동을 보는 관점 내지 안목이다. 교육의 대상인 아이를 어떤 관점으로 보는가 하는 것은 매우 중요한 문제이다. 아동에 대해 어떤 관점을 가지느냐 하는 것은 곧 유아교육을 어떻게 하느냐의 문제와 직결된다. 교육을 논할 때 반드시 아동관을 거론하는 이유가 여기 있다. 여기서는 주로 생태유아교육에서 바라보는 아동관에 대해 논의하고자 한다. 아동관에 관한 논의는 자연스럽게 인간관의 논의와 함께 이루어져야 한다. 인간의 본성, 존재, 능력 등에 관한 다양한 관점들이 있을 수 있다. 인간의 본성에 대해서는 성선설(性善說), 성악설(性惡說), 성무선악설(性無善惡說) 및 백지설이 있다. 인간과 자연의 관계 및 어른과 아동의 관계에서 아동은 어떤 존재인가에 관한 논의도 필요하다.

근대는 어린 아이를 미성숙한 존재 내지 성인의 축소판, 성인의 의존과 보호를 필요로 하는 존재로 인식하고, 그들을 양육, 보호 및 교육하는 것으로 어른의 책임을 다하려 했다. 요컨대 근대사회에서 아이는 양육과 보호와 교육의 대상인 미성숙한 존재로 인식되었다. 그러나 20세기 초 진화론과 우생학은 아이를 기존의 미성숙한 존재에서 '미래를 짊어질 존재', '내일의 일꾼', '인류의 희망'이라는 영광의 옷을 입혔다. 20세기는 '신의 영광'에서 '과학시대'로의 이행과 함께 '어린이'라는 작은 사람들에게 과학의 광선을 비춤으로써 어린이를 차세대의 중심으로 밀어올리는 데 성공했다. 그 결과 어린이 주변은 과학으로 약속된 미래지향적인 언설로 채색되었다. 어린이들이 과학적으로 해명될 때, 어른들은 그들을 제대로 이해할 수 있을 것으로 믿고, 이를 뒷받침하는 양육, 보호 및 교육은 그들에게 가치 있는 것임에 틀림없을 것이라고 확신했다(혼다 마스코 저, 구순진 역, 2002).

그러나 20세기가 끝나려는 지금 우리들은 이 낙천적 아동관에 배신의 쓰라림을 맛보고 있다. 아동에 대한 과학적·실증적 연구가 누적될수록 '어린이'는 이해할 수 없는 존재가 되어가고, 예측을 넘어선 아이들의 행동은 어른들을 계속 위협하고 있는 지금의 현실에서 20세기 초 보여주었던 아동에 대한 장밋빛 미래는 도대체 어디로 사라지고 말았단 말인가(혼다 마스코 저, 구순진 역, 2002, 73). 심지어 아동에 대한 과학적 연구는 임신과 출산이라는 생명 탄생의 신비마저도 인위적 조작이 가능한 것으로 전환시키는 데 별다른 위화감도 느끼지 않는다. 과학주의의 결과는 이전의 여성들이 아이는 '신의 선물'로 인식하고, 아이를 기르는 것은 '신이 주신 아이를 소중히 기른다'는 의식을 송두리째 앗아가고 말았다. 그래서 지금 사람들은 임신을 '아이를 만든다', '아이를 갖는다'로 표현하고, 출산도 '아이를 낳는다'는 식으로 언급한다.

20세기 과학기술의 발달은 어린아이들의 생명을 보장해 주고 삶을 풍요롭게 한 것은 분명한 사실이다. 무엇보다 의학과 약학의 진보는 많이 태어나 많이 죽던(다산다사 多産多死) 존재였던 아이들을 적게 태어나고 태어난 이상은 계속 살아갈 수 있는(소산소사 小産小死) 존재로 바꾸어 놓았다. 이 같은 과학기술의 위력은 잉태, 출산, 수유, 양육, 보호, 교육 등 어린 아이를 낳고 기르는 전 과정에 작용하여 지금은 아이의 임신과 출산은 병원과 의사가 담당하고, 수유는 분유회사가 담당하고, 양육과 보육은 숙련된 아동심리학자와 유아교육전문가들이 과학적이고 체계적으로 담당하게 된다는 인식을 널리 심어 놓았다.

이런 상황에서 그동안 아이의 출산과 양육을 맡았던 우리의 전통적 육아방식, 예를 들면 할아버지와 아버지가 태어난 안방에서 아기를 낳는 가정출산, 아이가 갓 태어나면 산모의 젖이 돌아올 때까지 사흘을 굶겨 태변(胎便)을 눈 후에 아기에게 젖을 물리는 초유(初乳) 먹이기, 아기에게 어미젖을 먹이는 모유 먹이기, 아이의 백일이나 돌이나 생일이면 맑은 물을 떠 놓고 정성껏 손을 비비는 할머니·어머니의 모습, 할미 손이 약손이라며 손자의 아픈 배를 쓰다듬어 주시던 할머니의 정성, 밥이 보약이니 꼭꼭 씹어 천천히 먹으라고 가르치던 생태적 식생활지도 등은 비과학적이고, 비교육적이며, 미신적인 무지한 행위로 취급되어 무시되어 온 것이 현실이다. 이러한 일련의 현상은 아이들의 부모들에게 자녀양육 책임감을 흐리게 만들었으며, 부모들의 '자녀관' 변화는 물론 사회 전반의 '아동관' 변화에도 영향을 미치고 있다.

2) 아동중심 유아교육의 아동관

아동중심 유아교육에서는 아동을 어떤 관점으로 보고 있는가? 아동중심 유아교육에서는 아동을 그 나름대로의 개성과 인격과 존엄성을 지닌 '독립된 인격체'로 보고 있다. 이것은 종래 아동을 '성인의 축소판'이나 '성인의 전유물'로 여겨온 기존 아동관과는 차원을 달리하는 엄청난 진전이라고 할 수 있다. 서양의 경우, 성인의 축소판으로 여겨 온 아동을 어른과 마찬가지로 개성과 인격과 존엄성을 지닌 독립된 인격체로 인정해야 한다는 기반을 마련해 준 루소의 공헌은 실로 지대하다고 할 수 있다. 한편 우리나라의 경우, 동학(東學)에 심취했던 소천 김기전과 소파 방정환은 독립된 인격체로서의 아동을 넘어 '한울님'으로 공경해야 하는 존재로 자리매김하는 데 실질적인 공헌을 했다고 할 수 있다. 이 같은 맥락에서 아동중심 유아교육의 아동관에 대해 개략적으로 언급하고자 한다.

첫째, 아동은 선한 존재이다.

루소는 "창조주의 손에서 나올 때는 모든 것이 선하나 사람의 손에서 모든 것이 타락한다"고 하면서 아동은 근본적으로 선하다는 성선설(性善說)을 주장하고 있다. 루소는 물론 코메니우스, 페스탈로치, 프뢰벨 등으로 이어지는 낭만주의 경향의 교육자들은 대체적으로 아동의 본성을 선하게 보고 아동에게 고유의 가치를 부여하고 있음을 알 수 있다.

둘째, 아동은 독립된 인격체이다.

아동은 어른의 축소판이 아니다. 소파 방정환의 표현처럼 아동은 '늙은이', '젊은이'와는 달리 '어린이'라는 독립적이고 독자적인 고유의 특성과 위상을 갖추고 있다는 것을 말한다. 아이는 그저 아이가 아니라 아이다운 아이라는 의미이다. 즉, 아이다운 아이가 진정한 아이다는 뜻이다. 또한 아이는 어른이 되기 위한 과도기적 존재도 아니고, 미성숙한 어른이거나 미완성의 어른도 아니다. 아이는 그 나름의 개성, 인격, 가치, 특성, 존엄성 등을 지닌 유능하고 독립된 인격체이다. 이러한 관점에서 유아교육은 아이들의 개성과 필요와 요구 및 발달단계와 특성에 적합한 교육이어야지 어른이나 사회의 필요나 요구에 따른 교육이 되어서는 안 된다는 것을 의미한다.

셋째, 아동은 스스로 성장 발달할 수 있는 잠재능력을 지닌 존재이다.

아동중심 유아교육에서는 아동을 자신의 내면의 능력을 밖으로 표현하려는 자기 활동의 힘을 지닌 존재로 보고 있다. 이것은 아동이 스스로 성장할 수 있는 힘을 가진 의지적 존재라는 인식과 아동이 나쁜 방향으로 성장하는 것은 아동 발달을 제대로 고려하지 못한 어른의 무지에서 비롯된 것이라는 관점을 취하고 있음을 의미한다.

넷째, 아동은 미성숙한 존재이다.

진보주의 교육사상가인 듀이는 아동을 미성숙자로 규정하고 "성장의 으뜸가는 조건은 미성숙이다"라고 역설한다. 미성숙이라는 것은 현재 성숙되어 있지 않다는 것을 뜻하는 게 아니라, 적극적인 의미에서 현재 발달할 능력이 스스로에게 있음을 의미하는 것이다. 그는 아동의 미성숙한 특성으로서 의존성과 가소성을 들고 있는데, 이러한 특성은 사회적 영향의 중요성을 강조한다. 듀이는 '성장으로서의 교육(education as growth)' 내지 '발달로서의 교육(education as development)'을 제안함으로써 아동의 자연성보다 교육과 사회화에 강조를 두고 있다. 피아제 역시 유아기를 '전조작기'라고 규정하며, 그 특성으로 조작적 사고와 가역적 사고가 안 되며 자기중심적이고 물활론적(物活論的) 사고를 하는 유아기적 특성을 보인다고 설명하면서 성인에 비해 미성숙한 존재로서 아동을 보고 있다. 더욱이 피아제는 유아기의 사고는 논리적이지 못하고 가역적이지도 못하며 정지 상태이고 지각에 속박되어 있으며 모순과 오류로 가득 차 있다는 것이다. 피아제의 이러한 아동기 인식은 성인의 관점에서 아동을 대립구조로 이해하고 있는 근대화의 산물이라고 볼 수 있다(김은주, 2003).

이와 같은 논의를 바탕으로 아동중심 유아교육의 아동관을 한 마디로 요약하면 '사람의 아이'라고 언급할 수 있다. 아동은 선한 존재이며 자발적인 성장 가능성을 지닌 독립된 인격체이지만 인간중심 세계관을 지향하는 아동중심 유아교육에서의 아동은 '사람의 아이'로서의 범주를 벗어나지 못하는 한계를 지니고 있다. 아동중심 유아교육에서의 아동기 개념은 인간중심 세계관을 바탕으로 성립되었으며, 이러한 관점에서는 과학적 이성과 이분법적 사고 그리고 개인과 인류를 위한 진보라는 개념을 강조하기 때문에, 미성숙한 아동을 성숙시켜 나가야 할 존재로 보는 분위기가 형성될 수밖에 없다. 이처럼 인간중심적 관점에서 아동을 본다는 의미는 성인과 구별되는 존재로서의 아동존중을 기본 전제로 하고, 아동은 성인과 다른 존재이므로 인적·물적 환경으로부터 보호되어야 한다는 점이 강조되는 것이다.

아동중심 유아교육의 아동관은 또 다른 한계를 갖고 있다. 아동중심 유아교육에서는 아동을 인간중심주의와 같은 좁은 틀에서 보고 있는데, 이것은 겉보기엔 아동을 세상의 중심으로 보는 만큼 사람 대접을 하는 것처럼 보이지만 좀 더 자세히 들여다보면 사람의 본디 뜻을 처음부터 거스르는 것이다. 근대과학의 아버지라 불리는 베이컨(Bacon)은 자연과학 문명의 축복을 예언하면서 인간을 자연을 지배하고 조작할 수 있는 존재로 세상의 중심에 놓긴 했지만 사람의 본뜻을 축소하고 말았다. 그 뒤를 이어 뉴턴(Newton)과 데카르트(Decartes) 등이 완성한 기계론적 세계관과 인간중심주의가 결합하면서 오히려 인간은 자연, 사회관계, 인간관계, 인간 자신으로부터 소외당하기 시작했다. 이러한 환원주의적인 인간중심주의의 논리에 따라 세상은 거대한 기계처럼 움직이며 그 중심에 사람이 자리 잡는다는 식의 그릇된 시각이 교육을 지배했고, 교육은 그 기계의 기능을 위해 인간을 수단화하는 활동이 되어 버렸다(김은주, 2003).

3) 생태유아교육의 아동관

생태유아교육에서는 아이를 한울님, 생명, 자연의 아이, 선한 존재, 고귀한 생명체로 보고 있으며, 심지어 '아기부처', '아기예수'로도 표현한다. 또한 아이는 몸과 마음과 영혼을 지닌 존재이고, 이성과 감성과 영성을 가진 존재로 보고 있다. 그리고 아이는 성(性)과 질(質)을 함께 지니고 있는 존재이며, 아이는 태어나서 살다가 죽어서 다시 자연으로 돌아가는 순환의 과정을 거치는 존재이다. 또한 아이는 스스로 살아가는 과정이 프로그램(즉, 유전인자)으로 이미 입력되어 있는 존재로 보고 있다.

이와 같은 생태유아교육의 아동관은 앞에서 논의한 생태유아교육의 생명중심 세계관과 같은 맥락을 지니고 있다. 그 사상적 배경은 우리 민족 전통의 상고사상, 민속문화, 전통육아사상, 불교, 유교, 도교, 동학 등을 비롯한 동양의 문화와 사상에서 연유된 바 크다. 여기서는 인간 내지 아동을 천지인 합일사상에 기초하여 자연의 본성이 깃든 선한 존재, 신적인 존재, 자연적 존재, 우주적 존재 등으로 보고 있다(안경식, 2004).

이런 견해는 서양의 인디언들의 전통에서도 발견할 수 있다. 인디언의 후예, 시애틀 추장은 "우리는 땅의 한 부분이고 땅은 우리의 한 부분이다. 향기로운 꽃은 자매이다. 사슴, 말, 독수리, 이들은 우리의 형제들이다. 바위산 꼭대기, 풀의 수액, 조랑말과 인간의 체온 모두가 한 가족이다. 세상의 모든 것은 하나로 묶여 있다. 모두가 연결되어 있다"고 말한다(김종철, 1993, 16-21). 이러한 인디언의 인간관을 한 마디로 표현하면, '사람이 가장 약한 동물이다'라는 말로 축약된다. 인간은 너무나 약한 존재라서 다른 동물들이 인간을 살려 주기 위해서 스스로 자신의 살덩어리를 내어 준다고 본다. 인간에게 잡아 먹히는 물고기나 사냥감은 힘이 약해 잡아 먹히는 것이 아니라, 인간을 살리기 위해서 잡혀 주는 것일 뿐이다(박희준, 1993). 특히, 생태유아교육의 아동관과 관련해서는 동학·천도교의 어린이문화운동을 주도한 소춘 김기전과 소파 방정환의 사상(임재택, 조채영, 2002; 조채영, 1998), 함석헌의 씨ᄋᆞᆯ사상(박영신, 2003), 장일순의 생명사상(박순금, 2003) 등도 많은 도움을 받을 수 있다.

여기서는 생태유아교육에서의 아동관을 개략적으로 언급하고, 김지하 시인이 우리나라 상고사상과 동학사상을 기초로 제시한 생태유아교육의 아동관에 관해 살펴보고자 하는데, 특히 생태유아교육의 아동관의 특징을 아동중심 유아교육의 아동관과 비교해서 언급하고자 한다.

> 사람의 성품은 원래 청정하여 선과 악이 없건마는 경계를 따라 선하기도 하고 악하기도 하므로, 선한 환경에 처하면 자연히 그 선에 화하기 쉽고 악한 환경에 처하면 자연히 그 악에 물들기 쉽나니라. 그 중에도 천진난만한 어린 시절에는 아직 의식이 충분히 다 발달되지 못한 까닭에 보는 대로 듣는 대로 화하는지라, 옛날 맹자의 어머니는 삼천지교를 행하여 마침내 맹자를 성현되게 하였다 하나니, 어린 때의 교육을 어찌 소홀히 할 바이리요.
> [출처: 원불교, 정산종사법어, 제1부 세전, 제2장 교육(教育), 2. 유교(幼教)의 도] 삼일신고의 성명정 - 심기신 - 감식촉

(1) 아이는 소우주(小宇宙)이다.

예로부터 우리 조상들은 아이는 하늘과 땅의 기운을 받아 만들어진 존귀한 존재로서 천지자연인 대우주(大宇宙)를 닮은 소우주라고 생각해 왔다. 허준(許俊)이 저술한 『동의보감(東醫寶鑑)』「내경편 권1 신형장부도」에는 다음과 같이 기술되어 있다.

> 하늘과 땅 사이에 사람이 귀하며 사람의 머리는 왜 둥근가? 그것은 하늘을 본받기 위함이다. 발은 왜 네모인가? 그것은 땅을 본받기 때문이다. 하늘에는 봄, 여름, 가을, 겨울의 사계절(四季節)이 있듯이 사람의 몸에는 팔, 다리의 사지(四肢)가 있다. 하늘에는 수, 목, 화, 토, 금의 오행(五行)이 있듯이 사람의 몸에는 신장, 간장, 심장, 비장, 폐장의 5장(五臟)이 있다. 또 하늘에 상하 사방의 6극(六極)이 있듯이 사람의 몸에는 위, 소장, 대장, 담, 방광, 삼초의 6부(六腑)가 있다.

이렇듯 사람의 몸은 음양오행(陰陽五行)의 우주 창조원리에 따라 태어나서(生), 자라다가(長), 사라지는(滅) 길을 따르게 된다. 대우주와 소우주는 서로 상통하는데, 그 상통하는 길이 바로 도(道)이다. 대우주인 천지의 도와 소우주인 사람의 도는 하나로 통한다. 다시 말해서 천지인(天地人) 삼재(三才)가 하나로 통한다는 것으로 천도(天道), 지도(地道), 인도(人道)가 상통한다는 말이다. 여기서 아이를 소우주라고 하는 것은 아이는 우주의 무궁한 창조 진화적 기운(氣運)을 지닌 고귀한 존재로서 스스로 살아가고 더불어 살아갈 수 있는 무한한 잠재 가능성과 생명력을 지니고 있다는 확신에서 나온 것이다.

(2) 아이는 삼신할머니[3]가 점지하신 '신의 선물'이다.

이는 우리나라의 전통사상, 민속 문화, 전통육아사상 등에 깊이 배어 있는 우리 민족의 아동관이다. 즉, 우리 조상들은 아이는 삼신할머니가 점지하신 '신의 선물'로 인식하고, 아이를 기르는 것은 '신이 내려주신 아이를 정성을 다해 모시고 섬기는 일'로 보았다. 동학·천도교의 이념과 소파 방정환의 사상에서 '아이는 한울님'이라고 하는 것도 이런 아동관의 연장이다. 다시 말해서 아이라는 생명의 잉태는 단순히 어머니와 아버지의 만남,

---

3) 안경식(2004, 52-54)의 『한국전통아동교육사상』에 따르면, 삼승할망, 산신(産神) 등 다양한 이름으로 불리지만 민간신앙이나 무속에서 보는 삼신의 의미는 출생신으로서의 삼신과 민족신으로서의 삼신의 두 가지로 나눈다. 전자의 경우, 삼신의 '삼'은 아기의 태(胎)를 의미하는 우리말 '삼'에서 나왔으며 삼신은 곧 출생신이라는 것이다. 그래서 삼신은 생명의 신, 출생의 신, 산신(産神)을 의미한다. 또한 삼신을 한자 '三神'으로 표기하면서 임신의 신, 출생의 신, 양육의 신이라 하기도 하고, 육신을 만드는 신, 뼈를 만드는 신, 혼을 만드는 신이라 하기도 한다. 후자의 경우, 민족신으로서의 삼신을 환인(桓因)·환웅(桓雄)·단군(檀君) 또는 天·地·人을 의미한다.

난자와 정자의 교합에 의해서만 이루어지는 것이 아니라 '삼신할머니'라는 하늘의 뜻이나 자연의 기운의 돌봄이 있어야 이루어진다는 것이다. 언뜻 들으면 비과학적인 것처럼 들리지만 요즘 많은 사람들이 삶의 현실에서 그러한 기운(氣運)을 실감하고 있는 것도 사실이다. 이러한 인식에서 태교, 출산, 수유, 육아 등은 신의 뜻, 즉 천지의 지극한 기운과 자연의 순리대로 이루어졌다. 이 같은 우리 조상들의 전통적 육아법을 과학적 연구와 실험을 통한 실증적 증거가 충분하지 않다는 이유로 무지한 행위나 미신 정도로 취급하는 것은 인간중심적 세계관에 기초한 판단으로 지극히 편협한 단견이라고 할 수 있다. 오히려 이와 같은 우리 민족 전통의 아동관이나 육아법은 생명중심 사상에 뿌리를 두고 있는 지극히 심오하면서 실체적 진실이라는 것이 최근 신과학을 통해서 입증되고 있다.

(3) 아이는 자연의 본성을 지닌 청정한 존재이고 고귀한 생명체다.

인간을 포함한 모든 생명체는 자연에서 태어나 자연으로 돌아간다. 자연에서 태어난 어린 아이는 자연을 그대로 닮아 있다. 어린 아이의 몸과 마음과 영혼은 자연의 본성 그대로이다. 아이의 본성은 인간의 타고난 본성으로서 자연처럼 맑고 밝고 선하고 아름답다.

이런 사상은 세계 최고(最古)의 경전(經典)이라 일컬어지는 『천부경(天符經)』과 『삼일신고(三一神誥)』에서 잘 보여주고 있다. 『천부경』의 '인중천지일(人中天地一)'은 사람 속에 천지가 하나로 합일되어 있다는 사상으로 아이와 자연은 둘이 아니라 하나로 통합되어 있으며, 아이 속에 천지 자연이 들어 있어 아이와 자연은 하나로 통한다는 의미이다. 또한 『삼일신고』에는 "사람과 만물은 똑같이 성(性)과 명(命)과 정(精)이라는 세 가지 본질을 받은 것이니(人物同受三眞 曰性命精). 사람은 두루 갖추었고 만물은 치우치게 갖춘 것이다(人全之物偏之). 참된 성은 선하고 악함이 본시 없는 것이니, 이를 깨닫는 것이 통(通)이요(眞性無善惡 上哲通)."는 사상이 담겨 있다. 이 사상은 사람과 만물은 똑같은 성품을 지니고 있는데, 그 성품은 본래 청정하여 선하지도 악하지도 않다는 것이다(이경숙, 1999).

동학 · 천도교와 원불교에서도 사람과 만물은 선악을 타고나는 것이 아니라 본래 없는 것이라고 보고 있다. 이것은 성선설과 성악설을 모두 부정하는 것이다. 동학의 도(道)는 원래 무선무악(無善無惡)이며, 사람과 천지자연의 도(道) 역시 선한 것도 악한 것도 없다. 그러나 사람이 사회생활을 시작하면서부터 선악이 시작된다는 것이다. 그래서 동학의 교(敎)는 유선유악(有善有惡)이요 선악을 분별한다. 이에 대해 수운 선생은 "군자의 덕은 기(氣)가 바르고 마음이 정해져 있으므로 천지와 더불어 그 덕에 합한다"고 말하고 있다. 즉 기(氣)와 심(心)이 천덕(天德)과 합치될 때 선(善)이 된다는 것이다. 그리고 "소인의 덕은 기(氣)가 바르지 못하고 마음이 이리저리 옮기므로 천지와 더불어 그 명(命)에 어긴다"고 하였다. 즉 기(氣)와 심(心)이 천명(天命)에 어긋나면 악(惡)이 생긴다는 것이다(김철, 1992).

그리고 원불교에서는 『정산종사법어』에서 다음과 같이 설하고 있다. "사람의 성품은 원래 청정하여 선과 악이 없건마는 경계를 따라 선하기도 하고 악하기도 하므로, 선한 환경에 처하면 자연히 그 선에 화하기 쉽고 악한 환경에 처하면 자연히 그 악에 물들기 쉽나니라. 그 중에도 천진난만한 어린 시절에는 아직 의식이 충분히 다 발달되지 못한 까닭에 보는 대로 듣는 대로 화하는지라, 옛날 맹자의 어머니는 삼천지교를 행하여 마침내 맹자를 성현되게 하였다 하나니, 어린 때의 교육을 어찌 소홀히 할 바이리요."

예로부터 우리 조상들이 아이를 '삼신할미가 점지하신 신의 아이'나 '자연의 아이'라고 부르고, 동학에서는 '한울님', 불교에서는 '아기부처', 그리스도교에서는 '아기예수' 등으로 인식하고 부르는 것도 모두 같은 맥락이라고 할 수 있다.

또한 '아이는 어른의 스승이다'는 옛 성현의 말씀은 어른의 인위성(人爲性)보다는 아이의 자연성(自然性)을 높이 평가한 것으로 보인다. 이처럼 '생명의 꽃'인 아이가 자연의 아이로 태어나 사람의 아이로 자라면서 본성을 잃어가게 된다. 아이는 차츰 자라나면서 사람의 손에 의해 사회악에 물들면서 나빠지게 된다. 만약 어른들이 자연의 품 속에서 자연의 원리에 따라 아이를 키운다면 그 아이는 타고난 본성을 그대로 간직하게 될 것이다. 흙에서 나서 흙으로 돌아갈 때까지 아이의 본성을 그대로 간직한 삶을 누린 사람을 일러 성인(聖人)이라고 한다. 성인은 석가모니나 예수만이 아니라 이름 없이 살다 가신 우리의 선대 할아버지, 할머니들 중에도 많으리라 생각된다. 인간교육은 인간이 세상을 살아가는 과정에서 성인의 경지에 이르지는 못할망정 성인에 가까워지려는 일련의 노력이라고 할 수 있다. 결국 아이를 잘 기른다는 것은 아이가 본래 지니고 있는 청정한 자연의 본성을 오랫동안 간직하도록 모시고 기르고 살리는 일이라고 할 수 있다.

(4) 김지하가 언급한 생태유아교육의 아동관

김지하(2004, 9-15)는 한국생태유아교육학회 2004년도 추계학술대회에서 '아이살림에 관한 한 생각'이라는 기조발제를 통해 아동관을 피력하고 있는데, 그 요점을 간추리면 다음과 같다.

첫째, 아이는 한울님이다. 수운 최제우 선생이 창도한 동학에서는 모든 사람이 제 안에 한울님을 모셨다고 가르친다. 나아가 모든 동·식물과 모든 무생물까지도 다 한울님을 모셨다고 가르친다. 사람이 제 안에 한울님을 모셨으니 사람 자신이 곧 한울님이다. 아이는 사람이니 당연히 한울님이다.

둘째, 아이는 천지부모(天地父母)다. 동학의 2대 교주인 해월 최시형 선생은 "천지는 곧 부모요 부모는 곧 천지니, 천지부모는 한 몸이다"고 했다. 해월은 한울님과 같은 의미로 천지부모란 말도 쓴다. 부인이 아이를 포태한 것은 한울님을 제 안에 모신 것이요, 천지부모를 모신 것이다. 사람이 한울님이니 천지부모요, 부인이 천지부모이니 그가 아이를 모신 것은 곧 천지부모가 천지부모를 모신 것이다. 그러니 아이는 천지부모다.

셋째, 아이는 홍익인간(弘益人間)이요, 신인간(新人間)이요, 단군(檀君)이다. 아이는 사람이니 한민족은 인간의 삶을 홍익인간(弘益人間)이라 하고 그 인간의 세계에 대한 관계를 이화세계(理化世界)라고 했다. 널리 인간을 이롭게 한다는 홍익인간은 신과 인간이 결합하는 '신인간(新人間)'이다. 아이는 태어남은 물론, 태중에서 그리고 예상과 예감의 영역인 사랑 속에서 이미 '홍익인간'이요 '신인간'이다. 한편 한민족 신화의 단군은 홍익인간이다. 아이는 바로 여기에서 태어난 단군이다. 아이가 '대혼돈'에 빠진 세계에서 '홍익인간', '신인간'으로서 '혼돈적 질서'라는 한민족 나름의 카오스모스 우주생명학을 가지고 그 세계를 '이화'할 주체라고 한다면 어찌할 터인가?

넷째, 아이는 창조적 진화(進化)의 주체이다. 고조선 시대 한민족의 경전인 『천부경(天符經)』에는 인간을 다음과 같이 규정하고 있다. "사람 안에 하늘과 땅이 하나로 통일된다(人中天地一)." 이것은 바로 '하늘과 땅의 통일(카오스모스, 혼돈적 질서)'이 사람 속에서 이루어진다는 뜻이다. 동학에서 아이가 천지부모라고 한 그 가르침의 근원이 상고 때 천부, 즉 혼돈적 질서의 원형 사상 안에 이미 나타나고 있다. 그러니 아이는 '카오스모스(chaos-mos)'이고, 창조적 진화의 주체이고, 그 화(化)인 한울님이다.

다섯째, 아이는 뇌(腦)를 가진 존재다. 고조선 시대 한민족의 근원적 사상체계를 담고 있는 『삼일신고(三一神誥)』에는 "신은 뇌 속에 내려와 있다(神降在以腦)"는 구절이 있다. 이것은 우주 만물의 주재인 한울님, 즉 신이 바로 인간의 뇌 속에 내려와 있다는 뜻이다. 이것은 최근 뇌 과학의 비약적 발전에 의해 비로소 밝혀진 뇌세포와 뇌생리학 지식 등이 결국 잠자는 뇌세포의 90% 안에 신의 거처가 있고, 또는 천체 우주 공간의 블랙홀의 존재나 초신성(超新星)의 폭발까지도 홀로그램 방법을 통해 관찰한 결과 뇌세포 속에서 그것이 동시에 복사되는 등 우주운동이 뇌 속에서 일어나고 있다는 사실을 직관한 위대한 천재의 노작이라고 하지 않을 수 없다. 범인은 잠자는 뇌세포 중의 6% 정도, 천재가 10% 정도를 활용할 수 있을 뿐이라면 크게 깨달은 종교적 영성은 그 90% 중의 10%나 15% 정도가 깨어난 결과가 아닐까? 그렇다면 아이는 누구인가? 아이는 바로 뇌를 가진 존재이다.

여섯째, 아이는 영성(靈性)-생명적(生命的) 존재다. 동학의 '모심(侍)'이란 말에는 "안으로 신령이 있고(내유신령 內有神靈), 밖으로 생명의 자기조직화가 일어나며(외유기화 外有氣化), 한 세상 사람이 모두 각각 서로 떨어져 살 수 없는 전체성을 나름대로 깨달아 다양하게 실현한다(일세지인 각지불이 一世之人 各知不移)"는 세 가지 뜻을 담고 있다. 이는 다윈(Charles Darwin, 1809~1882) 이후 가장 첨단적인 자기조직화 진화론의 3대 명제요, 나아가 창조적 진화론의 조건이기도 하다. 즉, 사람은 내면의 영성과 외면의 생명이 상호 영향을 주고받으며 진화하는 존재이다. 아이 역시 그 신령과 생명을 제 안팎에 모시고 살아가는 존재다. 그러니 아이는 영성-생명적 존재이다. 이 같은 발견을 통해 우리는 아이에게 근원적인 경외감, 공경의 감정, 단순한 제 새끼가 아닌 거룩한 생명이고 우주를 안에 품은 독특한 개성임을 인정하게 된다.

(5) 생태유아교육의 아동관의 특성

앞서 논의한 것처럼 아동중심 유아교육의 아동관을 '사람의 아이'라는 용어로 규정한 반면 생태유아교육의 아동관은 '자연의 아이'라는 용어로 설명한 바 있다. 전자는 아동의 본성과 능력을 인간중심적 관점에서 선하고 유능한 존재이며 독립된 인격체로 인정하고 있는데 비해 후자는 아동이 살아있는 모든 유기체와의 관계망 속에서 한 생명체이자 자연의 본성을 지닌 자연의 일부로서 존중되어야 할 존재로 보고 있음을 나타낸다.

양쪽 모두 아동은 선한 본성을 지닌 독립된 인격체이며, 주변 환경(즉, 자연생태계)과의 상호작용이나 관계를 맺을 수 있는 유능한 존재로서 존중되어야 마땅한 존재로 본다는 점에서 공통점을 갖고 있다. 한편 양쪽의 차이점도 뚜렷하다. 아동중심 유아교육의 아동관은 아동의 본성과 존재와 능력을 존중하는 아동 본위의 관점으로서 심지어 아동을 둘러싸고 있는 주변의 인적·물적 환경마저도 아동을 위한 것들로 바라보는 말 그대로 아동중심적인 아동관이다. 이 같은 관점은 인간은 만물의 영장이고 무한한 능력의 정신과 이성을 지닌 존재라는 입장에서 아동을 바라보고 있다. 이것은 인간중심 내지 아동중심 가치관을 넘어 극단적으로는 인간이기주의 내지 아동이기주의로 발전될 가능성을 배제하기 어렵다. 이처럼 인간이 만물의 영장이라는 의미는 인간은 지구상의 무생물, 식물, 동물을 비롯한 만물을 지배할 수 있는 이성을 가진 최고의 고등동물이라는 다윈의 진화론에 그 사상적 뿌리를 두고 있다는 점에 주목할 필요가 있다.

그러나 생태유아교육의 아동관은 아동 존중의 관점을 넘어서 아동을 둘러싼 주변의 인적·물적 환경, 즉 주변의 생물과 무생물까지도 똑같이 존중해야 한다는 것이다. 또한 생태유아교육에서는 인간이 이성을 가졌다는 이유로 만물의 영장으로 보는 것은 인간중심적 사고에서 나온 잘못된 발상이라고 보고 있으며, 따라서 인간 내지 아동은 만물의 영장이 아니라 자연

만물의 일원으로서 모든 우주 만물과 조화를 이루며 살아야 하는 존재로 인식하고 있다. 동학의 '시천주(侍天主) - 우리 인간 자체가 한울님을 모신 존재' 내지 '인내천(人乃天) - 우리 인간이 한울님과 같은 존엄한 존재'에서 알 수 있듯이 유형한 존재인 인간은 무형한 존재인 한울님의 뜻을 이 세상에 실현해야 하는 존재이다. 또한 수운(水雲) 선생은 한울님과 인간의 관계를 '무궁(無窮)한 이 울 속에 무궁한 나'라고 말하면서 무궁 무한한 우주를 향한 인간의 무궁 무한한 발전 가능성을 강조하고 있다. 따라서 인간은 인내천적인 존재이기 때문에 역사의 주체가 된다. 우리 인류의 역사가 발전적인 선의 방향으로 나아가기 위해서는 한울님의 뜻에 따라 경천명(敬天命) 순천리(順天理)해야 하는데, 그것을 주체적으로 실천하는 것은 인간이어야 한다는 것이다(김철, 2001, 89-91).

이와 같은 관점에서 생태유아교육에서의 인간 내지 아이는 하늘의 뜻을 공경하고 하늘의 이치에 따라 인류 역사 발전과 자연생태계 평화에 기여할 수 있는 무한한 잠재가능성을 지닌 창조·진화적 존재라고 할 수 있다. 1860년 수운 최제우 선생이 제창한 동학은 동양 초유의 진화론이면서 동시에 그 한 해 전에 발표되어 전 유럽을 흥분시킨 찰스 다윈의 진화론을 전면적으로 전복시키고 20세기 초 떼이야르 드 샤르댕 등이 제창한 창조적 진화론을 넘어선 현대의 첨단적인 자기조직화의 창조적 진화론으로서 여기에 멈추지 않고 유불도와 기독교는 물론 동양의 역학(易學)과의 관계를 새롭게 지시함으로써 후천개벽시대의 생명학, 우주생명학의 성립을 예감시킨다(김지하, 2005, 302-304)는 사실이 앞의 주장을 뒷받침한다.

3. 발달관

1) 외형에서 내실로의 발달관의 전환

발달관은 인간의 발달을 보는 관점이다. 아이들의 성장과 발달과 변화에 관심을 두고 있는 유아교육 분야에서는 아이들의 발달을 어떤 관점으로 보느냐 하는 것은 매우 중요하다. 아이들의 발달을 보는 관점에 따라 유아교육의 접근방식이 달라지기 때문이다. 유아교육에서 태아·영아·유아·아동의 발달에 많은 관심을 갖고 발달심리학을 중요시하는 것은 어쩌면 자연스러운 일이다.

일반적으로 인간발달에 관한 서양의 관점에는 성숙론, 환경론 및 상호작용론으로 구분한다. 먼저, 성숙론(成熟論)은 인간의 발달은 주로 생물학적, 유전적 혹은 내재적 요인에 의해 이루어진다는 입장이다. 성숙론은 루소의 자연주의적 발달관, 다윈의 유전론 내지 사전결정론, 게젤의 아동발달에 관한 규준적 접근 내지 표준행동연구 등에 의해 확립된 것으로 프로이트의 정신분석학이론이나 프뢰벨의 유아교육사상과 맥락을 같이 한다. 다음으로 환경론(環境論)은 인간의 성장·발달에서 환경적 측면을 강조하고 있는 로크, 손다이크, 스키너 등의 이론에 기초를 두고 있다. 이 이론은 인간의 발달은 외재적 환경에 의해 거의 좌우된다고 보는 관점으로써 인간 행동의 계획적 변화, 외재적 동기, 예측가능성 등에 강조를 두고 있다. 마지막으로 상호작용론(相互作用論)은 인간의 성장·발달에서 생득적 측면과 환경적 측면을 동시에 강조함으로써 인간이 주변 환경과의 능동적 상호작용을 통해 내적 인지구조의 양적·질적 변화가 이루어져 전인적이고 통합적으로 발달해 간다고 보는 입장이다. 이 이론은 듀이, 피아제, 와이카트, 비고츠키 등의 이론에 기초를 두고 있다. 지난 1979년 제2차 유치원 교육과정에서부터 현행 유치원 교육과정에 이르기까지 우리나라 유아교육과정이 지향하는 발달관은 상호작용론이라고 할 수 있다.

여기서는 인간발달 내지 아동발달에 대한 관점을 동양적 접근 대 서양적 접근, 물질론적 접근 대 생명론적 접근, 아동중심 유아교육의 관점 대 생태유아교육의 관점 등의 측면에서 살펴보고자 한다. 하지만 이러한 관점의 차이가 인간의 발달관이나 발달현상을 이분법적으로 구분하는 것이라기보다는 어느 정도 치우친 경향성을 보여주는 것으로 이해하는 것이 바람직하다. 아동중심 유아교육에서의 발달관은 서양적 접근 내지 물질론적 접근으로 기울어지는 경향이 있는 반면 생태유아교육에서의 발달관은 그 성격상 동양적 접근 내지 생명론적 접근으로 나아가고자 하는 경향을 보이고 있다. 그러나 아동발달에 관한 관점이나 현상에 대한 연구결과는 거의 서양적 접근 내지 물질론적 접근에 의존하지 않을 수 없는 현실에서 동양적 접근이나 생명론적 접근을 운위하는 것 자체에 의문점과 취약점이 많을 수밖에 없다. 그렇지만 누군가 그러한 시도를 해야 하며, 그 방향이 옳고 가치가 있다면 많은 사람들이 연구에 동참하게 될 것이다. 앞서 가는 서양의학을 뒤따라가는 한의학의 모습을 떠올릴 수 있다. 그리하여 서양의학과 한의학의 만남이 새로운 패러다임의 생명의학(生命醫學)을 만들어 가고 있는 아름다운 모습을 보여주고 있다. 유아교육 분야에서도 이와 같은 아름다운 모습이 머지않아 현실로 다가올 것으로 기대한다. 우리 민족은 그 정도의 혜안과 저력을 지니고 있다. 여기서는 그 초보적 시도로 동양적 접근 내지 생명론적 관점에서 몇 가지 방향 정도만 언급하고자 한다.

첫째, 인간의 발달에 대한 관점은 서양적 접근과 동양적 접근에는 상당한 차이가 있다. 서양적 접근은 출생부터 20세 정도까지 아이들의 감각, 사고, 행동 등의 성장과 발달의 가시적 변화에 관심을 두는 반면 동양적 접근에서는 인간의 발달을 천인합일이나 자연의 순리나 사람의 도리를 따르는 정도, 즉 성인(聖人)이나 군자(君子)에 이르는 정도로 보고 있다. 다시 말해서 발달관에 대한 서양적 접근은 양적 측면이나 가시적 측면을 중시하는 경향이 있는 반면 동양적 접근은 질적 측면이나 내면적 측면을 중시하는 경향이 있다. 특히 동양적 접근에는 인간발달을 사고나 행동의 가시적 변화보다는 인격수련이나 깨달음의 정도로 보고 있다.

요컨대, 서양적 관점은 양적 발달 내지 외형 증대에 주로 관심을 두고 있는데 반해 동양적 관점은 질적 발달 내지 내면 충실에 주된 관심을 두고 있다. 예컨대, 서양적 관점에서는 아이들의 인지, 언어, 정서, 사회성 및 신체발달 영역의 변화를 측정 가능한 점수나 수치로 나타내는 데 역점을 두고 있다. 한편 동양적 관점에서는 군자(君子) 대 소인(小人), '된 사람' 대 '좀 사람', 각자(覺者), 선인(仙人) 등으로 자연의 이치와 사람의 도리를 얼마나 깨우치고 실천하느냐에 역점을 두고 있다. 동양적 관점의 발달은 몸과 마음과 영혼의 수련(修鍊) 내지 수양(修養)의 정도라고 할 수 있다.

예를 들면, 피아제의 인지발달이론이나 콜버그의 도덕성 발달이론을 비롯한 서양의 인간발달이론은 대개 임신부터 20세 전후까지 감각, 운동, 사고, 행동, 인지능력, 도덕적 판단력 등의 양적이고 가시적 변화를 연령별·단계별로 구체적으로 제시하고 있다. 한편 인간발달에 대한 동양적 접근의 한 사례로 공자(孔子)는 다음과 같이 언급하고 있다.

> [吾十有五而志于學 三十而立 四十而不惑 五十而知天命 六十而耳順 七十而從心所欲不踰矩]
>
> [나는 열다섯 살 때 학문에 뜻을 두었고, 서른 살에는 학문과 처세에 있어서 혼자 힘으로 설 수 있게 되었고, 마흔 살에는 판단에 혼란이 생기는 일이 없게 되었고, 쉰 살에는 하늘이 나에게 부여한 사명을 알았고, 예순 살에는 말을 들으면 그 말의 참과 거짓, 옳음과 그름을 금방 알 수 있게 되었고, 일흔 살에는 마음대로 해도 법도를 넘어서지 않게 되었다.] (『논어』「위정편」)

위와 같은 공자의 인간 발달은 서양적 접근처럼 나이 20세 전후에 마무리되는 것이 아니라 나이 15세가 되어서야 겨우 학문에 뜻을 두고 70세에 이르러서야 자연의 이치에 따라 마음 놓고 행동할 수 있을 정도로 발달된 성인(聖人)이 될 수 있다는 것이다. 사람이 군자(君子)나 성인(聖人)에 이르는 성장과 발달은 평생을 두고 이루어지는 것이라는 심오한 사상과 철학에서 연유한 것이다.

둘째, 인간발달에 관한 서양적 관점은 단기적이고 직선적이고 제한적인 경향을 보이는 반면 동양적 관점은 장기적이고 순환론적이고 광범위한 측면에서 바라보는 경향이 있다. 다시 말해서 인간발달에 관한 서양적 관점은 한 개체의 일생(一生)의 성장과 발달과 변화에 초점이 맞춰져 있는 반면 동양적 관점은 출생 전후는 물론 전생(前生)·현생(現生)·후생(後生)의 성장과 변화 전반을 통시적으로 바라보는 경향이 있다.

동양적 관점의 한 사례로 불교에서는 인간발달을 한 인간 개체의 일생에만 국한시키지 않고 그 개체의 전생, 현생 및 후생의 오랜 과정에서 여러 가지 원인과 조건으로 '말미암아(緣) 일어나는(起)' 연기법(緣起法)으로 설명하고 있다. 우리의 민간신앙에서도 한 인간은 부모의 유업(遺業)과 삼신할머니의 점지를 받아 어머니의 자궁인 '아기집'에서 열 달을 살다가 태어나서는 '가정집'에서 한 평생을 살다가 목숨이 다하면 다시 '흙집'인 자연으로 돌아갔다가 다시 새로운 인연을 만나 인간으로 태어나는 끝없는 순환을 반복한다는 것이다.

이러한 측면에서 아동발달을 위한 일련의 노력에 대한 관점도 뚜렷한 차이를 보인다. 즉, 서양적 관점에서는 다음 단계의 발달을 위해서는 전 단계의 발달이 중요하다고 보고 발달단계별 교육적 경험이나 활동을 제공하는 데 주력하는 경향이 있다. 결국 전 발달단계는 후 발달단계를 위한 준비단계이고, 낮은 발달단계나 수준은 높은 발달단계나 수준을 위한 징검다리이며 가능한 빨리 극복해야 할 단계나 수준으로 바라보게 된다. 이러한 발달관은 본래의 취지와는 상관없이 조기선행학습을 부추기는 이론적 근거로 오용되는 상황이 벌어지고 있다. 반면 동양적 관점에서는 인간은 물론 모든 만유가 시간적, 공간적으로 개체의 분리 없이 서로가 인(因)이 되고 연(緣)이 되어 상호 영향을 주고받는 과정(황옥자, 1994)의 결과(結果)로서 성장과 발달과 변화가 이루어진다고 본다. 전생, 현생 및 후생의 모든 과정에서 선업(善業)을 지으면 선과(善果)가 오고, 악업(惡業)을 지으면 악과(惡果)가 오게 마련이다. 이것은 우주만유의 이치이고 자연의 순리이다. 이러한 관점에서 아동발달은 다음 단계의 발달을 위한 전 단계의 준비가 아니라 지금 여기의 발달 그 자체가 중요한 것이다. 즉, 지금 여기의 발달은 전생이나 현생에서의 업(業)의 결과로서 주어진 것이므로 지금 여기 단계에서 최고의 선업을 짓는 행위나 활동을 하는 것 그 자체가 바로 발달이라고 본다.

지금까지 논의한 아동발달에 관한 관점을 요약하면, 물질론적 관점에 바탕을 둔 서양적 접근은 "두 돌짜리 아이를 다섯 돌짜리 아이로 키우려는 발달"이라고 할 수 있는 반면 생명론적 관점에 바탕을 둔 동양적 접근은 "두 돌짜리 아이를 두 돌짜리 아이로 키우려는 발달"이라고 말할 수 있다.

셋째, 서양적 관점에서는 아동의 발달을 몸과 마음, 정신과 육체, 지덕체(智德體), 인지·언어·사회성·정서·신체 등으로 나누어 접근하는 경향이 있는데 반해 동양적 접근에서는 인간의 발달을 몸과 마음과 영혼, 이성과 감성과 영성, 성명정(性命精), 심기신(心氣身), 정기신(精氣神) 등 전일적이고 유기적이고 통합적으로 접근하려는 경향이 있다.

데카르트 이래 서양의 물질론적 관점은 인간을 몸과 마음, 육체와 정신, 감성과 이성 등으로 철저하게 나누는 경향이 뚜렷하다. 그러나 동양적 관점에서는 인간 자체를 쪼개고 나누는 것을 피하는 것은 물론 인간과 자연, 천지인의 관계마저도 하나로 보는 경향이 강하다. 자연 내지 우주만유는 대우주이고 인간은 소우주라는 동양적 관념이 이를 대변한다. 예컨대, 우리식으로 생각하면 몸과 마음은 'ᄆᆞᆷ'의 표현 양식의 차이에 불과하다. 'ᄆᆞᆷ'이 안으로 표현된 것이 맘(마음)이라면, 밖으로 펼쳐진 것이 몸이 될 것이다. 몸과 마음은 그저 기운(氣運)의 전개 방향에 따른 차이이지 절대적 실체로서의 차이가 아니다. 생명이란 이러한 심신일여(心身一如)의 긴장된 반대일치(反對一致) 현상이 아니겠는가? 다음의 글은 동양적 관점의 유기적이고 전일적이고 통합적인 생명관 내지 발달관을 잘 보여주고 있다.

> 동양의 고전에 따르면, 천원지방(天圓地方)이라는 말이 있는데, 이는 하늘은 둥근 원(圓 ○)이고 땅은 네모난 방(方 ㅁ)이다. 비과학적이라 하지만 이는 다른 이야기이다. 무한과 유한의 담론이다. 원(圓)이 무한 차원이라면 방(方)은 유한 차원이다. ○이 정신성, 영성이라면 ㅁ은 구체적인 물질성이다. 그리고 우리 인간은 그러한 천지 기운의 통합체로서 존재한다. 天 地 人, ○ ㅁ ㆍ의 무한 프랙탈 구조[4]로 우주가 존재하고, 더불어 인간이 존재한다. 힌두교의 태초음 만트라가 '옴'이고, 기독교의 'ᄋᆞ멘'이 신과 통하는 기도인 것도 이런 맥락에서 이해해야 하지 않을까 싶다. … 대부분의 고등종교가 설정하는 신관(神觀) 속에 이미 내재된 소위 삼위일체(三位一體)라는 것이 이러한 구조를 종교적으로 표현하고 있는 것이 아닌지 모르겠다. 기독교의 성부(聖父)·성자(聖子)·성령(聖靈), 불교의 법신(法身)·보신(報身)·응신(應身), 도가의 정(精)·기(氣)·신(神) 등이 모두 셋이면서 하나인 구조로 우주 혹은 그 질서를 설명한다. … 사람은 몸·마음·영혼 혹은 심(心)·기(氣)·신(身)으로 이루어져 있으며, 우주는 천(天)·지(地)·인(人)으로 이루어져 있다는 것 등도 셋이면서 하나인 삼용일체(三用一體) 혹은 일체삼용(一體三用)으로 설명하고 있다(방건웅, 2001, 23-26).

---

4) 우리 민족종교인 대종교(大倧敎)에서는 天 地 人, ○ □ △ 으로 표현하며, 이를 합하여 일체삼용의 형상 '◎'을 대종교의 상징 로고로 활용하고 있다.

넷째, 인간의 몸과 마음, 육체와 정신, 물질적인 것(질 質)과 비물질적인 것(성 性), 드러난 질서(기연 其然)와 숨은 질서(불연 不然) 등을 바라보는 인간 발달에 관한 관점에서 서양적 접근은 전자인 몸, 육체, 물질적인 것(질 質), 드러난 질서(기연 其然) 등에 중점을 두는 경향이 뚜렷한 반면 동양적 접근은 후자인 마음, 정신, 비물질적인 것(성 性), 숨은 질서(불연 不然) 등을 중요시 하는 경향이 있다. 특히, 인간발달을 설명하는 데 동양적 관점에서는 사람의 기질과 체질, 음양의 조화, 혈과 기의 순환 등의 측면에서 접근하고 있지만 서양적 관점에서는 그러한 접근을 피하거나 등한시 하는 경향이 있다.

예를 들면, 심신의학(心身醫學, Body-Mind Therapy)은 정신과 육체의 심오한 상관관계를 인식시키고, 인체의 본래 타고난 심신의 능력을 온전히 유지하는 것이 발달이고 건강이라고 한다. '나(我)'는 물질적(物質的)인 '나'와 비물질적(非物質的)인 '나'로 구성되어 있다. 우리가 일반적으로 육체라든가 몸이라고 부르는 '물질적 나(백 魄, Soma)'가 건강하기 위해서는 체·신·정(體·身·精)이 조화(調和, Harmorny)를 이루어야 하고, '비물질적(非物質的) 나(혼 魂 , spirit)'가 건강하기 위해서는 영·심·신(靈·心·神)이 조화를 이루어야 한다(전세일, 2004). 이와 같은 동양적인 심신의학의 전통을 최근 들어 서양적 현대의학에서도 적극적으로 수용하는 경향이 두드러지고 있다. 같은 맥락에서 아동발달에 관한 동양적 관점인 심신의 조화, 음양의 조화, 기(氣)와 혈(血)의 순환, 기질론 내지 체질론 등의 측면에서 아동의 성장과 발달과 변화를 탐구하는 새로운 접근이 활발하게 이루어지기를 기대해 본다.

사람은 몸(身)도 건강하고, 마음(心)도 건강하고, 사회(社會)적으로도 건강하고, 영적(靈的)으로도 건강해야 비로소 건강한 사람 내지 행복한 사람이라고 할 수 있다는 것이 새로운 건강의 정의이다. 몸(身)은 먹고(食) 자고(眠) 숨쉬고(息) 움직이는 것(動)을 제대로 할 때 건강을 유지할 수 있고, 마음(心)은 기뻐함(喜), 화냄(怒), 슬퍼함(悲), 근심함(憂), 놀람(驚), 두려워함(恐) 등이 조화를 이루고 있을 때 건강을 유지할 수 있으며, 사회는 화평(和平)을 유지해야 건강한 것이며, 영(靈)은 행복을 유지해야 건강할 수 있다. 신·체·정(身·體·精)이 환경과 자연과 조화를 이루고, 심·령·신(心·靈·神)이 사회와 역사와 조화를 이루게 될 때 '자연치유기전(自然治癒機轉,

Self-healing Mechanism)'이 최고도로 활성화 될 수 있으며, 이 상태를 건강한 상태 내지 조화로운 발달이라고 말할 수 있다(전세일, 2004).

2) 아동중심 유아교육의 발달관

우리나라의 경우, 아동중심 유아교육의 발달관은 대체로 인간발달에 관한 서양적 관점에 치중된 경향을 보이고 있으며, 그러한 세 가지 관점인 성숙론, 환경론 및 상호작용론 중에서 상호작용론의 관점을 강조하는 경향을 보이고 있다고 할 수 있다. 아동중심 유아교육의 발달관은 유아교육의 사상적 토대를 마련했다고 평가받고 있는 교육학자인 루소, 프뢰벨 및 듀이의 견해와 발달심리학적인 이해의 대상으로 아동을 체계적으로 연구한 피아제와 비고츠키의 발달관을 중심으로 살펴보는 것(김은주, 2003)이 비교적 무난한 것으로 보인다.

먼저, 루소는 아동의 성장 발달은 자연법칙에 따르는 것으로 보고, 각 발달단계마다 인위적으로 수정할 수 없는 고유한 특징과 능력을 지니고 있다고 보고 있다. 발달론적 관점에서 보면, 루소는 조기교육을 거부하고 자연의 순리에 따른 발달적 적합성 교육을 강조했다고 볼 수 있다. 또한 프뢰벨의 아동발달 개념은 신과 인간과 자연의 조화 통일을 통한 신성(神性, Godness)의 회복을 의미한다. 결국 인간의 발달은 우주의 생명현상으로서 신과 자연의 속성에 어긋나지 않도록 하는 것이 발달을 위한 최적의 조건이라는 것이다. 그는 아동발달을 영아기, 유아기, 아동기의 세 단계로 구분하고, 발달은 점진적이며 계속적인 과정임을 주장하고 있다(박덕규, 1993). 이처럼 루소와 프뢰벨이 자연성과 우주적 생명성으로 발달을 보았다면, 듀이는 사회 속의 적응과정으로 발달을 보고 있다. 듀이는 인간의 발달 또는 성장은 삶이라고 하면서 성장으로서의 교육을 강조하고, 성장·발달이 일어나기 위해서는 경험이 중요하다는 것이다. 따라서 인간이 외부 환경과의 상호작용을 통해 얻은 경험의 형성이 곧 성장이며 발달이다. 즉, 발달은 생물학적인 단계가 정해지나 환경과의 상호작용을 통하여 보다 높은 수준의 발달로 나아간다는 것이다. 그는 루소와 프뢰벨에 비해 보다 적극적인 상호작용 측면에서 발달을 강조하고 있다.

한편 피아제 역시 듀이처럼 적극적인 상호작용의 개념으로 발달을 설명하고 있다. 피아제는 유기체가 환경과의 상호작용을 통해 자신의 경험을 연속적으로 조직하고 재조직함으로써 변화하는 세계에 대처하는 능력을 지능이라고 정의하면서, 경험의 양이 많아지면 많아질수록 인지능력이 발달하고 지능이 높아질 것이라고 주장한다. 또한 비고츠키는 아동이 대상에 직접 작용하는 외적 경험보다는 내적 정신활동을 중시하며 발달 주체자로서의 아동의 역할을 인정하고 있다. 그러나 그는 아동이 성인과 맺는 사회적 상호작용의 의미를 강조하면서 피아제에 비해 학습 자료나 성인의 역할에 훨씬 더 관심을 기울이게 함으로써 아동발달 문제를 거론할 때 외적 환경을 더욱 강조하고 있다(송명자, 1997).

이러한 발달관의 차이는 교육과정의 차이로 드러나기도 한다. 루소나 프뢰벨의 발달관이 낭만주의적 유아교육과정을 만들었다면, 듀이와 피아제 및 비고츠키의 발달관은 아동이 주변 환경과의 능동적 상호작용을 통해 내적인 인지구조의 양적·질적 변화가 이루어져 전인적이고 통합적으로 발달해 가도록 하는 상호작용론적 유아교육과정을 지향한다고 할 수 있다(임재택, 박재환, 2000).

종래에는 발달이란 용어가 수정에서 아동기 내지 청년기까지의 상승적 변화를 가리키는 것으로 쓰여졌으나, 근래에는 청년기 이후 노년기에 이르기까지 쇠퇴적 변화까지 포함한다(김제한, 2001). 또한 발달심리학은 아동을 비롯하여 힘이 없는 주변부 집단의 사람들을 정상적 성장과 인간 변화를 꾀한다는 명목으로 감독하고 측정하고 사회적으로 통제하는 것을 합법화하는 측면도 있음을 주목할 필요가 있다(유혜령 역, 2002). 사실 발달이라는 용어 속에는 진보라는 개념이 들어 있다. 그러나 진보는 '정상적인' 상태를 기준으로 삼기 때문에 이 기준에 적합하지 않는 사람들은 '비정상적인' 상태로 규정한다는 말이다. 아동은 성인에 비해 비정상적인 사람이며, 따라서 성인의 도움 하에 발달한다는 논리를 담고 있다. 이는 성인의 관점에서 보면 힘이 약한 아동을 힘이 있는 성인이 수직적인 관계에서 조작하도록 공식화한다. 또한 대부분의 발달이론들이 단계론을 펼치는데, 이 때 아동기는 위계적인 발달단계 중 최하위에 위치함으로써 가장 열등한 단계라는 느낌을 주게 된다. 즉, 아동은 언제나 무언가 새로운 것을 배우면서 진보하고 보다 성인에 가까워지길 시도하는 존재로 간주된다(김은주, 2003).

이렇듯 일반적으로 수용되고 있는 심리학에 근거하여 발달을 본다는 것은 아동을 스스로 자율성과 독립성을 획득해 가는 발달자・개척자・탐색자・구성자로 규정해 주긴 하지만, 한편으로는 표준화・객관화의 틀로 아동발달을 정의하고 있기 때문에 표준에서 벗어나는 아동과 그 부모는 상대적으로 소외되는 느낌을 받게 된다. 예를 들어, 오늘날 어머니들은 임신하자마자 서점에서 육아 관련 서적을 구입하고 자녀의 발달이 책에 있는 대로 되지 않으면 불안해 한다. 과연 아이의 성장이나 성숙이 책에 있는 그대로 보편적이고 일반적인 개념으로 이해될 수 있는 것일까? 그렇다면 인간은 기계의 부속품이지 사람이 될 수는 없을 것이다(손인수, 1992).

앞서 살펴본 것처럼 아동중심 유아교육의 발달관의 주요 특성은 발달의 주체를 아동의 내부에 두고 있다는 점, 발달은 아동의 내적 조건과 환경의 상호작용과 교류에 의해 일어난다고 하는 점, 아동의 내・외적 요인의 상호작용을 촉진하기 위한 환경적 조건을 강조한 점 등이다. 따라서 아동중심 유아교육에서의 발달관은 아동 개인의 성장과 변화에 초점이 맞춰져 있다는 측면에서 '성장・성숙으로서의 발달'이라고 규정할 수 있다(김은주, 2003).

3) 생태유아교육의 발달관

생태유아교육의 측면에서 바라보는 발달관에 대해서는 앞으로 수많은 연구가 깊이 있게 이루어져야 할 것이다. 여기서는 그 시발점으로써 다음 몇 가지 측면에서 간략하게 언급하고자 한다.

첫째, 생태유아교육에서의 발달관은 조화론(造化論), 즉 창조진화론(創造進化論)에 바탕을 두고 있다. 이 조화론은 동학(東學)의 교조(敎祖)이신 수운(水雲) 최제우(崔濟愚) 선생이 주창한 천주조화론(天主造化論)이다. 김지하(2005)에 따르면, 1860년 동학의 최수운은 하늘의 계시를 통해 새 삶, 새 우주의 원형인 '태극(太極) 또는 궁궁(弓弓)'의 부적과 인류의 새 삶의 패러다임인 스물 한자의 주문(呪文)을 받아 두 번째 주문의 맨 앞 '모심(侍)'의 세 가지 뜻을 수운 자신이 해설했으니 다음과 같다고 한다. 즉, ① 안으로는 신령이 있고(內有神靈), ② 밖으로 기화가 있으며(外有氣化), ③ 한세상 사람이 각각 옮기지 않는 것임을 나름대로 깨달아 다양하게 실현한다(一世之人 各知不移者也).

이것이 동학에서 최초로 드러난 자기조직화의 원리이며 생명진화의 원리이다. 중요한 것은 진화의 주체가 곧 의식(즉, 신령 神靈)이라는 점이다. 그리고 자기조직화에서 한 차원 더 나아간 '창조적 진화론' 이른바 '조화론(造化論)'을 19세기 다윈(Darwin)의 '종의 기원(1859년)' 발표 다음해인 1860년에 4월에 계시하였다. 이에 대해 서양에서는 20세기 초엽 떼이야르 드 샤르댕의 '인간 현상'을 통해 우주 및 인류 진화의 3대 법칙을 다음과 같이 규명했다. 즉, ① 진화의 내면에 의식의 증대가 있고(Inward Consciousness), ② 진화의 외면에 복잡화가 있으며(Outward Complexity), ③ 군집은 개별화한다(Union Differentiates).

이러한 측면에서 수운 최제우 선생은 '모심'을 진화의 3대 법칙으로 자기조직화의 창조진화론을 주창하였는데, 이는 떼이야르 드 샤르댕의 제3법칙인 군집선행론을 일찌감치 뛰어넘어 도리어 최근의 개체선행론을 주장했다는 점에서 놀라운 일이 아닐 수 없다.

다시 말해서 물질론적이고 기계론적인 발달관 내지 아동중심 유아교육의 발달관은 아직도 적자생존, 약육강식, 먹이사슬, 하등동물 대 고등동물 등의 개념으로 우주만물의 탄생, 성장, 소멸의 진화과정을 설명하는 다윈의 진화론에 의존하는 경향이 뚜렷하다. 다음 인용은 참고가 될 만하다.

> 생물학적인 생명 이해를 분석해 보면, 무생물보다는 생물이 진화된 존재이며, 생물을 다시 식물과 동물로 구분하여 전자보다 후자를 더욱 진화된 존재로 규정하고, 동물보다는 인간을 가장 진화된 만물의 영장으로 간주하는 인간중심적인 생명관으로 귀결된다. 이것은 바꾸어 말하면 바위나 무쇠 등의 무생물보다 꽃, 풀, 배추 등의 식물이, 식물보다 개, 토끼, 소, 돼지 등의 동물이, 동물보다 인간이 우등한 존재, 가치 있는 존재, 가장 고귀한 존재라는 인식을 고착시키는 생명관이다. 그 결과 인간은 우주의 유일한 주인 또는 주인공이

> 며, 인간 이외의 모든 것들은 인간을 위한 도구적 존재, 액스트라적 존재일 뿐이라는 지극히 방자한 생각을 키워 왔다. 그리하여 인간은 자연계를 마음대로 짓밟았으며 마음껏 이용했으며 제멋대로 휘둘러 대고 있다. 그로 인해 생명의 위기는 절정에 달하고 있다. 이것은 생명에 대한 잘못된 이해 때문이다(고제순, 2005, 15-16).

한편 생태유아교육에서의 발달관은 사람이 한울을 모시거나(侍天主) 사람이 곧 한울(人乃天)이기에 한울의 무궁성(無窮性)과 창조성(創造性)과 진화성(進化性)을 가지고 무한히 발전 향상한다고 보고 있다. 이처럼 한울님의 조화에 의해서 화생(化生)된 인간을 포함한 백천만물은 모두 한울님의 성품, 기운, 생명을 지니고 있으므로 모두가 평등하고 존귀하다. 경천(敬天), 경인(敬人), 경물(敬物)의 삼경사상(三敬思想)이 가능한 것도 그와 같은 이치이다. 다음의 내용은 동학의 조화론(造化論), 다시 말해서 생명론적 관점에서의 발달관을 잘 설명해 주고 있다.

> 한울님은 우주의 본체이다. 우주만유의 현상은 한울의 진화과정에 불과한 것이다. 우주를 일대수목(一大樹木)에 비하면, 한울은 수목의 종자요, 만유(萬有)는 천지만엽(千枝萬葉)이요, 인간은 과실격(果實格)이다. 과실에는 그 수목의 전체 성격이 내포되어 있다. 그러므로 인간은 소우주요 인내천(人乃天)이다. 한울은 무극에서 출발하여 이치(理致) 기운(氣運)으로 천지음양(天地陰陽)을 조판(肇判)하고 금목수화토(金木水火土)의 무기물(無機物)을 경유하여 인간계에까지 진화한 것은 그만한 시간적 변천과 공간적 환경과 조건에 의하여 맨 나중에 인간에까지 진화하였다. 즉 한울의 자아완성이다. 나무의 생명은 천지만엽에 통하지 않는 곳이 없으니 전체의 생명은 과실에 집약되어 있다. 그러므로 후종(後種)이 되어 나무의 생명을 영원히 유전(遺傳)할 수 있는 것이다. 사람이 곧 한울이라는 것은 종자격을 말하는 것이 아니라 과실격을 말하는 것이다. 사람은 한울의 생명을 계승하였고 한울의 권능을 대행한다. 가슴에는 양심으로 생각할 수 있고 머리에는 이성으로 판단할 수 있고 수족으로 신의 불가능을 가능케 할 수 있다. 복부 이하의 생활은 동물의 본능을 벗어날 수 없으나 흉부 이상의 고상한 인간의 두뇌작용은 과연 우주의 영장(靈長)될 소질을 갖추고 있다(박응삼, 1975, 16-17).

둘째, 생태유아교육에서의 발달은 아이들의 생명력(生命力) 증진을 지향한다. 아이들의 생명력은 면역력(免疫力)과 적응력(適應力)으로 이루어진다. 면역력은 사람의 내적 생명력이고, 적응력은 사람의 외적 생명력이라고 할 수 있다. 면역력은 사람의 몸과 마음의 건강을 유지하고 병원균의 침범을 막아내는 저항력(抵抗力)인 동시에 자생력(自生力)으로서 의학에서는 자연치유력(自然治癒力)이라고 한다. 아이들의 면역력이 약화되거나 결핍되면 건강을 유지하기 어렵다. 또한 아이들의 적응력은 아이들을 둘러싸고 있는 자연만물과 주변의 다양한 사람들과의 접촉을 통해 더불어 살아갈 수 있는 능력을 말한다. 다시 말해서 아이들의 면역력은 아이들이 '스스로 살아남을 수 있는 힘'이고, 적응력은 '더불어 살아갈 수 있는 힘'을 말한다. 결국 아이들의 생명력은 '스스로 살아남을 수 있는 힘'과 '더불어 살아갈 수 있는 힘', 즉 면역력과 적응력의 총합이다.

여기서 '스스로 살아남을 수 있는 힘', 즉 면역력은 자신의 몸을 스스로 건강하게 유지하고, 자신의 마음과 정신을 온전하게 다스릴 수 있는 힘으로써 인체 방어력이고, 자연 회복력을 의미한다. 한편 '더불어 살아갈 수 있는 힘', 즉 적응력은 자연 속에서 다른 생명체들과 함께 살아가는 능력뿐만 아니라 다른 사람과 더불어 살아갈 수 있는 능력을 의미한다. 이 힘은 자연과 사람들 속에서 적응하고 살아가면서 자연의 순리와 사람의 도리를 터득하는 능력을 의미한다. 아이들이 지식과 정보 등 지적 능력은 적응력의 극히 일부분에 해당된다. 다시 말해서 생태유아교육에서 발달은 아이가 이 세상에 태어나 천명(天命)대로 살다가 흙으로 돌아가는 한 평생의 생명력(生命力)을 온전하게 유지하는 것을 의미한다. 그 생명력이 바로 면역력과 적응력의 유기적이고 창조적인 조화 내지 결합으로서 유아기의 면역력과 적응력이 한평생 생명력의 근본이고 기초이다. 유아교육에서 어린 아이들의 생명력 증진이 바로 유아교육에서 발달의 근본이요 생태유아교육의 발달이다. 어린 아이들에게 면역력과 적응력의 증진을 등한시한 채 인지 위주 교육, 지식중심 교육 및 이성계발 교육을 지향한다는 것은 "길을 두고 뫼로 가는 격"이다.

셋째, 생태유아교육에서의 발달은 몸과 마음과 영혼의 조화, 성명정, 심기신 등 일체삼용을 지향한다. 고려 말의 행촌(杏村) 이암(李嵒)은 『태백진훈(太白眞訓)』에서 세상 만물의 근본이 되는 에너지는 일기(一氣)라고 하였다. 우주는 이 일기로 꽉 차 있으며 일기는 하나이기 때문에 차별상이 없다(방건웅, 2001).

또한 氣는 세상 만물이 나오게 된 근본적인 질료이기도 하면서 모든 것들이 살아 움직이게 하는 생명력이 되기도 한다. 즉, 일기(一氣)로부터 만들어진 만물은 이(理), 기(氣), 기(機)의 삼요소가 있어 존재하고 움직이며 그 움직이는 동력원은 氣이다. 이(理)는 말하자면 소프트웨어, 설계도이고, 기(機)는 하드웨어, 전기 모터이며, 기(氣)는 이것을 돌리는 전기에너지이다. 몸과 마음도 드러나고 작용하는 것이 다를 뿐이지 실질적으로는 하나이다. 몸과 마음과 氣의 구별이 가능하지 않다. 마치 작동하는 컴퓨터의 소프트웨어, 하드웨어, 전기에너지를 구분하기가 불가능한 것과 같다(방건웅, 2001). 또한 다음의 언급은 몸과 마음과 영혼, 성명정, 심기신의 조화 통일의 일체삼용적 접근을 잘 설명해 주고 있다.

> 만물은 氣가 있어 움직이고 존재한다. 사람을 포함하여 살아 움직이는 모든 것들은 작동하는 컴퓨터처럼 마음과 몸, 그리고 氣를 나누어 생각할 수 없다. 이 셋이 하나로 어우러져 움직이기 때문이다. 이 셋을 같이 수련하는 방법을 선가(仙家)에서는 성명쌍수(性命雙修)라는 말로 표현하였다. 일기(一氣)가 소용돌이치려면 삼 요소가 있어야 하는데 그것은 이(理), 기(氣), 기(機)이다. 이를 다른 말로는 성(性), 명(命), 정(精)이 된다. 이들은 본질적으로 하나가 펼쳐진 것이기 때문에 셋이어도 가를 수 없는 셋이다. 여기에서 일체삼용(一體三用)이라는 말이 나온 것이다. 성(性)과 명(命)과 정(精)의 관계는 심(心), 기(氣), 신(身)의 관계와 같다. 몸[身]이 마음과 기운이 있어 움직이는 것을 몸[身]은 마음[心]과 기운[氣]의 사이에 있다고 표현하였다. 마찬가지로 정(精)은 성(性)과 명(命)의 사이에 있다. 따라서 성명쌍수라고 한다면 이것은 곧 몸과 마음과 기운을 같이 닦는 것을 의미한다. 일찍이 행촌 이암은 불가(佛家)의 수련은 마음에 치우쳐 있고, 도가(道家)의 수련은 기운에 치우쳐 있으며, 유가(儒家)의 수련은 몸에 치우쳐 있다고 하였다. 오직 우리의 선가(仙家)만이 이들을 종합적으로 닦는다 하였던 소이(所以)가 여기에 있다(방건웅, 2001, 21-22).

이와 같은 선가(仙家)의 성명쌍수(性命雙修)는 몸과 마음과 영혼[기운]을 같이 닦는 수련법으로써 몸공부, 마음공부, 영혼[영성]공부가 따로따로 이루어지는 것이 아니라 한꺼번에 이루어진다는 것을 잘 보여주고 있다. 또한 동학(東學)의 수련법인 수심정기(守心正氣), 즉 한울님으로부터 품부받은 본래의 마음을 지키고 기운(氣運)을 바르게 하는 것도 그와 같은 이치이다. 다시 말해서 수심정기는 내 안에 모셔진 한울님을 깨달음으로 한울님 마음을 회복하고 또 이를 실천하고자 하는 수행법이다.

넷째, 생태유아교육에서의 발달은 사상체질론적(四象體質論的) 접근을 지향한다. 『동의수세보원』과 『격치고』를 통해 소개된 사상의학은 인간의 체질적인 유형을 태양인 · 태음인 · 소양인 · 소음인으로 구분하고, 각 체질의 생리와 병리 · 치료 · 그리고 양생을 연구하여 창안한 새롭고 독창적인 체질의학이다. 이제마는 체질을 분류할 때 사람의 일부분만을 관찰하는 데 그치지 않고 인간의 정신과 육체, 언행과 성격, 체형 등에 이르기까지 심신 양면에 있어서 다각도로 연구하여 단순한 의학을 뛰어넘어 하나의 인간학으로 완성하였다(김미경, 2001, 12). 이처럼 이제마는 인간을 나이와 능력, 발달단계나 수준으로 이해하지 않고 기질 내지 체질로 이해하였으며, 인간을 부분으로 보지 않고 전체적 · 유기적 · 관계적으로 파악하여 건강을 유지하고 질병을 치료하고자 하였다. 또한, 발도르프 학교의 창시자인 슈타이너도 인간의 기질을 다혈질 · 담즙질 · 우울질 · 점액질로 분류하고 이에 대한 올바른 이해와 각 기질에 따른 교육적 처방이 달라야 한다고 주장했다는 점에서 사상의학에서 보는 발달관과 유사하다고 본다(김은주, 2003).

다섯째, 생태유아교육에서의 발달관은 '지금 여기로서의 발달'을 지향한다. 요컨대 아동중심 유아교육에서의 발달관은 '성장 · 성숙으로서의 발달'을 지향하는데 반해 생태유아교육에서의 발달은 '지금 여기로서의 발달'을 지향한다. 아동의 발달을 성장 · 성숙이라는 인간 진보 개념 속에서 각 시기의 발달이 다음 시기의 발달보다 하위의 단계로 인식되는 발달관에서 나아가 각 시기마다 그 고유의 의미가 있기 때문에 '지금 여기로서의 발달'을 중히 여기는 발달관으로 전환할 필요성이 있다고 본다. 따라서 아동중심 유아교육에서의 '성장 · 성숙으로서의 발달'을 가지고 아동을 대할 때 자칫

하면 아동의 현재를 이해하기보다는 미래에 어떤 모습으로 키워 나갈지 준비하게 될 가능성을 내포하고 있다고 보고, 현재 보이는 아동의 모습을 있는 그대로 이해하고자 하는 의지를 담고 있는 '지금 여기로서의 발달'로 전환하는 것이 아동중심 유아교육의 문제를 해결하는 데 도움이 되는(김은주, 2003) 동시에 생태유아교육의 올바른 발달관이 될 수 있다.

4. 교육관

1) 생명의 살림과 교육관의 전환

교육관은 교육을 보는 관점이다. 교육관은 사람들이 살아가는 현실과 밀접한 관련을 맺고 있다. 지금 우리나라 국민들은 민주주의와 자본주의 이념을 바탕으로 신자유주의 시장경제, 세계화와 개방화를 지향하는 사회경제체제 하에서 살아가고 있다. 한편 우리는 개인의 개성과 인격, 주체성과 자율성, 사회적 평등과 복지, 공동체성과 생태계 보전 등 인간으로서의 삶의 질이 충족된 행복한 삶을 추구하고자 노력한다. 이처럼 자본주의와 민주주의, 성장과 분배, 개발과 보존, 물질가치와 생명가치 등의 상호 모순 속에서 지속 가능한 사회적 삶을 누리기 위해서는 올바른 교육관의 확립이 무엇보다 필요하다고 할 수 있다.

첫째, 인간의 삶에서 참된 행복이 무엇인가에 대한 올바른 교육관 확립이 필요하다.

인간의 삶의 목적이 행복하게 사는 것이라고 할 때, 교육을 통해서 어떻게 사는 것이 행복하게 사는 것이라고 가르칠 것인가를 명확히 하는 것이 필요하다. 대체로 자본주의적 삶을 사는 우리는 학교에서 공부 잘 해서 일류대학 나온 뒤 좋은 직장 구하여 돈 잘 벌면 더 많은 소유와 소비가 가능하므로 자연히 행복해질 것으로 믿고 있다. 돈과 권력, 지위와 명예 등을 더 많이 가지면 가질수록 행복하다는 믿음이다. 이것이 바로 '삶의 양' 중심적 생각이다. 이와 같은 돈과 권력, 지위와 명예 중심적 삶은 탐진치 삼독심에 이끌려 참된 삶을 살기는커녕 헛살기 마련이다. 우리는 지금 산업화와 시장경제의 결과, 물이나 공기는 물론 사람마저 상품화되는 일을 실감하고 있다.

그러나 건강과 여유, 인격과 평등, 공동체와 생태계 측면을 염두에 둔 '삶의 질' 중심적 관점에서는 그러한 삶의 양 중심적 방식이 행복에 기여하기보다는 삶의 질을 훼손함으로써 오히려 사회적 불행을 증진시킨다고 본다. 왜냐하면 삶의 질이 높아야 정말 인간답고 행복하게 살 수 있기 때문이다. 특히, 우리가 돈을 벌기 위해 일을 하는 것도 그러한 삶의 질과 행복을 위한 수단이 아니던가. 즉, 돈과 일은 수단이고 행복한 삶이 목적이다. 그런데 오늘날 우리는 돈과 일을 위해 삶을 희생하고 있으니 주객이 전도된 삶을 살고 있다.

지속 가능한 사회에서 인간적인 삶의 질 향상이 행복 증진의 핵심이기는 하지만 삶의 양 추구도 어느 정도 필요하다. '더 빨리, 더 많이, 더 높이'와 같은 경제가치 중심의 강박증적 구호는 사라지고, '천천히 가더라도 더불어 건강하게'와 같은 사회가치, 생명가치가 삶의 중심에 자리 잡는 것이 보다 품격 있는 삶이라고 할 수 있다. 또한 결과보다는 과정을 중시하고, 외면보다는 내면을 중시하는 삶의 태도가 바람직하다.

둘째, 인적 자본 내지 노동 인력을 양성하는 교육에서 이성·감성·영성을 고루 갖춘 전인적 인간 육성의 교육으로 전환한다.

오늘날 자본주의 시장경제에서 학교교육을 통해 기르고자 하는 인간상은 일 잘 하고 말 잘 듣는 노동자이면서 돈 잘 쓰는 소비자이다. 노동자로서의 노동능력은 성적표, 졸업장, 자격증 등으로 입증하고, 노동자로서의 자세나 태도는 개근상, 정근상, 봉사상, 생활기록부 등으로 입증한다. 결국 학교는 노동시장에 필요한 인적 자원인 노동자를 양성하는 훈련소이며, 학교에서의 평가는 노동력이 노동시장에서 어떤 상품가치를 지니는지 비교하기 위한 사전 작업이라고 할 수 있다. 이런 관점의 교육은 개성과 인격과 잠재력을 가진 한 인간을 한낱 노동시장의 인적 자본인 노동자로 만드는 것으로써 '환경 파괴' 행위보다 더 무서운 '인간 파괴' 행위라고 할 수 있다. 이 같은 논리가 심화되면, 당연히 '사랑의 결실'로 보아야 할 아기의 탄생마저도 '제2세대 노동력' 생산으로 받아들이는 비극적 현실을 맞게 될 것이다. 우리는 지금 이런 비극적 현실의 한가운데 자리하고 있는지 모른다.

그러나 삶의 논리에 기초한 학교와 교육은 우선 삶의 자율성을 기르고 자아 발견을 돕는 과정이며, 동시에 다른 존재를 보살피고 사회 전체의 행복 증진을 위해 애쓰는 태도와 능력을 기르는 과정이다. 이런 교육체제에서 학생들은 미래의 보상과 대우 때문에 본인이 원하지 않는 공부를 억지로 선택할 필요가 없다. 학습내용은 개인의 적성과 소질, 사회적 기여도를 고려하여 선택하기에 사회적 낭비는 줄어들고 사회적 생산력은 높아진다. 요컨대 삶의 논리에 필요한 인간상은 한편으로 자율성과 책임성이 있는 존재, 다른 한편으로는 협동성과 연대성이 고루 발달한 존재이다. 한 마디로 이성(理性), 감성(感性), 영성(靈性)이 골고루 발달된 삶의 주체이다(강수돌, 2004).

셋째, '부자(富者)와 승자(勝者)의 삶'을 가르치는 교육에서 '청빈(淸貧)과 달관(達觀)의 삶'을 지향하는 교육으로 전환한다.

미국의 트루먼 대통령은 제2차 세계대전 중에 유엔 연설에서 산업화와 경제성장의 관점에서 세계를 선진국과 후진국으로 정의하고, 백인국가를 주로 선진국으로, 유색인종 국가를 주로 후진국으로 분류하였다. 그리하여 산업화와 경제성장, 개발과 발전은 세계인의 새로운 신앙 내지 종교처럼 확산되면서 자연의 순리대로 청빈·소박한 삶을 누리고 사는 세계 곳곳의 수많은 민족들을 무능력하고 비경제적이고 시대에 뒤진 가난하고 불쌍한 사람들로 전락시키고 말았다. 이로 인해 세계 각국과 민족들은 고유의 전통적 삶의 가치를 버리고 부자와 승자의 욕망을 향한 경제성장과 산업개발에 모든 노력을 쏟고 있다. 한편 서양의 합리주의자들은 모든 것을 이분법적으로 나누는 고집스런 습관이 있는데, 그들은 세계를 선진국과 후진국, 부자와 가난한 자, 문명인과 미개인, 교육받은 사람과 교육받지 않은 사람 등으로 나눈다. 이러한 분류는 단순한 이해의 목적을 넘어 한편의 이익을 위해 다른 편을 이용하는 방향으로 쓰이고 있다.

인도의 간디는 산업화와 서양화를 반대하며 네루에게 말했다. "대량생산보다는 대중이 만드는 생산품을 쓰자. 인도는 인구가 어마어마한 나라이다.

산업화와 기계화와 자동화는 수백만의 손을 놀릴 것이다. 석유 대신 인간의 에너지를 쓰면 안 될 이유가 무엇인가? 왜 전기의 힘을 찾고 근육의 힘을 버리는가?" 네루는 전혀 설득되지 않았으며, 독립 후 간디는 암살당했고, 네루는 서구화(西歐化)의 길을 쫓아 인도를 이끄는 수상 자리에 올랐다.

프릿츠 슈마허 역시 발전의 시각에 반대 입장을 취했다. 그의 주장은 "작은 것이 아름답다"로 요약된다. 산업경제의 모델은 지나치게 비용이 많이 들고, 매우 비경제적이며, 오염을 많이 일으키고, 가난한 사람들에게도 전혀 도움이 되지 않는다. 개발은 다수의 생계와 전통의 생활방식을 파괴한다. 슈마허는 경제성장을 주장하는 사람들이 왜곡시킨 부(富)와 빈곤(貧困)의 의미에도 의문을 제기한다. 그는 부는 돈과 물건을 축적하는 것으로 의미가 축소된 것에 대해 "영적(靈的)인 빈곤으로 고통받으면서도 부유하다고 생각하는 사회는 완전히 착각에 빠진 것이다"라고 말한다. 가난의 의미 또한 똑같이 왜곡되고 있다는 것이다. 가난은 곤궁함이나 기아와 같은 상태가 되는 것이 아니라 원래 물질적으로 단순하고 복잡하지 않은 생활을 하고 필요 없는 물건을 스스로 포기하는 것을 의미한다. 가진 게 많으면 걱정이 많아지고 시간도 너무 많이 빼앗긴다.

불교 수행자의 궁극적 목표는 깨달음(반야 般若)에 있으며, 그 수행의 구도적 과정은 무소유 정신이라고 한다. 그래서 스님들은 일발삼의(一鉢三衣), 즉 밥 그릇 하나와 가사(袈裟) 세 벌로 수행의 의지처로 삼는다. 마찬가지로 기독교에서 수도자는 가난의 서약을 한다. 단순함이 종교적인 생활의 토대가 되어야 한다는 것이다. 예수가 말한 첫 번째 행복은 산상수훈에 나오는 것으로 "축복받는 자들은 가난한 자이며, 그들을 위해 천국이 있다"는 말씀에 잘 나타나 있다. 예수는 여기에 보태어 말한다. "부자가 천국에 들어가기보다 낙타가 바늘구멍을 통과하기가 더 쉽다." 결국, 청빈과 달관의 삶은 저성장과 저소비를 지향하면서 간소함과 검소함을 생활 속에서 실천하고, 일중독, 소비중독, 성장지상주의, 발전지상주의, 물질만능주의, 과학기술만능주의, 현대화 맹신 등을 털어내는 노력에서 가능하다고 할 수 있다.

2) 아동중심 유아교육의 교육관

현대 유아교육은 유아교육의 서구화, 과학화, 세계화, 정보화를 바탕으로 아이들의 성장과 발달과 변화를 지향하는 구조·기능론적 입장을 취하고 있다. 산업문명은 공업화와 근대화 과정에서 성장이데올로기를 기반으로 경제성장과 물질적 풍요를 추구하며, 교육은 경제발전에 유용한 인력을 양성하는 역할을 담당한다. 우리 사회는 이 과정에서 경제성장 목표를 초과 달성하고, 공사기간을 단축하고, 고속승진을 하는 것이 미덕(美德)으로 인정하는 집단 조급증이 자리 잡게 되었고, 심지어 어린아이들까지 터무니없이 일찍 학원에 보내 조기 선행학습을 시키는 풍조가 만연하게 되었다. 결국 현대 유아교육은 어린아이들을 '보다 일찍', '보다 많이', '보다 빨리' 가르치는 것으로 자리하면서 아이들의 몸과 마음과 영혼이 황폐해지는 '불량품'을 양산한 '불량산업'으로 변질되어 가고 있다.

이러한 현실에서 대부분의 부모들은 어린아이들을 가르치는 데 전심전력을 다하고 있다. 내 아이만큼은 '똑똑한 아이'로 키워 국내·외 어디에 내놓아도 남부럽지 않게 잘 살아갈 수 있는 아이로 키우겠다는 것이다. 이것은 '지금 여기'에서의 아이의 삶과 행복보다는 '미래'의 삶과 행복을 보장해 줄 수 있는 능력을 배양한다는 부모들의 욕심에 따른 것이다. 심지어 일부 부모들은 조기영어교육 열풍에 휩쓸려 어린아이들의 영어 발음을 잘하게 하기 위해 혀를 수술하는 상황에까지 이르렀다. 대부분의 부모들은 아이들에게 조기 특기교육, 문자교육을 위해서 한 달에 수십만 원씩을 쓰면서도 아이들의 몸과 마음에 깊은 병이 들어가고 있는 사실은 모르거나 외면하고 있다. 유아교육 관계자들 역시 예외는 아니다. 유치원이나 어린이집에서도 아이들의 몸과 마음을 다스리는 일보다는 학습에 치중하고 있기는 학부모들의 행태와 크게 다르지 않다. 또한 주류의 유아교육 역시 우리 아이들의 병든 몸과 마음과 영혼을 감싸 안고 치유하기보다는 아이들의 성장, 발달, 능력 개발을 통해 더 빨리, 더 많이, 더 높이, 더 멀리 나아갈 수 있는 방안을 찾는 연구에 치중하고 있다.

여기에 덧붙여 1980년대 초 유아교육 확충사업이 추진되던 시점에 등장한 블룸(B. S. Bloom)의 지능발달론은 조기교육의 중요성에 대한 국민적 관심을 끌기에 충분했다. 이 이론은 0~4세에 성인 지능의 50%가 발달하고, 5~8세에 성인 지능의 30%가 발달한다는 것으로 미국식 유아교육의 대상 연령인 8세 이전에 성인 지능의 80%가 발달한다는 엄청난 이론이다. 이 이론을 접한 어린아이의 부모나 가족들이 이런 방식의 유아교육을 과연 외면할 수 있겠는가? 지금도 유아교육 학자들이나 유아시설 원장들은 어린아이를 가진 부모들에게 위협하다시피 아이의 지능이 4세 이전에 50%, 8세 이전에 80% 발달한다는데, 당신 아이를 어떻게 할 것이냐고 다그치고 있다.

그리고 한국의 유아교육을 가열시킨 허상 중의 다른 하나는 백지설(白紙說)이다. 어린아이들의 마음은 백지 상태로 태어나 자라는 동안 어떤 색깔의 경험을 하느냐에 따라 천재도 될 수 있고, 둔재도 될 수 있다. 이처럼 백지 상태의 아이에게 빨강색을 칠하느냐 검정색을 칠하느냐에 따라 달라진다고 할 때, 부모들은 자녀들이 어떤 유아교육 프로그램을 접하느냐에 따라 달라질 수 있다는 일종의 위협에 영향을 받지 않을 수 없을 것이다.

한편 국가는 정부 고시의 유치원 교육과정이나 보육시설의 보육과정을 통해 자본주의 사회의 구조와 기능에 적합한 아이들의 능력을 개발하는 데 중점을 두고 있다. 다시 말해서 건강한 사람, 자주적인 사람, 창의적인 사람 및 도덕적인 사람을 기른다는 국가수준의 유치원 교육과정의 의도 역시 산업사회가 필요로 하는 유능한 인간을 육성한다는 입장이다. 국가는 유아교육을 국가발전과 결부시켜 아이와 어머니를 동시에 국가 인적자원의 개발과 활용의 측면으로 접근한다. 1994년 김영삼 전 대통령의 세계화 선언, 초등학교 3학년부터 영어 교과목 도입 등에 이어 김대중 정부에서는 아예 국가 정책이념으로 신자유주의와 시장경제원리를 채택하고, 세계화·개방화·정보화를 통한 무한경쟁을 유도하고, 심지어 교육부의 명칭마저 교육인적자원부로 바꾸었다.

산업문명에서 현대 유아교육을 통해 키우고자 하는 어린이상은 산업사회의 성장과 발전에 기여할 수 있는 유능하고 온순한 인재, 즉 노동자인데, 더 나아가면 궁극적으로 '부자(富者)'와 '승자(勝者)'로 만들겠다는 것이며, 그 저변에는 어린아이들의 천심(天心)이 아닌 어른들의 끝없는 욕심(慾心)이 자리 잡고 있다.

3) 생태유아교육의 교육관

생태유아교육에서는 자연의 순리, 천지인의 도를 따르는 근본교육을 지향한다. 여기서는 교육의 어원을 비롯한 개념의 본질과 한 종교에서 언급한 교육의 근본 성격을 살펴보고, 생태유아교육이 지향하는 교육관을 몇 가지로 나누어 그 특성을 살펴보고자 한다.

첫째, 생태유아교육이 지향하는 교육관은 교육의 어원이나 개념의 본질적 의미와 상통한다. 『중용(中庸)』「제1장」에는 본성과 도와 교육의 관계를 다음과 같이 말하고 있다.

> 天命之謂性 率性之謂道 修道之謂敎 [『中庸』「第一章」]
> 하늘이 부여한 것을 성품이라 하고, 그 성품을 따르는 것을 도라 하며, 도를 닦는 것을 일러서 가르침(敎)이라 한다. [『중용』「제1장」]

결국 교육이란 각자가 태어날 때 하늘로부터 부여받은 자기의 성품, 즉 본성을 잘 따라서 살 수 있도록 하는 것, 쉽게 말하여 '제 생긴 대로 살게 하는 것'이라고 할 수 있다(김창원, 2005).

또한 동학을 창도한 수운 최제우 선생은 『동경대전(東經大全)』「논학문(論學文)」에서 교육에 관해 다음과 같이 논하고 있다.

> 曰吾道無爲而化矣 守其心正其氣 率其性受其敎 化出於自然之中也 [『東經大全』「論學文」]
> 우리 도는 무위이화라. 그 마음을 지키고 그 기운을 바르게 하고 한울님 성품을 거느리고 한울님의 가르침을 받으면, 자연한 가운데 화해나는 것이니라. [『동경대전』「논학문」]

유학(儒學)에서는 솔성지위도(率性之謂道)라 하여 솔성(率性)만을 도(道)의 요체로 삼지만은 동학(東學)에서는 수심(守心) 정기(正氣) 솔성(率性) 수교(受

敎)의 네 가지 전체를 도(道), 즉 천도(天道)라고 한다. 결국 교육은 사람이 무위이화(無爲而化)의 도(道)대로 따르는 것이다.

한편, 교육의 어원을 살펴보면, education은 라틴어 '에듀카레(educare)'에서 유래된 말이며, educare는 '밖으로'란 뜻을 가진 접두어 'e'와 '끌어내다'란 뜻을 가진 'ducare'가 결합된 말이다. 그러므로 educare는 '밖으로 끌어내다'란 의미를 가진 말이 되고, 따라서 영어 'education'은 '인간의 내재적인 소질이나 잠재적 가능성을 밖으로 끌어내어 신장·발전시킨다'는 의미를 내포하고 있다.

희랍의 소크라테스가 "가르친다는 것은 텅 빈 인간의 뇌 속에 어떤 새로운 사실을 쏟아 붓는 일이 아니고, 우리의 마음 속 어딘가에 감춰져 있는 진실을 밖으로 끄집어내는 일"이라고 educare의 의미를 규정하였는데, 고대 동양의 교육 개념과 명확히 일치함을 알 수 있다. 또한 희랍과 로마시대에 크게 유행했던 스토아학파에서는 교육의 목적을 아파테이아(Apatheia)에 이르는 것에 두었는데, 아파테이아란 일체의 감정과 욕구를 없애버림으로써 외계의 어떠한 유혹과 속박으로부터도 벗어난 대자유의 상태를 말한다. 이들은 아파테이아에 이르기 위해서는 자연에 따르는 생활이 필요하다고 역설하였는데, 이들에 의하면 자연이란 우주의 법칙이자 세계의 이성이며 또한 인간의 본성이다. 인간의 본래 성품이야말로 자연에 가장 가까운 것이므로, 자연에 따르는 생활이란 곧 인간의 본성에 따르는 생활을 말한다(김창원, 2005, 69, 재인용).

이와 같은 고대 서양인의 교육관 역시 인간을 소우주라 생각한 고대 동양인의 사유와 너무나도 일치한다는 것을 알 수 있다. 다시 말해서 'education(교육)'의 어원이나 소크라테스와 스토아학파가 말하는 교육도 결국은 「생긴 대로 살게 하는 것」이라고 말할 수 있다.

둘째, 생태유아교육이 지향하는 교육관은 여러 종교에서 지향하는 교육관에서 많은 시사점을 발견할 수 있을 것이다. 종교(宗敎)는 그 용어 자체가 '인류를 위한 가장 근본적인 큰 가르침'이기 때문에 종교의 교리 속에는 이미 교육의 개념이나 성격에 대한 언급이 있기 마련이다.

여기서는 원불교(圓佛教)에서 말하는 교육에 대한 관점과 개념에 관해 살펴보고자 한다. 원불교의 교육에 대한 견해는『정산종사법어』「제1부 세전, 제2장 교육(教育)」부분에 잘 나타나 있다. 원불교에서는 교육을 "세계를 진화시키는 근원이요 인류를 문명케하는 기초"로 규정하고, 개인 가정 사회 국가의 흥망 성쇠는 교육을 잘하고 잘못함에 있으며, 사람의 영식(靈識)이 태중에 있을 때는 태교(胎教)의 도가 있어야 하고, 세상에 난 후 어릴 때에는 유교(幼教)의 도가 있어야 하며, 더욱 자라면서는 과학과 도학을 통한 통교(通教)의 도가 있어야 한다는 것이다. 그 구체적인 내용을 원불교 경전을 통해 살펴보면 다음과 같이 말하고 있다.

> 교육은 세계를 진화시키는 근원이요 인류를 문명케하는 기초니, 개인 가정 사회 국가의 성쇠와 흥망을 좌우하는 것이 교육을 잘하고 잘못함에 있다 할 것이니라. 사람이 비록 만물 가운데 가장 영특하다 하나 교육의 힘이 아니면 능히 그 최령의 자격을 이루지 못할 것이며, 가정 사회 국가 세계가 비록 이루어져 있을 지라도 또한 교육의 힘이 아니면 능히 유지 발전을 보지 못할 것이니, 그러므로, 사람의 일생에 기초가 되는 태중의 기간으로부터 나고 자라는 여러 기간을 통하여 반드시 태교와 유교와 통교의 모든 도가 잘 베풀어져야만 가정 사회 국가 세계에 유용한 사람이 될 것이니라. 또한 교육에는 크게 나누어 두 가지 부문이 있나니, 하나는 과학교육이요 하나는 도학교육이라, 과학교육은 물질문명의 근본으로서 세상의 외부 발전을 맡았고, 도학교육은 정신문명의 근원으로서 세상의 내부 발전을 맡았나니, 마땅히 이 두 교육을 아울러 나아가되 도학으로써 바탕되는 교육을 삼고, 과학으로써 사용하는 교육을 삼아야 안과 밖의 문명이 겸전하고 인류의 행복이 원만하리라.[정산종사법어, 제1부 세전, 제2장 교육(教育), 1. 교육에 대하여]

> 사람의 교육은 태교로부터 비롯되나니, 옛날 문왕의 어머니 태임(太姙)이 문왕을 태중에서부터 가르쳤다 하여 태교라는 말이 세상에 전하게 되었는 바, 사람의 영식이 모태에 들었을 때에 태교를 잘하면 원래에 좋은 영식은 그 기질이 더 좋아질 수 있고 원래에 좋지 못한 영식이라도 어느 정도 그 기질이 좋아질 수 있으며, 태모가 몸과 마음을 함부로 하여 태교를 잘 못하고 보면 영식이 좋고 낮음을 막론하고 그 기질이 또한 낮아질 수 있나니, 그러므로,

대종사께서 말씀하시기를 태아가 모태 가운데 있을 때는 그 영식이 어리는 때라 그 부모의 말과 마음과 행동이 태아의 장래 성질에 영향을 주기 쉽나니 그 동안 태모의 근신이 극히 중요하다고 하셨나니라. 태교의 법은, 먼저 몸을 삼가는 것이니, 힘에 과한 무거운 물건을 들지 말며 기울어지고 위태한 곳에 오르내리기를 삼가며 차고 덥고 마르고 습함이 고르지 못한 곳을 피하며 익지 않은 과실이나 상한 음식을 먹지 말며 주리고 배부르고 수고롭고 편안함이 과하지 않기를 주의할 것이요, 다음은 마음을 청정히 하는 것이니, 탐내는 마음과 성내는 마음과 어리석은 마음을 내지 말며 원망하거나 시기하거나 무시하는 마음을 두지 말며 근심과 번뇌를 가라 앉히고 무섭고 놀라운 경우에 안심하기를 주의하며 자주 법회에 참예하여 부처님과 어진이의 가르치심을 잘 듣고 언제나 마음공부의 대중을 놓지 말 것이요, 다음은 행실을 바르게 하는 것이니, 몸으로 살생과 도적과 간음을 범하지 말며 입으로 망령된 말과 꾸미는 말과 악한 말과 한 입으로 두 말을 하지 말며 모든 일을 항상 공변되고 정당하게 처리하며 대중을 널리 공경하고 힘 미치는 대로 보시(布施)를 행하며 어느 곳에 가든지 그 곳의 규율과 공중도덕을 잘 지킬 것이니라.[정산종사법어, 제1부 세전, 제2장 교육(敎育), 2. 태교(胎敎)의 도]

사람의 성품은 원래 청정하여 선과 악이 없건마는 경계를 따라 선하기도 하고 악하기도 하므로, 선한 환경에 처하면 자연히 그 선에 화하기 쉽고 악한 환경에 처하면 자연히 그 악에 물들기 쉽나니라. 그 중에도 천진난만한 어린 시절에는 아직 의식이 충분히 다 발달되지 못한 까닭에 보는 대로 듣는 대로 화하는지라, 옛날 맹자의 어머니는 삼천지교를 행하여 마침내 맹자를 성현되게 하였다 하나니, 어린 때의 교육을 어찌 소홀히 할 바이리요. 어린이 교육의 법에 대하여는 대종사께서 네 가지 길을 말씀하여 주시었나니, 첫째는 심교라, 마음에 신앙처를 두고 바르고 착하고 평탄하게 마음을 가져서 자녀로 하여금 그 마음을 먼저 체받게 하는 것이요, 둘째는 행교라, 자신이 먼저 실행하고 행동에 법도가 있어서 자녀로 하여금 저절로 그 실행을 체받게 하는 것이요, 세째는 언교라, 매양 불보살 성현들과 위인 달사들의 가언 선행을 많이 일러주어 그것을 기억하여 체받게 하며 모든 사리를 순순히 타일러서 가르치는 것이요, 네째는 엄교라, 이는 철 없는 때에 부득이 위엄으로 가르치는 법이니 이는 자주 쓸 법은 아니니라. [정산종사법어, 제1부 세전, 제2장 교육(敎育), 2. 유교(幼敎)의 도]

> 태교가 올바르고 어린 때의 교육이 떳떳하였다 할지라도 청소년 시절에 또한 시대에 알맞은 과학교육을 받지 못한다든지 일생을 통하여 근본적인 인격을 기르는 도학의 훈련을 받지 못한다면 평생을 값없이 보내기 쉬우므로, 청소년 때부터 장년기까지 시대의 학업과 도덕의 훈련을 아울러 받아야 하나니 이를 일러 통교라 하나니라. 일생을 통한 교육은, 첫째는 학술교육이니, 이는 주로 과학교육을 통하여 지식과 기술을 배우게 하는 것이요, 둘째는 정신교육이니, 이는 주로 도덕의 훈련을 통하여 마음 단련과 도의의 실행을 얻게 하는 것이요, 세째는 예의교육이니, 이는 가정 사회 국가 세계를 통하여 각각 그에 당한 모든 의례를 익히고 행하게 하는 것이요, 네째는 근로교육이니 이는 평소부터 부지런한 정신을 기르며 생산적인 작업을 실습하는 것이니라.[정산종사법어, 제1부 세전, 제2장 교육(敎育), 3. 통교(通敎)의 도]

이와 같은 원불교의 교육에 대한 견해는 자연의 순리와 사람의 도리를 꿰뚫고 있는 매우 체계적이면서 실제적인 교육관이라고 판단된다. 우선, 교육은 과학교육과 도학교육으로 나누어지는데, 과학교육은 물질문명의 근본으로서 세상의 외부 발전을 맡고, 도학교육은 정신문명의 근원으로서 세상의 내부 발전을 맡고 있으므로 이 두 교육을 아울러 나아가되 도학으로써 바탕되는 교육을 삼고, 과학으로써 사용하는 교육을 삼아야 안과 밖의 문명이 겸전하고 인류의 행복이 원만하리라는 관점은 동서양의 어떤 교육 사상이나 이론에 못지않게 탁월한 관점이라고 할 수 있다.

다음으로 교육의 단계를 사람의 생명이 시작된 태중에서부터 출산하여 자라나는 과정을 따라 태교, 유교 및 통교의 단계로 규정하고 있는 점과 교육의 장을 개인 가정 사회 국가 세계로 확장해가면서 각 장면에서의 교육의 도(道)를 제시하고 있는 점을 눈여겨 볼 만하다.

특히, 태교, 유교 및 통교의 세부내용에 대한 견해 역시 주목할 만하다. 태교에서는 부모의 말과 마음과 행동이 태아에게 영향을 미치므로 몸을 삼가는 것, 마음을 청정히 하는 것, 행실을 바르게 하는 것 3가지를 태교의 법으로 제시하고 있으며, 유교에서는 심교(心敎), 행교(行敎), 언교(言敎), 엄교(嚴敎)의 4가지 어린 아이 교육하는 법을 언급하고 있으며, 통교에서는 학술교육, 정신교육, 예의교육, 근로교육의 4가지를 일생을 통한 교육으로 제시하고 있다.

원불교의 교육 이념과 실천에 대한 내용을 살펴보면서 종교에서의 교육이 얼마나 종합적이고 포괄적이고 실질적이며 인류의 생명과 삶의 근본에 다가가려고 노력하는가를 짐작할 수 있다. 우리는 앞으로 다른 여러 종교의 교육 사상과 철학, 교육 이념과 실천에 관한 내용을 살펴봄으로써 생태유아교육의 교육관을 정립하는데 많은 시사점을 발견할 수 있을 것으로 짐작된다.

셋째, 생태유아교육은 술(術)교육보다는 도(道)교육을 지향한다. 대체로 교육은 크게 두 부류로 나눌 수 있는데, 하나는 '도교육(道敎育)'이고 다른 하나는 '술교육(術敎育)'이다. 도교육은 자연의 이치와 사람의 도리(道理)를 따르며 정신과 본질을 지향하는 근본교육이다. 반면 술교육은 물질을 따르는 기술교육 내지 기능교육이다. 도교육은 아이들의 몸과 마음을 모시고 살리는 근원적인 교육인 반면 술교육은 인간의 욕구와 물질을 지향하는 지엽적인 교육이다. 도교육은 아이들의 삶과 직접 연결되는 본질적 교육인 반면에 술교육은 아이들의 삶과는 동떨어진 비본질적 교육이라고 할 수 있다. 예컨대, 도교육은 아이들이 먹고 놀고 누고 자는 등 삶과 직접적으로 관련되는 생활교육인 반면 술교육은 조기 문자교육, 숫자교육, 영어교육, 컴퓨터교육 등 기능·기술·정보와 관련되는 기능교육이다.

한편 가정은 도교육을 하는 곳이고, 학교는 도교육보다는 술교육을 하는 곳이다. 오늘날 아이들의 부모와 교사들의 상당수는 아이들의 삶의 기본이 되는 도교육은 외면한 채 조기 문자교육 내지 영어교육과 같은 술교육에 몰두하고 있다. 그 결과 우리 아이들의 몸과 마음과 영혼에 깊은 병이 들어 있다. 다시 말해서 산업문명의 최대 피해자인 우리 아이들의 몸과 마음과 영혼이 병든 것은 도교육보다는 술교육에 치중한 결과라고 단언할 수 있다. 이 같은 경향은 가정이나 유아교육기관은 물론 초·중등학교 교육에서도 보편적인 현상이다. 아이를 키우는 부모, 교사, 원장, 교장, 장학사, 연구자나 학자 등도 이 같은 추세에 동조하거나 부채질하고 있는 것이 현실이다.

옛날 우리 조상들은 가정에서 자식들을 도(道)로서 교육했다. 우리 조상들은 요즘 부모들처럼 글자(한문 · 한글)도, 숫자도, 영어도 몰랐지만 우리의 아버지 · 어머니, 할아버지 · 할머니를 훌륭하게 키우셨다. 여러분들의 부모님이나 조부모님들 중에서 훌륭하지 않으신 분이 있습니까? 우리 조상들은 요즘 부모들처럼 유식(有識)하지는 않았지만 그 자식들만큼은 훌륭하게 키우셨다. 우리 조상들은 요즘 부모들과는 달리 술(術)에는 무식(無識)했는지 모르지만 도(道)에는 유식(有識)했다고 말할 수 있다. 본래부터 자식교육은 가정교육이 중심이고, 가정교육의 핵심은 도교육이다. 어른들은 자녀들에게 자연의 순리대로 사람의 도리를 다하며 살아가라고 교육한다. 즉, 가정교육의 핵심 덕목은 자연의 순리와 사람의 도리대로 살아가는 것이다. 군자(君子)와 소인(小人), 된 사람과 좀 사람의 구분은 천지인의 도, 즉 사람의 도리를 다하느냐 다하지 못하느냐에 달려 있다.

또한 도교육은 정신가치와 생명가치를 지향하는 반면 술(術)교육은 물질가치나 경제가치를 지향한다. 사람들이 물질이나 돈을 추구하게 되면 자연히 술교육으로 가게 된다. 사람을 경제성장과 발전의 도구나 인적자원으로 바라보는 교육에서는 도교육보다는 술교육을 지향하게 된다. 어린 아이들의 성장과 발달과 변화를 추구하는 현행 유아교육은 자연스럽게 술교육을 지향하게 된다. 도교육이 천지인의 조화, 상생, 공생을 강조하는데 비해 술교육은 천지인에서 사람과 물질을 중시하다 보니 자연적으로 천지인의 부조화, 경쟁원리가 작용한다.

가정교육은 도교육이 중시되어야 하는데, 오늘날 가정교육은 술교육이 중심을 차지하고 있다. 특히 아이들에게 사람됨의 도를 가르치기 전에 기능과 기술과 기법, 술책 등 술(術)이나 술수(術數)를 일찍부터 익히게 함으로써 근본이 무너지고 있다.

넷째, 생태유아교육은 아이들의 몸과 마음과 영혼이 건강하고 행복하도록 돌보는 것을 지향한다. 대체로 교육은 사람의 몸과 마음과 영혼을 깨끗하게 하는 일이다. 다시 말해서 몸과 마음과 영혼의 찌꺼기를 말끔히 없애는 일이 곧 교육이다. 몸과 마음과 영혼의 찌꺼기를 말끔히 없애서 깨끗이 하는 일이 바로 몸공부이고, 마음공부이고, 영혼공부 혹은 영성공부이다.

어린 아이들을 교육한다는 것은 어린 아이들의 몸과 마음과 영혼을 깨끗하게 하는 일이다. 아이들은 원래 어른들 즉, 교사나 부모에 비해 몸과 마음과 영혼이 훨씬 깨끗하다. 몸과 마음과 영혼이 아이들에 비해 더러운 어른들이 깨끗한 어린 아이들을 교육한다는 것은 애초부터 모순이다. 어린 아이들을 교육한다는 것은 아이들의 깨끗한 몸과 마음과 영혼을 깨끗한 상태로 유지 보전하는 일이다. 그렇게 하려면 깨끗하지 못한 교사나 부모들은 자신의 더러운 것들을 아이들에게 주입시키지 말고 아이들의 깨끗함 그대로 유지되도록 잘 모시고 돌보거나 아니면 자신들의 몸과 마음과 영혼을 아이들처럼 깨끗이 하는 노력, 즉 몸공부, 마음공부 및 영성공부를 해야 한다. 이런 측면에서 보면 '아이는 어른의 스승이다'는 격언이 맞는 말이다.

여기서 몸공부는 몸을 깨끗이 하는 것으로 단식이나 장청소를 한 후부터 깨끗한 공기와 물과 음식을 먹는 것을 말한다. 몸공부는 수신(修身), 몸 수련, 오감기능과 오장육부의 기능이 원활하도록 하는 것이다. 단식을 통해 위와 장 등 몸 속에 있는 노폐물, 숙변까지 온전히 제거하면 기(氣)와 혈(血)의 순환이 원활해진다. 피가 맑아지고, 위와 장 속에 찌꺼기가 깨끗이 제거되고, 경락(經絡)이 활성화 되어 기의 순환이 좋아진다.

마음공부는 마음을 깨끗이 비우는 것으로 마음수련, 심성교육, 명상 등을 말한다. 마음공부는 사람의 삼독심(三毒心) - 탐심(貪心), 진심(瞋心), 치심(癡心) - 을 말끔히 걷어내어 깨끗한 마음, 소박한 마음, 가난한 마음을 갖는 것을 말한다. 즉, 마음공부는 마음에서 욕심, 성냄, 어리석음, 질투, 시기심, 공격성, 반목, 복수심 등을 걷어내고, 사랑, 생명, 평화, 감사, 공경, 꿈 등을 채우는 것을 말한다. 마음을 덮고 있는 쓰레기를 걷어내고 나면 본래의 마음인 깨끗하고 청결한 청정심, 천심, 양심, 본심, 진심 등으로 표현되는 것들이 자연적으로 드러나게 된다. 마음공부는 본래의 마음자리, 본심을 되찾는 과정 내지 노력이라고 할 수 있다.

영혼공부는 영혼의 찌꺼기, 혼탁한 것들을 말끔히 치우는 영혼의 청정화를 말한다. 맑은 하늘처럼 영혼을 맑고 깨끗하게 하는 것으로 영성공부라고 한다. 흙탕물이 가라앉고 나면 맑고 청정한 자연성, 신성, 맑은 기운에 가까이 다가가는 공부가 바로 영혼공부이다.

결국 생태유아교육은 몸과 마음과 영혼이 깨끗한 아이, 행복한 아이, 신명나는 아이를 기르고자 하는 일련의 과정이다.

다섯째, 생태유아교육은 아이살림·생명살림의 교육을 지향한다. 생태유아교육은 아이를 비롯한 천지간의 뭇 생명들을 모시고 돌봄으로써 각자 주어진 생명의 결대로 자연스럽게 살아가도록 돌보는 데 있다. 사람이라는 생명체는 잉태(孕胎) 후 열 달 동안 어머니 자궁인 '아기집'에서 살아가고, 태어나서는 '가정집'에서 한평생을 살아가며, 목숨이 다하면 '흙집'인 자연으로 돌아간다. 이처럼 사람이 '살아(生)' '가는(活)' 것을 생활(生活), 즉 삶이라 하고, 하루하루 살아가는 것을 일상생활(日常生活)이라 하고, 한평생을 살아가는 것을 일생(一生)이라고 한다. 사람이 태어나 살아가는 가정집을 '살림집'이라고 하는데, 그 의미는 가정집의 구성요소인 사람을 비롯한 가축과 곡식과 야채를 비롯한 지수화풍(地水火風)의 뭇 생명체들의 생명을 살리는 집이라는 깊은 뜻을 담고 있다.

결국 생태유아교육에서 말하는 교육은 아이들을 비롯한 모든 생명들을 모시고 섬기고 돌보고 살리는 일체의 일이며, 아이들이 살아가는 생활이요, 삶이요, 놀이이다. 이러한 측면에서 생태유아교육을 아이살림의 교육과 생명살림의 교육이라고 하며, 이 둘을 합쳐 아이살림·생명살림의 교육이라고 한다. 생태유아교육의 측면에서 보면, 현대적인 유아교육을 담당하고 있는 유치원이나 어린이집은 여러 연령층의 어린아이들을 집단적·전문적으로 모시고 섬기고 돌보고 살리는 '아이들의 살림집'이어야 한다. 다시 말해서 일반적인 유치원이나 어린이집이 아이들과 주변의 모든 생명들을 살리는 일을 하는 것은 유아교육의 본질에 접근하는 것이고, 유아교육을 제대로 하는 것이며, 생태유아교육을 하는 것이라고 할 수 있다.

이와 같은 아이살림·생명살림의 유아교육에서는 아이는 자연의 일부이고 생명체의 하나이므로 제 힘으로 살아갈 수 있는 힘과 더불어 살아갈 수 있는 힘을 지니고 있다고 본다. 따라서 아이의 교육은 아이가 본래부터 지니고 있는 제 힘으로 살아갈 수 있는 힘과 더불어 살아갈 수 있는 힘을 자연스럽게 제 힘껏 발휘할 수 있도록 부모와 교사는 사랑과 정성(精誠)으로 모시고 섬기고 돌보고 살리는 일을 하는 데 있다. 이러한 교육은 인위적 교육이 아닌 자연적 교육이어야 한다.

결국 생태유아교육을 통해 실현하고자 하는 세상은 '신명나는 아이'들이 천지간의 모든 생명들과 더불어 행복하게 사는 '신명나는 세상'으로서 우리 민족의 이상인 '홍익인간(弘益人間)'과 '이화세계(理化世界)'와 상통한다.

참 고 문 헌

강수돌(2004). 생명의 경제를 위한 '살림의 경제학' 시론. 한국의 생명담론과 실천운동. 생명과 평화의 길 · 경기문화재단, **세계생명문화포럼 - 경기2004 자료집**. (pp.125-152). 11월 13일. 경기도 파주: 아시아출판문화정보센터.

김미경(2001). 사상체질별 유아들의 체격, 기질 및 행동특성에 관한 연구. 부산대학교 교육대학원 석사학위논문.

김은주(2003). 생태유아교육의 사상체계 및 실천원리 연구. 부산대학교 대학원 박사학위논문.

김제한(2001). **발달심리학**. 서울: 양서원.

김종철 편(1993). 시애틀 추장 연설: 우리는 결국 모두 형제들이다. **녹색평론선집 1**. 대구: 녹색평론사, 16-21.

김지하(2004). 아이살림에 관한 한 생각. **한국생태유아교육학회 2004년도 추계학술대회 자료집**, (pp.7-39), 11월 20일. 부산: 부산대학교 학생회관 대강당.

______(2005). **생명과 평화의 길**. 서울: 문학과 지성사.

김창원(2005). 영유아보육 전통적 접근: 생긴 대로 살게 하는 교육. **시설장신규 직무교육교재**. 창원: 창원대학교 보육교사교육원, 59-70.

김　철(2001). **동학(천도교)이론의 개요**. 서울: 동선사.

모심과 살림연구소(2004). **살림의 말들: 모심과 살림 총서 4**. 서울: 모심과 살림연구소.

박순금(2003). 장일순 생명사상의 생태유아교육적 함의. 부산대학교 대학원 석사학위논문.

박덕규(1993). **프뢰벨의 교육사상과 킨더가르텐**. 서울: 민음사.

박영신(2003). 함석헌 씨올사상의 생태유아교육적 함의. 부산대학교 대학원 석사학위논문.

박응삼(朴應三)(1975). **동학사상개론(東學思想槪論)**. 서울: 원곡문화사(圓谷文化社).

박준건(2001). 생태적 세계관, 생명의 철학. 경상대학교 인문학연구소 엮음, **임문학과 생태학**. 서울: 도서출판 백의, 61-83.

박희준(1993). **세계의 자녀양육**. 서울: 서원.

방건웅(2001). 시간(時間)·공간(空間)·인간(人間). 미내사 클럽, **지금여기, 통권 32호(3·4월호)**, 8-26.

보리편집부(1997). **작은 학교가 아름답다**. 서울: 도서출판 보리.

손인수(1992). **한국인의 가정교육**. 서울: 문음사.

송명자(1997). **인간발달연구**. 서울: 학지사.

안경식(2004). **한국전통아동교육사상【개정판】**. 서울: 학지사.

오익제 편저(1986). **천도교요의**. 서울: 천도교중앙총부 출판부.

유혜령 역(2002). **유아교육 이론 해체하기: 비판적 접근**. 서울: 창지사.

윤구병(1995). **실험학교 이야기**. 서울: 도서출판 보리.

이경숙(1999). **마음의 여행: 과학으로 풀어본 삶·죽음·영혼**. 서울: 정신세계사.

임재택(2002). 아이들의 삶과 생태유아교육. **한국생태유아교육학회 2002년도 추계학술대회 자료집**, (pp.5-32). 부산: 부산대학교 본관 대회의실.

임재택, 박재환(2000). **유아교육과정**. 서울: 양서원.

임재택, 조채영(2000). **소파 방정환의 유아교육사상**. 서울: 양서원.

전세일(2004). **보완대체의학**. 서울: 계축문화사.

조채영(1996). 소파 방정환의 유아교육 사상과 실천연구. 부산대학교 대학원 석사학위논문.

프리초프 카프라 저, 이성범·김용정 역(1998). **현대물리학과 동양사상**. [*The Tao of physics*]. 서울: 범양사출판부.

혼다 마스코 저, 구수진 역(2002). **20세기는 어린이를 어떻게 보았는가: 〈어린이의 세기〉에서 〈어린이의 권리조약까지〉**. 서울: 한립토이북.

황옥자(1994). **불교아동교육론**. 서울: 불교시대사.

Kumar, S.(2004). **그대가 있어 내가 있다**. [*You are, therefore I am*] 정도윤 역(원저 2002년 출판).

제 4 장

잉태 · 태교 · 출산 · 육아

잉태·태교·출산·육아의 중요성

잉태(孕胎)

태교(胎敎)

출산(出産)

육아(育兒)

아기 탄생을 위한 기도

오늘은
세상의 모든 꽃들이
나를 향해 잠시 고개를 숙이는 날
나도 그 꽃들을 향하여
고개를 숙입니다.

세상을 만드신 이여!
아름답고 귀한 당신의 손길에
이렇게 감사의 기도를 드리오니

예쁘고 귀여운 아기를 안겨 주소서.
건강하고 활기찬 아기를 안겨 주소서.
지혜롭고 총명한 아기를 안겨 주소서.

새로운 생명이 몸을 키우며
지금 내 영혼을 감격시키고 있습니다.

부디
가장 깨끗하고
가장 포근하고
가장 사랑 받는 자리에
나의 아기를 내려 주소서.

그 희망찬 울음소리가
당신이 만드신 세상의 모든 것들을
새삼 일깨우게 하소서.

김문기

동화작가, 1992년 동아일보 신춘문예 당선, 이 시는 2001년 언어세상에서
발행된 『행복한 엄마랑 아빠가 들려주는 태교동화』에 실려 있다.
홈페이지 http://123pen.com/

유아교육이란 아이 잘 키우는 일이다. 잉태·태교·출산·육아는 유아교육의 기초이고 뿌리이다. 유아교육의 근본을 이해하고 올바른 방향을 정립하기 위해서는 잉태·태교·출산·육아의 본질적 의미와 실천적 지혜를 제대로 알고 있어야 한다. 우주 만물이 생명질서를 따르는 것처럼 인간은 본래부터 잉태, 태교, 출산, 양육, 교육의 과정을 거쳐 어른으로 성장하여 천명(天命)을 다하면 자연으로 되돌아가는 생명질서를 따르게 되어 있다. 이러한 생명질서에서 볼 때 잉태, 태교, 출산 및 육아의 단계는 이후 인생살이를 결정짓는 가장 중요한 근본 터전이다.

지금까지 현대 유아교육에서는 이처럼 중요한 잉태, 태교, 출산 및 육아의 단계를 무시하거나 외면해온 것이 사실이다. 그러다보니 유아교육·보육을 전공하여 유아교사 자격증을 취득한 소위 전문가라는 사람들의 대부분이 잉태·태교·출산·육아에 대해 잘 모르고 있다. 유아교육·보육 전공 석·박사 학위를 취득한 사람들도 잘 모르기는 마찬가지다. 우리 조상들의 육아 지혜를 외면한 서양식 유아교육의 현주소이다.

그러나 아이살림·생명살림을 지향하며 자연의 순리와 조상의 지혜에 바탕을 둔 생태유아교육에서는 잉태, 태교, 출산 및 육아의 중요성을 깊이 인식하고 그것의 현대적 실천 방안을 모색하고자 노력하고 있다. 이 장에서는 잉태, 태교, 출산 및 육아의 과정에 담겨있는 우리 조상들의 생명육아 내지 생태육아의 지혜를 오늘에 되살리는 방안을 모색하고자 한다.

1. 잉태·태교·출산·육아의 중요성

1) 아이살림의 길 : 병든 아이들의 치유와 예방

우리나라는 아이가 태어나면 한 살이 된다. 이는 잉태되는 순간부터 나이를 계산하기 때문인데, 태어나기 전부터 아이를 고귀한 생명으로 보고 인격으로 존중하는 훌륭한 전통이다. 우리 조상들은 잉태 전부터 몸가짐과 마음가짐을 바로 하는 것에서 시작하여 자연의 순리와 선조의 지혜에 따른 잉태, 태교, 출산, 육아의 이치와 방법을 터득하여 실천해 왔다. 이와 같은 조상들의 지혜는 불임부부가 급증하고 자연유산이 증가하는 생명위기 시대를 살아가는 우리들이 배우고 익혀야 할 절박한 생활양식임에 틀림없다.

지금 여기 유아교육에서 가장 중요하고 시급한 과제의 하나는 잉태·태교·출산·육아를 바르게 알고 실천하는 것이다. 뒤틀리고 왜곡된 지금의 잉태·태교·출산·육아의 현실을 자연의 순리와 조상의 지혜에 따른 자연적인 생명의 잉태·태교·출산·육아로 되돌려 놓아야 한다.

이 시대 한국의 의성(醫聖)이라고 불리는 민족생활의학자 장두석 선생은 "우리의 미래, 아이들이 죽어가고 있다"고 외치면서 30여 년 전부터 잉태·태교·출산·육아의 중요성을 주창하고 있다(장두석, 2007; 칠순문집발간위원회, 2007). 그는 특히 아이들에게 많은 애정을 보이고 있다. "아이들은 한울님이지. 그들이 우리의 희망이고 내일이잖아." 요즘 들어 이처럼 천진난만한 아이들이 낳는 순간부터 각종 질병으로부터 고통 받는 경우가 늘고 있다. 그로 인해 아이를 가진 부모들은 수시로 병원을 드나들지만 각종 질병으로부터의 해방은커녕 원인 모를 난치성 소아병과 소아당뇨, 소아암 등은 날로 증가하고 있다.

특히, 그는 오늘날 아이를 키우는 부모들은 정말로 심각하게 자신의 삶을 되돌아보아야 한다고 충고하고 있다. '내가 크던 시절에는 병원도 별로 없었을 뿐더러 그렇게 많이 아프지도 않았던 것 같은데, 왜 내 아이들은 이렇게 자주 아프고 병원을 안방 드나들듯 해야 하는 걸까?', '아이들이 무슨 죄가 있어 나면서부터 병마에 시달리는가?'라는 근본적인 물음을 던져야 한다. 그는 소아병으로 고민하는 어머니들을 향해 절절하게 외치듯 일러주고 있다.

> "소아병이 아니라 사실은 성인병이야. 12살짜리가 암이 있는 지경이야. 잉태·출산 과정에서 비롯된 거지. 어머니가 싱겁게 먹어 양수가 싱거우니 병을 안고 나오는 거야. 배내똥을 빼내지 않고 곧바로 우유를 먹여버리니 문제는 더 커지고. 수술이나 인위적인 출산과정에서 아이는 고통을 받아. 침대 위에서는 옆으로 아이가 나오니 자연출산을 할 수가 없어. 중력이 작용하는 자세(옛 어머니들 방식)로 아이를 낳아야 해. '산부인과에서 병주머니를 달고 소아과로 간다'는 말을 기억해야 해."(칠순문집발간위원회, 2007, 123-124).

또한 그는 건강한 아이를 낳기 위한 방법과 불임증의 해법을 다음과 같이 들려주고 있다.

> "옛 어머니 방식대로 식·의·주 생활이 건전해야 하고, 노동을 해야 해. 산부인과에서 낳지 말고 자연분만을 해야만 해. 그리고 반드시 낳은 후 3일간 아이를 굶겨 배내똥을 배설시켜야 하고, 배내똥이 배설되지 않으면 일생을 병약하게 살게 되거든. 기능 장애인이 아니고서는 100퍼센트 불임은 없어! 민족생활법을 실천하여 지방이 빠지고 몸이 깨끗해지면 해결되는 법이야."(칠순문집발간위원회, 2007, 123).

결국 아이들의 병은 하늘의 이치에 맞는 삶을 거역하고, 선조들의 지혜로운 삶을 헌신짝처럼 내팽개치고 무분별하게 살아온 부모들의 서양식 식(食)·의(衣)·주(住) 생활에 그 근본 원인을 찾을 수 있다. 이처럼 부모의 무분별한 생활이 가져온 천지자연의 이치를 벗어난 잉태·태교·출산·육아의 결과로 아이들의 아토피성 피부병, 황달, 심장 질환, 소아암 등 각종 질병이 증가하고 있다. 따라서 우리는 삶의 시작인 잉태, 태교부터 제대로 알아야 한다. 잉태·태교·출산·육아는 아이살림의 길이기 때문이다. 우리의 미래인 병들어 죽어가는 아이들을 살리는 길은 바로 잉태·태교·출산·육아를 올바르게 알고 실천하는 데서 찾아야 한다. 그로부터 왜곡된 유아교육을 바로잡고 무너진 가정을 세우고, 조상들의 지혜를 되살려 가정의 행복과 사회의 발전을 이끌어내야 한다.

2) 생명살림의 길: 모성과 생명의 가치 입증

생명의 위기, 생명 파괴가 심각한 문제로 대두되면서 '생명'과 '살림'이 우리 사회의 중심 화두가 되기 시작했다. 또한 인류는 그동안 이 모든 것을 도맡아 해온 여성과 여성적 삶을 새로운 눈으로 보기 시작했으며 모성적 본능에 주목하기 시작하였다. 모성이야말로 생명을 돌보고 지켜온 놀라운 힘이었기 때문이다. 여성은 잉태·태교·출산·육아를 통해 생명의 신비를 온몸으로 느끼며 생명과 소통하는 법을 자연스럽게 터득해 왔다. 그래서 여성은 선천적으로 생명의 '살림살이'를 잘할 수 있다. 인간에게 있어서 새 생명을 품어 낳아서 기르는 일, 생명을 살리는 일보다 더 중대한 일은 없다(김춘성, 1997).

그러나 그동안 오직 물질적 가치만을 추구하면서 우리 몸은 생명이 깃들어 자라기 힘든 상태가 되고 말았다. 우리의 몸도 자연과 같이 죽음의 땅으로 변하기 시작한 것이다. 더욱 이성이나 기술과학을 절대시하고 정신이나 생명, 생명가치를 외면함으로써 인간은 대자연의 살아있는 생명체들과 소통할 수 있는 신령함을 상실하게 되었다. 그래서 우리는 놀라운 과학문명을 이룩해 놓았음에도 불구하고 한편으로는 한치 앞을 내다 볼 수 없는 생명위기 상황에 직면한 세상의 삶을 살아가고 있는 어리석음을 범하고 있다. 지금 우리는 유전공학의 발달로 우리의 지능이나 체질, 성격, 건강, 질병 등이 몽땅 유전된다는 사실을 알 수 있게 되었다. 또한 모든 것을 우리가 조상으로부터 몽땅 물려받았다는 사실이 속속 밝혀지고 있다. 뿐만 아니라 우리의 삶의 결과가 결코 나에게서 끝나지 않고 자손에게 그대로 이어진다는 사실을 입증해 주고 있다.

결국 우리는 부모로부터 모든 것을 물려받았고 또 이를 물려줄 수밖에 없다. 사실 집과 땅과 같은 물질적 유산보다 더 큰 것을 이미 물려받았으며 이미 어머니 뱃속에서 많은 것을 교육받고 나온 것이다. 부모의 식습관과 생활태도는 물론 말과 생각과 행동이 태아에게 고스란히 전달되어 영향을 미친다는 연구결과와 사례들이 계속 발표되고 있다. 이처럼 이미 어머니 뱃속에서 거의 모든 것이 결정된다는 연구결과가 속속 밝혀지면서 잉태·태교·출산·육아에 대한 관심도 이전보다 점점 커지고 있다.

2. 잉태(孕胎)

1) 잉태의 비밀 : 생명의 신비

우리 조상들은 전통적으로 아이는 삼신할미가 점지하신 신의 선물로 인식해 왔다. 또한 아이의 출산과 육아도 삼신할미의 도움으로 이루어진다고 믿어왔다. 잉태(孕胎)는 서양의학에서 말하는 임신(姙娠, pregnancy)의 한국적 표현이다. 잉태는 천지자연 조화의 이치[조화신(造化神)]로 하늘이 부여한 자연스런 생명의 원리가 작용하여 아이라는 생명이 점지되는 것을 말한다. 다시 말해서 아이라는 생명의 잉태는 눈에 보이는 생명의 실체인 엄마 아빠의 난자와 정자의 교합과 눈에 보이지 않는 삼신할미라는 생명의 기운, 즉 천지자연의 기운[우주적 에너지]의 조화로 이루어진다.

또한 동학에서도 이 같은 잉태의 이치를 밝히고 있다. 동학에 의하면 정자와 난자의 만남만으로 수정이 이루어지지 못하고, 생명이 잉태되기 위해서는 하늘의 기운이 내려와야 한다는 것이다. 다시 말하자면 정자와 난자가 결합하여 아이가 되기 위해서는 삼신할미에 해당하는 혼원일기(混元一氣) 또는 지기(至氣)가 작용해야 한다는 것이다. 이는 음양 두 기운이 합할 때 두 기운을 조화시키는 하나의 기운이 내려와야 생명이 깃든다는 것을 말한다. 이처럼 음양의 조화에 의하여 비로소 생명이 탄생하는데, 이때 조화하도록 하는 근원의 힘이 바로 지기 혹은 혼원일기이다. 이 기운의 감응이 있어야 모든 만물이 화생(化生)한다. 이러한 이치를 동학의 제2대 교주 해월 최시형은 '천지부모(天地父母)'라 하면서 아이를 잉태한 눈앞의 부모와 그 생명을 잉태하게 만든 진짜 부모는 다름 아닌 천지라는 것이다. 즉, 모든 생명의 참 부모는 지기 또는 혼원일기이며, 천지이고 한울님이다.

이와 같은 잉태의 비밀은 언뜻 들으면 비과학적인 것처럼 들릴지 모르지만 동학의 시천주론, 불연기연론, 천지부모론, 조화론 등에서는 물론 최근 들어 양자역학, 기과학, 창조진화론 등 신과학에서도 실체적 진실로 입증되고 있다(김지하, 1992; 방건웅, 2005; 임재택, 2007).

흔히 잉태 순간이 일생을 좌우한다고 한다. 부부의 합방으로 난자와 정자가 만나야 하고 그 순간 우주적 음양의 기운이 조화를 이루어야 한 생명이 잉태되는 것이다. 엄마 아빠가 건강해야 아빠의 양기와 엄마의 음기가 적절하게 조화되어 치우치지 않은 중용의 체질을 가진 아기가 잉태된다. 미혼 남녀, 특히 결혼 이후 아이를 갖게 될 예비 엄마 아빠의 건강이 무엇보다 중요한 이유가 바로 여기에 있다.

2) 잉태, 부모건강 및 자연유산

잉태는 어떻게 이루어지는가? 아기는 엄마의 난자와 아빠의 정자가 만나 수정란을 형성하면서 생명체로 형성되기 시작한다. 그러므로 아기의 건강에 대해 이야기할 때 가장 먼저 언급되어야 할 것이 엄마 아빠의 건강이다. 엄마 아빠가 건강해야 난자와 정자가 건전하고 건전한 난자와 정자가 만나 건강한 수정란을 형성할 수 있다. 건강하게 수정란이 형성되면 엄마 자궁에 안착하게 된다. 제대로 잉태되는 것이다.

만일 엄마 아빠가 음식관리 및 몸 관리를 제대로 하지 못해 체액이 오염되어 있다거나 불긴강한 상태일 때 수정란이 형성되면 그 수정란은 건강하기 어렵다. 특히, 엄마의 자궁은 잉태와 태아의 건강에 영향을 미친다. 만일 엄마의 자궁이 건강하지 못하다면 어떻게 될까? 자궁벽에 염증이 많다거나 이런저런 수술 흔적으로 수정란이 착상할 공간이 부족하다면 수정란은 착상하지 못하고 탈락해 버리게 된다. 혹시 수정란이 자궁벽에 안착했다고 하더라도 자궁에 염증이 많은 것을 포함해 자궁이 불건강하면 수정란이 정상적으로 분열하기 힘들어진다.

최근 들어 자연유산이 증가하고 있다. 모든 생명체는 온도와 습도가 일정하게 유지되는 상태에서 자라는데, 자궁이 건전하지 못하면 생명체가 자라기에 적절한 환경이 조성되지 못하므로 태아발육에 문제가 생긴다. 자연유산의 원인은 여러 가지이나 자궁이 건전하지 못할 때, 수정란 자체가 건전하지 못할 때 혹은 수정란이 분열할 수 있는 환경이 제대로 조성되어 있지 못할 때 일어나는 현상으로 판단된다(장두석, 2007).

자연유산이 되는 것도 산모의 기력이 너무 약하거나 태아가 불구 또는 기형일 때, 산모가 지나친 비만일 때, 종양 등에 걸렸을 때, 산모가 찬 것을 지나치게 먹고 너무 싱겁게 먹어 양수가 싱거워 아기가 건강하게 자라지 못할 때 등으로 산모의 생명 보존과 건강한 종족의 보존을 위해 일어나는 것이다. 그런데 농약, 항생제, 온갖 화학 첨가물 등 각종 유해물질로 뒤범벅이 된 음식들을 분별없이 날마다 먹는 부모들의 건강이 온전할 수 있을까?

3) 잉태의 조건과 지혜

우리 조상들은 훌륭한 자손을 두기 위해 부부가 생명을 잉태할 수 있는 여러 가지 조건과 지혜를 익히고 실천해 왔다. 여기서는 장두석 선생(2007)이 일러주고 있는 잉태의 조건과 지혜를 참고하여 정리하고자 한다.

첫째, 혼인의 삼금법(三禁法)이다. 건강한 후손을 갖기 위한 노력은 우선 심신이 건강하고 맑은 영혼을 지닌 영특한 신랑감과 신부감을 구하는 데서 시작된다. 혼인을 할 때 삼금법(三禁法)을 엄격히 지켜왔는데, 첫째 친가 쪽의 근친혼을 예방하기 위한 동성동본 금혼, 둘째 외가 쪽의 근친혼 예방하기 위한 월삼성(越三姓), 셋째 같은 환경의 비슷한 체질의 혼인을 예방하기 위한 백리(百里) 내 금혼이 그것이다.

둘째, 택일 합방이다. 건강한 아이를 잉태하기 위해 합방하는 날짜를 엄격히 지키는 택일 합방을 실천하였다. 택일 합방으로 합방일 7~10일 전부터 반드시 금욕생활, 즉 별거를 한다. 남자는 사랑방에서 할아버지, 아버지, 삼촌들로부터 교육을 받고 거풍(햇볕에 알몸으로 누워 태양의 기를 쏘이는 것) 등 수련활동을 하며 근신 및 금기사항을 준수한다. 여자는 안채에서 할머니, 어머니, 동서 등 어른들로부터 교육을 받으며, 달맞이 등 수련활동을 하며 기도, 근신, 금기사항 준수 등을 한다.

셋째, 합방 시각은 새벽 3시 전후로 하며 천둥, 번개, 폭우, 폭설 등 일기가 고르지 않을 때에는 삼가한다. 이 시각은 중력이 뭉치고 양기가 올라오며 남녀의 기가 넘치는 때이다. 남녀 모두 합방 뒤에는 찬물로 씻으면 확장된 혈관을 수축시키고 재충전을 시켜 기를 보전해 준다.

넷째, 합방 장소는 자연과 친근한 곳, 기운이 좋은 곳을 택하도록 한다. 특히, 요즘 신혼방은 '불임방(不姙房)'이라고 할 정도로 기운이 좋지 않은 환경이다. 신혼방은 새 아파트이거나 헌집이라도 장판과 도배를 새로 한 새 방이며, 그 방에는 장롱, 침대, 이불, 잠옷, 화장대 등 모든 비품과 용품들이 새 것이며, TV와 컴퓨터 등 각종 전자매체들로 가득 차 있다. 요즘의 신혼방은 각종 환경호르몬과 전자파로 가득 차 있기 때문에 합방을 하더라도 눈에 보이지 않는 생명의 기운이 제대로 흐르고 있는지 의심하지 않을 없다.

다섯째, 심신수련도 강조하고 있다. 이것은 남녀의 몸 다루기와 마음 다루기를 말한다. 몸 다루기의 경우, 남자는 건강한 정자를 생산하기 위해, 여자는 독소 제거 및 건강한 난자 유지(기형아 예방)를 위해 자연의 순리와 조상의 지혜에 따른 식·의·주 생활의 실천을 강조한다. 그리고 마음 다루기로는 잡념을 버리고 마음의 평화를 찾기 위한 명상을 강조하였으며, 원하는 자녀상을 항상 마음속으로 새기고 염원하는 신념 다루기도 게을리 하지 않았다.

여섯째, 피임의 방법이다. 원하지 않는 잉태나 터울의 조절을 위해서는 물론 부부의 심신 건강을 위해 피임을 강조하였다. 월경 기간을 28일로 보고 월경 예정일 전 14일 동안은 합방을 금한다. 단, 남녀가 욕구를 극복하지 못할 때는 합방 직후 부인과(질) 부위를 생수로 씻은 뒤 매육엑기스 3g을 생수 100g에 희석하여 질을 씻어내고 반듯이 누워서 본인의 오른손으로 방광을 50회 두드리면 피임이 된다. 약물요법이나 시술에 의한 피임은 금한다(장두석, 2007).

4) 불임 증가의 원인과 대책

그런데 최근 우리나라에서 불임부부가 급증하고 있다. 2004년 통계에 의하면, 아기를 잉태하지 못하는 불임부부가 64만 쌍 정도이다. 최근에는 하나를 낳고 둘째를 못 갖는 부부들이 늘어나면서 통계에 잡히지 않는 경우까지 감안하면 불임부부는 이미 100만 쌍에 다다랐다고 볼 수 있다. 즉, 신혼부부 10쌍 중 약 1.7쌍이 불임부부라는 것이다. 세계 최저 출산율에 이어 세계 최고 불임율(不姙率)을 향해 달려가고 있는 형국이다.

그렇다면 이와 같은 불임의 원인은 무엇인가? 예전에 우리 조부모 세대나 부모 세대에서는 부부가 택일하여 합방하면 거의 모두 잉태하였는데 반해 요즘 젊은 부부 세대는 예전보다 훨씬 좋은 여건에서 상당히 과학적으로 자주 합방하는 것 같은데 생명을 잉태하지 못하는 불임이 늘어나고 있다. 젊은 부부들의 불임이 증가하는 주요인은 2가지로 추정할 수 있다. 하나는 부부의 씨(생명의 씨앗, 정자)나 밭(생명의 텃밭, 난자)이 부실한 사례가 증가하고 있기 때문이고, 다른 하나는 부부가 합방할 때 눈에 보이지 않는 우주적 생명의 기운(천지자연의 생명 에너지, 지기, 우주적 기운)이 작동하지 않아 '삼신할미'가 아기씨를 점지해주지 못하는 사례가 증가하고 있기 때문이다. 이러한 요인으로 인해 부부가 합방을 해도 생명질서의 조화가 이루어지지 않아 생명체인 아기가 잉태되지 않는 케이스가 증가한다는 것이다.

전자의 사례를 살펴보면, 먼저 '생명의 텃밭'인 부인의 자궁이 오염되어 있다는 것이다. 산성화되고 오염된 텃밭에 식물을 가꾸면 올곧고 풍성하게 자랄 수 없듯이 건강하지 못한 자궁에서는 생명이 잉태되기도 어렵고 설령 잉태되었다 하더라도 자연유산이 되거나 태어난 아기들도 건강을 보장하기 어렵다는 것이다. 그리고 부인 자궁의 양수가 오염되었거나 양수의 염도가 낮아졌다는 것이다. 태아는 태모 자궁의 양수 속에서 열 달을 살고 태어난 아기는 천지자연의 음수 속에서 평생을 살아간다. 양수는 물이고, 음수는 공기다. 양수와 음수가 오염되면 태아나 아기는 아프기 마련이다. 특히, 어머니 자궁의 양수는 바닷물과 같은 염도(3%)를 유지해야 한다. 태모가 짜게 먹지 않으면 양수가 싱거워져 태모와 태아가 염증에 걸리게 된다. 몸에 염증이 생기면 신경염이 생기고 장의 연동운동이 안 되어서 전신무력증이 올 수 있다.

다음으로 생명의 씨앗인 정자가 위태롭다는 것이다. 연세대 한상원(2005) 비뇨기학과 교수는 '한국 남성의 정자수와 비뇨기계 질환 관련 연구'라는 논문에서 우리나라 20대 남성 10명 중 4명꼴로 정자 운동능력이 기준치에 미치지 못하는 것으로 나타났다고 발표했다. 2005년 3~8월 건강한 현역 사병 194명(평균 22.1세)의 동의를 받아 정액을 조사한 결과 194명의 정자 중 운동성이 국제기준에 못 미치는 사람이 43.8%인 85명이었다고 한다. 세계보건기구(WHO)는 일반적으로 정자 100마리 중에서 50% 이상이 정상적으로 운동해야 하며, 정자 수는 정액 1ml에 2,000만 마리가 넘어야 한다고 권고했다. 이 연구에서 한 교수는 "정자의 운동능력이 떨어지는 이유는 환경오염이나 다이옥신 등 환경호르몬 때문"이라며 "이런 정자는 여성의 자궁을 따라 나팔관까지 못 가기 때문에 수정이 이뤄지지 않는다"

고 밝히고 있다.

이처럼 난자와 정자가 부실한 부부들에게서 어떻게 훌륭한 자손을 얻기를 바라겠는가? 건강하고 똑똑한 아이를 얻으려면 먼저 부모가 될 사람들의 몸과 마음이 건강해야 한다는 것은 명백하다. 불임을 예방하고 치유하는 길은 부모가 될 예비부모는 씨와 밭이 건강한 몸과 마음을 지니고 생명의 기운이 제대로 작동하지 않는 '불임방'이 아닌 생명의 기운이 가득 찬 '잉태방'에서 생활하는 것이 필수적이다. 그러기 위해서는 지금의 반생명적이고 반생태적인 서양식 식·의·주 생활방식을 새로운 패러다임의 생활방식인 생명적이고 생태적인 식·의·주 생활방식으로 전환해야 한다. 이 같은 자연친화적이고 풍토합일적인 생활방식이 가장 웰빙적이고 생명적인 생활방식(Well-being and life centered life style)이며, 생명위기 시대에 가장 합당한 과학적이고 질 높은 생활방식이라고 할 수 있다. 불임을 예방하고 치유하는 아이살림·생명살림의 길은 자연의 순리와 조상의 지혜에 따른 식의주 생활방식을 오늘의 시대사회적 상황에 알맞게 전환하는 데 있음을 명심할 필요가 있다.

3. 태교(胎教)

1) 태교의 의미

태교란 부부가 훌륭한 자손을 얻기 위해 잉태 전후에 하는 모든 교육적 노력이다. 따라서 태교는 부부가 아기를 잉태하기 전부터 몸가짐과 마음가짐을 바르게 하는데서 시작되어야 한다. 아기를 잉태한 임부의 모성태교(母性胎教)도 중요하지만 특히 잉태 당일 아버지의 상태와 잉태 후의 아버지의 역할을 강조한 부성태교(父性胎教)도 중요하다는 뜻이다.

태교의 이치는 자연의 순리, 즉 생명질서에 따른다. 사람의 성품은 하늘에 근본하고 기질은 부모에게 기인하니 성품은 선천적이요 기질은 후천적이다. 아비 낳음과 어미 기름과 스승의 가르침이 하나로 연결되어 있다. 여기서 태교는 그 근본이 되고 스승에게 배우는 것은 그 다음이다. 명의는 병이 나기 전에 다스리고, 참 교육자는 태어나기 전에 가르친다. 태어나 10년 스승에게 교육받기보다 10달 뱃속에서의 가르침이 더 중요하며, 그보다 더 중요한 것은 하루 아비의 몸가짐·마음가짐이다(한태원, 2000).

다시 말해서 어린아이 교육보다 태교가 더 중요하고 태교보다는 합방 당일의 시간, 장소, 환경, 부부의 심신상태가 더 중요하다는 것이다. 나아가 합방 당시보다는 한울님의 이치와 기운을 본성 그대로 영입할 수 있는 부모의 인격형성과 건강상태가 더욱 중요하다. 왜냐하면 한울님은 낳게 하고 부부는 낳기 때문이다. 즉, 무형한 한울님이 부부를 통해서 유형한 아기(한울사람)로 화생·진화되기 때문이다(한태원, 2000).

부부는 결혼 전부터 성품은 착하게, 심기는 맑게, 육신은 건강하게 하고, 결혼 후 부부가 지극한 한울님의 생명 기운을 받아 합방하여 포태하거든 몸가짐과 마음가짐을 바로 하고 먹는 것을 가려서 먹고 행동거지를 바르게 정성과 공경과 믿음으로 태교를 하면 문왕이나 공자 같은 성인을 낳을 수 있다는 것이다. 이같은 태교의 이치와 지혜는 우리 민족 고유의 상고사상과 동학사상에 그 뿌리를 두고 있다. 오늘날 과학에서 인간 생명의 생장과정을 이보다 더 과학적으로 입증할 수 있겠는가? 최근 신과학(New Science)에서 그 이치와 지혜를 입증하기 시작했다.

한편 유안진(1990)은 한국 전통사회에서 통용되어 온 태교의 개념을 종합하여 "태교란 심신이 건강한 아기의 수태와 태내발달 및 출생을 위하여 부모가 될 부부가 임신을 준비하는 기간부터 아기의 출생 시까지 수행하는 필요한 모든 교육적 노력이다"라고 정의하고 있다.

한편 태교는 뱃속의 아이를 어떤 존재로 받아들이는가에 따라 의미가 매우 달라진다. 유교 전통사회에서는 혈통이나 가문을 중시하는 가운데 남아선호 사상에 바탕을 두고 있었다. 그래서 부인이 임신을 하면 그 스스로 주체가 되어 태교를 시작하는 것이 아니라 그 순간부터 태아를 위해 철저하게 갖가지 금기사항을 지켜야 하고 음식도 가려 먹어야 하고 잠도 가려 자야 했기에 여간 힘들고 괴로운 일이 아니었을 것이다. 태교는 그 어머니가 스스로 주체가 될 때 비로소 실질적인 교육이 이루어진다. 그래서 형식도 중요하지만 더 중요한 것이 태모의 삶의 태도와 자세, 가치관 및 마음 상태가 더 중요하다(김춘성, 2007).

태아와 태모를 한 생명으로 바라보는 생명론적 태교의 관점에서 동학과 원불교의 태교에 주목할 필요가 있다. 먼저, 동학의 태교는 해월선생이 직접 한글로 저술한 경전인 『내칙』에서 태모의 섭생과 마음가짐을 주로 이야기하고 있다. 동학의 태교는 기존의 유교적 태교와 달리 태아와 태모는 물론 천지만물을 공경하는 생명론적 태교를 지향하고 있다. 특히 태모는 일체 고기를 먹지 말며 심지어 고기 냄새도 맡지 말라고 하였는데, 그 이유는 고기 기운을 따라 사람이 나면 모질고 탁하다는 것이다. 음식도 기운이고 마음도 기운이다. 그러므로 기운을 맑고 바르게 하는 것을 태교의 중요한 원리로 삼고 있다. 기운이 맑고 바르면 사람이 신령해진다. 그러기 위해 우선 부모가 신령해져야 한다는 것이다(김춘성, 2007).

다음으로 원불교에서는 사람의 교육은 태교로부터 비롯되며, 옛날 문왕의 어머니 태임(太姙)이 문왕을 태중에서부터 가르쳤다 하여 태교라고 한다는 것이다. 그리고 원불교에서 교육은 태교, 유교 및 통교의 3단계별로 구분되며, 그 첫 번째 단계인 태교에서는 사람의 교육은 태교로부터 비롯된다는 점을 분명히 밝히고 있다. 태교를 잘하느냐 잘못하느냐에 따라 영식의 기질이 좋아질 수도 있고 좋지 못해질 수도 있으며, 그 부모의 말과 마음과 행동이 태아의 장래 성질에 영향을 주기 때문에 태모의 근신이 극히 중요하다는 것이다(방인성, 2007).

2) 태교 관련 문헌

우리 조상들은 오랜 옛날부터 태교의 중요성을 깨달아 이를 실행해 왔다. 역사기록에 보면 단군 시대부터 이미 '태훈'이란 이름으로 태교를 실행한 것으로 되어 있다. 태교를 통하여 훌륭한 자녀를 낳은 예를 보면, 고려시대에는 자신의 경험을 토대로 '태중훈문'이란 글을 남긴 정몽주의 어머니 이씨 부인이 있고, 조선시대에는 너무도 유명한 율곡 이이의 어머니 신사임당의 태교 이야기와 태교의 교과서라 일컬어지는 『태교신기』란 책을 쓴 유희의 어머니 사주당 이씨 등이 있다. 이를 보면 우리 조상들이 훌륭한 자손을 얻기 위해 얼마나 큰 노력을 했는지 짐작할 수 있다(장두석, 2007; 유안진, 1990).

한편, 전통 태교에 대한 내용은 중국의 고서나 불교의 일부 경전에서 기원을 찾고 있다. 나중에 의학서에도 부분적으로 수용이 되어오다가 조선시대에 와서 『대대례』, 『열녀전』, 『소학』 등에 들어있는 부분을 인용하거나 부분적인 해석을 통하여 양반가를 중심으로 태교를 해온 것을 알 수 있다(김춘성, 2007). 이처럼 태교는 여유가 있거나 기록문화를 접할 수 있는 특수계층의 의식분야로 한정될 수밖에 없다가 19세기에 이르러 세계 최초의 '태교' 단행본인 사주당 이씨의 『태교신기』가 나옴으로써 세상에 널리 알려지게 되었다. 이 책은 태교관계로는 세계 최초의 단행본으로 그동안의 단편적인 태교사상을 종합하고 1남 3녀를 출산한 어머니로서의 경험과 당시 여성으로서는 보기 드문 해박한 독서를 토대로 자녀교육에 철저했던 모친으로서의 정성이 들어있는 독보적인 저술이다. 특히 태교에 임하는 남편의 마음가짐과 그 역할의 중요성을 강조하여 태교가 전 가족의 협동과 신뢰와 사랑에서 이루어짐을 일깨운 선구적이 내용이 들어 있다.

3) 전통 태교의 내용

여기서는 『태교신기』 등 옛 문헌을 종합하여 전통 태교에 포함된 선조들의 지혜를 살펴보고자 한다.

첫째, 임신 중 삼가야 할 행동으로는 간사함, 성냄, 기만 등이 있고, 근신(謹身)해야 할 일로서 두꺼운 옷, 과식, 외출 등이 있으며, 먹으면 안 될 음식으로는 부정한 것, 벌레 먹은 것, 상한 것, 제철이 아닌 것 등이며 보고 들어서는 안 될 일로서는 광대, 벼락, 번개, 음란한 것, 애처로움 등이 있다.

둘째, 임신 중 권장사항으로는 사람으로서는 귀인, 의인, 모습이 바른 사람, 예절바른 사람, 신선 등을 만나고, 물건이나 동물은 벽백옥(碧白玉), 패옥(佩玉), 공작, 그림 등이 있으며, 서책으로는 성현의 글, 시문 등이 있다.

셋째, 훌륭한 태교법을 들 수 있다. 인간의 교육이란 어머니 태반을 떠나

버리면 교육은 끝나버린다. 참된 교육은 태교로부터 시작한다는 가르침이다. 임신 중 생활은 가정의 안정, 가족 간의 화목한 대화, 건전한 생활, 금욕 생활을 하고 악한 행위를 하지 말 것이며, 독서, 음악 감상(가능하면 우리 고전음악)과 조용히 명상을 하는 것이 좋다. 주의할 점으로는 임신 1년 전부터 금주, 금연, 약물 복용 및 커피, 콜라 등의 기호식품도 절대 삼가는 것이 좋다. 태교는 아이의 인성을 결정하는 중요한 과정이므로 정성을 다해야 한다.

넷째, 동학·천도교의 『해월신사법설』 「내칙」에 명시된 태교의 내용은 다음과 같다.

> "포태하거든 육종을 먹지 말며, 해어도 먹지 말며, 논의 우렁도 먹지 말며, 거렁의 가재도 먹지 말며, 고기냄새도 맡지 말며, 무론 아무 고기라도 먹으면 그 고기 기운을 따라 사람이 나면 모질고 탁하니, 일삭이 되거든 기운 자리에 앉지 말며, 잘 때에 반듯이 자고, 모로 눕지 말며, 침채와 채소와 떡이라도 기울게 썰어 먹지 말며, 울새 터논 데로 다니지 말며, 남의 말 하지 말며, 담 무너진 데로 다니지 말며, 지름길로 다니지 말며, 성내지 말며, 무거운 것 들지 말며, 무거운 것 이지 말며, 가벼운 것이라도 무거운 듯이 들며, 방아 찧을 때에 너무 되게도 찧지 말며, 급하게도 먹지 말며, 너무 찬 음식도 먹지 말며, 너무 뜨거운 음식도 먹지 말며, 기대앉지 말며, 비껴 서지 말며, 남의 눈을 속이지 말라.
>
> 이같이 아니말면 사람이 나서 요사(夭死)도 하고, 횡사(橫死)도 하고, 조사(早死)도 하고, 병신도 되나니, 이 여러 경계하신 말씀을 잊지 말고 이같이 십삭을 공경하고 믿어하고 조심하오면 사람이 나서 체도도 바르고 총명도 하고, 지국과 재기가 옳게 날 것이니, 부디 그리 알고 각별 조심하옵소서.
>
> 이대로만 시행하시면 문왕 같은 성인과 공자 같은 성인을 낳을 것이니 그리 알고 수도를 지성으로 하옵소서."

다섯째, 원불교의 태교 내용은 부모의 말과 마음과 행동이 태아에게 영향을 미치므로 몸을 삼가는 것, 마음을 청정히 하는 것, 행실을 바르게 하는 것 3가지이며, 그 세부내용은 다음과 같다(『원불교전서』 「정산종사법어」의 '태교의 도').

① 몸을 삼가는 것 : 힘에 과한 무거운 물건을 들지 말 것, 기울어지고 위태한 곳에 오르내리기를 삼갈 것, 차고 덥고 마르고 습함이 고르지 못한 곳을 피할 것, 익지 않은 과실이나 상한 음식을 먹지 말 것, 주리고 배부르고 수고롭고 편안함이 과하지 않도록 주의할 것.

② 마음을 청정히 하는 것 : 탐내는 마음과 성내는 마음과 어리석은 마음을 내지 말 것, 원망하거나 시기하거나 무시하는 마음을 두지 말 것, 근심과 번뇌를 가라앉히고 무섭고 놀라운 경우에 안심하기를 주의할 것, 자주 법회에 참예하여 부처님과 어진이의 가르침을 잘 듣고 언제나 마음공부의 대중을 놓지 말 것.

③ 행실을 바르게 하는 것 : 몸으로 살생과 도적과 간음을 범하지 말 것, 입으로 망령된 말과 꾸미는 말과 악한 말과 한 입으로 두 말을 하지 말 것, 모든 일을 항상 공변되고 정당하게 처리하며 대중을 널리 공경하고 힘 미치는 대로 보시(布施)를 행할 것, 어느 곳에 가든지 그 곳의 규율과 공중도덕을 잘 지킬 것.

4) 임신부의 유의사항

임신부의 유의사항에 대하여 장두석 선생(2007)은 다음과 같이 일러두고 있다.

① 임신부들은 열과 발한이 동반되므로 유산소 상태의 몸을 유지하기 위해 수분, 염분, 비타민C 등을 매일 권장량의 2배 이상을 섭취하여야 한다. 또한 변비 등이 심하므로 상쾌효소, 마그밀 등을 수시로 복용하여 건강을 유지하여야 한다. 그리고 임신부의 양수의 염도는 바닷물의 염도(3%)와 같게 유지해야 한다. 임신부가 너무 싱겁게 먹어 양수의 농도가 묽으면 태아의 성장에 장애를 받을 뿐 아니라 기형아 또는 자연유산이 될 가능성이 높다. 따라서 생수, 염분, 비타민C 등을 적절하게 공급해 주는 것은 임신부와 아이의 건강에 필수적이다.

② 삼각팬티나 거들 등 꽉 조이는 옷을 피하고 공기가 잘 통하는 것을 입고, 집은 신선한 공기와 햇볕이 잘 들도록 해야 한다. 두꺼운 옷이나 밀폐된 집은 피부호흡을 통한 산소의 공급을 방해하며 노폐물의

원활한 배출 등을 어렵게 한다. 그리고 태양의 기운을 많이 받도록 해야 한다.

③ 아파트(특히 고층)에 살지 않아야 한다. 인간은 땅에서 태어나 땅의 기운을 받고 살아간다. 아파트라는 폐쇄된 공간, 특히 땅의 힘이 미치지 못하는 고층아파트(집의 높이가 나무 높이를 넘지 않아야 한다)에서는 모든 음식물이 발효되지 않는다. 그러므로 우리의 몸이 온전할 수 없다. 전통 식·의·주 생활 문화가 복원되지 않고선 한민족의 기상과 혼을 가질 수 없다.

④ 적당한 운동을 해야 한다. 우리 어머니들은 쪼그려 앉아서 밭 매는 일, 부엌에서 불 때는 일, 무릎 꿇고 청소하는 일, 앉아서 변을 보는 일들은 순산으로 이어진다. 임신 중에도 끊임없는 노동이나 운동을 해야 한다. 그 결과 많은 아이를 낳더라도 순산을 할 수 있었다. 요즘 임신부들은 입식부엌, 좌변기, 세탁기, 침대 등을 놓고 편한 생활을 하다 보니, 운동이 부족하여 자궁 수축이 제대로 되지 않아 출산에 상당한 애를 먹는다. 적당히 걷고, 쪼그려 앉아 청소도 하고 빨래도 하는 등 몸을 움직여야 한다. 그리고 조석으로 합장합척운동을 해주면 거꾸로 앉아있는 아이도 제자리로 돌아온다. 이런 운동들이 순산으로 이어진다.

⑤ 굽이 높은 신발을 신지 않아야 한다. 자궁이 후굴되고 본인의 건강은 물론 아이의 정서나 건강한 성장에 장애가 된다. 임산부가 하이힐을 신고 시멘트 위를 걷게 되면 발자국 소리가 요란하여 태아에게 나쁜 영향을 끼친다. 사람의 발은 나무에 비유하면 뿌리이고 가옥에 비유하면 주춧돌이다. 사람의 발은 13° 각도로 이루어져 있는데 높은 신발을 신게 되면 45° 각도가 되어 몸의 균형을 이룰 수 없다.

⑥ 인공유산은 절대로 하면 안 된다. 인공유산은 자궁에 칼이나 날카로운 집게를 들이대 생명체를 긁어내는 것으로 시술과정에서 자궁경부나 난소에 상처가 날 가능성이 높고, 이는 종양(암)으로 발전하는 경우가 많다. 또한 다음에 아이를 갖더라도 그 아이에게 죽음에 대한 공포와 같은 엄청난 정서적 불안을 줄 수 있다.

4. 출산(出産)

1) 출산의 의미

출산은 아기라는 생명의 탄생을 말한다. 출산은 한 생명이 잉태하여 아기집에서 열 달을 지낸 후 생명질서에 의해 세상에 나오는 것으로 부모는 물론 가정과 사회와 국가의 축복이다. 출산은 서양의학에서 말하는 인위적인 분만(分娩)의 의미를 넘어 천지자연의 기운을 받아 천시(天時)에 어머니 몸에서 아기가 세상으로 나오는 것을 의미한다. 출산의 과정은 보통 진통을 시작해서 아기가 나오고 그 아기에 대한 적절한 조치를 취한 후 산모와 아기가 모두 안정되기까지의 시간을 말한다.

우리 조상들은 아이를 낳을 때 몸을 지구의 중력이 작용하는 방향으로 놓고 출산을 하였다. 그리고 쉼 없는 운동(노동)을 통해 자궁 수축을 하여 손쉽게 출산할 수 있도록 하여 왔다. 최근 텔레비전에서 방영해 선풍적인 관심을 모았던 물속에서의 출산 및 유럽 여러 나라들의 자연출산을 위한 노력 등은 우리에게 시사하는 바가 크다.

2) 자연출산의 신비

인간의 출산을 보면, 어떤 포유류보다 큰 머리를 가지고 좁은 산도를 통해 정말 목숨을 걸고 세상에 태어나는 동물이다. 그러나 산모가 진통할 때 폭발적으로 분비하는 엔도르핀이라는 호르몬이 출산에 대한 두려움과 통증을 완화시켜준다. 또 출산 직후 분비되는 옥시토신은 부분적인 기억상실을 가져온다. 그래서 여성은 출산 후 몇 주만 지나면 출산 중에 겪었던 힘든 고통을 잊어버리고 다시 아기를 가질 생각을 한다고 한다(외르크 치틀라우 저, 박규호 역, 2007).

그러면 자연출산 혹은 지혜로운 출산의 비결은 무엇인가?

첫째, 산모가 특별히 위험한 상태가 아닌 한 자연분만을 해야 한다. 예전의 우리 어머니들은 밭을 매다가, 빨래를 하다가 출산하는 경우도 종종 있었다. 쪼그려 앉아 밭 매고, 부엌에서 불을 때고, 걸레로 방을 닦으니 자궁이 저절로 잘 수축되어 아이를 쉽게 낳을 수 있었다. 임신부는 누워있지 말고 적절하게 운동과 노동을 하는 것이 출산에 도움이 된다.

자연분만을 하면 산모의 회복이 빠르고 몸에 후유증이 없다. 여성은 아이를 낳고 몸이 새롭게 태어나는데 자연분만 후 산후조리가 잘 되면 그만큼 건강할 수 있다. 예전에는 고통을 이기고 아이를 낳고 미역국을 해먹었다. 자연스럽게 아이를 낳으니 자궁이 저절로 수축해서 다음 날 일을 해도 괜찮았다. 또한 아이는 자연분만으로 산도를 통과하면서 열 달 동안 구부리고 있던 몸을 펴고 척추를 곧게 하여 건강한 생활을 할 수 있게 된다. 자연분만을 하면 몸의 365마디가 자연수축하여 스스로 회복된다.

그리고 자연분만은 아이가 산도를 통하여 나올 때 폐를 압박하여 호흡이 잘되도록 도와주고, 모유를 먹이기 위한 유선 발달이 잘되어 초유를 먹이기 좋게 한다. 아이에게 집중력과 지구력이 생기고, 엄마의 아이에 대한 사랑이 더욱 깊어진다고 한다.

둘째, 갓 태어난 아이의 입속의 오물을 깨끗이 닦아내야 한다. 아이가 갓 태어나 첫 울음을 울기 전에 조산원이나 간호사는 아이가 태내에 있을 때 마신 양수의 찌꺼기, 즉 좁쌀알갱이 같이 생긴 입 속의 오물을 깨끗이 닦아내야 한다. 이것은 일종의 해독법이다. 이러한 해독법과 관련하여 『동의보감』에는 다음과 같이 적고 있다(유안진, 1990, 재인용, pp.206-207).

> 아기가 태에 있을 때에 입속에는 반드시 오물이 있을 것이니, 아기가 겨우 나오면 우는 것을 기다릴 것 없이, 산파가 급히 부드러운 비단을 손가락에 감아 황연(黃連)과 감초(甘草) 농전(濃煎)한 즙을 찍어서 입속의 오물을 깨끗이 닦아버려야 하나니, 만약 오물을 빨아 삼켜서 뱃속에 들어가면 반드시 모든 잔병이 생기는 것이다.

한편 빙허각 이씨의 『규합총서』에는 갓 낳은 아이를 산모가 안고, 아이의 머리와 얼굴의 더러운 것을 혀의 침으로 핥아 없애면 태독(胎毒)이 없어진다고 기록되어 있다. 그리고 갓 태어난 아이의 탯줄 자르기, 배꼽 아물기, 금줄치기 등을 통해 면역력이 약한 아기를 보호하기 위한 여러 가지 지혜를 발휘하였다.

셋째, 갓 태어난 아이를 100분 이상 나체 상태로 두어야 한다. 좌심방과 우심방 사이에는 난원공이 있어 혈액 순환을 돕는데, 이는 생후 100분 동안 닫히게 된다. 이 때 신생아를 발가벗겨 두어야 난원공이 제대로 닫혀 좌심방의 깨끗한 피가 우심방의 더러운 피와 섞이지 않고 온몸을 돌게 된다. 이는 또한 피부 호흡을 통해 심폐기능이 좋아지도록 하기 위한 것이다. 그런데 병원에서는 아이를 낳자마자 강보에 싸서 어머니로부터 떼어내어 요람에 뉘어 놓는다. 그렇게 하면 난원공의 개폐(開閉)가 원활하지 못하여 심장 질환으로 이어진다. 이는 아이를 위해 결코 바람직한 일이라 할 수 없다.

넷째, 갓 태어난 아이는 태변(胎便), 즉 배내똥을 누어야 한다. 아이는 태어나자마자 엄마의 자궁에서 열 달 동안 내보내지 못했던 기름기 많고 지독한 냄새를 풍기는 태변, 즉 배내똥을 누게 된다. 다시 말해서 갓 태어난 아이는 3일 동안 5~6회에 걸쳐 자기 체중의 10분의 1 정도 양의 배내똥(체중 3.6kg 아이의 경우 약 360g)을 눈다. 배내똥을 다 누기 전까지 아이에게 아무 것도 먹이지 말아야 한다. 산부인과 병원에서 흔히 하는 것처럼 갓 태어난 아이에게 분유를 먹이게 되면, 배내똥이 아이의 몸속에 쌓여 아토피나 황달 등의 질병을 유발하게 된다. 3일 동안 어머니의 젖이 나오지 않는 이유는 신생아에게는 자연 단식을 하라는 하늘의 명령(天命)이다. 단식을 하지 않고서는 배내똥이 완전히 빠져나오지 않는다. 아이가 태변을 볼 때까지 모유든 분유든 먹여서는 안 되는 이유가 바로 여기에 있다.

그 동안 신생아에게는 생수와 감잎차, 염분(죽염)만을 조금씩 공급해주면 된다. 아이는 태어나면서 5일 동안 단식을 해도 살 수 있을 정도의 영양소를 몸속에 지니고 있다. 이렇게 48시간이 지난 뒤 신생아가 배내똥을 다 누게 되면 곧바로 산모에게서 초유가 돌아온다. 초유는 태변을 깨끗이 씻어내는 역할도 한다. 더욱이 우리 선조들은 배내똥을 눈 아이에게 초유와 함께 제비집에서 흙을 떼어 분쇄한 흙가루를 초유에 섞어 먹이기도 하였다. 혹시라도 덜 나온 배내똥이 있을까 염려되어 완전 배설을 위한 지혜이다. 태변을 완전히 배설한 아이는 황금빛 똥을 누게 된다.

그러나 태변을 제대로 배설하지 못한 아이들은 푸른 변이나 검은 변을 누게 된다. 아이들 건강상태는 변을 통해 확인하는데, '황금빛 똥을 누는 아기'는 잘 먹고 잘 자고, 잘 놀아 쑥쑥 자라는 반면 변이 좋지 않은 아이는 배앓이를 자주 할뿐만 아니라 자라면서 태열, 아토피를 비롯해 많은 질병에 노출되는 것을 볼 수 있다. 분유회사의 상술과 병원의 이해관계가 맞물려 갓 태어난 아이에게 우유꼭지를 물리는 것을 단호히 거부해야 한다.

다섯째, 산모와 아이의 건강과 심리적 안정을 위한 출산환경을 조성해야 한다. 우리 전통사회의 자연출산 과정을 살펴보면 산모와 아이의 건강과 심리적 안정을 위해 얼마나 세심한 배려를 했는가를 짐작할 수 있다. 산모가 진통을 시작하면 방에 군불을 때고, 아랫목에 짚을 깔고 뒤처리를 할 광목천, 태를 자를 도구들을 준비해 놓는다. 방의 윗목에는 삼신상을 차리는 경우가 많은데, 깨끗한 짚을 깔고 상을 놓은 뒤, 쌀, 정화수, 미역을 상 위에 올린다.

방은 어둑어둑하게 해 놓고, 산파는 삼신님께 기도하는 것으로 일을 시작하며, 임신부 옆에서 산통으로 괴로워하면 산모의 배를 어루만져 주거나 손을 잡아주면서 마음의 안정을 취할 수 있도록 도와준다. 임신부의 마음을 충분히 안정시키면 산모는 큰 고통이 없이 아기를 순산한다. 그러나 이때 분위기가 안정되지 않으면 아기가 잘 나오지 않고 산모도 고생을 많이 하게 된다. 진통이 심해지고 아기 탄생의 순간이 임박해 오면 산파는 산모를 도와 벽에 건 광목을 손목에 둘러 쥐게 하고 쭈그리고 앉은 자세로 힘을 주게 하여 아이가 순탄하게 나오도록 도와준다.

신생아의 사망원인이 대개 삼칠 전후하여 배꼽을 통해 세균이 감염된데 있었기 때문에 자르는 과정에 신중을 기했을 뿐 아니라 신생아를 외부의 전염병균으로부터 보호하기 위해 금줄을 쳤다. 금줄은 정갈한 볏짚으로 만들어 왼쪽으로 꼬아 만들었으며, 양끝을 자르지도 묶지도 않았다. 금줄에는 남아일 경우에는 붉은 고추와 숯을, 여아일 경우에는 청솔가지 3개와 숯을 섞바꾸어 걸었다. 금줄은 보통 삼칠 21일 동안 걸었으나, 49일까지 거는 경우도 있었고, 걷고 난 후에도 둘둘 말아 한쪽 기둥에 걸어 두었다가 100일 지나서야 완전히 치웠다(유안진, 1990).

그리고 우리 조상들은 산모의 피를 보충하고 기력을 회복하며, 지혈을 하기 위하여 비타민C가 많은 미역국을 먹도록 하였다. 이는 현대에도 변함없이 이어지고 있는 우리의 훌륭한 전통이다.

3) 인공출산의 문제와 출산 실태

야생동물들은 새끼를 낳으려면 안정된 둥지에서 스스로 출산을 한다. 예전에는 첫 아이는 친정에 가서 낳는 경우가 많았고, 둘째부터는 친정어머니나 시어머니 아니면 산파의 정성어린 보살핌 속에서 친가에서 낳았다. 그러나 산업화되면서 지혜롭다는 인간은 출산을 할 때가 되면 편안하고 안정된 가정을 버리고 낯설고 불안한 병원으로 찾아간다. 그 병원에는 잉태, 태교, 출산의 이치도 잘 모르고 출산 경험도 전혀 없는 산부인과 의사나 간호사들이 출산 전문가 행세를 하고 있는 경우가 허다하다.

인공출산으로 아이를 낳는 것은 칼을 대는 것으로 산모와 아이가 정서적으로 큰 충격에 휩싸일 수밖에 없다. 산모에게 주는 마취주사가 탯줄을 통해 아이에게 전달되지 않도록 짧은 시간동안 탯줄을 끊어야 한다. 이때 잘못하여 마취성분이 아이 몸에 스며들면 그 후유증이 커질 수 있다. 시술받은 엄마는 마취제, 항생제 등의 독성물질이 몸에 쌓이는데, 그 엄마의 젖을 갓 태어난 아이가 먹으면 어찌 되겠는가? 인공분만을 하면 산모의 자궁이 자연 수축되지 않고 감염, 회복지연, 약물 부작용 등의 후유증을 남긴다. 또 산모는 지혈제 등도 맞으면 안 된다. 지혈제에는 혈액 응고제가 들어 있어 유두가 막혀 젖이 잘 나오지 않게 된다. 젖이 나오지 않으면 병원은 곧바로 아이에게 분유를 물려준다.

인공분만을 하면 아이 정서가 안정되지 못해 자연스럽게 자랄 수 없으며 평생 병마와 함께 살게 된다. 산부인과에서 병을 지고 바로 소아과로 가는 것이다. 즉, 자연출산을 하지 않으면 아이는 평생 병마와 함께 살게 될 가능성이 높고, 가정의 불행과 사회 전체의 불행으로 이어지게 된다. 이는 현재의 우리 사회에 만연하고 있는 아토피, 소아암 등 각종 질병의 발생 실태를 보면 짐작할 수 있다.

그렇다면 오늘날 우리의 출산 실태는 어떠한가? 우선, 애를 낳기 전부터 초음파 검사를 통해 남녀를 가리고, 아들이 아니면 고귀한 생명을 유산시키는 비인간적인 행위도 마다 않는다. 애를 낳을 때는 중력의 방향과는 어긋나게 침대에 눕도록 한다. 아래로 나와야 할 아이가 옆으로 나오니 고통을 피하게 하는 상술로 개복분만(開腹分娩, 즉 제왕절개), 유도분만, 겸자분만(鉗子分娩), 흡입분만 등을 행하고 있다.

불과 20년 전인 1985년의 우리나라 제왕절개율은 세계보건기구(WHO)가 제시하는 10%보다도 훨씬 낮은 6%로써 아주 바람직한 상태였다. 그 이후 88올림픽을 계기로 급격한 서구화가 이루어지면서 서양의학의 산부인과 병원 출산이 과학적인 출산이고 자연출산은 비과학적인 출산이라는 인식의 확산과 병원의 상술로 인해 제왕절개율이 급증하게 되었다. 2005년 우리나라의 제왕절개율은 무려 43%에 이른다. 이는 미국의 23%, 일본의 20%, 유럽의 10%, 세계보건기구 기준 10%에 비추면 턱없이 높은 수치이다. 유럽 등 각 나라에서는 자연분만을 권장하고 이를 국가적으로 최대한 지원하고 있다. 그러나 우리나라는 아직도 병원의 상술에 밀려 세계 최고의 제왕절개율을 자랑하고 있다.

이러한 제왕절개의 문제점은 자연분만에 비해 척추마취나 전신마취로 인해 산모와 아기에게 좋지 않은 영향을 줄 수 있고, 혈액 손실이 많아서 수혈을 할 경우가 많고, 상처부위가 깊기 때문에 염증이나 감염 등의 우려가 더 많고, 자궁 수축과 회복이 훨씬 더디다고 할 수 있다.

4) 아이와 엄마를 위한 출산혁명

본래 아이는 엄마 아빠가 생활하는 환경에서 자연스럽게 출산하는 것이 좋은데, 전통적 출산문화가 실종되고 병원이 출산을 전담하게 되면서 아이는 분만실에서 일률적으로 출산하는 것처럼 되어 있다. 병원에 신생아실을 두고 여러 아기들을 일렬로 눕혀 두는 것도 사실은 병원 편의주의의 결과이다. 병원 편의주의적 출산의 결과 아이는 세상이라는 낯선 곳에 오면서 낯선 사람의 손에 의해 낯선 환경 속에서 출산하므로 편안하지 못하게 세상을 만나게 되는데, 이것은 아이의 몸과 마음과 영혼의 건강을 위해 결코 바람직하지 않은 것으로 출산문화 개혁에 대한 근본적인 인식전환이 요구된다.

자연분만과 모유수유 운동을 벌이고 있는 산부인과 의사인 박문일 교수(2000)는 『엄마와 아이를 위한 출산혁명』에서 "임산부들이여, 침대에 누워서 분만하지 말자. 그것은 분만하기 가장 힘든 자세다. 이제 병원에서 시키는 대로 하지 말자. 자신에게 편안한 자세로 분만하자. 그것이 가장 덜 고통스럽고 아이를 건강하게 낳을 수 있는 방법이다"라고 외치고 있다.

또한 개인병원을 개원하여 2년간 자연분만 운동을 하고 있는 한 산부인과 의사는 초산의 경우 96%를 성공시켰고 제왕절개는 전체의 16% 정도였다고 한다. 그는 제왕절개율 10%만 낮추어도 아이와 산모의 건강증진으로 연간 1,000억 정도의 의료비 절감과 함께 출산율도 자연스럽게 올라갈 것이며, 나라를 이끌어갈 경제인구도 충분하게 될 것이라고 주장하고 있다. 그가 제시한 방안은 잘못된 의료제도의 하나인 분만수가 제도를 개선하는 것과 정부가 자연분만 전문병원을 모델로 설립·운영함으로써 자연분만 전문병원의 확산을 유도한다는 것이다(http://cafe.daum.net/terryjoolove).

이와 같은 맥락에서 태어나는 아이 입장에서 보면 조산원 출산 혹은 자기 집 출산이 가장 안정적인 출산장소이다. 만일 시스템이 잘 갖추어져 안전문제를 보완할 수 있다면 조산원 혹은 자가 출산을 장려해 볼 만하다. 따라서 조산원이나 자가 출산의 안전문제에 대한 보완책을 마련하거나 산부인과 병원의 출산환경을 대폭 개선하는 것이 필요하다. 또한 가족들의 축복 속에서 출산하고 출산 후 가장 먼저 엄마에게 안길 수 있는 모자동실 환경을 마련해 주어야 한다. 분만실의 강한 불빛은 아기의 시신경에 좋지 않은 영향을 주며, 정서를 불안정하게 하므로 예전 산방처럼 어두컴컴한 가운데 약간의 빛을 밝히는 것이 좋다. 출산 후 태지를 씻지 않고 흡수시키는 일까지 그동안 병원출산에서 무시되었던 것들도 아이 입장에서 출산문화 돌아보기 작업이 시작되었으면 하는 바람이다.

우리 전통사회의 출산 관련 지혜를 오늘에 되살리고자 할 때, 가장 본받아야 할 점은 출산과정에 관련된 사람들이 모두 정성과 공경과 믿음으로 아이와 산모를 돌보는 것이다. 이런 분위기에서라면 산모도 안심하고 편안한 마음으로 아기를 낳을 수 있었을 것이다. 큰 병원의 권위를 앞세우면서, 소독약과 기계장치들의 나쁜 기(氣) 속에서 마치 천덕꾸러기 동물 취급하듯 산모를 다루는 관행에서라면 결코 얻을 수 없는 큰 에너지의 결집이다. 그 밖에도 독성이 태아나 산모에게 나쁜 영향을 주지 않도록 섬세하게 배려하는 점이라든지, 태아와 산모의 안정을 제일순위로 생각했다든지, 산모가 분만하기 편한 자세를 취하도록 해주는 것도 현대 생활에서 얼마든지 되살릴 수 있으며 되살려야 할 부분일 것이다(이진아, 2007).

이제 아이와 엄마 모두에게 고통을 안겨주는 인공출산을 버리고 출산혁명을 이룩해야 한다. 그 출산혁명이 바로 누구나 쉽게 실천할 수 있고, 자연의 순리와 조상의 지혜에 바탕을 두고 있으며, 아이살림 · 엄마행복의 출산방법인 자연출산 내지 자연분만의 실천이다.

5. 육아(育兒)

육아는 아이가 태어난 후 초기의 기르는 방식이다. 여기서는 우리 조상들이 오랜 세월 아이를 낳고 기르면서 쌓아온 육아경험 내지 육아법에 대해 살펴보고자 한다. 우리 조상의 육아법에 대해서는 주로 유안진의 『한국 전통사회의 유아교육』에서 해당 부분을 참고하였다. 그리고 세계 각 사회의 육아법에 대해서는 데보라 잭슨의 책 『인류는 어떻게 아이를 키웠을까』를 참고하였다. 여기서 다룬 내용은 초유먹이기, 왼쪽수유 및 유두짜기, 모유수유, 양아십요, 아기 목욕과 옷, 아기 울음과 잠, 아기 행사, 아기 놀이 및 운동법, 아기발육도표 등에 대해 간략하게 살펴보고자 한다.

1) 초유먹이기, 왼쪽수유 및 유두짜기

한국 전통사회에서는 아기를 갓 낳아 초유를 먹였다. 초유는 출산 후 며칠간 분비되는 진하고 끈끈한 노란색의 젖이다. 초유는 아기의 생명을 지켜주는 가장 확실한 보험이다. 초유는 아이의 면역력을 높여 질병에 대한 저항력을 갖게 해주며, 소화능력이 부족한 아이의 위장에서 쉽게 흡수되며, 장운동을 촉진시켜 몸에 남아있는 찌꺼기를 내보낸다.

또한 한국 전통수유법의 특징은 왼쪽수유이다. 아이를 왼쪽으로 안고 왼쪽수유를 하면 양수 속에서 열 달 동안 듣던 산모의 심장고동소리를 들을 수 있어 아이가 정서적으로 안정되고 편안한 마음과 기운을 갖게 된다. 그리고 엄마는 오른손을 편안하게 사용할 수 있다.

그리고 여아가 태어나면 삼칠(21일) 전에 반드시 유두를 짜 주었다. 유두 짜기를 하면 크고 돌출된 유두로 발달하여 장차 남편 복이 있고 다산의 복을 누릴 수 있다는 것이다.

2) 모유수유

우리 조상들은 아이가 갓 태어나면 모유를 먹여 길렀다. 집안 어른들은 산모에게 모유 먹이는 것을 지도했다. 손으로 젖을 여러 번 주물러서 젖이 잘 돌게 하고, 첫 젖꼭지는 물리지 않았다. 젖을 먹이기 전에 조금 짜내어 젖 길을 틔우고, 젖꼭지를 젖으로 씻었다. 젖을 먹이기 전에 아기를 안아 얼러주는 한편 울음을 갓 그친 아기나 울고 있는 아기에게는 젖을 물리지 않았다. 아이가 안정된 상태에서 젖을 먹이고자 하는 지혜였다. 아이에게 좋은 모유를 먹이기 위해 음식도 가려먹었다. 살생한 고기는 먹지 않고 채소와 잡곡, 해산물을 위주로 먹었다. 조상들은 동심을 하늘로 알고 아이를 잘 모셔서 키웠다(장두석, 2007).

현재 우리나라에서의 모유수유는 15% 미만이며, 미국, 일본은 45%, 서유럽은 90%에 육박한다. 선진국일수록 더욱 모유수유에 집착하는 데 반해 우리나라는 많이 배운 사람일수록, 잘 사는 사람들일수록 모유수유율이 떨어진다. 그렇다면 왜 모유수유를 해야 하는가?

첫째, 모유를 먹이면 아기가 엄마 품에 안겨 엄마와 살을 맞대고 심장고동소리를 들으며 젖을 빨게 되므로 심리적·정서적으로 안정된다. 아이가 엄마 젖을 빠는 것은 고무 젖꼭지를 빠는 것보다 훨씬 힘들기 때문에 턱의 근육이 발달하고 치아발육에도 좋다.

둘째, 모유는 아이의 비만과 황달을 예방하며, 면역성분이 풍부하게 들어있어 아이가 각종 질환에 잘 걸리지 않고 질병에 걸린 경우에도 빨리 회복되는 데 기여한다. 또한 모유는 아기의 뇌와 신경 발달에 좋은 성분이 풍부하여 분유를 먹고 자란 아이들보다 지능 발달에 도움을 준다.

셋째, 모유는 아기의 성장에 따라 성분이 변화하며, 젖을 빨고 있는 상태에서도 성분이 변화된다. 처음에 나오는 젖은 살균력이 높고 소화에 좋은 성분이 많고, 나중에 나오는 젖에는 지방이 더 많아 아기에게 포만감, 만족감을 준다. 또한 더운 날에는 아기에게 필요한 수분이 더 많이 포함된 젖이 분비되고, 추운 날에는 열량이 더 높은 젖이 분비된다.

넷째, 분유는 소젖에 들어있는 단백질, 지질과 식물의 기름, 그리고 비타민, 무기질 등을 혼합한 것이다. 그러나 모유는 이 같은 분유에서는 결코 따라 만들 수 없는 수많은 미지의 영양소들이 포함되어 있다.

다섯째, 모유를 먹이면 산모에게도 산후 회복을 빠르게 해주고, 본래의 체중으로 돌아가게 도와주며, 암을 예방할 수 있게 해준다. 또한 젖을 먹이는 동안에는 월경을 하지 않게 돼 자연 피임이 된다.

이처럼 아기에게 엄마 젖보다 더 좋은 먹을거리는 있을 수 없으며, 엄마가 갓 태어난 아기를 위해 할 수 있는 최상의 일은 모유수유를 하는 것이다. 아기가 모유를 6개월만 먹으면 잡곡밥도 먹을 수 있을만큼 장의 운동이 활발해진다.

새 생명인 아기의 면역체계가 제대로 자리를 잡으려면 엄마 젖이 좋겠는가, 아니면 소젖이 좋겠는가? 너무도 명백한 답 앞에서 이런저런 이유로 모유를 먹이지 않고 우유를 먹이는 것은 아이의 면역체계 형성에 혼란을 가져올 뿐 아무런 도움이 되지 않는다. 병원에서 아이를 낳으면 우유병이 선물로 온다. 이는 아이의 입맛을 처음부터 길들이고자 하는 분유회사의 상술임을 절대 잊어서는 안 된다. 소젖을 먹으면 인륜도덕이 무너진다. 소의 수명은 35년이다. 사람의 수명은 120년이다. 이러할진대 왜 사람이 소의 젖을 먹어야 하는가! 갓 태어난 아이에게 소젖을 먹이는 것은 천명을 거역하는 일임을 명심해야 한다. 그리고 세계적으로는 다른 모든 피임방법을 합친 것보다 모유수유로 인한 피임효과가 더 크다고 한다.

요컨대, 모유수유를 하면 아기에게 좋은 점은 다음과 같다. ① 병치레가 적다. ② 위생적이고 안전한 식사를 한다. ③ 설사를 막아준다. ④ 신장에 부담이 적게 간다. ⑤ 자기에게 필요한 만큼만 먹을 수 있다. ⑥ 면역체계가 발달한다. ⑦ 영아돌연사증후군으로 죽을 확률이 낮아진다. ⑧ 턱과 치아가 잘 발달한다. ⑨ 머리가 더 좋아진다. ⑩ 나중의 질병에 대해서도 저항력이 커진다. ⑪ 엄마와 유대가 강해진다.

또한 모유수유를 하면 엄마에게 좋은 점은 다음과 같다. ① 출산 직후 아기가 젖을 빨면 자궁수축이 촉진되어 태반이 쉽게 나온다. ② 일찍부터 자주 젖을 물리면 젖몸살을 막을 수 있다. ③ 아기에게 젖을 물리고 나란히 자면 기분 좋게 깊이 잠들 수 있다. ④ 임신 중에 쌓인 지방을 신속히 소모시켜준다. ⑤ 적절한 피임으로 터울조절이 된다. ⑥ 월경의 횟수, 출산과 유산의 가능성이 감소되어 철분결핍, 장기간의 피로, 자궁내막의 암 발생까지 예방할 수 있다. ⑦ 유방암을 막을 수 있다. ⑧ 칼슘대사를 촉진하여 골다공증을 예방해 준다. ⑨ 엔돌핀 자극으로 산후우울증이 완화된다. ⑩ 아기와 섬세한 의사소통이 가능해진다. ⑪ 아기에게 필요한 것을 해줄 수 있다는 엄마로서의 자신감이 커진다.

한편, 스트레스는 수유에 좋지 않은 영향을 준다. 또한 엄마 젖에는 지역마다 고유한 음식의 맛이 배어 있기 때문에 이후에 이유를 할 때도 자연스럽게 어른이 먹는 음식을 먹을 수 있게 된다. 아기는 냄새로 젖을 찾아가기 때문에 절대로 물보다 강한 냄새가 나는 것으로 가슴을 씻어서는 안 된다. 그리고 시간 맞추어 젖먹이는 것도 서구적인 강박관념이다. 사람의 몸은 시계의 리듬에 맞추는 것이 아니라 자연의 리듬에 맞추어져 있다. 간격수유는 젖몸살이나 염증의 가능성을 높이고 젖이 너무 세게 나와 아기가 사레들리게 하며, 엄마 젖은 빨리 소화되기 때문에 아기가 곧 배가 고파져 쓸 데 없이 울게 만든다. 젖이 부풀어 통증을 내는 젖몸살은 불완전한 수유주기가 원인이다. 아기가 원하는 만큼 젖을 자주, 오래 주면 젖몸살이 나지 않는다. 마사지도 통증을 완화하는 데 도움이 되지만 근본적인 해법은 젖을 충분히, 자주 물리는 것이다(이진아, 2007).

그리고 화학비료의 아버지로 유명한(?) 독일의 화학자 리비히가 조제분유라는 것을 처음 만들었다. 그 성분은 우유, 밀 전분, 중탄산소다, 맥아가 루였다. 근대의 과학자들은 조제유에 대해 낙관적이었지만, 유럽의 대중들은 회의적이었다. 처음 나온 조제유를 먹고 아기들이 죽었던 것이다. 리비히는 엄마들이 지시대로 희석하지 않았기 때문이라고 일축했다. 그 후 '엄마 젖과 똑같은 분유'를 만들려는 노력은 지금까지 계속되고 있다. 그럼에도 불구하고 세계적으로 분유는 모유수유를 했다면 구할 수 있었을 수많은 아기들의 생명을 앗아가고 있다(이진아, 2007).

3) 양아십요(養兒十要)

한국 전통사회의 여성생활백과사적격인 『규합총서』와 의학대사전인 『동의보감』에는 「양아십요(養兒十要)」라는 전통육아법 10대 원칙이 기록되어 있다(유안진, 1990).

① 등을 따뜻하게 한다. ② 배를 따뜻하게 한다.
③ 발을 덥게 한다. ④ 머리를 차게 한다.
⑤ 가슴은 서늘하게 한다. ⑥ 괴이한 것을 보이지 않는다.
⑦ 비(脾, 비장), 위(胃, 위장)를 항상 따뜻하게 한다.
⑧ 울음을 그치기 전에 젖을 먹이지 않는다.
⑨ 약을 함부로 먹이지 않는다. ⑩ 세수와 목욕은 적게 한다.

다음으로 한국 전통사회에서 구전되는 양아법을 정리하면 다음과 같다(유안진, 1990).

① 아기 머리를 동향 또는 남향으로 누인다.
② 문이나 출입구와 반대 방향으로 누인다.
③ 사내아기는 하의를 입히지 않고 하체를 단련시키나 여아는 입혀서 하체를 보호한다.
④ 잠잘 때 베개 같은 것을 곁에 눌러주어 아기가 든든히 여기며 자게 한다.

⑤ 남아의 성기를 희롱거리로 삼지 않는다.
⑥ 소변 볼 때 건드리거나 소리 지르거나 하여 중단시키지 않는다.
⑦ 아기 베개를 바로 하여 머리 뒷모양이 비뚤어지지 않게 한다.
⑧ 아기를 안고 밥 먹거나 무릎에 누인 채 뜨거운 음식을 먹지 않는다.
⑨ 아기를 간지럼 태우지 않는다.
⑩ 아기의 머리 가운데를 누르지 않는다.
⑪ 아기를 세워 놓고 아기 머리에 물건을 얹지 않는다.
⑫ 아기를 빈 방에 혼자 재우지 않는다.
⑬ 아기와 많은 이야기를 한다.
⑭ 아기를 두고 맹세하지 않는다.
⑮ 아기를 동냥아치나 거지에게 보이지 않는다.
⑯ 남의 아기를 예쁘다고 지나치게 칭찬하지 않는다.
⑰ 아기 자랑을 금한다.
⑱ 아기 일로 요란한 잔치를 하지 않는다.
⑲ 아기의 태발(태중에서 돋아난 머리털)은 고모가 깎아준다.
⑳ 아기의 손톱과 발톱은 엄마가 이로 깎아준다.

4) 아기 목욕과 옷

아기가 태어난 직후에는 목욕을 시키지 않는 것이 일반적이다. 모든 아기들은 태어날 때 태지를 뒤집어쓰고 나오며, 내버려 두어도 피부에 다 흡수된다. 태지의 기능은 첫째, 아기가 산도를 따라 잘 미끄러져 나오게 하며, 둘째 외기 속에서 아기의 피부가 감염되는 것을 막아주며, 셋째 차가운 공기를 막아준다.

아기가 태어나면 사흘째 되는 날부터 매일 아기를 씻기는데, 첫날은 위에서 아래로, 다음 날은 아래에서 위로, 이렇게 하여 매일 위아래의 순서를 바꾸어 씻는다. 그래야만 아기의 상하체가 균형 잡히게 자란다고 한다.

그리고 아기의 출산달이 되면 임신부가 아기 옷과 아기 이불을 준비하는데, 희고 부드러운 옷감으로 하되, 비단이나 새 옷감으로 짓지는 않았다.

그 이유는 새 옷감은 질감이 거칠고 새 것이 지닌 액이 아기에게 해가 될 것을 염려해서이다. 아기 옷은 여름에는 홑 것으로, 다른 철에는 겹으로 지었으며, 솜을 넣지 않았다. 아기는 열물(熱物)이라 하여 몸을 덥게 하지 않기 위함이다. "아이는 차게 키워라"고 했고, 남아는 하체를 단련시키기 위해 하의를 입히지 않았다.

5) 아기 울음과 잠

서구의 아이들은 잘 우는 반면 한국의 아이들은 잘 울지 않는 편이다. 아기가 우는 것은 어른의 보살핌이 필요해서이다. 따라서 아기가 울면 바로 반응을 해서 아기를 안정시켜주어야 한다.

한편, 아기는 잘 먹고 잘 놀고 잘 자야 건강하다. 엄마와 함께 자는 아기는 밤에 보채는 경우가 훨씬 적다. 아기가 엄마와 같이 자면 수유가 촉진된다. 어린 아기들은 모유섭취량의 절반 정도를 밤중에 먹는다. 아기와 같이 자는 부모는 밤중의 아기 상태에 대한 육감이 발달한다. 또한 아기를 달래느라 몇 시간씩 깨어 있을 필요가 없기 때문에 더 잘 잘 수 있다. 사람은 본래 어둠 속에서 잠을 잔다. 불을 켜놓고 잤던 아이들은 나중에 근시가 될 확률이 그렇지 않는 아이보다 5배나 높다고 한다(이진아, 2007).

6) 아기 행사

(1) 초 칠

아기가 태어나서 처음 맞는 7일째 되는 날. 아기를 씻기고 깃 없는 배내옷으로 갈아입히고 동여매었던 한쪽 옷소매를 풀어주었다. 흰 쌀밥과 미역국으로 삼신상을 차려 아기의 무병장수, 남동생 청하기, 산모의 조속한 회복을 빌었다.

(2) 이 칠

아기가 태어난 지 14일째 되는 날. 아기를 씻기고 배내옷을 벗기고 두렁이로 갈아입히고는 나머지 한쪽 옷소매 끝의 묶은 것을 풀어주어 아기가 활갯짓을 칠 수 있게 했다. 역시 삼신상을 차려 빌었다.

(3) 삼 칠

아기 출생 후 21일째 되는 날. 아기를 씻기고 아래위의 옷을 갖춰 입히고 몸을 자유로이 움직이게 했다. 쌀밥 3그릇과 미역국 3그릇으로 삼신상을 차려 삼신 빌기를 하고 나서 금줄을 걷어 외인의 출입을 허용했다. 가까운 이웃이나 친지를 불러 삼칠연회를 열었는데, 붉은 수수떡과 속이 빈 송편을 만들어 나누어 먹었다.

(4) 백 일

아기 출생 후 100일째 되는 날에는 외가나 친가에서 준비한 새 옷을 아기에게 입히고 이웃과 친지에게 잔치를 베풀었다. 백일에는 주로 백설기, 수수떡, 인절미 등을 하여 이웃과 친지에게 나누어주었다. 아기고모가 아무도 모르게 아기의 태발을 깎아주어 아기엄마를 놀라게 했다. "잘 먹이면 백일 산모, 못 먹이면 일년 산모"라는 말이 있듯이 백일은 아기 성장뿐만 아니라 산모의 회복에도 한 획을 긋는 기준이었다.

(5) 돌

돌은 생일과 같은 뜻이며 첫 번째 생일이 첫돌이다. 아기가 삼칠, 백일을 무사히 넘겨 일년을 맞는데, 산모의 모든 기능이 거의 완전히 회복되는 시점으로서 중요하게 인식되었다. 돌옷을 입히고 돌잡히기를 한다. 돌떡을 마을의 각 집에 돌리면서 흰 한지나 무명 피륙에 천인으로부터 한 글자씩 천자의 글자를 받아 천자문을 만들기도 했다. 무수한 사람들의 기원으로 장수하며 훌륭한 사람이 된다는 속신 때문이었다.

7) 아기 놀이

아기들의 발달수준을 고려한 아기 놀이는 아기에게 모방하게 함으로써 두뇌를 자극하고 동작을 훈련시키는 효과를 갖는다. 뿐만 아니라 어머니, 조모 등 놀이협조자와의 애정 어린 상호작용의 의미도 크다. 아기가 잘 따라하면 뽀뽀, 미소, 얼러주기, 안아주기 등의 보상을 한다. 우리 선조들이 아이를 키우면서 오랜 세월 이어온 아기 놀이는 놀이로서의 재미와 건강뿐 아니라 소중한 민족 전통문화를 이어주고 있다.

① 도리도리: 머리를 좌우로 흔드는 시범을 보여주고 아기가 따라하게 하는 놀이

② 짝짜꿍: 아기의 양 손바닥을 펴고 마주치게 하는 동작의 연속으로 눈과 손의 협응을 돕는 놀이

③ 곤지곤지: 오른손의 검지를 펴서 왼손바닥의 중앙부를 찌르며 눈과 손의 협응 훈련으로 짝짜꿍보다 높은 단계의 놀이

④ 잼잼: 곤지곤지의 다음 단계로 주먹을 쥐락펴락하며 열(10) 손가락의 동작을 자극하는 놀이

⑤ 깍꿍: 아기를 놀라게 해 주려고 눈을 크게 뜨고 "깍꿍"한다.

⑥ 고네고네: 아기가 두 다리로 어른의 손바닥 위에 잠시 서 있는 동작으로 다리 힘을 기르고 균형감각을 키우며, 아슬아슬함과 성취감을 즐기는 놀이

⑦ 불무불무: 아기의 양 겨드랑이를 받치고 일으켜 세워서 아기의 몸을 좌우측으로 흔들거나 앞뒤로 흔들어 주면서 번갈아 걸음을 떼는 연습을 하는 놀이

⑧ 따로따로: 아기를 방모서리에 잠깐씩 기대어 세워두다가 어느 정도 서 있게 되면 방 한가운데 혼자 서는 연습을 하는 놀이

⑨ 목발타기: 첫 돌이 지난 아기를 어른 목 뒤에 올려놓고 아기의 팔이나 다리를 잡고 이곳저곳으로 다니는 놀이. 높은 곳에 놓여지는 공포감과 위험의식 경험 및 그것의 극복, 몸의 균형감각 키우기.

⑩ 단지팔기: 아기를 어른의 허리 뒤에 가로 엎고 "똥단지 사이소, 똥단지"하면서 다니는 놀이. 불안스러운 자세에서 신체적 균형을 취하게 하는 기능훈련 및 공포감을 극복하고 모험심을 자극하며, 대변이 불결하다는 생각을 심어주어 배변훈련의 기초를 만듦.

특히, 이러한 우리 고유의 육아놀이는 아이들을 건강하게 키우는 조상의 지혜가 담겨 있는 훌륭한 유산이다. ① 짝짜꿍, 곤지곤지: 손바닥에 모여 있는 혈(손바닥은 전신의 축소판으로서 오장 오부의 상응점이 들어 있다.)을 자극하여 오장 오부에 자극을 주어 연동운동을 시키고 각종 호르몬(엔도르핀)이 분비되어 내분비선에 호르몬 분비를 원활하게 해 준다. ② 잼잼: 피를 순환시키는 이치이다. ③ 도리도리: 경추를 자극하여 목뼈를 바로 잡아주고 머리의 혈액순환을 좋게 한다. ④ 귀 잡고 들어주기(서울 보여주기): 척추뼈를 바로 펴주는 역할을 하게 한다. 이처럼 전통 운동법은 과학적인 방법이다.

참고문헌

김도향, 조미애(1998). **마음으로 만나는 태교**. 서울: 프리미엄스북.

김지하(1992). **새로운 삶의 길: 개벽과 생명운동**. 서울: 천도교중앙총부.

김춘성(2007). 아이를 닮아가는 영성공부, 부모와 교사는 어떻게 할 것인가. 한국생태유아교육학회 2007년도 추계학술대회 자료집. (pp.71-91). 11월 3일. 대전: 한남대학교 성지관.

박문일(2000). **엄마와 아이를 위한 출산혁명**. 서울: 예문.

방건웅(2005). **기(氣)가 세상을 움직인다 1, 2**. 서울: 예인.

방인성(2007). 원불교 생명사상과 마음공부의 생태유아교육적 함의. 부산대학교 대학원 석사학위논문.

오문환(2006). **다시 개벽의 심학**. 서울: 모시는 사람들.

유안진(1990). **한국 전통사회의 유아교육**. 서울: 서울대학교출판부.

이용중(2007). 제17대 대선후보들에게 보내는 아이들 건강을 위한 정책 제안서. 서울: 아이들건강을위한국민연대.

이진아(2006). 새로운 과학의 관점에서 본 아이살림의 길. **한국생태유아교육학회 2007년도 춘계학술대회 자료집**. (pp.87-160). 한국유아교육을 다시 생각한다. 6월 23일. 부산: 부산대학교 본관 대강당. .

임재택(2007). **생태유아교육개론[전정판]**. 서울: 양서원.

장두석(2007). **생활과 건강: 조상의 지혜로 만나는 생활건강법**. 광주: (사)한민족생활문화연구회.

정대련(1996). 외할머니 육아법. 서울: 학지사.

______(2006). 옛날 옛적 우리 아기들을 키운 내력은. 데보라 잭슨 저, 오숙은 역. 인류는 어떻게 아이를 키웠을까: 육아의 지혜와 동서고금 1만년의 문화사. (pp.569-602). 서울: 뿌리와 이파리.

칠순문집발간위원회(2007). 흰두루마기자락 휘날리며: 해관 장두석 선생 칠순기념문집. 서울: 정신세계사.

한상원(2005). 한국 남성의 정자수와 비뇨기계 질환 관련 연구. 국립동성연구원, 내분비계 장애물질 연구보고서, 제16권, 329-357

한태원(2000). 태교와 성인(聖人). 천도교 자료집.

데보라 잭슨 저, 오숙은 역(2006). 인류는 어떻게 아이를 키웠을까: 육아의 지혜와 동서고금 1만년의 문화사. 서울: 뿌리와 이파리.

미셸 오당 저, 김태언 역(2005). 농부와 산과의사. 대구: 녹색평론사.

산드라스타인그래버 저, 김정은 역(2004). 모성혁명: 아기를 지키기 위해 모성은 무엇을 해야 하는가? 서울: 바다출판사.

외르크 치틀라우 저, 박규호 역(2007). 다윈, 당신 실수한 거야. 서울: 뜨인돌출판사.

제 5 장

생태유아 교육과 생명의 의식농(醫食農)

생명살림의 길

아이들의 건강과 영양의 실상

아이들의 건강과 생명의 의식농(醫食農)

생태유아공동체 운동

농사

똥이더라
밥이더라
밥이 똥되고
똥이 밥되는 일이더라
교수보다 존경할 일이더라
시인보다 가난해지는 일이더라
익혀도 익혀도 늘 새로운 일이더라
연륜이 더할수록 부족함을 느끼는 겸손이더라
평생 겨우 오십 번밖에 해볼 수 없는,
희귀한, 예사롭지 않은 일이더라
인내와 절제와 땀이 진득하게 밴,
피 같은, 소박한 밥상이더라
길가 제비꽃 한 송이도 그냥 지나치지 않고
두엄 속 지렁이 한 마리도 하찮게 여기지 않는
생명을 가꾸는 일이더라
각지불이(各知不移)더라
맨발로 하늘을 모시는 일이더라
공기처럼 물처럼 햇빛처럼 없으면
우리가 죽을 일이더라

김정원(2004). 농사. 녹색평론, 제77호, p.150.

아이들의 몸과 마음과 영혼이 아프다. 생명위기를 가져온 산업문명의 결과이다. 오염된 공기와 물과 땅, 드러난 질병만 쫓는 현대의학, 열량과 영양소 위주의 영양학, 병든 먹을거리를 양산하는 산업농업 등이 아이들을 병들게 하고 있다. 여기서는 심각한 위기를 맞고 있는 아이들의 건강, 영양 및 교육의 문제를 생명의 의학(醫學), 생명의 영양학(營養學) 및 생명의 농업(農業)에서 그 실마리를 풀어 보고자 한다.

1. 생명살림의 길

1) '양계닭'의 실상

지금 우리 아이들은 대부분 도시에서 '양계닭'처럼 방이나 교실 내에 갇혀서 자라고 있다. 산업문명은 아이들뿐만 아니라 가축도, 물고기도, 새도, 곡식도, 채소와 과일도 자연을 멀리한 채 우리나 비닐하우스에 가두어서 '양계닭'처럼 인위적으로 키우고 있다. 양계닭처럼 길러진 아이들이 어떻게 될 것인가? 틱낫한 스님(2002)의 저술 『화』에 나오는 양계닭처럼 양계장에 갇힌 채 화, 좌절, 고통 및 분노를 공격으로 표출하고 있는 것은 아닐까?

> 요즘에는 닭이 최신 시설을 갖춘 대규모 농장에서 사육된다. 닭이 걸을 수도 없고 뛸 수도 없고, 흙 속에서 먹이를 찾아 먹지도 못하고, 순전히 사람이 주는 모이만을 먹고 자란다. 늘 비좁은 우리에 갇혀 있기 때문에 전혀 움직일 수도 없고, 밤이나 낮이나 늘 서 있어야 한다. … 틀림없이 미쳐버릴 것이다. 그러므로 그렇게 사는 닭들도 당연히 미쳐버린다. 닭이 알을 더 많이 낳게 하기 위해서 농부는 인공적으로 밤과 낮을 만들어 낸다. 조명등을 이용해서 낮을 짧게 만들고 밤을 길게 만들면 닭은 그새 24시간이 지난 것으로 믿고 또다시 알을 낳는다. 그런 악순환을 반복하는 사이 닭은 결국 엄청난 화와 좌절과 고통을 안게 된다. 닭은 그 화와 좌절과 고통을 다른 닭을 공격함으로써 표현한다. 닭들은 부리로 서로를 쫀다. 그래서 피를 흘리며 죽는 닭이 무수하다. 극심한 좌절에 빠진 닭이 서로를 공격하지 못하도록 하기 위해서 농부는 닭의 부리를 잘라버린다.

> 그 같은 닭이 낳은 계란을 먹을 때 우리는 그 화와 좌절을 먹는 셈이 된다. 그러므로 우리는 매우 조심하지 않으면 안 된다. 그 화를 먹으면 우리가 분노하게 되고 그 화를 표현하게 된다. 우리는 행복한 닭이 낳은 행복한 계란을 먹어야 한다. 우리는 화가 난 암소에게서 짠 우유를 마셔서는 안 된다. 순리대로 자란 암소에게서 짠 유기 우유를 마셔야 한다. 그러기 위해서 우리는 농부들이 가축을 더 인간적인 방식으로 기르는 데 도움을 주도록 노력을 해야 한다. 우리는 또 유기적으로 길러진 채소를 사 먹어야 한다. 값이 더 비싸지만, 적게 먹으면 된다. 우리는 적게 먹는 법을 배워야 한다(틱낫한, 2002, 18-19).

2) 아이살림의 원리

(1) 밥 잘 먹고, 똥 잘 누는 아이

유아교육은 어린 아이가 스스로 잘 자라도록 돌보는 일이다. 그렇다면 '아이가 잘 자란다'는 것은 어떤 상태를 말하는가? 일반적으로 아이가 잘 자란다는 것은 「아이가 잘 먹고, 잘 놀고, 잘 누고, 잘 자는」 상태의 반복을 말한다. 이런 상태를 두고 우리 할머니들께서는 한 마디로 '밥 잘 먹고 똥 잘 누는 아이'라고 말한다. '밥 잘 먹고 똥 잘 눈다'는 의미는 '밥이 똥이 되고 똥이 밥이 되는', 순환이 빨리 빨리 이루어져야 한다는 것을 말한다.

여기서 '밥'은 아이의 몸으로 들어오는 것, 즉 입력(入力, input)을 의미하고, '똥'은 나가는 것, 즉 출력(出力, output)을 말한다. 아이가 잘 자라려면, 입력과 출력의 순환이 원활해야 한다. '밥', 즉 입력이 의미하는 바는 코로 공기를 들이마시고, 입으로 음식과 물을 먹고, 피부로 공기 접촉(즉, 피부호흡)을 하는 것이다. 그리고 '똥', 즉 출력은 코로 숨을 내쉬고, 피부로 땀을 배출하고, 소변과 대변이 순조로운 것을 말한다.

결국 사람의 몸으로 들어오는 입력에 해당하는 것은 공기와 물과 음식이다. 이들은 공기, 물, 음식 순(順)으로 중요하다. 공기는 몇 분만, 물은 며칠만 마시지 못해도 목숨이 위험하며, 음식은 몇 십일을 먹지 못하면 목숨이 위험하다. 따라서 아이가 건강하려면 깨끗한 공기와 맑은 물과 생명의 기운이 들어 있는 음식을 마시고 먹는 것이 핵심이다. 한편 사람의 출력에 해당되는 것은 코로 숨을 내쉬기, 피부로 땀 흘리기, 그리고 소변과 대변이다. 특히, 출력 부분에서 입으로는 무엇이든지 나가면 좋지 않다. 입으로 들어온 음식과 물은 땀이나 소변이나 대변 등으로 나가야 한다. 어린 아이가 입으로 젖이나 음식을 토하는 것은 몸에 좋지 않으며, 심지어 말을 너무 많이 하는 것도 좋은 것이 아니다. 여기서 4가지 출력 부분에 대해 살펴보면 다음과 같다.

첫째, 숨쉬기, 즉 호흡이다. 숨쉬기는 입력과 출력이 동시에 이루어진다. 그래서 글자도 호흡(呼吸)으로 함께 붙어 있다. 즉, 호(呼)는 날숨, 흡(吸)은 들숨으로 날숨과 들숨이 동시에 이루어진다. 그래서 우리 조상들은 예로부터 숨 쉬는 법, 조식법(調息法)을 중시하여 환단고기(桓檀古記)에도 언급하고 있다. 결국 아이들이 건강하려면 숨쉬기를 잘해야 한다. 바른 숨쉬기는 척추를 바로 세우고 바른 자세로 천천히 숨을 내쉬고 들이쉬는 단전호흡(丹田呼吸)이나 복식호흡(腹息呼吸)이다.

둘째, 땀 흘리기이다. 땀 흘리기는 아이들 건강에 가장 핵심적인 요소이다. 아이가 건강하려면 하루에도 몇 번씩 땀을 뻘뻘 흘려야 한다. 땀을 흘리면 몸 내부의 노폐물이 몸 밖으로 빠져나가 기분이 상쾌해지며, 혈기가 왕성해진다. 아이가 잘 자라려면 잘 놀아야 하는데, 잘 논다는 것은 땀을 흘리며 논다는 것을 의미한다. 땀을 흘리며 노는 아이는 몸과 마음이 건강해진다. 유아교육의 핵심은 아이들이 땀 흘리게 하는 것이다. 그런데 우리는 지금 아이들 땀 흘리는 유아교육을 하고 있는지 생각해 볼 필요가 있다.

셋째, 소변이다. 아이가 건강하면 맑고 깨끗한 소변을 눈다. 이 소변은 냄새도 거의 없다. 아이의 건강이 약간 좋지 않으면, 소변 색깔이 노래지면서 약간 냄새가 난다. 아이의 건강이 더 안 좋아지면, 소변 색깔이 아주 노랗게 되면서 거품이 일고 지독한 지린내가 난다. 이는 어른의 경우도 마찬가지이다.

넷째, 대변이다. 아이가 건강하면 황금빛 똥을 눈다. 이 똥은 냄새도 거의 없다. 아이의 건강 상태가 약간 좋지 않으면, 변의 색깔이 꺼멓게 되면서 냄새가 약간 난다. 건강 상태가 아주 안 좋으면, 변의 색깔이 아주 시커메지면서 냄새도 지독하게 난다. 심지어 어린 아이의 방귀 냄새만으로도 건강 상태를 짐작할 수 있는데, 방귀 소리만 나고 냄새가 별로 없으면 그 아이는 건강한 상태이고, 방귀 소리는 나지 않고 구린내만 지독하게 나면 불건강한 상태이다.

그렇다면 아이들이 어떨 때 황금빛 똥을 누게 되는가? 아이들이 현미잡곡밥과 된장국과 김치와 나물을 먹고 똥을 누게 되면 냄새도 거의 없는 황금빛 똥을 눈다. 이처럼 '현미잡곡밥'의 재료는 잘 썩으며, 썩을 때 냄새도 거의 없다. 반면 생선은 곡·채식보다 썩는 데 시간이 오래 걸리고 썩을 때 냄새도 더 많이 난다. 닭고기는 생선보다, 돼지고기와 쇠고기는 다른 것보다 썩는 데 시간도 많이 걸리고 냄새도 훨씬 심하다. 심지어 비닐하우스나 우리에서 반생태적으로 생산한 농수축산물이나 이를 화학처리 내지 가공요리한 식품이 몸 안에서 썩는 데는 시간과 냄새가 훨씬 더 심각하리라는 것은 충분히 짐작된다. 최근 급증하고 있는 성인들의 각종 암, 당뇨, 고혈압 등 질환을 식원병(食原病)이라 하는 것은 그 원인이 대부분 잘못된 먹을거리에 있다는 것을 의미한다.

결국, 아이가 밥 잘 먹고 똥 잘 눈다는 것은 아이의 몸으로 들어오는 것(入力, input)과 나가는 것(出力, output)이 원활하여 기(氣)와 혈(血)의 순환이 잘 되어 아이의 혈기(血氣)가 왕성하다는 것을 의미한다. 이처럼 아이는 인체 내부적으로 들어오는 것과 나가는 것이 원활하게 되면 기와 혈이 잘 통하게 되고, 흙(地)과 물(水)과 햇볕(火)과 공기(風)가 있는 자연 속에서 다른 사람들과 함께 활기차게 놀면서 자라게 되면 몸과 마음과 영혼이 건강하고 너그럽고 맑아진다. 이렇게 자란 아이는 생각과 행동도 사려 깊고 건전하며 지혜로워진다.

(2) 아이살림의 또 다른 접근

아이살림은 아이라는 생명체가 스스로 잘 살아가고 더불어 잘 살아가도록 돕는 것을 말한다. 또한 아이는 천지간의 뭇 생명체 중의 하나이므로 아이살림은 곧 생명살림과 그 원리가 같다. 예나 지금이나 모든 생명체들은 건강하고 편안하고 행복하게 살아가는 것을 염원하고 있다. 여기서는 그러한 아이살림, 생명살림에 관한 몇 가지 견해를 살펴보고자 한다.

첫째, 사람이 건강하려면 다음의 5가지 요소를 잘 갖추어야 한다. 사람은 누구나 건강관리를 위하여 아래 5가지를 잘 실천해야 한다는 것이다(전세일, 2004).

① 정식(正食) : 제대로 먹기, 잘 먹는다

② 정면(正眠) : 제대로 잠자기, 잘 잔다

③ 정동(正動) : 제대로 움직이기, 잘 움직인다

④ 정식(正息) : 제대로 숨쉬기, 잘 숨쉰다

⑤ 정심(正心) : 제대로 마음 쓰기, 올바른 마음가짐

이러한 5가지 요소를 아이들에게 적용할 경우, 아이는 잘 먹고, 잘 자고, 잘 놀고, 숨 잘 쉬고, 마음 편하면 잘 자라게 된다는 것이다.

둘째, 환단고기(桓檀古記, 방건웅, 1993)에는 사람의 건강, 즉 장수비결에 대해 다음과 같이 언급하고 있다.

> 사람들을 가르쳐 반드시 묵념(默念), 청심(淸心), 조식(調息), 보정(保精)하게 하였으니, 이것이 곧 장생구시(長生久視)의 술(術)이다.

이것은 사람이 건강하게 장수를 누리려면, 묵념(默念), 청심(淸心), 조식(調息) 및 보정(保精)의 4가지 요소를 바르게 행해야 한다는 것이다. 즉, 묵념(默念)은 고요하고 편안한 생각을 갖는 것으로 묵상(默想)이나 묵도(默禱)와 같은 의미이다. 청심(淸心)은 맑고 순수한 마음을 갖는 것이고, 조식(調息)은 숨쉬기를 바르게 하는 것, 바른 호흡으로 단전호흡이나 복식호흡을 들 수 있다. 마지막으로 보정(保精)은 정력을 보전하는 것을 의미한다.

셋째, 쾌요법의 창시자인 일본의 우류 료스케 선생은 인간의 생명활동의 기본 요소를 [그림 5-1]과 같이 5가지로 제시하고 있다.

[그림 5-1]에서 보는 것처럼 우리들 인간이 살아감에 있어 절대로 필요한 행위에는 ① 호흡(식 息), ② 음식(식 食), ③ 신체활동(동 動), ④ 정신활동(상 想) 등 4가지 요소가 있으며, 이는 생명활동의 기본이 되는 것이다. 그리고 인간을 둘러싼 생활의 장, 즉 ⑤ 환경(환 環)이 이와 관련을 갖게 된다. 환경에는 물과 공기와 같은 물리적인 것을 비롯해 가정과 학교, 직장과 같은 인간관계, 다른 동물과 식물, 광물과의 관계, 또한 태양과 달, 우주

의 별들과 갖는 관계를 포함한다(양동춘, 전홍준 역, 2004, 24).

식(息) - 호흡 입력
식(食) - 음식
동(動) - 신체활동 출력
상(想) - 정신활동
환(環) - 환경

[그림 5-1] 생명활동의 5대 기본 요소

이들 5가지 요소 '식·식·동·상·환(息·食·動·想·環)'은 각기 에너지를 흡수하거나 방출한다. 특히, 기본적인 4가지 행위 중에서 息과 食은 에너지를 흡수하는 입력원(Input)이고, 動과 想은 흡수한 에너지를 사용해 자신이 하고 싶은 일을 표현하는 출력 형태(Output)이다. 인간이 안정된 상태에서 식·식·동·상·환(息·食·動·想·環)의 요소가 균형 잡힌 상호 관계를 유지하게 되면, 건강하고 행복한 삶을 누리게 된다(양동춘, 전홍준 역, 2004, 24-25).

3) 의식농(醫食農)의 개혁

세계 제일의 건강 장수국(長壽國) '푼자'는 의사가 없는 나라이다. 일본 제일의 장수촌 '유즈리하라' 역시 무의촌이다. 올바른 식생활만 하고 있다면 사람들의 병은 훨씬 줄게 되고 장수할 수 있다. 사람의 건강과 무병과 장수는 약이나 기계에 의존하는 것이 아니라 자신의 생명력 내지 자연치유력에 달려 있다(최병칠 역, 1986, 48).

의과대학 교수이면서 외과의사이고, 대체의학 내지 생명의학 운동의 선구적 역할을 하고 있는 전홍준 박사는 산업문명의 바람이 인간의 건강과 영양과 농업에 어떤 영향을 미치는가를 다음 사례를 통해 일깨워 주고 있다.

> 일본의 '유즈리하라' 마을은 세계보건기구(WHO)가 공인하는 이름난 장수촌인데, 전통적으로 노인 장수자들이 많이 나오고 있어서 그 곳 주민들의 식생활 내용과 생활양식이 관심의 대상이 되어 왔다. 야마나시현(山梨縣)의 깊은 산골인데, 주민들은 전통적인 자연농법(自然農法)으로 농사를 짓고, 곡·채소 위주의 소식(小食)을 하면서 낙천적으로 살아왔다. 젊어서 죽는 사람은 거의 없고 대부분 80, 90살이 넘도록 농업노동을 할 수 있을 만큼 장수하며 살았는데, 이 장수촌에 이변에 생겼다.
>
> 1950년대 후반 이 지역에 고속도로가 뚫리고 산업문명의 바람이 불기 시작하자 젊은 세대들은 대도시로 일자리를 찾아나갔다. 이들은 장수촌의 전통음식 대신에 고기, 계란, 빵, 유제품 같은 서양식 식생활과 도시문명의 생활 스타일에 젖어 살게 되었는데, 이러한 동안 젊은 세대들 속에서 차츰 난치병 환자가 생기고 일찍 죽는 사람들이 늘어나게 되었다. 세계대전 직후부터 유즈리하라 지역에서 주민들을 진료하며 관찰해 온 고모리 의사가 WHO에 제출한 보고서의 제목은 「장수촌 유즈리하라의 단명화(短命化)의 교훈」이다. 그 내용 가운데는 "늙은 부모들이 젊은 자식들의 장례식에 참석하는 일이 빈번해졌다"는 뼈아픈 말이 적혀 있다(전홍준, 2004, 33).

이와 같은 맥락에서 또 다른 사례를 언급하고자 한다. "의·식·농(医·食·農)은 하나"라는 구호를 내걸고 유기농법으로 직접 농사를 지으며, 기쿠치 양생원 진료소(養生園 診療所)를 통해 자연의학과 생태적 식양법(食養法)을 전 세계적으로 보급하고 있는 일본의 다께구마 의사 선생의 활동은 주목할 만하다. 선생은 "의학은 농업에서, 농업은 자연에서 배우자", "한 손에는 청진기를, 한 손에는 쟁기를"이라는 슬로건을 내걸고, 생명의 의학과 영양학과 농업을 사람들에게 가르치고, 자신의 양생원 진료소에 찾아온 많은 나라 사람들에게 '야채와 현미잡곡 도시락'을 선보이면서 자녀들에게 가르치도록 권유하고 있다.

2004년 여름 한국생태유아교육학회의 체험연수단 일행을 맞이한 선생은 "현미잡곡밥과 된장국과 김치와 나물"로 이뤄진 한국인의 식탁이 세계 최고의 생태적 음식이라고 극찬을 하면서 함께 강연을 듣고 있던 일본 고등학교 교사 일행들(약 20명)에게 일본 청소년들의 잘못된 식생활을 한국인의 식생활에서 배우라고 엄중하게 경고하였다. 우리 일행은 자부심과 수치심이 교차하는 참으로 힘든 시간을 보냈다. 다께구마 선생은 30여 년 전 우리의 소박한 식단과 거친 음식을 기억하고 있었다.

한편, 이 진료소에는 유명 전시품이 있었는데, 10년이 지난 지금까지 맛도, 냄새도, 색깔도 변하지 않고 처음 상태 그대로 보존되어 있는 빵, 제과류, 각종 가공식품들이 우리 모두를 놀라게 했다. 이런 부류의 가공식품을 늘 먹고 자라는 우리 '아이들의 똥에 파리가 앉지 않는다'는 것이 어찌 무리한 말이겠는가? 결국 이 같은 다께구마 선생의 가르침은 현대 산업사회의 반자연적이고 반생명적인 의식농(醫食農) 시스템이 아이들의 건강과 영양은 물론 자연생태계 위기를 가져왔기 때문에 이를 근본적으로 변혁하지 않으면 안 된다는 것을 일러주고 있다.

2. 아이들의 건강과 영양의 실상

1) 아픈 아이들의 실상

최근 산업사회에 만연된 질환들이 급격한 변화추세를 보이고 있다. 20세기 초만 해도 환자 중에는 폐렴, 독감, 콜레라 같은 급성질환자의 비율이 90% 이상이었으나 요즘은 이런 급성질환자의 비율이 줄어든 반면 비만, 당뇨병, 고혈압, 암과 같은 비병원성(非病源性) 만성질환자가 크게 증가하여 그 비율이 역전되었다. 이와 같은 추세는 아이들의 질병 경우도 비슷하다. 20~30년 전 아이들의 경우, 폐렴, 콜레라, 이질, 설사, 장티푸스 등 병원성 급성질환자의 비율이 높았는데 반해 최근 들어 비만, 아토피성 피부염, 소아당뇨, 각종 소아암, 치아질환 등 비병원성 만성질환자가 크게 증가하고 있다(김영균, 2004).

제2장에서 언급한 것처럼 요즘 아픈 아이들이 많은데, 더욱 심각한 것은 이렇게 몸과 마음의 질병을 앓고 있는 아이들의 비율이 갈수록 급격히 늘어나고 있다는 사실이다. 부산지역 P어린이집 아이와 어머니 각각 175명을 대상으로 한 연구(임재택, 이호영, 2004)에서 밝혀진 아이들의 신체질환

유무를 살펴본 결과, 어린 아이 10명 중 8명 정도(81.9%)가 일 년 내내 감기를 달고 있고, 어린 아이들의 일정수가 노인성 질환인 폐렴(6.8%)과 천식(15.2%)을 앓고 있었으며, 치아질환을 앓고 있는 아이도 35.5%나 되었다. 이는 요즘 아이들이 설탕, 탄산음료, 과자류에 무한정 노출되어 있고, 아이들의 씹지 않는 잘못된 식습관, 오염된 먹을거리 실태를 생각해 볼 때 어쩌면 당연한 결과인지도 모른다. 아토피는 43.1%나 되는 많은 아이들이 앓고 있는 것으로 나타났으며, 이와 유사한 알레르기 역시 26.2%로 높은 비율을 보였다. 소아비만과 소아당뇨는 각각 5.5%, 1.8%이고, 빈혈 4.3%, 변비와 장염·설사도 각각 27%와 17.1%로 나타났다.

한편 위 연구에서 아이들의 마음이 얼마나 아픈가를 살펴본 결과, 부산하게 움직이는 과잉행동증상을 보인 아이들은 64.5%, 불안 증상 21%, 신경질 증상 24%, 짜증을 내는 증상 50.6% 등으로 나타났다. 이처럼 아이들의 정서불안, 스트레스, 과잉행동, 성격장애 등 마음이 편안하지 않은 아이들 수도 상당수에 달하는 것으로 밝혀졌다.

이와 같은 결과를 반영이라도 하듯 KBS 1TV에서는 2003년 6월에 『생로병사의 비밀』이라는 프로그램을 통해 다큐멘터리 3부작 「경고! 우리 아이들 몸이 이상하다」(1편 성인병을 지고 사는 아이들, 2편 아토피와의 전쟁-인체방어선이 무너진다, 3편 새로운 발견-건강은 자궁 속에 있다)를 방영한 바 있다. 당시 이 다큐멘터리의 제작을 맡았던 PD는 향후 "경고! 우리 아이들 마음이 이상하다"와 "경고! 우리 아이들 영혼이 이상하다"는 다큐물도 제작할 필요성이 있음을 밝힌 바 있다. 이것은 분명히 최근 들어 감지되고 있는 우리 아이들의 몸과 마음과 영혼의 이상 징후가 향후 더욱 심각한 문제를 초래할지 모른다는 예감을 의미한다.

2) 소아비만과 아이들의 식생활

(1) 소아비만의 현황과 문제

"성장기 아이들의 비만을 방치하는 것은 중대한 인권유린이며 사회적 범죄행위이다." 이 말은 우리가 당면한 소아비만의 심각성과 그 대책의 절박성을 호소하는 구호이다. 소아비만 현황을 시기별로 살펴보면, 초등학교 6학년(만 11세) 어린이를 기준으로 1980년대 약 3%, 1990년대 중반 약 10%, 2000년 약 20%, 2003년 말 25%를 넘고 있다. 한편 2003년 말 현재 연령별 소아비만 현황은 젖먹이 약 2%, 1학년(만 6세) 7~8%, 4학년(9세) 15~18%, 그리고 6학년 약 25%인 것으로 나타났다(이용중, 2004). 앞서 언급한 어린이집 아이들의 비만율 5.5%와 비교해 볼 때 소아비만의 추세를 짐작할 수 있다.

비만(肥滿)은 많이 먹고 적게 움직여 몸 속에 지방이 과다하게 쌓여 있는 상태를 말한다. 비만은 흔히 과체중, 경도비만, 중등도비만, 고도비만 등으로 나뉜다. 체지방, 즉 뱃살로 상징되는 비만이 옛날에는 관록의 상징으로 미덕이었는데, 현대의학에서는 비만을 심장질환, 뇌졸중, 고혈압, 당뇨, 암, 관절염 등 생활습관병의 근원으로 보고 있다. 그런데 최근 급속도로 확산되고 있는 소아비만의 문제점은 운동능력 저하, 심리적 열등감 증가, 학업성적의 부진 등의 문제뿐만 아니라 소아비만의 60% 이상이 성인비만으로 이어진다는 데 있다(이용중, 2004). "문제는 성인비만보다 소아비만이 심각한 것은 성인비만은 지방세포의 크기가 증가해서 생기는데 비해 소아비만은 지방세포의 숫자가 증가해서 생긴다는 점이다. 지방세포의 크기는 다이어트를 열심히 하면 줄어들지만 개수는 요지부동이다. 소아비만이 성인비만보다 건강에 해로운 이유가 바로 여기에 있다"(KBS 〈생로병사의 비밀〉 제작팀, 2004, 282).

(2) 소아비만의 원인

대체로 비만의 원인은 과식(섭취 칼로리 - 소비 칼로리 = 저장 칼로리)과 운동 부족뿐만 아니라 폭식, 잦은 간식, 습관적 야식, 불규칙한 식사 등의 잘못된 식생활이 주요인이지만 유전적 요인과 약물의 부작용도 있다. 한편 일본 동경여자의대 부속 제2병원장 무라타 미쓰노리 박사와 상계백병원 비만클리닉 강재헌 소장이 감수한 『소아비만, 엄마 아빠가 도와주세요』에서 제시한 소아비만의 8가지 원인은 ① 현대인의 식생활: 밥, 국, 김치 등 탄수화물 중심 식단에서 햄, 치킨, 피자 등 지방 중심의 식단으로의 변화, ② 군것질과 잦은 간식, ③ 밤참, ④ 원터치 요리: 당분과 염분이 많은 냉동식품이나 레토르트 식품, ⑤ 운동 또는 놀이 부족, ⑥ 스트레스: 먹는 것으로 스트레스 해소, ⑦ 부모의 과보호와 무관심: 과보호 아이는 과식하기 쉽고 무관심 아이는 인스턴트 식품 주로 먹음, ⑧ 유전적 요인: 부와 모 비만인 경우 자녀의 60~80% 비만, 부나 모 한 쪽 비만인 경우 자녀의 30~50% 비만, 부와 모 비만 아닌 경우 자녀의 10% 비만 등이다(이용중, 2004, 15-16).

비만의 원인은 아이나 어른이나 많이 먹고 적게 움직이기 때문이다. 아이들은 달고 기름지고 짜고 매운 맛이 섞여 있는 햄버그, 피자, 핫도그, 라면, 청량음료, 아이스크림 등 패스트푸드와 인스턴트 식품 등을 즐겨 먹는다. 특히 이들은 야채는 싫어하고 육류를 즐겨 먹으며, TV나 컴퓨터 게임에 빠져 오랜 시간 움직이지 않으며, 시도 때도 없이 스낵류나 탄산음료를 먹음으로써 거의 24시간 배가 빵빵한 포만 상태를 유지하고 있다.

이 같은 소아비만의 원인은 결코 아이의 탓이 아니라 부모의 탓이고, 의사와 병원의 탓이고, 광고의 탓이고, 칼로리 영양학의 탓이고, 학교교육의 탓이다. 결국 아이들 비만의 원인은 물질과 돈과 욕망에 집착한 산업자본 체제 모순의 총체적 산물이다. 다시 말해서 제왕절개 - 분유수유 - 조제이유식 - 패스트푸드와 인스턴트 식품과 청량음료 등의 연결고리는 아이들의 비만과 다른 질병의 원인으로 작동되고 있다.

(3) 소아비만의 해결책

지방세포의 수와 크기가 비만의 정도를 결정한다. 정상 성인의 지방세포 수는 25조개인데, 비만아는 만 6~7세면 이미 25조개로 늘어난다. 특히, 지방세포 수는 만 2세 이하, 만 5~7세 및 사춘기에 급증한다. 따라서 이 시기를 잘 관리하면 소아비만을 예방하는 것이 가능하다. 달리 말하면, 0~2세 영아기와 5~7세 유아기에 비만 예방을 위해 특별히 신경을 써야 한다(이용중, 2004).

소아비만의 해결책은 소박한 혀와 튼튼한 다리를 갖도록 부모나 교사가 가르치는 데 있다. 첫째, 소박한 혀는 편식하지 않고 무엇이든 골고루 잘 먹도록 하는 것이다. 어릴 때 형성된 입맛은 평생 지속된다. 아이들의 혀는 일단 영양보다 맛을 찾게 된다. 아이들에게 맛있는 것은 단것과 기름진 것이다. 단 음식은 혈당을 빨리 올려 췌장에 부담을 주고, 기름진 음식은 열량이 많아 비만을 가져온다. 특히, 소박한 혀는 거친 음식, 즉 곡·채식을 말하며, 현미잡곡밥과 된장국과 김치와 나물이 그 대표적인 음식이라고 할 수 있다.

둘째, 튼튼한 다리는 운동이나 놀이를 통해 몸을 많이 움직여 다리를 튼튼하게 해야 한다는 의미이다. 어린 아이는 노는 것이 일이고 생활의 전부이다. 자연 속에서 온몸을 마음껏 움직이고 놀면서 하루에도 몇 차례씩 땀을 뻘뻘 흘려야 한다. 초등학생이 되어서는 축구나 수영이나 태권도 등 좋아하는 운동을 한 종목 정도 가르치는 것이 좋지만 유아 시절에는 땅을 밟고 하늘을 이고 마음껏 소리 지르며 뛰놀면서 땀을 흘리게 하는 것이 최선의 운동이다.

3) 아토피 피부염과 부모의 식생활

최근 급증하는 아이들의 아토피 피부염은 우리에게 무엇을 말해 주고 있는가? 아토피는 우리 아이들의 병든 몸과 마음과 영혼의 대변이고 상징이다. 최근 들어 우리 아이들의 아토피 피부염이 급속도로 증가하고 있다. 지난 5~6년 전부터 번지기 시작한 아토피 피부염이 지금은 어린 아이 10명 중 3~4명이 아토피를 앓고 있을 정도로 생활 속의 고민거리가 되고 있다. 나이가 어릴수록 증가속도가 빠르고, 최근에는 20~30대 성인 아토피도 증가하고 있다.

아토피 피부염은 아이가 돌이 지난 후에도 태열(胎熱) 증상이 지속되는 현상을 말한다. 태열은 말 그대로 태아의 열꽃으로 아기가 태어나는 과정에서 태아의 몸에 유입된 오염물질(즉, 이물질, 병원균, 독성 등)을 몸 밖으로 배출하는 과정에서 나타나는 일시적 증상이다. 그래서 옛날 엄마의 양수가 깨끗한 상태에서 자라서 태어난 아기는 태열이 거의 없었다. 물론 태열이 약간 있다고 하더라도 백일쯤 지나면 대개 없어졌다. 백일이 지난 후에도 태열이 사라지지 않아 가족들이 걱정을 하면 옛날 할머니는 "발바닥에 흙 묻히면 나을 것이니 걱정하지 말라"고 일러 주셨다. 사실 아이가 5~6개월이 되면서 마당에 기어 다니기 시작하면 태열은 언제 그랬다는 듯이 깨끗이 사라졌던 것이다. 그러니 예전에는 돌 이후에 나타나는 아토피 증상은 발견하기 어려웠던 것이다.

그런데 요즘 아토피 피부염은 두세 돌은 물론 나이에 상관없이 나타나고 있다. 그렇다면 아토피 피부염이 왜 5~6년 전부터 이처럼 급속히 번지고 있는가? 연구결과에 의하면, 요즘 아기를 낳는 산모의 양수가 예전에 비해 8~10% 정도 오염되었으며, 출산·수유·양육 환경의 악화로 인해 아기들의 면역체계와 건강 상태가 매우 약해졌다는 것이다. 자연을 외면한 현대인의 의식주 생활이 오늘날 아이들의 아토피 증가를 부추긴 주원인임이 자명하다. 오늘날 아토피는 환경오염, 출산·수유·육아 환경의 악화, 오염된 의식주, 스트레스, 생활리듬 파괴 등 외부 자극에 대해 인체가 적절히 대응할 수 있는 면역체계가 약화되어 피부로 나타난 증상으로 본다. 아토피 피부염은 피부가 매우 가렵고, 긁으면 진물이나 상처가 나고 심해지면 코끼리 피부처럼 거칠어지고 검붉게 변해 바깥 출입도 어렵게 한다.

어린 아이들의 아토피 피부염 창궐 원인은 굳이 과학적·실증적 연구를 하지 않더라도 쉽게 찾을 수 있다. 요즘 아이를 낳은 부모 세대들이 대개 70년대 생이다. 이들은 경제개발의 '혜택'을 직접 몸으로 체험한 세대로서 그들의 지난 생활사를 살펴보면, 초등학교 상급 학년부터 도시락 반찬으로 김치 대신 햄과 소시지를 싸 간 세대이고, 중학교 시절에는 라면을 즐겨 먹던 세대이다. 또한 이들은 상징적이긴 하지만 고교시절에는 3년 내내 아침밥 대신 우유와 빵을 달고 먹던 '빵순이·빵돌이 세대'이고, 대학과 연애 시절에는 피자를 즐겨 먹던 세대이다. 이런 식으로 자라온 젊은 청춘남녀가 결혼해서 낳은 아이들 10명 중 4명 가량이 아토피를 앓는 것은 지극히 필연적인 일로 만약 이와 같은 현상이 지속되면 향후 5년 내에 2명 중 1명, 향후 10년 내에는 지금의 일본처럼 10명 중 7~8명의 아이들이 아토피를 앓게 될 것이다. 실로 두려운 일이다.

지난 30~40년간 어른들이 저지른 자연생태계 파괴의 업보를 다음 세대인 우리 아이들이 아토피로 되돌려 받고 있는 것이다. 이 아이들에게 무슨 죄가 있는가? 인류가 자연과 친하게 살 때는 아토피 피부염 같은 알레르기성 질환이 드물었다. 자연분만으로 태어나 깨끗한 물과 흙과 공기 속에서 엄마 젖과 신선한 제철 먹을거리를 먹고 자연 속에서 마음껏 뛰놀면서 자란 예전의 아이들은 아토피 피부염을 겪지 않았다.

임락경 선생은 이 같은 아토피를 환경병으로 규정하고, 시골 농사꾼의 흙 투성이 자녀들에게는 거의 없고, 도시의 빌딩 숲 속에서 학문을 연구하고 병원균을 찾아내 치료하는 이들의 자녀에게 더 많은 병으로써 아이가 흙을 피하는 것에서 유래된 말, '아토피(兒土避)'라고 적고 있다. 아토피를 치료하려면 의식주를 바꾸어야 한다(임락경, 2003, 55-56). 참으로 적절한 표현이다. 흙을 피하고 자연과 멀어지는 우리의 의식주가 아이들의 아토피를 만든다.

요컨대, 요즘 어린 아이들의 부모세대는 이런 패스트푸드를 즐겨 먹고 자란 세대이다. 그들의 입맛이 그러하니 자식들의 입맛 또한 똑같이 길들여졌을 것이다. 식품첨가물이 체내에 누적된 몸에서 잉태되어 열 달을 지내고 태어난 후 계속적으로 오염된 분유와 조제이유식, 패스트푸드나 인스턴트 식품 등을 먹고 자라는 양육환경을 고려해 볼 때, 최근 들어 아토피 같은 면역계통 질환이 증가하는 것은 조금도 이상한 일이 아니다.

4) 성인병과 문제아를 만드는 잘못된 식생활

'미국상원영양문제특별위원회'(이하, 위원회라 함)는 1975년부터 1977년까지 2년간 '식생활이 건강에 미치는 영향'에 대한 조사 결과를 5천 여 페이지의 보고서로 작성하여 미국 의회에 보고하였다. 여기서는 그 중에서 우리나라에 소개된 『잘못된 식생활이 성인병을 만든다』(미국상원영양문제특별위원회 저, 2003)와 『잘못된 식생활이 문제아를 만든다』(미국상원영양문제특별위원회, 2003)를 중심으로 살펴보고자 한다.

여기서 거의 20년 전의 케케묵은 미국 자료를 인용하는 이유는 그 당시 미국의 상황이 오늘날 우리 상황과 너무나 흡사하다는 데 있다. 지금 우리의 식생활 형태가 그 당시의 미국과 꼭 닮아 있다. 그런데 지금 우리는 환경공해라는 요소까지 추가되어 있는 상황이므로 당시 미국의 상황보다 오히려 더욱 심각하다고 할 수 있다.

(1) 성인병을 만드는 잘못된 식생활

『잘못된 식생활이 성인병을 만든다』는 제목의 위원회 보고서는 약 20년 전 미국인들에게는 물론 지금 우리들에게 하나의 충격을 던져 주고 있다.

이 위원회의 조지 맥거번 위원장은 1977년 1월 4일 기자회견에서 다음과 같은 선언을 하면서 「미국인의 식생활 지침」을 발표하였다. "분명한 사실은 우리들의 식생활 양상이 지난 반세기 동안 부정적으로 변천해 왔으며, 그 결과 우리들의 건강에 지대한 악영향을 끼치고 있다는 것입니다. … 지방이나 설탕 그리고 소금의 지나친 섭취는 여러 가지 치명적인 병들 가운데서도 특히 심장병, 암, 뇌졸중과 직접적인 연관성을 지니고 있습니다. 미국인의 10대 치명적인 질병 가운데서 6가지는 그 원인이 우리들의 식생활과 연관되어 있습니다."(미국상원영양문제특별위원회, 2003).

이 위원회 보고서는 결론적으로 "미국은 20세기 초의 식사로 되돌아가자"고 권고하면서 "미국 농무성이 1970년에 행한 대규모 국민영양조사를 근거로 확정한 것으로써 잘못된 식생활을 바르게 개선한다면, 심장병의 25%, 당뇨병의 50%, 비만증의 80%, 암의 20% 정도를 감소시킬 수 있을 것이며, 이렇게 되면 의료비는 약 3분의 1이 절약될 것이다"는 추계를 발표하였다. 또한 맥거번 위원장은 "약이나 수술로는 좀처럼 고쳐지지 않는 성인병의 증가 추세가 이대로 계속된다면 미국은 질병 때문에 경제적인 파산을 면치 못할 것이다"라고 엄중히 경고하고 있다(미국상원영양문제특별위원회, 2003).

이 보고서의 또 다른 가치는 세계적으로 비교적 오래 산다는 장수촌들이 좋은 공기와 맑은 물, 그리고 자연적인 식생활을 통해 건강하게 장수를 누린다는 실체적 진실의 경험을 과학과 학문과 연구라는 이름으로 검증했다는 것이다. 우리 역시 이 보고서를 통해 조상들이 수천 년 이어온 전통적 음식과 식생활을 학문과 과학과 연구라는 이름으로 검증되지 않았다는 이유로 무시하는 발언이나 태도를 보였다면 반성의 계기로 삼았으면 하는 생각을 해본다.

(2) 문제아를 만드는 잘못된 식생활

『잘못된 식생활이 문제아를 만든다』는 제목의 이 위원회 보고서 역시 약 20년 전 미국인들에게는 물론 지금 우리들에게 또 하나의 충격을 던져 주고 있다. 우선 이 위원회 보고서의 결론은 "등교 거부, 가정 내 폭력, 믿기 어려운 성적불량 등 요즘 많은 아이들을 괴롭히는 숱한 문제들이 실은 잘못된 식생활로 인해 야기되는 정신적 이상(異常) 때문이다"는 것이다.

"설마 그럴까?" 하고 누구나 의아해 하겠지만 미국 상원이 인정하는 세계적으로 권위 있는 수많은 전문가들이 미국, 유럽, 일본 등 세계 각국에서 조사 연구한 결과이다. 참고로 이 위원회의 조사범위는 19세기 말부터 오늘(당시 1975~1977년)에 이르기까지의 구미제국의 식생활의 변천과 질병과의 관계를 역사적으로 추적하고 또한 지리적으로 세계의 여러 나라와 지역, 뿐만 아니라 여러 민족이나 종교단체의 식생활 내용과 질병과의 관계를 치밀하게 조사 연구하였다.

또한 이 보고서는 "현대사회에 범람하는 화학적 식품첨가물, 뇌의 영양 상태의 균형을 깨뜨리는 가공식품의 급증, 또 식품의 지나친 가공으로 인한 비타민과 미네랄의 부족 등 현대사회 특유의 복잡한 식품환경은 아이들의 두뇌활동이나 심리 상태를 혼란시키는 원인이라는 사실이 확실해졌다. 결국 잘못된 식생활이 아이들의 마음을 병들게 하는 지경에 이른 것 또한 현대사회이다"라고 지적하고 있다(미국상원영양문제특별위원회, 2003, 3). 이 보고서는 크게 4가지 주제를 다루고 있는데, ① 아이들을 병들게 하는 부모의 식단-등교 거부, 폭력아동, 무기력한 아이의 원인은 잘못된 식생활이다, ② 아이들을 좀먹는 식품의 4대 악-저혈당증, 화학적 식품첨가물, 뇌 알레르기 및 유해금속의 공포, ③ 미국에서는 20세기 초의 식생활로 돌아가자는 운동이 벌어지고 있다-인스턴트 식품이 없던 30년 전의 식생활이 아이들을 지킨다, ④ 문제아와 공부를 싫어하는 아이를 바로 잡는 식사 처방-식생활을 바로 잡으면 사람들이 딴사람처럼 변한다 등이다.

여기서 이 보고서에서 언급한 몇 가지 주목할 만한 결과를 살펴보면 다음과 같다(미국상원영양문제특별위원회, 2003).

첫째, 일본 식량영양학회 이노우에 회장에 의하면 "현대는 영양 과잉과 영양 결핍이 공존하는 역사상 유례가 없는 세상이다"고 경고하면서 덩치가 크고 비만한 영양 과잉 상태와 동시에 미네랄이나 칼슘 등이 부족해서 뼈가 부러지는 영양 결핍 상태가 함께 나타나고 있다. 풍요로운 가공식품 사회가 이런 '영양 불균형' 아이들을 만들어 내고 있다.

둘째, 비행청소년들의 4가지 식생활 특성은 ① 세 끼 식사를 규칙적으로 하지 않는다, ② 생활에 리듬이 없고 식사를 정해진 시간에 하지 않는다, ③ 혼자 혹은 친구들과의 외식이 잦다, ④ 가족과 함께 식사를 하지 않는다 등이다. 이들의 식사 내용 역시 육식을 좋아하고, 가공식품과 냉동식품이 주가 되고, 자연 그대로의 음식 섭취는 부족했으며, 단 과자나 청량음료를 지나치게 섭취한 반면 성장기에 필요한 단백질, 칼슘, 비타민 등은 매우 부족한 것으로 나타났다.

셋째, 최근 늘어나고 있는 새로운 형태의 정신병(즉 '경계(境界) 퍼스낼리티 장애')은 현대의 '미치광이 식생활'(즉, 반생태적 식생활)이 그 원인이다.

넷째, 저혈당증은 혈액 속의 영양원인 혈당이 고혈당증인 당뇨병과는 반대로 혈당이 지나치게 낮아져버리는 증상인데, 이 병은 아이들의 몸과 마음에 20가지 이상의 다양한 증상을 일으킨다. 이런 저혈당증의 원인은 마약과 같은 설탕의 과다 복용, 비타민이나 미네랄이 부족한 가공식품의 과다 섭취 등이다. 미국의 젊은 지원병 5,000명 중 거의 4분의 1이 저혈당증이고, 정신분열증 환자의 70%가 저혈당증인 것으로 나타났다.

다섯째, 정신과 의사인 레이저 박사는 이 위원회의 증언에서 "정신분열증은 정크푸드병(Junk Food Disease)이다"라고 밝혔다. 정크푸드란 '쓰레기 식품'이라는 풍자적 표현으로 햄버그, 치킨, 돈가스, 컵라면 등 간편 가공식품을 말한다. 레이저 박사는 이런 음식을 지속적으로 먹으면 정신분열증이 되며, 정신분열증은 저혈당증과도 깊은 관계가 있음을 자료로 제시하고 있다.

우리는 지금 30년 전 미국이 겪었던 고민을 꼭 같이 하고 있다. 화학적 식품첨가물의 범람, 패스트푸드와 인스턴트 식품의 선호, 육식 과다 등 식생활 형태가 미국을 뒤쫓아 가고 있는 것이 그 반증이다. 이 보고서는 지금 우리 아이들이 안고 있는 몸과 마음과 영혼의 고통과 질병에서 벗어날 수 있는 지혜와 대책을 시급히 마련해야 한다는 교훈을 일러주고 있다. 우리는 지금까지 미국으로부터 배울 것은 안 배우고, 안 배워도 될 것들만 골라서 배운 것은 아닌지 각자 자신의 위치에서 반성해 볼 일이다.

3. 아이들의 건강과 생명의 의식농(醫食農)

1) 건강과 질병의 개념

인간이 지닌 가장 크고 강력한 욕구는 무병장수(無病長壽)이다. 즉, 질병 없이 오래 사는 것이 인간의 가장 큰 소망이다. 질병이나 부상이 없는 경우의 가상적 수명을 자연수명(自然壽命)이라 하는데, 오늘날 인간의 자연수명이 120살 가량 될 수 있다는 것이 많은 학자들의 견해이다. 모든 고등동물이 성장기의 5배를 사니까, 사람도 성장기(24세)에 5배를 하면 120년이라는 계산이 나오는 셈이다(전세일, 2004, 100). 사람의 수명이 120살 가량이라는 것은 성경(聖經)과 환단고기(桓檀古記)의 기록에서도 발견할 수 있다. 특히, 환단고기의 단군세기(檀君世紀)의 기록에 의하면, 고조선(古朝鮮)시대의 47대에 걸친 단군 임금들의 평균수명이 거의 120살 전후이다(방건웅 역, 1993).

우선, 건강(健康)과 질병(疾病)의 개념을 이해하는 데 그 용어의 뜻을 살펴보는 것이 필요하다. 건강(健康)은 몸의 질(體質, 체질)이 튼튼하다는 뜻의 '건(健)'과 맘의 성(心性, 심성)이 평안하다는 뜻의 '강(康)'을 합친 "몸이 튼튼하고 맘이 편안하다"는 의미이다. 그리고 질병(疾病)이라는 것은 "마음이 평안하지 않아서 괴로워한다"는 뜻의 '질(疾)'과 "몸이 튼튼하지 않아서 끙끙 앓는다"는 뜻의 '병(病)'을 함께 표현하는 말이다(전세일, 2004, 31). 즉, 사람의 건강과 질병은 몸과 마음이 함께 튼튼하고 편안하느냐 혹은 그렇지 않느냐에 따라 구분된다. 여기서 우리는 사람의 건강이나 질병을 논의할 때, 몸과 마음을 나누지 않고 하나로 보고 있음을 알 수 있다.

다음으로 건강, 질병 및 건강과 질병의 관계에 대해 좀 더 자세히 알아보고자 한다. 첫째, 건강은 앞서 살펴본 것처럼 "육체적으로 정신적으로 질병이나 장애가 없는 상태"라고 정의할 수 있다. 그러나 사람이 온전하고 참된 건강을 영위하려면 육체적 건강, 정신적 건강, 사회·심리적 건강, 그리고 영적 건강을 두루 지녀야만 한다. 이런 관점에서 세계보건기구(WHO)는 1998년 건강의 정의에 '영적(靈的) 요소'를 추가하여 "건강이란 신체적으로, 정신적으로, 사회적으로, 그리고 영적으로 정상(Well-being)인 상태"라고 정의하고 있다.

둘째, 질병(疾病)은 병(病) 혹은 질환(疾患)이라고도 한다. 대체로 사람들은 질병을 건강하지 않은 상태, 아픈 증상 등으로 이해하고 있다. 질병은 앞서 언급한 것처럼 마음이 아픈 질(疾)과 몸이 아픈 병(病)으로 보는 것이 일반적이다. 그런데, 질병을 증상이나 증후로 보는 서양의학과 질병을 자연치유력(Natural Healing Mechanism)이 저하되었다는 메시지로 보는 동양의학에 따라 질병의 개념이 달라진다. 또한 병의 정체가 있어 사람의 병 자체를 치료대상으로 삼는 서양의학과 병 자체는 없지만 병든 사람은 있어 병든 사람을 치료대상으로 삼는 동양의학은 질병을 바라보는 관점에 상당한 차이가 있다(김영균, 2004).

셋째, 건강과 질병의 관계를 살펴보면, 전세일 교수는 건강(健剛, Ease), 불건강(不健康, Unease), 그리고 병(病, Disease)의 3단계로 나누어 건강과 질병의 변화과정을 설명하고 있다(전세일, 2004, 109-111). 제 1 단계는 자연치유력이 제대로 작용을 하여 우리 몸이 정상(正常)을 이루고 있는 상태이고, 제 2 단계는 자연치유력이 균형(均衡, Balance)과 조화(調和, Harmony)를 잃은 상태이며, 제 3 단계는 무형의 자연치유력이 균형과 조화를 상실한 정도를 넘어서 실제로 세포(細胞, Cell)와 조직(組織, Tissue)에 기질적 변화(氣質的 變化, Mechanical Change)가 생긴 것을 말한다. 또한 건강과 질병의 관계에 대한 또 다른 설명은 "건강과 불건강으로 구분하면서 건강에 초점을 맞춘 동양의학과 병과 무병으로 구분하면서 병에 초점은 맞춘 서양의학과 양극 사이에 건강하지는 않으면서, 병이 아닌 회색지대 불건강이 문제아로 등장하게 된다"는 것이다. 이 같은 건강과 질병의 관계에 대한 관점, 즉 동약의학과 서양의학의 건강관과 질병관을 제시하면 다음 그림과 같다(전세일, 2004, 133).

[건강과 질병의 3단계]

Ⅰ단계	Ⅱ단계	Ⅲ단계
조화(調和)-정상(正常) 건강(健康)	부조화(不調和) 불건강(不健康)	기질적 손상(氣質的 損傷) 질병(疾病)

[동양의학의 질병관]

건강(健康)	불건강(不健康)

불건강 속에 병적 상태가 포함됨

[서양의학의 질병관]

무병(無病)	병(病)

무병 속에 불건강의 상태가 포함됨

[그림 5-2] 건강과 질병의 단계 및 동・서양의학의 질병관

2) 아이들의 건강과 생명의학

(1) 의(醫), 의학(醫學)의 개념

생명의학에 대해서는 제2장에 개략적으로 살펴본 바 있다. 여기서는 아이들의 참다운 건강을 위한 지혜를 찾아보고자 하는 관점에서 논의하고자 한다. 건강하려는 지혜가 바로 '의(醫)'이다. 인술(仁術)로서의 의(醫)는 하나지만, 학문으로서의 의학(醫學)은 여럿이며, 치료수단으로서의 요법(療法)은 수천 가지(송순현, 2004; 전세일, 2004)이다. 지금까지의 의학은 '병 중심의 의학'이었다. 이제는 의학의 축이 '건강 중심의 의학'으로 옮겨가고 있다. 따라서 인간에 대한 생명관, 건강관, 질병관이 바뀌어 가고 있다(전세일, 2004).

결국 의(醫)는 인술(仁術)이고, 의학(醫學)은 인술의 학문이다. 나아가 "의학은 과학이 아니다", "의(醫)는 예술, 즉 인술(仁術)이다", "인생은 짧고 예술은 길다"고 한 서양의학의 아버지로 불리는 히포크라테스의 말처럼, 인술 그 자체는 예나 지금이나 변함이 없는데, 이 인술을 다루는 도구는 시대에 따라 문화에 따라 변해 왔다(전세일, 2004).

(2) 동양의학과 서양의학의 차이와 만남

지금 아이들은 몸과 마음과 영혼이 건강하지 못하다. 현대의학, 특히 그

대표인 서양의학은 아이들의 병을 치료하여 건강 유지에 크게 기여한 측면과 함께 약품의 과다 투여 내지 남용으로 인해 아이들의 면역력 결핍이 심각한 상황으로 치닫고 있다(아보도오르, 2003). 이러한 현실적 상황에서 동양의학과 서양의학의 차이와 만남을 살펴보는 것이 필요하다(전세일, 2004, 129-138). 우선, 동양의학과 서양의학의 차이를 다음과 같이 개략적으로 언급할 수 있다.

① 동양의학은 철학적이고 서양의학은 과학적이다.
② 동양의학은 직감적 정보가 많고 서양의학은 학습을 통한 정보가 많다.
③ 동양의학은 주관적인 면을 강조하고, 서양의학은 객관적인 면을 강조한다.
④ 동양의학은 총체적이고 서양의학은 분석적이다.
⑤ 동양의학은 방어적이고 서양의학은 공격적이다.
⑥ 동양의학은 경험적이고 서양의학은 실험적이다.
⑦ 동양의학은 인문주의적이고 서양의학은 기술주의적이다.
⑧ 동양의학은 적당성을 강조하고 서양의학은 정확성을 강조한다.
⑨ 동양의학은 필연성을 강조하고 서양의학은 사실성을 강조한다.
⑩ 동양의학은 기능 위주이고 서양의학은 해부학 위주이다.
⑪ 동양의학은 성(性) 중심이고 서양의학은 질(質) 중심이다.
⑫ 동양의학은 건강 중심이고 서양의학은 병 중심이다.

이처럼 동양의학과 서양의학의 차이점에도 불구하고, 동양의학은 오랜 임상 경험의 축적, 침술이나 지압 등의 자극요법, 생약요법, 훈련요법 및 음식을 약처럼 중시하는 섭생법(攝生法) 등 건강 중심 의학으로서의 장점을 지니고 있는 반면 서양의학은 전염병 퇴치, 항생제와 마취약 등의 발명, 첨단장비와 진단치료기술의 개발 등으로 질병치료를 통한 인간의 수명 연장과 건강에 획기적 공헌을 했다(전세일, 2004). 아무튼 아이들의 건강 증진을 위해 동양의학과 서양의학은 만나야 하며, 공생과 상생의 길을 모색해야 한다. 일본과 미국을 비롯한 유럽 국가에서는 동양의학과 서양의학의 만남과 상생이 활발한데(김진목, 2004), 우리나라도 그런 만남이 이루어지도록 국민적 공감대와 제도적 개선이 뒤따라야 할 것이다.

심신의 성·질(性·質)을 제대로 이해하고, 인간의 참된 건강과 진정한 질병과 전인적 치료를 위해서라면, 동양의학과 서양의학을 모두 공부하고 연구해야 할 것이다. 서양의학의 논리적이고 분석적이고 과학적인 연구방법과, 동양의학의 유기적이고 포괄적이고 철학적인 이해방법이 상호 보완적으로 한데 어우러질 때 생명에 대한 참된 '앎'이 이루어질 것이다. 한편 전통의학에서는 "병든 사람을 관찰하는 방법"이 발달하였고, 현대의학에서는 "병을 찾아내는 방법"이 발달하였다. 전통의학에서는 많이 물어 보고, 많이 말하고, 많이 바라보고, 많이 만져 본다. 현대의학에서는 말을 별로 안 하고, 별로 안 만지고, 병을 찾아내는 기계를 많이 사용한다. 현실적으로 임상에서 인간의 수명을 늘리는 데 크게 공헌한 것은 현대의학이었다. 그 이유는 현대의학에서 사용한 도구가 '과학과 기술(Science and Technology)'이었기 때문이다. 전통의학적 접근법과 현대의학적 접근법이 접목되면 더욱 이상적인 진료법이 될 것이다. 찾는 대상은 '병'으로 하고, 치료 대상은 '사람'으로 한다는 뜻이다. '병을 찾아서 사람을 치료하는 의학'이 바람직한 미래 의학이며 참된 전일의학(全一醫學)이다(전세일, 2004).

(3) 아이들의 건강과 자연치유력 회복

일반적으로 사람의 질병을 낫게 하는 치료(治療)라는 말에는 비물질적인 성(性)을 관리하고 다스리고 보살핀다는 치(治)와, 물질적인 질(質)을 고치고 수리하고 처치한다는 요(療)를 포괄하는 의미를 지닌다. 모든 사물(事物)이 성(性)과 질(質), 즉 성질(性質)을 가지고 있는 것처럼, 사람이라는 생명체 역시 몸과 맘, 이(理)와 기(氣)의 관계가 조화와 정상을 유지하는 것이 건강한 상태이다. 생물은 항상성(恒常性, Homeostasis)을 갖고 있다. 생리(生理)는 생명의 프로그램이고, 생기(生氣)는 생명의 에너지이다. 우리 몸에는 이 항상성을 유지하려는 힘(Homeostatic force)이 존재한다. 우리 몸이 비정상 상태에 있는 것을 불건강 또는 병이라고 한다면, 정상 상태로 되돌려 놓는 것을 치유(治癒, Healing)라고 할 수 있다. 따라서 항상성을 유지하려는 힘은 곧 자연치유력(自然治癒力, Natural healing force)이 되는 것이다(전세일, 2004, 38).

이를 좀 더 구체적으로 살펴보면, '나(我)' 안에는 '나'가 잘못되었을 때 '비정상적인 나'를 '정상적인 나'로 되돌려 놓는 자연치유기전(自然治癒機轉, Natural Healing Mechanism or Self-healing Mechanism)이 존재한다. '나'가 신체적으로, 심리적으로, 사회적으로, 영적으로 건강할 때, '자연치유기능'이 최고도로 활성화되는 것이며, 역으로 '자연치유기능'이 가장 활성화되었을 때, '나'가 최고도로 건강할 수 있는 것이다. 신·체·정(身·體·精)이 환경과 자연과 조화를 이루고, 심·령·신(心·靈·神)이 사회와 역사와 조화를 이루게 될 때 '자연치유기전'이 최고도로 활성화 될 수 있다. 이러한 자연치유기능을 약화시키는 것이 '지나침'이다. 지나치게 많거나 지나치게 적은 것이다. 좀 더 구체적으로, 욕구(慾求)의 과소(過少)가 전인치유(全人治癒)와 전인건강(全人健康)에 영향을 끼친다(전세일, 2004, 189-191).

다시 말해서 사람 몸에서 일어나는 치유과정은 환자 자신의 몸이 자연치유력의 덕택으로 그렇게 되어지는 것이지, 의사나 치료사가 치유해 주는 것이 아니다. 의사나 치료사는 자연치유가 제대로 자연스럽게 일어나도록 도와주는 보조 역할을 할 뿐이다. 우리 몸에 무엇이 잘못되었을(부조화, 비정상) 때, 이것을 조화, 정상으로 되돌려 놓으려는 힘이 자연치유력(自然治癒力)이다.

(4) 아이들의 건강과 생명의학적 접근

예컨대, 아이가 건강하다는 것은 자연치유력이나 면역력이 강한 것을 말한다. 어린 아이가 감기에 잘 걸린다는 것은 그만큼 자연치유력이 약화되었다는 의미이다. 감기에 걸렸을 때, 젊은 엄마들의 처방은 보통 병원에 가서 의사의 진료를 받아서 주사 맞고 약 먹으면 낫는다는 것이고, 할머니의 처방은 꿀물 마시고 푹 자고 일어나서 많이 먹고 바깥에 나가 뛰어놀면 괜찮아진다는 것이다. 전자는 감기라는 병을 항생제 주사와 약물로 제거하려는 서양의학적 접근이고, 후자는 감기 걸린 아이의 자연치유력 내지 면역력을 강화하려는 동양의학적 접근이다.

결국 사람이 건강을 유지한다는 것은 현재 건강한 경우에는 건강한 상태가 유지되도록 잘 관리해야 하고, 불건강한 경우와 질병이 있는 경우에는 자연치유력을 증진하여 조화 내지 정상으로 되돌리는 치료방안을 강구해야 한다. 이러한 관계를 그림으로 제시하면 다음과 같다(전세일, 2004, 110).

Ⅰ단계	Ⅱ단계	Ⅲ단계
조화(調和)-정상(正常) 건강(健康)	부조화(不調和) 불건강(不健康)	기질적 손상(氣質的 損傷) 질병(疾病)
* 건강의 관리를 위하여: ① 정식(正食) ② 정면(正眠) ③ 정동(正動) ④ 정식(正息) ⑤ 정심(正心)	*불건강을 이기기 위하여: ① 생약(生藥)요법 ② 기공(氣功)요법 ③ 자극(刺戟)요법	*질병을 제거하기 위하여: ① 화학(化學)치료 ② 물리(物理)치료 ③ 수술(手術)치료 ④ 심리(心理)치료

[그림 5-3] 건강 유지 및 불건강 · 질병 대처방안

위의 그림에서 보는 것처럼 어른이든 아이든 사람이 건강하려면, 먼저, 건강한 사람은 건강 상태를 그대로 유지하기 위해 정식(正食), 정면(正眠), 정동(正動), 정식(正息) 및 정심(正心)을 해야 하고, 다음으로 불건강한 사람은 부조화를 이겨내기 위해 생약요법(生藥療法), 기공요법(氣功療法) 혹은 운동요법(運動療法), 자극요법(刺戟療法)이 필요하며, 마지막으로 질병이 있는 사람은 질병을 없애야 하는데, 이를 위해 화학치료(化學治療), 물리치료(物理治療), 수술치료(手術治療), 심리치료(心理治療) 등이 필요하다는 것이다.

다시 말해서 사람은 몸(身)도 건강하고, 마음(心)도 건강하고, 사회(社會)적으로도 건강하고, 영적(靈的)으로도 건강해야 비로소 건강한 사람이라고 할 수 있다. 첫째, 몸(身)은 먹고(食) 자고(眠) 숨쉬고(息) 움직이는 것(動)을 제대로 할 때 건강을 유지할 수 있고, 또 건강해야 이들 기본생활동작을 제대로 할 수 있다. 둘째, 마음(心)은 기뻐함(喜), 화냄(怒), 슬퍼함(悲), 근심함(憂), 놀람(驚), 두려워함(恐) 등이 조화를 이루고 있을 때 건강을 유지할 수 있으며, 또 건강해야 이들 감정의 조화를 이룰 수 있다. 셋째, 사회는 화평을 유지해야 건강한 것이며, 건강해야 화평을 유지할 수 있는 것이다. 넷째, 영(靈)은 행복을 유지해야 건강할 수 있고, 또 건강해야 행복을 유지할 수 있다(전세일, 2004).

따라서 앞으로 우리는 건강 위기에 직면한 아이들의 건강 증진을 위해 건강 프로그램의 개발과 적용이 시급히 요청되고 있다. 이런 아이들의 건강 증진 프로그램에는 육체적 측면, 정신적 측면, 사회·심리적 측면 및 영적 측면을 모두 고려하는 입장에서 접근해야 할 것이다. 이런 면에서 앞서 언급한 일본의 우류 료스케 선생이 창안한 쾌요법(快療法)(우류 료스케 저, 양동춘, 전홍준 역, 2004), 현대의학적으로 치료가 힘든 암, 아토피 등 각종 난치병 치료에 탁월하여 세인의 관심을 끌고 있는 약 100년 전 일본의 니시 가츠조 선생이 창안한 니시의학(김진목, 2004), 심신의학(心身醫學)과 아유르베다의학(전세일, 2004), 기공요법(이명복, 2003) 등을 아이들의 자연건강 프로그램 개발에 원용할 수 있을 것으로 보인다. 이미 이제마의 사상체질론을 활용한 아이들의 건강, 기질, 행동 특성 등에 관한 연구(김미경, 2001; 한미라, 2004)나 한국 전통의 도인법과 활인심방을 활용한 아이들의 몸짓놀이에 관한 연구(김진경, 2003; 김정미, 2004)와 프로그램 개발(임재택, 하정연, 김정미, 김진경, 유경, 배은진, 백현윤, 2004)을 시도하고 있다. 좀 더 구체적으로 아이들의 자연치유력 증진을 위한 정식(正食), 정면(正眠), 정동(正動), 정식(正息) 및 정심(正心) 프로그램의 개발과 적용도 뒤따라야 할 것이다.

3) 아이들의 영양과 생태영양학

(1) 식의동원(食醫同源)의 개념

'밥이 보약이다', '잘 먹고 잘 산다'는 말이 있다. 식(食)과 의(醫), 영양과 건강은 같은 뿌리이고 하나이다. 식의동원(食醫同源), 음식과 약은 같은 것이다. 특히, '건강 중심의 의학'인 동양의학은 건강을 유지하고 건강 상태를 더욱 향상시키는 섭생법(攝生法)을 매우 중요시한다. 약을 음식화(飮食化)시키고, 음식을 약물화(藥物化)시킨 것은 매우 훌륭한 건강법이다. 그래서 동양의학에서 최고 의사는 약의(藥醫)이면서 식의(食醫)이며, 동시에 심의(心醫)이다. 서양의학의 아버지로 불리는 히포크라테스 역시 "음식으로 고치지 못하는 병은 약으로도 못 고친다"고 했다.

우리는 어릴 적 할아버지께서 "밥이 보약이다. 밥을 잘 먹어야 건강하고 착해진다"고 하시는 말씀을 들으면서 자랐다. 또한 "약(藥)은 맛이 없는 음식이라 필요한 때만 가끔 먹는 것이지만, 음식(飮食)은 맛이 좋은 약이니 매일 먹는 것이다"고 일러주셨다. 이 가르침은 음식을 약 먹듯이 마음 가다듬고 바르게 먹는 습관을 가져야 하고, 음식은 맛이나 기분으로 먹는 것이 아니라 생명을 모시고 섬기는 마음으로 먹어야 한다는 것이다. 음식은 몸과 마음의 양식이며, 뼈와 살이 되는 보약이며, 피(血)와 기(氣)가 되는 생명의 원천이다.

(2) 식의분리(食醫分離)와 칼로리 영양학

그러나 산업혁명 이후 소위 과학과 기술 발전에 따른 산업화는 당연한 자연의 순리인 식의동원(食醫同源) 체제를 식의분리(食醫分離) 체제로의 전환을 가져왔다. 그 결과로 등장한 것이 바로 현대적 학문인 칼로리 영양학이고, 서양의학이다. 이 두 학문은 각자 분리 독립을 선언한 후 각자의 길을 걸어 지금에 이르고 있다. 이 문제에 대해 미국상원영양문제특별위원회(2003a, 12-13) 보고서는 『뉴잉글랜드의학저널』지에 기고한 메이어 박사의 말을 빌려 "미국과 캐나다에서 알려지지 않은 최대의 영양불량지구는 지방의 슬럼도 도시의 빈민가도 아니고 바로 대도시의 병원, 입원실이 있는 병동이다"라고 규탄하고 있다. 이 보고서는 이어서 "영양을 무시한 의학이란 생각하면 참으로 기묘한 의학이다. 왜냐하면 매일 같이 먹고 있는 음식물에 함유된 영양소가 신체를 구성하며 생명활동을 영위하는 것이지, 음식물 외에 신체를 구성하거나 운영하는 것은 아무 것도 없기 때문이다. 이렇게 당연한 자연의 순리를 과학이 고도로 발달한 공업선진국의 의사나 영양사가 미처 깨닫지 못하고 있는 것은 역시 등잔 밑이 어두운 탓일까?"라고 꼬집고 있다. 또한 이 보고서는 "20세기는 역사상 의학의 암흑시대라고 기록할 것이다"고 지적하고 있는데, 역시 영양학의 암흑시대이기도 했다고 덧붙여도 무리는 아닐 것이다.

다시 말해서 칼로리 영양학은 19세기부터 20세기 초에 걸쳐서 영양의 절대적 결핍과 급성전염병이 질병의 중심 유형이던 시기에는 큰 영향력을 행사할 수 있었고, 지금도 어떤 계층의 사람들에게는 의미가 있겠지만 대다수의 인류에게는 이 영양학은 이제 더 이상 신화가 될 수 없다는 비판이 일고 있다. 칼로리 영양학을 가장 신봉하는 나라라고 할 수 있는 미국의 경우 지금 전체 인구의 반에 가까운 약 1억 명이 대부분 만성퇴행성 질환 때문에 의료기관을 이용하고 있어서 의료비의 지나친 부담이 그 나라의 경제를 위협하고 있다는 것은 잘 알려진 사실이다. 이러한 문제를 해결하기 위해서 선행할 일은 서양식 식사법에 대한 선호와 칼로리 영양학의 허구를 따르고 있는 대중의식의 뿌리 깊은 신념을 변화시키는 것이다. 이와 같은 지적과 함께 칼로리 영양학의 허구성을 다음 사례를 통해 지적하고 있다 (전홍준, 2004, 36).

> 유명한 생태주의 영양학자 히노(日野) 교수는 용택사(龍澤寺)라는 절의 승려 14명을 상대로 승려들이 섭취하는 음식물의 총칼로리와 매일 소모하는 열량을 비교 조사하였다. 현재 평균 체중 72kg인 승려 한 명당 섭취 칼로리는 1일 평균 1,436칼로리인 반면에 소모하는 열량의 합계는 1일 평균 2,204칼로리로서 하루에 768칼로리가 부족한 셈이다. 칼로리 영양학의 산술적인 계산법대로 하자면 매월 체중이 6kg씩 감소되고 1년 후에는 72kg이 마이너스되므로 1년 후의 체중이 "0"이 되어야 할텐데, 1년 후에도 체중 감소는커녕 심신이 모두 건강하고 좌선과 노동을 잘하고 있었다. 칼로리 영양학이 가장 과학적인 것처럼 되어 있으나 사실은 생명현상의 무지에서 빚어진 비과학이라고 히노 교수는 비판하고 있다.

(3) 아이들의 영양과 생태영양학

히노 교수처럼 칼로리 영양학을 극복하고자 하는 의학자, 영양학자들은 세계적으로 '생태영양학'이라는 새로운 영양학의 이론을 내놓고 있는데, 이 영양학이 권장하는 음식은 곡물, 채소, 과일, 해조류 같은 식품을 주식으로 하되 그것도 소식(小食)이 건강에 가장 좋다는 것이다. 아이들의 알레르기, 비만, 당뇨병, 정서장애 등 집단적인 면역계의 혼란이 설탕, 패스트푸드, 가공식품 등을 중단하고 단지 생태적 식사법을 실천하는 것만으로도 극적으로 호전되고 있는 증거들을 쉽게 찾아볼 수 있다. 아이들에게서 흔히 보는 무기력, 피로감, 탈진감, 난폭한 성격 등도 화학적 식품과 관련이 있으며,

이러한 경우에도 생태적 식사법을 통해서 회복되고 있는 것을 볼 때, 이것이야말로 진정한 자연의 원리이고 생명의 법칙임을 깨닫게 해준다(전홍준, 2004).

이러한 생태영양학에 대해 김진목 원장(2004)은 최근까지 우리를 세뇌시켜 왔던 칼로리 영양학은 이제 더 이상 건강의 방편이 아님은 물론 오히려 우리들 불건강(不健康)의 주범임이 밝혀지고 있다. 이에 현재까지의 칼로리 영양학이 아닌 신영양학(新營養學)의 필요성이 대두된다. 신영양학이라고는 하나 역사를 거슬러 올라가 보면 칼로리 영양학보다도 훨씬 오래 전부터 행하여져 오던 것들이다. 이것들은 여러 대체의학의 근간을 이루는 식생활법으로서 현대의학의 발전과 더불어 칼로리 영양학에 밀려 그 빛을 잃고 있던 것들이다. 여기에는 단식요법, 생·채식요법, 소식과 절식, 현미식 등이 포함되는데, 이들을 과학적으로 체계화시켜 임상에 직접 응용한 것 중의 하나가 니시의학이다. 이런 요법들을 보면 일견 단순하기 짝이 없으나, 이렇게 생활습관과 식습관을 바꿔줌으로써 우리 인체의 면역력이 회복되며, 그에 따라 자연치유력이 강화됨으로 인해, 각종 난치병이 쉽게 완치되는 신비한 결과들을 보여주고 있으며, 특히 현대의학이나 한방으로도 잘 낫지 않는 말기 암, 아토피성 피부염, 당뇨병, 간 질환 등의 환자들을 치유시킨 사례도 즐비하다.

(4) 아이들의 건강과 생태적 식생활

KBS 〈생로병사의 비밀〉 제작팀(2004, 356-366)은 한국의 명의 33인이 선정한 '건강하게 오래 사는 법' 5가지를 제시하고 있는데, ① 살을 빼라, ② 꾸준히 운동하라, ③ 술을 자제하라, ④ 금연하라, ⑤ 올바른 식습관을 가져라 등이며, ⑥ 또 다른 의견들로 – 충분한 수면을 취하라, 무병장수의 집착-건강염려증을 버려라, 건강한 마음을 가져라 – 이었다. 이것은 물론 성인을 위한 건강법이기는 하지만 그 중에서 '올바른 식습관을 가져라'에 주목할 필요가 있다.

과거 우리 임금들은 '수라상'이라 하여 귀한 음식, 즉 부드럽고 몸에 좋은 음식만 드신 결과 그들의 평균 수명은 불과 45세 정도였으며, 그 중 소갈증(당뇨병)으로 고생한 왕들도 꽤 있었다는 기록이 있다. 대체로 장수한 사람들의 공통된 비결은 바로 거친 음식(粗食)을 먹는 데 있다. 모든 음식은 맛이 없을지라도 껍질째 먹는 것이 좋다고 한다. 곧, 하얀 쌀밥보다는 쌀눈과 쌀겨가 살아 있는 현미잡곡밥을 먹는 것이 좋고, 고구마 등의 구황작물도 껍질을 함께 먹는 것이 소화에도 도움이 된다는 것이다.

성인병 등 각종 질병의 발병률이 급증하면서 건강에 적신호가 켜진 우리 현실을 감안해 볼 때, 이제 거친 음식 먹기 운동이 일어나야 할 것이다. 거친 음식을 먹는 것, 그것은 바로 옛날식 전통 식단을 되찾는 것이다. 소박한 밥상이 우리의 건강을 지켜 줄 것이다. 일본은 1996년부터 '성인병(成人病)'이라는 용어를 '생활습관병(生活習慣病)'으로 대체해 사용하고 있다. 당뇨, 고혈압, 뇌졸중, 암 등 각종 질환이 바로 잘못된 생활습관에서 비롯되었다고 보기 때문이다. '사람이 오는 순서는 있어도 가는 순서는 모른다'는 말이 있다. 건강은 타고나는 것이라고도 하지만, 수명을 결정짓는 중요한 요소는 결국 자신의 생활습관, 특히 식생활습관이다.

아이들의 식생활은 더욱 중요하다. '세 살 버릇 여든까지 간다'는 속담은 어릴 적 식생활습관의 중요성을 말해 주는 것이다. 아이들은 올바른 식생활을 통해 영양의 균형과 조화를 찾게 되고, 좋은 식습관의 형성을 통해 자신의 몸에 대한 이해, 생명체의 존엄성을 배우게 된다. 아이들의 식생활과 관련해서는 다양한 자료들(간디 저, 김남주 역, 2000; 김수현, 2004a, 2004b; 다음을 지키는 사람들, 2002; 박영경, 2003; 이미래, 2002; 이수진, 2003; 채영숙, 2005)을 참고할 수 있다.

여기서는 아이들에게 생태적 식생활을 익히도록 하는 것은 밥을 제대로 먹이는 일이라고 할 수 있다는 점에 주목하고자 한다. 밥, 음식의 재료는 자연에서 가지고 온 생명이 들어 있는 자연의 재료가 좋다. 또한 '지금 여기'에서 난 것, 즉 가까운 지역에서 난 제철음식이어야 한다. 그리고 이왕이면 자연농법으로 키운 유기농 재료이어야 한다. 아이가 자라는 데는 제 땅에서 제철에 나온 먹을거리가 필요하고, 매일 때에 맞춰 적당량의 밥을 먹는 것이 중요하다. 즉, 삼시 세 끼를 먹어야 한다.

아이는 철따라 살아가면서 철이 들어간다. 아이들이 때를 맞추지 않고 시도 때도 없이 불규칙적으로 먹으면 탈이 나게 마련이고, 철에 맞지 않는 음식을 먹으면 철이 없고 몸과 마음과 영혼이 건강하지 못하게 된다. 주식과 간식의 균형도 맞아야 한다. 아침, 점심, 저녁 세 끼 주식이 핵심이다. 간식이 주식을 대신하면 곤란하다. 그래서 시도 때도 없이 계속 먹어 24시간 배가 빵빵하게 불러 있는 아이들은 곤란하다. 배는 불러야 할 때와 비워져야 할 때가 있어야 한다. 요컨대 음식을 먹는 것도 음양의 조화가 이루어져야 하므로 배도 채움과 비움, 부름과 고픔의 순환이 이루어져야 한다. 그래서 건강한 아이들은 배를 만지면 말랑말랑하고 부드럽다.

아이는 밥을 먹으면서 서서히, 자연스럽게 밥에 적응해 가야 한다. 태어나서 초유를 먹고, 모유를 먹고, 제대로 만든 이유식을 먹고, 밥을 먹는 과정을 거쳐야 한다. 아이가 먹는 음식의 종류뿐만 아니라 양도 서서히 단계적으로 적응하는 자연스런 과정을 거쳐야 한다. 이 과정에서 아이들은 올바른 식습관, 즉 생태적 식습관을 형성하게 된다. 꼭꼭 씹어 먹어야 소화도 잘 되고 이도 튼튼해지고 자세도 좋아지고 윗니・아랫니의 교합도 잘 이루어진다.

아이들을 위해 밥을 만들어 주는 것은 단순히 한 끼 식사를 때우려는 것이 아니라 만드는 이의 정성과 생명의 기운을 담는 것이어야 한다. "눈칫밥은 살도 안 찐다"고 한다. 정성을 담아, 화려하지 않고 자연의 순리대로 절제된 소박한 밥상을 차리고, 먹을 때도 과식하지 않는 식습관이 필요하다. 너무 미각(즉, 맛)만 쫓아가서는 안 된다. 생명을 담은 밥을 만드는 것은 결국 땅을 살리고 자연을 살리고 아이를 살리고 모든 생명을 살리는 참으로 거룩한 일이다. 밥 한 그릇은 온 우주를 담고 있다. 그래서 우리는 밥 한 그릇을 한울님으로 모시고 섬겨야 한다.

앞으로 아이들의 생태적 식생활 프로그램의 개발과 관련해서 다음을 지키는 엄마들의 모임(2002)에서 제시한 아토피 치유를 위한 식생활 지침 18가지를 참고로 제시하고자 한다. 그 내용은 "채소를 많이 먹자, 육류를 적게 먹자, 현미잡곡밥을 먹자, 유기농산물을 먹자, 우유와 달걀 섭취를 줄이자, 양식 생선을 피하자, 모유를 먹이자, 이유식을 늦게 시작하자, 비타민 C를 자연 상태에서 섭취하자, 화학조미료를 쓰지 말자, 자연 상태의 지방을 섭취하자, 설탕을 줄이자, 몸에 좋은 간식을 적당히 주자, 안전한 식기를 사용하자, 꼭꼭 씹어 천천히 먹자, 유전자 조작식품을 피하자, 식품첨가물이 든 음식을 먹지 말자, 캔 음료를 먹지 말자" 등이다.

또한 아이들에게 생태적 식생활 교육을 하려면 먼저 교사의 식생활이 생태적으로 바뀌어야 한다. 어쩌면 생태적 식생활은 아이들보다 유아교사들이 더 절실히 필요한지도 모른다. 결혼을 앞둔 교사, 임신중인 교사, 어린 자녀를 둔 교사들은 더욱 시급한 과제인지 모른다. 생태적 식생활 프로그램은 아이들과 교사 모두를 위한 유익한 실천 프로그램이어야 한다. 이런 절박한 현실에서 아직도 아이들에게 간식으로 과자나 초코파이와 요구르트를 주고, 생일 축하나 행사 때 케이크와 바나나와 사탕목걸이를 걸어 주며, 우는 아이 달래거나 착한 아이 칭찬으로 사탕이나 초콜릿을 주는 유치원이나 어린이집, 아직도 라면과 아이스크림, 초콜릿과 탄산음료, 햄버그와 피자와 치킨 등을 즐기는 유아교사들이 아이들의 식생활을 주도하는 유치원이나 어린이집, 늦은 시간이면 으레 그런 음식점 오토바이가 들락거리는 유치원이나 어린이집 등은 없는지 깊이 생각해 볼 일이다.

4) 온생명의 살림과 생태농업

생태농업에 관해서는 제 2 장에서 간략하게 언급한 바 있다. 여기서는 근대 화학농업의 폐해와 대책, 생태농업의 현실과 전망, 쿠바 유기농업의 현황과 희망, 한국 농업의 방향과 대책 등에 대해 살펴보고자 한다.

(1) 제2의 노아방주 – 유기농업

제 1 의 노아홍수는 물의 홍수였지만 제 2 의 노아홍수는 독(毒)의 홍수가 될 것이다. 독의 홍수에서 말하는 그 독은 바로 농약과 제초제의 독과 공장 폐수의 독이다. 지금 어른들은 물론 아이들도 독의 홍수 속으로 빠져들고 있다(최병칠 역, 1986). 이러한 독의 홍수는 땅과 물과 공기를 오염시키고, 생물종의 감소, 자연생태계 교란과 생명위기 초래는 물론 인간에게 암, 백혈병, 간장병, 신장질환, 정신이상 등으로 나타나고 있다.

특히, 근대 화학농업으로 인한 농약과 제초제의 독은 오염된 농수축산물을 통해 인체 내에 서서히 축적되어 마침내 일정량 이상에 도달하면 만성중독을 일으킨다. 대량의 독물이 갑자기 인간의 몸 안으로 들어가서 그 생리작용에 심한 장애를 일으키는 급성중독과는 달리 미량의 독물을 지속적으로 장기간 섭취하여 생기는 만성중독은 그동안 흙을 죽이고 익충(益蟲)을 죽이는 단계를 넘어 사람을 죽이고 있다. 현대의학에서도 그 원인을 제대로 밝히지 못했던 각종 암을 비롯한 생활습관병의 원인이 바로 농약과 화학비료와 제초제의 독물에 의한 만성중독이며, 그 근원은 근대 화학농업에 있다. 이제 제 2 의 노아홍수인 독의 홍수를 막을 수 있는 제 2 의 노아방주는 친환경적이고 자연적이고 생태적인 농법인 유기농업(有機農業)이다(최병칠 역, 1986).

(2) 생명살림의 길 - 생태농업

이제 우리는 근대 농업, 산업농업, 과학농업, 기계농업, 관행농업 등 화려한 이름의 현대 농업을 걷어 치우고, 생명농업, 자연농업, 친환경농업, 유기농업 등으로 불리는 생태농업으로 전환하는 길만이 인간과 자연이 함께 공존 상생할 수 있는 유일한 길임을 깨달아야 한다. 그동안 근대 농업은 주로 화학비료와 농약 등에 의존하고 있는데, 화학비료는 토양을 산성화, 황폐화시켜 지력의 감퇴 → 병충해의 만연 → 농약 사용의 증대라는 악순환을 초래하여 환경 파괴와 건강 파괴의 위기를 몰고 왔다. 병충해의 근본 원인은 지력(地力)의 저하, 굳은 땅, 흙 속의 미생물 감소, 익충의 소멸 등에 있다. 따라서 병충해의 소멸은 지력의 회복, 즉 흙의 자연치유력 회복과 익충의 증가에 있다.

그런데도 농민들은 화학비료와 농약과 살충제에 의존하는 관행농업에서 벗어나지 못하고 있다. 화학비료의 살포는 지력을 저하시키고 땅을 굳게 하며, 해충 제거용 살충제와 잡초 제거용 제초제의 지속적 사용은 내성이 더 강한 해충과 잡초를 낳게 하여 독성이 더 강한 살충제와 제초제 사용을 요구한다. 또한 농약 사용은 익충 소멸(천적 감소)과 해충 증가를 낳고, 농약의 강도와 빈도를 증가시키는 악순환이 계속되면서 농민의 몸과 농작물 속에 농약 성분이 잔류하게 된다. 이 같은 잔류농약의 농산물을 섭취한 인간은 농약 만성중독으로 인해 체력과 기력이 저하되고, 농민은 노동력이 저하되어 농약과 제초제와 화학비료에 더욱 의존하게 되는 악순환이 지속되고 있다. 결국 근대 화학농업은 흙을 죽이고, 익충을 죽이고, 그리고 사람을 죽인다. 결국 근대 화학농업은 죽음의 농업, 즉 死의 農業이다(최병칠 역, 1986).

그동안 역대 정부는 생명의 농업이 아닌 죽음의 농업을 추진해 왔다. 정부는 농민들에게 농사에는 화학비료와 농약이 최고라고 선전하면서 더 많이 사용하도록 더 싸게 공급하는 데 주력해 왔다. 농과대학의 교수들도, 농협의 지도자들도, 학교의 교과서에서도 화학농법이 과학농법이고 선진농법이라고 선전하고 가르쳐 왔다. 그러다 보니 농민들은 물론 모든 국민들도 화학농업이 최선의 농업이고, 그렇게 생산된 싸고 크고 싱싱하고 보기 좋은 농수축산물이 최고라는 인식을 갖게 된 것이다. 또한 공업 중심의 경제개발과 성장정책은 농업 축소 내지 농업천시정책으로 나타나면서 40년이 지난 오늘에 이르러서는 농업과 농촌이 완전히 붕괴되고 말았다. 결국 그동안 역대 정부는 농업말살정책을 추진해 온 셈이다. 정부의 농업정책을 관장하는 농림부를 비롯한 농업통상 관련 정부 관료들은 한국의 농업과 농촌을 붕괴시켜 WTO체제와 FTA체제에 예속시키는 노릇을 한 셈이다.

결과적으로 우리나라의 정부 관료, 정책결정자, 농업학자 등이 행한 노릇은 농업의 본질인 민족의 생명을 위한 농업을 깨끗이 잊어버리고 전적으로 기업적 농업, 즉 돈벌이 되는 농업에만 몰두하도록 농민들을 호도해 왔다. 그 결과 영양가도 별로 없는 제철이 아닌 야채를 기름과 전력으로 재배하는 시설농업, 호르몬제나 항생물질로 가축이나 물고기를 이상한 방법으로 키우는 축산이나 양식에 몰두한 결과 금방 돈방석에 앉을 것이라는 신기루의 헛된 꿈은 사라지고 빚더미에 앉아 있는 것이 오늘날 농민들의 실상이다.

우리나라처럼 천혜의 자연을 갖고 있는 이 곳에서 농업과 농촌이 붕괴되면 무엇이 남을 것인가? 농촌은 농업 생산기지일 뿐 아니라 전통문화 공동체이며 최고의 노인복지센터이기도 하다. 이런 농촌이 무너져 가고 있다. 이것이 가져올 사태는 매우 장기적이며 총체적인 현상으로 나타날 것이다.

우리의 농업을 되살려야 한다. 우리 전통의 생태농업은 기본적으로 사람과 식물과 곤충들의 공존이라는 철학적 기반을 토대로 하고 있다. 경쟁이 심화되고 비인간화가 일반화되어 가는 이 사회를 정화시키는 힘의 원천이 바로 농업이고 농촌이라는 말이다.

일찍이 우리 조상들은 요즈음 희망의 길이라고 외쳐대는 '지속발전 가능사회'를 '진속불이(眞俗不二)의 사회'라고 했다. 그렇다면 '지속발전 가능사회'란 어떤 사회인가? 한 마디로 자자손손 우리의 생명이 안전하고, 건강하며, 평화롭고, 행복하게 살 수 있는 사회다. 자연과 인간, 국가와 국가, 이웃과 이웃, 너와 내가 함께 어울려 조화롭게 살 수 있는 세상이다. 이처럼 생명의 안진성과 삶의 건강성이 담보되는 '진속불이의 사회'를 만들기 위해 조상들은 무엇을 어떻게 했을까? 조상들은 우리 삶의 터전인 자연을 하느님으로 모시고, 우리를 낳고 길러 준 농촌과 농업을 영원한 부모님으로 모셨다. 자연의 하느님과 농업의 부모님을 무참하게 짓밟는 경제성이나 경쟁력이라는 무례한 논리들을 당장 내려놓아야 한다. 더 늦기 전에 자연이라는 하느님 앞에 다소곳이 무릎을 꿇어야 한다. 농촌·농업이라는 부모님 품에 달려가 안겨야 한다. 국가사회의 근간인 농촌만큼은 돈벌이하는 무대가 아니라, 생명이 안전하고 건강성이 담보되는 생명활동의 무대로 가꿔야 한다. 국민의 목숨 줄인 농업만큼은 경제소득을 위한 농업이 아니라, 생명살림의 농업으로 본래의 자리를 되찾아야 한다(도법, 2005).

이어서 도법 스님은 생명살림의 농업으로 다가갈 수 있는 구체적인 방안도 제시하고 있다. 지속발전 가능사회 실현을 위한 절대조건으로 범국민적인 비상대책이 절실히 요구된다. '먹을거리 자급률 50%, 1천만 인구가 사는 농촌사회'를 전제로 정책을 세우고 방향을 잡아 차근차근 진행하면 된다는 것이다. 그러면 농촌이 해체되면서 몰려든 인구로 빚어지는 도시의 주택, 교통, 실업, 빈민 문제가 저절로 해소될 수 있다. 물을 비롯한 국토의 환경과 도농격차 따위의 문제가 발생할 이유가 원천적으로 없어진다. 자연·농촌·농업은 생명평화의 세상을 꽃피우는 절대적 기본조건이다(도법, 2005).

(3) 인류 미래의 희망 - 쿠바 유기농업

쿠바(Cuba)는 중앙아메리카 카리브해 서쪽, 미국 플로리다 반도 아래에 위치한 인구 약 1,200만 명의 사회주의 국가이며, 면적은 한반도 절반(약 11만 8천km^2) 정도이고, 수도는 하바나(Havana)이다. 사실상 정치・경제적으로 미국의 종속 하에 있던 쿠바는 1959년 피델 카스트로가 공산혁명으로 정권을 수립하였다. 쿠바 혁명정부는 미국의 경제봉쇄에도 불구하고 구소련 등 사회주의권과 연대하여 국민들의 삶을 향상시키고 국력을 키워 나갔다.

그들은 전 농지의 80%를 국유화하고 소작농들의 농지점유를 인정하는가 하면 무상의료와 무상교육, 주택의 사회화 등을 통해 중남미 국가 중 가장 잘 사는 나라로 발전하였다. 그러나 1989년 사회주의권의 몰락과 1991년 구소련의 붕괴로 인해 수입에 의존했던 석유, 연간 100만 톤의 화학비료, 200만 톤의 사료작물, 2만 톤의 농약, 트랙터와 기계부품 등 당시 수입량의 80%가 끊어졌다. 이러한 일련의 비상시기 속에서 1992년 쿠바정부는 '평화시의 특별시기'라는 비상사태를 선포하고, 식량의 배급제를 강화하면서 정부 주도의 유기농업정책을 추진하였다. 그 결과 3년 뒤 농업 생산량은 이전의 80% 수준까지 회복되었으며, 현재는 자급률 100%를 상회하는 성과를 거두고 있다. 다시 말해서 소련에 의존했던 화학비료, 농약, 석유 등 중요 물자의 단절로 인하여 자구책으로 등장한 것이 유기농법(有機農業)이었다는 점에 주목할 필요가 있다. 당시 카스트로는 식량자급을 최우선으로 하는 농업의 대전환 비상사태 선언에 앞서 100권이 넘는 농업서적을 읽고 자급적 유기농업으로 방향을 잡았다고 한다(쿠바유기농업연수단, 2003. 13).

인류 미래의 희망으로 칭송받고 있는 쿠바는 아예 모든 농업을 유기농업 체제로 전환하고, 도시농업(Urban Agriculture)운동을 권장하며, 여성 중심의 유기농업 연구 실천과 중학교 이상 학생들의 친자연적 농업 봉사활동(연 45일)을 학습과정에 반영, 실천하고 있다. 지난 2003년 5월 21일부터 6월 1일까지 수도 하바나에서 열린 제5회 세계유기농업대회에 우리나라 유기농업관계자들을 비롯하여 27개국 500여 명이 참석하여 성황을 이루었다고 한다. 쿠바의 유기농업은 소농, 가족농 및 협동농 체제와 생태순환형의 농업으로서 지속발전 가능사회의 모습을 현실로 보여주고 있다.

이처럼 쿠바에서 유기농업을 통한 경제사회적 안정을 가져올 수 있었던 것은 쿠바의 국부(國父)로 불리는 호세 마르티의 투철한 교육사상이 학교교육에 녹아 있었기 때문이다. 그의 교육사상의 요강은 간단하다. "지식만 있으면 안돼. 땀을 흘리는 가치관, 물건을 생산하는 가치, 양쪽의 균형을 갖추어야 해", "아침에 펜을 잡으면, 오후에는 밭을 갈아라"라는 사상이 바로 그것이다(이상국, 2003, 98). 또한 초·중등교육에서는 주당 7시간의 농업교육을 하는데, 학교 내 텃밭에서의 농장실습과 이론교육 및 농촌투어 등의 내용을 담고 있다. 한편 쿠바 전체의 대학 교육과정에서는 생태농업학을 일반 교육목적과 같은 수준으로 중요시하고 있다. 모든 대학생들은 일주일에 하루 혹은 일 년에 한 달은 농장에서 노동을 반드시 해야 한다. 이는 '행함으로써 배운다'는 교육철학에 따른 것이다. 학교 급식 역시 정부 부담으로 무료이고, 급식 재료는 유기농으로 인근 지역에서 공급한 것이다(김인숙, 2003, 86-97).

특히, 쿠바의 도시형 유기농업의 핵심적 재배방법은 흙상자 농법이다. 흙상자 농법은 흙의 유실을 막을 수 있고 특히 유기물, 질소나 인의 유실이 없어 물의 오염을 막을 수 있는 장점이 있다. 또 다른 장점은 첫해부터 유기농법이 가능하고 수확이 결코 떨어지지 않는다는 것이다. 이 방식은 1994년도에 시작하여 하바나 채소 재배의 90%를, 전국적으로는 70%를 차지하고 있다(이태근, 2003, 63-64).

한국 유기농업의 선구자로서 정농회 초대 회장이었던 84세의 오재길 선생은 쿠바연수단에 참가하여 "유기농업 전환 전과 후의 국민 질병의 추이는 어떤가?"에 관한 당국자들과의 대담 결과를 다음과 같이 적고 있다(오재길, 2003, 122). 즉, "쿠바는 유기농업 전환 후 질병이 줄어드는 추세이고, 그 상세한 동태는 면밀하게 조사 중에 있다. 전환 이전에는 육식을 많이 하였고, 전환 후에는 육식이 감소하고 곡·채식이 늘어난 데에 그 원인이 있을 것으로 생각한다." 이 같은 답변에서 쿠바 국민들의 몸과 마음의 건강을 짐작할 수 있고, 사회적으로나 경제적으로 얼마나 안정된 사회인가를 짐작케 한다. 교수 월급이 300페소인데 농부 월급은 900페소인 쿠바는 월

급의 많고 적음을 떠나 백성들의 목숨을 이어주는 농부들을 가장 귀하게 여기는 나라이다. 쿠바는 실업자가 없는 나라이고, 새들도 사람을 무서워하지 않는 행복한 나라이다(서정홍, 2003, iv-v).

(4) 농사짓는 아이들 – 텃밭 가꾸기

우리나라의 식량자급률은 약 27% 수준이고, 쌀을 빼면 5%밖에 안 되며, 대부분의 먹을거리를 해외에 의존하고 있는 불안하기 짝이 없는 실정이다. 군대 없는 나라는 있어도 식량 없는 나라는 일주일도 버티지 못한다. 세계의 식량사정이 악화되고 있다. 지구온난화 등 예측할 수 없는 기후 변화를 가져와 식량생산의 장기 전망이 매우 불투명한 상태이다. 따라서 식량은 단순한 먹을거리 이상으로 생명이며, 인권이고, 주권이고, 안보이다.

또한 농산물은 공산품과는 다르다. 농산물은 5% 과잉 생산되면 값이 반으로 떨어지고, 5% 부족하면 값이 두 배로 뛰는 속성을 지니고 있다. 지난 1980년에 냉해로 인해 미국에서 쌀을 사오면서 세계 곡물가격의 3배나 주고도 향후 5년간 지속적으로 쌀을 수입하겠다는 부당한 계약조건으로 쌀을 들여온 경험이 있다. 결국 농업은 우리의 생존 나아가 국가 존립의 기본이며 돈으로 환산할 수 없는 가치를 지니고 있기 때문에 선진국들은 모두 자국의 농업을 절대적으로 보호하고 식량을 거의 자급하고 있는 현실(프랑스 197%, 캐나다 166%, 미국 133%, 영국 99.6%, 일본 28% 등)을 직시할 필요가 있다.

이런 국제 현실에서 우리나라 역대 정부는 경쟁력 없는 농업과 쌀농사를 포기하고 경쟁력 있는 다른 산업을 육성하는 데 주력하고 있다. 식량자급률 약 27%인 한국은 핸드폰 팔아서 쌀 사오면 된다는 경제논리가 정책당국자들과 국민들의 의식을 지배하고 있다. 식량자급률 75% 수준인 북한은 나머지 약 25% 부족식량을 수입할 돈이 없어 국민들을 굶주리게 하고 있는 실정이다. 초등학교 교과서에서 배웠던 김해평야가 지도에서 사라져 가고 있다. 논 한 마지기를 없애는 데는 몇 분밖에 안 걸리지만 논 한 마지기를 조성하는 데는 몇 년이 걸린다. 적어도 국민들의 생명과 안위를 생각한다면 농업과 식량 문제 해결에 주력해야 한다는 것은 상식이다.

이러한 현실에서 우리의 농업과 농촌을 살리는 데 주력해야 할 농학은 농업과 농촌을 저버린 농학으로 변질되었고, 농학 연구의 요람이어야 할 모든 농대(農大)의 명칭은 '농업과학대학→생명과학대학→생명자원과학대학' 등으로 바뀐 지 오래다. '농(農)'자가 들어가면 후진 학문이고 우수 학생 모집과 취업도 불투명하다는 것이 그들의 인식이고 논리이다. 농업 관련 학문과 연구자들의 주류가 우리 농업과 농촌을 죽이는 일에 앞장서고 있는 것은 아닌지 의구심이 갈 정도이다. 이런 현실에서 우리나라의 농업과 농촌이 쿠바처럼 인류 미래의 희망으로 되살아날 수 있을지 의문이다.

우리는 농업과 농촌과 자연을 되살려야 한다. 이것은 절대 절명의 과업이다. 우리는 아이들에게 그 꿈과 희망을 들려 주어야 한다. 우리 조상들이 자식들을 키우면서 농사짓는 것을 가르쳤듯이 아이들에게 텃밭가꾸기를 가르쳐야 한다.

"건강한 농업과 행복한 농민이 없는 나라는 미래도 없다. 왜냐하면 농사(農事)는 여전히 천하지대본(天下之大本)이기 때문이다." 이 글은 제주도의 한 외과의사가 한국 유기농업의 선구자로 1976년 정농회(正農會)를 만들었으며, 평생을 바쳐 땅을 사랑한 진정한 농부 오재길 선생(1920년생)께서 기십 억 원의 재산을 재단법인 제주생명농업을 위해 내놓으시고, 평화의 섬 제주를 생명의 땅으로 만드는 유기농업 실천운동을 하시고자 고향으로 돌아오신 선생을 환영하는 지역 일간지의 칼럼에서 언급한 내용이다(홍성직, 2003). 당시 84세의 노익장이 한국의 생명살림의 농업의 꿈과 희망을 일러주고 있다.

"우리나라에는 지식인, 기업인, 높은 관리 등은 얼마든지 있으나 밑뿌리가 될 기본층의 평민이 되고자 하는 사람은 적다. 가꾼 사과 알을 따려는 이는 많으나 사과나무를 북돋우고 퇴비를 주어 사과 알을 열게 가꾸어 줄 일꾼, 민족의 주인공은 적다." 이 글은 1958년 충남 홍성에 농업과 농촌을 살리고 농민을 양성하고자 풀무농업기술학교를 설립한 이찬갑 선생의 말씀이다(홍순명, 2003). 이 학교는 개교 이후 지금까지 생명농업과 생명교육을 흔들림 없이 지켜오고 있다. 이 학교의 모든 학생들은 자연과 농업과 농촌의 관계와 그 중요성을 몸으로 체득한다. 그들은 유기농법을 익히고, 재배한 농작물을 학교 급식 재료로 활용하고, 일부 남는 농산물은 시장에 팔고,

요리 실습도 배운다.

이제 충남 홍성군은 이 학교와 졸업생들이 주축이 되어 농업과 교육, 농촌과 문화, 환경과 생명, 생산과 가공, 협동조합과 농민단체 등이 어우러져 생태농업과 생태적 환경과 삶을 가꾸는 가장 살기 좋은 생태농촌으로 인정받고 있다. 홍성군은 올해부터 유치원과 어린이집 아이들은 물론 군내 초·중등학교 학생 전원에게 친환경유기농급식을 시행하기 위한 예산을 이미 확보해 놓고 있는 것으로 알려지고 있다.

최근 들어 초등학교를 중심으로 친환경유기농 급식 시범학교 운영과정에서 학교 텃밭가꾸기를 통한 농사 체험은 주목할 만하다(한라초등학교, 2004; 인지초등학교 외 5개 학교, 2004, 박희진 2005). 시멘트 공간에서 자라고 있는 아이들이 텃밭에서 상추, 무, 배추, 들깨, 옥수수, 감자 등 야채를 키우는 경험은 매우 유익한 것이다. 학교 텃밭을 권장했던 것은 그 곳에서 생산되는 식재료 활용이라는 측면도 있지만 흙을 만지고, 친환경 농장에서 자연생태를 이루고 있는 야채와 각종 곤충과 벌레 그리고 이름 모를 잡초들이 공생하는 모습을 체험하며 자연의 질서를 배우는 것이 중요하다. 또한 아이들은 벌레 먹은 배추나 과일이 건강에 좋고, 맛도 있다는 경험을 통해 친환경유기농산물과 유기농업의 중요성을 이해하게 된다.

특히, 유치원이나 어린이집에서는 생태유아교육의 일환으로 텃밭가꾸기를 하는 것은 흔하게 볼 수 있는 일상적인 생활로 정착되어 가고 있다(임재택 외, 2000). 텃밭가꾸기는 농업과 노동의 중요성을 이해하고, 생명의 순환과 자연의 변화를 익히고, 음식과 몸과 마음의 관계 및 건강을 이해하는 데 터전이 된다. 쿠바에서는 초·중·고등학교는 물론 대학에서 농업 관련 이론과 실습을 의무화 하고 있는 것은 우리에게 많은 시사점을 던져 주고 있다.

이와 같은 맥락에서 미국 버클리대학의 프리쵸프 카프라 교수는 1995년부터 버클리 지역의 일부 초·중·고등학교의 학생들이 텃밭을 일구어 유기농업으로 곡식과 야채를 재배하고, 그 유기농산물로 까페테리아에서 요리를 하여 점심과 간식으로 활용하고 남는 농산물은 판매하여 기금으로 활용하는 버클리 푸드시스템 프로젝트(Berkley Food System Project)를 실행하고 있다(김은영, 2002). 이 같은 생태론적 교육혁명은 독일의 루돌프 슈타이너의 발도르프 교육 프로그램에서 1920년대에 이미 실천되고 있었는데, 그 내용 역시 텃밭을 가꾸는 생태농업과 요리활동이다. 한편 우리 조상들은 벌써 5천년 전부터 어린 아이들을 키우는 모든 가정에서 텃밭가꾸기를 통한 생태농업과 요리활동과 생태적 식생활 교육(즉, 밥상머리교육)을 실행해왔다. 이것이 바로 우리 조상들의 어린 아이 키운 지혜이고 온생명 살림의 지혜이기도 하다.

4. 생태유아공동체 운동

여기서는 아이살림과 생명의 의식농(醫食農)을 연계한 실천운동인 생태유아공동체(生態幼兒共同體)에 대해 간략히 소개하고자 한다. 생태유아공동체에서 표방하는 구호는 "유치원·어린이집 아이들에게 친환경 유기농산물을 먹입시다. 우리 아이들의 몸과 마음을 살리고 우리 농촌을 살립시다"이다. 생태유아공동체는 개요, 조직과 현황, 과제와 전망 등으로 나누어 살펴보고, 각 지역별 생태유아공동체에 대해서도 살펴본다.

1) 개 요

여기서는 생태유아공동체의 본질, 로고와 그 의미, 창립 취지문, 설립 목적 및 사업, 걸어온 발자취 등에 대해 언급한다.

(1) 생태유아공동체란

① 생태유아공동체는 사람과 자연이 한 생명이라는 이념을 바탕으로 아이살림·농촌살림·생명살림을 지향합니다.

② 생태유아공동체는 유치원·어린이집 아이들에게 유기농산물을 먹여 우리 아이들의 몸과 마음과 영혼을 건강하고 바르게 기르고자 하는 아이살림 운동을 합니다.

③ 생태유아공동체는 날로 심각해지고 있는 환경오염과 화학농업으로 죽어 가는 땅과 농촌과 생명을 살리고자 하는 농촌살림·생명살림 운동을 합니다.

④ 생태유아공동체는 아이들을 한울님으로 모시는 학부모, 교사, 원장 및 생산자들의 자치적 공동체이며, 농림부에 허가 등록된 사단법인단체입니다.

(2) 로고와 그 의미

	날 生, 생명의 '生' 자를 형상화하였고 가운데 새싹은 생명의 기운이자 아이를 뜻한다. 바깥 테두리는 생명을 담고, 우리 아이들에게 바치는 건강한 밥그릇을 의미한다. 또한 두 팔을 벌려 새싹을 안아 보살피는 섬김과 모심을 뜻한다.

(3) 설립 취지

이른바 오만한 과학기술주의 열병에 휩쓸려 온 나라의 근본이 하릴없이 망가지고 있다. 그런데도 너나없이 코 앞의 작은 이익에만 눈이 어두워 생명의 터전이 썩는 것을 모르고 있다. 우리는 이러한 방식의 삶이 과연 미래에도 지탱 가능할 것인가 심히 두렵다. 하지만 오늘날과 같은 막무가내식의 개발과 현대화는 자연의 법칙과 조화를 간단없이 망가뜨리고 있다.

생태계란 마치 그물코처럼 얽혀 있어서 한 망가짐은 그에 그치지 않고 총체적인 몰락으로 이어진다. 마치 모두들 넋을 빼앗겨버린 것 같다. 그야말로 참 근본을 잊어버렸다. 무슨 첨단산업만이 희망이고 어떤 신기술에 우리의 장래가 달렸다고들 하지만, 분명 무슨 일에건 밑바탕은 농업이다.

그것을 먹는 우리들까지 줄줄이 망가지고 있다. 우리 아이들은 우리의 미래사회를 짊어지고 나갈 희망의 싹이다. 우리에게 있어서 가장 중요하고도 이문이 큰 투자는 이 아이들을 올곧고 건강하게 기르는 일이라고 생각한다. 아쉬우나마 이들 아이들부터 지속 가능한 농사, 생태적인 농사로 기른 건강한 먹을거리를 올바르게 먹이고 가르쳐야 한다.

음식이 건강과 정신에 이르기까지 미치는 영향은 실로 지대하다. 그렇지만 오늘날 우리 아이들의 먹을거리는 복합오염의 위험 속에 방기되어 있다. 우리 아이들에게 이 땅에서 나는 오염되지 않은 제철음식을 먹이는 일이야말로 진정한 보육이며, 생태유아교육의 시급한 실체과제가 아닐 수 없다.

사단법인 생태유아공동체를 설립하여 우리 아이들에게 건강한 유기농산물을 먹이는 일을 비롯하여, 자연분만 운동, 모유 먹이기 운동, 생태유아교육 프로그램의 개발과 실천, 생태유아교육 지도자를 양성하는 일 등에 이르기까지 우리 아이들을 올바르고 풍성하게 자랄 수 있도록 하는 일에 신명을 다하고, 이 땅에 생태적 문명의 푸른 싹을 틔우는 일에 힘을 보태고자 한다. 이런 노력들이 더불어 살기 원하는 모든 생명들의 소박한 기대를 소담스럽게 채우는 일이 되리라 믿고, 더욱 노력을 하고 있다.

(4) 설립 목적 및 사업

생태유아공동체는 유치원·어린이집 아이들에게 먹일 유기농산물을 공급한다. 생태유아공동체는 우리 아이들의 몸과 마음과 영혼을 살리고, 우리 농촌을 살리고자 한다. 이러한 목적을 달성하기 위해 다음과 같은 일을 추진한다.

① 유치원·어린이집과 유기농 생산자가 직거래한다.
② 유치원·어린이집의 식단을 건강한 유기농 먹을거리로 채우고자 한다.
③ 유치원·어린이집에 먹을거리 교육 프로그램을 제공한다.
④ 유치원·어린이집 아이들의 학부모 교육을 한다.
⑤ 유치원·어린이집의 아이·교사·학부모들이 유기농 생산지를 방문·교류한다.
⑥ 우리 아이들이 건강하고 바르게 자랄 수 있는 양육·교육환경을 만들고 실천한다.
⑦ 도시·농촌이 함께 자연생태계를 되살린다.

2) 조직 및 현황

생태유아공동체는 부산·울산지역의 (사)생태유아공동체, 수도권지역의 수도권생태유아공동체, 광주·전남지역의 광주생태유아공동체, 대구생태유아공동체, 경북생태유아공동체, 제주생태보육협의회 등이 설립되어 활동하고 있으며, 전북지역, 대전·충남지역 등 여러 지역에서 생태유아공동체 설립을 추진 중에 있거나 준비하고 있다.

(1) (사)생태유아공동체

(사)생태유아공동체는 2002년 3월 창립 당시 37곳이 참여하였으나 2003년 말 95곳, 2004년 말 123곳, 2005년 말 150여 곳의 유치원·어린이집으로 증가할 것으로 예상된다. 한편 2004년 9월부터 부산지역 초·중등학교 약 100곳에 친환경 무·배추를 공급하고 있다. 친환경유기농산물 매출 현황을 살펴보면, 2000년도 약 2억 원, 2003년도 약 6억 원 및 2004년도 약 10억 원으로 증가하고 있다. 또한 (사)생태유아공동체의 조직 현황을 살펴보면, 총회, 이사회, 운영위원회(기획, 물류, 교육, 조직) 및 사무국으로 이루어지며, 사무국은 국장을 비롯한 물류, 총무회계, 교육, 학교 급식팀 등으로 구성된다.

(사)생태유아공동체는 원장연수, 교사연수, 영양사 및 조리사 연수, 부모교육, 교사와 아이들과 학부모가 함께 참여하는 모내기행사, 친환경오리농법을 위한 오리입식행사, 메뚜기잡기행사, 가을추수행사, 생산지 방문 및 체험연수, 주간소식지 및 정기소식지 발간, 국내·외 생태공동체 및 생태교육시설 방문 체험연수 등 다양한 행사를 추진하고 있다. 이러한 행사들을 통해서 아이, 교사, 원장, 학부모, 생산자 등이 함께 어울려 아이살림, 농촌살림, 생명살림의 취지를 다지고 마음 깊이 새기는 기회가 된다.

(2) 수도권 생태유아공동체

수도권 생태유아공동체는 2003년 3월 창립 당시 유치원·어린이집 15곳이었으나 2003년 말 26곳, 2004년 말에는 70여 곳으로 증가하였다. 또한 친환경유기농산물 매출 현황을 보면, 2003년 첫해에는 약 2억 원이었으나 2004년에는 7억 원을 웃돌고 있다. 그리고 수도권 생태유아공동체는 한겨레신문사의 한겨레문화센터와 공동으로 생태유아교육 강좌를 주관하고 있으며, 이 강좌를 통해 생태유아교육과 아이들의 먹을거리와 농촌 농업의 문제를 연계시켜 생태유아공동체 운동을 확산시켜 나가고 있다. 수도권 공동체는 총회, 위원회, 사무국 등으로 이루어지며, 사무국에는 국장을 비롯하여 물류, 기획·총무, 교육·홍보, 대외협력 등으로 나누어 업무를 수행하고 있다. 수도권 공동체는 지금 생활협동조합 법인 설립을 추진 중에 있는데, 2005년 2월 중으로 법인 설립 절차를 마무리할 계획이다.

특히 수도권 생태유아공동체는 2004년 4월부터 서울 성동구청(청장 고재득)에서 산하 구립 어린이집의 원아 1인당 월 1만 원 정도의 친환경유기농 급식비를 추가 지원하게 됨에 따라 20여 개 구립 어린이집 아이들에게 친환경유기농산물을 거의 안정적으로 공급하게 되었다. 그 후 성동구청에서는 민간 보육시설연합회의 요구에 따라 친환경유기농 급식비를 민간보육시설까지 확대 지원함으로써 전국에서 가장 모범적인 사례를 보여주고 있다. 특별히 고재득 구청장은 아이살림, 농촌살림, 생명살림의 생태유아공동체 취지에 적극적으로 찬동하고 있을 뿐만 아니라 어린 아이들에게 현미잡곡밥을 먹이는 일보다 이 세상에 더 귀한 일은 없으며, 먹는 것을 가지고 어릴 때부터 차별하는 것은 있을 수 없다는 소신에 따라 성동구청 관할의 모든 보육시설 아이들에게 친환경유기농 급식비를 추가 지원하고 있다. 이 일은 선업(善業)을 짓는 것으로 모든 사람들의 칭송을 받을 수 있는 귀한 일임에 틀림없다. 이 같은 성동구청의 선례는 서울시 전역으로 확산될 것으로 보여지며, 전국 지자체로 확산될 것으로 확신한다.

(3) 광주 생태유아공동체

광주 생태유아공동체는 2003년 10월 창립 당시 유치원·어린이집 21곳이었으나 1년이 지난 2004년 12월 말 현재 회원시설은 30곳(유치원 6곳, 어린이집 24곳)이고, 친환경유기농산물 연간 매출액은 1억 원 정도이다. 창립 초기 사무국을 두고 운영하였으나 운영상의 어려움으로 생협단체의 물류 협조를 받아 운영하고 있으며, 교사연수, 부모교육, 생산지 방문 등의 여러 가지 행사는 회원시설의 원장들이 맡아 진행하고 있다.

(4) 대구 생태유아공동체

대구 생태유아공동체는 2008년 1월 31일 대구 생태유아협의회 정기 이사회의 결의에 따라 대구 생태유아공동체로 명칭과 기능을 바꾸기로 결의하고 이를 2008년 3월 정기총회에서 확정함으로써 정식 출범하게 된다. 그 동안 대구 생태유아협의회는 생태유아교육에 관심이 있는 유치원 어린이집의 원장, 교사, 대학 교수, 종교인, 일반인 등이 회원으로 참여하고 있고, 교사교육, 부모교육, 생태관련 세미나, 현장체험활동 등을 하고 있으며, 회원수는 창립 초기 40여 명이었으나 2004년 말 현재 약 240명으로 확대되었다. 또한 대구 생태유아협의회는 2005년 3월부터 유치원·어린이집에 친환경유기농산물을 공급하기 위해 배송차량의 구입, 사무실 준비 등 생태유아공동체 설립 운영을 준비하고 있다. 이제 대구 생태유아공동체는 그 동안의 생태유아교육 관련 각종 연수와 교육과 체험활동을 밑거름으로 하여 유치원·어린이집 아이들에게 친환경유기농산물을 먹이는 활동을 본격적으로 추진함으로써 아이살림, 농촌살림, 생명살림의 운동이 확산되기를 기대해본다.

(5) 경북 생태유아공동체

경북 생태유아공동체는 2007년 12월 12일 창립총회를 갖고 정식 출범하게 되었다. 경북 생태유아공동체는 그 동안 대구 생태유아협의회의 소속회원으로 활동하던 경북지역의 생태유아교육에 관심이 있는 유치원 어린이집의 원장, 교사, 대학 교수, 종교인, 일반인 등이 회원으로 참여하고 있다. 특히, 경북 생태유아공동체에서는 경북지역의 친환경농산물을 생산하고 있는 농민들과 농촌·농업 관련 단체의 인사들도 참여하고 있어 향후 이들의 활동이 기대된다. 현재 경북 생태유아공동체는 유치원·어린이집에 친환경유기농산물을 공급하기 위해 배송차량의 구입, 사무실 준비 등 실질적인 생태유아공동체 운영은 물론 회원들을 대상으로 한 생태유아교육 프로그램의 확산에도 관심을 가져야 할 것이다.

3) 과제와 전망

앞서 살펴본 것처럼 생태유아공동체는 창립 3년이 지나면서 그런대로 모양새를 갖추고 제자리를 잡아가고 있는 것으로 보인다. 생태유아공동체의 회원시설 수나 친환경유기농 매출액의 증가는 물론 지역별 확산도 이루어지고 있다. 양적 확대 못지않게 내실을 다지는 것이 매우 중요하다. 생태유아공동체는 회원시설의 원장, 교사, 학부모, 생산자, 공동체 일꾼이 한 마음으로 아이살림 · 농촌살림 · 생명살림을 실현하는 데 있다.

이 같은 생태유아공동체 운동은 매우 소중한 뜻을 담고 있다. 무주생태마을 대표이면서 녹색대학 총장인 허병섭 목사는 공동체 창립총회 축사를 통해 그 의미를 다음과 같이 언급한 바 있다. "생태유아공동체 창립은 우리 아이들의 인격과 생명의 기초공사를 하는 겁니다. … 그런 점에서 오늘 2002년 3월 30일 부산대학교 보육종합센터, 이 자리는 제가 확신하건대, 21세기의 대안운동의 발원지로서, 아니면 대안교육의 발원지로서, 역사적으로 한국 교육사를 빛낼 중요한 자리라고 생각합니다." 허 목사님 말씀대로라면 생태유아공동체는 매우 뜻 깊은 일을 하고 있는 것이 확실하다는 생각이 든다(임재택, 2004).

최근 생태유아공동체의 유기농산물 매출은 증가하고 있으나 아직은 시설별 편차가 심한 편이다. 유기농 급식에 따른 추가비용을 받는 시설들은 그만큼 소비량이 많은 반면 추가비용을 별도로 받지 않는 시설들은 소비량이 상대적으로 적을 뿐 아니라 안정적이지도 못하다. 원아 1인당 월 1만 원 정도의 추가비용을 받는 시설들과 유기농 쌀값으로 월 5천 원 정도의 추가비용을 받는 시설들이 있는가 하면 출자금만 내놓고 전혀 이용하지 않는 시설도 일부 있는 상황이다. 소득수준이 낮은 지역의 학부모들은 현실적으로 추가식비를 부담하기 어려워 유기농 급식을 실행하기 어렵다.

일본이나 미국 및 유럽의 경우 대부분 지역에서 취학 전 아이들에게 자국의 친환경유기농산물 급식을 실시하고 있으며, 일반농산물과의 가격차에 따른 추가 식비는 지방자치단체에서 부담하기 때문에 학부모의 추가 부담이 없다. 따라서 이 나라들은 어린 아이들에게 먹는 것 가지고 차별하는 경우는 없도록 한다는 정신이 녹아 있다. 이런 관점에서 앞서 언급한 서울 성동구청 고재득 청장이 관할 모든 보육시설의 아이들에게 친환경유기농 급식에 따른 추가비용을 지원하는 것은 본받을 만한 일이다.

아이들에게 유기농을 먹이는 데 대한 학부모들의 반응은 매우 좋다. 자식 입에 밥 들어가는 모습에 행복해 하지 않을 부모가 어디 있겠는가? 문제는 원장들의 소신과 결단과 추진력에 달려 있다. 생태유아공동체 운동만큼은 원장이 추진하면 학부모들은 흔쾌히 따라올 것으로 확신한다. 아토피 피부염을 앓고 있는 수많은 아이들은 유기농을 먹이는 시설을 선택해야만 할 운명이다.

또한 생태유아공동체가 제대로 되려면 원장, 교사, 학부모, 아이, 생산자, 공급자 모두 아이살림·농촌살림·생명살림을 위한 교육과 연수가 필요하다. 그간의 교육·연수 결과는 대체로 만족스런 수준이었는데, 교사연수, 부모교육 및 학부모 농촌체험연수는 특히 좋은 반응을 보였다. 그리고 아이들 대상의 먹을거리교육 효과도 좋은 반응을 얻고 있다. 유기농을 먹이는 대부분의 시설에서는 '유기농'이 유행어로 등장하는 멋진 풍경이 연출되고 있다. 아이들 간에 '유기농'은 몸에 좋은 것, 많이 먹고 남기면 안 되는 것으로 통할 뿐 아니라 유해먹을거리(사탕, 과자, 탄산음료, 패스트푸드, 인스턴트 식품 등) 안 먹기로 인식·실천하고 있다. 예컨대 유기농 먹이는 공동체 어느 회원시설의 경우, 소풍이나 현장학습 가는 날, 사탕이나 과자 혹은 탄산음료를 가지고 온 아이가 단 한 명도 없었다는 것이다. 이에 대해 학부모들 자신도 상상하지 못했던 놀라운 변화로 받아들이고 있다.

한편 생태유아공동체의 교사들에게는 '햄버그 즐겨 먹은 총각과 피자 즐겨 먹은 처녀가 결혼하여 아기를 낳으면 100퍼센트 품질 보장되는 정품(正品) 아토피성 피부염을 앓는 아이가 된다'는 말이 유행되고 있다. 회원시설의 대부분 교사들은 생태유아공동체 활동을 통해 아이들의 몸과 마음과 영혼을 살리는 일뿐 아니라 자신의 몸과 마음과 영혼도 살려야 한다는 지혜를 깨닫게 되었다고 말한다.

요컨대 생태유아공동체가 하고 있는 일은 작은 일이지만 소중한 일이다. 이 일은 잘 되어야 하며, 또한 이 일이 잘 되면 아이도 살고, 땅도 공기도

물도 살고, 쌀도 농촌도 농업도 살고, 자연생태계도 생명도 살 수 있다. 공동체 구성원 모두는 아이살림, 농촌살림, 생명살림의 귀한 일을 하고 있다는 믿음을 가져야 한다. 생태유아공동체는 서로 살림의 믿음공동체이며, 자연의 순리를 따르는 생명공동체이다.

참고문헌

김미경(2001). 사상체질별 유아들의 체격, 기질 및 행동특성에 관한 연구. 부산대학교 대학원 석사학위논문.

김수현(2004a). **밥상머리 마음공부**. 서울: 중앙생활사.

______(2004b). **밥상머리 치유와 행복**. 서울: 중앙생활사.

김영균(2004). **보완·대체의학**. 서울: 엠디.

김은영(2002). 버클리 푸드시스템 프로젝트에 관한 고찰. 한국생태유아교육학회, **생태유아교육연구**, 1(1), 75-101.

김인숙(2003). 쿠바 국민들의 농업·농촌 사랑: 선진적인 쿠바의 생명중심 교육. 쿠바유기농업연수단 편, **쿠바유기농업: 인류 미래의 희망**. (pp.82-97). 서울: (사)환경농업단체연합회.

김정미(2004). 한국 전통의 영유아 몸짓놀이프로그램 개발 및 적용: 도인(導引)체조를 중심으로. 부산대학교 교육대학원 석사학위논문.

김진경(2003). 한국 전통의 유아몸짓놀이 탐색을 위한 기초연구: 도인법을 중심으로. 부산대학교 대학원 석사학위논문.

김진목(2004). 우리 아이들의 건강문제와 新영양학. 서남재단, 국제유아교육 심포지엄 - **늦게 피어도 아름다운 꽃 2004 자료집**. (pp.183-195). 10월 29일. 서울: 이화여대 국제교육관 LG컨벤션홀.

다음을 지키는 사람들(2002). **아토피를 잡아라**. 서울: 시공사.

도 법(2005), "생명평화 이야기 - 眞俗不二의 사회". 경향신문 [오피니언] 1월 6일자.

미국상원영양문제특별위원회 저, 원태진 편역(2003). **잘못된 식생활이 성인병을 만든다**. 서울: 형성사.

미국상원영양문제특별위원회(2003). **잘못된 식생활이 문제아를 만든다**. 녹색대학 자연의학과 교재자료집.

박영경(2003). 유아의 식생활 실태와 인성 특성에 관한 연구. 부산대학교 교육대학원 석사학위논문.

박희진(2005). 자연친화적 프로그램 적용을 통한 환경사랑 마음싹 틔우기. 전국교직원노동조합, 제4회 참교육실천보고대회: 유아교육분과. (pp.81-99). 1월 10-13일, 제주: 제주대학교.

방건웅(2003). **환단고기(桓檀古記)**. 미간행 번역 자료집(1993. 8. 8).

서정홍(2003). 여는 시 - 우리도 쿠바의 새들처럼. 유기농업연수단 편, **쿠바유기농업: 인류 미래의 희망**. (pp.iv-v). 서울: (사)환경농업단체연합회.

송순현(2004). **월간 정신세계 웰빙라이프. 11월호**. 서울: 정신세계원.

양동춘(2004). 의학의 생명, 생명의 의학. 한국의 생명담론과 실천운동. 생명과 평화의 길·경기문화재단, **세계생명문화포럼-경기2004 자료집**. (pp.191-196). 11월 13일. 경기도 파주: 아시아출판문화정보센터.

오재길(2003). 쿠바 유기농업의 인간적 가치: 생명존중의 시작. 쿠바유기농업연수단 편, **쿠바유기농업: 인류 미래의 희망**. (pp.121-125). 서울: (사)환경농업단체연합회.

이명복(2003). **기공이란 무엇인가**. 서울: 도서출판 장승.

이미래(2002). 한국의 식속신(食俗信) 탐구. 부산대학교 교육대학원 석사학위논문.

이상국(2003). 유기농업을 위한 투쟁의 역사: 농적 가치가 실현되는 쿠바. 쿠바유기농업연수단 편, **쿠바유기농업: 인류 미래의 희망**. (pp.98-103). 서울: (사)환경농업단체연합회.

이수진(2003). 유아를 위한 생태적 식생활교육 프로그램 개발을 위한 기초연구. 부산대학교 대학원 석사학위논문.

이용중(2004). 먹거리 패러다임과 아이들의 건강. (사)생태유아공동체, 부산광역시교육청 학교영양사 생산지 체험연수 자료집, pp.10-15.

______(2004). 성장기 비만의 문제점과 그 대책. 비만치료 특별반 운영 사례발표 자료집. 제주: 제주동초등학교.

이태근(2003). 유기농 자재와 연구소: 유기농업과 과학기술의 접목. 쿠바유기농업연수단 편, **쿠바유기농업: 인류 미래의 희망**. (pp.59-81). 서울: (사)환경농업단체연합회.

인지초등학교 외 5개 학교(2004). 우리 농수축산물을 이용한 바람직한 학교급식 방안. 부산광역시교육청 지정 2004학년도 급식중심학교 합동보고서. 11월 10일. 부산: 인지초등학교 강당.

임락경(2003). 아이들의 몸과 마음을 살리는 생태적 식생활. 한국생태유아교육학회, **2004년도 춘계학술대회 자료집**. (pp.39-65). 6월 12일. 광주: 광주대학교 호심관 대강당.

임재택(2002). 생태유아공동체는 잘 될 것이다. (사단법인)생태유아공동체, **소식지**,

제3호, pp.1-3.

임재택, 이호영(2004). 아이와 어머니의 식생활에 관한 기초조사. 부산대학교 영유아보육연구소, **영유아보육연구**, **제9집**, 85-116.

임재택, 하정연, 김정미, 김진경, 류경, 배은진, 백현윤(2004). **몸짓으로 자라는 아이들: 선생님들이 직접 쓴 몸짓놀이 프로그램**. 서울: 양서원.

임재택, 하정연, 조채영, 노진형, 홍정애, 강현진, 김미옥(2000). **선생님 텃밭가요: 선생님들이 직접 쓴 텃밭가꾸기 프로그램**. 서울: 양서원.

전세일(2004). **보완대체의학**. 서울: 계축문화사.

전홍준(2004). 도시 아이들의 똥, 파리도 안 앉는다: 현대적 식생활의 양태와 아이들의 건강. 한국생태유아교육학회, **2004년도 춘계학술대회 자료집**. (pp.33-38). 6월 12일. 광주: 광주대학교 호심관 대강당.

채영숙(2005). 유아를 위한 생태적 식생활 프로그램 운영 사례 연구. 부산대학교 교육대학원 석사학위논문.

KBS 〈생로병사의 비밀〉 제작팀 글, 홍혜걸 엮음(2004). **생로병사의 비밀**. 서울: 가치창조.

한미라(2004). 사상체질별 어머니의 양육행동에 관한 질적 연구. 부산대학교 대학원 석사학위논문.

한라초등학교(2004). 친환경 농산물 급식을 통한 식생활습관 개선. 제주도교육청 지정 친환경급식 시범학교 운영보고서. 11월 24일. 제주: 한라초등학교 강당.

홍성직(2003). 여전히 농사는 천하지대본. 제민일보, 3월 8일자, 제민포럼.

홍순명(2002). 풀무학교와 홍성 지역공동체. 모심과 살림연구소 편, **인류의 또 다른 미래: 생태적 대안사회의 모델을 찾아서**. (pp. 125-144). 서울: 모심과 살림연구소.

梁瀨義亮 저, 최병칠 역(1986). **生命의 醫 生命의 農**. [**生命の医と生命の農を求めて**]. 서울: 동환출판사. 한국유기농업보급회. (원저 1978년 출판).

모한디스 K. 간디 저, 김남주 역(2000). **마음을 다스리는 간디의 건강 철학**. [*Gandhi's health guide*]. 서울: 도서출판 뜨란. (원저 2000년 출판).

아보도오르 저, 이정한 역(2003). **면역혁명**. [**免疫革命**]. 서울: 부관출판사. (원저 2003년 출판).

우류 료스케 저, 양동춘, 전홍준 역(2004). **유쾌한 쾌요법**. [**快医學**]. 서울: 에디터. (원저 1999년 출판).

틱낫한 저, 최수민 역(2002). **화: 화가 풀리면 인생도 풀린다**. [*Anger*]. 서울: 명진출판사. (원저 2002년 출판).

제 6 장 생태유아 교육과정

- 생태유아교육과정의 성격
- 교육이념 및 교육목적
- 교육내용 및 활동
- 교육방법
- 교육평가

단추를 달 듯

떨어진 단추를
제자리에 달고 있는
나의 손등위에
배시시 웃고 있는 고운 햇살

오늘이라는 새옷 위에
나는 어떤 모양의 단추를 달까

산다는 일은
끊임없이 새 옷을 갈아 입어도
떨어진 단추를 제자리에 달 듯
평범한 일들의 연속이지

탄탄한 실을 바늘에 꿰어
하나의 단추를 달 듯
제자리를 찾으며 살아야겠네

보는 이 없어도
함부로 살아 버릴 수 없는
나의 삶을 확인하며
단추를 다는 이 시간

그리 낯설던 행복이
가까이 웃고 있네

이해인(2003). 「다시 바다에서: 이해인 시선집」. 서울: 홍익씨앤씨, p.161.

여기서는 생태유아교육과정의 성격에 대해 살펴보고, 교육과정의 기본적인 4가지 구성요소를 중심으로 생태유아교육과정의 교육이념 및 방향, 교육목적 및 목표, 교육내용 및 활동, 교육방법, 교육평가 등에 대해 살펴보고자 한다.

1. 생태유아교육과정의 성격

1) 일반교육과정의 흐름

(1) 교육과정의 의미

교육과정(敎育課程)이란 용어가 언제부터 쓰이기 시작했는지는 확실하지 않으나 교육학의 전문 분야로 대두된 것은 1918년에 출판된 보비트(Bobitt, 1918)의 『교육과정』에서 비롯된다. 그 후 교육과정이 학문적인 연구 대상이 되었다는 점에서 보비트의 업적은 높이 평가할 만하다. 우리나라에서 교육과정이라는 용어가 처음 사용된 것은 대한민국 정부 수립 후부터이며, 이는 영어의 'curriculum'을 번역한 것이다.

'curriculum'이라는 용어는 라틴어의 '꾸레레(currere)'에서 온 것으로 이 용어는 '경주로(race course)' 혹은 '달려야 할 과정(過程)'이라는 의미를 지니고 있다. 경기장에는 트랙이 그어져 있고 경기 종목에 따라 출발점과 도착점이 다르게 정해질 뿐 아니라 장애물이나 과제가 부과되기도 한다. 선수들은 해당 종목에 출전하여 출발점에서 도착점까지 경주로를 따라 달리게 되며, 모두가 좋은 성적을 얻으려고 노력한다.

이와 같이 경기장에서 선수들이 경주로를 달리는 것은 학교에서 학생들이 교육과정을 이수하는 것에 비유된다. 경기종목이나 선수들의 체급에 따라 경주로가 다르듯이 학생들의 연령이나 능력에 따라 부과되는 교육과정의 범위나 수준도 달라진다. 또한 선수들의 노력 여하에 따라 그에 상응하는 경기성적을 얻듯이 학생들 역시 성공적으로 교육과정을 이수하게 되면 졸업장이나 자격증을 취득하게 된다.

(2) 교육과정 개념의 변천

교육과정의 개념이 시대에 따라 변천해 왔고, 학자에 따라 그것을 보는 관점이나 기준이 다르다. 대체로 교육과정의 개념은 교과중심 교육과정, 경험중심 교육과정, 학문중심 교육과정, 인간중심 교육과정, 생태중심 교육과정의 다섯 가지 큰 흐름에 따라 시대적으로 변천해 왔다. 이들 각각에 대해 개략적으로 고찰해 보면 다음과 같다(임재택, 1994; 임재택, 박재환, 2002).

첫째, 교과중심(敎科中心) 교육과정은 1920년대 교육과정이 학문적 연구 영역으로 등장한 교육과정이다. 이러한 교육과정에 관한 관심은 거의 전적으로 '교과(敎科)를 가르치는 일'에 국한되어 있었다. 여기서 교과란 교사가 학생에게 가르쳐야 할 내용의 주제 또는 제목을 열거한 것을 의미하며, 이는 교수요목(syllabus)이라고도 불린다. 교과중심 교육과정은 인간 능력의 훈련에 관한 형식도야 이론과 교육을 문화유산의 전달로 보는 교육관에 기초를 두고 있다. 이러한 교육과정의 개념은 문서화된 교수요목으로 한정되며, 획일적이고 교사중심적 성격을 지니게 된다. 즉, 이 교육과정은 교과과정(敎科課程)과 동의어로 사용되며, 오늘날 널리 통용되고 있는 교육과정 개념이다.

둘째, 경험중심(經驗中心) 교육과정은 1930년 전후에 교과중심 교육과정에 대한 회의를 느끼기 시작하면서 제기된 교육과정이다. 경험중심 교육과정은 미국에서 듀이(Dewey)의 진보주의 교육사조가 대두되면서 기존의 교과중심 교육과정으로는 학생들이 급변하는 사회에 적응할 수 없으며, 현실생활과는 거리가 너무 멀다는 주장에 바탕을 두고 있다. 다시 말해서 이 경험중심 교육과정은 교과보다는 경험을, 지식보다는 행동을, 미래 준비보다는 현재 생활을, 교사의 교수보다는 아동의 흥미와 요구를 중시하는 입장을 취하고 있다. 경험중심 교육과정은 아동의 흥미와 요구에 바탕을 두는 것은 물론 사회생활에의 적응을 강조하고 있다는 측면에서 아동중심, 흥미중심 및 생활중심 교육과정이라고 말한다. 이러한 교육과정의 개념은 구획된 교수요목보다는 '학교의 지도 하에 학생들이 가지게 되는 모든 경험'으로 정의하는 비교적 넓은 교육과정의 성격을 지니고 있다.

셋째, 학문중심(學問中心) 교육과정은 1960년대에 들어와서 과학기술의 발전과 아울러 지식의 폭발적인 증가로 인해 종래의 경험중심 혹은 생활중심 교육과정 견해에 대한 회의가 나타나면서 대두된 교육과정 조류이다. 더욱이 미국에서는 소련이 1957년에 인공위성 스푸트니크를 발사하게 된 것에 따른 충격으로 학교교육에서 수학과 과학을 강조하고, 단편적 사실이나 정보의 축적보다는 지식의 구조, 기본 개념, 원리 및 탐구방법을 강조하는 학문중심 교육과정이 가속화되었다. 이러한 교육과정의 개념은 브루너(Bruner, 1960)의 『교육의 과정』에 잘 나타나 있으며, '각 학문에 내재되어 있는 지적 탐구과정의 조직'으로 정의된다.

넷째, 인간중심(人間中心) 교육과정은 1970년대에 와서 지식주입식 교육, 점수따기식 교육 등의 비인간화 교육에 대한 강력한 비판으로 인간성 회복을 주창하는 인본주의 교육사조에 기초한 교육과정 조류이다. 특히, 학문중심 교육과정을 지향하는 학교교육은 과학기술의 발전에는 기여했을지 모르지만 인간교육면에서는 실패했으며, 오히려 비인간화를 부채질하고 있다고 해도 과언이 아니다. 인간중심 교육과정은 인간의 전체적인 삶의 질을 중시하는 전인교육을 지향하고 있으며, 인간의 존엄성과 자율성에 강조점을 두고 있다. 이러한 인간중심 교육과정의 개념은 '학생들이 학교생활을 하는 동안에 가지게 되는 경험의 총체'로서 상당히 넓은 의미의 교육과정의 성격을 지니고 있다.

다섯째, 생태중심(生態中心) 교육과정은 20세기 말 인류가 자연생태계 파멸과 인간성 상실의 위기에 직면하면서 기존의 인간중심 교육과정으로는 더 이상 산업문명의 위기를 극복할 수 없다는 입장에서 추구하고 있는 새로운 패러다임의 교육과정 조류이다. 이 같은 생태중심 교육과정(eco centered curriculum)은 생명중심 교육과정(life centered curriculum)이라고도 부른다. 생태중심 교육과정은 인간과 자연이 하나 되는 생명공동체와 사람과 사람이 더불어 사는 사람공동체를 지향하고 있으며, 천지인(天地人)이 하나로 연계되어 있다고 보고 있는 천인합일사상, 생태론적 세계관 내지 생명론적 세계관에 바탕을 두고 있다. 생태중심 교육과정은 산업문명의 기반인 과학기술의 발전을 위해 학생들의 이성, 합리성, 창의력 등의 개발을 추구하는 기존의 인간중심 교육과정에 대해 근본적인 회의를 가지고 있다. 이러한 생태중심 교육과정은 '아이라는 생명체의 몸 · 마음 · 영혼 내지 이성 · 감성 · 영성을 생명의 원리에 따라 모시고 살리는 생활의 총체'를 의미하는 매우 넓은 범위의 교육과정이다.

(3) 우리나라 유아교육과정의 변화와 흐름

우리나라 유아교육과정의 주류는 정부 고시의 유치원 교육과정이다. 최초의 유치원 교육과정은 1969년에 제정 · 공포되었는데, 광복 후 1949년 「교육법」이 제정된 지 20년 후의 일이다. 그 후 1979년, 1981년, 1987년, 1992년, 1998년 5차례의 개정을 거쳐 현재에 이르고 있다. 1998년에 개정 · 공포된 현행 유치원 교육과정은 시범 적용절차를 거쳐 2001년 3월부터 전국적으로 시행되고 있다.

위의 유치원 교육과정은 몇 차례 개정과정에서 교육과정의 구성은 생활 영역에서 발달 영역으로 다시 생활 영역으로 변화되었고, 교육일수는 200일 이상에서 180일 이상으로 조정되었으며, 하루 교육시간은 3시간 기준에서 연장제, 종일제 등으로 변화되었으며, 대상원아의 연령도 만 4~5세에서 만 3~5세로 조정되는 변화가 있었다.

또한 교육과정의 영역별 지도목표와 내용은 생활 영역이냐 발달 영역이냐에 따라 다소 차이가 있지만 점차 세분화되면서 그 내용의 양이 크게 증가하였다. 1992년도 교육과정과 현행 교육과정은 건강생활, 사회생활, 표현생활, 언어생활 및 탐구생활의 5개 생활 영역으로 구성되어 있으며, 영역별 교육내용은 만 3~5세 유아의 발달수준에 적합하게 적용할 수 있도록 공통수준, I수준, II수준으로 제시하고 있다.

여기서 이들 교육과정의 교육내용 양(量)은 1992년도 교육과정의 경우 286항목이고, 1998년도 교육과정의 경우 249항목이다. 일본의 유치원 교육요령은 건강, 인간관계, 환경, 언어 및 표현의 5가지 영역의 교육내용이 모두 51개 항목인 점에 비추어 보면, 우리나라 유치원 교육과정의 교육내용이 양적으로 얼마나 많은가를 짐작할 수 있다.

이들 유치원 교육과정의 전반적 흐름은 경험중심 교육과정에서 학문중심

교육과정, 인간중심 교육과정으로 이어지고 있으며, 초·중등 교육과정의 흐름과 맥을 같이 하고 있다. 우리나라 유치원 교육과정의 기본 방향은 아동중심교육, 놀이중심교육, 통합교육, 연령과 발달수준에 적합한 교육, 주변 환경과의 상호작용 강조, 전인적인 성장과 발달의 강조, 기본생활교육, 인성교육, 창의성교육, 교재·교구의 다양화, 흥미 영역별 환경구성, 연간·월간·주간·일일 교육계획의 수립, 적용 및 평가 등을 포함하고 있다.

우리나라 유치원은 정부 고시 유치원 교육과정을 기본지침으로 활용하고 있으며, 교육인적자원부와 지역 교육청의 장학지도를 받고 있다. 한편 보육시설은 교육, 영양, 건강, 안전, 부모에 대한 서비스, 지역사회와의 교류 등 6개 영역으로 편성된 별도의 보육과정에 의해 보육활동이 이루어지고 있으나 만 3~5세 유아의 보육은 유치원 교육과정을 활용하는 것이 일반적인 추세이다.

2) 생태유아교육과정의 개념

생태유아교육과정은 생태유아교육이 나아가는 길 내지 통로이며, 생태유아교육이 걸어가는 과정(過程) 내지 발자취이다. 생태유아교육과정은 생태유아교육을 실행하는 교육과정(敎育課程)으로서 생태유아교육이 실행되는 일련의 절차나 과정이라고 할 수 있다. 결국 생태유아교육의 구체적인 모습은 생태유아교육과정을 통해 드러난다고 말할 수 있다. 또한 생태유아교육과정은 교육과정의 한 분야인 동시에 유아교육과정의 한 분야라는 측면에서 보면, 생태유아교육이라는 하나의 학문 분야의 교육과정이라고 할 수 있다. 따라서 생태유아교육과정의 개념은 생태유아교육이라는 학문체계와 관련해서 논의되고 규정되어야 한다.

앞서 언급한 바와 같이 생태유아교육은 생명론적 세계관에 기초한 유아교육으로 산업문명사회의 아이들에게 잃어버린 자연과 놀이와 아이다움을 되찾아 주어 몸과 마음과 영혼이 건강한 신명나는 아이로 키움으로써 사람과 자연이 하나 되고, 사람과 사람이 더불어 살며, 아이들이 행복하게 사는 세상을 꾸리고자 하는 소망과 노력의 산물이라고 할 수 있다. 생태유아교육은 현대 산업문명이 당면한 생명위기와 기존 유아교육에 대한 문제 제기에서 출발했다. 산업문명의 발달과 현대문명의 위기로 인해 아이들이 자연과 놀이와 아이다움을 잃어버렸다는 시대적 배경 속에서 기존 유아교육의 패러다임을 생명론적 시각으로 전환시켜 보겠다는 움직임이 생태유아교육이다. 여기서 생태유아교육은 기존의 유아교육에 생태적인 내용을 가미하는 정도의 것이 아니라, 세계를 바라보는 근본 관점을 달리 하면서 현대문명을 통해 생긴 유아교육의 문제를 해소하고자 하는 새로운 패러다임의 유아교육이다. 이처럼 생태유아교육은 기존의 구조・기능론적 유아교육과는 근본적으로 다른 패러다임을 가지고 있기 때문에 교육과정에 있어서도 상당한 차이가 있을 수밖에 없다.

여기서 생태유아교육과정의 전형적 모습을 떠올린다면, 30~40년 전 농경사회에서 자라난 사람들이 어릴 적 경험한 소위 '공터놀이교육'을 들 수 있다. 당시 아이들의 놀이는 삶이고 생활이고 일이고 공부였다. 공터놀이교육은 몸과 마음이 하나 되고, 너와 내가 하나 되고, 사람과 자연이 하나 되는 교육이었다. 여기서 공터는 산, 들판, 개울, 바닷가, 동네 어귀의 정자나무 밑, 누구네 집 마당이었으며, 춥거나 비 오는 날이면 사랑방, 부엌 아궁이, 처마 밑이 공터였다. 공터놀이교육에서 아이들은 정보나 지식을 배우기보다는 생활의 지혜를 몸으로 익히고, 입으로 외운 지식이 아니라 몸으로 익힌 지혜로 생활하며, 흥과 멋이 넘치는 행복한 아이로 자랐다.

아이들은 원래 공터놀이 하는 것처럼 자라야 한다. 다시 말해서 예나 지금이나 아이들은 토종닭처럼 자라는 것이 정상이고 아이들의 본래 모습이다. 특히 취학 전 아이들의 경우는 더욱 그렇다. 어린 아이들은 놀이와 일과 공부가 분리되어서는 안 되고, 일과 공부가 놀이를 방해해서도 안 되며, 더욱이 일과 공부가 어린 아이들에게 짐이 되고 부담이 되어서는 더욱 곤란하다. 생태유아교육과정은 산업문명의 피해자인 우리 아이들에게 '자연'과 '놀이'와 '아이다움'을 되찾아 주는 길을 모색하는 측면에서 논의되어야 한다. 생태유아교육의 길을 열어가는 생태유아교육과정은 다음 몇 가지 의미를 내포하고 있다.

첫째, 생태유아교육과정은 생명가치를 지향하는 교육과정이다. 기존 유아교육과정이 경제가치와 물질가치를 중시하는 반면 생태유아교육과정은 생명가치와 정신가치를 중시한다. 생태유아교육은 모든 생명을 존중하고 자연의 순리에 따르는 자연친화적인 유아교육이다. 생태유아교육과정은 자연의 본성을 지닌 아동과 자연과의 신체적·정신적 교류와 교감을 통해 인간과 자연의 공생 및 상생의 지혜를 터득하고 실천하는 교육과정이다. 이러한 생태적 가치에 기초하여 아이의 생명성을 살리는 교육과정이 바로 생태유아교육과정이다.

둘째, 생태유아교육과정은 자연의 시간과 흐름에 따르는 기다림과 느림의 교육과정이다. 자연의 시간과 흐름에 맞지 않는 인위적인 교육과정, 구조화된 교육계획, 계획적인 교수방식 등은 배제되어야 한다. 아이의 양육과 교육에서 기다림은 교육자의 인내심을 요구한다. 제철 과일과 자연산 물고기와 방목한 가축은 속성재배 과일과 양식 물고기와 집단사육 가축보다 훨씬 건강하고 생기와 원기가 있는 것도 자연의 시간과 순리에 따른 기다림의 결과이다. 정월 초하루 설날부터 섣달 그믐날까지 한해의 시간 흐름과 변화에 따라 먹고 놀고 싸고 자는 아이들의 자연스런 일상생활을 엮어 나가는 교육과정이 생태유아교육과정이다. 철에 맞는 교육과 자연의 시간에 따르는 교육은 생명의 원리에 따르는 교육이 될 것이다.

셋째, 생태유아교육과정은 '지금 여기'에서의 아이들의 행복한 삶을 지향하는 교육과정이다. 생태유아교육과정은 아이들의 미래 행복을 위한 사전 준비로서의 교육과정이나 보다 나은 성장과 발달과 변화를 추구하는 목표 지향적 교육과정이 아니라 '지금 여기'에서의 아이들의 행복한 삶을 지향하는 교육과정이다. 또한 생태유아교육과정은 스스로 살아가고 더불어 살아갈 수 있는 아이들의 무한한 잠재적 생명력을 인정하고, 그들의 자유와 개성을 보장하고 개별화된 창조적 교육을 중시하는 만큼 미리 '계획된 것'보다는 '지금 여기'의 활동을 중요시한다. 내일에 필요한 아이를 만드는 것이 아니라 지금 여기서 행복한 아이를 위한 삶을 함께 나누는 교육을 지향한다. '지금 여기'의 연속과 순환이 바로 과거와 현재와 미래라는 사실을 깨닫는 안목이 필요하다.

넷째, 생태유아교육과정은 시간, 공간, 사람, 자연 등의 조화와 통합을 지향하는 교육과정이다. 산업문명을 뒷받침하는 근대 과학과 기술은 모든 사물의 성질을 나누고 쪼개고 분석하는 경향이 있다. 산업사회에서는 우리의 경험마저도 손익에 따라 분석하는 경향이 있다. 이것은 우리들이 흔히 쓰는 스케줄, 시간 낭비, 시간은 돈이다 등의 말에서도 잘 나타나 있다. 그러나 어릴 적 놀았던 공터에는 분절된 것이 별로 없었다. 시간도 공간도 사람도 자연도 함께 어우러져 있었다. 활동에 따른 계획된 시간과 공간의 구조화도 없었다. 따라서 생태유아교육과정은 교실을 벗어나 바깥놀이터에서 여러 연령대의 아이들이 함께 놀면서 자라고, 유아교육기관의 문 밖을 나서서 사람들의 세상살이를 체험하고 자연세계를 접하는 것이 중요시되는 교육과정이다.

다섯째, 생태유아교육과정은 사람, 사회 및 자연의 모든 것들과 만남과 관계를 중요시하는 관계지향적 교육과정이다. 생태유아교육은 실제 삶 속에서 다른 존재들과의 관계를 고려하며 마음으로 정성을 다하는 교육을 강조한다. 이러한 생태유아교육과정은 관계 중심으로 자연과 인간, 인간과 인간, 인간과 동·식물 등의 상호관계를 인정하고 상호 존중할 수 있게 하는 교육을 강조한다. 이러한 관계 속에는 정성과 사랑을 담아내는 교육과정이다. 안경식(2004)은 우리나라 아동교육의 방법적 원리로 '정성'을 강조하고 있는데, 그 정성은 자식에 대한 간절한 기원으로 아이들의 마음으로 전해져 바른 교육이 되며 때로는 하늘도 감동시킨다. 생태유아교육과정은 머리·돈·말로 아이를 키우는 오늘의 현실에서 가슴·사랑·정성으로 아이를 키우는 유아교육과정의 패러다임 전환을 지향한다.

3) 생태유아교육과정의 구성체계

생태유아교육과정의 구성은 다른 말로 생태유아교육과정의 계획, 입안, 편성, 조직 등으로 표현할 수 있다. 생태유아교육과정을 구성하려면, 다른 교육과정 분야에서처럼 구성요소, 구성절차와 방법, 구성 시 고려사항 등에 대한 검토가 필요하다. 한편 생태유아교육과정의 구성은 문서화된 서류 작성으로 끝나는 것이 아니라 교육과정 실행계획을 수립하여 이를 현장에 적용해 보고 다시 문제점을 보완하여 새로운 실행계획을 수립하는 일련의 과정을 거치게 된다. 대체로 교육과정의 구성요소는 기본 가정의 설정, 교육목적 및 목표의 설정, 교육내용 및 활동의 선정과 조직, 교육방법, 교육평가 등이 포함된다. 이러한 교육과정의 구성요소들을 고려하여 교육현장에서 실행할 연간 교육 프로그램의 계획, 운영 및 평가 등의 절차를 밟게 된다.

여기서는 생태유아교육과정 구성과 관련하여 교육이념 및 방향, 교육목적 및 목표, 교육내용, 교육방법 및 교육평가를 기본적인 구성요소로 설정하고, 그 구성요소들의 개략적인 내용체계를 제시하면 다음 〈표 6-1〉과 같다.

〈표 6-1〉 생태유아교육과정의 구성체계

<table>
<tr><td rowspan="2">교육 이념 및 방향</td><td>이념</td><td colspan="3">생명중심
유아교육</td><td colspan="3">공동체중심
유아교육</td><td colspan="4">몸 · 마음 · 영혼의
유아교육</td></tr>
<tr><td>방향</td><td colspan="3">자연을 되찾아 주는
유아교육</td><td colspan="3">놀이를 되찾아 주는
유아교육</td><td colspan="4">아이다움을 되찾아 주는
유아교육</td></tr>
<tr><td rowspan="5">교육 목적 및 목표</td><td rowspan="2">바라는 세상</td><td colspan="3">생명공동체
(사람과 자연이
하나 되는 세상)</td><td colspan="3">사람공동체
(사람과 사람이
더불어 사는 세상)</td><td colspan="4">아이행복세상
(아이들이 행복하게
사는 세상)</td></tr>
<tr><td colspan="10">신명나는 세상 · 생명세상 · 이화세계(理化世界)</td></tr>
<tr><td rowspan="3">바라는 아이</td><td colspan="3">자연과 하나 되는 아이
자연아(自然兒)</td><td colspan="3">다른 사람과
더불어 사는 아이
사회아(社會兒)</td><td colspan="4">행복한 아이
행복아(幸福兒)</td></tr>
<tr><td colspan="10">신명나는 아이 · 생명인(生命人) · 홍익인간(弘益人間)</td></tr>
<tr><td>튼튼한 아이</td><td>즐거운 아이</td><td>스스로 하는 아이</td><td>새로운 것을 생각하는 아이</td><td>예의 바른 아이</td><td>생명을 존중하는 아이</td><td>일을 귀하게 여기는 아이</td><td>우리 것을 아는 아이</td><td>지구를 지키는 아이</td><td>더불어 사는 아이</td></tr>
<tr><td rowspan="3">교육 내용 및 활동</td><td rowspan="2">교육 내용</td><td colspan="10">몸교육 · 마음교육 · 영혼교육 / 이성교육 · 감성교육 · 영성교육</td></tr>
<tr><td colspan="2">삶교육</td><td>땀교육</td><td>관계교육</td><td colspan="2">감각교육</td><td>앎교육</td><td colspan="2">감성교육</td><td>영성교육</td></tr>
<tr><td>교육 활동</td><td colspan="10">노인아동/몸짓놀이/세시풍속/먹을거리/산책/텃밭가꾸기/도 · 농교류/손끝놀이/절제절약/초기적응/바깥놀이/자연건강/명상/감성/영성/태교/생태미술/생태문학/생태음악 …</td></tr>
<tr><td colspan="2" rowspan="2">교육방법</td><td colspan="3">관계성(接) 교육</td><td colspan="2">순환성(化) 교육</td><td colspan="3">다양성(群) 교육</td><td colspan="2">영성(生) 교육</td></tr>
<tr><td colspan="10">생명원리에 따른 교육 / 기다림과 느림의 교육 / 자유로운 표현을 격려하는 교육
감각을 살리는 교육 / 놀이와 재미를 통한 교육 / 삶과 깨달음의 교육</td></tr>
<tr><td colspan="2">교육평가</td><td colspan="10">아이의 몸 · 마음 · 영혼의 평가 / 아이들의 삶 전반에 대한 평가
발달 · 변화 지향 평가보다 '지금 여기' 지향 평가</td></tr>
</table>

2. 교육이념 및 교육목적

1) 교육이념 및 방향

생태유아교육과정의 교육이념 및 방향은 생태유아교육과정의 구성요소 중에서 기본 가정에 해당된다. 생태유아교육과정의 교육이념 및 방향과 관련해서는 제1장 제4절에서 「생태유아교육의 이념 및 방향」에 대해 비교적 자세히 언급한 바 있다. '생태유아교육과정의 교육이념 및 교육방향'은 '생태유아교육의 이념 및 방향'과 일맥상통한다. 왜냐하면 생태유아교육과정은 생태유아교육이 나아가는 통로 내지 길이므로 양자의 이념 및 방향은 거의 맥을 같이 한다고 볼 수 있다.

먼저, 생태유아교육과정의 교육이념은 크게 3가지로 생명중심 유아교육과정, 공동체중심 유아교육과정 및 몸·마음·영혼의 유아교육과정을 지향한다. 다시 말해서 생태유아교육과정의 교육이념은 첫째, 아동중심 교육과정에서 생명중심 교육과정으로 나아가고자 하고, 둘째, 기존의 개인중심 교육과정에서 공동체중심 교육과정으로 나아가고자 하며, 셋째, 기존의 이성중심 교육과정에서 아이들의 몸과 마음과 영혼을 함께 돌보는 교육과정으로 나아가고자 한다.

다음으로 생태유아교육과정의 교육방향 역시 크게 3가지로 자연을 되찾아 주는 유아교육과정, 놀이를 되찾아 주는 유아교육과정, 아이다움을 되찾아 주는 유아교육과정을 지향한다, 즉, 생태유아교육과정의 교육방향은 첫째, 아이들에게 잃어버린 자연을 되찾아 주는 교육과정으로 나아가고자 하고, 둘째, 아이들에게 잃어버린 놀이를 되찾아 주는 교육과정으로 나아가고자 하며, 셋째, 아이들에게 잃어버린 아이다움을 되찾아 주는 교육과정으로 나아가고자 한다.

2) 교육목적 및 목표

생태유아교육과정의 교육목적 및 목표는 생태유아교육의 목적 및 목표와 일맥상통한다. 따라서 생태유아교육과정의 교육목적은 생태유아교육을 통해 이루고자 하는 세상이고, 생태유아교육과정의 교육목표는 생태유아교육을 통해 키우고자 하는 어린이상이라고 할 수 있다. 이에 대해 좀 더 자세히 살펴보면 다음과 같다.

(1) 생태유아교육과정의 교육목적

생태유아교육의 궁극적 목적은 아이라는 생명체를 비롯한 모든 생명체들이 생명의 원리에 따라 서로 살리는 '살림의 교육'을 지향한다. 이러한 '살림의 교육'은 아이살림, 교육살림을 통해 궁극적으로 생명살림을 실현하는데 있다. 먼저, 아이살림은 아이들이 행복하게 사는 세상을 꾸리고자 한다. 이는 아이들의 몸과 마음과 영혼의 건전한 조화이며, 이성과 감성과 영성의 균형적 안정으로 가능하다. 다음으로 교육살림은 사람과 사람이 더불어 사는 세상을 꾸리고자 하는 것으로 가정, 학교, 사회가 더불어 공생하는 길을 열어가는 교육을 지향한다. 마지막으로 생명살림은 사람과 자연이 하나되는 세상을 지향한다. 자연(경천 敬天), 사람(경인 敬人), 사물(경물 敬物)을 모시고 살리는 교육을 통해 생명살림이 실현될 수 있다.

이러한 살림의 원리에 근거하여 궁극적으로 달성하고자 하는 세상이 바로 생명세상(生命世上)이고, 신명세상(神明世上)이고, 이화세계(理化世界)이다. 결국 생태유아교육과정의 교육목적으로 지향하는 그러한 세상은 다음 3가지로 요약할 수 있다.

첫째, 생명공동체의 실현이다. 즉, 사람과 자연이 하나 되는 세상을 지향한다. 사람과 자연은 본디 한 생명으로 서로 분리될 수 없는 하나이다. 사람뿐만 아니라 자연생태계 내의 모든 것은 더불어 같이 살아가게 되어 있다. 이 세상의 모든 존재들, 즉 모든 사람과 사물은 정신적으로, 생태적으로 서로 연결되어 있어 서로 공생하고 있다. 만약 다른 사람이나 다른 생명체를 인정하지 않거나 괴롭히는 일은 스스로를 죽이는 일이 된다. 남을 아프게 하면 나도 따라서 아파지는 공동운명체이다. 산업사회에서 사람들은 도시 아니면 농촌(어촌, 산촌 포함)에서 살아가고 있다. 도시에서는 많은 사람들이 있지만 자연을 멀리 하고 생명을 죽이는 삶을 유지하고 있고, 농촌에서는 적은 수의 사람들이 자연과 가까이 있으면서 자연의 생명을 살리고 기르는 삶을 유지하고 있다. 그런데 농촌에서도 생명을 살리고 기르는 일을 자연적 방식이 아닌 인위적 방식을 채택함으로써 종국적으로는 생명을 죽이는 방향으로 나아가고 있다. 관행농업, 화학농업, 공장식 농업이 그것이다. 따라서 도시의 녹색화와 농촌의 청정화가 이루어지지 않으면 도시와 농촌 어느 곳에서도 사람과 자연이 하나 되는 세상을 만들기는 어렵게 되어 있는 것이 오늘의 현실이다.

우리는 자연을 관찰하고 자연과 더불어 살고 자연으로부터 배우고 자연과 조화를 이루어야 한다. 전통적인 소농(小農) 농사에서는 농부가 스스로 씨앗을 얻고 그 씨앗으로 농사를 짓는다. 그러나 유전자 조작종자의 경우, 농부는 해마다 새로운 종자를 사도록 강요받는다. 우리는 자연을 적대시해서도 안 되며, 자연에 대해 오만함을 보여서도 안 된다. 유전자 조작식품은 자연에 대한 인간의 오만함을 보여주는 것이다. 자연은 아무 것도 모르니 우리가 자연에게 더 좋은 씨앗을 만드는 법을 가르쳐 주겠다는 오만함은 언젠가 화로 되돌아올 것이다. 생명공동체가 궁극적으로 바라보는 세상은 생명이 살아 있는 생명공동체인 농경사회의 모형이다. 이러한 자연과 생명의 어울림이 있는 공동체의 실현이 생태유아교육과정의 목적이고 생태유아교육을 통해 실현하고자 하는 세상 모습이다.

둘째, 사람공동체 실현이다. 즉, 사람과 사람이 더불어 사는 세상을 만들고자 한다. 사람은 본래 서로 협력하며 돕고 살아가도록 태어났다. '백짓장도 맞들면 낫다'는 속담도 있듯이, 혼자서는 외롭고 힘든 일도 여럿이 함께하면 쉽게 해낼 수 있다. 그런데 성, 연령, 장애, 그리고 인종, 국적을 따지고 들면 곤란하다. 인간은 더불어 살아가는 것이 순리이다. 더구나 인간이 세상을 살아가는 데 무엇보다도 중요한 것은 타인의 존재를 인정해 주고 그와 협동하는 것이다. 살아가면서 인간사회 속에서 일어나는 여러 문제 가운데 타인과 연관되지 않은 것이 없다.

다른 사람들의 다양한 생각과 문화를 인정하고 선입견 없이 받아들일 수 있어야 한다. 모든 사람은 평등하고 존엄하다는 신념을 바탕으로 가족, 또래, 세대, 지역, 민족 간의 교류와 협력을 통한 사람공동체의 실현이 필요하다. 사람공동체는 '생태공동체마을', '공동체학교', '가족공동체'와 같은 사람과 사람의 어울림이 있는 세상으로 나아가고자 한다. 이 같은 사람공동체 실현을 위한 다양한 프로그램의 개발과 실천이 요구된다.

셋째, 아이행복세상의 실현이다. 즉, 아이들이 행복하게 사는 세상을 지향한다. 산업사회에서 우리 아이들의 아픈 몸과 마음과 영혼을 건강하고 행복하게 살리고자 하는 것이 생태유아교육과정의 목적이고 생태유아교육을 통해 실현하고자 하는 세상이다. 우리 조상들은 지난 5천년 동안 자연의 본성을 지닌 어린아이들을 자연의 순리대로 잘 키워 왔다. 예전의 우리 아이들은 자연스런 임신과 태교, 자연적인 출산과 모유수유, 자연의 먹을거리를 먹고, 조부모·부모·손자녀로 이루어진 양성3세대 가족공동체에서 이웃의 다른 사람들과 마을공동체를 이루고, 나아가 사람과 자연이 하나로 이어지는 생명공동체를 지향하면서 몸과 마음과 영혼이 건강하고 행복한 아이로 자랐다.

산업문명과 경제성장은 아이들에게 과연 어떤 영향을 주었는가? 산업화 과정에서 아이들은 얻은 것보다 잃은 것이 훨씬 많다. 아이들은 어른들이 그토록 갖고 싶었던 TV와 장난감과 사탕과 신발을 얻었지만 사랑과 이웃과 친척과 파란 하늘과 맑은 공기와 푸른 숲과 흙을 잃었다. 가족구조와 기능의 변화로 인해 할아버지와 할머니의 사랑과 너그러움을 잃었고, 엄마의 젖과 가슴과 사랑 대신에 분유와 말(또는 잔소리)과 돈을 얻었으며, 가정과 동네 공터와 자연 대신에 시멘트와 벽돌로 둘러싸인 회색 공간의 유치원과 보육시설과 학원을 얻었다. 또한 아이들은 밥과 김치 대신에 햄버그와 소시지를 얻었고, 신선한 야채와 과일 대신에 화학비료와 농약에 오염된 야채와 과일을 얻었다. 아이들은 할머니의 옛날 이야기 대신에 TV와 게임기를 얻었고, 캄캄한 밤하늘과 별 대신에 전등 불빛을 얻었다. 이러한 아이들의 삶의 양상은 몸과 마음과 영혼을 병들게 하고 있고 건강하고 행복한 아이로 자라는 길을 가로막고 있다.

결국 생태유아교육과정의 목적은 산업사회의 아이들에게 잃어버린 자연과 놀이와 아이다움을 되찾아 줌으로써 아이들의 몸과 마음과 영혼이 건강하고 행복하게 사는 세상을 꾸리고자 한다.

(2) 생태유아교육과정의 교육목표

생태유아교육과정의 교육목표, 즉 키우고자 하는 아이상은 '신명(神明)나는 아이'이다. '신명나다'의 사전적 의미는 '흥겨운 신과 멋이 나다'이며, '신(神)'이란 어떤 일에 정신이 쏠리거나 흥이 나게 되거나 하여 일어나는 흥겨운 기분을 의미한다. 신명은 생명현상의 발현과 관련된 것으로서 하늘과 땅이 교감하여 만물을 생성해 내는 신령스러우면서도 밝은 최고의 덕인 천지신명(天地神明)의 의미와 소우주, 즉 소천지인 인간의 몸과 마음에 음양의 조화가 극에 달해서 몸도 마음도 좋고 천지의 기운과 상통하는 경지인 사람의 신명(人之神明)의 의미를 담고 있다. 이러한 '신명나는 아이'는 생태유아교육이 바라는 세상과 방향을 담고 있으며, 혈기(血氣) 왕성하고, 생명력(즉, 면역력 + 적응력)이 강하고, 몸과 마음과 영혼이 건강하고 행복한 아이를 말한다.

이 같은 맥락에서 생태유아교육과정을 통해 키우고자 하는 아이상인 '신명(神明)나는 아이'는 개성과 창조력을 지니면서 흥겨움과 우리 멋이 흘러넘치는 가운데 자연과 하나 되어, 사람과 더불어 행복한 삶을 누리는 아이다운 아이를 말한다. 결국 우리가 기르고자 하는 '신명나는 아이'의 구체적 모습은 다음의 10가지 아이 모습이며, 이들 10가지 구체적 아이 모습이 조화롭게 어우러지면 신명나는 아이가 된다. 신명나는 아이는 몸과 마음과 영혼이 건강한 아이이다.

신명나는 아이의 10가지 구체적 모습을 제시하면, ① 튼튼한 아이, ② 즐거운 아이, ③ 스스로 하는 아이, ④ 새로운 것을 생각하는 아이, ⑤ 예의 바른 아이, ⑥ 생명을 존중하는 아이, ⑦ 일을 귀하게 여기는 아이, ⑧ 우리 것을 아는 아이, ⑨ 지구를 지키는 아이, ⑩ 더불어 사는 아이 등이다.

신명나는 아이									
튼튼한 아이	즐거운 아이	스스로 하는 아이	새로운 것을 생각하는 아이	예의 바른 아이	생명을 존중하는 아이	일을 귀하게 여기는 아이	우리 것을 아는 아이	지구를 지키는 아이	더불어 사는 아이

[그림 6-1] 생태유아교육과정의 교육목표

이와 같은 아이상의 제시는 주로 아동의 발달적 측면에서 교육목적을 진술하는 것과는 달리, 관계지향적이고 생명지향적인 생명학의 원리를 담고 있다는 점에서 주목할 만하다.

이러한 10가지 아이상은 별개이거나 독립적인 것이 아니라 서로 유기적인 관계를 맺고 있으며, 이 10가지 아이상이 유기적으로 조화롭게 통합되면 결국 '신명나는 아이'가 된다는 것이다.

3. 교육내용 및 활동

생태유아교육과정이 지향하는 '신명나는 아이'와 '신명나는 세상'은 어떤 교육내용을 통해 달성될 수 있는가? 즉, 생태유아교육과정의 교육목적과 목표를 실현하려면, 생태유아교육과정은 어떠한 교육내용 및 활동을 담아야 하는가?

1) 교육내용의 의미

생태유아교육과정의 교육내용은 생태유아교육과정을 통해 '신명나는 아이'로 키우고, '신명나는 세상'을 만드는 데 도움이 되는 것이라야 한다. 다시 말해서 신명나는 아이가 되기 위해서는 앞에서 언급한 것처럼 10가지 아이상과 관련된 내용 – 튼튼하고, 즐겁고, 스스로 하고, 새로운 것을 생각하고, 예의바르고, 생명을 존중하고, 일을 귀하게 여기고, 우리 것을 알고, 지구를 지키고, 더불어 사는 등에 도움이 되는 내용 – 을 교육내용으로 담아야 한다는 것이다. 뿐만 아니라 신명나는 세상인 사람과 자연이 하나 되는 생명공동체, 사람과 사람이 더불어 사는 사람공동체, 아이들이 행복하게 사는 세상을 만드는 데도 유익한 내용을 담아야 한다는 의미이다.

결국 그러한 교육내용은 아이들의 몸과 마음과 영혼을 함께 돌보는 몸교육·마음교육·영혼교육이 되어야 하고, 아이들의 이성과 감성과 영성도 함께 돌보는 이성교육·감성교육·영성교육이 되어야 한다. 또한 이러한 교육이 제대로 이루어지기 위해서는 요즘 아이들이 잃어버린 자연과 놀이와 아이다움을 되찾아 주는 교육내용을 담고 있어야 한다.

이와 같은 '몸교육·마음교육·영혼교육' 또는 '이성교육·감성교육·영성교육'의 내용을 좀 더 세분화하면, 삶교육, 감각교육, 땀교육, 관계교육, 앎교육, 감성교육 및 영성교육의 7가지 부류의 교육으로 제시할 수 있으며, 이들을 다시 구체적인 교육활동 실천 프로그램으로 제시하면, 노인·아동 상호작용 프로그램, 몸짓놀이 프로그램, 세시풍속 프로그램, 먹을거리 프로그램, 산책 프로그램, 텃밭가꾸기 프로그램, 도·농 교류 프로그램, 손끝놀이 프로그램, 절제·절약 프로그램, 초기적응 프로그램, 바깥놀이 프로그램, 자연건강 프로그램, 명상 프로그램, 감성 프로그램, 영성 프로그램, 태교 프로그램, 생태미술 프로그램, 생태문학 프로그램, 생태음악 프로그램 등으로 다양하다.

2) 교육내용의 성격

여기서는 생태유아교육과정의 교육내용과 관련하여 논의되고 실행되어야 할 주요 관점으로 생명원리에 따른 교육내용, 활동과 삶으로 풀어지는 교육내용, 실천 프로그램에서 드러나는 교육내용 등에 대해 언급하고자 한다.

(1) 생명원리에 따른 교육내용

예전 부모들은 아이를 사랑과 정성, 젖과 자연식으로 키웠다. 예전 아이들은 자연 속에서 마음껏 뛰어놀며 자랐다. 산과 들을 누비며 몸을 단련시키고 마음을 넓히며, 물과 나무와 바람을 배우고 익히는 교육이었다. 반면 요즘 아이들은 자연법칙과 어긋나게 자란다. 바람이 통하지 않는 갇힌 공간에서 플라스틱 장난감을 가지고 혼자 노는 데 익숙해지는 교육이 많아지고 있다. 생태유아교육과정은 자연의 법칙, 생명의 법칙에 따라 아이를 모시고 돌보고 살리는 과정을 존중한다.

김지하(2004)는 아이들에게 인간의 본성 영역인 생명과 영성에 대한 가르침의 중요성을 역설한 바 있다. 그리고 유아교육 내용의 뼈대로서 '문(文), 사(史), 철(哲學)'을 제안하였다. 문학 문화는 '엇박'이요, 역사적 원형은 '치우'며, 새 시대의 철학은 '태극기'로서 이러한 '문, 사, 철'의 원형을 유아교육의 내용으로 삼아야 한다는 것이다. 이러한 가르침의 원리를 동학에서는 '자재연원(自在淵源)'이라 개념화하였다. 이는 '샘물의 근원이 내 안에 있다'라는 뜻으로 '아이 안에 그 아이의 스승이 있고 가르침의 샘물이 있다'라는 말이 된다. 이는 아이의 생명성을 존중하는 교육이 되어야 함을 뜻한다.

생명교육의 필요성을 주장하는 고제순(2004)은 ① 생명의 교육(education of the life), ② 생명에 의한 교육(education by the life), ③ 생명을 위한 교육(education for the life)이 요구된다고 하였다. 첫째, '생명의 교육'은 교육내용의 핵심 주제가 생명이어야 함을 뜻한다. 생명의 교육은 생명이 무엇인지 명확히 인식하고 체득하게 하는 교육이다. 즉, 생명의 본질, 이치, 원리, 질서 등 생명의 실체를 온전히 깨닫게 하는 교육이다. 둘째, '생명에 의한 교육'이란 교육자의 자기교육을 뜻한다. 교육자는 생명인(生命人)이 되어야 한다는 말이다. 생명교육을 담당하는 사람이 자기 생명을 살리는 자기교육을 하지 않고 다른 사람을 교육한다는 것은 자기모순이다. 생명의 본질, 이치를 모르고서 생명의 교육을 한다는 것은 자가당착(自家撞着)이다. 셋째, '생명을 위한 교육'은 생명의 상생 또는 공생을 위한 교육을 뜻한다. 생명교육은 인간만이 잘 살기 위한 교육이 아니라 모든 생명이 더불어 살기 위한 교육이다. 모든 생명이 더불어 살기 위해서는 서로가 서로를 모시고 섬겨야 한다. 이러한 의미에서 생명교육은 모심의 교육 또는 섬김의 교육이다. 모든 생명을 자기 자신으로 여기고 모시고 섬기는 교육이다. 모든 생명을 받들어 섬기는 교육이며, 경천(敬天), 경인(敬人), 경물(敬物)의 교육이라고 할 수 있다.

따라서 이러한 생명의 교육은 생명교육의 세 가지 영역 중에서 가장 근본적인 영역이라고 할 수 있다. 모든 생명은 생명성을 지니며, 생명성은 몸성, 이성 그리고 영성의 통일적 양식으로 존재한다. 이 삼자는 현상적으로 구분될 수 있으나 본질적으로 결코 분리될 수 없는 삼중적 통일성을 지닌다. 삼위(三位)이면서 일체(一體)요, 일체(一體)이면서 삼위(三位)이다. 그러므로 '생명의 교육'은 몸, 마음 또는 정신 그리고 영혼과 연관된 공부가 주된 교육내용일 수 있음을 시사한다. 다시 말하면 생명의 교육은 몸성교육, 감성교육, 이성교육, 영성교육이다.

기존 유아교육과정의 교육내용은 아동의 발달에 부합되는 생활중심의 내용을 바탕으로 하며 그 구체적 내용 선정에 있어서는 아동의 전인 발달을 위한 '발달중심적 내용'을 선정하고 있다. 한편 생태유아교육과정에서는 기존의 아동 발달에 부합하는 생활중심의 내용에서 나아가 생명중심적 내용, 몸·마음·영혼의 조화를 위한 내용, 생명공동체를 지향하는 내용, 실질적 삶을 위한 내용 등을 포괄하고 있다.

아이는 이러한 생명법칙에 따라 뭇생명들과의 생명적 교류를 통해 생명공동체를 이루어가고, 다시 사람들과의 관계와 교류를 통해 사람공동체를 만들어 가며, 이러한 관계와 순환 속에서 낱생명의 다양성을 아우르며 몸·마음·영혼의 조화 속에서 생명력과 적응력을 지닌 영성의 발화가 이루어져 간다. 이러한 생명의 관계 속에서 아이는 행복한 모습으로 자연의 순리에 맞는 시간과 공간의 삶터에서 살아가는 것이다. 이러한 삶이 곧 교육의 내용이고 '아이가 해야 하는 것'이 된다.

(2) 활동과 삶으로 풀어지는 교육내용

생태유아교육과정의 교육내용은 앞에서 제시한 생태유아교육과정이 지향하는 세 가지 목적에 근거하여 구성되고 조직되어야 한다. 즉 생명공동체를 지향하고, 사람공동체를 지향하며, 아이 생명살림을 지향하는 내용이어야 한다. 또한 생태유아교육과정의 내용은 생명의 특성인 관계성, 순환성, 다양성, 영성을 포괄하는 내용이어야 할 것이다.

그러나 생태유아교육과정은 가르쳐야 할 내용이 아닌 해야 할 활동으로서의 내용을 강조한다. 기존의 유아교육과정은 내용을 가지고 활동을 만든다. 지식의 위계에 근거하여 분석적·논리적으로 내용을 조직화하여 활동을 구성해 나가게 된다. 따라서 수업과 활동의 과정은 교사의 논리적 사고에 근거하여 인위적으로 안배되어지고, 이를 위해 준비를 한다. 통합과 유아의 흥미에 따라 변화될 수 있다 하더라도 교사는 자신의 논리적 조직구조에 근거해 활동을 준비하게 되는 것이다. 이 과정에서 많은 시간과 노력을 소비하게 되고 교사는 이러한 노력이 아까워서라도 계획하고 준비한 교육계획안 혹은 학습지도안에 맞추어 수업활동을 하게 된다. 결과적으로 아이들의 발달수준은 물론 발달 영역이나 생활 영역에 알맞게 논리적 통합을 고려하였지만 실제로 아이들의 흥미와 자발성에 맞는 실체적 통합은 어렵게 된다. 흔히 교사들은 다음과 같이 말한다.

> 아이들에게 다양한 경험을 주기 위해 동극, 신체표현, 음률 등 다양한 활동을 계획하고 통합적으로 실행해 봅니다. 그러나 하루일과를 마치고 평가시간을 가져보면 하루 종일 내가 한 일이 무슨 의미가 있었나 반문하게 된답니다. 대부분의 아이들이 평가시간에 가장 재미있었던 일을 물으면 "바깥놀이가 제일 재미있었어요"라고 얘기하거든요. 아이들에게 제일 하고 싶은 활동을 물으면 한결같이 바깥놀이래요. 밤늦도록 준비하고 아이들의 흥미에 맞추려고 노력했지만 아이들이 하고 싶은 것은 따로 있었어요. 아이들의 놀이는 교사의 의도나 교육적 논리와는 달랐나 봐요. 얼마나 허탈했는지 몰라요.

이러한 현장교사들의 지적은 가르쳐야 할 내용으로 교육내용을 구성하는 것이 어떤 의미가 있는지 되묻게 한다. 생태유아교육과정은 아이 생명살림을 위해 '신명나는 아이'를 목표로 한다. 따라서 교육이란 내용을 활동으로 억지로 끄집어내는 것이 아니라 활동을 삶 속에서 이루어가다 보면 그것이 교육의 내용이나 활동이 되어야 한다. 또한 이러한 교육활동이 아이들 삶 속에서 풀어지면서 자연스럽게 교육의 목적과 목표는 달성되는 것이다. 생태유아교육과정은 미래를 위한 아동의 발달에 한정되어 있지 않으며, 유아교육의 중요성 역시 발달의 중요성 때문만은 아니므로 너무 많은 내용을 유아교육과정에 담지 말아야 한다. 즉, 생태유아교육과정에서 아이를 키운다는 것은 아이의 삶에서 풀어져 나오는 활동들이 스스로 내용이 되어지고 나아가 이것이 목적이 되어지는 것이다.

(3) 실천 프로그램에서 드러나는 교육내용

생태유아교육 프로그램에서 교육내용을 선정할 때 중요하게 고려하는 것은 생명으로서의 아동의 몸과 마음과 영혼을 살릴 수 있는 것인가 하는 점이다. 따라서 생태유아교육과정에서는 삶의 전 영역에서 또는 실생활에서 체험할 수 있는 것들을 통해 교육내용을 선정하고 활동을 조직하고 있다(김은주, 2003; 서영희, 1999; 하정연, 2004). 예를 들어, 산책 프로그램, 바깥놀이 프로그램, 텃밭가꾸기 프로그램, 세시풍속 프로그램, 손끝놀이 프로그램, 노인·아동 상호작용 프로그램, 절제·절약 프로그램, 명상 프로그램, 몸짓놀이 프로그램, 초기적응 프로그램 등 다양한 프로그램을 통해 교육내용이 운영된다.

산책, 바깥놀이, 손끝놀이, 먹을거리 등을 강조하는 것은 아동의 몸과 마음과 영혼의 조화를 위한 내용으로서 '아이살림', '교육살림'을 통해 궁극적으로 '생명살림'을 실천하기 위한 것이라면, 노인·아동의 세대간 교류, 부모교육 및 가정교육 등을 강조하는 것은 '교육살림', '생명살림'의 유아교육을 통해 결국 '아이살림'을 이루고자 하는 의미를 담고 있는 것이라고 볼 수 있다. 교육 프로그램 이외에 교사와 부모를 대상으로 하는 생태적 의식교육, 예를 들어 아이들에게 유기농산물 먹이기 운동이나 패스트푸드 안 먹기 운동 등을 진행한다거나 사회 각계각층의 전문가와 함께 연계하여 태교나 자연분만 및 모유수유 등을 권장하는 사회운동을 실천하고자 하는 것도 이와 같은 맥락에서 이해할 수 있다.

3) 교육내용의 개관

앞에서 살펴본 바대로 생태유아교육과정은 생명원리에 따라, 가르쳐야 할 내용이 아니라 해야 할 활동으로, 다양한 프로그램으로 드러난다. 이를 삶교육, 감각교육, 땀교육, 관계교육, 앎교육, 감성교육, 영성교육으로 나누어 구체적으로 살펴보고자 한다.

(1) 삶교육

생태유아교육과정의 내용은 일상적인 삶의 현실과 관련된 모든 것이며, 이를 통해 몸과 마음과 영혼이 건강하고 행복한 생명체로 살아가게 된다. 다시 말해서 생태유아교육과정은 농경사회에서 어릴 적 경험한 소위 '공터 놀이교육'에서의 교육내용을 담아 낼 수 있다. 행복한 삶을 위해 현재 해야 할 것이 무엇인지에 초점을 맞추어 실제 삶을 위한, 실제 삶에 의한 내용을 선정해야 한다.

건강하고 행복한 아이는 '잘 먹고, 잘 놀고, 잘 누고, 잘 자는 아이'이다. 아이의 몸·마음·영혼을 튼튼하고 너그럽고 맑게 하기 위해서는 아이들에게 생명의 먹을거리를 제공하는 것이 필요하다. 아이들에게 자연의 맛을 알게 하고 올바른 식습관을 기르게 하여서 우리의 전통음식문화를 익히고 나눔의 삶을 일깨워 나가야 한다. 그리고 아이들은 바른 먹을거리의 삶 속에서 모든 자연 생명체들에게 감사하는 마음과 심성을 갖게 된다. 이러한 내용을 담아 먹을거리 프로그램, 자연건강 프로그램, 집짓기 프로그램, 도자기 만들기 프로그램, 옷 만들기 프로그램, 천연염색 프로그램 등을 개발할 수 있다.

의식주의 삶 속에서 아이가 땀을 흘리고 체험의 자리를 만들어 나가는 작업을 통해 아이는 일의 소중함과 사람들과의 어울림과 조화의 삶을 터득하게 된다. 옷을 짓고, 음식을 만들고, 집을 지으며, 텃밭을 가꾸는 과정을 통해 아이는 몸과 마음이 조화롭게 커 나가게 된다. 자연의 순리를 체험할 수 있는 방안으로 아이들은 동물을 직접 키워 보는 경험도 필요하다. 아이들이 꽃을 직접 재배하거나 채소를 직접 가꾸고 수확하고 요리하여 먹어 보는 경험은 생명의 소중함과 순환과정을 이해하는 데 많은 도움이 된다.

세시풍속은 아이들이 계절의 변화에 따른 생활의 주기성을 알고 더불어 살아가는 조상들의 삶의 지혜를 깨닫게 되는 과정이다. 즉, 세시풍속은 일년을 주기로 자연의 변화에 따라 반복되는 우리 선조들의 고유한 생활상이 풍속으로 정착된 것이다. 아이들은 이러한 세시풍속을 삶의 이야기로 엮어

내어 갈 수 있다. 세시풍속은 놀이, 먹을거리, 풍습, 의식 등 다양한 모습으로 전승되어 왔다. 이처럼 세시풍속이 다양한 형태를 띠게 되는 것은 세시풍속이 형성되어 온 과정과 밀접한 관계가 있다. 아이들의 삶과 교육의 과정에 삶의 순환과 계절의 변화에 근거한 세시풍속은 의식주에 근거한 중요한 내용의 터가 될 수 있다.

함께 할 수 있는 삶의 양식은 절제와 절약의 실천을 요구한다. 절제·절약은 아이들이 생명과 물질의 나눔과 섬김의 원리를 터득할 수 있는 중요한 삶의 자세라고 할 수 있다. 즉, 순환과 돌림의 경제를 인식하게 되고 물질과 사람과의 관계를 바르게 이해하여 삶으로 실천할 수 있게 된다. 절제·절약은 일상생활에서 교육에 이르는 삶의 양상으로 아이들과 함께 하여야 한다. 아이들이 삶 속에서 포만이 오기 전에 자신의 욕심과 욕구를 절제하고 각종 폐품 재활용하기, 1회용품 안 쓰기, 쓰레기 분리수거하기, 음식 쓰레기 퇴비 만들기 등을 실천하게 된다. 아이가 길러야 할 중요한 덕성이며 삶의 양식이 절제와 절약의 원칙과 실천방안들은 생태유아교육과정의 중요한 내용이 된다.

(2) 땀교육

간디학교를 설립한 양희규(1997, 135-136)는 중등과정의 간디학교의 교육내용에 대해 다음과 같이 언급하고 있다. 즉, 수업시간의 절반 정도는 일반학교에서 가르치는 지식교육, 예를 들어 언어(국어와 외국어), 역사, 지리, 자연과학, 수학과 같은 과목들에 할애하고, 나머지 절반은 일반학교에서 등한히 하는 감성교육(합창이나 연극 같은 예술활동)과 노동을 통한 의식주 해결 교육에 사용하고 있다는 것이다. 이 때 노동교육이란 음식 만들기, 옷 만들기, 집짓기, 텃밭가꾸기 등 직접 몸을 움직이면서 땀의 소중함을 체험하는 활동을 말한다.

발도르프 교육에서도 유기농법의 농사(農事)와 요리활동을 강조하고 있으며, 미국의 프리쵸프 카프라가 운영하는 생태소양센터에서도 샌프란시스코 지역의 초·중등학교와 협력하여 학생들에게 유기농법의 농사와 요리활동을 가르치고 있다. 이처럼 동·서양을 막론하고 교육에서 몸을 움직이며 노동의 가치를 배우도록 하는 것은 하늘이 주신 인간의 몸과 마음과 영혼을 건강하게 하는 수행의 과정이자, 배움의 과정으로 바라보기 때문이다.

생태유아교육에서 바라보는 신체는 마음과 하나이자, 서로 연계를 가지는 것이다. 즉, 심신일원론(心身一元論)이다. 마음이 불편하면 몸도 아프고 몸이 병들면 마음도 약해져 간다. 결국 몸과 마음은 뗄 수 없는 유기적 관계에 놓여 있는 것이다. 인간의 몸은 신(身), 기(氣), 혈(血), 정(精)으로 구성되어 있고, 사람의 생명이 생명활동을 하는 것은 마음을 통해 몸으로 나타나게 되는 것이다. 이 네 가지는 각기 다른 세 가지와 상관없이 독립적인 작용을 하는 것이 아니라, 네 가지가 동시에 하나로서 작용하며, 이것은 다시 음양오행(陰陽五行)과 연결되어 작용하는 것이다. 천지인(天地人)의 일체합일은 기(氣)를 통해 이루어지므로 사람이나 동·식물의 성장과 변화는 천지만물의 기운과의 조화를 통해 이루어진다. 따라서 아이가 튼튼하게 자라려면 하늘의 기(天氣)와 땅의 기(地氣)와 교섭해야 함을 교육내용에 담고 있어야 한다. 이는 건강의 증진, 신체단련과 정신의 수양을 함께 이루고자 하는 데서 출발한다. 생태유아교육과정에서 몸과 마음을 함께 키우고 우주와의 교감을 느낄 수 있는 몸짓놀이 프로그램을 개발하여 적용하는 이유가 여기에 있다.

(3) 관계교육(關係教育)

윤구병(2002)은 스스로 살아가는 법과 더불어 살아가는 법이 모두 중요하지만, 어느 것이 더 중요하냐고 묻는다면 더불어 살아가는 법이라고 한다. 이렇듯 아이들은 함께 더불어 살아갈 줄 알아야 하는데, 그러기 위해서 관계교육이 필요하다. 사람과의 관계, 사물과의 관계, 자연과의 관계가 모두 중요하다.

바깥놀이는 아이들이 자연과 사물과 교감할 수 있는 좋은 통로이다. 아이들에게 바깥놀이란 아이들 자신이 가지고 있던 지식, 개념, 경험을 자유롭게 펼치는 시간이다. 바깥놀이를 통하여 지적인 호기심과 상상력을 키우고 계절의 변화와 친구들과 더불어 살아가는 능력을 익히게 된다. 또한 바깥의 자연을 통해 생명의 소중함을 깨달아 가게 된다. 요즈음 아이들은 팔·다리가 약하고 체력과 운동력이 약하다. 따라서 아이들이 많이 기고, 걷고, 뛰고, 움직여서 땀을 흘려야 하므로 이를 교육내용에 담아야 한다. 또한, 어떤 일에 즐거움과 기쁨을 갖는다는 것은 외부의 구속이나 제재 없이 스스로 자유롭게 그 일 자체에 몰두하여 보람과 행복을 느끼는 것을 말한다. 아이들의 일은 놀이이다. 아이들의 활동은 놀이이면서 일이고, 일이면서 놀이일수록 좋다. 아이들은 놀이를 통해 일을 익히는 것도 필요하지만 실생활에서 일을 직접 체험하는 것이 중요하다.

노인·아동 상호작용 프로그램은 사람, 그 중에서도 노인과 관계맺을 수 있는 계기를 제공한다. 우리의 전통사회는 대가족제도였고, 부락이나 마을은 공동체의식을 바탕으로 하나의 커다란 가족으로써 관계망을 형성하고 있었다. 이러한 삶의 양식을 지금 우리의 아이와 사회관계 속에서 엮어가고자 하는 것이다. '노인에게 일감과 보람을, 아이에겐 노인의 따뜻한 사랑을'이라는 취지 하에 노인들이 유치원이나 보육시설의 영유아 보육과정에 자원봉사자로서 참여하여 영유아들과 함께 생활하면서 상호작용하는 기회를 체계적으로 구성해 갈 수 있다.

동·식물 교감 프로그램을 통해서 아이들은 동물을 기르며 생명의 세계를 경험한다. 닭이나 토끼와 같이 생활하면서 생명체의 성장과 순환을 경험하며 생명의 소중함도 체험하게 된다. 아이가 삶의 주체가 아니라 식물, 동물, 아이의 어우러짐이 있는 자연적 환경 속에서 삶의 양식을 만들어 가는 과정이 될 때 진정한 생명력을 키워 나갈 수 있다.

그 외에도 장애아 통합 프로그램, 평화교육 프로그램, 통일교육 프로그램, 초기적응 프로그램 등은 다양한 관계를 경험하게 해주는 것들이다.

(4) 감각교육(感覺教育)

원터치로 조작이 가능한 아이들의 상업화된 장난감은 아이들의 감각능력을 떨어뜨리고 있다. 따라서 자연과의 교감을 통해 잃어버린 감각을 찾아줄 필요가 있다.

텃밭가꾸기는 아이들이 흙냄새를 맡고 소박하나마 제 손으로 텃밭을 일구고 채소를 길러 봄으로써 계절과 날씨의 변화, 식물의 생장, 수확의 기뿜, 자연과 함께 하는 삶을 이해하고 노동의 신성함과 보람을 몸과 가슴으로 느끼게 한다. 이를 통해 아이들은 흙을 더욱 가까이 접하게 되어 흙의 소중함을 느끼고 자연의 순환적 원리를 깨달아가고 자연을 오감으로 느끼며 감각을 키워 나갈 수 있다.

산책 또한 감각을 살리기에 좋은 활동이다. 산책은 아이들이 온갖 자연물을 직접 보고, 만지고, 듣고, 느끼고, 냄새맡을 수 있는 체험적 교육활동이다. 산책을 통하여 아이들은 사람, 사물, 현상과의 관계성을 알게 된다. 아이는 자기의 눈(眼), 귀(耳), 코(鼻), 혀(舌)는 물론 손발과 팔다리 등 온몸을 제 힘으로 자유롭게 놀릴 수 있어야 한다. 또한 아이는 자기의 생각, 느낌, 감정 등의 마음을 제 힘으로 자유롭게 나타낼 수 있어야 한다. 이러한 교육은 자연적 교육이고, 자발적 교육이며, 발현적 교육이다. 그 교육의 이치는 자연의 섭리와 인간의 도리에서 찾아야 한다. 코메니우스(Comenius)는 하늘과 땅, 참나무, 너도밤나무 등을 통해 배워야 한다고 하였다. 인위적 조작보다 자연 그 자체를 보고 듣고 아이들의 감각을 살리고 자연의 이치를 터득하게 된다. 아이들은 감각을 통해 자연의 생명성이 아이의 안으로 들어오고, 그 생명성은 다시 자연만물과의 교감을 통해 그들에게 이어져 가는 것이다.

또한 손끝놀이 프로그램을 통해서 아이들은 삶과 놀이과정에서 자연스럽게 손끝의 감각을 살리며, 머리·마음·손의 조화를 이루어 나갈 수 있게 된다. 또한 아이들은 이를 통해 집중력과 정서적 안정성을 키우게 되고 손끝 근육을 잘 통제하며, 미적인 감각을 키울 수 있고, 노작의 즐거움을 경험할 수 있다.

(5) 앎교육

여기서 앎교육은 지혜교육이라고 할 수 있다. 기존 유아교육은 앎교육과 유사한 유형의 인지교육, 지식교육, 이성교육 등이 주류를 차지한다. 그러나 생태유아교육과정에서는 그러한 유형의 인지교육, 지식교육 및 이성교육보다는 일상적인 삶에 유익한 앎교육 또는 지혜교육을 중요시 한다. 예컨대, 자연 속에서 사람들과 함께 더불어 살아가려면 반드시 알아야 할 것들이 있다. 봄이 가면 여름이 온다는 것, 여름이 되면 음식이 잘 상한다는 것, 먹을 것이 부족하고 사람이 많을 때는 나누어 먹어야 한다는 것, 감사한 마음일 때는 감사하다고 인사하는 것 등. 아이들도 수, 과학에 대한 기초 지식이 필요하고, 알아야 할 기본생활습관과 예의범절도 필요하다. 생태유아교육과정에서는 이러한 부분을 앎교육이라는 내용으로 풀어 볼 수 있다.

(6) 감성교육(感性教育)

자연은 가장 위대한 마음을 지니고 있다. 자연은 시나 문학, 무용, 음악, 미술 등의 자원이며, 그러한 예술적 영감의 근원이다. 아름다운 그림은 대부분이 자연을 대상으로 한 것이다. 아름다운 시도 마찬가지다. 그러니 자연으로 나가지 않고서 어떻게 좋은 시인이 될 수 있겠는가? 어떻게 좋은 화가가 될 수 있겠는가? 자연으로 나가 그것을 관찰하지 않고서 어떻게 과학자가 될 수 있겠는가? 모든 종류의 지식은 자연에 있다(사티쉬 쿠마르, 2004, 4-5). 자연이 생태유아교육의 보고이다.

아이는 자연을 통해 감성을 기르고 감성적 예술행위를 통해 자연의 이치를 느끼게 된다. 아이는 자연의 터에서 시인이며 조각가며 또한 화가이다. 아이의 풍부한 감성의 터가 몸으로 펼쳐질 때 손짓 하나 행동 하나가 예술이 될 수 있다. 아이의 감성이 펼쳐져 미학이 되고 이는 춤과 노래와 이야기로 신명을 돋우게 된다. 이러한 예술과 감성교육을 위해 다양한 프로그램 개발이 이루어지고 있다.

(7) 영성교육(靈性教育)

인간은 몸, 마음, 영혼의 조화로운 존재이다. 아이의 몸과 마음과 영혼의 세 부분이 하나의 생명으로 연결된 생명체이다. 이것은 하나이면서 셋으로 작용하는 일체삼용(一體三用)이다. 따라서 아이살림은 몸살림, 마음살림, 영혼살림으로 통한다.

방건웅(2003)은 영성지수(SQ)가 인체의 조직과도 연관이 있다는 점으로서 마음과 몸이 둘이 아니라고 설명한다. 생명의 궁극적 존재이유는 영성에서 찾을 수 있다고 본다. 온 우주의 통합되는 경험은 영성의 경험을 통해 이루어질 수 있다. 따라서 영적 감수성을 키워 줄 수 있는 유아교육의 내용이 구성되어져야 한다.

생태유아교육과정에서는 이러한 영적 각성을 키워 주기 위해 영혼살림을 위한 교육의 실제가 있어야 한다. 이러한 영혼의 감수성과 각성을 펼치기 위해 명상 프로그램과 더불어 다양한 프로그램에 있어서 몸과 마음과 영혼을 돌보는 실제를 구성해 나가고 있다. 명상은 급변하고 빠르게 돌아가는 사회에서 아이들의 몸과 마음과 영혼을 맑게 되돌리게 한다. 명상을 통하여 감각이 살아나고 몸이 건강해진다. 창의성, 관용, 용기, 적응력, 협력, 분별, 판단력과 함께 자기 자신을 객관적으로 볼 수 있는 힘이 생기게 된다. 생활 전반에 걸쳐 맑은 영혼과 영성을 되살리기 위한 과정이다.

4) 교육 프로그램의 구성

생태유아교육과정의 교육활동과 관련된 구체적인 실천 프로그램에 대해서는 제7장에서 언급하고자 한다.

4. 교육방법

생태유아교육은 실제 삶 속에서 이루어지며, 그 속에서 다른 존재들과의 관계를 고려하며, 마음으로 정성을 다하는 교육이어야 한다. 여기서 삶 중심 교육은 제철음식으로 자연의 터에서 계절의 흐름에 맞는 풍속과 삶을 통해 이루어지는 교육이며, 관계중심 교육은 교육을 통해 자연과 인간, 인간과 인간, 인간과 동·식물 등의 상호관계를 인정하고 상호 존중하는 것을 의미한다. 그리고 정성을 다하는 교육은 자연의 품처럼 어미의 정성으로 있는 그대로를 인정하고 서로 교감할 수 있는 교육을 하자는 의미이다(김은주, 2003).

현대사회의 일반적 교육은 아이들의 성장 발달 변화를 위한 끊임없는 상호작용을 촉진하고자 한다. 이는 일종의 영양제, 성장촉진제의 역할에 비유

될 수 있다. 그러나 사실상 상호작용 자체가 아이들의 스트레스, 불안과 갈등의 요인으로도 작용한다. 아이들도 때로는 조용히 쉬고 싶고, 명상이나 사색을 하며 혼자 있고 싶다. 교사나 어머니도 하루 종일 아이들이나 남편이나 직장 동료가 주변에서 얘기하고 상호작용하다 보면 짜증난다. 교사가 아이들과의 상호작용이 지나치면 아이들의 자유와 자율과 여유와 쉼과 틈을 주지 않는 간섭과 스트레스와 짜증이 될 수 있으며, 아이들과의 상호작용이 모자라면 아이들을 방치하는 것이 되어 아이들의 행동이나 활동이 난장판이 되어 소심한 아이들의 경우 스트레스와 짜증이 될 수 있다. 아이와 사람과 자연의 만남은 상호 존중하는 분위기 속에서 자연스런 흐름에 따라 이루어져야 한다.

오늘날의 교육은 아이들에게 우주 만물은 서로 영향을 주고받는 하나의 커다란 순환체계이며, 공존 공생하는 생명으로 연결되어 있는 생명공동체임을 일깨워 주어야 한다. 그렇다면, 생명공동체를 알 수 있게 하는 방법은 무엇인가? 이를 위해 생태유아교육과정에서는 4가지 생명원리인 관계성, 순환성, 다양성, 영성의 교육방법을 제안하고자 한다.

1) 관계성의 방법

생태유아교육과정은 아이 개인보다는 아이와 함께 관계맺고 있는 모든 것들이 다 같이 잘 살 수 있는 공동체 중심의 교육을 지향한다. 자연과 아이, 아이와 아이, 아이와 교사, 교사와 부모 등의 관계의 끈이 전체적으로 연결되어 마침내 하나의 생명으로 나아가는 교육방법을 지향한다. 생태적 관계 망 속에서 서로가 서로에게 영향을 주고 영향을 받는 생명적 고리로 만들어지는 교육이다. 이러한 낱생명들의 관계성을 살리는 교육방법인 것이다.

요소론이나 원자론적 접근과 달리 관계성을 중시하는 교육방법적 접근은 만물의 상호 연관성이나 관계성을 '생태적 연관'의 측면에서 유기적 관계를 통한 교육적 실제를 중시하게 된다. 김은주(2003)는 생태유아교육의 방법을 '삶 · 관계 · 정성'을 강조하는 교육방법으로 전환할 것을 제안한다. 여기서 관계는 관계적 사고를 할 수 있는 교육접근으로 교육을 통해 자연과 인간, 인간과 인간의 상호관계를 인정하고 존중할 수 있으며, 생명공동체를 만들어 가고자 하는 것이다. 생태적 관계망 속에서 서로가 서로에게 영향을 주고 영향을 받는 고리로 만들어지는 교육이다.

이러한 생명의 관계성을 살리는 교육방법은 첫째, 자연과의 관계를 통해 이루어질 수 있다. 교육방법은 자연의 터에서 이루어지는 자연의 방식이어야 한다. 그리고 그 속에서 자연과의 교감과 공생의 삶을 통해 이루어져야 한다는 것이다. 자연과 대화하고, 자연을 벗삼아 함께 살아가는 방식을 엮어 나가는 것이 자연과의 관계를 살리는 것이다. 이러한 자연과의 관계를 통해 자연의 생명성을 살릴 수 있다.

둘째, 관계성의 방법은 사람과의 관계 속에서 이루어질 수 있다. 이것은 아이와 아이, 부모와 아이, 아이와 교사, 부모와 교사, 교사와 교사, 아이와 지역사회의 모든 관계 속에서 어울림과 조화의 방식을 찾아가야 한다. 즉, 관계성의 방법은 공동체적 교육의 양식이 되고자 하는 접근이다. 전통사회에서 모두가 같이 아이들을 키웠던 마을공동체 속에서 존재했던 관계의 끈이 교육의 방법이 되어야 한다. 그래서 함께 아이를 보듬고, 키우고, 살아갔던 그 모습대로 우리의 유아교육현장에 더불어 함께 하는 관계의 공동체로 아이를 함께 키워 나가야 한다.

현대사회는 인간소외와 개인주의로 아이들을 외톨이로 만들고 있다. 혼자 배우고, 혼자 살아남고, 혼자 월등해져야 하는 사회 속에서 더불어 손을 잡고 함께 살아가는 방식을 통해 진정한 유아교육의 모습이 갖추어지지 않겠는가? 자연과의 관계, 사람과의 관계 속에서 삶을 풀어내는 공동체적 접근은 관계성의 방법으로 아이에게 세상을 바라보며 행복하게 자라게 하는 길이 될 수 있다.

물질과 사람의 관계를 알기 위해 삶에서 절제와 절약을 실천하며 순환적 경제관을 익히는 절제·절약 프로그램, 계절의 변화와 삶의 관계를 함께 이해하는 세시풍속 프로그램, 동물과 식물의 관계를 회복하고 교감을 이루어가는 동·식물 교감 프로그램, 음양오행과 천지인의 관계에 바탕을 둔 텃밭가꾸기 프로그램 등이 모두 조화로운 관계를 배우기 위한 접근들이다.

2) 순환성의 방법

생태유아교육과정은 의식주 삶의 흐름에 따라 시간과 공간을 채워 나가고자 하는 교육이다. 이는 생명의 순환성을 따르는 교육방법이다. 삶에 필요한 지식은 오직 삶 속에서 얻을 수 있으며, 삶의 시간과 공간 속에서 자연스럽게 흐르는 교육이 지혜와 깨달음을 얻게 하는 것이다.

어떤 일에 즐거움과 기쁨을 갖는다는 것은 외부의 구속이나 제재 없이 스스로 자유롭게 그 일 자체에 몰두하여 보람과 행복을 느끼는 것을 말한다. 아이들의 일은 놀이이다. 아이들의 활동은 놀이이면서 일이고, 일이면서 놀이일수록 좋다. 아이들은 놀이를 통해 일을 익히는 것도 필요하지만 실생활에서 일을 직접 체험하는 것이 중요하다. 삶이 교육이어야 하는 이유가 여기에 있다. 아이들의 연령과 발달수준에 적합한 일거리를 제공하는 것이 필요하다. 이불 개기, 휴지 줍기, 청소하기, 정리정돈하기, 음식 만들기, 텃밭가꾸기, 동물 사육하기 등 아이들이 가정이나 유아교육시설에서 일을 익힐 수 있는 경험은 수없이 많다. 또한 아이들은 우리 사회에는 수많은 직업이 있음도 알아야 하고, 부모의 직업을 이해하는 것도 매우 중요하다. 의식주의 삶 속에서 아이가 땀을 흘리고 체험의 자리를 만들어 나가는 작업을 통해 아이는 일의 소중함과 통합적 어울림과 조화의 삶을 터득하게 된다. 옷을 짓고, 음식을 만들고, 집을 지으며, 텃밭을 가꾸는 과정을 통해 아이는 몸과 마음이 조화롭게 커 나가게 된다. 자연의 순리를 체험하게 하기 위해서, 아이들은 동물을 직접 사육하는 경험도 필요하다. 아이들이 꽃을 직접 재배하거나 채소를 직접 가꾸고 수확하고 요리하여 먹어 보는 경험은 생명의 소중함과 순환과정을 이해하는 데 많은 도움이 된다.

따라서 생태유아교육과정에서의 교육방법은 간단하다. 시간과 계절의 흐름과 변화에 따라 자연스럽게 흘러가도록 놓아두는 교육방법이다. 억지로 계획하고 조직하지 않는다. 왜냐하면 아이들이 생활로서 만들어 가는 교육이기 때문이다. 어른들의 자기위안식 조직과 통합이 아니라 아이의 의식주 삶에 따르는 방법이다. 그래서 1, 2주로 마치고 새로 시작하는 주제가 아니라 늘 만들어 가고 이루어 가는 삶의 과정이어야 한다.

지금까지 유아교육은 분석적이고 조직적 방법을 구축해 왔다. 주제별·영역별 교육의 내용을 통합적으로 운영할 수 있도록 하여 유아에 맞추어 다양한 활동을 다루고 발표, 토의, 관찰, 실험, 조사, 견학 등의 수업방법들을 활용한다. 그러나 기존 유아교육에서의 통합적 운영방법은 단기적 횡적 교육방법이다. 즉 주제를 선택하여 1~2주간 집중적으로 다양한 영역과 활동으로 통합적 시도를 한다. 하나의 주제가 끝나면 또 다른 주제를 조직적으로 구성하여 위계적이고 분석적 교육방안을 이루어 왔다. 따라서 1~2주간씩 주제를 선정하여 1년을 거쳐 여러 가지 주제를 다양하게 실행하여 운영토록 계획해 왔다. 그러므로 주제에 따른 다양한 내용과 아이의 발달과 영역에 대한 논리적·추론적 조직망을 통해 일과와 활동을 구성해 간다.

그러나 생태유아교육과정은 삶의 변화와 흐름에 따르는 순환적 장기적 교육방법으로 구성된다. 12달을 거쳐 종적으로 삶의 변화와 양상에 따라 자연적으로 구성되는 과정이다. 주제의 한정적 시간을 교사 임의로 계획하지 않고 분과의 조직적 체계를 억지로 만들어 가지 않는다. 교육의 내용은 한시적으로 실행되는 것이 아니라 1년을 거쳐 장기적으로 삶의 패턴과 함께 이루어 가고 있다.

생태유아교육과정은 기존 유아교육의 자기위안식 통합의 방법을 넘어선다. 통합의 개념은 아이 그 자체를 몸, 마음, 영혼의 통합적 전체로 보는 것과 더불어 아이의 삶을 시간과 공간적으로 통합하고자 하는 방법론을 포함하여야 한다. 유아교육과정 전문가들이나 교사들의 유아교육과정의 통합적 구성을 위한 대부분의 노력은 소위 '자기위안식 통합(自己慰安 統合)'에 지나지 않는다고 할 수 있다. 자기위안식 통합에서 벗어나 완전한 통합으로 나아가려면 삶의 흐름과 결에 따라 아이 스스로 만들어 나가는 통합을 구성해야 한다.

우선 아이 스스로 자신의 결에 따라 자신의 삶을 누려가는 과정을 포함해야 한다. 봄, 여름, 가을, 겨울의 시간의 흐름을 분리해서 나누는 것이 아니라 순환하는 하나의 고리로 삶의 고리를 만들어 가는 방식이어야 한다. 이는 그 시기에 맞는 주제를 한정적으로 숙달해 가는 것이 아니라 때에 따라 맞는 삶의 양상으로 연속적으로 풀어가는 이야기여야 한다. 따라서 생태유아교육은 봄에 끝나는 것도 없고, 겨울에 완전히 처음 시작되는 것도 없다. 겨울 이야기를 위해 가을의 삶이 필요하고, 가을의 삶은 겨울의 이야기를 열게 된다. 이러한 삶의 순리대로 겪어가는 과정이 교육이어야 한다.

생태유아교육과정은 한 시점으로 볼 때 어느 한 가지 주제와 지식을 숙달하고자 하는 방식을 거부한다. 하나의 시점과 시간 속에 또 다른 시간과 공간적 통합을 이루고자 하는 것이다. 이는 유아에게 하나의 반찬으로 한 가지 영양을 섭취하고자 하는 것이 아니라 한정식을 먹을 때처럼 여러 가지 반찬을 골고루 섭취하여 소화함으로써 균형적인 건강 유지를 도모하는 것과 같은 '한정식(韓定食)식 통합'의 이치이다. 이러한 '한정식'은 오늘만 먹고 내일은 전혀 다른 종류의 색다른 식단을 화려하게 구성하지는 않는다. 늘 한결같이 먹는 '한정식'이지만 그 속에서 균형과 조화로운 영양 섭취를 받게 된다. 이처럼 365일 한결같이 삶의 결대로 내용과 활동을 구성해 나간다. 자연의 삶과 인간의 삶을 체험할 수 있는 텃밭활동이나 1년의 순환을 배울 수 있는 세시풍속 프로그램이 의미있는 이유가 여기에 있다. 삶을 스스로 꾸려 나가기 위한 준비로 천연염색 프로그램, 옷 만들기 프로그램, 요리활동 프로그램, 생태건축 프로그램 등을 구성해 볼 필요가 있다.

3) 다양성의 방법

생태유아교육과정은 인위적인 방법을 피하고자 한다. 참다운 교사는 가르치지 않는다. 그러나 그 옆에서 우리는 배운다. 태양은 아무에게도 빛을 '주지' 않지만 모두가 가장 자연스럽고 쉽게 그 빛을 받는다.

생태유아교육과정은 저절로 일어나는 교육이다. 자연적인 방법은 물 흐르듯이 자연스럽게 이루어지는 것으로 절대 무리하지 않는 방법이다. 이러한 생활은 낱생명 하나 하나의 결과 특성을 그대로 살려 주는 교육이어야 한다. 억지를 부리는 방법이 아니다. 생태유아교육의 방법은 자연과 인간 각각의 개성과 생명적 특성을 인정하는 방식이어야 한다. '우리는 지금 프뢰벨, 몬테소리 또는 레지오 방법으로 가르치고 있어'라고 말할 때 그것은 공허한 말장난에 지나지 않는다. 그것은 무의미한 모방일 뿐이다. 교육은 공식을 적용하고, 준비된 해답을 얻는 문제 풀이가 아니다. 교육은 안에서 솟아올라 바깥세계로 자연스럽게 흘러넘치는 샘물 같은 것이다.

교육은 자연적이고 자발적이며 발현적이어야 한다. 그 교육의 이치는 자연의 섭리와 인간의 도리에서 찾아야 한다. 코메니우스는 하늘과 땅, 참나무, 너도밤나무 등을 통해 배워야 한다고 말한다. 인위적 조작보다 자연 그 자체를 보고 듣고 느낌을 통해 배워야 한다는 것이다(정확실 역, 1995).

따라서 생태유아교육과정은 자연의 터에서 아이들의 감각을 살리고 자연의 이치를 터득하도록 돌보는 것이다. 따라서 아이들이 오감각을 통해 자연을 보고, 듣고, 느껴가는 과정을 담아 내어야 한다. 아이들의 감각을 통해 자연의 생명성이 아이의 안으로 들어오고 그 생명성은 다시 자연만물과의 교감을 통해 그들에게 이어져 가는 것이다. 이러한 감각교육은 산책 프로그램, 바깥놀이 프로그램, 손끝놀이 프로그램 등으로 펼쳐져 나간다.

사티쉬 쿠마르는 자연의 결을 따르는 방법으로 두 가지를 제안하고 있다. 첫째는 걷기이고, 둘째는 요리하기이다. 전자는 자연을 체험하고, 자연으로부터 배우고 싶다면 천천히 가는 법을 배워야 한다는 것이다. 걷는 것은 바로 감속을 배우는 가장 좋은 방법이며, 우리의 마음을 자연과 연결시키는 가장 좋은 방법이다. 아무리 바쁘더라도 매일 매일이 아니라면 이틀에 한 번이라도, 일주일에 한 번이라도 주변의 자연을 찾아가 걸으라고 제안한다. 후자는 모든 사람은 남성이건 여성이건 특히 남성들이 요리를 해야 한다는 것이다. 음식 만들기는 여러분을 자연과 연결시켜 줄 수 있기 때문이다. 이 음식은 어디서 왔을까, 어떻게 길러졌을까, 안전한 먹을거리인가 등을 생각함으로써 지구와 접촉할 수 있다. 함께 음식을 만들면서, 채소를 썰고 양파를 구우면서 서로간의 결속력을 높이고 우정을 쌓아가게 된다. 요리는 멋진 경험이다(사티쉬 쿠마르, 2004, 12). 이처럼, 걷고 요리하는 것은 자연의 숨결을 체험할 수 있는 좋은 방법이다.

자연은 가장 위대한 마음을 가지고 있다. 자연은 시나 예술, 음악, 미술에서 가장 위대한 영감의 근원이다. 아름다운 그림은 대부분이 자연을 대상으로 한 것이다. 아름다운 시도 마찬가지다. 그러니 자연으로 나가지 않고서 어떻게 좋은 시인이 될 수 있겠는가? 어떻게 좋은 화가가 될 수 있겠는가? 자연으로 나가 그것을 관찰하지 않고서 어떻게 과학자가 될 수 있겠는가? 모든 종류의 지식은 자연에 있다(사티쉬 쿠마르, 2004, 4-5). 자연은 생태유아교육과정에서 교사이자 교구이다.

이러한 예술과 감성교육을 위해 몸짓놀이 프로그램, 명상 프로그램, 옛날이야기 프로그램, 옛날 노래 프로그램, 전통놀이 프로그램, 생태문학 프로그램, 생태음악 프로그램, 생태미술 프로그램 등 다양한 프로그램 개발이 이루어져야 한다.

4) 영성의 방법

생태유아교육과정은 생명법칙에 따라 아이 개개인의 생명성에 바탕을 두는 교육이어야 한다. 『케나 우파니샤드』에서 말하고 있듯이 '모른다고 말하는 사람이 안다'고 했다. 이렇듯 깊은 통찰력을 지니고 있던 선지자들은 교육이 어떻게 이루어지는지 자신도 알지 못할 때 진정한 교육이 이루어진다고 했다. 옛 가르침에 "대도(大道)는 평이간명(平易簡明)이라"는 말이 있는데, 이 말은 위대한 진리는 쉽고도 간단명료하다는 뜻이다. 따라서 어떤 방법이 어렵고 복잡하면 그만큼 생명법칙에서 벗어나 있다고 할 수 있다.

기존 유아교육과정에서는 가르쳐야 할 것이 너무 많고 배워야 할 것도 너무 많다. 주간 교육계획이니 일일 수업계획이니 단위수업계획이니 일과운영시간표니 하는 것들은 어렵고 복잡하다. 그것은 전부 아이와 교사의 생명법칙과는 무관하게 짜여진 것들이기 때문이다. 아이는 자기의 눈(眼), 귀(耳), 코(鼻), 혀(舌)는 물론 손발과 팔다리 등 온몸(身)을 제 힘으로 자유롭게 놀릴 수 있어야 한다. 또한 아이는 자기의 생각, 느낌, 감정 등의 마음을 제 힘으로 자유롭게 나타낼 수 있어야 한다. 아이에게 내재된 생명력이 솟아나려고 할 때 그것을 충분히 발휘할 수 있는 여건을 만들어 주는 데 있다.

이렇듯 교육은 생명성을 살려 낼 수 있는 것이어야 한다. 생명활동과 관련 없는 것은 무의미하고 유해한 것일 뿐이다. 머리 속에 정보나 지식을 잔뜩 채워 넣어 지혜가 얻어지는 것이라면 도서관 선반이야말로 참으로 지혜로울 것이다. 그러나 억지로 밀어넣은 지식은 소화되지 않는다. 교육이란 '아무런 방법 없이 스스로 질서 있는 전체를 이루며, 어떠한 스승도 베풀어 줄 수는 없지만 그래도 주어지는 것'이라고 정의하라고 한다.

따라서 교육은 생명활동이어야 한다. 즉, 아이의 몸과 마음과 영혼의 조화로움을 각성시키는 생명활동이어야 한다. 이를 위한 교육의 방법은 지식을 채워 넣는 방법이 아니라 체득하는 감성적 방법이어야 한다. 생명법칙에 따른 일상적인 체험이어야 한다. 진정한 교육은 체험하고, 실험하고, 스스로 소화시키는 일이다.

인간은 몸, 마음, 영혼의 조화로운 존재이다. 아이는 몸과 마음과 영혼의 세 부분이 하나의 생명으로 연결된 생명체이다. 이것은 하나이면서 셋으로 작용하는 일체삼용(一體三用)이다. 방건웅(2003)은 영성지수(SQ)가 인체의 조직과도 연관이 있다는 점으로서 마음과 몸이 둘이 아닌 하나라고 설명한다. 생명의 궁극적 존재이유는 영성에서 찾을 수 있다고 본다. 온 우주의 통합되는 경험은 영성의 경험을 통해 이루어질 수 있다. 따라서 생태유아교육과정에서는 몸과 마음과 영혼이 행복할 수 있는 교육의 실제가 있어야 한다. 영혼의 감수성과 각성을 펼치기 위한 명상 프로그램 등 몸과 마음과 영혼을 돌보는 프로그램이 요구되고 있다.

5. 교육평가

생태유아교육과정에서 교육평가는 바람직한 것인가? 굳이 생태유아교육과정의 한 구성요소로 교육평가에 대해 언급해야 한다면, 아이 개개인과 아이들의 삶의 모습을 '지금 여기' 있는 그대로 사랑과 정성으로 지켜보는 일이라고 말할 수 있다. 교육이나 종교는 물론 어떤 분야에서든 모든 사람들은 몸과 마음과 영혼이 깨끗한 사람이 되기를 소망한다. 생태유아교육 역시 아이들을 몸과 마음과 영혼이 깨끗한 건강하고 행복한 아이들로 키우고자 한다. 그렇다면 생태유아교육과정의 교육평가는 아이들의 몸과 마음과 영혼이 얼마나 깨끗한가를 가늠하는 것인데, 몸과 마음과 영혼이 아이들보다 깨끗하지 못한 어른들이 깨끗한 아이들을 평가한다는 것 자체가 처음부터 무리한 발상이다. 생태유아교육에서 평가의 방향과 내용과 방법의 원천은 모두 '아이와 그 아이의 삶' 자체에서 찾아야 한다.

생태유아교육과정의 평가는 아이를 중심으로 아이와 함께 살아가는 교사, 부모, 아이들의 주된 삶의 터전인 집과 유아교육기관, 더 큰 터전인 지역사회 전체의 삶의 질이 어떠한가에 대한 총체적인 평가가 이루어져야 한다고 본다. 이는 아이의 몸, 마음, 영혼을 총체적으로 돌아보는 것이며, 아이와 관계맺고 있는 모든 것을 평가하는 것, 그리고 성장·발달 평가보다는 삶 전반의 평가를 지향하는 것이다.

그리고 평가의 내용은 생태유아교육과정이 유아교육기관에서 실제 어떻게 이루어지고 있는가에 대한 평가와 더불어 생태유아교육과정을 통해서 아이와 교사, 부모, 기관, 지역사회가 어떤 변화를 보였는지를 파악하는 것을 포함한다. 또한 평가의 구체적인 방법으로는 교사가 부모와 함께 아이들의 생활일지를 주고받으며 아이들의 생활 전반을 공유하여 그것을 평가의 자료로 활용해 아이들의 변화과정을 알아볼 수 있고 교사회의를 통하여 평가의 내용에 따른 전반적인 평가가 이루어질 수 있다. 또한 부모회와 교사회가 함께 우리 아이들의 전반적인 삶의 질에 대한 평가를 해보는 것도 의미있는 일이다. 이는 아이들의 삶의 질이 유아교육기관에서 확대되어 아이들의 중요한 양육환경인 가정의 삶의 질을 변화시키는 데도 중요한 역할을 할 수 있기 때문이다. 더 나아가 부모자원 활용이나 지역사회와의 연계프로그램을 실천하여 그것에 대한 평가를 하거나 지역 유해환경을 아이들에게 유익한 환경으로 바꿀 수 있는 여러 가지 고민과 그 실천사례에 대한 평가도 여기서 이루어질 수 있다.

생태유아교육과정의 평가에서 무엇보다 중요한 것은 평가의 대상을 아이에서 먼저 교사 자신에게로 돌려 자신의 삶에 대한 반성적 사고를 하는 것이 중요하다고 본다. 이는 유아교육기관에서 매일 쓰고 있는 교사일지를 활용해 스스로의 삶과 아이들의 삶을 돌아볼 수도 있고 동료 교사들과의 정기적인 모임에서 서로의 경험을 나누며 타인의 삶을 통해 자신의 삶을 바라볼 수 있는 기회를 마련하는 것도 좋다. 아이의 몸, 마음, 영혼을 올바르게 돌보기 위해서는 우선 교사 자신의 삶을 바르게 가꾸기 위한 노력들이 반드시 필요하고 평가의 중요한 부분으로 자리 잡아야 한다. 종교가 있는 교사는 종교를 통해, 종교가 없는 사람은 자신의 마음을 다스릴 수 있는 마음공부를 통해 생태적 감성과 영성을 끊임없이 가꾸어 나가는 노력을 해야 한다.

참 고 문 헌

강수돌(2004). 생명의 경제를 위한 '살림의 경제학' 시론. 한국의 생명담론과 실천운동. 생명과 평화의 길·경기문화재단, **세계생명문화포럼 - 경기 2004 자료집**. (pp.125-152). 11월 13일. 경기도 파주: 아시아출판문화정보센터관.

고제순(2003). 왜 생명교육인가? 생태적 食住医와 생명운동, 탈 현대적 삶의 대안으로서 "살림집" - 생명의 살림집 -. 「흙처럼-흙건축 아쉬람」. http://cafe. daum.net/mudhouse.

김은주(2003). 생태유아교육의 사상체계 실천원리 연구. 부산대학교 대학원 박사학위논문.

방건웅(2003). 아이들의 몸·마음·영혼 다시보기. 유아교육, 근본으로 돌아가기. 한국생태유아교육학회, **2003년도 추계학술대회 자료집**. (pp.13-21). 12월 6일. 부산 : 부산대학교 본관 대회의실.

보리편집부(1997). **작은 학교가 아름답다**. 서울: 도서출판 보리.

사티쉬 쿠마르 외(2004). 평화를 위해 무엇을 할 것인가: 21세기를 위한 사상강좌 (제4회). **녹색평론, 제77호**, 2-28.

서영희(1999). 생태중심 유아교육 프로그램 운영 사례연구. 부산대학교 교육대학원 석사학위논문.

송순재, 이종승(2001). 영성교육, 이렇게 시작하자. 「특집 자녀교육, 이제는 영성이다」. **정신세계, 제18호**, 44-57.

안경식(2004). **한국전통아동교육사상【개정판】**. 서울: 학지사.

양희규(1997). 불복종 정신이 살아있는 학교. 보리편집부 엮음, **작은 학교가 아름답다**. 서울: 도서출판 보리, pp.130-138.

윤구병(2002). 스스로 살아남기·더불어 살아남기. 21세기 문명의 전환과 유아교육의 새로운 방향. **한국생태유아교육학회 창립 및 기념강연 자료집**. (pp.3-18).

6월 8일. 부산: 부산대학교 본관 대회의실.

이상수(2001). 영성이 이 땅에 현현할 때 새로운 세계가 열리리라: 교육의 본질과 미래교육에 대한 비전 가르침. 「특집 자녀교육, 이제는 영성이다」. **정신세계, 제18호**, 85-93.

이애주(2004). 우리 몸짓과 소리를 통하여 본 민족의 정체성. 한국정신과학회, **2004 추계학술대회 논문집**, pp.89-102.

이철국(2001). 교실에서 꽃피는 아이들: 아이의 영성과 교사의 영성이 만나는 기쁨. 「특집 자녀교육, 이제는 영성이다」. **정신세계, 제18호**, 30-37.

임재택(1992). **현대유아교육과정**. 서울: 양서원.

임재택, 박재환(2002). **유아교육과정**. 서울: 양서원.

전세일(2004). **보완대체의학**. 서울: 계축문화사.

정재걸(2001). 아이들은 종이 한 장에서 만물을 본다: 동양 전통사상을 통해 본 영성교육의 의미. 「특집 자녀교육, 이제는 영성이다」. **정신세계, 제18호**, 94-103.

하정연(2004). 생태유아교육 프로그램에 관한 문화기술적 연구: 부산대학교 부설 어린이집을 사례로. 부산대학교 대학원 박사학위논문.

Comeninus, J. A., 정확실 역(1991). **대교수학**. 서울: 교육과학사.

Bobitt, F.(1918). *The curriculum*. Boston: Houghton Mifflin.

Bruner, J. S.(1960). *The process of education*. Boston: Harvard University Press.

제 7 장

생태유아교육 프로그램 운영

텃밭을 가꾸면서

고추, 오이들에 물 주는 일
몇 번 안 해서 꾀가 납니다
쉬여 발자국 떨어진 곳에 물 있습니다

그때 문득
젖 물린 어미 생각났습니다
약지로 잘 저어 아이 입에 약 떠먹이던 장면도 떠올랐습니다

풀 뽑는 일, 돌아보니 아직 그 자리입니다
손발이 뻣뻣한 호미가 되어 갑니다
허리 굽은 채로 걷는 할미가 어느 순간 내 속에 들어와 앉아 있습니다

그러는 가운데
잠든 아이 곁에서 파리 쫓던, 귀지 후벼주던 어미
서캐 참빗으로 훑어내던 어미 계셨음도 생각났습니다

스무번 작정했던 물 주기 여러번 넘어섰습니다
풀도 더 뽑고
뽑은 풀 좀더 두텁게 덮어주었습니다
물기 촉촉하게 머금고 있다가 잘 삭아서 좋은 거름되거라
그래서 고추로, 토마토 오리로 환생하라고
콘크리트 아이들은 잘 못 알아들을 기도 절도 나왔습니다

그렇지요. 상추와 열무, 가지들에 물 주고 풀 뽑고 발치에 덮어주는 일
다리 베고 잠든 아이 땀 닦아주는 일, 살랑살랑 부채질 해주는 일
아이 차던진 이불 반듯하게 여며주는 어미가 되는 일임을 알겠습니다
고춧대 세우는 일이 아이 업어주는 일임도 알겠습니다

어머니 산소 곁에 서른평 텃발 가꾸는 일
내 놀이터 만들어 소꿉놀이 하는 일

노영민(2002). 텃밭을 가꾸면서. 녹색평론, 제 65호, pp.95-96.

이 장에서는 생태유아교육의 구체적 실천 프로그램으로 개발·적용되고 있는 생태유아교육 프로그램들을 개략적으로 살펴보고, 유치원이나 어린이집에서 그 프로그램들을 포함하여 어떻게 교육계획을 수립하고 운영하는가에 대해 살펴보고자 한다.

1. 생태유아교육 프로그램의 개요

다양한 생태유아교육 프로그램은 생명나무의 아름다운 꽃에 비유된다. 그 생명나무는 생태유아교육의 철학적인 사상이 굳건한 뿌리를, 생기(生氣) 왕성한 아이가 기둥을, 아이를 신명나게 할 수 있는 다양한 프로그램들이 꽃을 이루고 있는 나무이다. 여기서는 생명나무의 꽃인 생태유아교육 프로그램들을 개략적으로 살펴보고자 한다. 프로그램의 내용과 함께, 프로그램을 어떻게 계획하고 운영하면 좋을지에 관한 생각들을 적어 보았다. 더 다양한 프로그램들을 생각할 수 있지만, 지면상 현재 부산대학교 부설 어린이집에서 실천중인 프로그램들의 소개로 한정하고자 한다(하정연, 2002).

1) 바깥놀이 프로그램

일일교육계획안을 한 번 살펴보자. 오전활동 중 실내활동이 '수업'이란 명목으로 계획안의 거의 전부를 차지하고 바깥놀이는 한 줄 정도의 틈새활동으로 들어가 있지는 않은가. 아이들에게 한 번 물어 보라. "바깥놀이터에서 놀고 싶니? 교실에서 놀고 싶니?"라고. 거의 모든 아이들은 "바깥에서 놀고 싶어요"라고 대답한다. 아이들은 바깥을 원한다. 바깥놀이터에서 흙, 모래, 물과 노는 아이들의 표정에서는 행복함을 읽을 수 있다. 아이들은 바깥놀이터의 흙, 바람, 돌, 풀, 꽃, 동물들과 친해지기를 원한다. 아이들이 순수하고 자연도 순수하기 때문에 바깥의 자연은 아이들을 부르고 아이들은 거짓 없이 자연에 다가서기 때문일 것이다.

하지만 요즘 아이들의 모습은 어떤가. 대부분의 아이들은 도심의 아파트

안에서 갇혀 살고 있다. 유아교육기관에서도 마찬가지이다. 대부분의 유치원이나 어린이집은 아이들이 아침에 등원해서 집으로 돌아갈 때까지 '교육'이라는 명목으로, 혹은 안전을 핑계로 교실에 가두어 바깥놀이를 제약하고 있는 실정이다. 플라스틱 교구와 함께 과자 간식을 먹으며 햇빛도 바람도 잘 통하지 않는 공간에서 아이들을 보호·교육한다는 것은 아이들이 인간으로 커 가는 가능성을 빼앗는 것이나 다름없는 것이 아닐까.

아이들을 교실의 '밖으로, 밖으로' 데리고 나가려는 노력, 즉 아이들을 교실에서 해방시키려는 노력이 바로 생태유아교육 실천의 출발점이라 할 수 있다. 아이들에게 있어 바깥놀이란 아이들 자신이 가지고 있던 지식, 개념, 경험을 자유롭게 펼치는 시간이다. 바깥놀이를 통하여 지적인 호기심과 상상력을 키우고 계절의 변화와 친구들과 더불어 살아가는 능력을 갖게 된다. 또한 바깥의 자연을 통해 생명의 소중함을 깨달아 가게 된다.

바깥놀이는 우리 어른들이 어릴 적 놀았던 동네의 '공터'에서의 놀이와 같다. '뭔가를 가르쳐야 한다' 혹은 '교육주제와 맞는 활동을 해야 한다'는 부담감을 버리고 아이들의 흥미를 자연스럽게 따라가면 된다. 때로는 주제와 부합되는 활동을 할 수도 있다. 예를 들어, 4월의 주제가 '봄'이라면 가끔은 봄의 꽃씨를 심거나 봄 곤충 찾기를 해 볼 수도 있다. 하지만 지나치게 주제에 맞추다 보면 아이들은 흥미를 잃어버릴 수가 있다.

바깥놀이는 특별한 날만 하는 활동이 아닌 일상생활이다. 또 맑은 날만 아니라, 흐린 날, 비오는 날, 추운 날도 가능하다. 하루 중에는 오전, 오후 다 가능하다. 짧게는 틈새활동으로 계획할 수도 있지만, 길게는 다른 연령층과 함께 오전 혹은 오후 내내 놀 수 있는 시간으로 계획할 수도 있다. 기억해야 할 것은 아이들에게 감질나는 바깥놀이가 되어서는 안 된다는 것이다.

어느 시대를 막론하고 아이들에게 가장 좋은 놀잇감은 자연이다. 플라스틱으로 만든 인공적인 놀잇감보다는 물, 모래, 흙, 햇빛, 바람, 돌, 풀, 꽃 등의 자연물을 이용할 수 있는 놀이를 계획해 보자. 가정에서 쓰다 남은 프라이팬, 냄비, 그릇도 아이들에게는 인기 있는 놀잇감이 될 수 있고 간식 시간에 나온 우유팩, 산책 때 주워 온 나무열매와 솔방울도 멋진 놀잇감이 될 수 있다. 아궁이를 만들어 불을 이용한 요리도 할 수 있다. 적목으로 집짓기도 할 수 있다. 비밀공간을 만들어 놀 수도 있다.

2) 산책 프로그램

산책은 '나들이', '산보', '마실' 등 여러 가지로 표현된다. 산책은 사전을 찾아보면, "가벼운 기분으로 이리저리 거니는 것"이라고 쓰여 있다. 산책은 걷는 것이지만 그 속에는 사색, 여유, 자유, 자연스러움, 즐거움, 만남 등의 뜻이 담겨 있다. 또한 거닐다 보면 여러 가지 것들, 즉 사람, 사물, 현상을 만나게 된다. 산책은 아이들이 온갖 자연물을 직접 보고, 만지고, 듣고, 느끼고, 냄새맡을 수 있는 체험적 교육활동이다.

산책은 특별한 행사나 치밀하게 준비한 의도된 프로그램이 아니라 일상생활의 일부이다. 아이들이 매일 밥을 먹고 조금씩 키가 크듯이 산책도 아이들에게 오감으로 자연을 마음껏 느낄 수 있도록 매일 갈 수 있으면 좋다. 산책은 맑은 날만 아니라 흐린 날, 바람 부는 날, 비오는 날도 가능하다. 비가 온 직후나 비오는 날, 젖은 풀잎과 나무와 바위의 모습을 보고 지렁이와 달팽이를 관찰하는 것도 비오는 날의 대자연의 신비를 맛볼 수 있는 좋은 기회가 된다. 또한 산책은 하루 일과 중 언제라도 가능하다. 오전 산책, 오후 산책, 일과 중의 틈새를 이용한 산책 등 시간대에 따라 달라지는 주변 세상을 경험할 수 있다. 산책 시간도 처음에는 5~10분간의 짧은 산책에서 점차 시간을 늘여갈 수 있다.

산책 장소는 가까운 곳에서 차츰 먼 곳으로 바깥놀이터, 유치원 앞 공터, 동네 골목길, 시장어귀, 개울, 강가, 동사무소, 경찰서, 친구집 등 사람과 자연이 있는 곳이면 어디든지 좋다. 하지만 이왕이면 인위적인 곳보다는 자연적인 곳을, 시끄러운 곳보다는 조용한 곳을, 볼거리가 없는 곳보다는 볼거리가 많은 곳을 선택하는 것이 좋다.

산책을 하면서 '아이들에게 뭔가를 가르쳐야 한다'는 생각은 버려야 한다. 마음을 비우고 오감으로 자연의 생명을 느끼고 체험하는 것이 더 중요하기 때문이다. 산책 초기에는 오감으로 자연을 체험하고 관찰하는 기회를 많이 주고, 산책에 익숙해지면, 놀이 활동(자연물을 이용한 놀이, 전통놀이)을 하거나 산책지에서의 경험을 바탕으로 어린이집에 돌아와 추후활동을 할 수도 있다.

3) 텃밭가꾸기 프로그램

아파트와 시멘트로 뒤덮인 도시공간에서 자라는 아이들은 살아 숨 쉬는 땅과 흙을 밟아 보지 못하고 살아간다. 도심에 사는 아이들의 경우, 아침에 엄마, 아빠와 함께 아파트 문을 나서서 유치원 혹은 어린이집에 들어설 때까지 흙을 전혀 밟아 보지 못한다. 이런 아이들에게 선생님과 함께 텃밭에서 직접 손으로 씨를 뿌리고 물을 주고 김을 매고 수확을 하고, 그것을 요리해 먹음으로써 먹을거리와 생명의 순환과정을 경험하는 것은 대단히 의미 있는 일이다.

텃밭가꾸기 프로그램은 아이들이 흙냄새를 맡고 소박하나마 제 손으로 텃밭을 일구고 채소를 길러 봄으로써 계절과 날씨의 변화, 식물의 생장, 수확에 대한 기쁨, 자연을 사랑하게 되고 자연과 함께 하는 삶을 이해하고 노동의 신성함과 보람을 몸과 가슴으로 느끼게 하는 데 목적을 둔다. 많은 유치원 혹은 어린이집 선생님들이 "이런 도시 비싼 땅에 무슨 텃밭이 있겠어요? 바깥놀이터도 제대로 없는데요"라고 한다. 텃밭이 있다면 더없이 좋지만 텃밭이 없더라도 아이디어만 내면 얼마든지 멋진 텃밭을 만들 수 있다. 주말농장이나 자연학습장을 빌려서 농사를 지을 수도 있고, 햇빛이 잘 드는 옥상이나 베란다에 스티로폼 박스를 놓고 멋진 밭을 만들 수도 있다. 창가에 그릇이나 화분을 놓아서 작물을 기를 수도 있다.

농사짓는 법을 모르면 아이들의 할머니, 할아버지 혹은 학부모 중 농사 경험이 있는 분을 텃밭가꾸기 전문강사로 초빙할 수도 있다. 일반 서점에서 파는 채소 재배에 관한 책자도 도움이 된다. 처음에는 키우기 쉬운 작물 한두 가지만 선택해서 시험적으로 기르다 보면 차츰 경험이 쌓이게 된다. 텃밭가꾸기는 봄, 여름, 가을, 겨울 내내 하는 것이 바람직하다. 아이들과 가꾸어 볼 수 있는 작물로는 상추, 쑥갓, 배추, 무, 열무, 옥수수, 고구마, 감자, 딸기, 토마토 등 다양하다. 아이들에게는 실패보다는 성공의 경험이 더 중요하므로 어린 나이의 아이들은 재배하기 쉬운 작물을 택하는 것이 좋다.

어른들이 다 가꾸어 놓은 밭에 아이들을 일렬로 줄을 세워 놓고는 "친구들 보세요. 이건, 상추라고 해요. 지난 주보다 이만큼 더 자랐어요"라며 텃밭에서조차 구조기능적인 교육의 효과를 얻기 위해 아이들을 한순간도 가만두지 못하는 선생님이라면 문제가 있다. 그냥 놔두면 아이들은 흙과 야채와 풀과 나비와 벌, 지렁이 등 자연과 함께 놀며 더 많은 지혜를 배운다. 텃밭가꾸기를 교육활동이 아닌 자연스런 일상생활로 접근하는 자세가 중요하다. 텃밭에서 수확한 작물로 음식을 만들어 먹거나 텃밭에서 잡은 곤충을 교실에서 키워 볼 수도 있다.

4) 노인·아동 상호작용 프로그램

"노인에겐 보람을, 아이에겐 사랑을"이라는 취지 하에 노인들이 유치원이나 어린이집의 영유아 보육활동에 자원봉사자로 참여하여 아이들과 함께 생활하면서 노인·아동 간의 상호작용 기회를 체계적으로 제공하는 세대간 프로그램(inter-generational program)이다.

전통사회의 조부모는 가정 내에서 교사, 문제해결자, 전통문화의 전달자였으나 지금의 조부모는 권위를 잃어버렸다. 조부모가 빠져버린 자녀양육과 젊은 부모의 무분별한 애정으로 아이들은 심신이 나약하고, 버릇이 없고, 이기적이며, 불안정한 아이로 자라가고 있다. 노인·아동 상호작용 프로그램은 현대사회에서 단절되어 있는 노인과 아동과의 교류를 유아교육기관이라는 장을 통하여 의도적으로 연결하려는 데 목적이 있다.

노인·아동 상호작용 프로그램의 실시에 앞서 참여할 노인을 선발하고, 노인, 아동, 교사 및 부모를 위한 사전교육을 실시해야 한다. 노인 자원봉사자의 배치는 원의 실정에 맞추어야 하지만, 대체로 각 반에 1명씩 배치하여 1주일에 하루 내지 이틀, 하루에 3~6시간 정도 보조자 역할, 보조교사 역할, 교사 역할 등을 하게 한다. 활동은 아이들의 연령이나 발달 수준에 따라 다르지만 대체로 기저귀 갈기, 간식·점심 먹이기, 정리정돈하기, 옛날 이야기 들려 주기, 예절지도, 민속활동지도, 요리활동지도, 바깥놀이지도, 산책 및 텃밭가꾸기 등으로 다양하다. 또한 정기적인 자원봉사자 외에 비정기적인 자원봉사자를 두어서 관련활동이나 행사(간장·된장 담기, 텃밭가꾸기 등에 관한 교사 세미나) 때에 오시게 할 수도 있다.

이 프로그램을 통하여 노인들은 소일거리가 생겨서 인생의 보람을 갖게 되며 생활에 대한 활기와 의욕 및 자신감을 갖게 된다. 아이들은 노인들과의 상호작용을 통해 조부모들에게서 받을 수 있는 사랑을 경험하고, 노인에 대한 긍정적인 태도를 갖게 되며, 우리의 전통문화를 체득할 수 있는 좋은 기회를 갖게 된다. 그리고 교사들은 노인 자원봉사자들의 도움으로 근무부담이 줄고, 학부모들은 자녀들이 유아교육기관에서 조부모, 부모 및 자녀로 이루어지는 양성 3세대 가족의 분위기를 느낄 수 있게 된다.

5) 세시풍속 프로그램

세시(歲時)란 세월과 같은 의미로 일 년 열두 달을 두고 바뀌는 시간을 말한다. 그렇다면 세시풍속이란 일 년 열두 달을 두고 바뀌는 생활을 말하는 것이라 할 수 있다. 하지만 굳이 생활이라고 부르지 않고 풍속이라고 하는 것은 시절 따라 달라져 가는 생활이 관습으로 굳어져 있기 때문이다. 풍속은 일 년을 주기로 계절에 따라 반복되는 고유의 풍속을 말한다. 우리나라 세시풍속은 오랜 세월이 흐르는 동안 일정한 형식을 갖추어 오늘과 같은 풍속으로 정착된 것이다. 오랜 세월을 지내면서 우리 선조들이 자연의 변화에 맞추려는 생활이 바로 세시풍속이라고 할 수 있다.

세시풍속은 우리 겨레의 얼을 느낄 수 있는 과정이다. 세시풍속은 아이들에게 계절의 변화에 따른 생활의 주기성을 알게 하고, 우리의 건강한 먹을거리를 알게 하며 더불어 즐길 수 있는 놀이와 조상들의 삶의 지혜를 알 수 있게 한다. 세시풍속은 아이로 하여금 한 사회의 구성원으로서의 정체성을 확인시켜 주는 역할을 하기도 한다.

세시풍속은 보여주기 식의 행사가 아니라 계절과 자연의 흐름에 맞추어

해나가는 생활로 받아들이는 자세가 중요하다. 진달래가 만발한 삼월삼짇날이면 진달래 꽃잎을 따서 화전을 부쳐 먹고, 단오와 유두가 되면 여름맞을 준비를 하고, 추석이면 햇곡식과 햇과일로 수확의 기쁨을 나누고, 동지가 되면 새알을 넣은 팥죽을 끓여 먹으며 한 해를 마감할 준비를 하는 것, 이것이 바로 세시풍속이라 할 수 있다.

명절로는 설, 정월대보름, 삼월삼짇날, 한식, 단오, 유두, 칠석, 백중, 추석, 중양절, 동지, 섣달그믐이 있다. 아이들과 이러한 명절의 의미를 새기고 먹을거리, 놀거리, 풍습을 재현해 본다. 보름날의 오곡밥, 부럼, 단오날의 수리취떡과 익모초, 유두날의 화전, 추석날의 솔잎을 깔아 찐 송편, 동짓날의 팥죽과 같은 절기 음식도 만들어 먹는다. 대보름날의 지신밟기, 달집태우기, 단오날 부채 만들기, 윷놀이, 고누, 실뜨기, 투호, 딱지치기, 팽이치기, 땅따먹기, 비석치기, 고무줄놀이 등도 놀이로 해 볼 수 있다. 그 외에도 24절기에 따른 놀이와 먹을거리 문화를 재현해 볼 수 있다.

6) 명상 프로그램

명상이란 고요히 눈을 감고 생각하는 것, 마음을 닦는 것, 참된 자기를 찾는 것, 참된 삶의 길을 찾는 것 등으로 다양하게 설명되고 있다. 사람들은 자기 나름대로의 생각과 감정을 가지고 다른 사람이나 사물을 바라보기 때문에 전체 세상을 있는 그대로 보기가 어렵다. 그래서 자신의 감정과 생각을 고요히 가라앉히고 세상과 자기를 전체적으로 순수하게 알기 위해 하는 행위를 명상이라고 한다.

인간은 원래 육체적·정신적으로 건강한 생명체이다. 그래서 인간은 자연의 순리대로만 살아가면 120~130살까지 살 수 있다고 한다. 그러나 사람들은 자연의 순리대로 살아가지 않기 때문에 70~80살밖에 살지 못한다. 특히, 20세기 말 우리 인류는 산업문명의 누적된 폐해로 인한 자연생태계 파멸과 인간성 상실의 위기에 직면해 있다. 온 자연생태계는 급속도로 파괴되어 인간의 생존마저 위협을 받는 상황이다. 인간은 물질의 노예가 되어 남들보다 더 앞서고, 더 많이 가지고, 더 높은 지위를 차지하려는 욕망으로 가득 찬 삶을 살아가고 있다.

이러한 혼탁한 세상 기운이 아이들에게 그대로 영향을 미쳐 그들의 몸과 마음과 영혼 역시 혼탁하다. 오감각은 퇴화되고, 등치는 커졌으나 체력은 약하고, 정서적으로 불안하고, 성격은 원만하지 못하고, 남과 어울리지 못하며, 말은 잘 하나 생각이 없으며, 영혼이 맑지 못한 아이들이 늘어나고 있다. 이런 아이들에게 본래 지니고 있던 자연의 본성을 되찾아 주는 노력이 필요하다. 혼탁한 세상 기운으로 인해 아이들의 병든 몸과 마음과 영혼을 치유하고자 하는 노력이 필요하다. 이런 노력의 한 접근이 바로 명상교육이다.

명상의 방법은 개인의 의식수준, 특성, 상황에 따라 다양하게 적용될 수 있다. 특히 유아를 위한 명상활동은 연령적 발달특성을 고려하여 일상생활 속에서 체험활동으로 접근하는 것이 중요하다. 명상을 통하여 아이들은 감각이 예민해지고, 자기 활동에 몰입하게 되며 자기 자신을 객관적으로 볼 수 있는 힘이 생긴다. 보고 느낀 것을 사실적으로 생동감 있게 표현할 수 있게 된다.

침묵해 보기, 온 몸 깨우기, 기도해 보기, 자신의 모습 관찰해 보기, 바라보기, 고요 속의 소리 듣기, 일터의 엄마·아빠 생각해 보기, 자연세계의 사물들을 바라보면서 느껴 보기, 동화를 들려 준 뒤 조용히 눈을 감고 동화 내용을 생각해 보기, 산책시간 자연의 소리에 귀 기울여 보기, 비 내리는 날 빗방울 따라 명상 여행하기, 차 마시기, 콩 주머니 이고 선 따라 걷기 등 일상생활 속에서 명상을 시도할 수 있다. 특히 낮잠 전 시간에는 잠시 동안 기체조로 긴장된 몸을 풀고 자연스런 자세로 앉아 명상시간을 가질 수 있다.

7) 절제 · 절약 프로그램

옛날 어른들은 갓 태어난 아기들을 위해서 새 것보다 어른들이 입어 낡아진 옷으로 기저귀를 만들어 썼다고 한다. 그 이유는 두 가지로 해석할 수 있다. 하나는 새 옷보다는 낡은 옷은 자주 빠는 사이에 부드러워지고 옷감에 배여 있던 나쁜 것들이 다 빠져나갔기 때문에 아기 기저귀로 적합했을 것이며, 달리는 낡은 옷 하나도 그 존재가치를 인정하고 섬기려는 옛 어른들의 정신에서 비롯한 것으로 해석할 수 있다. 하지만 모든 생명들의 관계를 인정하고 소중하게 여기던 옛 조상들의 '섬김의 문화'는 물질의 풍요 속에서 점차 그 의미를 상실해 가고 있다.

절제·절약 프로그램은 아이들에게 생태의 기본핵심인 순환과 돌림의 경제를 인식시키고 실천하도록 도와주는 데 목적이 있다. 아이들의 변화를 통해 아이들이 원하는 대로 새 물건을 잔뜩 사서 안겨 주는 요즘 부모들의 생각을 바꾸고 나아가서는 지역 전체가 실천을 생활화하도록 도와주자는 것이다. 구체적인 실천방법은 '아나바다 운동'에서 찾고 있다. 즉, 아껴 쓰고 나눠 쓰고 바꿔 쓰며 다시 쓰는 생활로 현대 경제가 가져온 문제를 실천적인 면에서 해결해 가려 한다.

실천할 수 있는 활동으로는 아이들의 시장놀이를 통한 물물교환, 알뜰마당을 들 수 있다. 알뜰마당은 상설로 운영할 수 있다. 그 외에도 각종 폐품 재활용하기, 입던 옷 물려주기, 전기·수도 아껴 쓰기, 1회용품 안 쓰기, 쓰레기 분리수거, 음식쓰레기 퇴비 만들기 등도 포함된다.

절제·절약 프로그램이 원 내에서의 교육으로 끝나서는 안 되며 학부모들과 지역 주민들도 참여시키는 방안을 생각해야 한다. 상설 알뜰매장 운영은 부모회에서 주관하게 하거나 알뜰매장에 낼 물건들을 수집·판매하기 위하여 주변 동네에 포스트를 붙여서 주민들도 참여하게 한다. 1회용품 안 쓰기나 쓰레기 분리수거, 음식쓰레기 퇴비 만들기도 부모교육을 통하여 학부모의 의식을 바꾸어 갈 수 있도록 노력해야 한다.

8) 먹을거리 프로그램

요즘 아이들의 입맛이 달라져 가고 있다. 태어나면서부터 모유의 맛도 모른 채 인공의 맛이 첨가된 우유와 이유식을 먹으며 자란다. 곶감, 식혜의 은근한 단맛보다는 강렬한 사탕의 단맛을 더 좋아하고, 집에서 먹는 된장과 고추장의 맛보다는 피자와 햄버거 먹기를 더 좋아한다. 집에서 해먹는 정갈한 음식보다는 인공감미료나 화학조미료가 듬뿍 든 음식에 더 익숙해진 탓이리라. 백화점의 식품 코너에는 계절에 상관없이 싱싱한 사철의 과일과 야채들이 즐비하게 놓여 있어 언제든지 원하면 사 먹을 수 있다. 아이들은 대체로 야채보다는 고기를 좋아한다. 그 때문인지 도시는 물론이고 한적한 시골 구석까지 고기집 간판이 현란하다. 아이들은 생명력이 충실한 제철의 음식이 무엇인지조차 모른 채 자라게 되었다. 어릴 적 모유를 먹고 엄마가 만들어 준 음식을 먹다가 인스턴트 식품을 먹고 자란 세대는 나이가 들면서 '맛의 고향'을 찾아간다. 하지만 지금의 아이들은 태어나면서부터 인공적인 맛에 길들여져 자연의 맛이라고는 도저히 모른다. 돌아갈 '맛의 고향'도 '어머니의 손맛'도 잃어버린 채 방황하고 있는 것이다.

고기를 비롯한 고단백·고열량의 음식을 많이 먹어서 비만아가 늘고 있다. 체격이 커졌음에도 불구하고 영양 불균형으로 체력은 오히려 약해졌다. 3분이면 안 되는 것이 없는 인스턴트 세상에 살고 있어서인지 아이들은 기다림에 익숙하지 않다. 자기밖에 모르고 타협할 줄 모르며 감정 조절을 제대로 못하고 참고 견딜 줄 모른다. 오염된 환경과 먹을거리 탓에 아토피나 소화기 질환을 앓는 아이 수가 늘고 있고, 단음식의 과다섭취로 치과를 찾는 아이 수도 줄어들 기미가 보이지 않는다.

아이는 먹으면서 자란다. 보통 "잘 먹고 잘 놀고 잘 누고 잘 자는 아이"는 건강한 아이의 상징이다. 아이들의 먹을거리는 아이들이 제대로 자라느냐 자라지 못하느냐 하는 중요한 문제가 걸린 일이다. 또한 먹을거리는 의식주의 중요한 일부로 민족의 정체성과 문화의 표현이기도 하다. 우리 아이들의 먹을거리 문화는 바뀌어야 한다. 우리 후손들의 삶을 책임지고 있는 우리 어른들의 생각부터 바뀌어야 한다. 지금부터라도 늦지 않다. 그렇다면 아이들의 먹을거리 문화의 원형을 어디서 찾을 것인가. 그것은 바로 우리 선조들의 삶이라고 할 수 있다. 우리의 뿌리로 돌아가서 다시금 아이들의 먹을거리를 살펴보아야 한다. 아이들에게 자연의 맛을 알게 해야 한다. 신토불이의 맛으로 한국인의 정서를 심어야 한다. 유기농의 무공해 식품을 먹이고, 육류보다는 신선한 야채와 과일을 먹여야 한다. 패스트푸드와 인스턴트 식품은 지양하고, 기(氣)가 살아 있는 생명의 먹을거리를 먹여야 한다. 올바른 식습관을 세우고 우리의 전통음식을 되살리고 나누는 삶을 가르쳐야 한다. 한 방울의 물과 한 톨의 쌀에도 감사하는 마음을 갖게 해야 한다. 먹을거리 문화를 바로 잡는 것은 우리 아이들의 생명(生命)을 살리는 일이며, 이 땅을 살리는 일이기도 하다.

먹을거리 프로그램 실천의 첫 단계는 유치원과 어린이집의 먹을거리부터 바꾸어 가는 것이다. 급식과 간식거리부터 생명력이 깃든 먹을거리로 바꾸어 간다. 또 아이들과 함께 제철에 근처에 나는 야채와 생명의 먹을거리를 키워 보는 경험을 할 수 있는 텃밭을 마련한다. 유기농산물 농장을 방문해서 자연의 먹을거리를 경험시키는 것도 좋다. 절기에 따른 음식이나 제철의 재료를 이용한 먹을거리를 만들어 보는 것도 필요하다.

학부모와 지역 주민을 대상으로 한 실천은 '모유먹이기 운동'이나 '아침밥 먹이기, 육류 섭취량 줄이기, 과자 먹이지 않기, 외식 장소로 패스트푸드점 이용 안 하기, 반찬 가짓수 줄이고 제철음식 이용하기' 등에 관한 교육을 실시하거나 통신문을 발송할 수 있다. 부모참여수업을 이용하여 메주 만들기나 고추장 담그기도 해 볼 수 있다. 유기농장을 방문하여 유기농산물을 직접 체험하는 기회를 가져도 좋다. 동네 주민들과 함께 유기농산물을 직거래로 구입할 수 있는 장터를 열 수도 있다.

9) 도시·농촌 교류 프로그램

도시·농촌 교류 프로그램은 '농촌이 살아야 도시가 살고, 나아가 사람과 자연생태계가 살 수 있다'는 취지에서 전개되는 프로그램이다. 이 프로그램은 아이들에게는 자연과 먹을거리의 소중함을 느끼는 경험을 제공하고, 농촌과 도시 아이들이 부대끼면서 서로의 문화를 이해하게 되어 결과적으로 자연과 농촌 및 도시를 동시에 살리는 데 의의가 있다.

도시·농촌 교류 프로그램은 유아들을 비롯하여 교사, 학부모, 지역사회 주민들까지도 참여한다. 실천 가능한 프로그램으로 먼저 농사체험을 들 수 있다. 농사체험은 우리 먹을거리와 자연의 소중함을 알게 될 뿐만 아니라, 도·농간의 생활 여건이 다른 부분에 대한 상호 이해와 우의를 증진하며 더불어 사는 사회분위기를 조성할 수 있다. 그리고 환경보전, 지역사회 유지 등 농업과 농촌이 가지고 있는 공익기능을 도시민과 유아들에게 이해시킬 수 있다. 그 외에도 농악교실과 고유 음식 만들기, 전통 농기구 사용법 교육, 미곡종합처리장과 각 지역의 특산품을 가공 처리하는 농산물 가공공장 견학, 문화유적지 탐사, 갯벌체험, 습지 관찰 등의 프로그램을 비롯하여 농촌 아이들과 친구 맺기와 편지 나누기, 민박, 도서대여 프로그램 등도 있다. 도·농 유아들 간의 교류를 더 발전시켜 농수산물 상설 직판장 운영, 자치단체별 축하행사 초청방문 등 다양한 교류활동을 통해 지역감정의 해소에도 도움을 줄 수 있다.

10) 손끝놀이 프로그램

손끝놀이란 말 그대로 아이들이 손끝을 사용해서 할 수 있는 놀이를 말한다. 손을 움직인다는 것은 몸을 움직인다는 것과 관련되며 신체적인 소근육과 대근육의 발달을 이루게 된다. 손놀림은 단순한 육체적인 과정이 아니라 정신적인 과정이어서 손의 사용을 통하여 머리(Head), 마음(Heart), 손(Hand)이 조화롭게 발달하는 전인적인 존재가 될 수 있다. 또한 손끝을 사용해서 무언가를 만들면서 실용적이고 예술적인 감각, 정교함, 치밀성을 몸에 익힌다. 손끝놀이는 성인이 되어 갖게 될 다양한 직업에 대해서도 도움을 얻게 된다. 즉, 자연스런 손끝 놀림을 통하여 아이들은 삶의 전체적인 모습을 이해하게 되고 사회를 이루어 함께 살아가고 있는 타인들에 대해서도 이해의 폭을 넓혀가게 되는 것이다. 또한 '손'의 사용은 '일'을 한다는 것을 의미한다. 일을 한다는 것은 유아들에게 삶을 살아가는 건설적인 생명력을 키우는 일이라 할 수 있다.

약 20~30년 전만 하더라도 유아들이 '손'을 사용할 기회가 많았다. 하지만 갑작스런 경제성장에 따른 물질의 풍요로 '손'으로 만들기보다는 '돈'만 있으면 필요한 것을 언제든지 살 수 있게 되었다. 또한 공부를 잘해서 좋은 대학에 들어가는 것이 최대의 교육목표가 되다 보니 점차 손으로 하는 노동에는 가치를 두지 않게 되었다. 연필깎이가 손을 대신해 주어서 연필을 깎을 필요가 없다. 컴퓨터의 키만 누르면 모든 글자를 쓸 수 있기 때문에 구태여 손목과 손끝의 힘을 사용해서 글씨를 쓸 필요가 없다. 유아들이 갖고 노는 놀잇감도 마찬가지다. 백화점에만 나가면 온갖 놀잇감이 있는데 왜 시간 소비해 가며 만들고 있겠는가. 그 결과 요즘 아이들은 오감각 중 시각만 편향되게 발달할 뿐, 손감각을 훈련하는 기회는 점차 줄어들고 있다. 또한 지금 우리의 유아교육은 일과 놀이가 분리되어 있는 교육이다. 삶과 동떨어진 학습과 세심하게 통제되고 조직된 놀이로 오직 제한된 범위 내에서 또는 앉은 채 하는 놀이 일색이다. 집에 돌아가서도 TV나 컴퓨터 게임으로 하루를 보낸다.

사람이란 본디 손을 움직여 일을 하게 되어 있다. 인간의 손과 발은 삶을 살아가는 힘인 동시에 생명력의 원천이다. 손과 발을 놀려 일을 안 하고 일을 못하게 될 때 사람의 몸은 병들고 마음은 악해지는 것이다. 아이들에게는 놀이와 일을 하나로 체험하는 참된 노동의 경험을 쌓게 해야 한다. 놀이의 공간이 삶의 공간이 될 수 있도록 해야 한다. 아이들의 감각을 온전히 건강하게 일깨우는 교육이 필요하다. 열심히 발을 '놀려서' 걷고 손을 '놀려서' 일할 수 있는 시간을 가져야 한다.

손끝놀이는 공간적인 제약을 별로 받지 않는 활동이다. 교실 안에서, 바깥놀이터에서 혹은 산책 가서도 할 수 있다. 우리 어른들이 어렸을 때 친구들과 모여 앉아 실뜨기를 하고 털실 짜기를 일상의 놀이로 했던 것처럼 접근하면 된다. 손끝놀이는 맨손, 생활도구, 종이, 가위, 풀, 천, 옷, 끈이나 실, 실과 바늘, 대바늘, 코바늘을 이용해서 할 수 있다. 손가락 체조하기, 곡식 옮기기, 숟가락・젓가락을 이용해서 옮기기, 종이 접기, 오리기, 붙이기, 구슬 끼우기, 실뜨기, 바느질, 자수, 털실 짜기 등이 활동의 예가 된다.

11) 몸짓놀이 프로그램

몸짓놀이란 몸을 이용해서 할 수 있는 놀이를 말한다. 이 프로그램을 실천하게 된 배경은 아이들이 우리의 가락과 음률, 장단, 움직임을 잃어가고 있고, 체격은 커졌음에도 불구하고 체력은 오히려 약해지고 몸의 유연성과 감각적인 민감성이 무디어져 가고 있기 때문이다. 몸짓놀이는 몸을 자극함으로써 오장육부를 튼튼하게 하고 몸을 유연하게 한다. 뇌의 자극, 체력 증강, 정서적인 순화와 함께 한국인의 고유한 몸짓을 살려냄으로써 한국인의 정신과 기(氣)를 되찾게 한다. 또한 몸짓놀이를 통하여 자연과 인간이 하나 되는 신명을 경험할 수 있다.

몸짓의 원형은 우리의 전통 육아방식에서 찾아볼 수 있다. 도리도리, 짝짜꿍, 곤지곤지, 잼잼, 고네고네, 따로따로, 불무불무, 목말타기, 단지팔기, 까꿍, 에비에비 등 전통사회에서 즐겼던 아이체조는 단순한 놀이가 아니고, 아이의 몸을 유연하게 하고 기(氣)의 흐름을 왕성하게 한다. 몸짓놀이에는 물고기, 오리, 토끼, 악어, 잠자리 등의 기(氣) 순환을 도울 수 있는 여러 동물 모양과 숨 쉬는 법도 포함된다. 바른 자세를 가르치고 자연의 경지에 몰입할 수 있는 춤도 가르친다. 춤동작은 아이들의 건강에 직결되며 막힌 곳 없이 기를 돌게 하여 기 순환을 돕게 된다. 몸짓놀이는 단순한 춤이 아니다. 춤에서 한층 더 발전된 것으로서 움직임을 통해서 자신의 마음 속 깊은 정서를 표현한다. 몸짓놀이는 우주의 힘을 신체와 영혼에 연결하여 자각하며 자신뿐 아니라 타인과의 신체 접촉을 통해 끊어진 우주, 세상과 연결하려는 영혼의 시도라고 볼 수 있다.

12) 생태미술 프로그램

아이는 예술적 감성을 지니고 태어난다. 자신이 오감으로 체험하는 것들을 미술로 표현하려고 애쓴다. 아이들은 미술을 통하여 자신이 느끼는 즐거움, 슬픔, 무서움, 꿈, 흥미, 욕구 같은 것을 담고 생각을 불어넣는다. 그래서 아이들이 무심히 내리긋는 선 하나, 아무렇게나 골라 쓰는 물감 하나가 아이들의 느낌, 생각, 기분과 상태를 그대로 숨김없이 드러내 준다. 아이들의 미술에는 어른의 눈에는 이미 보이지 않게 된 세계의 내적인 질서가 다양한 형태로 드러난다. 이는 아이들의 미술이 아이들 자신이 갖고 있는 감성과 영혼의 표현임을 말해 준다.

아이들은 두 발로 땅을 딛고, 머리로 하늘을 이고, 천지(天地) 자연과 서로 감응하면서 자란다. 아이들은 자연에서 지기(地氣)와 천기(天氣)를 받고 자라야 생기와 원기가 왕성해진다. 지(地), 수(水), 화(火), 풍(風)이 있는 대자연과 교감하며 노는 체험은 아이들의 감성과 영혼을 일깨워 준다. 따라서 아이들이 자연에서 온 몸으로 뛰어노는 자체가 그림을 그리고 조형물을 만드는 연습이 된다. 즉, 자연과 놀이와 아이다움이 감성이 살아 있는 미술을 할 수 있게 한다.

아이들의 미술은 관계성, 순환성, 다양성, 영성의 방법에 따르는 것이 바람직하다. 먼저, 자연 혹은 사람 간의 관계성을 터득할 수 있도록 해야 한다. 바깥놀이나 산책, 텃밭가꾸기를 하면서 자연 속에서의 다양한 경험을 할 필요가 있다. 또한 또래들끼리 어울리는 공동 작업이나 주변 사람들과 어울려 미술을 해보는 경험도 중요하다. 계절의 변화나 시간 흐름에 따른 자연의 변화 폐품을 활용한 물질적인 순환을 경험할 수 있는 미술을 해야 한다. 그리고 미술은 다양한 자연을 매체로 표현할 수 있도록 해야 한다. 동시에 아이들의 다양성도 존중해야 한다. 이는 낱생명 하나하나의 결과 특성을 살려야 함을 의미한다. 그리고 미술은 영성을 일깨우는 방법으로 이루어져야 한다. 이는 곧 아이들의 생명력을 일깨우는 길이며, 생명력은 오감의 체험에서부터 비롯된다.

한편, 아이들의 미술은 정해진 시간에 이루어지는 활동이 아니라 시간, 공간을 넘나드는 아이들의 삶 속에서 이루어지는 놀이여야 한다. 주변의 어른들이 할 수 있는 것은 아이들이 자기를 둘러싼 구체적인 삶의 세계에서 살아 있는 빛을 자기 힘으로 발견하고, 그 빛의 세계를 자기 손으로 빚어내도록 돕는 것이다. 그래서 아이들이 질서와 조화가 생활화된 삶의 공간에서 자주적이고 창조적인 문화를 형성하는 주체로 살아가도록 도와야 한다.

2. 생태유아교육 프로그램의 계획

1) 교육계획

생태유아교육 프로그램의 교육계획은 생태유아교육이 지향하는 이념과 철학을 담아야 한다. 즉, 생태유아교육 프로그램의 교육계획은 아이들을 몸·마음·영혼이 건강하고 행복하게 살아가는 신명나는 아이로 키움으로써 사람과 자연이 하나 되는 생명공동체, 사람과 사람이 더불어 사는 사람공동체, 아이들이 행복하게 사는 세상을 꾸리고자 하는 이념을 반영해야 한다. 교육계획을 할 때 고려해야 할 점을 좀 더 구체적으로 제시하면 다음과 같다.

첫째, 생태유아교육은 모든 생명가치를 존중하고 자연의 순리에 따르는 자연친화적인 유아교육이다. 따라서 아이들의 교육은 사계절 변화와 자연의 시간 흐름을 인식하고, 뭇 생명과 공존·상생할 수 있는 방향으로 계획되어져야 한다. 따라서 아이들 교육도 예전 농부가 농사를 짓거나 어머니와 할머니가 1년 살림을 살았던 모습처럼 이루어져야 한다. 즉, 밭을 일구어 씨를 뿌리고 김을 매고 물을 주며 수확하는 시간까지 자연의 시간에 순응하며 농사를 짓던 농부와 사계절 명절과 절기를 중심으로 대소사(大小事)로 치르며 1년 살림살이를 했던 우리 어머니와 할머니 모습처럼, 계절의 변화와 자연의 흐름에 맞춘 삶이 될 수 있도록 계획되어져야 한다.

둘째, 생태유아교육 프로그램은 아이들 미래를 준비하는 사전교육이거나 성장, 발달, 변화를 추구하는 목표지향적 프로그램이 아니라 '지금 여기' 아이들의 행복을 추구하는 교육 프로그램이다. 또한 생태유아교육 프로그램은 아이들의 생명력을 인정하고, 자유와 개성을 보장한 개별화된 교육을 중시하는 만큼 '미리 계획된 것'보다는 '지금 여기' 교육적 가치를 고려해야 한다.

셋째, 생태유아교육은 교사와 아이의 자유를 보장하는 교육이다. 따라서 교육계획도 다른 어떤 외적인 제한이나 규제를 받지 않고, 생태유아교육과 아이들의 본질에 대한 교사의 통찰력에 근거해서 이루어질 수 있어야 한다. 즉, 계획이 세분화되면 될수록 교사 주도적인 수업으로 갈 가능성이 높기 때문에 생태적인 프로그램이 될 수 있기 위해서는 아이들이 지닌 내면의 자연을 따라 갈 수 있어야 한다.

생태유아교육 프로그램의 계획은 연간계획, 월간계획, 일일계획으로 나눌 수 있다. 생태유아교육 프로그램의 계획을 수립할 때 고려되어야 할 점을 제시하고자 한다. 다음은 구조적이고 기능적인 교육을 탈피하려고 노력하는 기관들의 교육계획의 예이다. 이 자료를 비교·분석해서 자신이 몸담고 있는 기관과 아이들의 특성에 맞게 조정하여 활용할 필요가 있다고 본다.

(1) 부산대학교 부설 어린이집의 사례

부산대학교 부설 어린이집의 교육계획은 크게 연간교육계획, 월간교육계획, 일일계획, 학급신문 등으로 나뉜다.

① 연간계획

연간계획은 3월 새 학년이 시작되기 전 교직원회의를 통하여 결정되며, 전 학년도의 교육계획과 실천사항에 대한 교직원들간의 평가결과를 참고로 작성한다. 연간계획은 계절의 흐름과 변화, 명절과 절기를 중심으로 사람과 자연이 하나 되고, 사람과 사람이 더불어 살며, 아이들이 행복하게 사는 방향에서 실천될 수 있도록 인간, 자연, 사물(주변 환경)을 고루 포함시키고 있다.

② 월간계획

월간계획안은 「이 달의 행사, 현재 아이 모습 및 교사의 도움사항, 환경의 준비, 관련내용 및 활동, 이 달을 마치며」라는 항목으로 구성된다. 매월 마지막 주 같은 연령대의 아이들을 맡는 교사들이 모여 작성하되, 학부모에게는 발송하지 않는다. 그 이유는 월간계획안은 교사들의 참고자료로서 교육활동은 아이들의 요구나 흥미에 따라 언제든지 수정 가능하기 때문이다. 그리고 대체적으로 월간계획의 실천비율은 50~60% 정도라고 할 수 있다. 다음은 만 5세반 연간계획과 월간계획의 예이다.

연간계획(만 5세)

<table>
<tr><th>계절</th><th>명절 및 절기</th><th>주요 개념</th><th>주 제</th><th>월</th><th>행 사</th></tr>
<tr><td rowspan="3">봄</td><td rowspan="3">• 한식(음2/27)
- 4/5
• 삼월삼짇(음3/3)
- 4/11</td><td rowspan="3">• 봄에 관심을 가지고, 계절의 변화를 안다.
• 새로운 환경에서 지켜야 할 약속과 규칙을 알고 실천한다.
• 가족과 이웃들의 관계 속에서 공동체의 소중함을 알고 감사하는 마음을 갖는다.</td><td rowspan="3">• 새로운 반
• 새싹
• 산책지도
• 함께 하는 사람들(가족, 친구, 이웃)</td><td>3</td><td>적응기간
부모모임
소방대피훈련</td></tr>
<tr><td>4</td><td>체격검사
소방대피훈련
현장학습</td></tr>
<tr><td>5</td><td>건강검진
부모참여수업
현장학습
소방대피훈련</td></tr>
<tr><td rowspan="3">여름</td><td rowspan="3">• 단오(음5/5)
- 6/11
• 유두(음6/15)
- 7/11
• 칠월칠석(음7/7)
- 8/11</td><td rowspan="3">• 여름의 날씨 변화를 알고, 깨끗한 음식과 환경을 통해 건강하게 지내는 방법을 경험해 본다.
• 여름철 자연 속에서 접할 곤충, 소리, 색깔 등을 경험해 봄으로써, 주변 환경을 소중히 여기고, 깨끗하게 보존하기 위한 방법들을 실천해 본다.
• 더위를 이길 수 있는 다양한 방법을 알아보고, 신나게 보낸다.</td><td rowspan="3">• 건강한 몸과 마음
• 숲과 개울
• 물놀이
• 환경</td><td>6</td><td>소방대피훈련</td></tr>
<tr><td>7</td><td>한여름밤의 가족음악회
소방대피훈련</td></tr>
<tr><td>8</td><td>소방대피훈련
교사연수</td></tr>
<tr><td rowspan="3">가을</td><td rowspan="3">• 추석(음8/15)
- 9/18
• 중량절(음9/9)
- 10/11
• 상달(음10월)</td><td rowspan="3">• 가을 날씨의 변화를 알아보고, 자연의 아름다움을 느끼며, 다양한 방법들을 통해서 받은 느낌을 표현해 본다.
• 수확을 통해 풍요로움을 느끼고, 자연에게 감사의 마음을 갖는다.
• 우리나라와 세계 여러 나라의 생활 풍습과 양식에 대해 이해하고, 모든 문화를 존중한다.</td><td rowspan="3">• 풍성한 먹을거리
• 가을 나무
• 우리나라와 세계 여러 나라
• 어울림 한마당</td><td>9</td><td>현장학습
부모모임
소방대피훈련</td></tr>
<tr><td>10</td><td>현장학습
소방대피훈련</td></tr>
<tr><td>11</td><td>어울림 한마당
부모참여수업
소방대피훈련</td></tr>
<tr><td rowspan="3">겨울</td><td rowspan="3">• 동지(대설15일 후)
- 12/22
• 설날(음 1/1)
- 1/29
• 정월대보(음1/15)
- 2/12</td><td rowspan="3">• 겨울 날씨에 따른 자연과 생활의 변화를 알고, 건강하게 지내는 방법을 알아보며 실천한다.
• 관심이 필요한 이웃을 돌아보는 시간과 고마운 사람들에게 감사를 전하는 시간을 갖는다.
• 어린이집 생활을 마무리하고, 초등학교에 관심과 기대를 가지며 준비한다.</td><td rowspan="3">• 추위
• 고마운 사람들
• 새해
• 초등학교</td><td>12</td><td>감사의 날
체격검사
김장
소방대피훈련</td></tr>
<tr><td>1</td><td>졸업사진촬영
소방대피훈련</td></tr>
<tr><td>2</td><td>소방대피훈련
졸업식
입학식</td></tr>
</table>

주 제	숲과 개울
이달의 행 사	▪ 3일 : 현장학습 ▪ 6일 : 현충일 ▪ 10일: 단오잔치 ▪ 13일: 미술 ▪ 15일 : 남광복지관 방문 ▪ 16일 : 이효진 생일잔치 ▪ 28일 : 미술
현재 아이 모습 및 교사 도움사항	▪ 신형준이가 감기에 걸려서 며칠째 결석이고, 다른 아이들은 건강한 편이다. → 날씨가 더워짐에 따라 개인위생 및 청결에 더욱 신경을 써야 할 것 같다. 손 씻기의 중요성부터 어떻게 손을 씻어야 하는지 이야기 나눈다. ▪ 배현진, 김덕용, 임석준, 권도형이가 휴식시간에 잠드는 일이 종종 일어난다. → 잠이 필요한 아이들은 다락방에서 휴식시간을 가지도록 한다. ▪ 아이들이 복도와 계단에서 뛰어다닌다. → 실내에서 뛰어다니는 것이 왜 안 되는지 이야기를 나누고, 실천해 본다.
환경 준비	▪ 아이들이 심은 화분을 창가에 배치하고, 나팔꽃과 수세미는 대를 세워 주거나 줄을 마련해 주어 타고 올라갈 수 있도록 한다. ▪ 색종이의 낭비가 심한 것 같다. 색종이 크기의 잡지책을 오려서 내어주어 색종이를 절약하게 한다. ▪ 그림터에서만 미술을 하지 않고, 산책을 가서도 미술을 할 수 있도록 계획한다. ▪ 양치컵과 칫솔의 위생적인 관리를 위해 일광소독을 매일 하고 평소에는 식기건조기에 보관한다. ▪ 도서를 숲과 개울과 관련된 내용으로 바꿔준다. ▪ 바깥놀이터에서 콩주머니 놀이를 할 수 있도록 콩주머니를 보물창고에 배치한다.
관련내용 및 활 동	▪ 바깥놀이 : 물과 모래를 함께 사용해서 바깥놀이를 하고 손과 발을 깨끗이 씻고 교실에 들어오도록 한다. ▪ 산책 : 숲으로 들어가 숲의 향기를 맡아보고, 나무 그늘에서 미술을 해본다. 더불어 미술과 연계해서 숲 속 미로 만들기, 냄새로 찾아가기 등의 게임과 퍼포먼스를 해본다. 나뭇잎, 풀, 들꽃을 이용한 압화 만들기를 해보고, 돌탑 쌓기, 돌멩이 그림 등을 그려본다. 날씨가 더워지면서 개울에서 할 수 있는 나뭇잎 배 만들기, 물차 만들기, 첨벙첨벙 걷기, 물소리 듣기 등을 해본다. ▪ 텃밭가꾸기: 상추랑 쑥갓을 수확하여 쌈 싸 먹거나 상추 겉절이를 해 먹는다. ▪ 먹을거리 : 텃밭의 상추를 이용해서 불고기를 해 먹는다. 새참과 점심 메뉴를 살펴보고 여름철 음식 재료를 알아본다. ▪ 손끝놀이 : 색종이 접기를 해본다. 구슬 꿰기를 해본다. ▪ 세시풍속 : 영아반과 유아반 모두 모여 단오 잔치를 한다. 단오선부채의 유래를 이야기하고 만들어본다. 쑥주머니의 유용성을 이야기하고 만들어본다. 오미자 앵두화채를 만들어 먹고, 수리취떡을 먹는다. 창포물에 머리감기를 한다. ▪ 미술 : 자연을 느낄 수 있는 퍼포먼스를 계획하고 산책 가서 다양한 끈, 나무, 바위를 이용해서 활동을 해본다.
이달을 마치며	

③ 일일계획

일반적으로 일일계획은 아이가 등원해서 귀가할 때까지 일어나는 모든 교육활동을 구체적으로 명시한다. 즉, 아이의 도착, 계획, 실내・외 자유선택활동, 정리・정돈, 간식(점심), 대집단활동, 자유선택활동, 휴식, 평가 및 귀가지도 등의 활동으로 시간대별로 구분해서 계획을 세우고 있다.

생태유아교육은 시간상의 통합을 꾀하고 아이들의 개별성과 자유를 강조하고 있어서 지나치게 세분화되고 의도된 일과계획보다는 아이들의 흥미와 관심을 위주로 완만한 시간대를 구성하는 것이 특징이다.

부산대학교 부설 어린이집에서는 교사의 보육일지 속에 '내일의 활동계획'이라는 형태로 간단한 계획을 세우고 있으며, 당일의 날씨나 아이들의 관심과 요구에 따라서 일과의 흐름은 언제든지 바뀔 수 있다. 다음은 만 5세반 보육일지와 일일계획의 예이다.

일일계획 및 보육일지(만 5세)

<table>
<tr><td rowspan="2">활 동 일 지
2005년 6월 20일 월요일 날씨: 맑음</td><td rowspan="2">기록자</td><td rowspan="2"></td><td rowspan="2">결 재</td><td>원감</td><td>원장</td></tr>
<tr><td></td><td></td></tr>
<tr><td>오늘의 주요활동</td><td colspan="5">몸짓놀이 - 문어 / 산책 - 바위 공원</td></tr>
<tr><td>시간대</td><td colspan="5">활 동 내 용</td></tr>
<tr><td>9:00-10:00
자유 놀이</td><td colspan="5">오늘 점심 반찬으로 상추가 필요하다고 해서 우리 반 상추를 뜯어주기로 했다. "상추 뜯으러 갈 친구?" 하고 물었더니 혁준이는 처음에는 "지루해서 안 갈 거예요" 하더니 석준이가 가겠다고 하자 같이 간다고 한다. 은진이랑 경호는 교실놀이를 하고 싶다고 해서 석준이, 혁준이, 황금이, 나영이, 세현이가 텃밭으로 가게 되었다. 송현진도 텃밭 가는 길에 만나 같이 갔다. "붉은색 상추만 뽑아주세요"라며 상추 뽑는 시범을 보여주었는데, 아이들은 상추를 선뜻 뽑지 않고 있었다. "이제 다 뽑을 거니까 마음 푹 놓고 쑥 뽑아주세요." 했더니 그제야 하나 둘 상추를 뽑는다. 혁준이는 "쑥 쑥 뽑으니 시원해요."라고 이야기한다.
상추를 뽑은 자리에 콩벌레도 있고, 지렁이도 있고, 달팽이도 있다. 상추 뽑는 일은 뒷전이 되고, 아이들은 달팽이 잡는 일에 열을 올렸다. 달팽이가 집 밖으로 나오자 "이것 보세요. 나왔어요."라며 좋아했다. 아주 큰 콩벌레를 보며 "진짜 크다. 손가락만하다." 감탄하기도 한다. 달팽이는 교실에 가지고 가서 친구들과 같이 보기로 했다. 그리고 뜯은 상추들은 커다란 소쿠리에 담아서 주방에 가져다주고, 나머지는 정리해서 토끼 먹이로 주었다.</td></tr>
</table>

9:00–10:00 자유 놀이	교실에 있는 친구들에게 달팽이를 보여주자, 서로 보고 싶다며 우루루 몰려온다. "달팽이 머리가 나왔다", "달팽이 더듬이가 두 개다"라며 달팽이를 보며 관찰한 것들을 서로 이야기하기도 한다. 아이들이 너무 열심히 만져 달팽이가 상할 것 같아서 달팽이를 상추랑 같이 유리통에 담아두었는데, 달팽이들이 상추랑 유리병을 타고 올라와서 "선생님, 달팽이 나와요. 달팽이 여기 있어요"라며 아이들이 목소리를 높이게 하기도 했다.
10:10–10:30 몸짓놀이	늦게 정리를 하는 바람에 몸짓놀이에 늦어 버렸다. 자리를 잡고 앉아 가부좌 자세를 잡았다. 그런 뒤 도인법을 했는데, 월요일인데도 진지하게 임하는 모습이 보기에 좋았다. 동물 형상 중 문어를 배워 보았다. 아이들은 익숙하게 문어 동작을 취했고, 그래서 쉽게 문어 동작을 배울 수 있었다. 문어는 하기가 쉬워서 특별히 주의를 줄 필요가 없었다.
10:30–12:10 새참 산책	새참을 먹은 뒤 주말을 어떻게 보냈는지 이야기를 나누었다. 예빈이는 엄마랑 이모들이랑 통도환타지아에 놀러갔었다고 하고, 경호는 산에 가서 밥을 먹었다고 한다. 도형이랑 도연이는 서로 부족한 부분을 채워가며 이야기를 했는데, 도형이가 "엄마랑 누나랑 백화점에 가서 옷을 샀어요"라고 이야기하자, 도연이가 "엄마 옷을 샀어요"라고 대답한다. 덕용이는 절 옆에 있는 텃밭에 갔었다고 하고, 현진이는 "이순신 장군이 탄 거북선 있잖아요. 거기에 가서 하룻밤 자고, 구경하고 왔어요"라고 이야기한다. 다들 자기가 무엇을 했는지 이야기하고 싶어 했고, 이야기하는 것을 즐거워했다. 그런 뒤 산책을 어디로 갈 것인지 정했는데, 아이들이 바위공원에 가고 싶다고 해서 그렇게 하기로 했다. 바위공원으로 산책 가는 길에 접시꽃이 있어 "저 꽃 이름이 무엇인지 알죠?" 했더니 전에 가르쳐 주어서 "접시꽃"이라며 쉽게 대답을 한다. 접시꽃을 뜯어 코에 붙여주었더니 혁준이랑 도형이는 "꼬꼬댁 꼬고"라며 닭 흉내를 낸다. 혁준이는 "머리에 달면 진짜 닭 같겠다."고 하니 소원이는 "나는 나비 같다." 소연이는 "화장하는 것 같은데."라며 꽃잎을 화장솔처럼 흉내를 내어 보기도 했다. 바위공원에 도착하자 남자 아이들이 술래잡기를 하자며 친구들을 모았다. 처음에는 많은 수의 아이들이 술래잡기를 하더니 조금 뒤 호준이랑 황금, 덕용이랑 형준이만 술래잡기 놀이를 한다. 술래잡기 놀이를 한다고 하면서 '얼음망치' 하며 놀아서 술래잡기 놀이와 얼음 망치 놀이의 차이점을 설명해 주었다. 아이들은 "우리는 얼음망치놀이 하고 싶어요." 해서 그 놀이를 하게 하고, 지켜보았더니 자기 혼자서 얼음도 되었다가 '망치' 하며 도망을 다니기도 한다. "얼음하면 절대로 움직이면 안돼요. 다른 친구가 와서 망치해 줄 때까지는 움직이면 안돼요."라며 아이들이 하는 놀이를 지켜보면서 설명을 해주었다. 덕용이는 자기가 술래면서 얼음한 친구들을 "망치"라며 풀어주고 잡아서 친구들의 원성을 사기도 했다.

10:30-12:10 새참 산책	경호랑 동규, 현진, 정수는 커다란 바위에서 소방체험놀이를 하고 있었다. 정수가 "불이다 불 해야지."라고 말하니 다른 아이들이 "불이야." 소리를 지른다. 그러자 동규가 줄넘기 줄을 바위 위에서 내려주고, 현진이가 그것을 잡고 바위를 올라간다. 전에 해보았던 소방대피훈련을 흉내내며 노는 것 같았다. 서원이랑 소원, 나영이랑 예빈이는 커다란 바위를 집이라고 한다. 그림도구를 준비해서 온 아이들은 거기에서 그림을 그리는데, 곤충들이 많이 나왔었나 보다. 서원이는 "우리 집에 지렁이랑 거미 많아요"라며 나에게 자기들이 지어 놓은 집이 어떠한지 설명해 주기도 했다.				
3:00-5:00	오후 새참을 먹은 뒤 작은 선생님이 수업을 주도했다. '아빠 힘내세요.' 노래를 모든 가족이 함께 청소한다는 내용으로 개사하여 아이들이 불러 보게 했다. 처음에는 힘들어하며 음을 놓치더니 몇 번 반복하고 나서는 잘 부른다.				
오늘의평가및 내일의계획	내일은 할머니선생님의 동화를 듣고, 산책을 갈 계획이다.				
결석	조석현			행사	
오전 새참	토마토	점심	차수수밥, 무채국, 전유어, 상추겉절이, 김치	오후새참	땅콩죽 깍두기

④ 학급신문

월간계획 대신 한 달 동안 생활한 내용을 학부모에게 전달하기 위하여 학급신문을 만들고 있다. 학급신문은 미리 계획하는 것보다는 한 달 동안 학급생활의 기록의 의미를 갖는다고 볼 수 있으며, 가능한 아이 한 명 한 명의 모습이 담길 수 있도록 한다. 동시에 다음달에 이루어질 교육활동과 행사에 대하여 개략적인 소개도 함께 한다. 학급신문의 예는 부산대 부설 어린이집 홈페이지(http://ecochild.or.kr)에 실려 있다.

(2) 일본 야마구치대학 부속 유치원의 사례

① 연간계획

야마구치대학 부속 유치원은 '아이들의 자유와 삶을 살아가는 능력'을 길러 주기 위한 교육을 실시하고 있다. 다음은 야마구치대학 부속 유치원의 만 5세반 연간계획이다. 참고로 일본의 학기는 4월에 시작하여 다음해 3월에 끝이 난다.

(만 5세반 연간계획안)

월별	4 ~ 6월	6 ~ 10월	10 ~ 1월	1 ~ 3월
주제	같이 놀아	해보자. 힘내!	이렇게 해볼까	모두 같이 하자 곧이어 1학년!
목표	• 좋아하는 놀이를 찾아서 친구와 같이 즐긴다.	• 자기 나름의 목표를 세워서 놀이와 생활을 한다.	• 친구와 같이 같은 목표를 향해서 놀이를 함으로써 즐거움을 맛본다.	• 친구와의 신뢰관계를 돈독히 하고, 서로 인정하면서 집단 속에서 자신을 가지고 생활한다. • 초등학생이 되는 기쁨과 기대를 가지고 생활한다.
내용	• 환경과 생활의 변화에 익숙해져서 선생님과 친구들과 친해진다. • 형님반이 된 기쁨과 만족감을 갖는다. • 자신의 생각을 말하거나 친구의 생각을 들어주면서 친구와 같이 논다	• 흥미와 관심있는 일을 충분히 즐긴다. • 목표를 향해서 노력하거나 계속해서 접근하거나 의문스럽게 생각하는 것을 조사해 본다. • 친구와 의논하면서 목표를 향해 협력하고 놀이를 해 나간다.	• 친구와 상담하거나 협력하거나 일을 분담하거나 해서 같은 목표를 향해 접근해 간다. • 자기 스스로 여러 가지 문제를 해결하려고 한다. • 많은 친구들과 같이 노는 즐거움을 맛보고, 충실감을 갖는다.	• 집단 속에서 자신을 가지고 자기표현을 한다. • 친구의 좋은 점을 서로 인정하면서 생활한다. • 졸업에 대한 자각과 초등학교 입학에의 기대를 갖는다.

② 월간계획

다음은 만 5세반 11월 보육계획의 예이다. 월간계획을 중심으로 매일 교사들은 아이들의 놀이를 위한 환경의 배려와 도움 줄 내용을 계획하며, 주간계획과 일일계획은 따로 없다.

(만 5세반 월간계획안의 예)

행사	**보육참가, 소풍, 체격검사, 공개연구회**
환경 구성	목표를 갖고 노력해서 일을 해낼 수 있도록 한다. 같이 즐길 수 있는 장(場)을 만든다. 가을의 자연물로 놀 수 있게 한다. 교사와 아이들이 같이 위험하지 않도록 모닥불을 피워 군고구마를 만든다. 일륜차, 뜀틀, 철봉, 줄넘기(긴 것, 짧은 것), 축구공과 골대, 대형나무적목, 나무집, 종이상자, 종이상자 카터, 유신공원, 은행, 단풍, 나무열매, 낙엽, 본드 등, 모닥불과 군고구마(낙엽, 고구마, 도마, 칼)
아이의 생활	할 수 있게 되어서 좋아! 친구들을 불러모아 여럿이 모여 노는 것은 즐거워! 친구와 의논하고 역할을 서로 맡으면서 놀거야. 달리기를 즐긴다. 줄넘기를 한다. 일륜차를 탄다. 축구를 한다. 복권가게를 연다. 기지를 만들어 논다. 실외의 낙엽과 열매를 모은다. 소꿉장난을 한다. 액자를 만든다. 실뜨기를 한다. 숨바꼭질을 비롯한 전래놀이를 한다. 모닥불을 피워 군고구마를 만든다. 화단과 화분에 꽃을 옮겨 심는다(팬지, 데이지 등).
아이의 실태	• 친구들끼리 모여 집과 기지, 복권가게를 만들어 놀거나 친구들과 같이 장시간 혹은 며칠간 계속해서 즐기는 모습이 늘어난다. • 줄넘기, 철봉, 뜀틀 등 각자 자기 목표를 향해서 힘을 낸다. • 친구들을 불러모아 카세트에 음악을 틀어서 춤을 춘다. 동생반 친구들에게 춤을 보여주거나 가르쳐 준다. • 추운날 아침에는 '모닥불을 피워요'라고 하거나, 모닥불 연기를 보고 뛰어와 모인다. • 바깥놀이터의 낙엽을 모으거나, 고구마를 씻어서 군고구마를 준비한다. 군고구마가 익으면 모여서 나누어 먹는다. • 가을의 자연물을 이용해서 소꿉장난을 하거나, 작업을 하면서 놀이를 즐긴다. • 스스로 동생들을 놀이에 끼워주거나 군고구마를 나누어 준다. • 축구, 술래잡기 등 규칙있는 놀이에 흥미를 가지고 4・5명에서 10명까지 같이 놀며 즐긴다. • 화분에 꽃심기를 돕거나, 흙 속에 있는 벌레를 발견하고는 기뻐한다.
도움	• 스스로 하고 싶은 일에 몰입하거나 친구와 같은 과제를 향해 놀면서 문제를 해결하고 놀이가 즐겁게 지속될 수 있도록 돕는다. • 철봉, 뜀틀, 줄넘기 등을 노력해서 함으로써 즐거움을 맛볼 수 있도록, 방법을 가르쳐주거나 해 보이거나 격려한다. • 가을의 자연물을 이용해서 놀이를 하게 한다. • 모두 같이 군고구마를 만들 수 있도록 낙엽과 나뭇가지를 같이 모을 수 있도록 한다. • 친구들과 함께 군고구마를 자르거나 나누어주는 일을 준비하고 역할을 맡는다. • 추워져서 실내놀이가 많아지기 때문에, 줄넘기, 숨바꼭질 등 바깥에서 몸을 움직이며 놀 수 있도록 격려하거나 같이 논다. • 역할의식과 목적의식을 갖고 같은 이미지로 놀이를 즐길 수 있도록, 한 명 한 명의 움직임을 바라보고 필요에 따라 대응한다.
내용	• 스스로 자신을 갖고, 안정감을 갖고 행동한다. • 참고 양보하고 친절하게 대하는 등, 상대의 기분을 생각해서 행동한다. • 자신의 책임을 다하고 자기들이 생각한 약속을 지킨다. • 역할을 나누거나, 친구를 모으거나 해서 모두 같이 모여 논다. • 여러 가지 재료를 이용해서 특징을 살리거나 고안을 하면서 논다.

(3) 일본 오차노미즈여자대학 부속 유치원 사례

이 유치원에서는 연간계획이라는 형태의 교육계획만 있고 월안이나 주안, 일안은 없다. 연간계획은 3학기로 나누어 작성되는데, 1학기는 4~8월, 2학기는 9~12월, 3학기는 1~3월을 의미한다. 여기에서는 만 3세반 연간계획 중 1학기의 내용만을 발췌하여 소개한다.

연간계획(만 3세)

기별	목 표	현재 아이의 모습	교사의 도움사항
전기(前期)	• 유치원 생활에 적응한다. • 좋아하는 놀이를 하기도 하고, 친구, 교사와 함께 놀이를 한다. • 생활규칙을 조금씩 몸에 익힌다	• 씩씩하게 등원하여 마음에 드는 교구로 놀거나 친구들과 노는 아이도 있는가 하면, 자기 스스로 놀지 못하는 아이, 안정감 없이 돌아다니는 아이, 다른 아이의 놀이를 보고 있는 아이 등 여러 모습들이 보인다. • 불안감에 우는 아이, 엄마와 떨어지지 못하는 아이들도 보인다. • 친구, 선생님과 함께 놀기도 하고 장난감을 가지고 놀기도 하지만, 불안해져서 선생님 또는 엄마를 찾는 모습도 눈에 띈다. • 용변보기, 신발신기, 옷 갈아입기 등 아직 혼자 힘으로 되지 않는 아이들이 많다. • 자기의 교실과 사물함 장소를 몰라 불안해하는 경우도 있지만, 조금씩 주변을 인식하게 된다.	• 아이들의 있는 그대로의 모습을 수용하고, 각 아이들의 상황에 맞게 순조롭게 유치원 생활에 적응할 수 있도록 한다. • 아이 개개인이 안심할 수 있도록 말을 걸고, 아이가 친밀감을 느낄 수 있는 환경구성에 노력한다. • 엄마로부터 떨어지기 어려운 아이들은 무리없이 조금씩 떨어질 수 있도록 배려한다. • 아이들이 언제라도 놀이를 시작할 수 있도록 놀잇감의 종류와 가짓수를 고려해 준비한다. • 아이 한명한명이 즐겁게 놀 수 있도록 말을 걸어 주고, 함께 놀아준다. • 손씻기, 양치하기, 실외와 실내 신발 갈아신기 등의 생활 규칙이 조금씩 몸에 익혀지도록, 개개인에 맞게 격려하고 도와준다. • 불안해 하지 않도록 배려하고, 필요에 따라서 지도하고 도와준다
중기(中期)	• 친구들, 교사와 함께 생활하는 즐거움을 조금씩 알게 한다.	• 씩씩하게 등원하는 아이가 점점 많아지고 있지만, 놀이 방식과 흥미 정도에는 개인차가 크다. • 교사에게 친밀감을 나타내며, 자기가 하고 싶은 일을 교사에게 말을 하게 되지만, 아직도 자신의 생각을 밖으로 표현 못하는 아이도 있다.	• 아이들의 흥미와 발달상의 개인차가 크기 때문에, 한 명 한 명에 맞는 세심한 배려를 해준다. • 아이들 한 명 한 명의 요구를 받아 주도록 노력한다. • 자기 스스로 요구를 표현하지 못하는 아이들의 기분도 참작할 수 있도록 유의한다.

기별	목 표	현재 아이의 모습	교사의 도움사항
중기 (中期)		• 친구에게 관심을 가지기 시작하고, 친구의 이름을 외우기 시작한다. • 친구들과 함께, 또는 교사와 함께 노는 즐거움을 느끼면서 점점 친구들과 노는 재미를 느낀다. • 유치원에 적응하여 자기 스스로 놀 수 있게 되지만, 친구들과 싸우기도 하고, 장난감을 던지는 장면도 보인다. • 친구들과 재미있게 놀이를 할 수 있게 되지만, 심한 장난을 치기도 하고, 지나친 행동을 보이기도 한다.	• 교사도 아이들 사이에 들어가 아이들끼리 사이좋게 지낼 수 있는 계기를 만들어 주기도 하고, 친구들과 함께 놀이하는 즐거움을 맛볼 수 있도록 한다. • 아이가 자기 스스로 시작한 일을 소중히 여기고, 해서는 안 되는 일, 더 좋은 놀이 방법과 물건의 사용법 등을 터득 할 수 있도록 해 준다. • 친구들과의 접촉이 많아질수록, 장난치기도 하고, 경솔한 행동도 나타나지만, 금방 야단치지 말고 지켜보는 것도 필요하다. 지나칠 경우에는 교사가 다른 곳으로의 방향전환을 고려해 본다.
후기 (後期)	• 놀이와 흥미가 점차로 확대된다.	• 유치원 생활을 하면서 여러 가지 일에 흥미를 가지게 된다. • 교실과 그 주변에서 놀던 곳에서 아이의 행동범위가 넓어져, 여러 장소에 가보기도 하고, 새로운 교구를 사용해 보려고 한다. • 교사와 함께 유희실에서 놀기도 하고, 바깥놀이터와 동산에서 놀기도 한다. • 사육하는 동물과 풀, 꽃에 흥미를 나타내어, 먹이를 주기도 하고, 풀과 꽃을 채집도 하고, 곤충을 잡아보기도 한다. • 다양한 제작도구와 재료 등을 이용해 보려 한다. • 친구가 만든 것을 보고 자기도 만들어 보려 하고, 자기가 생각한 것을 만들어 보려고 한다.	• 아이가 흥미를 가지는 것 자체를 소중히 여기고 의욕을 북돋아 줄 수 있도록 배려한다. • 아이가 안심하고 새로운 장소나 놀잇감을 가지고 놀이할 수 있도록 교사도 함께 행동한다. • 아이들의 행동범위가 넓어지고 활발해지므로 교사는 언제라도 도움이 될 수 있도록, 한 명 한 명의 움직임과 상태를 파악한다. • 동식물의 다루는 방법, 작은 것에도 생명이 있다는 사실을 기회를 봐서 가르쳐 준다. • 아이가 사용하는 놀잇감과 재료는 위험하지 않고 다루기 쉬운 것으로 준비해 놓는다. • 아이가 생각한 것, 또는 만들고 싶은 것을 실현할 수 있도록 도와준다.

(4) 독일 발도르프 유치원 사례

독일 발도르프 프로그램에는 어떤 형태의 '학습계획서'도 없다. 굳이 특별한 계획을 필요로 하지 않는다. 시간과 내용의 틀은 계절의 변화와 축제,

명절 등에 의해 결정된다. 유치원의 한 해는 추수감사제와 함께 시작한다. 그 이후 미카엘제, 성 마틴축제, 강림절, 크리스마스, 공현축일, 사순절, 오순절, 세례요한의 축일 등 이어지는 각종 축일과 명절을 계절의 흐름에 맞추어 생활의 형태로 체험하게 하고 있다.

2) 교직원 업무계획

생태유아교육의 실천을 위해서는 교직원의 완전한 '자유'에 대한 보장이 뒤따라야 한다. 교사는 아이 존재에 대한 자신의 통찰과 이해를 바탕으로 자율적인 교육을 해 나갈 수 있도록 한다. 그리고 자율에는 완전한 책임을 질 수 있어야 한다. 원장 혹은 원감의 권위로 교사의 교육을 얽매게 하는 것은 교사의 자유와 창의성을 저해한다. 지금까지 한국의 제도교육을 받아온 사람들은 자유보다는 구속을 더 편안하게 생각하는 경향이 있다. 여기에서 탈피하기 위해서는 의식 전환이 필요하다.

생태유아교육 프로그램에는 완전한 것은 없다. 시행착오를 거쳐 가며 쌓아야 하는 성(城)과 같다. 그리고 이 성은 혼자 쌓을 수 있는 것이 아니다. 아이와 함께, 동료 교사, 학부모, 지역사회의 사람들이 손에 손을 맞잡고 대화를 하면서 만들어 가야 하는 성이다. 생태유아교육을 실천하고 있는 사람으로서 다음의 몇 가지를 추천한다.

(1) 대화의 시간이 필요하다.

교사들 간에 기관의 운영이나 프로그램의 실천, 아이들에 대한 관찰을 토대로 한 교육의 방법과 내용을 같이 이야기하는 시간을 가져야 한다. '교사 세미나' 시간을 1주일에 한 번씩 가져 생태유아교육의 철학과 실천에 관련된 서적들을 읽고 현장에의 적용을 논의해 보는 시간이 필요하다.

(2) 교사 자체연수 경험을 가진다.

매 학기마다 프로그램 실천과 반성을 정리해 보는 기회를 갖는다. 각 프로그램별로 실천 정도는 어떠했는지, 아이들과의 상호작용, 학부모와의 상호작용, 환경에 대한 배려는 어떻게 해 왔는지 정리를 해 보고 다른 교사들의 조언과 충고를 바탕으로 다음 학기를 준비할 수 있다.

(3) 특성화 경험을 갖는다.

처음부터 모든 프로그램을 다 잘해 나갈 수는 없다. 때에 따라서는 점진적인 방법으로 교사마다 자신 있는 프로그램을 주도적으로 실천하고 원내의 다른 교사들에게 실천경험을 전달하도록 하는 방법도 필요하다. 예를 들어 A교사는 손끝놀이의 명인(名人)이고, B교사는 몸짓놀이의 명인(名人)이 되어 다른 교사들을 이끌어 준다는 의미이다.

3) 행사계획

어릴 적에는 옆집의 제삿날만 되어도 괜스레 마음이 부풀고 기뻤었다. 정월대보름이면 겨울 논바닥에 달집을 짓기 위해 온 동네의 남녀노소가 모여들었다. 덩치 큰 어른들 사이를 헤집고 구경하느라 분주한 아이들과 많은 인파로 흥분한 동네 삽사리까지 잔치의 분위기를 더했던 기억이 난다. 그 때는 누구네 집 잔치든 온 동네 사람들이 모여들었고, 모든 잔치에는 시끌벅적함과 끈끈한 정(情)이 있었다. 의식적으로 보여주고자 한 프로그램은 없었지만 30년 세월이 흐른 지금도 그 기억은 가슴 한 편에 따뜻한 정서로 남아 있다.

유아교육기관의 행사에도 우리 전통사회 잔치문화의 향기를 심어 보면 어떨까. 한두 시간 어른들을 즐겁게 해주기 위하여 짙은 화장과 치렁치렁한 드레스에 몇 달의 고된 연습을 하는 아이들을 생각해 보자. 지금 유행하고 있는 유아교육기관의 재롱잔치 속에서는 아이의 존재는 찾아볼 수 없다. 단지 각본대로 움직이는 아이들을 보며 즐거워 하는 어른들만이 있을 뿐이다. 이젠 더 이상 아이들을 괴롭히는 행사가 되어서는 안 된다. 단순히 보여주기 위한 행사가 아니라 가장 먼저 아이들이 즐기고, 학부모와 교사가 즐길 수 있는 행사여야 한다. 반드시 화려하게 준비하는 잔치만이 좋은 것은 아니다. 조촐하고 소박하더라도 서로 마음이 즐겁고 신명나게 어우러질 수 있으면 된다. 또 행사는 유아교육기관을 지역사회에 개방하여 기관을 홍보하고 아이사랑 문화를 만들 수 있다는 데서도 의의를 찾을 수 있다.

입학식과 졸업식과 같은 행사는 어느 기관이든 같다. 하지만 생태적인 이념을 가지고 운영하는 기관이라면 명절과 절기, 계절과 자연의 흐름을 부각시키는 행사를 준비하는 것이 바람직하다고 본다. 예컨대, 정월대보름, 삼월삼짇날, 한식, 단오, 유두, 칠월칠석, 추석, 동지, 설날 등을 이용해 잔치를 열어 유치원과 어린이집 식구들과 동네 주민들이 함께 즐기는 것이다. 한 여름 동네 당산나무 아래서 사람들이 모여 수박 깨서 먹으며 놀던 기분으로 어린이집 식구들과 동네 주민들이 모여 「한여름밤의 음악회」나 「놀이마당」을 열 수도 있다. 한 해가 저물 무렵 1년 동안 도와주신 분들을 위하여 「감사의 날 행사」를 개최할 수 있을 것이다.

4) 학부모 · 지역사회 자원 활용계획

생태유아교육의 실천에서 빠질 수 없는 주요 요소가 바로 학부모와 지역사회 자원이다. 생태유아교육은 아이, 교사, 학부모, 지역사회가 하나의 공동체를 형성할 수 있어야 한다. 학부모는 교육의 주체이며 책임자이다. 학부모는 기관 내의 부모교육의 대상으로서가 아니라 원의 재정운영과 프로그램 실천에 동참을 해서 아이, 교사와 함께 교육의 주체로서의 몫을 다할 수 있어야 한다. 세계적인 프로그램으로 알려진 발도르프 프로그램이나 레지오 에밀리아 프로그램은 학부모 혹은 지역사회 자원을 유아교육기관의 운영에 적극 활용하는 대표적인 예로 알려져 있다.

구체적인 방법으로는 부모회를 조직하여 유치원 혹은 어린이집의 정책 수립이나, 프로그램 계획과 운영 및 평가, 재정운영에 대한 참여를 하도록 한다. 그 외에도 자원봉사, 일일교사로 참여하거나 부모 청소, 참여수업 참가, 어울림한마당이나 알뜰마당과 같은 행사준비 참여 등의 방법을 이용할 수 있다.

지역사회 자원의 활용은 찾아가는 방법과 모시는 방법이 있다. 아이들이 알고 싶어하고 만나고 싶어하는 지역사회의 자원을 찾아서 갈 수도 있고, 때에 따라서는 원으로 모실 수도 있다. 아이들이 지역사회 자원을 찾아갈 때는 대개 산책, 견학, 소풍이라는 방법을 이용한다. 견학, 산책의 대상을 유명한 문화적인 장소나 유적지, 놀이터가 아니면 안 된다는 편견을 가지고 있다. 또 견학이 일회적이고 수동적이며 행사성에 그치는 경향이 있다. 그 이유는 사회문화적 견학 장소가 지리적으로 멀다거나 차량 동원이나 비용 문제, 교사 자신의 전문성이나 인식 부족, 프로그램에 대한 정보 부족, 아이들의 인솔 문제 등을 들 수 있다.

꼭 거창한 곳이거나 유명한 사람이 아니어도 좋다. 아이들의 산책길에 만날 수 있는 시장 아주머니, 떡방앗간 아저씨를 찾아갈 수도 있다. 산책길에 가까운 보육원이나 양로원을 들를 수도 있다. 동네를 한 바퀴 돈다는 마음으로 나서면 된다. 동네 놀이터, 시장, 주변의 관공서, 박물관, 미술관, 지역 유적지 등을 방문하여 직접 관찰하고 지역사회 행사에 참여해 봄으로써 지역사회 생활에 대한 정보나 생활과정에 대하여 주체적이고 풍부한 학습을 할 수 있다.

모시는 지역사회 자원의 경우도 그렇다. 텃밭을 가꾸는 방법을 모를 때는 이웃 할아버지를 모실 수도 있다. 구두 수선공, 치과의사, 도예가, 태권도 사범, 축구선수, 신발가게 주인, 슈퍼마켓 주인 등 우리 주변의 모든 사람이 초빙대상이 된다. 행사 때는 포스트, 안내장이나 길놀이로 동네 주민들을 불러 모아 같이 잔치를 열 수도 있다. 할머니·할아버지 자원봉사자의 활용도 지역사회 자원을 잘 활용한 예라고 할 수 있다.

3. 생태유아교육 프로그램의 운영

1) 학급 편성 및 운영

유아교육기관에서 학급 편성 시 고려해야 하는 중요한 요인으로는 원아의 연령, 발달수준, 기관의 설립목적이나 철학적인 방향, 실내·외의 공간

면적과 교구의 확보 정도, 전체 원아수 등을 들 수 있다.

생태유아교육에서 보는 유아교육기관은 삶을 배우는 '집'과 같은 공간이다. 즉, 유아교육기관은 집과 같이 공동체적인 인간관계를 가르치고 아늑함과 유대감을 줄 수 있어야 한다. 따라서 대규모 혹은 너무 많은 아이들로는 서로간의 유대감을 갖기가 힘들다고 볼 수 있다. 그런 의미에서 시설의 원아수는 100명 이내가 적합하다. 원아수가 100명을 넘어서면 '집'의 기능을 상실하게 되기 때문이다.

학급은 혼합연령집단으로 구성하는 것이 가장 이상적이다. 전통사회에서는 집 안에도 여러 명의 형제가 있었고 집 밖에 놀러나가도 여러 연령대의 아이들이 어울려 종적인 놀이집단을 이루며 놀았다. 하지만 지금은 형제가 없거나 한두 명의 형제가 있을 뿐이고, 집 밖에서도 다양한 연령대의 친구들과 어울릴 수 있는 기회가 없어져 버렸다. 따라서 아이들에게는 기관에서나마 서로 상호작용할 수 있는 형제 자매관계가 필요해졌다. 학부모의 요구나 원의 사정으로 혼합연령 구성이 힘든 상황이라면 원의 실내와 실외, 학급간을 개방하여 모두 통합적으로 놀 수 있도록 계획할 수도 있다. 혹은 활동에 따라서 연령간 통합과 연령내 통합을 교차해 가면서 아이들간의 상호작용을 도와줄 수 있다. 연령간 통합은 여러 연령층의 아이들이 함께 어우러져 활동하는 것이고, 연령내 통합은 같은 연령층의 유아들이 함께 어우러져 활동하는 것을 말한다.

2) 일과운영

(1) 일과운영의 기본 방향

생태유아교육 프로그램의 운영은 우리 전통사회의 '공터놀이'에서 그 의미를 찾는다. 특히 생태유아교육 프로그램의 일과운영은 어릴 적 뛰놀았던 공터를 연상하면 무리가 없을 듯하다. 그 때의 공터는 공간과 시간과 연령과 자연이 통합된 놀이현장이었다. 우리 전통사회의 '공터놀이'에 기초하여 나름대로 일과운영상의 방향을 잡아 보았다.

① 프로그램을 통합적으로 운영한다.

앞의 '프로그램의 개요 소개'에서 제시한 프로그램들이 어떻게 조직되고 제시되는지 의문을 가질 수 있을 것이다. 이들 각 프로그램은 분리되어 있지 않고 서로 통합적으로 운영되어져야 한다. 예를 들어, 텃밭에 거름을 주기 위하여 산책길에 부엽토를 가져오기도 하고, 주워 온 자연물로 작업을 하기도 한다. 추석날 송편을 만들기 위해 산책길에 미리 솔잎을 모아 온다. 텃밭에서 기른 작물을 수확해 요리를 해서 먹기도 하고, 동물의 먹이로 주기도 한다. 그리고 모든 프로그램의 윤활유 역할을 하는 사람이 바로 할머니 선생님이다. 프로그램은 서로 통합적으로 운영되어져야 하며, '얼마나 자연스러운 생활로 통합하는가'에 프로그램의 성패가 달려 있다.

그렇다고 많은 프로그램을 실천하기 위하여 바쁘거나 서둘러서는 안 된다. 시간의 느슨함과 여유로움이 배여나는 생활 형태의 실천이어야 한다. 참고로 만 5세반의 1주일간의 일과운영을 참고로 프로그램 운영의 예를 보여주고자 한다.

2001. 12. 17(**월**)

- 9시 : 아침 일찍 등원한 아이들과 함께 모여 지난 주 담근 유자차를 마신다. 음악과 함께. 자유놀이를 하다.
- 11시 : 내일 있을 감사의 날을 준비한다. 경비 아저씨께 드릴 편지와 그림을 준비한다.
- 12시 : 새천년 건강체조를 한 후 점심식사를 하다. 바깥놀이
- 14시 30분 ~ 18시 : 아이의 생일잔치, 간식, 자유놀이, 귀가

2001. 12. 18(**화**)

- 9시 : 경비 아저씨께 드릴 그림에 표지를 만들다. 아저씨를 모시러 갔으나 안 계셔서 행사를 내일로 미루기로 하다. 아저씨에 대한 얘기를 나누다.
- 11시 : 간식을 먹고 남은 귤껍질을 들고 내일 김장 때 쓸 배추를 뽑으러 텃밭으로 가다. 거름통에 귤껍질을 부어 놓고 배추와 무를 뽑다. 배추는 벌레가 많이 먹어 있다.

- 12시 : 점심밥을 먹고 교실로 올라와 배추를 소금에 절이다.
- 15시 ~ 18시 : 오후 새참을 먹은 아이들은 은지에게 줄 생일 그림을 그리다. 자유놀이를 함께 하다가 귀가한다.

2001. 12. 19(수)

- 9시 : 어제 절여 둔 배추를 씻어서 물을 빼기 위해 소쿠리에 담아 둔다.
- 9시 30분 : 크리스마스를 대비해 아뜨리에로 올라가 양초 만들기를 한다.
- 11시 30분 : 교실로 돌아와 김치를 담그다. 점심 식사 후에는 언제나처럼 바깥놀이를 한다.
- 14시 30분 ~ 18시 : 아이의 생일축하를 한다. 자유놀이, 귀가

2001. 12. 20(목)

- 9시 : 등원, 자유놀이
- 10시 : 할머니, 할아버지에 대한 얘기를 나누고, 새 노래를 배운다.
- 13시 : 점심을 먹고 난 후, 아이 열 명은 성심할머니집으로 가기 위해 산책을 나서다. 나머지 친구들은 바깥놀이터에서 놀다. 성심할머니집에서는 할머니들을 위해 노래를 불러드리고 어깨도 주물러 드리다. 다음부터 산책길에 자주 들르기로 한다.
- 15시 ~ 18시 : 자유놀이와 귀가를 한다.

2001. 12. 21(금)

- 9시 : 등원과 함께 오늘 실시할 동지행사를 준비하다. 바깥놀이터의 아궁이 불을 지피기 위하여 나무를 준비해 놓다.
- 10시 : 동생반 친구들과 함께 새알을 빚고, 다리 세기, 부적 만들기를 하다. 할머니선생님이 아궁이에서 팥죽 끓이는 모습을 구경하다. 팥죽을 먹다.
- 12시 : 점심식사를 하고 나서 바깥놀이를 한다.
- 14시 30분 ~ 18시 : 아이의 생일잔치를 하다. 자유놀이와 귀가

2001. 12. 22(토)

- 9시 : 등원한 아이 수가 적다. 모두 같이 산책을 한다.

② 대집단 활동 시간을 가능한 줄인다.

엄밀한 의미에서 대집단 활동이란 자신과 타인을 하나의 틀 속에서 생각해야 가능한 일이다. 그래서 아이가 자신의 세계를 충분히 탐색하는 경험이 있어야 집단 속에서 자신을 위치지울 수 있게 된다. 그렇지 않고 아이가 제도와 틀에 맞게 행동하게 될 때, 진정한 의미의 아동은 박탈당하게 되는 것이다. 하지만 아이들의 자유놀이 중, 흥미거리를 중심으로 하나 둘 모여들어 대집단을 이루는 형태는 가능하다. 다음은 개별 아동의 흥미를 중심으로 자연스럽게 대집단 활동이 일어나는 예이다.

> 오후 간식을 먼저 먹은 아이들이 여기저기서 놀고 있는데 몇 명은 벌써 마당에 나갔다. 마당 뒤편의 나무에는 고드름이 장관을 이루고 있었다. 아이들은 맨손으로 얼음조각을 떼어내고, 한 아이는 '집으로 가져가야지'라고 말하면서 얼음을 들고 방으로 들어간다. 교사가 아이들이 들고 들어온 얼음 조각을 보고는 "어머, 이거 어디 있니?" 신기해 하며 밖으로 뛰어 나간다. 아이들과 교사 모두 얼음을 한 조각씩 떼어서 손을 호호 불며 방으로 들어온다. 교사가 "우리 이 얼음을 빨대로 불어 보자. 어떻게 되는지 보자"라고 하며 빨대를 하나씩 나누어 준다. 모든 아이들은 탁자 위에 얼음을 올려놓고 빨대를 대고 불기 시작한다. 한 아이가 놀란 표정으로 "어 여기 구멍이 생겼다"고 말한다. "나도 구멍이 생겼다." 여기저기서 아이들이 말한다.

③ 음(陰)과 양(陽)이 조화된 일과운영을 한다.

우리가 호흡하는 것 자체가 리듬이다. 호흡은 내쉬는 것과 들이마시는 것이 있다. 이 원리는 모든 삶에 연결되어 있다. 신체의 움직임에도 리듬이 있듯이 우리의 삶의 움직임에도 리듬이 필요하다. 하루 일과 속에도 강, 약과 부드러움과 거칠음, 시끄러움과 고요, 활동과 정지의 리듬이 스미도록 하는 것이다. 격렬한 바깥놀이나 활동적인 산책 뒤에는 고요히 자신의 영혼을 들여다보는 명상을 할 수 있다. 혹은 부산한 자유놀이 후에는 조용히 차를 마시는 시간을 가질 수 있다. 정(靜)과 동(動)의 적절한 안배가 바로 일과의 리듬이라 할 수 있다.

④ 아이들의 리듬에 맞춘 시간운영을 한다.

현대의 기계문명에 살고 있는 우리는 시간의 흐름에 따라 살기보다는 시간을 구획하며 살아간다. 산업사회에서 효율적으로 조직된 관계망에 잘 적응하기 위해서 우리는 우리의 경험을 손익에 의해 분석하게 되는데, 이것은 스케줄, '시간 낭비', '시간은 돈이다' 등의 개념에 잘 나타나 있다. 하지만 우리가 어릴 적 놀았던 '공터'를 한 번 떠올려 보자. 그 곳에는 분절된 시간이 없었다. 활동에 따른 계획된 시간도 없었다. 다만 아이들의 공터라는 공간 속에서 통합된 시간 속에서의 총체적인 경험을 했던 것이다.

산업사회의 분리되고 조각난 시간이 아닌 자연의 시간감각으로 하루하루 사는 것을 중요하게 생각해야 한다. 그리고 시간을 집단을 다루는 통제의 개념이 아니라 아이 한 명 한 명이 자신의 내면을 충분히 표현할 수 있는 개별적인 시간을 중요하게 여겨서 아이 자신의 세계에 몰입할 수 있는 놀이시간을 충분히 주어야 한다.

등원, 자유놀이, 아침모임, 집단활동, 바깥놀이, 점심식사, 낮잠, 정리정돈, 오후 간식, 미술·음악 개인지도 및 시청각 교육, 정리정돈, 귀가 등의 세분화된 시간표를 아이들은 과연 만족하고 있는가. 아이들의 주의집중시간이 짧다는 판단 하에 시간을 조각내 놓은 예이지만 아이들을 관찰해 보면 그렇지 않다. 그들이 진정 좋아하는 놀이는 푹 빠질 만큼 몰입한다. 시간가는 줄도 모른 채 ….

언젠가 일본의 야마구치대학 부속 유치원의 보육전경을 관찰한 적이 있다. 한 여자아이가 바깥놀이터 수돗가에서 대야에 모래를 넣어 씻어 담는 놀이를 하고 있었다. 다소 추운 날씨였음에도 불구하고 그 여자아이는 쉬지 않고 대야에 담긴 모래를 씻는 활동을 계속하고 있었다. 아침 등원을 해서 집에 갈 때까지 약 2시간 동안 한 가지 놀이를 계속하다가 집으로 돌아가는 그 여자아이의 얼굴에 만족감과 성취감이 감돌았던 기억이 난다. 등원, 자유놀이, 간식, 대집단 활동, 바깥놀이 등 잘게 잘라진 시간대 속에 그 여자아이를 두었더라면 어떠했을까. 물리적인 시간과 아이들이 체험하는 시간은 달리 흐른다는 것을 발견할 수 있는 좋은 기회였다.

⑤ 사람들을 통합한 일과운영을 한다.

아이들 집단간의 통합은 연령간 통합과 연령내 통합으로 나눌 수 있다. 연령별 학급 편성을 당연시하고 있는 우리 현실에서는 여러 연령층의 아이들이 함께 활동하거나 같은 연령이라도 반이 다른 아이들이 서로 돕고 이해할 수 있는 기회를 가능한 많이 제공할 필요가 있다. 바깥놀이, 산책, 텃밭가꾸기 등은 연령간 통합이나 연령내 통합활동을 실천하기에 적합하다. 아이들간의 경계를 없애는 활동은 아이와 교사, 교사와 교사 간의 이해와 협조의 폭을 넓혀 공동체 의식을 높이는 데 유익하다. 경계를 넓혀 초·중등학생, 장애우, 노인, 지역 주민들 간의 교류도 프로그램 실천에 빠질 수 없는 내용이다.

⑥ 공간을 넘나드는 일과운영을 한다.

유아교육시설에서 연령별로, 층별로, 또는 기능별로 구분되고 통제된 공간에서 교사의 지시에 따라 사용하는 것이 아니라 아이 스스로 선택할 수 있고 자유롭게 드나들 수 있도록 허용되어야 함을 뜻한다.

공간의 통합은 실내·외 흥미 영역간의 통합, 교실간의 통합, 실내와 실외 공간의 통합, 유아교육시설과 주변 지역사회 공간의 통합을 의미한다. 일반적으로 유아교육시설은 실내·외 공간을 흥미 영역으로 구분해 놓고 있다. 그렇다면 흥미 영역이 과연 아이들의 흥미와 요구를 기초로 한 것인가. 이는 제도교육의 산물로 교육공간을 효율적으로 통제하기 위한 하나의 방편일 수 있는 것은 아닌가. 따라서 세분화된 흥미 영역을 점차 통합해 나가는 노력이 필요하다고 본다.

또한 실내공간과 실외공간의 통합도 필요하다. 실내와 실외의 통합은 실내놀이와 실외놀이가 균형있게 이루어지도록 계획·운영해야 한다는 의미이면서, 동시에 실내공간과 실외공간을 하나의 공간으로 보고 동시적인 시간대 속에서 운영하자는 의미이기도 하다. 유아교육시설은 주변 지역사회에 열려 있어야 한다. 아이들이 시설 안에서만 안전하게 갇혀 있을 것이 아니라 지역사회 곳곳이 모두 교육자원으로 이용될 수 있어야 한다. 유아교육시설 주변의 공원, 시장, 산이나 들이나 냇가 등으로 아이들의 활동 영역을 넓혀 아이들이 일상적으로 바깥세상에 다닐 수 있는 구조와 환경이 조성되어야 한다.

기존의 구조기능적인 교육에서는 학습의 공간은 교실이며, 바깥놀이터는 시간대의 틈새를 메우는 자투리 시간 정도로 인식되어져 왔다. 그렇다면 지금부터 이러한 기존의 인식을 뒤집어 보는 노력도 필요하다고 본다. 생태유아교육이 교육을 '삶을 체험하는 교육'으로 본다면 교육의 공간은 확대되어져야 한다. 교실을 벗어나 바깥놀이터에서 모든 연령대의 아이들이 함께 놀면서 자라고, 원의 문 밖을 나서서 사람들의 세상살이를 체험하고 자연세계를 접하는 것은 당연히 이루어져야 할 교육행위인 것이다. 그런 의미에서 "밖으로 밖으로"를 크게 외쳐 보자.

(2) 일과운영 사례

일과운영의 예는 다양하다. 특히, 일과의 시간 조직은 대상 유아나 운영 형태, 지향하는 철학에 따라 차이가 있다. 여기서는 아이들의 '자유'를 강조하는 기관들의 일과운영의 시간 조직의 예들을 제시하고자 한다.

① 부산대학교 부설 어린이집의 사례

7:30 ~ 10:00	등원 및 자유놀이
10:00 ~ 10:20	오전 간식, 화장실 가기
10:20 ~ 12:00	바깥놀이, 산책, 텃밭가꾸기, 아뜨리에 활동 등 주제에 맞춘 활동
12:00 ~ 15:00	점심, 낮잠(만 5세반은 낮잠이 없음)
15:00 ~ 16:00	정리정돈, 오후 간식
16:00 ~ 19:30	자유놀이, 동화, 생일잔치, 귀가

부산대학교 부설 어린이집의 시간 운영은 등·하원 시간은 정해두되, 하루의 세부적인 일과운영은 교사의 자율에 맡기는 편이다. 따뜻한 봄날 꽃구경을 위해서라면 원에서 간단한 도시락을 준비해 낮잠시간 없이 밖에서 즐기다 돌아올 수도 있다. 오전 간식시간과 바깥놀이나 산책시간을 통합해

서 바깥놀이나 산책에 간식을 가져 나가 먹기도 한다. 하지만 아이 수가 200명을 넘어서는 대규모 기관이고 공간이 복층이며 실내·외의 공간 이동이 자유롭지 않아 일과운영상 한계가 따른다.

② 일본 야마구치대학 부속유치원의 사례

아침 9시경 엄마·아빠의 손을 잡고 등원을 해서 오후 1시 30분경 집으로 돌아가기 전까지 아이들은 원 전체를 돌아다니며 자신이 좋아하는 놀이를 한다. 등원해서 담임교사와 눈을 맞추어 인사를 한 후, 사물함에 가방과 외투를 벗어놓은 이후에는 원내의 모든 공간과 모든 사람이 상호작용의 대상이다. 모두가 모여 앉는 시간은 집으로 돌아가기 직전에 잠시 둘러앉아 동화를 들려 주거나 하루 있었던 얘기를 듣는 시간뿐이다. 시간과 공간, 사람 간의 완전한 통합을 이룬 예라고 할 수 있다.

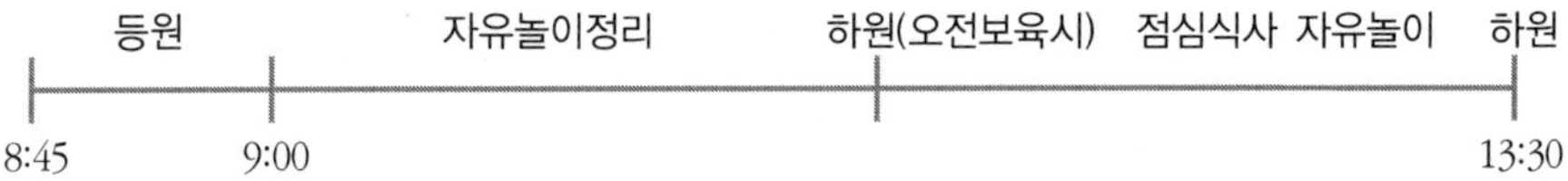

③ 발도르프 유치원의 사례

7:00	등원, 교사와의 만남
7:30 ~ 9:15	자유놀이, 간식 준비, 작업, 기념일이나 축제와 연관된 활동
9:15 ~ 10:00	정리정돈, 리듬있는 놀이
10:00 ~ 10:20	아침모임, 실외옷 입기, 신발 갈아신기
10:20 ~ 11:45	정원에서 자유놀이, 모래밭, 공놀이, 줄넘기 등 화단가꾸기, 풀베기, 잔디밭 가꾸기, 춥거나 가벼운 비가 오는 날씨에는 공원 산책하기, 손씻기
11:45 ~ 12:00	동화모임, 1 ~ 2주일 내내 같은 이야기를 들려 준다.
12:00	귀가, 학부모가 직접 데려간다.

3) 공간구성

유아교육시설의 공간은 아이들의 삶을 도울 수 있는 공간으로 꾸며지고 운영되어져야 한다. 공간은 크게 실내공간과 실외공간으로 나누어진다.

(1) 실내공간 운영

먼저 실내 흥미영역간의 통합을 꾀한다. 모든 영역을 없애기 힘들다면 영역을 점차 줄여가는 방법도 실천해 볼 수 있다. 그리고 아이들의 놀잇감은 자연친화적이어야 한다. 자연 그대로의 것을 아이들 스스로 제작하여 활용하는 방안을 생각해 보아야 한다. 플라스틱 장난감은 금물! 아이들에 득보다는 실, 폐해가 훨씬 많은 TV와 컴퓨터는 없앤다. 벽이나 환경판의 색상도 강한 원색은 피하고, 자연의 색과 은은한 파스텔 톤의 색깔은 아이들의 눈을 피로하게 하지 않고 안정감을 준다. 변화무쌍하고 강렬한 색상은 과도한 자극을 초래하게 된다. 실내 영역은 친밀감이 있고 가능한 쾌적해야 하며, 가능한 낮시간 동안은 인공조명이 필요 없도록 해야 한다.

(2) 실내와 실외는 항상 드나들 수 있도록 되어 있어야 한다.

건물은 단층으로 비가 오더라도 밖에서 활동을 할 수 있도록 처마를 길게 내어 테라스를 만들면 좋다. 위치는 동남쪽으로 하여 아침 햇빛을 충분히 받을 수 있도록 한다. 창문은 활짝 열 수 있어 언제나 환기 가능해야 한다.

(3) 실외공간의 구성

실외공간은 거대한 그리고 강렬한 원색의 복합놀이시설이 있어야 한다고 생각한다. 하지만 복합놀이시설은 경제적인 비용에 비하여 활용가치는 덜한 편이다. 아이들을 관찰해 보면 흙과 모래, 물, 나뭇조각 몇 개만 있어도 다양한 놀이를 만들어 간다. 아이 스스로 기능을 부여할 수 있는 환경을 더 선호하기 때문이다. 아이들의 놀잇감으로는 완전하고 고정된 것보다는 스스로 문화를 만들어 갈 수 있도록 돕는 자연이 가장 좋다. 따라서 아이들은 다양한 자연, 즉 흙, 모래, 물, 돌, 나무, 햇빛, 바람, 불을 경험할 수 있어야 한다. 공간의 높낮이를 경험시키는 것도 필요하다. 불을 이용해 다양한 요리활동을 할 수 있도록 아궁이를 만들어야 한다. 나무는 가능한 외국에서 들여온 수목보다는 우리의 나무를 심어 주면 좋다. 소나무, 대나무, 포구나무를 비롯하여 감나무, 사과나무, 모과나무, 배나무, 석류 등의 유실수를 심어 주어 열매가 열리고 자라 수확하는 과정을 경험시키면 좋다. 실외공간 어디엔가 화초를 기를 수 있어야 한다. 그것도 우리 꽃이면 좋다. 여러 가지 잡초가 어우러진 수풀 밭이면 더 좋다. 나무와 화초 곁에는 연못을 만들어 항상 물기를 줄 수 있어야 하고 아이들에게는 물 속의 생태계를 경험시켜야 한다. 동물우리를 만들어 개, 닭, 토끼, 새를 가까이에서 접하도록 한다. 텃밭도 마련한다. 약간 습한 공간을 만들어 아이들이 언제라도 여러 가지 벌레를 관찰할 수 있도록 한다. 비가 와도 비를 피할 수 있는 놀이공간을 마련한다. 뒷마당을 만들어 엄마의 품 속 같은 그들만의 비밀공간을 만들어 준다. 놀잇감은 플라스틱의 알록달록한 제품들보다 집에서 가져온 그릇들이나 폐품을 활용함으로써 생태의 순환 개념을 가르친다.

참 고 문 헌

곽노의(1999). **자유 발도르프 유아교육**. 서울: 밝은누리.

보리편집부 엮음(1997). **작은 학교가 아름답다**. 서울: 보리출판사.

윤구병(1995). **실험학교 이야기**. 서울: 보리출판사.

이철국(1998). **강아지똥 선생님의 공동육아이야기**. 서울: 내일을 여는 책.

임재책, 하정연, 김은주, 박채숙, 박명숙, 최윤정(1999). **얘들아! 산책가자: 선생님들이 직접 쓴 산책 프로그램**. 서울: 양서원.

임재택, 하정연, 조채영, 노진형, 홍정애, 강현진, 김미옥(2000). **선생님 텃밭가요: 선생님들이 직접 쓴 텃밭가꾸기 프로그램**. 서울: 양서원.

임재택, 하정연, 노진형, 김정미, 이숙희(2000). **선생님! 세시풍속이 뭐예요: 선생님들이 직접 쓴 세시풍속 프로그램**. 서울: 양서원.

임재택, 김경호, 하정연, 김은주, 최윤정(2000). **할머니・할아버지 함께 놀아요: 선생님들이 직접 쓴 노인・아동 상호작용 프로그램**. 서울: 양서원.

채규철(1997). **ET할아버지와 두밀리 자연학교**. 서울: 내일을 여는 책.
하정연(2002). 생태유아교육 프로그램의 계획 및 운영실제. **한국생태유아교육학회 교사연수자료집**, pp. 20-54.
______(2004). 생태유아교육 프로그램에 관한 문화기술적 연구: 부산대학교 부설 어린이집을 사례로. 부산대학교 대학원 박사학위논문.
하이타니 겐지로 저, 햇살과 나뭇꾼 역(1996). **아이들에게 배운다**. 서울: 도서출판 개마고원.
쿠와하라 아키노리 저, 김경호, 하정연 역(1999). **아이와 함께 하는 산책**. 서울: 양서원.
부산대 부설 어린이집의 홈페이지 사이트. http://ecochild.or.kr.

제8장

생태유아 교육과 생활공간

- 생태유아교육과 생활공간의 개념
- 유아교육기관의 생태건축 방안
- 생태적 실내·외 공간의 구성 및 활용
- 생태적 비품 및 교재·교구의 성격

대답해 보아라

사람이 없어도 나무는
열매를 맺는다.
나무가 없으면 사람은
숨도 못 쉰다.

그래도 사람이 나무보다 크냐?

사람이 없어도 강(江)은
유유히 흐른다.
강물이 없으면 사람은
목말라 죽는다.

그래도 사람이 강보다 크냐?

이현주(2001). 대답해 보아라. 녹색평론, 제56호, pp.96–97.

생태유아교육은 자연의 순리에 따르는 자연친화적 유아교육이고, 생명의 원리에 따라 아이들을 돌보고 모시고 살리는 교육이다. 또한 생태유아교육은 산업문명의 피해자인 우리 아이들에게 잃어버린 '자연'과 '놀이'와 '아이다움'을 되찾아 주는 교육이다. 따라서 생태유아교육기관이라는 생활공간은 자연친화적 공간이어야 하고, 생명의 원리에 따라 아이들을 돌보고 모시고 살리는 공간이어야 하고, 아이들에게 자연과 놀이와 아이다움을 되찾아 주는 공간이어야 한다. 따라서 여기서는 생태유아교육 측면에서 바라본 유아교육기관이라는 생활공간의 개념, 생태건축으로 유아교육기관의 신축과 리모델링 방안, 생태적 실내·외 생활공간의 구성 및 활용, 생태적 비품 및 교재·교구의 성격과 종류 등에 대하여 살펴보고자 한다.

1. 생태유아교육과 생활공간의 개념

생활공간은 그것을 바라보는 관점에 따라 다르게 구성될 수 있다. 여기서는 생태유아교육에서 바라보는 생활공간의 의미와 살림집으로서의 유아교육기관의 특징에 대하여 살펴볼 것이다.

1) 아이, 생활 및 공간의 의미

인간은 자연의 모든 생명체 중의 하나로 자연에서 태어나서 모든 생명체들과 유기적으로 관계를 하면서 자연 속에서 살다가 수명이 다하면 다시 자연으로 돌아간다. 인간이라는 생명체는 소우주이고 자연은 대우주이며 인간을 비롯한 우주의 뭇 생명체들은 자연의 순리, 즉 생명의 원리에 따라 존재한다.

아이 역시 자연의 모든 생명체 중의 하나이다. 아이는 생명의 본성, 즉 자연의 순리에 따라 스스로 살아가는 존재인 동시에 다른 생명체들과 더불어 살아가는 존재이다. 아이는 다른 모든 생명체와 마찬가지로 스스로 그러하게 살아가고(自然生), 스스로 더불어 그러하게 살아가는(共然生), 즉 아이는 자생(自生)과 공생(共生)을 동시에 하는 존재이다. 따라서 우리는 아이가 자생하고 공생하면서 자라도록 아이라는 생명체를 살려야 하고, 이 아이라는 생명체를 살리기 위해 아이를 둘러싸고 있는 주변의 모든 생명체를 살려야 한다. 전자는 아이살림이고 후자는 생명살림이다.

또한 아이는 몸·마음·영혼이 하나의 생명으로 연결된 생명체이다. 이것은 하나이면서 셋으로 작용하는 일체삼용(一體三用)이다. 즉 몸·마음·영혼은 각각 생명의 본성을 지니고 있으며 셋이 모여진 아이라는 생명체도 동일한 생명의 본성을 가지고 있다. 결국 몸살림, 마음살림, 영혼살림은 아이살림으로 통하며 또한 아이살림은 생명살림과 동시에 이루어지는 것으로 아이살림이 곧 생명살림이고 생명살림이 곧 아이살림이다.

인간이 살아간다는 것은 정자와 난자의 결합, 즉 수태에서부터 죽기 전까지 살아서(生) 활동하는 것(活)을 의미한다. 인간이 살아간다는 것은 즉 삶이고, 살아서 활동하는 생활(生活)이다. 인간은 의(依)·식(食)·주(住)를 통해 생존하고 육아를 통해 종족을 번식한다. 결국 의식주와 육아는 인간의 '삶'이고, '생활'이며, 인간을 살리는 '살림'이면서 '살림살이'이다. 지구상의 모든 생명체들의 삶의 공간은 '우주'라는 자연생태계이다. 모든 생명체들은 그 곳에서 각기 나름대로의 방식으로 공간을 점유하고 생명의 법칙에 따라 자신의 생명을 영위하며 살아간다.

일반적으로 생활공간으로서 우리 전통의 가정집은 모든 생명체들을 살리는 생명의 기운이 깃든 살림집이었다. 자연 만물이 함께 어울려 살아가는 살림집으로서의 가정집의 구성원인 가족들은 물론 가축, 곡식 및 채소들과 땅과 물과 공기가 살아 있고, 또한 이들은 각자가 서로가 서로를 살리는 생활을 하였다. 또한 우리 선조들은 자연과 더불어 살아가려는 나름대로의 원칙이 있었다. 자연의 재료를 이용해서 이 땅에 어울리는 집을 지었으며 수챗구멍에 사는 미물까지 생각해서 개숫물조차 함께 버리지 않는 생명존중의 철학을 지키며 살아왔다. 이와 같이 한국 전통의 가정집은 삶의 공간이고 살림의 공간이고 생활의 공간이었다.

더욱이 인간은 자궁이라는 '아기집'에서 열 달 동안 살며, 세상에 태어나 '가정집'에서 한평생을 살다가 목숨이 다하면 다시 고향인 '흙집'으로 돌아가는 순환의 과정을 거친다. 이와 같이 생활공간인 집은 인간이라는 생명체를 모시고 돌보고 섬기고 살리는 일을 한다. 우리가 일상적으로 살아가는 '가정집'을 '살림집'이라고 하는 것도 이 같은 깊은 뜻을 반영한 말이다. 이러한 집들 중 태아(胎兒)가 살아가는 '아기집'이 생명을 가장 잘 살리는 집이라 할 수 있다. 따라서 아이들을 돌보는 공간인 집은 '아기집'의 정신과 활동을 본받아야 한다.

2) 살림집으로서의 유아교육기관

몸은 마음과 영혼의 안식처이고, 집은 그 몸의 거처이다. 몸은 자연에서 와서 목숨이 다하면 자연으로 돌아가는 것처럼 집 또한 자연에서 왔다가 자연으로 돌아가야 한다. 즉, 몸이 생명체이듯이 집도 생명체이다. 이것이 집의 본질이다. 따라서 아이살림의 집은 생명의 원리를 담고 있는 살림집이어야 한다. 가정집이든 유치원 어린이집이든 아이들을 돌보는 집은 아이 생명이 꽃피는 생기 충만한 살림의 집이어야 한다(고제순, 2005).

그러므로 유아교육기관의 원장과 교사를 비롯한 어른들은 태아를 잉태한 임신부의 마음과 정성과 소망으로 아이들을 모시고 섬기고 돌봐야 한다. 또한 유아교육기관이 살림집이 되려면 아이들은 물론 교사, 동물과 식물, 심지어 흙과 공기, 물도 함께 살아야 한다. 뿐만 아니라 삶의 공간에서 근원적으로 행해지는 의식주 생활 역시 살아 있어야 한다. 그리하여 유아교육기관은 모든 생명체들이 내뿜는 생명의 기운, 즉 생기(生氣) 가득한 살림집이어야 한다.

살림집을 지을 때는 자연의 재료를 사용하는 것이 중요하다. 생명이 있는 자연재료인 흙, 돌, 나무 등은 수명이 다하면 모두 자연으로 돌아간다. 따라서 살림집은 인공재료나 화학재료를 가능한 배제하고 자연재료를 사용하여 자연을 닮은 집을 지어야 한다. 또한 유아교육기관을 지을 때는 화려하지 않고, 단순 소박하며 자연의 모습을 닮아 주위 자연과 조화를 이루어야 한다. 그리고 유아교육기관의 가구나 아이들의 교재·교구나 비품들도 자연재료로 만들거나 자연물을 활용하는 것이 좋다. 뿐만 아니라 인공적인 냉·난방 장치에 의존하고 실내 냄새를 제거하기 위하여 방향제, 탈취제 등 화학물질을 사용하기보다는 자연통풍, 자연채광 및 식물을 이용한 자연 방향제를 사용하도록 한다.

또한 생태유아교육기관은 여러 연령대의 사람과 강아지, 닭, 토끼와 같은 가축 및 채소, 유실수, 꽃 등 다양한 생명체들이 함께 어울려 살 수 있는 생명의 기운이 가득 찬 곳이어야 한다. 특히 유아교육기관을 지을 때는 자연과 어울리기 쉽도록 가능한 실내공간을 실외 놀이마당과 쉽게 연결될 수 있도록 하고, 흙에서 멀어지지 않게 1, 2층 정도로 짓는 것이 좋다.

요컨대, 친환경재료(흙, 나무, 돌 등)에 의해 지어지고 자연에너지(태양, 바람, 물)를 이용하며 자연의 원리(자연환기, 자연채광, 옥상녹화)를 담고 있는 생태유아교육기관을 지어야 한다. 그 속에서 뛰어노는 아이들은 자연스럽게 자연의 순리를 배우며 생명의 본질을 배우게 되는 것이다. 따라서 아이들을 집단적·전문적으로 돌보는 유치원 어린이집은 아이들과 뭇 생명을 살리는 '살림집'이 되어야 한다.

2. 유아교육기관의 생태건축 방안

여기서는 유아교육기관의 현대건축의 문제점을 살펴보고 유아교육기관을 생태건축으로 짓기 위한 방안을 탐색해 보고자 한다.

1) 유아교육기관의 현대건축 문제

(1) 현대건축과 새집병

현대건축의 여러 가지 문제들로 요즘 아이들이 각종 질병에 시달리고 있다. 현대 건축물의 건축자재는 대부분 유해성분을 배출하는 석유화학제품들로 자연과 동떨어진 것들이다. 오늘날 가정집의 주류는 철근 시멘트로 지어진 고층 아파트이다. 이러한 집은 천기(天氣)와 지기(地氣)로부터 멀어져 생명의 기운이 돌지 않는 생기(生氣) 없는 공간이다. 오히려 살기(殺氣)

로 가득 찬 공간이다.

반면, 우리 조상들은 생명에 치명적인 타격을 주는 '살기(殺氣)'를 피하기 위해 많은 관심과 노력을 기울였다. 조상들은 수맥을 피하고 풍수를 보는 등 자연에서의 살기를 피하며 생기(生氣)를 받을 수 있도록 집을 지었다. 요즘 사람들은 돈 들여 살기를 집으로 끌어들이고 있으며, 돈 들여 완전 밀폐된 창문과 냉・난방시설을 설치하여 집안으로 들어오는 생기를 막아내고 있다. 새 것을 좋아하고 최신 유행따라 집 꾸미기를 좋아하는 요즈음 사람들은 오히려 각종 유해물질을 집안에 들여놓고 자연생태계와의 차단을 서두른다. 심지어 창문을 아예 열지 못하도록 장치를 해놓고 일 년 내내 환기가 되지 않는 밀폐된 공간에서 생활하는 사람들도 수없이 많다.

최근 들어 아파트가 밀집된 신도시 지역에서는 갑자기 찾아온 두통, 발열, 습진 등으로 병원을 찾는 사람들이 많다고 한다. 처음 이러한 질환을 앓게 되면 대부분의 사람들은 단순히 이사 후유증이나 감기 정도로 생각한다. 하지만 이러한 증상은 현대식 신축 건물에서 방출되는 유해물질에 의한 것으로 '새집병' 또는 '새집증후군'이라고 한다.

새집병은 집을 지을 때 사용하는 시멘트, 단열재, 페인트, 접착제 등에서 뿜어 나오는 각종 화학물질이 실내를 오염시켰을 때 나타나는 현상으로서 라돈가스, 포름알데히드, 석면, 유기화합물 등이 대표적인 오염물질이다. 특히 독성이 있는 이런 물질들은 단열재 사용의 증가, 밀폐된 좁은 공간 활용 등 최근 건축기술의 급속한 발전과 비례해 발생량이 더욱더 늘어나는 것으로 추정되고 있다(이진아, 2004). 이 같은 새집증후군은 무기력, 집중력 저하, 미각과 후각의 저하, 짜증, 두통, 멀미, 아토피 피부염, 아이들의 성장 저해, 우울증, 공격성, 코・목・눈의 이상, 신경손상, 호흡곤란, 생리불순, 백혈병, 심장마비, 면역력 저하, 기형아 출산, 정신분열 등 신체적・정신적 건강상에 심각한 문제를 일으키고 있다.

(2) 유아교육기관의 현대건축 문제

대부분의 유아교육기관은 현대건축의 양식으로 지어졌기 때문에 현대건축이 가진 여러 가지 문제점에 그대로 노출되어 있다. 현대건축으로 지은 우리나라 유아교육기관의 여러 가지 문제점들을 구체적으로 살펴보면 다음과 같다. 여기에 제시된 문제점들은 현대건축의 기술적 문제는 물론 유아교육기관이 지니는 사회심리적 문제도 포함하고 있다.

첫째, 시설 외관은 호화롭고 자극적이며 조화롭지 못한 느낌을 준다. 근래에 신축한 유아교육기관들은 소박하고 안정되고 조화롭다기보다 궁궐처럼 호화롭게 치장하고 주로 원색을 사용하여 자극적이며 높고 웅장하게 보이는 3~4층 건물인 경우가 많다. 이러한 시설 외관은 교육적인 측면보다 아이들과 부모의 눈길을 끌기 위한 것으로 아이들이 감각적인 자극을 선호하게 하고 주변 자연생태나 지역사회 환경과 조화되지 못하고 동떨어진 느낌을 주고 있다.

둘째, 건축자재는 시멘트, 석고보드, 플라스틱 판, 섬유판, 페인트 등으로 모두 유해 화학물질을 내뿜는 것들이다. 교육기관을 짓는 과정에서 쓰는 용제, 접착제, 실리콘 등도 모두 유해물질이다. 건축자재에서 발산되는 대표적인 공해물질은 휘발성 유기화합물과 포름알데히드이다. 휘발성 유기화합물은 신경 및 간장장애를 일으키고 대부분 우리 몸을 교란시키는 발암물질이며 포름알데히드는 두통, 피부질환, 천식, 현기증, 암 등을 일으키기도 한다. 특히 주요한 건축자재인 시멘트는 바람이 통하지 않고 그 자체에서 암모니아나 라돈 같은 유해물질을 내뿜으며 유리로 모든 통풍구를 막고 있는데다 단열재까지 처리해 더욱더 밀폐도를 높이고 있으며 그 결과 바람이 잘 통하지 않는다. 이러한 상황으로 아이들은 실내의 오염된 물질을 고스란히 마시게 되며 건강에 심각한 문제를 일으키게 된다. 특히 새로 건축하였거나 건축한 지 얼마 안 되는 유아교육기관의 경우 그 문제는 더욱더 심각하여 발암물질이 최고 543배까지 나타난다고 한다(매일경제, 2004년 4월 22일자).

셋째, 건물구조에도 문제가 있다. 아이들의 안전을 위한다는 명목으로 열린 구조로 건물을 짓기보다 닫힌 구조의 건물을 짓는다. 상당수 유아교육기관의 경우, 입구는 높은 담과 대문으로 되어 있어 지역사회와 분절된 느낌을 준다. 또한 대부분의 원은 실내공간과 실외공간이 자연스럽게 연결되어 있지 않아 아이들의 실내·외 공간이동이 쉽지 않다. 뿐만 아니라 대부분의 유아교육기관의 실내·외 공간의 구조는 자연과의 조화를 고려하지 않고 있다. 아이들이 생활하는 이상적인 교육기관은 자연과 교감할 수 있도록 자연 속에 위치하고, 햇빛, 바람, 꽃, 나무 등의 자연을 교육기관 안으로 끌어들이는 구조로 지어져야 한다. 그러나 대부분의 교육기관은 도심 속에 위치하고 있으며 자연재료보다 인공적 소재로 실외 놀이시설 및 실내 공간을 구성하고 있으며, 돈을 들여 자연채광과 자연통풍을 차단하고 있다.

넷째, 유아교육기관은 주변의 자연자원을 적절히 활용하지 못하고 에너지와 물질을 일방적으로 소비하고 있다. 그 결과 다양한 폐기물과 오염을 발생시키고 있으며 폐기물 처리시설을 위한 유지관리비의 증가를 가져오는 문제점이 있다.

이와 같은 현대건축으로 인한 유아교육기관의 여러 가지 문제점을 해소하기 위해서는 규제 강화도 필요하겠지만 우리의 전통건축이나 생태건축을 도입·보급하는 것이 우리 아이들의 건강과 지속가능사회를 위한 가장 효율적인 방안이라 생각된다.

2) 유아교육기관의 생태건축 탐색

(1) 생태건축의 개념

생태건축은 1979년 크루쉐(P. Krusche) 등이 독일 연방환경부에 제출할 연구 보고서의 제목을 결정하는 자리에서 자연과 인간의 상호관계 및 생태계를 고려한 다양한 건축적 시도와 개념들을 종합하여 '생태건축(生態建築, Kologisches Bauen)'이라는 새로운 이름을 부여하였다. 이들에 의하면 생태건축은 자연환경과 에너지 효율을 고려한 입지 선정, 건물기본계획, 건물 형태, 건물 배치, 재료 선택, 공간구성계획, 건물 내부의 기능 연계, 건축설비 시스템 그리고 녹지 및 수목과의 연계와 이용을 의미하며, 다음과 같은 구체적 목표를 가진다.

① 건축물 시공과 유지관리에 필요한 에너지와 자원의 수요를 최소화한다.
② 자연의 순환체계와 재생 가능한 자원을 효율적으로 활용한다.
③ 물과 공기의 오염, 외부로 방출되는 열, 폐기물, 폐수의 양과 농도 그리고 토양의 포장을 최소화한다.

④ 대지 주변에 다양한 종의 동물과 식물이 서식 가능하게 한다.

⑤ 건축물을 주위 경관과 어우러지게 배치하여 건강한 주생활과 업무가 가능하게 한다.

이들의 정의에 따르면 생태건축이란 자연경관과 유기적으로 연계된 건축, 자연자원과 에너지를 효율적으로 활용하는 건축으로 요약할 수 있다(이태구, 2005, 36-37).

(2) 기존 건축과 생태건축

기존의 건축은 자연자원과 에너지를 효율적으로 활용치 못하고 마치 달리는 자동차와 같이 일방적으로 에너지와 물질을 소비하여 그 부산물로 환경오염물질을 발생시킨다. 아래 그림은 기존 건축이 일방적인 의존형 또는 소비형 경제체계의 한 전형임을 단적으로 보여준다. 이러한 건축물은 대규모 에너지 또는 자원, 특히 물의 공급설비와 폐기물 처리설비가 필수적이어서 설비, 관리비 증가와 함께 환경오염을 초래하게 된다.

이와는 달리 생태건축은 자연생태계의 일부로서 환경오염 없이 자연자원과 에너지를 활용한다. 고전적 개념의 지구 구성 4대 요소인 토양, 물, 태양, 공기의 주 순환체계를 건축물의 자원 및 에너지 순환체계로 통합하여 활용하고 있다. 각각의 순환체계들은 상호간에 유기적 연계를 가지며 전체 시스템을 구성한다.

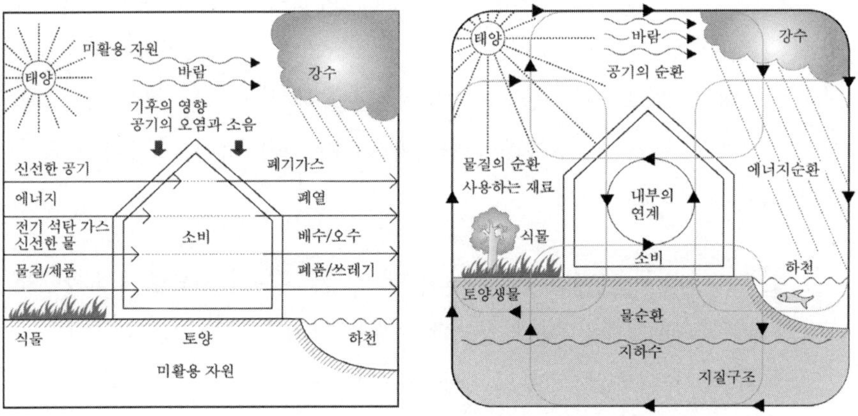

[그림 8-1] 기존 건축(일방향적 흐름)과 생태건축(순환적 흐름)의 개념 비교

이와 같은 이론적 바탕에서 1980년대에 이르러 건축의 각 분야에서 생태건축사례들이 실현되어졌다. 마을건축, 소규모 주거단지, 학교, 기숙사, 공공건물 등 건축의 모든 분야에 생태학적 지식과 개념들이 적용되기에 이르렀다. 특히 주거건축 분야에 많은 시도가 이루어져 수많은 생태주거단지들이 생겨났다. 이런 생태건축 사례는 몇 가지 경향으로 대별할 수 있다.

첫째, 전통적 자연재료인 흙이나 나무 등의 시공방법을 현대기술에 접목시켜 미래지향적으로 개선하려는 건축 경향

둘째, 재생 가능하며 에너지 소비가 적고 무독성인 생태건축 소재를 적극적으로 활용한 건축시스템을 개발하려는 움직임

셋째, 건축물의 공급처리 시스템을 자연의 순환체계를 닮은 인공순환시스템으로 구축하려는 경향

넷째, 건축환경을 '생물서식이 가능한 공간(비오톱, Biotop)'으로 조성하고 이를 유기적으로 연계시키려는 시도

다섯째, 내·외부 공간구성 및 건축과정에 사회생태학적 개념을 적용하려는 움직임 등이다(이태구, 2005, 37-38).

여기서 제시된 5가지 경향을 충분히 감안하여 건물 신축 또는 리모델링 시 적용 가능한 생태적 해결방안을 논의하는 것이 필요하다.

(3) 유아교육기관의 생태건축 경향

생태건축은 기존 건축기술에서 진일보된 최첨단 종합과학기술로써 환경철학, 환경미학적인 지적 하부구조를 갖고 단순한 자원 절약, 에너지 절약, 환경친화적 건축일 뿐 아니라 정신적 건축이고 인간과 자연의 이중 구조적 구분을 거부하는 생태계적 유기건축이다. 이는 에너지, 진화, 생태뿐 아니라 소우주와 대우주를 연결하는 기(氣)의 건축이기도 한다(정문웅, 1997). 즉, 생태건축에서 집은 단순히 자연소재로 이루어진 형상이 아니라 그 속에 살던 모든 생명체들과 함께 숨 쉬는 생명체인 것이다.

최근 들어 인류는 진정한 삶의 질에 대한 문제 제기와 환경의 중요성을 깨닫기 시작하면서 전 세계적으로 생태건축에 의한 공동체 마을 만들기 움직임이 연구 진행되고 있다. 국내에서도 전원으로 이주하여 황토집을 짓고

살아가는 모습들이 점차 늘어가고 있으며, 최근 들어 극히 일부이기는 하나 유아교육기관의 생태건축 도입이 시도되고 있다. 유아교육기관의 생태건축화는 우선 교육관계자들이 앞장서서 유아교육기관의 생태건축 필요성을 인식하고, 아이들의 삶의 터전인 유치원 어린이집 건물과 주변 환경시설부터 자연친화적인 소재로 전환하고자 노력해야 하며, 이와 함께 정부와 각 지방자치단체의 적극적인 협조와 관심이 따라야 할 것이다(윤원태, 2004).

생태건축으로 집을 지을 때 구체적으로 고려해야 할 사항을 살펴보면 다음과 같다.

첫째, 부지 선정에 신중해야 한다. 우선, 주변에 공장이나 폐기물처리장, 대규모 물류센터, 쓰레기 소각장 등이 있으면 건축 부지로 적합하지 않다. 공기 소통, 배수, 일조량, 조망 등을 고려하여 입지를 선정해야 한다. 인근에 변전소, 전탑, 고압선 등 강력한 전기가 흐르는 곳도 피해야 한다(이송미, 2004). 인근에 보전된 녹지, 특히 산이 있으면 건축 부지로 좋을 것이다.

둘째, 적합한 건축 형태를 결정한다. 부지가 선정되면 황토집, 통나무집, 전통 한옥 등의 취향과 효율성, 건축비, 건축기간 등을 고려해 적합한 건축 형태를 정한다. 우수한 친환경주택인 전통 한옥의 단점은 열효율이 떨어지고 동선이 길다는 것이다. 따라서 전통의 건축 형식과 현대건축의 공법을 접목한 친환경 생태건축으로 조성하는데 특히 내부 공간 배치와 열효율을 높이는 흙집이 대안으로 관심을 모으고 있다.

셋째, 건축 자재의 선택이다. 세계 어디서나 전통주택은 자연자재를 이용하고, 인근의 자연을 최대한 활용하며, 기능을 다하면 자연으로 돌아가는 생태주택이다. 우리나라의 전통건축인 한옥 역시 흙과 나무, 돌이 어우러져 언제든지 자연으로 환원될 수 있고 자연의 일부인 사람을 건강하게 하는 숨 쉬는 건축물이다(이송미, 2004). 따라서 건축자재는 흙, 나무, 돌 등 자연의 것으로 사용하도록 한다.

3) 유아교육기관의 생태건축 사례

(1) 국내 생태건축 사례

여기서는 국내 유아교육기관의 신축 사례, 증·개축 사례 등을 살펴보고자 한다.

① 신축 사례

▪ 사례 1 : 흙벽돌생태어린이집

강화군 양동면에 있는 흙벽돌생태어린이집은 부지 315평, 대지 180평, 건축바닥 면적은 58평이고, 1층 건물로서 내부에 2층 다락방이 만들어져 있다. 이 어린이집은 2002년도 건축하여 다음해 개원하였다. 바닥토목공사를 마친 후 외부와 지붕 골격은 H빔으로 하고, 철골공사 후 지붕은 샌드위치 패널과 싱글로 덮었으며, 나무기둥과 흙벽돌을 활용하여 공간을 나누고 벽면을 쌓는 방식으로 원장 자신이 직접 공사를 하였으며, 건축비용은 모두 7천만 원 정도 소요되었다(임정숙, 2005).

이 어린이집의 임 원장은 도시의 콘크리트 건물에서 하루 종일을 생활하던 아이들이 매일 감기와 잔병치레를 하면서 병원 문틀이 닳도록 약병을 달고 다녔던 경험을 기억하며 도시의 아이들을 자연 속에서 양육해야겠다는 깨달음에서 생태어린이집을 구상하게 되었다면서 다음과 같이 언급하고 있다.

> "1996년도 강화도에 귀농한 순간부터 '어떻게 생태어린이집을 강화도에 세울 수 있을까?'가 화두가 되어 고민하게 되었습니다. 2년여에 걸쳐 하나 둘씩 흙벽돌을 직접 쌓으면서 아이들에게 가장 좋은 환경과 편안한 집을 마련해 주어야겠다는 생각을 하였습니다. 그동안 잘 알던 분들의 성금을 받아 지금의 H 생태어린이집을 완공하게 되었습니다. 그런데 정말 흙벽돌집을 짓고 살다 보니까 흙벽돌집이 얼마나 좋은지 느낄 수 있었습니다. 여름에는 시원하고 겨울에는 따뜻합니다. 비가 오거나 건조하면 흙벽돌이 습기를 빨아들이기도 하고 내뿜기도 하면서 실내 습도를 일정하게 유지해 주는 것이었습니다. 분위기도 아늑하지요. 특히 중요한 것은 방의 모든 좋지 않는 냄새는 다 밖으로 배출해 주는 것을 느꼈습니다. 아이들에게는 정말 최적의 공간임이 분명합니다."(임정숙, 2003).

[그림 8-2] 흙벽돌생태어린이집 전경

■ **사례 2 : 새꿈담은우리어린이집(공동육아시설)**

전남 목포시 산정동에 있는 공동육아어린이집으로 2004년에 신축한 대지 321.90㎡, 건물 358.99㎡의 2층 규모이다. 이 어린이집은 흙벽돌, 나무 바닥, 황토마감, 자연채광, 자연통풍, 창호벽지, 텃밭 등 생태건축으로 신축하였으며 총 경비는 2억 5천만 원 정도 소요되었으며, 바로 옆에 동네놀이터와 공공도서관이 있어 주변 환경도 상당히 양호한 상황이다(박순희, 2005).

[그림 8-3] 건물 전체를 흙벽돌로 마감

[그림 8-4] 자연채광을 위한 넓은 창

② 증·개축 사례

■ **사례 1 : K유치원**

K유치원은 사용 대지 1,000평, 건평 180평, 정원 90명으로 1995년 개원한 유치원으로 2004년에 황토로 리모델링하였다. K유치원의 이사장은 아이들

의 진지한 모습을 보면서 유치원 내에 가마를 만들어 항상 흙을 만질 수 있도록 하고, 전통문화를 배우는 곳답게 초가집으로 집을 짓기로 하고 올 5월부터 작업을 시작했다. 집 구조를 만든 후 황토를 바깥벽에 바르는 작업에는 아이들도 함께 하였다.

K유치원은 생태유아교육을 위한 환경구성을 위하여 기존의 콘크리트 교실 벽면 위에 황토 흙을 10㎝ 정도 두께로 발라서 황토벽 교실로 리모델링 하였다. 현관 출입구는 바깥마당으로 쉽게 연결되도록 동쪽과 서쪽 두 방향의 출입문을 내고 나무 덱을 연결하여 면적도 넓혔다. 잔디밭과 연결되는 비상문을 출입문으로 바꿔서 교실에서 밖의 잔디밭으로 바로 연결되게 하였다. 천장과 흙벽의 2분의 1은 한지를 바르고 난방은 심야 전기보일러를 설치하여 태양열을 이용한 온수를 공급하며, 사시사철 내내 따뜻한 물을 사용할 수 있게 하였다. 잔디밭 내의 초가집 사랑방은 구들장을 데우는데 아궁이 불을 사용하였기 때문에 콩도 삶고 고구마도 구워 먹을 수 있는 요리활동이 가능하도록 하였다. 그리고 유치원 뒷산 계곡물을 끌어들여 작은 폭포수가 떨어지게 하는 연못을 조성하였다. 연못의 넘치는 물을 곡선으로 흐르는 작은 물길을 만들어 종이배나 나뭇잎 배를 띄워 놀 수 있게 하였다. 겨울에는 폭포 미끄럼으로 사용할 수도 있다. 잔디밭 가의 개나리 울타리에는 야외무대를 만들어 전통놀이나 다양한 예술활동을 시연해 볼 수 있도록 하였다.

K유치원 증·개축 경우와 같이 난방은 심야 전기보일러, 온수는 태양열, 교실 벽은 황토벽, 천장과 벽면 아래 부분의 한지 처리와 실외 언덕 놀이터, 텃밭, 꽃밭, 다(茶)사랑방, 장독대, 도예터, 목공예, 빨래터, 염색터, 연못, 숲속길, 자갈밭 등으로 유아교육기관을 생태환경 공간으로 증·개축할 수 있다. 지금까지 설명한 기술방법으로 리모델링하게 되면 비용을 최소화하면서 생태건축의 분위기와 흙집의 효과를 얻을 수 있다.

■ **사례 2 : S어린이집**

S어린이집은 대지 188평, 건평 111평, 아동 정원 42명, 재원 아동 42명, 교직원 8명으로 1991년 B어린이집으로 개원하여 2002년 6월 1일에 S어린이

집으로 재 개원하였다. S어린이집의 환경개선과 관련하여 살펴보면 다음과 같다.

첫째, 환경 개선 전후의 주요 변경 내용은 마당의 보도 블록 제거 후 흙으로 된 마당을 조성하고, 담장 위의 철조망, 국기게양대, 입간판 2개의 인공구조물을 철거하여 정원 개념에서 아이들의 놀이공간으로 실외 마당을 변경하였다. 즉, 조경용 경계석을 철거하고 마당과 정원의 경계를 없애며 조경수 위주에서 유실수로 교체하였다. 텃밭을 확대하고 뒷마당 미끄럼틀 등의 놀이시설을 완전히 철거하였다.

둘째, 실내 환경 개선으로는 실크 벽지를 철거하고 천연페인트 도색을 실시하였으며, 장식용 그림 및 이미지 등과 기존의 조명을 철거하고 비정형적인 조명을 배치하였으며, 자연물 놀잇감을 비치하였다.

즉, 도시공간에서도 자연을 접할 수 있는 환경 조성을 위해 나무 소재를 주로 사용하였으며, 현관의 신발장용 의자로 긴 나무의자를 설치하였다.

(2) 외국 생태건축 사례

여기서 외국의 생태건축 사례로 독일의 발도르프 유치원과 일본의 자유보육시설인 '바람의 아이' 어린이집의 사례를 살펴보고자 한다.

① 독일의 발도르프 유치원

발도르프 유아교육은 루돌프 슈타이너(Rudolf Steiner)의 교육철학에 의해 이루어지고 있는 교육이다.

아동의 기대가 무엇인지 아는 것이 교육의 시작이어야 하고, 교육의 과정은 이를 충족시키는 과정이다. 그리고 교육과정 운영의 핵심적인 수단은 인간적인 만남이다. 인간과 인간의 만남을 통해 인간과 자연, 인간과 사물, 인간과 사건이 만나는 것을 경험하고 인식하게 된다. 아동에게 주어지는 모든 경험은 그것이 아동 자신과 어떤 관계가 있는지를 알고 싶어 하는 욕구를 충족시키는 방향으로 다루어진다(정윤경, 2000).

발도르프 유치원은 크게 실내 영역과 실외 영역으로 구성되어 있다. 실내 영역은 친밀감 있고 쾌적해야 하며 가능한 한낮 시간에는 인조 조명이 필요 없도록 배려되어 있다. 무늬나 도안이 있는 벽은 시간이 지나면 유아의 생생하고 풍부한 상상력에 싫증을 줄 수 있으므로 무늬나 도안이 없는 수수하고 밝은 색상으로 되어 있다. 천장은 흰색 또는 아주 엷은 분홍색으로 벽보다 더 엷게 처리한다. 즉, 위는 밝고 아래는 어두운 색상 구조를 만드는 것이다. 여기에는 자연스러운 나무색으로 마무리된 가구가 가장 적합하다(곽노의, 1999).

실외 환경은 두 가지 영역으로 나뉘어져 있다. [그림 8-5]를 참고하면 그 중 하나는 건물 바로 밖의 놀이 영역으로서 다양한 날씨 조건에서도 이용할 수 있도록 마련한다. 눈이 와도 쉽게 치울 수 있고 비가 와도 곧 마를 수 있도록 표면을 포장해 놓는 것이 좋다. 이 영역은 대개 동쪽이나 남쪽에 있도록 해야 하는데, 이는 아침 햇빛을 얼마간 충분히 받을 수 있도록 하기 위함이다. 또 이 곳에 모래놀이 영역을 설치해 둔다. 그러면 건물

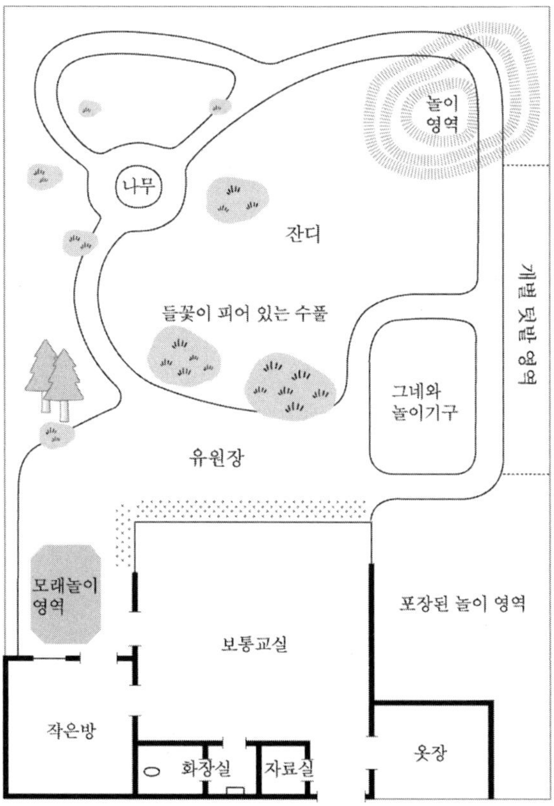

[그림 8-5] 발도르프 유치원의 배치도(곽노의, 1999)

벽이 바람으로부터 보호해 주게 되고 화초들, 나무들, 화단들도 유아들에게 아늑함을 주게 된다.

발도르프 유치원에서 나타나는 건축의 특성은 다음과 같다(곽노의, 1999).

첫째, 유원장 한편에는 폭이 90~120cm 정도의 길을 만들어 아이들이 탈 것을 타고 다닐 수 있게 한다. 또 한편에는 폭이 30cm 정도의 걸어다닐 수 있는 길도 있다. 이 길들은 아이들의 흥미를 끌 수 있도록 재미있는 꼬부랑길로 만든다. 아이들은 단조롭고 민숭민숭한 놀이공간에서보다 이러한 배치에서 더 많은 운동과 기술들을 이끌어 낼 수 있다.

둘째, 정원의 전나무를 빼곡히 심어 전나무 군집이 하나의 집을 형성해 아이들이 살짝 빠져 들어가고 빠져 나올 수 있도록 계획한 곳도 있다. 또 수풀도 만들어 아이들이 그 주변을 뛰어다니거나 숨을 수 있게 한다. 정원 한 편에는 한 유아당 약 90×120cm 정도 크기로 개별 텃밭을 만들어서 봄에 아이들이 스스로 꽃과 야채를 심게 한다. 특히, 관리의 편의를 위해 실내와 실외 영역은 하나의 구성단위로 계획되어야 한다.

셋째, 유아에게 특별한 기쁨을 주는 것으로 놀이집이 있다. 유아를 위한 놀이집은 너무 정교하거나 완벽하지 않은 것이 좋다. 아동 스스로가 집짓기를 좋아하기 때문이다. 하지만 아동이 튼튼한 구조물을 만들기는 어려우므로 아동에게 지붕을 포함한 기초 틀은 제공해 주는 것이 바람직하다.

발도르프 유치원에서는 '삶의 공간'은 곧 학습의 장이며, 아이들은 이 공간에서 인간적인 만남을 통하여 자발성을 일깨우고 스스로 학습해 나간다고 본다. 따라서 유치원 건물도 예술성과 교육적 유용성이라는 명확한 목적 아래 교사와 학부모, 학생, 건축가와 건축 기술자, 미술가, 조각가, 건축공, 건축업자 등의 공동협력에 의하여 신중하게 건립되어야 한다.

② 일본 '바람의 아이' 어린이집

햇볕, 바람, 나무로 둘러싸인 아늑함으로 가득 찬 이 어린이집은 바다를 건너는 해풍, 바람, 나무, 풀, 벌레, 야산의 향기 등 자연이 아이를 기르는 곳이다. 바다의 바람을 타고 관계가 넓어지며 풍요로운 바람을 신체 가득 받아 자란다는 뜻으로 바람과 같이 부드럽고 용기 있고 강하며 많은 가능성을 지닌 아이를 키운다는 뜻으로 '바람의 아이 어린이집'이라는 이름을 붙였다. '바람의 아이 어린이집' 건물 배치를 보면 다음 그림과 같다(하정연, 2005).

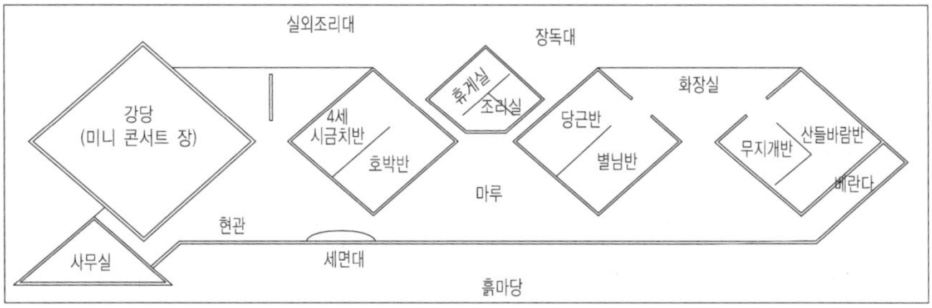

[그림 8-6] 바람의 아이 어린이집 건물 배치

[그림 8-7] 바람의 아이 건물 전경

대문 입구에서부터 전면유리가 설치된 사무실, 몸을 마음껏 움직이며 놀 수 있는 넓은 공간(홀)인 미니 콘서트장이자 강당인 바람의 방이 있고 현관 전체가 나무마루로 연결되면서 4세 방인 시금치반, 5세 방인 호박반, 휴게실 및 급식실인 해님방이 있고, 해님방 뒤편 밖에는 조리대와 야채 말리기 걸이대가 있으며, 이어서 3세 방인 당근반, 2세 방인 별반, 1~2세 방인 무지개반, 마지막으로 베란다와 여유롭고 따뜻한 공간이 있는 0~1세 방인 솔바람반이 펼쳐진다. 각 방마다 연결되는 부분에는 따뜻한 온돌마루로 된 욕실, 기저귀대, 화장실이 있다.

전체 지붕은 태양열시설을 하여 어린이집이 자체 전기를 사용할 수 있으며 사용하고 남은 전력은 전력업체에 판매한다고 한다. 전체적으로 나무와 쇠, 유리를 주소재로 한 단층 건물이며, 모든 실내 공간들이 효율적으로 나무마루로 연결되어 있다. 각 방에서 흙 마당으로 바로 나가 놀 수 있고, 햇볕이 강하고 비가 올 때에 넓고도 길게 드리운 처마 밑에서 흙 놀이가 가능하도록 설계되어 있었다.

4) 유아교육기관의 생태건축 : 신축과 리모델링

(1) 유아교육기관 생태건축의 방향

유아교육기관의 생태건축은 생태유아교육의 개념, 원리, 방향 등에 적합하게 자연친화적·생태적으로 건축하는 것을 말한다. 결국 유아교육기관의 생태건축은 생태유아교육의 방향인 자연과 놀이와 아이다움을 되찾아 주는 유아교육과 마찬가지로 자연과 놀이와 아이다움을 되찾아 주는 방향으로 건축하는 것이다. 이에 대해 이윤하(2005, 60-61)는 다음과 같이 언급하고 있는데, 이를 달리 표현하면 자연과 놀이와 아이다움을 되찾아 주는 건축이 바로 생태건축이라는 것이다.

첫째, 자연을 되찾아 주는 건축

벽으로 외부와 차단된 공간이 아닌 외부를 내부로 끌어들이고 내부에서 외부로 자연스럽게 나아갈 수 있어야 한다. 자연과 아이들을 차단하는 공간이 아닌 자연과 아이들을 연결해 주는 매개의 공간이 되어야 할 것이다. 친환경적인 재료를 사용해야 하는 것은 물론이고 계획 단계에서부터 외부환경과 유기적인 연계를 고려하여야 한다.

둘째, 놀이를 되찾아 주는 건축

단지 이론적인 교육을 하는 폐쇄적인 장소가 아니라 아이들이 진정한 놀이를 할 수 있는 개방적인 공간이 되어야 한다. 아이들이 따스한 빛과 신선한 공기를 느끼며 자연 속에서 뛰어놀 듯 쾌적하고 재미난 공간이 되어야 한다. 건축물의 다양한 레벨과 방향성으로 아이들은 이리저리 뛰어 다니고 그 놀이가 자연스레 외부에까지 이어진다.

셋째, 아이다움을 되찾아 주는 건축

어른의 입장에서가 아닌 아이의 입장에서 건축물을 바라보아야 한다. 건축물이 아무리 친환경적이라 하더라도 그것이 아이들에게 거부감을 준다면 그 건축물은 이미 비생태적인 건축물이다. 아이들이 자기 몸에 맞는 옷을 입는 것처럼 아이들에게 맞는 공간 속에서 뛰어다니며 즐겁게 놀 때 아이들은 자연스럽게 자연을 배우며 자신의 정체성을 찾아 나갈 수 있을 것이다.

물론 생태유아교육기관을 신축 혹은 리모델링할 때에는 환경친화적 재료, 자연 에너지의 이용, 녹지 및 공지의 활용, 물의 순환 및 활용 등 생태건축적 요인들을 고려하는 것은 물론 유아교육시설 기준에 적합해야 하므로 건축법, 소방법, 유치원이나 어린이집 시설·설비기준, 학급당 원아수, 교육 프로그램의 방향과 특성 등도 고려해야 할 것이다.

(2) 유아교육기관의 생태건축 : 신축

여기서는 생태건축연구소 이윤하 소장이 한국생태유아교육학회 2005년도 춘계학술대회에서 발표한 「유아교육기관의 생태건축: 신축과 리모델링」이라는 논문의 내용 중에서 요점만 제시하고자 한다.

첫 번째, 건축물의 계획 단계, 건축물이 들어설 부지가 정해지면 건축주와 건축가, 그리고 각 환경 분야의 전문가와 함께 협력하여 건축할 건축물의 기본 계획과 함께 방향을 설정하고 대략적인 건축 배치가 정해지는 단계이다.

■ 최적 입지 선정 및 토지이용 계획
- 지역 기후 특성을 고려한 자연적 입지 고려
- 일사, 통풍의 이점을 고려한 입지를 선정
- 자연 지형과 미기후의 좋은 점을 고려한 건축물 배치

■ 인간 삶을 건축물에 반영 : 사람들의 개개인과 공동체, 그리고 차후 거주자의 생태를 고려한 그 사회의 문화적 특성을 표현하는 것도 포함한다.
- 건축가의 이념보다 사용자의 요구 중심의 설계를 지향
- 설계 및 시공 과정에 거주자 참여
- 사용자의 생애주기, 일일 사용주기를 고려
- 건축물의 미래 사용자에 대한 고려
- 커뮤니티 형성에 주력
- 사용자의 생활과 습성, 건강을 최우선으로 설계
- 인간 행동 능률을 최대화하는 동선 계획

두 번째, 건설 준비 및 시공 단계, 건설을 위한 재료의 선택, 보관, 운송, 분배 및 가공 단계를 포함하여, 건축물을 대지에 건축했을 때 생태계에 직접 영향을 주는 것을 말한다.

■ 자원 및 에너지 수요의 최소화
- 공기 및 시공의 합리화로 재료 운송 및 시공 시간의 최단화
- 사용 연한이 길고 재활용 가능한 자재의 사용
- 재활용 가능한 폐건축자재의 재활용
- 규격품 사용

■ 지역 자연 생태계와 순환체계의 보존
- 건설로 훼손되는 동·식물 생태계의 보상
- 다양한 목초의 식재로 생태계의 균형 유지
- 동물 서식지 마련 및 보호계획
- 지역 미기후 고려한 건물 구체의 형태 및 배치 결정
- 우수의 흡수와 지하수 보존을 위해 투수성 재료로 포장
- 훼손 토양의 보상을 위한 건축물 녹화 작업

■ 기존 대지 중심의 고려
- 기존 지형을 보존하는 배치 및 형태 구성
- 기존 대지의 역사성의 주위 환경과의 맥락 고려

■ 생태학적 시공 재료의 사용
- 재활용품을 이용한 무독성 천연 재료의 사용
- 지역 특유의 천연 건축 재료와 현대적 적용 기술의 개발
- 단열 및 통풍성이 우수한 건축물의 디테일 구성

세 번째, 건축물 유지 관리 단계, 실제로 인간이 거주하면서 생활하는 데 필요한 물질 및 에너지가 유입 및 유출이 관련되는 부분으로 가장 중요한 것이다.

■ 자연 에너지 이용
- 지역 기후 조건을 최대한 고려한 비소비성 자연 에너지원의 활용

■ 자연의 순환체계의 효율적 활용
- 건축물의 설비체계를 인공 생태계로 조성

- 오염물질 방출의 최소화 및 정화 처리와 재활용
- 폐열 교환 및 다단계식 에너지 순환체계 구성
- 중수와 우수의 재활용 순환 시스템 구성

네 번째, 폐기 및 재생 단계, 건축물의 기능과 수명 연한이 다하여 폐기되고 새로운 건축물을 세우게 되는 때로 연구가 필요한 부분이다.

■ 건축물 및 건자재의 재활용
- 건축물의 renovation 등 건축물 재생의 총체적 개념으로 용도 전이 및 재활용
- 타 건축물의 신축과 시기를 맞춰 폐건자재의 재활용
- 폐건자재의 재활용 기술의 개발

■ 건축물 및 건자재의 폐기
- 폐기 후 대지 생태계의 복구
- 천연재료의 자연 분해

(3) 유아교육기관의 생태건축 : 리모델링

여기서도 생태건축연구소 이윤하 소장이 한국생태유아교육학회 2005년도 춘계학술대회에서 발표한 「유아교육기관의 생태건축: 신축과 리모델링」이라는 논문의 내용 중에서 리모델링과 관련된 내용의 요점만 제시하고자 한다.

첫째, 리모델링의 필요성 및 개념

생태유아교육기관을 신축하는 것도 좋지만, 기존의 건물을 부수면서까지 새로 짓는다면 오히려 생태환경을 더 파괴하는 꼴이 될 뿐만 아니라 그 비용 또한 만만치 않게 된다. 기존의 유치원이나 어린이집을 수리함으로써 부분적으로 생태적인 원(園)이 될 수 있는 방안을 찾는 것이 필요하다. 따라서 리모델링은 기존 건물의 물리적·기능적·사회적 노후화로 인해 발생된 건축물 지속성의 문제를 해결하는 행위로서, 자원을 효과적으로 이용하고 환경부하를 최소화하며 지속 가능한 건축을 실현하는 것을 말한다.

둘째, 흙을 이용한 리모델링

■ 벽체에 흙 미장하기

벽에 붙어 있는 기존의 화학성 벽지를 제거하고 흙 미장을 2cm 정도 한

뒤, 카제인이나 느릅나무 삶은 물을 바르거나 전통한지, 닥지, 기능성 천연 벽지 등을 발라서 마감하는 방법이 있다.

■ 황토바닥 미장하기

바닥에서 올라오는 유해물질을 차단하기 위해 바닥에 동판을 깔고 그 위에 흙미장을 4~5cm 덧입힌 뒤 종이로 된 장판지를 깔고 친환경 도료를 입힌다. 친환경 도료는 재래적으로 사용하던 콩기름, 느릅나무 삶은 것이나 자연에서 추출한 송진 등으로 만들어 상품화한 천연도료로 마감하면 된다.

■ 기성 마감제품 사용하기

보다 더 간단한 방법을 찾을 경우 황토 벽지나 황토 바닥재도 대안이 될 수 있다. 황토의 항균, 항습, 탈취 기능이 있는 다양한 황토 관련 마감재들이 나와 있으니, 용도에 맞게 사용하는 것이 좋을 것이다.

셋째, 나무를 이용한 리모델링

■ 바닥

실내 바닥을 목재로 만들면 다른 재료에 비해 신체 충격이 적어 무릎 연골을 보호하고 피로를 해소하는 효과가 있다. 목재의 탄성계수가 높아 탄력 있고 변형이 부드럽게 회복되며, 마찰저항이 있어 미끄럼을 방지하기 때문인데, 이러한 이유로 주택이나 학교의 바닥재로 권하고 싶다.

■ 벽

목조주택의 라돈 농도는 연중 3~22Bq/㎥로 콘크리트 주택(25~46Bq/㎥)보다 절반 이상 낮다. 이미 콘크리트나 시멘트로 시공되었다면, 내장을 목재로 하여 콘크리트의 라돈 방출을 막을 수 있다. 벽체 한 쪽을 목재 내장 겸 붙박이 책장으로 꾸며 수납과 내장을 동시에 해결하는 방법도 좋다.

■ 가구 및 기타

가구 재료의 대부분은 얇은 나무판을 합성접착제로 겹겹이 붙이고 색을 입힌 합판이다. 그 과정에서 포름알데히드나 페놀, 화학본드로 처리하기 때문에 원료는 나무라고 해도 나무의 성질을 잃고, 인체에 유해한 요소를 내뿜게 된다. 꼭 필요한 가구 이외의 것은 되도록 놓지 않는 것이 좋고, 가구를 만들 경우 수액이 없는 겨울철에 자른 원목으로 만드는 것이 곰팡이나 벌레의 발생이 적어 좋다.

(4) 유아교육기관의 생태건축 모형

여기서 유아교육기관의 생태건축 신축 모형으로 우리나라 전통건축에 기초하여 생태건축 모형 시안을 제시하고자 한다. 제시한 모형 시안은 아이·생명살림의 건축공간을 위해서 관계성, 통합성, 공생성을 고려하여 전체 건물의 배치를 아치형으로 하였으며 처마가 있는 마루를 두어 전체 교실을 연결하고 실내와 실외 바깥놀이 마당의 연결을 용이하게 하였다. 특히 주변에 다양한 식물과 여러 가지 동물들을 키움으로써 아이들이 자연 속에서 자연과 함께 생활할 수 있는 공간, 전통문화를 경험할 수 있는 공간 등을 조성하였다. 유아교육기관의 생태건축 모형 시안을 개략적으로 살펴보면 다음과 같다(이정애, 2005).

첫째, 건물 왼쪽 편에는 물, 흙, 불놀이 영역 차례로 물놀이가 가능한 연못과 종이배 띄우는 돌다리가 있는 물길, 수영장, 자갈밭, 빨래터, 염색터, 목공예, 도예, 뒷마당의 장독대를 두는 양념밭, 아궁이 불 지피는 요리방, 대나무 숲 울타리로 연결된 숲 속 언덕 산책길을 만든다.

둘째, 오른쪽 편에는 유실수 사이로 펼쳐진 꽃밭, 평상, 긴 의자, 실외 그네(흔들 그네), 바깥 그림터, 팔각정, 텃밭, 동물원, 거름 만드는 바깥 화장실, 자전거 타는 꼬부랑 낮은 언덕길을 배치한다.

셋째, 가운데 앞마당에는 기(氣)를 듬뿍 받을 수 있는 공간으로 아무 것도 없는 빈 마당을 만든다. 이 곳은 비석치기, 윷놀이, 딱지치기, 제기차기 등을 할 수 있는 흙 마당과 멍석 깔은 공간을 마련한다. 멍석에 누워 하늘을 쳐다보기도 하고 텃밭 수확물을 말리는 등 한국 전통 일상생활을 경험하도록 한다.

넷째, 건물은 남향, 동남향 쪽에서부터 감각교육을 키울 수 있는 예술활동실과 만 3, 4, 5세 방, 혼합방, 국악실, 주방, 식당, 손님방, 교무실로 연결되도록 하며 교무실이 대문 가까운 쪽에 배치되도록 한다.

다섯째, 두 교실 사이에 욕실과 탈의실을 넣는다. 특히 3세 방은 솔바람이 들어오는 여유롭고 따뜻한 공간의 나무 덱과 낮은 막이 있는 베란다를 설치한다.

여섯째, 각 방은 모두 앞뒤에 나무마루와 처마를 연결하여 달아서 마루 생활의 풍류를 느끼며 강한 햇볕과 비 속에서도 흙 놀이가 가능하게 한다.

일곱째, 처마 밑의 나무 마루 앞 양쪽 두 군데 정도 앞·뒷면을 이용하여 마루에서 손을 씻고 마당에선 발을 씻을 수 있는 세면대를 만들고 사용한 물은 연못으로 흐르게 한다.

여덟째, 테라스(마루와 평상)에서는 아이들이 밭에서 수확한 야채를 요리하거나 도시락을 먹을 수도 있고, 계절별 자연현상에 따른 활동이 가능하게 한다.

아홉째, 뒷마당의 볕이 잘 드는 낮은 담벼락 옆에 장독대를 두고 그 옆에 펌프 물을 설치한다. 이곳은 전통 요리활동 공간으로 노인·아이 상호작용이 가능하며, 부엌(주방) 전 처리대로 급식실 옆에 배치한다. 옆에는 텃밭 수확물을 말리는 걸이대와 간이 조리대를 만든다. 군불 지피는 아궁이방을 요리방과 휴게실로 사용하여 노인과 아이의 상호작용과 일하는 사람의 신명을 북돋을 수 있다.

열째, 텃밭은 생태계 순환의 원리를 이해하고 노동의 기쁨, 건강한 먹을거리, 과학활동 등이 가능한 곳으로 참외와 수박, 채소밭, 작은 밭으로 조성할 수 있다. 텃밭 옆에는 농기구 보관실을 높이가 낮은 팔각정으로 만든다.

위의 모형은 실내공간에서 주로 생활하면서 몸의 움직임이 적은 오늘날의 아이들에게 생활의 동선을 길게 하여 몸을 많이 움직이게 하는 한국 전통문화 생활의 일상을 자연 속에서 체험하도록 배려하였다.

3. 생태적 실내·외 공간의 구성 및 활용

생태적 실내·외 공간의 구성 및 활용은 사람과 사람, 사람과 자연이 함께 잘 어울리며 일상적인 생활을 할 수 있는 생명살림의 공간으로 구성, 활용되어야 한다. 이러한 생태적 실내·외 공간 구성은 전통사회의 가정집의 공간구성에서 많은 시사를 받을 수 있다. 아이들의 공간은 가정적인 따뜻함, 편안함, 느긋함, 사랑과 생기가 충만한 곳이어야 한다. 따라서 유아교육기관의 실내·외 공간 구성은 인위적으로 꾸미기보다 시골집처럼 자연스럽고 편안한 삶의 공간을 만들어 주어야 한다. 여기서는 기존 유아교육기관의 실내·외 공간 구성 및 활용의 문제점과 우리가 지향해야 할 생태적 공간 구성 및 활용에 대해 살펴보고자 한다.

1) 기존 유아교육기관의 실내·외 공간의 구성 및 활용

기존 유아교육기관의 실내·외 공간의 구성 및 활용의 문제점을 개략적으로 살펴보면 다음과 같다.

첫째, 분절화 되어 있다.

현대 기계문명시대에 살고 있는 우리는 기능성과 효율성에 따라 시간을 구획하고, 구획된 시간에 따라 생활공간이 만들어지고, 정해진 생활공간은 다시 관련된 활동에 따라 여러 공간으로 나누어지는 경향이 있다. 유아교육기관도 예외가 아니다. 대부분의 유아교육기관에서는 하루의 시간을 자유놀이시간, 간식시간, 이야기나누기시간, 낮잠시간, 실외놀이시간, 귀가시간 등으로 구획하고 정해진 시간에 따라 생활공간이 정해진다. 정해진 생활공간은 도서 영역, 과학 영역, 음률 영역, 물놀이 영역 등 여러 흥미 영역으로 다시 분리되며 아이들은 이렇게 분리된 공간 속에서 생활한다. 이와 같은 생활공간의 분절은 제도교육의 산물이며 아이들을 효율적으로 관리하기 위한 방편으로 서구 산업사회의 공간철학 내지 가치관과 일치한다. 그러나 분절된 공간은 자발적이고 역동적이며 활기가 넘치는 존재인 아이들에게 적합하지 않다. 지나치게 협소하고 분절된 공간은 아이들에게 스트레스를 줄 뿐만 아니라 소심하고 자기중심적이고 비타협적인 인간으로 키우기 쉽다.

둘째, 지나치게 인위적이고 전시적인 경향이 있다.

기존 유아교육기관의 실내·외 공간 구성은 지나치게 화려하고 인위적이다. 여러 가지 이유가 있겠지만 주된 이유는 원아 모집을 위해 부모와 아이의 눈길과 관심을 끌기 위한 방편이 반영된 공간 구성의 산물이다. 요즘 아이들의 겉모습은 화려하지만 건강을 해치는 시멘트, 콘크리트, 판유리, 쇠붙이, 플라스틱 등의 인공적인 소재로 만들어진 공간에서 생활한다. 원의 외관뿐 아니라 실내·외 공간 역시 지나치게 인공화 되어 있다.

실내공간에서는 살아 있는 생명체나 자연물들을 발견하기가 힘들다. 실내공간에 있는 생명체는 기껏해야 며칠이면 시들어버릴 꽃을 꽃병에 꽂아 두거나 교육계획안의 생활주제와 관련된 개미, 올챙이, 배추애벌레 등을 과학 영역에 두고 관찰하도록 하는 것이 고작이다. 실내공간은 생명체나 자연물 대신 플라스틱 레고, 플라스틱 소꿉놀이, 고무 블록, 코팅처리된 교재·교구 등과 선풍기, 에어컨, 카세트 등의 전자제품 그리고 합성섬유로 된 카펫, 커튼 등 각종 인공적인 비품 및 교재·교구로 가득 차 있다.

실외공간도 예외가 아니다. 실외공간을 구성하는 데 있어 아이들에게 필요한 것이 무엇인지를 고민하기보다 부모와 아이의 지금 당장의 눈길을 끌 수 있는 화려하고 매력적인 놀이기구 구입 및 꾸미기에 많은 노력을 기울인다. 그래서 공간 면적에 비해 너무 많은 수의 놀잇감과 고가의 놀잇감이 바깥놀이터를 채우고 있다.

셋째, 교사의 지시에 의해 조성, 활용되는 공간이다.

유아교육기관의 실내·외 공간은 아이들에 의해 구성되고 활용되어야 한다. 하지만 대부분의 원에서는 교사의 주도 하에 실내·외 공간이 구성되고 활용되고 있다. 유아교육기관의 실내·외 공간을 꽉 메우고 있는 각종 전시물들은 대부분이 부모에게 보이기 위한 전시물들이다. 그렇기 때문에 개성 있는 아이들의 자연스러운 작품이기보다 교사에 의해 계획되고 교사의 손길이 묻어 있는 작품, 개성 없는 천편일률적인 작품이 대부분이다.

공간 활용에 있어서도 아이들이 자유롭게 실내·외 공간을 활용하기보다 교사의 계획에 의해 활용하는 공간이 정해지며, 정해진 공간에서도 교사의 감독 하에 아이들의 생활이 이루어진다. 특히 대부분의 아이들은 실외 공간보다 실내 공간에서 많은 시간을 보낸다. 이러한 상황은 더 많은 지식을 가르치기 위한 부모의 욕심과 원아 모집을 위한 교육기관의 노력이 맞물린 결과이다. 하지만 아이들의 본성은 하늘을 이고 땅을 밟으며 바람과 햇빛을 느끼며 자연 속에서 마음껏 뛰어놀기를 원한다. 실내보다 오히려 실외의 자연 속에서 아이들은 세상을 살아가는 데 필요한 많은 지혜들을 자연스럽게 알아간다. 이처럼 교사에 의해 만들어지고 활용되는 인공적인 공간에서 생활하는 아이들에게서 창조적이고 자율적인 모습을 기대하기는 어렵다.

2) 생태적 실내공간의 구성 및 활용

(1) 기본 방향

생태적 실내공간의 구성과 활용은 전통사회의 살림집의 방의 모습 속에서 그 원형을 찾을 수 있다. 전통사회의 살림집의 실내공간은 통합된 공간으로 시간대에 따라 다목적으로 활용되는 공간이며, 집안을 구성하는 대부분의 물건도 자연물이다. 또한 햇빛과 바람 등 자연의 숨결이 자유롭게 드나드는 자연으로 가득한 실내공간이다. 그렇기 때문에 한없이 정겹고 아늑한 공간이기도 하다. 유아교육기관에서 일반적으로 실내에 갖추어야 할 공간은 현관, 교실(활동실), 놀이실, 화장실, 사무실, 교사실, 양호실, 부엌, 창고 등이 있다. 생태적 실내공간의 구성 및 활용을 위하여 고려해야 할 사항을 요약 제시하면 다음과 같다.

첫째, 실내공간을 통합된 공간으로 구성하고 활용한다.

둘째, 실내공간은 인공적인 소재로 구성하기보다 다양한 자연물 및 여러 가지 식물들로 구성한다.

셋째, 실내공간은 한국 전통문화를 느낄 수 있도록 복도, 계단 등 실내공간 곳곳에 전통가구, 전통적인 물건 및 메주, 곶감, 호박 등을 두어 아이들이 자연스럽게 우리 고유의 색과 멋에 익숙해질 수 있도록 구성한다.

넷째, 실내공간은 무엇보다 아이들의 손길이 느껴져야 한다. 따라서 인위적인 교사의 손길이 아닌 아이들이 직접 만들고, 가꾸고, 자율적으로 활용하는 실내공간이 되어야 한다.

여기서는 아이들의 주요 활동 공간인 현관, 교실, 놀이실, 화장실 등을 중심으로 생태적 실내 공간의 구성 및 활용에 대하여 살펴보고자 한다.

(2) 현관

현관은 아이, 부모 및 그 밖의 지역주민들이 유아교육기관에 등원하면서 처음으로 접하는 공간이며 친구와 교사와 만나는 공간이자 부모와 헤어지는 공간이므로 기분 좋고 유쾌한 느낌이 들도록 구성해야 한다. 기본적으로 현관은 신발장, 교육기관의 철학을 나타내는 게시판을 배치하고 현관의 공간 면적을 고려하여 꽃과 나무 등을 구성하도록 한다. 또한 현관 입구에는 그 날의 점심과 간식을 전시하는 전시대를 둔다. 점심과 간식 전시대의 설치는 일본 어린이집의 경우 의무적이다.

(3) 교실

먼저, 교실은 통합된 공간으로 구성하고 아이들이 자율적으로 활용하도록 하는 것이 좋다. 교실은 폐쇄되고 분절된 공간이 아닌 넓고 아늑한 공간, 아이들이 편안하게 생활할 수 있는 공간이 되어야 한다. 교실공간의 통합은 교실의 흥미 영역별 통합, 반별 실내 공간의 통합이 있다. 교실의 흥미영역별 통합이란 기존 원들의 교실처럼 세분화된 흥미 영역으로 실내공간을 분리・배치하지 않고 흥미 영역을 통합하여 공간을 활용하는 것이다.

예를 들면 아이들의 흥미에 따라 교실 전체를 시장, 바다, 기찻길 등으로 꾸밀 수 있으며, 또한 몸이 불편하거나 쉬고 싶은 친구가 있을 때에는 한 공간을 조용한 공간으로 꾸미고 활용할 수 있다. 이처럼 흥미 영역의 통합으로 실내공간은 아이들의 필요에 의해, 아이들에 의해 다양한 용도의 공간으로 만들어지고 활용될 수 있다. 반별 실내공간의 통합은 각 반의 공간을 통합하여 개방된 공간으로 구성하고 활용한다는 것이다. 예컨대 자유놀이시간에 자유롭게 다른 반을 오가며 원의 모든 아이들이 함께 어울릴 수 있으며 교사의 계획 하에 몇몇 반이 통합하여 한 교실에서 여러 반의 친구들이 모여 동극, 게임 등 주제별 활동을 함께 할 수도 있다. 이처럼 실내공간의 통합으로 아이들의 자율적인 의사에 의해 공간이 활용되며 아이들은 더 넓은 공간을 활용할 수 있다.

다음으로 교실공간은 인공물로 구성하기보다 산책길에 주운 자연물, 또는 자연물로 만든 미술작품 그리고 텃밭에서 수확한 옥수수, 감자, 고추, 호박 등 다양한 자연물로 구성하며, 화분을 활용하여 여러 가지 식물을 키우도록 한다. 또한 각종 비품 및 교재・교구도 자연소재의 것으로 구성한다. 자연소재 및 자연물로 실내공간을 구성함으로써 아이들은 자연스럽게 계절의 변화를 느끼고 자연이 주는 아름다움을 경험할 수 있으며 식물들은 실내의 공기를 깨끗하게 정화시켜 주는 기능을 할 뿐 아니라 아이들에게 정서적 안정감을 준다.

끝으로 교실은 가정집의 아늑한 방과 같은 느낌이 들도록 한다. 따라서 자연채광과 자연통풍이 잘 되는 밝은 공간으로 구성하고 필요한 경우에는 자연소재로 만든 쿠션, 커튼 등을 사용한다.

(4) 놀이실

놀이실은 주로 동적인 놀이나 대집단 활동에 활용되는 공간으로 보통 교실과 유희실을 겸용하여 사용하기도 한다. 원에 놀이실을 둘 경우 특히 인공적인 놀잇감, TV, 비디오, 컴퓨터 등으로 가득 채우기보다 장마철이나 눈이 많이 내릴 때 바깥놀이터를 대신하여 신명나게 뛰고 구르며 놀 수 있는 넓은 공간으로 구성한다. 이 때 소음을 흡수하고 아이들의 안전을 위하여 카펫을 사용하는 곳이 많으나 카펫은 세균, 진드기, 먼지 등을 유발하여 아이들의 건강에 해가 되므로 사용하지 않아야 하며 특히 자연채광과 자연통풍 등이 잘 되도록 한다.

(5) 화장실

화장실은 교실 가까운 곳에 배치하며 아이들이 배변 및 화장실에 대하여 긍정적인 감정을 갖도록 해야 한다. 따라서 자연채광이 잘 이루어지게 하고 벽면은 따뜻한 느낌이 드는 밝은 자연색으로 구성한다. 특히 냄새 제거를 위해 건강에 좋지 않는 방향제를 사용하기보다 자연통풍을 이용하거나 자연방향제인 허브식물, 숯 등을 사용하도록 한다.

3) 생태적 실외공간의 구성 및 활용

(1) 기본 방향

생태적 실외공간은 전통사회의 살림집의 앞마당과 같이 넓고, 여러 연령의 사람들과 여러 가지 동물, 식물 등이 함께 어울릴 수 있는 생활공간이 되어야 한다. 전통사회 살림집의 앞마당은 단순히 농사일과 집안의 대소사를 행하는 장소일 뿐만 아니라 사람과 자연이 교감하며 주변의 이웃과 정을 나누는 곳이다. 또한 삶의 근원적인 노동이 행해지는 곳으로써 아이들은 삶을 영위해 나가는 데 꼭 필요한 의식주와 관련된 노동을 경험하고 볼 수 있는 장소이기도 하다(김명숙, 2005; 하정연, 2005).

일반적으로 생태유아교육기관의 실외공간은 물·흙·모래놀이 공간, 텃밭, 동물우리, 정자(지붕 있는 놀이터), 통로, 휴식 공간, 창고, 옥상 생태공원 등으로 구성된다. 생태적 실외공간의 구성 및 활용을 위해서는 다음과 같은 사항을 고려해야 한다.

첫째, 실외공간은 사람과 자연이 함께 어우러지는 공간으로 구성한다. 따라서 꽃, 나무, 텃밭작물, 여러 가지 동물 등 다양한 생명체와 함께 생활하도록 한다. 특히 감나무, 석류나무, 대추나무, 은행나무, 매화나무 등의 유실수는 봄에 꽃을 피우고 여름에 그늘을 만들고 가을에 열매를 맺고 겨울에 낙엽이 떨어져 거름과 땔감을 주고 따뜻한 햇볕을 들게 한다. 아이들은 다양한 자연과 함께 어울리면서 계절의 변화와 자연의 고마움을 느낄 뿐 아니라 자연과 더불어 생활하는 지혜를 얻게 된다.

둘째, 실외공간은 실내공간 및 지역사회와 통합된 공간으로 구성, 활용한다. 유아교육기관의 실외공간은 전통사회의 집의 앞마당과 같이 다양한 연령의 사람들과 여러 가지 자연들이 함께 어울리는 공간, 아이들의 놀이공간으로서 기능을 해야 한다. 실내와 실외의 통합은 실내놀이와 실외놀이를 균형 있게 이루어지도록 계획·운영해야 한다는 의미이면서, 동시에 실내공간과 실외공간을 하나의 공간으로 보고 동시적인 시간대 속에서 운영하자는 의미이다. 따라서 실외공간은 실내공간에서 이루어지는 것과 유사한 활동이 이루어질 수 있으며 실내·외 활동이 통합되어 일어나기도 한다. 또한 유아교육시설과 지역사회 공간의 통합이란 아이들이 원을 벗어나 시장, 공원, 텃밭, 산 등 지역사회의 더 넓은 공간으로 이동하면서 교육을 실천한다는 의미와 함께 지역사회의 사람들에게 공간을 개방한다는 의미이기도 한다.

이처럼 실외공간을 통합된 공간으로 구성, 활용한다는 것은 생태유아교육의 기본 이념인 사람과 자연이 하나 되는 세상, 사람과 사람이 어울리는 세상, 아이들이 행복한 세상을 이루어 나가는 필수요건으로 아이들은 공간의 자유로운 이동을 통해서 주변 세상과의 관계를 형성해 나가기 때문이다.

셋째, 실외공간은 아이들의 손에 의해 꾸며지고 아이들에 의해 자유롭게 활용되어야 한다. 아이들이 자투리 땅을 일구어 텃밭이나 정원을 만들고, 실외 벽면에 멋있게 벽화를 그릴 수도 있다. 실외 공간 곳곳은 아이들의 비밀기지로 활용되고 아이들이 보물을 숨겨두는 새로운 공간이 만들어지기도 한다. 이와 같이 스스로 공간을 구성하고 자유롭게 활용함으로써 아이들은 삶에 대한 자신감과 독립심을 기를 수 있을 것이다.

넷째, 실외공간에 아궁이, 절구통, 널뛰기, 투호 등 전통사회의 일상생활도구 및 놀이기구를 설치함으로써 아이들이 자연스럽게 전통문화를 경험하고 전통사회의 일상적인 활동을 체험하게 한다. 자연스런 전통문화의 체험은 우리 문화에 자긍심을 가지고 우리 조상들의 생활의 지혜를 터득할 것이다.

다섯째, 아이들이 뛰어놀 수 있는 넓은 공간으로 구성한다. 바깥놀이터는 무엇보다 아이들이 마음껏 기(氣)를 발산하는 곳으로 아이들이 신명나게 뛰어놀 수 있는 곳이어야 한다. 따라서 지나치게 크고 많은 놀이기구가 아이들의 놀이를 방해하지 않도록 넓은 공간으로 구성한다.

여섯째, 실외공간의 지면은 아이들이 놀이 상황에 따라 다양한 지면을 활용하며 놀 수 있도록, 흙, 모래, 잔디, 딱딱한 바닥, 언덕 등으로 다양하게 구성한다.

이와 같이 실외 공간의 구성 및 활용에 관한 기본 방향을 바탕으로 공간별로 구체적으로 살펴보면 다음과 같다.

(2) 물·흙·모래놀이 공간

물·흙·모래놀이 공간은 아이들이 가장 즐기는 놀이공간으로 활용된다. 따라서 실외놀이공간은 그네, 미끄럼틀, 시소 등 여러 가지 값비싼 인공적인 놀이기구로 구성하기보다 물·흙·모래놀이 공간으로 구성하는 것이 좋다. 물·흙·모래놀이는 아이들에게 스트레스를 주지 않는 창의적인 놀잇감이다. 또한 물·흙·모래놀이 공간에는 값비싼 재료의 놀이 도구보다 다양한 크기의 통나무, 나뭇조각, 조개껍데기 등의 자연물과 냄비, 솥뚜껑, 그릇 등 주방용 폐품을 함께 두어 활발한 놀이가 이루어질 수 있도록 한다. 물놀이 공간은 모래놀이와 함께 이루어지는 경우가 많으므로 인접하게 배치한다. 특히 모래놀이 공간은 그늘진 곳에 마련하고 깨끗한 모래를 유지하도록 한다. 또한 모래놀이 공간에 흙산을 마련하면 흙공 만들기, 흙산 오르내리기, 물길 만들기 등 다양한 형태의 놀이가 이루어진다.

(3) 텃밭

바깥놀이터 안이나 원 주변에 텃밭을 마련하여 텃밭활동을 하도록 한다. 아이들이 직접 씨를 뿌리고 물을 주고 김을 매고 수확을 하고 직접 요리를 해 먹음으로써 아이들은 계절의 변화와 생명의 순환과정을 경험하고 노동의 가치와 자연의 고마움을 느끼게 된다. 텃밭은 물과 가까이 있고 햇볕이 잘 들고 물 빠짐과 통풍이 좋은 곳에 마련하는 것이 좋다. 만약 텃밭을 마련할 땅이 없을 경우에는 화분, 나무상자, 폐타이어 등을 이용하여 텃밭을 만들 수 있다.

(4) 동물우리

동물우리는 강아지, 토끼, 닭, 오리 등 각종 동물을 기르는 공간으로 아이들은 동물과 함께 어울리면서 동물의 성장과정과 삶과 죽음의 의미를 체험하게 되고, 동물을 대상이 아닌 함께 세상을 살아가는 친구로서 받아들이게 된다. 동물우리는 실외공간의 여건에 따라 적당한 위치를 선정하되 햇볕, 통풍, 배수가 잘 되는 곳일수록 좋다.

(5) 휴식 공간

아이들은 동적인 놀이의 흐름과 정적인 놀이의 흐름의 조화가 필요하다. 따라서 조용히 휴식을 취하며 자연을 명상할 수 있는 공간이 필요하다. 특히 여름에 햇빛을 피할 수 있고 자연의 향기를 느낄 수 있는 등나무 덩굴이 우거진 곳에 휴식공간을 마련하면 더욱 좋다. 휴식공간은 다양한 용도로 쓰여질 수 있다. 가령 동화책을 읽거나, 미술활동을 할 수 있으며 실외에서 간식을 먹는 장소 등으로 사용될 수 있다.

(6) 정자

아이들은 실내보다 실외놀이를 더 좋아한다. 따라서 지붕이 있는 실외 공간은 일기 상태에 상관없이 목공놀이, 미술활동, 동화 듣기 등 다양한 활동을 하는 공간으로 활용될 수 있다. 정자는 그늘진 곳보다 햇빛이 충분히 들고 통풍이 잘 되는 곳에 배치한다.

(7) 창고

실외공간에 창고를 마련함으로써 아이들이 놀이기구를 쉽게 꺼내 쓰고 정리정돈하는 것을 도울 수 있다. 이 외에도 창고는 목공놀이도구나 텃밭 도구 등 여러 가지 설비 및 비품을 보관하는 데 사용될 수 있다.

(8) 옥상 생태공원

대부분의 기존 유아교육기관은 반 생태적 건물로 지어져 있다. 또한 땅을 마련하기가 어려워 텃밭이 없거나 실외 놀이공간을 소유하지 못해 아이들이 하루 종일 실내에서만 생활하는 원들도 많다. 옥상의 생태공원은 자연을 접하기 힘든 아이들에게 자연을 접할 기회를 주는 것이다. 옥상의 생태공원은 생물 서식지로서 기능을 하는 옥상 소생태계의 공간으로 구성되어야 한다. 생물 서식지로서 각종 꽃과 나무, 수중식물, 야생 조류 등은 아이들에게 자연의 신비로움과 아름다움, 그리고 너그러움을 전해 줄 것이다.

생태공원(습지)

생태공원(자연놀이터)

조성 후 전체 전경

4. 생태적 비품 및 교재·교구의 성격

여기서는 기존 유아교육기관의 비품 및 교재·교구의 문제점을 살펴보고, 유아교육기관이 지향해야 할 생태적 비품 및 교재·교구의 성격은 어떠해야 하는지에 대하여 살펴보고자 한다.

1) 기존 유아교육기관의 비품 및 교재·교구

대체로 기존 유아교육기관의 비품 및 교재·교구의 문제점을 개략적으로 살펴보면 다음과 같다.

첫째, 아이들의 건강에 해롭다.

기존 유아교육기관에서 아이들이 가지고 노는 장난감이나 교재·교구 및 각종 비품의 경우, 플라스틱 제품이 주류를 이루고 있다. 플라스틱 제품은 자라나는 아이들에게 상당히 위험하다. 플라스틱은 '석유문명의 총아'라고 할 정도로 석유에서 생산된 대표적인 석유화학제품이다. 플라스틱 제품은 환경호르몬 같은 유해물질을 계속 방출한다. 환경호르몬은 대부분 아이들의 신체발달 장애, 생식기능 장애, 신경계나 면역계 장애 등을 초래하고 암을 일으키는 물질로도 알려져 있다.

또한 TV, 비디오, 컴퓨터, 카세트 등 흔히 유아교육기관에서 사용하는 각종 전자제품도 아이들의 건강을 해치는 것들이다. 이러한 전자제품에서 문제가 되는 것은 우리 몸을 교란시키는 전자파가 발생한다는 것이다. 전자제품에서 나오는 전자파는 생명체의 고유파동을 교란시키는데, 만약 우리 몸이 지속적으로 전자파에 노출되면 제대로 사고하기 어렵다거나, 면역력이 약해지는 등 여러 가지 정신적·신체적 이상을 보이게 된다(이송미, 2004).

또한 유아교육기관에서 소음을 방지하고 아이들의 안전을 위한다는 명목으로 실내에 깔아 둔 카펫과 강한 햇빛을 차단하여 아이들의 낮잠을 돕고 눈부심을 막으며 실내공간의 미관을 아름답게 하기 위해 창틀에 달아둔 커튼도 아이들의 신체에 해롭다. 우선 요즘 교육기관에서 주로 사용하는 카펫은 우선 원료부터가 대부분 합성섬유이고 다른 섬유제품보다 강한 포름알데히드, 트리클로로에틸렌 등이 포함되어 있다. 특히 세탁을 자주 할 수 없기 때문에 먼지가 쌓여 진드기의 온상이 되기도 한다. 커튼 역시 대부분이 합성섬유로 만들기 때문에 우리 몸을 병들게 하는 환경호르몬이 흘러나올 수 있으며 또한 정전기를 발생시켜 우리 몸을 교란시킨다. 정전기가 생기면 자연히 먼지가 많이 쌓이게 되고 진드기 등에도 쉽게 노출된다.

이 밖에 비품과 교재·교구의 색깔과 무늬에도 주의를 기울여야 한다. 지나치게 강한 색채 또는 무늬가 크고 울긋불긋한 벽지와 커튼, 너무 어둡거나 너무 밝은 실내 조명, 눈부시게 밝은 색의 이불과 요 등도 아이들을 불안정하게 만든다.

둘째, 양이 너무 많다.

기존 유아교육기관의 실내·외 공간은 너무 많은 양의 비품과 교재·교구들로 차 있다. 교실은 흥미 영역별로 구분하기 위해 여러 개의 교구장과 책상 및 의자가 공간을 채우고 있으며 각 교구장에는 여러 영역의 교재·교구가 꽉 차 있다. 여기다 에어컨, TV, 컴퓨터, 카세트, 청소기 등도 실내 공간을 메우고 있다 보니 실내 공간은 아이들보다 비품과 교재·교구가 더 많은 공간을 차지하고 있는 실정이다. 이처럼 많은 양의 비품과 교재·교구는 아이들이 자유롭게 놀 공간을 점차 좁아지게 하였고 아이들의 자유로운 공간 활용을 방해한다. 실외 공간도 마찬가지이다. 실외 놀이공간은 여러 가지 놀이기구로 꽉 차 있어 아이들이 이리저리 뛰어놀기가 힘든 유아교육기관이 많다. 요즘 아이들은 가정에서든 교육기관에서든 놀잇감에 파묻혀 산다 해도 과언이 아니다. 이것이 과연 아이들에게 도움이 될까?

또한 많은 양의 비품과 교재·교구 속에서 생활하는 아이들은 비품과 교재·교구의 소중함을 깨닫지 못하기 때문에 함부로 다루는 경향이 있다. 이러한 아이들에게서 절제 절약의 정신과 경물(敬物)정신을 기대하기는 힘들다.

셋째, 지나치게 편리하고 상품화 되어 있다.

요즘 아이들이 가지고 노는 교재·교구는 상품화된 것이 많다. 상품화된 교재 · 교구는 가지고 노는 방법이 정해져 있으며 대부분이 어떤 기능을 익히고자 하는 기능성을 가지고 있으며 대부분이 혼자 노는 실내 놀잇감이다. 따라서 아이들의 창의성 및 사회성에 좋지 않는 영향을 미치는 것들이 많다. 특히, 기능성 놀잇감은 아이들의 창의성 발달에 별 도움이 안 되며, 아이들은 놀잇감의 기능을 익히면 이내 싫증을 내게 된다. 또한 상품화된 놀잇감 중에는 자동화가 잘 되어 지나치게 편리한 놀잇감이 많다. 예를 들면 단추만 누르면 혼자서 움직이는 인형, 저절로 움직이는 자동차 등이다. 이러한 장난감은 아이들을 수동적으로 생각하고 행동하게 만드는 경향이 높다.

요즘 유아교육기관들은 최신 기술을 이용한 최신 시설 및 비품을 갖추고 있다. 청소기, 세탁기, 컴퓨터 등의 등장은 과중한 업무에 시달리는 유아교사의 일손을 도와주는 데 기여한다. 또한 과거 육성으로만 아이들에게 들려 주었던 동화, 옛이야기, 노래를 이제는 카세트와 카세트 테이프, TV, 비디오 등으로 들을 수 있게 되었다. 하지만 이러한 최신 기계들을 사용하는 교사의 모습이 아이들의 눈에 너무 나태해 보이지는 않는지 그리고 교사로서 아이들에게 꼭 보여야 할 인간의 근원적인 삶의 모습을 지나치는 것은 아닌지 고려해 볼 필요가 있다.

한편 기존 유아교육기관에는 TV, 비디오, 컴퓨터가 교육기관의 주요한 비품이자 교재 · 교구로 자리하고 있다. 앞서 언급하였듯이 이러한 것들이 전자파를 방출하기 때문에 아이들의 건강을 해치는 단점이 있기도 하지만 이 외에도 여러 가지 부정적인 측면이 있다. 먼저 활동하려고 하는 의지가 약화되어 체험하려고 하지 않는다는 것이다. 즉, TV, 비디오, 컴퓨터 등을 통하여 보는 것은 감각적으로 직접 체험할 수 없다. 다음으로 자발성이 유발되지 않는다는 것이다. 즉, 모니터에 나타난 영상이 실제가 아님을 유아는 무의식적으로 알기 때문에 자신의 실제적인 삶 속에서 영상에 나타나는 내용을 실천하고자 하지 않는다는 것이다. 끝으로 자제력이 약화된다는 것이다. 즉, 모니터를 통해 온 정보는 실제가 아닌 영상이기에 그것을 모방할 경우에도 실제 상황과는 매우 다르게 행동하게 된다. 그렇기 때문에 영상을 통해 폭력 장면을 많이 본 아이들은 상대편이 항복하고 졌다고 해도 폭력적인 행동을 그만두지 않는다(곽노의, 2003). 이와 같이 TV, 비디오, 컴퓨터는 아이들에게 여러 가지 좋지 않는 영향을 미치지만 대부분의 유아교육기관에서는 이 기계들에 아이들을 장시간 노출시키고 있는 실정이다.

넷째, 인간관계의 갈등요소가 된다.

기존 유아교육기관에서는 비품 및 교재·교구는 중요한 요소이다. 왜냐하면 부모들의 교육기관을 선택하는 데 있어 비품과 교재·교구가 중요하게 작용하기 때문이다. 그렇기 때문에 원장은 수입의 많은 부분을 비품 및 교재·교구의 구입비용으로 사용한다. 따라서 원장은 새로운 것이나 특히 부모에게 인기 있는 비품과 교재·교구는 가능한 구입하고자 한다. 아마도 대부분의 유아교육기관의 교재·교구실에는 몬테소리, 가베, 오르다, 하바 등의 교재·교구, 교사 제작 교재·교구 그리고 주제에 따른 이야기 나누기 자료, 동화 자료, 동극 자료, 악기 등으로 가득 차 있으며, 가능하다면 더 많은 교재·교구를 구입하고자 할 것이다. 이들 교재·교구 중 특별히 값비싼 교재·교구는 원장과 교사의 특별한 관리 하에 일정한 시간에만 제시된다. 전시용 내지 과시용 교재·교구인 것이다. 이러한 교재·교구는 원장과 교사, 교사와 아이 간의 갈등을 낳고 있다. 즉, 교사의 교재·교구 관리의 소홀로 인한 교재·교구의 훼손, 유실, 폐기, 낭비 등으로 원장의 교사를 향한 책망과 문책이 따르게 되고, 아이의 값비싼 교재·교구의 유실과 훼손은 교사의 아이를 향한 꾸중으로 이어진다.

대부분의 유아교사는 교재·교구를 만들고 전시하고 정리하는 데 많은 시간을 보내고 있다. 이처럼 교재·교구는 교사의 업무를 과중하게 만든다. 교사의 업무 과중은 교사의 원장에 대한 불만과 아이들을 소홀히 대하는 형태로 나타난다. 이러한 상황 또한 교사와 원장, 교사와 아이의 갈등의 요소로 작용한다.

교사로서의 본래 업무는 아이들의 몸·마음·영혼을 모시고 섬기고 돌보는 일이다. 하지만 요즘 유아교사들은 아이들에게 삶의 지혜를 전하고 아이들을 모시고 섬기고 돌보는 것이 아니라 교재·교구를 모시고 살피는 일에 더 신경을 쏟는 것 같다. 주객이 전도된 격이다.

2) 생태적 비품 및 교재·교구의 성격

생태적 비품 및 교재·교구의 성격은 아이들과 모든 생명을 살리는 것이어야 한다. 생태적 비품 및 교재·교구의 성격에 대해 개략적으로 살펴보면 다음과 같다.

첫째, 자연소재일수록 좋다.

유아교육기관에서 사용하는 비품과 교재·교구는 자연소재일수록 좋다. 자연소재라야 하는 이유는 무엇보다 아이들의 건강을 해치지 않기 때문이다. 따라서 의자, 책상, 교구장, 선반, 이불장, 옷걸이 등의 비품은 플라스틱으로 만들어진 것을 피하고, 가능한 목재로 된 것을 구입하는 것이 좋다. 카펫과 커튼을 사용해야 할 경우에는 100% 천연소재로 만든 것을 사용하고, 자주 털어 주고 세탁을 하여 아이들의 건강에 해가 가지 않도록 해야 한다. 또한 아이들이 가지고 노는 교재·교구도 각종 플라스틱, 고무, 코팅 처리된 교재·교구 대신에 산책길에 주워 온 나뭇조각, 돌, 조개, 나뭇잎, 나무 열매 등의 자연소재의 것을 사용하도록 하고, 가능한 전자파를 방출하는 텔레비전, 비디오, 컴퓨터, 카세트 등의 전자제품을 사용하지 않도록 한다.

특히 아이들에게 최고의 놀이공간은 자연이며 최고의 교재·교구도 자연이다. 자연은 아이들의 정서를 안정되게 하고 창의성 및 사회성을 기른다. 대부분이 상품화된 교재·교구 및 교사 제작 교재·교구는 거의가 실내 교재·교구로서 아이들은 혼자 놀거나 또는 대개는 교사의 인지적인 목표를 동반한 인위적인 간섭이 수반된다. 상호작용이라는 이름으로 계속되는 교사의 인위적인 간섭에 아이들은 이내 교재·교구에 관심을 잃게 되며 스트레스를 받게 된다. 그러나 자연이 있는 실외공간은 자연스런 상호작용이 일어나는 공간으로 때로는 여러 연령의 또래와 어울리고 때로는 다양한 자연과 함께 어울린다. 또한 자연에서 구한 자연소재의 교재·교구는 일정하게 노는 방법이 정해져 있지 않으며 놀기 위해 익혀야 할 기능이 없기 때문에 아이들은 교사의 간섭 없이 놀이를 창조하며 놀고 싶은 대로 놀 수 있다. 따라서 아이들이 스트레스를 받지 않으며 창의적이고 사회적인 아이로 자라도록 한다(김명숙, 2005). 이 외에도 기계가 아닌 교사의 육성을 통해 옛날 이야기를 듣고 노래를 함께 부르는 것은 아이들의 정서를 더욱더 안정되게 할 것이다.

둘째, 꼭 필요한 교재·교구만 구입하고 나머지는 가능한 아이들과 직접 만들어 사용한다.

주변에서 쉽게 구할 수 있는 여러 가지 자연물 및 폐품들은 아이들에 의해 멋있고 재미있는 비품 및 교재·교구로 만들어질 수 있다. 광목천에 치자, 쑥, 황토 등으로 염색을 하여 직접 커튼과 쿠션, 테이블보를 만들 수 있으며, 목공활동을 통해 텃밭의 반 팻말, 새둥지 등을 만들 수 있다. 산책길에 적당한 크기의 돌을 주워 공기놀이를 할 수 있으며 주워 온 돌을 곱게 갈아 비석을 만들어 비석치기를 할 수 있고 나뭇가지를 일정한 크기로 잘라 윷을 만들 수 있다. 또한 나뭇잎, 나무 열매, 솔방울 등으로 멋진 인형 등을 만들 수 있으며 대바늘과 털실을 이용하여 지갑을 뜰 수도 있다. 이 외에도 우유곽, 병뚜껑, 종이상자 등의 폐품은 배, 자동차, 비행기 집 등 여러 가지를 만들 수 있는 좋은 미술재료가 된다.

이처럼 아이들이 직접 만든 비품과 교재·교구는 돈으로 쉽게 구입한 것보다 더 소중히 여기기 마련이다. 아이들은 자신의 정성과 노력이 깃들어 있는 교재·교구는 함부로 다루지도 않고 조심스럽게 오래도록 간직하며 논다. 가령 비석치기 놀이를 하기 위해 산책길에 주운 돌을 곱게 갈아 만든 비석은 비록 돌이라 할지라도 그냥 돌이 아니다. 아이들의 정성과 노력이 깃든 돌로 아이와 하나가 되는 돌이다.

꼭 필요한 비품과 교재·교구를 구하기 위해 아이들의 가정에 도움을 청할 수 있다. 가정에서 사용하지 않는 주방기구는 아이들이 좋아하는 바깥놀이도구가 되며 그 외 여러 가지 가정용 폐품은 미술재료로 사용될 수 있다. 혹 책상, 의자, 교구장 등의 비품을 구입해야 한다면 중고를 구입하는 것도 좋은 방법이다. 중고가구는 가구의 휘발성 유해물질이 많이 발산되었기 때문에 아이들의 건강에 덜 해롭다.

이러한 상황은 너무나도 풍족하게 생활하여 물건들을 함부로 취급하는 오늘날의 아이들이 지천에 깔린 하나의 돌멩이도 소중히 여기는 경물정신과 아껴 쓰고 절약하는 절제・절약 정신이 몸에 배인 아이로 자라게 할 것이다. 특히 자연물과 폐품을 활용한 비품 및 교재・교구의 사용으로 절약된 유아교육기관의 비품 및 교재・교구의 비용은 교사의 처우개선이나 아이들의 생명을 살리고 농촌을 살리는 건강한 유기농 먹을거리 먹이기 등 더 중요한 곳이 쓰여질 수 있을 것이다.

참고문헌

고제순(2004). 생태적 식주의(食住醫) 와 생명운동. '생명의 묵상'. 「흙처럼 - 흙 건축 아쉬람」. cafe.daum.net/mudhouse.

______(2005).생태적 삶과 생명의 살림집. **한국생태유아교육학회 2005년도 춘계학술대회 자료집**, (pp.7-30), 6월 18일. 부산: 부산대학교 학생회관 대강당.

고주석(1997). 한국적 참건축을 추구하는 생태건축. **지금여기 별책자료II-3**. 서울: 미내사클럽.

곽노의(1999). **자유발도르프 유아교육**. 서울: 밝은누리.

______(2003). 놀이, 놀잇감 그리고 놀이공간에 대하여 다시 생각한다. **서남재단 국제유아교육 심포지엄 자료집 - 늦게 피어도 아름다운 꽃 2003**. pp. 128-149. 10월 30일 - 11월 1일. 서울: 이화여대 국제교육관 LG컨벤션홀.

김명숙(2005). 여수 베타니아장애어린이집 생태적 환경 및 교재・교구 활용 사례. **한국생태유아교육학회 2005년도 춘계학술대회 자료집**, (pp.101-120), 6월 18일. 부산: 부산대학교 학생회관 대강당.

매일경제, 2004년 4월 22일자.

박순희(2005). 생태건축 어린이집 신축. **한국생태유아교육학회 2005년도 춘계학술대회 자료집**, (pp.183-188), 6월 18일. 부산: 부산대학교 학생회관 대강당.

안네트 니콜라스-헤세(2003). 장난감 없는 유치원, 중독예방과 그 이상을 위한 프로젝트. **서남재단 국제유아교육 심포지엄 자료집 - 늦게 피어도 아름다운 꽃 2003**. (pp.362-356). 10월 30일 - 11월 1일. 서울: 이화여대 국제교육관 LG컨벤션홀.

우테 발커(2003). 숲속유치원 - 독일에서의 한 새로운 교육학적 개념. **서남재단 국제유아교육 심포지엄 자료집 - 늦게 피어도 아름다운 꽃** 2003. (pp.169-173). 10월 30일 - 11월 1일. 서울: 이화여대 국제교육관 LG컨벤션홀.

윤원태(2004). 생태교육으로 여는 아이들 삶의 공간. **한국생태유아교육학회 2004년**

도 춘계학술대회 자료집. (pp. 75-94).

이송미(2004). 공해천국 우리집. 서울: 소담출판사.

이정애(2005). 유아교육기관의 생태건축 모형 연구. 부산대학교 교육대학원 석사학위논문.

이진아(2004). 아픈집. 녹색평론, 75, 대구: 녹색평론사, 62-74.

이태구(2005). 새로운 대안으로서의 생태건축: 유아교육기관 적용방안을 중심으로. 한국생태유아교육학회 2005년도 춘계학술대회 자료집, (pp.33-52), 6월 18일. 부산: 부산대학교 학생회관 대강당.

임재택(2004). 아이들의 의식주를 다시 생각한다. 서남재단 국제유아교육 심포지엄 자료집 - 늦게 피어도 아름다운 꽃 2004. (pp.132-148). 10월 28-30일. 서울: 이화여대 국제교육관 LG컨벤션홀.

______(2003). 가르치지 않는 유아교육. 서남재단 국제유아교육 심포지엄 자료집 - 늦게 피어도 아름다운 꽃 2003. (pp.111-127). 10월 30일 - 11월 1일. 서울: 이화여대국제교육관 LG컨벤션홀.

임정숙(2003). 유아교육, 아이들과 함께 하는 삶. 서남재단, 늦게 피어도 아름다운 꽃 2003, 국제유아교육 심포지엄 자료집, (pp.87-93), 10월 29일 - 11월 1일. 서울: 이화여자대학교 국제교육관 LG컨벤션홀.

______(2005). 강화도 흙벽돌생태어린이집 신축사례. 한국생태유아교육학회 2005년도 춘계학술대회 자료집, (pp.91-99), 6월 18일. 부산: 부산대학교 학생회관 대강당.

정문웅(1997). 특집: 생태, 도시 그리고 인간. 건축, 12.

정윤경(2000). 루돌프 슈타이너의 인지학과 발도르프학교. 인천: 내일을 여는 책.

하정연(2005). 일본 '바람의 아이' 어린이집 생태건축 사례. 한국생태유아교육학회 2005년도 춘계학술대회 자료집, (pp.135-152), 6월 18일. 부산: 부산대학교 학생회관 대강당.

제 9 장

생태유아 교육과 교사

생태유아교사의 자질과 참모습

생태유아교사의 역할과 태도

생태유아교사의 성장과 교육

대지의 기도

대지는 나에게 조용히 있는 법을 가르칩니다
풀들이 말없이 빛을 쬐듯이

대지는 나에게 참고 견디는 법을 가르칩니다
오래된 돌이 창조의 기억을 간직하고 있듯이

대지는 나에게 겸손하게 기다리는 법을 가르칩니다
꽃봉우리들이 서서히 꽃잎을 열듯이

대지는 나에게 다른 사람들을 돌보는 법을 가르칩니다
어머니가 아이들을 돌보듯이

대지는 나에게 늘 용기를 잃지 않도록 법을 가르칩니다
나무가 늘 같은 자리에 서 있듯이

대지는 나에게 넘을 수 없는 한계를 가르칩니다
개미가 땅 위를 기어가듯이

대지는 나에게 자유롭게 사는 법을 가르칩니다
독수리가 하늘을 날아오르듯이

대지는 나에게 체념하는 법을 가르칩니다
가을이 되면 나뭇잎들이 떨어지듯이

대지는 나에게 다시 사는 법을 가르칩니다
봄이 되면 땅 밑의 씨앗들이 솟아나듯이

대지는 나에게 나 자신을 잊는 법을 가르칩니다
겨울이 지난 눈이 녹아 내리듯이

대지는 나에게 다른 존재의 친절함을 기억하도록 가르칩니다
마른 대지가 비로 촉촉이 젖듯이

서정록(2003). 「지금은 자연과 대화할 때」. 서울: 열린책들, pp.210-211.

이 장에서는 생태유아교육에서 생태유아교사의 자질과 참모습, 생태유아교사의 역할과 태도, 생태유아교사로서의 일상적 삶과 성장과정, 생태유아교사교육의 흐름 등에 관해 살펴보고자 한다.

1. 생태유아교사의 자질과 참모습

1) 교사의 일반적 의미

교사(敎師)란 무엇인가? 교사란 한자로 풀이하면, 가르치는(敎) 스승(師)이다. 교사는 학생을 잘 가르치는 사람이고, 학생에게 모범을 보여 존경을 받는 사람이라는 뜻이 포함되어 있다. 일반적으로 교사는 전문가, 스승, 훈장 등으로 표현하는 것도 그런 의미를 담고 있는 것이다.

그렇다면 어린 아이들의 교육을 맡는 유아교사는 어떤 사람이라야 하는가? 유아교사는 일반 학교나 교육기관의 교사와 어떤 점에서 다른가? 더욱이 생태유아교사는 어떤 사람인가? 앞서 언급대로라면, 어린 아이들을 잘 가르치고, 어린 아이들에게 모범을 보여 존경을 받는 사람이라면, 그런 사람이 유아교사의 참모습인가? 또한 생태유아교사의 참모습인가?

현대사회에서 일반적으로 교사는 교사 자격증을 소지하고 가르치는 일을 업(業)으로 삼고 있는 자로서 인간 행동을 계획적으로 변화시키는 데 전념함으로써 보수를 받고 그것으로 생계를 유지해 나가는 전문인으로 규정하고 있다(안창선, 남경현, 이욱범, 1999). 이러한 과정에서 교사는 가르치는 자로서의 모습이 강조된다. 이와 같은 맥락에서 일반적인 유아교사 역시 자격증을 소지하고 아이들을 가르치는 전문가로서 발달조력자, 안내자, 관찰자, 평가자, 교수자, 연구자, 환경구성자, 교재·교구 준비자 등으로 규정하고 있다(이은화, 1991; 이기숙 외, 2002; 박은혜, 2004). 일반적으로 유아교사는 전문직으로서의 정체성을 중시하며, 개인적으로 건강과 인성의 기반이 있어야 하고, 전문적 자질로서 지식, 교수기술, 교육관의 형성이 무엇보다 강조되어진다(이은화, 배소연, 조부경, 1999).

더욱이 이러한 교사에 대한 인식은 최근 지식기반사회에서 지식경영, 인터넷, 세계화의 양상으로 변모하는 시대적 조류에 따라 지식 생산자로서 올바른 의사결정을 하고 다른 교육관련 요소와의 연계자 역할을 해야 한다는 것이다(남정걸, 2003). 이런 현실에서 교사는 자칫 기술자나 수리공처럼 아이들의 행동 변화나 지식 전수의 시대적 요구에서 자유로울 수 없다. 결국 현대사회의 교사는 교육이란 이름 아래 자연 순리에 어긋난 행위로 아이들을 혼란스럽게 하고 있다. 논리와 지식에 근거해 짜여진 일과와 교과로 묶여진 교육의 내용은 모순에 차 있다. 자본주의와 시장경제의 사회체제에서는 인간과 아이에 대한 근원적 이해를 상업화와 경제원리의 도구로 구속시켜 버렸다. 이러한 체제 속에서의 교육은 세계의 주역으로 우뚝 서는 국가 발전 원동력으로서의 개인의 성장을 지향한다. '정보화'라는 기술적 기초를 등에 업고 지구촌 전체 차원으로 이를 확대하는 '세계화'의 물결은 지구촌 전체의 노동력을 얼마나 효율적으로 배치·관리하고 통제할 것인가 하는 것을 교육의 가장 큰 역할이자 과제로 본다(강수돌, 2004). 이와 같은 관점에서 오늘날 교사는 아이들의 생명을 모시고 살리는 그런 전문가가 아니라 경쟁과 세계화의 논리 속에서 아이의 생명을 위협하고 인생의 길을 잘못 안내하는 그런 사람이 될 수도 있다는 사실을 인식할 필요가 있다.

2) 생태유아교사의 자질

한편, 생태유아교육을 열어가는 생태유아교사는 아이와 교육에 대한 이해를 달리한다. 생태유아교육은 생명중심, 공동체중심 및 몸·마음·영혼의 유아교육을 지향한다. 기존 유아교육과 근본적 패러다임을 달리 하는 생태유아교사는 아이를 현대사회의 존속에 필요한 인재로서 인식하는 것이 아니라 모시고 살려야 할 고귀한 생명으로 인식한다. 생태유아교사는 생명의 본질과 원리와 특성을 잘 이해하고, 그 원리에 따라 아이들을 잘 모시는 사람이라야 한다. 아이는 자연의 생명체이고 생명의 본성에 따라 살아가는 존재이다. 생명의 본성은 자연의 순리에 따르며 몸과 마음과 영혼이 일체삼용(一體三用)으로 이루어져 있다. 이러한 생명이 우주의 질서와 생명의 근원과 엮여 있는 관계와 통합성을 이해하는 사람이 아이를 돌보는 사람이어야 한다.

또한 생태유아교사는 교사이기 전에 세상을 바라보는 바른 눈을 가진 바른 인격체이어야 하며, 자연을 가장 좋은 교과서라고 믿고 아이들에게 자연과의 접촉을 많이 배려하며, 생명존중을 몸으로 실천하는 생태적 소양인이어야 한다. 생태유아교사는 아동발달의 전문가나 조력자이기에 앞서 아이들 삶의 통로가 되어 주는 '삶의 동반자'가 되어야 한다. 생태유아교육에서의 교사는 자연과 함께 하는 농부이자 마음을 돌보고 먹을 양식을 주는 어머니이다. 생태유아교육은 아이의 몸, 마음, 영혼에 깨끗한 향기와 좋은 기운이 흘러나오도록 하는 교육이기에 먼저 교사의 몸과 마음과 영혼에서 맑은 향기가 넘쳐날 수 있어야 한다. 때로는 밥을 주는 엄마이고, 때로는 마음을 돌보는 영적 치유자이고, 함께 살아가는 삶의 동반자가 바로 생태유아교사의 모습이다.

그리고 생태유아교육에서 지향하는 교사는 생명, 관계, 삶을 강조한다. 생명의 가치를 존중하고 관계의 그물망 속에 유아와 교사의 수평적 관계를 인식한다. 그리고 삶으로서 나눔과 모심을 중시하는 삶의 동반자로서, 영적·심적 교류를 이룰 수 있어야 한다. 그렇다면 어떻게 한 생명체와 다른 생명체와의 생명적 교류가 가능하고 생명의 소통이 가능한가? 고제순(2004)은 이것을 '섬김'으로 가능하다고 한다. 즉, '사랑'으로 가능하다는 것이다. 경천(敬天), 경인(敬人), 경물(敬物)은 생명소통의 삼위일체이다. 천(天)은 인(人)과 물(物)을 자신과 같이 사랑하고, 인(人)은 천(天)과 물(物)을 자신과 같이 섬기고, 물(物)은 천(天)과 인(人)을 자신처럼 섬기는 것이 생명세계의 본래적 실상이다. 교사는 이러한 생명적 교류와 섬김을 실천할 수 있어야 한다.

3) 생태유아교사의 참모습

이처럼 생태유아교사의 참모습은 생명을 돌보는 근원에서 찾아야 한다. 생태유아교사의 참모습은 다음의 모습에서 그 모태를 찾을 수 있다.

첫째, 최고의 생태유아교사는 자연(自然)이다.

인류의 최고 스승은 부처이고, 부처의 스승은 보리수(菩提樹)이며, 보리수는 자연의 일부이니, 부처의 스승은 결국 자연이다. 이 세상 아이들의 스승 역시 자연이다. 스승이란 마음의 교감자요 인격적 교류의 대상이며 감화로 삶에 영향을 주는 대상이다. 이러한 아이의 스승은 아이의 몸과 마음과 영혼의 근원인 자연이어야 한다. 그 자연은 아이에게 영혼의 소리이며 삶의 결이다. 자연은 아이들에게 천지만물의 순리를 가르쳐 주는 큰 선생님이고, 사람은 아이들에게 잔재주를 가르쳐 주는 작은 선생님이다. 자연은 아이들에게 큰머리가 되어 우주적 순리와 흐름을 열어 주는 스승이다. 그러나 사람은 일상사의 작은 생각들을 도와주는 작은 선생일 뿐이다. 따라서 아이는 자연에게 배우고 자연이 돌본다. 작은 선생인 인간은 그 자연의 힘에 순응하고 자연을 닮아가야 한다. 아이에게 몸에 딱 맞는 자연과 같이 아이를 이해하고 그 몸과 마음과 영혼의 결을 함께 해 나가는 교감자요 교류자요 감화자라야 한다. 이 세상에서 획일적이지 않은 가장 훌륭한 교과서도 자연뿐이고, 아이들에게 삶의 지혜를 일러 주는 유일한 교사도 자연이다.

아이들은 어려서부터 산에서, 들판에서, 바닷가에서 햇빛과 바람과 물과 흙에 감싸여 자라야 한다. 먼저 자연이 큰 선생님이 되고 사람은 작은 선생님이 되어 아이들의 감각이 지닌 모든 가능성을 활짝 열어 놓는 교육이 이루어져야 한다. 살갗으로 느끼기에서부터 맛보기, 냄새맡기, 듣기, 보기에 이르기까지 감각훈련은 끊임없이 되풀이해서 넓어지고 깊어져야 한다.

우리는 아이들을 도시 밖으로 자꾸 끌어내야 한다. 도시는 죽음의 원리에 바탕을 두고 있다. 역사상 모든 도시가 멸망한 데는 이유가 있다. 도시에서는 감성과 이성, 신체와 정신을 균형 있게 발전시킬 수 없다. 도시에 들어서면 자연은 순환을 멈춘다. 자연의 일부인 사람도 마찬가지이다. 이를테면 마을공동체에서 사는 노인들은 잘 익은 과일이나 늙은 호박처럼 연륜이 빚어 준 성숙한 아름다움을 보여준다. 마을공동체에서 노인들은 지혜의 원천이자 권위의 중심이고 원숙한 아름다움의 상징이다. 그러나 도시에서 노인들은 폐기 처분된 낡은 기계 취급을 받을 뿐이다. 도시 사회에는 자신을 재생산하는 구조가 빠져 있음을 알 수 있다(윤구병, 1995).

둘째, 생태유아교사는 어머니다.

생태유아교사는 태중에 아이를 품은 어미의 마음이어야 하며 젖을 물리며 아이를 돌보는 어미의 가슴이어야 한다. 이 어머니는 영혼과 물질의 제공자이다. 가슴과 영혼으로 아이의 영혼을 모시고 섬기며 젖과 밥으로 아이의 몸을 돌보며 눈물과 기도로 아이의 마음을 품는다. 아이에게 어머니의 품은 따뜻하다. 때로는 힘들고 지친 마음의 치유자가 되기도 하고, 때로는 배고픔을 달래 주며, 영혼의 지표이기도 하다. 아이는 어머니와 함께 의식주를 하고 삶을 나눈다. 입히고 먹이고 재우는 과정을 통해 아이는 몸과 마음과 영혼이 살찌워져 간다.

생태유아교사는 아이에게 이런 어머니가 되어야 한다. 어미의 마음을 품고 아이를 이해하고 보듬을 수 있어야 한다. 어머니는 아이에게 아무거나 먹이지 않는다. 전통사회의 우리 어머니는 아이의 몸에 실오라기 하나라도 정성으로 지어 입혔다. 몸과 마음이 건강하게 자라기를 염원하는 마음으로 하루하루 조심하며 삶을 꾸려 나갔다. 너무나도 귀한 자식이지만 너무 귀히 여기지 않는 태도로 겸손하게 중도를 지켰다.

태아를 품은 어머니는 열 달을 먹는 것, 자는 것, 입는 것을 조심하며 태교를 한다. 부정한 자리에 앉지 아니하고, 부정한 음식은 먹지 않고, 아이를 위해 옷을 가려 입는다. 정한 생각과 몸으로 아이와 함께 하는 어미는 그 영혼을 다하여 아이를 위해 염원하는 삶을 엮어간다. 그러한 몸과 마음과 영혼이 깃든 어머니가 바로 생태유아교사이다.

셋째, 생태유아교사는 농부다.

농부는 땅을 받들고 생명체를 모신다. 생명체들이 저마다 자기에게 알맞은 터를 찾아 둥지를 틀고 뿌리를 내리도록 돌보는 농부의 땀이 교사의 자리이다. 농부는 씨를 뿌리고 결실을 맺기까지 그 어느 때도 교만치 않는다. 자연이 내려주는 뜻에 거역하지 않으며 기도하며 섬기는 마음으로 씨를 뿌리고 땀 흘려 가꾼다. 진짜 농부는 생명 하나하나에 정성을 쏟고 생명의 모습 그대로를 아끼고 섬긴다.

생태유아교사는 땅을 사랑하고 그 속의 생명체들을 모두 섬기는 농부이어야 한다. 땀을 흘리고 대자연을 경외하며 그 속에서 진정한 선과 신앙심을 기르는 자이다. 이러한 농부가 진정한 생태유아교사이다.

넷째, 생태유아교사는 '대장금(大長今)'이다.

영국 섬머힐 학교의 창시자인 니일(Neil, 1939)은 교사는 영혼의 의사라고 하였다. '대장금(大長今)'은 최고의 인술(仁術)을 갖춘 한국의 궁중 의사로서 임금의 주치의인 어의(御醫)이다. 대장금은 오늘날로 보면 대통령 주치의 역할을 맡고 있는 사람이다. 즉, '대장금(大長今)'은 약의(藥醫)와 식의(食醫)와 심의(心醫)를 두루 갖춘 최고의 인술을 갖춘 의사를 말한다. 이러한 '대장금'식의 인술을 갖춘 사람이 바로 생태유아교사의 참모습이다. 의사에도 수준 내지 단계가 있다. 초보 단계의 의사는 약의(藥醫)인데, 약이나 시술로 병을 치료하는 의사이다. 다음 단계의 의사는 식의(食醫)인데, 음식으로 병을 치유하는 의사를 뜻한다. 그리고 높은 단계의 의사는 심의(心醫)인데, 마음을 다스려 병을 치유하는 의사이다. 생태유아교사의 참모습은 약과 음식과 마음으로 아이의 몸, 마음, 영혼을 돌보는 최고의 의사인 '대장금'이라고 할 수 있다.

다섯째, 생태유아교사는 아이를 '한울님'으로 모시는 사람이다.

생태유아교사는 아이라는 생명을 섬기고, 돌보고, 살리는 사람이다. 성경에서는 "누구든지 내 이름으로 이런 어린 아이 하나를 영접하면 곧 나를 영접함이니(마 18:5)"라고 하였다. 즉, 아이 섬기고 돌봄을 하나님 섬기듯 하라는 것이다(권미량, 2005). 한편 동학의 수운 최제우에 의해 천명된 '시천주(侍天主)'는 "자기 안에 한울님을 모시고 있다"는 뜻으로 모든 사람은 중생의 안에 한울님이 살아 계신다는 것이다. 이는 그 안에 한울님을 모시고 섬기는 것이 중요하다는 것이다. 따라서 동학에서는 아이를 거룩한 한울님으로 모시고 섬겼다. 동학의 가르침에 따르면 사람과 중생, 천지만물이 모두 한울님이므로 아이들도 한울님이며 이 아이들을 제대로 모시고 섬겨야 한다. 생태유아교사는 아이의 본래의 형상을 모시고 섬길 줄 알아야 한다.

여섯째, 생태유아교사는 생명인(生命人)이다.

고제순(2004)은 생명살림을 위한 교육에 있어서 '생명의 교육(Education of the life)', '생명에 의한 교육(Education by the life)', '생명을 위한 교육(Education for the life)'을 제안하였다. 여기서 교육자의 자기교육을 '생명에 의한 교육'

이라 지칭하고 있다. 교육자는 생명인이 되어야 한다는 말이다. 생명교육자는 일상적 삶이 곧 생명교육이고 생활이 곧 생명의 가르침이다. 생명교육자는 끊임없는 자기성찰, 자기반성, 자기점검의 공부를 통해 생명의 본질에 따라 사는 사람으로서 다시 말하면 '사랑'으로 사는 사람이라는 것이다. 교사는 그 삶 자체에서 생명의 메시지가 되어야 한다. 일상적 삶 자체가 생명으로서의 본질을 드러내고 참된 생명성을 풀어내는 자이어야 한다. 생명의 조화와 질서에 따라 살아가는 생명인이 진정한 생태유아교사의 참모습이다.

2. 생태유아교사의 역할과 태도

1) 생태유아교사의 역할

생태유아교사는 생명인이라 하였다. 생명의 원리는 접화군생(接化群生)으로 압축될 수 있다. 관계성(接), 순환성(化), 다양성(群), 영성(生)이다. 이러한 생명의 특성이 교사의 삶을 통해 드러날 수 있어야 진정한 생태유아교사이다. 농부이자 아이의 젖과 밥을 먹이는 어머니이자 생명인으로서 아이를 돌보고 모시고 삶을 열어가는 교사의 역할을 몇 가지 측면에서 살펴보면 다음과 같다.

(1) 돌봄의 삶을 사는 교사

우리 전통사회에서 아이들의 삶은 마을공동체를 중심으로 이루어졌다. 마을은 생산공동체이면서 놀이공동체였고, 신앙공동체이면서 교육공동체였다. 마을은 자연친화적이고, 생태적이며, 인간과 자연이 함께 살아가는 공생의 문화가 바탕에 깔려 있는 생태교육공동체의 장이었다(편해문, 2003). 이러한 장에서는 돌봄과 모심의 교육이 이루어진다.

생태유아교사는 일반유아교사의 역할보다 어머니의 역할에 더 가깝다. 생태유아교사는 아이들을 가르치는 교사가 아니라 아이들을 돌보는 엄마의 역할이다. 아이들의 교육보다는 아이들과의 생활을 중요시 한다. 생태유아교사는 수업하는 사람이라기보다 아이 돌보는 사람이다. 즉, 생태유아교사는 '아이들이 스스로 잘 자라고 더불어 잘 자라도록 돌보는 사람'이라고 할 수 있다.

예전의 아이 돌봄은 사람, 자연 그리고 신의 영역이라고 할 수 있다. 아이 돌봄의 장소는 가정집, 마을, 그리고 자연이었다. 가정집에서는 온 집안 식구들이 아이를 기르는 데 참여하였다. 마을에서는 온 동네 사람들이 아이 돌보는 데 참여하였는데, 아이보기 품앗이, 사람공동체, 사회공동체 등이다. 마지막으로 자연이 아이들을 주로 돌보고 기른다. 오늘날 유치원과 어린이집도 이러한 관점에서 교사, 원장, 학부모, 지역인사 모두가 함께 참여하여 아이를 살리고 돌보아야 한다.

사람에게 가장 필요한 옷, 음식, 집을 통해 돌봄을 이루어 나간다. 아이들에게 어떻게 식물을 키우는지, 음식을 어떻게 요리하는지, 어떻게 살아가는지를 알게 하는 과정이 이러한 돌봄이다. 그래서 옷을 짓고, 밥을 짓고, 터를 만드는 과정을 함께 하는 사람이어야 한다. 그것이 아이를 자연과 더불어 살아갈 수 있도록 돌보는 길이 된다.

하트랜드 마을은 하나의 공동체, 번창하고 아름답고 전통이 살아 있는 좋은 영국 마을이다. 지금 이 마을에는 도자기 굽는 사람, 집 짓는 사람, 농사짓는 사람, 정원 돌보는 사람, 음악가, 미술가, 시인, 작가들이 있다. 그 사람들은 하루 반나절 또는 필요한 시간만큼 와서 필요한 것을 가르친다. 도공이 도자기를 만들고, 전시하고, 팔고, 도자기에 대해 장부를 정리하는 예를 볼 수 있다. 얼마나 모범적인가! 마을 사람들은 자기들이 관여하고 있기 때문에 학교가 자기들의 학교라고 느낀다. 그래서 하트랜드의 작은 학교에서 우리는 마을 전체가 우리의 학교라고 말한다(사티쉬 쿠마르, 1997). 학교 모임이 있고, 부엌이 있고, 선생님들이 있는 그것들만이 학교가 아니라는 말이다. 마을 전체가 학교, 우리의 학교이다. 그러니까 학교를 공동체의 중심에 두고 아이들과 어른 사이에 그렇게 친밀한 관계를 맺을 수 있으면, 그 속에서 심성교육이 이루어진다. 공동체가 하나로 돌봄을 실행해 가는 것 그것이 생태유아교육에서 교사와 성인의 역할이다.

(2) 땀을 흘리는 교사

생태유아교사는 땀의 의미를 체득한 사람이다. 땀은 그 속에 삶이 있고 자연의 원리가 숨어 있다. 노동은 지금까지 역사를 만들고 문화를 이끌어 온 원동력이다. 흙의 가치를 아는 자, 생명의 가치를 아는 자는 땀의 가치를 아는 자이다. 현대사회의 교육은 '지적 교육'에 치중하고 있다. 머리교육에만 치중하고 있다. 그러나 참교육은 머리, 가슴, 손, 발, 영혼이 함께 하는 교육이어야 한다. 그래서 교육은 생각하면서 움직이고 움직이면서 느끼는 교육이어야 한다. 이런 교육을 하기 위해서는 교사가 움직여야 한다. 말로만 하는 교육은 교육이 아니다. 교사가 먼저 체득하고 땀을 흘릴 줄 알아야 움직임이 있는 살아 있는 교육을 열어갈 수 있다.

노동은 자본주의 국가든지 공산주의 국가든지 모든 나라의 사람들이 누구나 해야 하는 인간의 권리요, 의무라는 것을 깨닫는다면, 노동자라고 할 때 오히려 영광스럽게 여길 수 있을 것이다. 일을 안 하고 일을 못하게 될 때 사람의 몸은 병들고 마음은 악해진다. 땀 흘리며 노는 아이, 그 옆에서 함께 땀 흘리는 교사는 아름답다.

(3) 모심을 실천하는 교사

생태유아교사는 구체적인 교육방법보다는 아이라는 생명에 대한 모심과 섬김, 즉 사랑이 근본이다. 사랑의 묘약이 자연의 방법이며 태아를 잉태한 엄마의 방법이다. 이러한 모심을 실천하는 것이 교사에게는 중요한 역할이다.

동학에서는 한울님인 아이들을 어떻게 모시고 섬기는가? 동학의 제2대 교주이신 해월 최시형 선생이 실천적 삶의 과정에서 남긴 십무천(十毋天)에서 그 단초를 찾을 수 있다. 김지하(2004)는 이 십무천이 인간에 대한 십대 강령이며, 이는 아이가 한울이니 아이에 대한 십대 강령이라고 한 바 있다.

무기천(毋欺天) : 한울을 속이지 말라.
무만천(毋慢天) : 한울을 업수이 여기지 말라.
무상천(毋傷天) : 한울을 다치지 말라.
무란천(毋亂天) : 한울을 어지럽히지 말라.

무요천(毋夭天) : 한울을 죽이지 말라.
무오천(毋汚天) : 한울을 더럽히지 말라.
무뇌천(毋餧天) : 한울을 굶기지 말라.
무괴천(毋壞天) : 한울을 부수지 말라.
무염천(毋厭天) : 한울을 싫어하지 말라.
무굴천(毋屈天) : 한울을 굴복시키지 말라.

우주 생명인 아이를 모시고 존중하는 것이 생태유아교사의 역할이다. 이처럼 아이를 모시고 섬기는 것이 사랑의 실천이며, 이와 같은 지극한 사랑과 섬김 속에서 아이는 자연과 우주 질서를 따르고 존중하는 아이로 자랄 수 있을 것이다.

(4) 생명의 결대로 키우는 교사

아이는 생명의 씨앗으로서 그 씨앗 속에는 자연 속에서 때가 되면 뿌리를 내리고 줄기와 잎이 나고 꽃이 피고 열매를 맺을 수 있는 생명을 가지고 있다. 아이들은 태어나면서부터 그런 생명의 본성을 지니고 있으므로 부모나 유아교사는 아이들이 본래부터 지니고 있는 그 생명이 스스로 잘 자라도록 돌보는 일을 하면 된다. 결국 생태유아교사 역할의 가장 적절한 모습은 열 달 동안 자궁 속에 아기를 잉태하고 돌보는 임산부의 모습이라고 할 수 있다.

생태유아교사는 교수방법에 있어서 이성적 논리에 근거한 발달 영역이나 교과요목에 얽매이지 않는다. 자연의 방법은 서로가 연결되어 있고 상호관계한다. 이러한 방법은 전체가 하나로 조화되는 것이며 서열을 두는 것이 아니라 관계를 통한 조화를 이루는 방법이다. 사계절을 느끼고 삶의 흐름에 따라 생명력을 회복하는 방법이다. 인위적으로 무언가를 준비하는 것이 아니다. 사계절에 따른 삶의 방식이 있고 그 순환에 따른 풍속이 있다. 그리고 순환의 계절 속에서 다양한 의식주 삶의 변화가 있다. 이러한 자연의 흐름에 따르는 방법으로 아이에게 다가가는 역할을 해야 한다.

생태유아교육에서는 아이들이 행복하게 사는 세상을 바라고 있다. 생태유아교육은 인간이 소우주이며 자연의 일부임을 깨닫고 이에 근거하여 자연성 회복을 향하는 생명운동이며 실천이다. 진정한 교육은 하늘을 이고 땅을 밟고, 그 속에서 자연과 사람, 사람과 사람의 관계 회복을 위한 교육이어야 한다는 것이다. 이것이 생태유아교육이며 이는 인간의 다양성을 인정하고 개인의 생명 결대로 아이들을 키우고자 하는 것이다.

(5) 지금을 준비하는 교사

이순자(2003)는 공립유치원 교사들이 교육과정을 운영하는 데 있어서 교사 역할에 대한 중압감을 느낀다는 교사가 응답한 교사 전체의 82.0%였고, 교육과정을 운영할 때 가장 힘들고 어려운 점이 교수·학습 자료를 제때에 확보하고 준비하는 것이라는 응답이 51.8%였고, 바람직한 교사의 역할 및 교수방법이 힘들다는 응답이 25.1%였다는 연구결과를 제시한 바 있다. 즉, 유아교사들이 교사 역할에 대한 부담을 안고 일과운영에 있어서 학습자료를 만들고 수업을 진행해야 하는 중압감을 느끼고 있다는 것이다. 이것이 과연 유아교사로서의 올바른 역할이고, 아이들이 소망하는 유아교사의 모습인지에 대한 반성적 성찰이 필요하다.

생태유아교사는 주별 교육계획이나 일일 수업활동계획을 문서로 만들어 비치하거나 학부모들에게 보내지 않는다. 생태유아교사는 아이들과의 수업이나 계획된 교육활동을 위해 별도로 교재·교구를 만드는 경우는 그리 많지 않다. 수업용 교재·교구나 수업자료를 준비하기 위해 늦게까지 원에 남아서 일하는 경우는 거의 없다. 생태유아교사는 출퇴근 시간을 거의 지키고 있으며, 당직교사 1~2명만 월 1~2차례 1시간 30분 전과 후에 출퇴근한다. 당직교사는 아침에 일찍 등원하는 아이들과 오후에 늦게 퇴원하는 아이들을 돌봐야 하기 때문이다.

생태유아교육은 내일에 대비한 아이로 키우는 것이 아니라 지금 행복한 아이로 키우고자 하므로 교사도 내일을 준비하는 교사가 필요한 것이 아니라 지금을 펼치는 교사, 지금 행복한 교사를 필요로 한다. 교사가 먼저 지치고 힘들면 그와 함께 하는 아이들은 결코 행복할 수 없다. 따라서 생태유아교육의 계획은 자연스러워야 한다. '자연스러운 계획'은 억지로 맞추는 계획이 아니라 자연의 리듬에 맞추는 계획이다. 그래서 아이들의 삶의 결에 따라서 계획하고 그 계획에 얽매이지 않는 지금을 누리는 교육이 되어야 한다. 이러한 생명의 결에 따라 지금을 풀어가는 역할을 하는 것이 생태유아교사이다.

(6) 조화로운 관계를 이루며 미적 체험을 하는 교사

생태유아교사는 자연의 관계를 아는 사람이다. 자연의 관계는 조화와 공생이다. 이러한 자연의 관계를 삶의 질서 속에 풀어낼 수 있어야 진정한 생태유아교사이다. 생태유아교사는 자연과 함께 하고, 아이들과 함께 하고, 부모나 동료 교사와 함께 한다. 이 속에서 자연관계와 인간관계를 조화롭게 이루어 나가는 사람이어야 한다. 생태유아교사는 자연과 아이를 모실 뿐 아니라 부모와 하나의 마음을 품고 그들과 합치하는 관계를 이루어 나가야 한다. 그리고 동료 교사와 원만한 인간관계를 통해 서로 조화롭게 살아가는 삶의 양식을 풀어나가야 한다. 생태유아교사는 아이들, 자연, 부모, 동료 교사, 이웃과 더불어 공생하고 조화를 이루면서 그 속에서 같이 알아가야 한다. 생태유아교사는 유아교육의 장에서 배움을 쌓아가는 또 한 사람의 아이라고 할 수 있다.

참다운 교사는 가르치지 않는다. 아이들이 '지금 나는 배우고 있어'라는 느낌을 가지면 그 교육방식은 뭔가 문제가 있다는 것을 뜻한다. 어린아이들의 신체 단련과 발달을 위해 가장 좋은 것은 놀이이다. 이런 놀이를 하면서 아이들은 '나는 지금 내 몸을 단련하고 있어'라고 느끼지 않는다. 아이가 놀이에 빠져 있을 때 외부 세계는 존재하지 않는다. 놀고 있는 아이들은 분열되지 않은 하나의 경험 속에 녹아 있다. 편안함이나 불편함도, 배고픔이나 갈증도, 고통이나 권태로움도 느끼지 않는다. 아이들에게 놀이는 기쁨이지 의무가 아니다.

생태유아교사는 이러한 아이들과 함께 놀아야 한다. 이 속에서 아이들이 느끼는 기쁨을 함께 공감할 수 있어야 한다. 김지하(2002)는 생명학적 접근의 마지막은 미적 판단, 미적 체험이라고 하였다. 예술의 최고 목표는 인간의 마음 깊은 곳을 감동시켜 그의 인생을 변화시키는 데 있다. 진정한 예술의 대가들은 사물까지 감동시키는 것이 예술의 최고 목표라 말해 왔다. 생태유아교사는 아이와 함께 심미적 감수성을 일깨우며 사람과 사물을 감동시키는 미적 체험을 경험하도록 노력해야 한다.

2) 생태유아교사의 태도

생태유아교사의 참모습과 역할에 맞는 교사의 태도가 중요하다. 태도의 사전적 의미는 몸을 가지는 모양이나 맵시와 어떤 상황이나 사물에 대한 마음가짐을 포함하는 의미이다. 그리고 어떤 사물에 대한 감정이나 생각 따위가 나타나는 모습이다. 김은주(2003)는 교사는 바른 마음을 가슴에 품고 몸으로써 본(本)을 보여야 하는 존재라고 하였다. 생태유아교사의 몸가짐과 마음가짐에 기초하여 생태유아교사가 가져야 할 태도는 무엇인지는 다음의 몇 가지 양상을 통해 그 대강을 가늠할 수 있다.

(1) 삶의 태도

생태유아교사는 입고, 신고, 다니고, 말하는 태도와 차림새와 몸가짐이 기존 유아교사와는 달라야 한다. 아이들과 함께 생활하는 모습이라야 한다. 아이들의 놀이 친구이고 아이들과의 생활동반자인 생태유아교사의 옷차림, 화장, 신발, 머리 모양 등은 아이들과 같이 놀면서 생활하고 활동하는 데 불편이 없어야 한다. 유치원이나 어린이집에 출근할 때나 퇴근할 때는 최고의 멋쟁이 선생님 모습이지만 유치원이나 어린이집에 출근하여 아이들과 생활할 때는 아이들의 어머니, 친구, 농부, 생활인의 모습이어야 한다는 뜻이다.

아이들과 산책을 가게 되면, 등산복 차림, 텃밭가꾸기를 할 때는 농부 아가씨 차림, 세시풍속 프로그램으로 단오 행사를 할 때는 한복 아줌마 차림이어야 한다. 교육자의 위엄은 외모에 있는 것이 아니라 내면에서 우러나와야 한다. 겉보기나 외면만으로 사람을 평가하는 것은 바람직스럽지 않다. 입술과 손톱을 빨갛게 물들이고 굽 높은 구두를 신고 아이들 앞에 서 있는 유아교사가 교육을 제대로 할 수 있으리라 기대하는 것은 처음부터 무리이다.

참된 교육자는 '일옷'을 입어야 한다. 아이들과 함께 뒹굴고 놀 수 있는 옷차림이 필요하다. 이렇듯 의식주의 본이 되어야 하는 것이 교사다. 그러므로 교사 스스로의 태도가 바른 먹을거리를 먹고, 간편한 옷을 입고, 소박한 삶을 엮어가려는 태도를 가져야 한다. 바른 의식주와 삶의 질서를 깨닫고 그러한 삶을 살아가려는 몸가짐과 마음가짐을 갖는 것이 중요하다.

(2) 관계(關係)의 태도

교사가 먼저 자연과 인간과 우주 만물과의 관계에 있어서 본이 되어야 한다. 교사는 자연과의 관계에 있어서 생명성을 품고 다가가는 태도를 보여야 하며, 인간과의 관계에서 여유와 따뜻함을 잃지 않는 태도를 가져야 한다. 삶의 본으로서 자연, 아이, 부모, 동료, 이웃과의 원만한 관계를 이루어 나가야 한다. 조화와 공생을 실천하기 위해 몸가짐과 마음가짐을 다스릴 줄 알아야 한다. 생태유아교사는 인간애와 사랑의 감정이 일상의 몸짓과 얼굴에 드러날 수 있어야 한다.

이러할 때 아이를 한 생명으로 인정하고 마음과 영혼이 통하는 동반자적 관계를 맺을 수 있다. 교육에 있어서 교사와 아동은 동반자적 관계이며, 마음과 영혼이 통하는 관계이어야 함을 강조한다. 이러한 측면에서 관계의 심층에는 마음과 영혼의 태도가 있어야 한다.

(3) 마음(心)과 영혼(靈魂)의 태도

생태유아교사는 심신 수련을 통해 마음의 수양, 마음공부가 많이 되어야 한다. 원장의 철학, 교사의 마음가짐과 태도, 수련 정도가 더 중요하다. 원장이나 교사에게서 순수함, 자연스러움, 수양 등이 맑고 고운 향기로 풍겨나와야 한다. 생태유아교사는 벼를 기르는 농부의 마음과 자식을 낳아 기르는 어머니의 마음을 닮아가야 한다. 그리고 아이를 돌보는 교사는 종교적 삶과 생태적 감수성을 마음에 담아야 한다. 영혼의 각성과 깨달음이 있어야 하고 우주의 질서와 생명에 대한 감성의 일깨움이 있어야 한다.

생태유아교사는 교사로서의 권위적이고 독단적인 자세를 버리고 겸손해야 한다. 열린 마음으로 정성을 다해야 한다. 마음공부와 종교적 체득이 있을 때 마음과 영혼의 마음가짐과 영적 각성이 일어날 수 있다. 생태유아교사는 스스로 마음을 다스리고 생태적 삶의 기초적 태도를 갖도록 노력해야 한다.

3. 생태유아교사의 성장과 교육

1) 생태유아교사의 성장과정

교사는 교직을 준비하고 수행하는 동안 계속해서 변화의 길을 걷는다. 교직에 대한 마음을 품고 이를 실천에 옮기면서 교사로의 성장과 발달은 계속적으로 이어진다. 이와 같은 교사의 성장과 발달에 관한 이론과 연구도 다양한 형태로 제시되고 있다. 풀러(Fuller)에 의해 처음으로 개념화되기 시작하였던 교사관심사 이론은 교사발달이론의 대표적인 이론이라고 할 수 있다. 교사관심사 이론을 유아교사에게 적용시킨 대표적 이론으로는 캣츠(Katz, 1985)의 이론을 들 수 있다. 캣츠는 유아교사의 발달단계를 생존단계, 강화단계, 갱신단계, 성숙단계로 구분하여 각 단계의 특징과 적절한 교육에 대해 언급한 바 있다. 그러나 이러한 직선적 교사 발달의 한계가 지적되면서 개인적 조직적 특성에 따라 순환적 변환을 나타내는 순환 모형의 발달 이론들이 제시되기도 한다. 그러나 아직 유아교사의 성장과 발달에 대한 실제적 연구와 실천적 예시가 부족한 것 또한 사실이다.

아마도 생태유아교사의 가장 성숙한 모습은 사랑과 정성으로 십여 명의 자식들을 건강하고 훌륭하게 키워낸 우리 어머니들의 모습이 아닐까 하는 생각이 든다. 이런 어머니들도 첫아이, 둘째 아이 키울 때는 아마도 경험이 부족한 다소 성숙하지 못한 모습도 보였을 것이다. 그리하여 십여 명의 자녀를 키우는 동안에 누적된 경험과 세월이 성숙한 생태유아교사의 모습을 지닌 어머니로 성장한 것이다. 이러한 측면에서 볼 때, 생태유아교사는 아이들을 섬기고 돌보는 '꾼'이고 '장이'로 성장해 가야 한다. 생태유아교사는 때로는 춤꾼이고, 이야기꾼이고, 농사꾼이며, 놀이꾼이어야 한다. 교사의 일상적 삶은 그릇을 빚는 옹기장이, 씨앗을 뿌리고 가꾸고 거두는 농사꾼,

아이들과 신명나게 함께 놀 수 있는 놀이꾼이어야 한다. 아이와 더불어 자연의 큰 그늘 아래에서 삶을 꾸려나가는 생태유아교사의 일상 모습은 아이의 또 다른 작은 자연이 되어야 한다.

마쓰다 기이찌라는 일본의 농민은 구마모토현 사람으로 1968년 돌아가신 분이다. 일생 농사를 열심히 지은 분인데, 그 분은 같은 농부일지라도 그 수준에 다섯 단계가 있다고 하였다(홍순명, 2002).

첫째 단계, 생활을 위한 농부이다. 그의 유일한 목표는 되도록 노력은 안 들이고 돈만 벌려는 것이다. 그가 제일 하층의 농부다.

둘째 단계, 예술적인 농부이다. 그는 경영을 잘 해서 농산물 값이 높을 때는 가공을 해서 저장을 하거나 나은 값으로 파는 등 경영의 묘를 살린다.

셋째 단계, 시적(詩的)인 농부이다. 자연과 융합하면서 대자연 속에서 생활하는 농가의 행복을 느끼며 농토와 가정을 시적 정서 함양을 위한 환경으로 만드는 농부이다.

넷째 단계, 철학하는 농부이다. 그는 천지의 소리 없는 소리를 듣는 사람이다. 천지의 목소리가 진리고 이것을 푸는 것이 철학인데, 농부의 철학은 흙의 철학이다.

마지막 단계, 농부의 최고봉으로 종교를 갖는 농부이다. 그는 한 마디로 하나님의 심부름을 하는 농부다. 하나님의 심부름을 하는 것, 이것이 종교다. 농작물은 천지의 힘으로 경영하는 작업이니까 농부가 신앙심이 없으면 세상 어디서 신앙이 자랄까? 농업이야 말로 선에 이르는 길이고 농촌이야 말로 신앙을 얻는 장소다.

농부는 씨를 뿌리는 농민의 마음과 영혼에 따라 다른 질적 변화를 가질 수 있다. 마찬가지로 교사도 질적 성장과정을 가질 수 있는 것이다. 교사 또한 생명의 씨를 돌보는 농부이다. 소우주로서의 아이를 살피고 돌보는 교사는 양성과정과 연수과정에서 다양한 양상으로 진행될 수 있다. 조직과 개인의 특성에 따라 직업의 한 양상에 만족하고 머물 수도 있고 더 나은 참교사로 향하기도 한다. 그리고 어떤 경우 젊은이의 가슴으로 변화와 개혁을 꿈꾸며 참교사로서 서기를 소망하다 현실에 안주해 버리기도 한다.

이러한 교사가 가지는 성장과정과 변화를 살펴보면 다음과 같을 수 있다(권미량, 2005).

첫째 단계, 생활을 위한 교사이다. 이러한 교사란 특정 직업인으로 교사 자격증을 소지하고 교육을 업으로 삼으면서 보수를 받는다. 그리고 그것으로 생계를 유지해 나가는 전문 직업인으로서의 교사이다. 이는 생계를 유지하고 생활의 보장을 위해 교사라는 직업에 적응해 가고자 한다. 특별한 문제를 야기하지 않고 무사안일(無事安逸)의 삶을 지향하게 된다.

둘째 단계, 예술적 교사이다. 예술적 교사는 인간 행동을 계획적으로 변화시키는 데 전념함으로써 교사로서의 교권과 능력을 개발하기 위해 노력하게 된다. 하지만 현장에서 적응하고 생활을 유지하는 데 늘 현실적 곤란함으로 갈등에 빠지기도 하면서 더 나은 교육을 위해 운영과 교육방법의 묘를 발전시켜 나가는 교사이다.

셋째 단계, 시적(詩的) 교사이다. 이는 인간적 교사이다. 시적인 교사는 모범적 삶의 양식을 돌보고 자질을 연마하여 아이를 돌봄으로써 교사로서의 행복을 느끼는 전문인이다. 이러한 성장 단계의 교사는 스스로 자신을 연마하고 돌보는 사람이다. 계속해서 자신과 아이들의 관계를 돌보기 위해 꾸준히 노력하는 사람이다. 시적인 교사는 따뜻한 인간애와 자유로운 정신을 통해 교육의 장을 시적으로 풀어내려는 교사의 노력을 포함하게 된다.

넷째 단계, 철학하는 교사이다. 철학하는 교사는 생명의 원리와 우주적 질서를 알고 깨닫는 사람이다. 따라서 교육에서 삶의 원리를 풀어내고 본질적 질서를 찾아가려는 연구하는 교사가 된다. 즉, 생각하는 인격으로서 아이와 생명과 자연을 바라보고 그 속에서 아이 돌봄의 지혜를 실천하는 교사가 된다.

다섯째 단계, 종교를 갖는 교사이다. 이는 교사의 최고봉으로서 우주적 생명성 안에서 기도하는 교사이다. 즉, 하나님의 심부름을 하는 자로서의 교사이다. 아이의 본래 가지는 생명성을 겸허하게 바라보고 섬기는 교사이다. 아이를 돌보는 어머니의 기도처럼 몸·마음·영혼을 다하여 다가가는 교사는 우주적 생명 질서 안에 거하게 된다. 이러한 교사는 영적 각성을 통해 아이를 바르게 바라보고, 겸손하게 돌보며, 기도하고 섬기는 자세로 우주적 질서에 순응하는 사람인 것이다.

생태유아교사는 성장과 변화를 계속한다. 그러나 이러한 성장과정은 반드시 첫째에서 다섯째로의 직선적 변화는 아닐 수 있다. 교사 개인의 기질과 생활 배경에 따라 시작점이 다를 수도 있고 유아교육기관의 형태와 철학에 따라 성장과정이 달라질 수도 있다.

따라서 생태유아교사는 순환적 발달과 성장과정을 거치게 되고 그러한 과정 속에서 생태적 소양을 갖추기 위한 현장 경험과 꾸준한 재교육을 통해 생태유아교사로서의 바람직한 상(象)으로 나아가게 된다. 진정한 생태유아교사는 욕망과 권력에 매이지 않고 내면적으로 풍요로워야 한다. 진정한 생명의 원리에 순응하는 진정한 영적 각성의 존재이다. 함석헌(1983)은 젊어서 교사 노릇을 할 것인가 못할 것인가 생각도 안 해 보고 교사가 되는 일이 가장 힘들다고 하였다. 교육이란 혼의 싹을 틔우는 일이요 이를 위해 심부름을 하는 교사가 되어야 한다.

2) 생태유아교사교육의 흐름

생태유아교육의 연구와 실천은 1990년에 결성된 「우리 아이들의 보육을 걱정하는 모임」에서 태동하여 1993년 부산대학교 보육종합센터에 대한 구상이 현실화되면서 구체적 윤곽을 만들어가기 시작하였다. 1993년 「부산대 부설 어린이집」의 교육 프로그램을 개발하는 팀을 조직하여 어린이집의 교육이념과 어린이상, 보육 프로그램 등을 구상하고 개발하였으며, 1995년 3월 어린이집 개원 이후에는 교사들을 중심으로 세미나 시간을 통해 동양 사상가의 교육철학이나 대안교육에 관한 책을 읽고 토론을 하는 등 유아교육의 새로운 방향을 모색하는 연구와 실천에 주력하였다. 이와 함께 개원 후부터 산책을 가고 텃밭활동을 하는 등 자연친화적인 보육을 하였고, 자연주의 보육을 실시함으로써 생태유아교육의 기틀을 마련하였다. 이러한 노력은 1999년부터 『생태유아교육 프로그램』이라는 이름으로 책을 출판하기에 이르렀다. 생태유아교육이라는 용어가 본격적으로 소개되는 것은 1998년 「우리 아이들의 보육을 걱정하는 모임」에서 주관하는 '생태유아교육강좌'이다.

이 '생태유아교육강좌'는 현직교육으로서 현장의 원장과 교사들을 위한 생태유아교사교육의 첫 출발이라고 볼 수 있다. 1998년 6월부터 「21세기 문명의 전환과 유아교육의 새로운 방향」이라는 주제를 내걸고 2001년 6월까지 6차례에 걸쳐 생태교육과 생명운동 관련 분야의 저명인사들을 모시고 생태유아교육강좌를 실행하면서 국내·외 생태체험연수도 병행하였다. 참고로 그 생태유아교육강좌의 전반적인 계획을 소개하면 다음 〈표 9-1〉과 같다.

〈표 9-1〉 생태유아교육강좌 소개

강좌명		강 좌 내 용	강사
제1기 I	21세기 문명의 전환과 유아교육의 새로운 방향 (1998. 6~10월)	가장 훌륭한 교사는 자연이다	윤구병
		우리 아이들을 하느님으로 모시자	이현주
		지속 가능한 공생의 교육	김종철
		21세기를 열어갈 대안교육	정유성
		두밀리 자연학교 이야기	채규철
		민들레 학교 아이들	김희동
		생명중심의 유아교육을 위하여	임재택
제2기 I	21세기 문명의 전환과 유아교육의 새로운 방향 (1999. 5~7월)	가장 훌륭한 교사는 자연이다	윤구병
		생태적 세계관과 새로운 문명	박이문
		지금 생태유아교육이 절박하다	김종철
		민들레 학교 아이들	김희동
		우리 아이들을 하느님으로 모시자	이현주
		생태체험학습 - 산청 간디학교 : 작은 학교가 아름답다	양희규
		자연체험과 생태적 교육	송순재
		생명중심의 유아교육을 위하여	임재택
제2기 II	21세기 문명의 전환과 유아교육의 새로운 방향 (1999. 10~12월)	전통 안에서 찾는 생명존중의 유아교육	유안진
		사례발표 1 : 자연 속에서 뛰놀며 크는 아이들 - 산책과 바깥놀이	김성옥 외
		아이들 속의 부처님을 살립시다	법륜
		사례발표 2 : 텃밭의 새싹과 함께 자라나는 동심 - 텃밭가꾸기프로그램	김미옥
		사례발표 3 : 몸과 마음을 다스리는 아름다운 시간 - 명상프로그램	김종수
		일본의 생태유아교육 사례 : 마이즈루 유치원의 생명친화적 유아교육	야스타케 치사토
		생태체험 해외연수(일본 현장체험)	일본
		독일의 생태유아교육 사례 : 발도르프 유치원의 생명친화적 유아교육	윤선영

	강좌명	강 좌 내 용	강사
제3기 I	21세기 문명의 전환과 유아교육의 새로운 방향 (2000. 4~6월)	아이와 자연을 섬기는 교육	윤구병
		아이와 함께 가는 생명의 길	도법 스님
		열린 마음으로 아이 키우기	이현주
		지역에 뿌리내리는 유아교육	김조년
		마을사람들의 아이 키우기	김용택
		죽어가는 아이들을 살리는 교육	김종철
		유아교육을 아름답게 ~	김종철
		생활 속의 작은 실천으로 생명을 살립시다	장원
		생명중심의 유아교육을 실천합시다	임재택
		생태유아교육 현장견학	일본
제3기 II	21세기 문명의 전환과 유아교육의 새로운 방향 (2000. 9~11월)	생태마을에서 자라는 아이들 세상	허병섭
		아이들의 몸과 마음을 튼튼하고 아름답게	정해영
		자연의 섭리에 따르는 참된 삶 - 귀농, 노동, 수행, 청빈	도법스님
		옛날 아이들은 서당에서 무엇을 배웠을까?	신창호
		선생님, 아름다운 자연 속에서 쉬고 싶어요	홍신자
		시간과 올바른 관계맺기로서의 삶과 교육	이철국
		1. 옛날 아이들은 산과 들, 냇가, 바다에서 어떤 놀이와 노래를 부르며 았을까? 2. 하늘, 땅, 해, 달, 별, 물, 불. 이것이 생긴 옛날이야기 한번 들어보지 않을래?	편해문
		생태체험학습 생태유아교육실천사례 워크숍	귀농학교 우리들의 이야기
		생태적 삶과 유아교육	임재택
제4기	21세기 문명의 전환과 유아교육의 새로운 방향 (2001. 4~6월)	21세기 문명의 전환과 교육의 새로운 방향	고병헌
		마을에서 더불어 살고 함께 자라는 아이들	문재현
		강아지 똥 선생님의 생태교육 체험이야기	이철국
		아이들의 몸과 마음을 튼튼하고 아름답게	박석준
		나를 알고 아이들을 알기-체질에 따른 아이들 이해	송재희
		헝겊인형과 어린이의 세계	최영란
		물, 불, 바람, 흙, 지렁이와 함께 하는 과학활동	김옥자 외
		오감 살리기 - 얼굴을 그려 보아요	정승각
		어른들끼리 모여 맘껏 한번 뛰놀아보는 혼자나 둘, 여럿이 안이나 밖에서 놀았던 옛 아이들 놀이, 판! 판! 판!	편해문
		1. 할머니 같이 놀아요 2. 자연의 리듬에 따르는 세시풍속 활동	최윤정 김정미
		생태체험 국내연수(무주생태마을)	무주생태마을

그 후 2002년도에는 경남 교원연수원과 경북 교원연수원에서 유치원 1급 정교사 자격연수과정에 '유아생태교육'강좌를 개설하였으며, 2003년부터 한국교원대학교 종합교원연수원에서는 유치원 원장, 원감 자격연수과정에, 서울대학교 사범대학 부설 교육행정연수원에서는 유치원장 자격연수과정에 '생태유아교육의 이해' 강좌를 개설해 왔다. 2005년에는 서울교육대학교 교원연수원에서 유치원장 자격연수과정에 생태유아교육 강좌를 개설하였다. 한편 민간 차원에서는 2002년도 가톨릭 장상수녀회에서 전국 유아교육기관을 운영하는 수녀 180여 명이 안양에서 2박 3일 동안 생태유아교육연수를 실시하였고, 이듬해인 2003년 여름에 전국 성당 유치원교사 500여 명이 1박 2일 동안 생태유아교육연수를 실시하면서 전국 규모의 생태유아교육연수 계기를 만들었다고 할 수 있다. 그리고 전교조나 전국 시도 어린이집연합회 등의 교직단체의 연수과정에서도 생태유아교육 강좌가 지속적으로 이루어지고 있다.

2002년 「(사)생태유아공동체」 창립에 이어 「한국생태유아교육학회」가 창립되면서 「한국생태유아교육학회」가 주관하는 '생태유아교육 교사연수'가 실시되었고, 「(사)생태유아공동체」가 주관하는 '교사연수'가 공동체 회원의 재교육 차원에서 실시되어 왔다. '생태유아교육 교사연수'는 현직교육으로 1주일간 생태유아교육의 이론과 실제 프로그램에 대한 연수를 실시하여 왔다. '생태유아교육 교사연수'의 한 가지 실례는 다음 〈표 9-2〉와 같다.

〈표 9-2〉 2002년 하계 교사연수 프로그램

연수기간	요일	시간	강 좌 명	강사
2002년 7월 23~28일	화	1-3	생태유아교육의 이론과 실제	임재택
		4-6	생태유아교육 프로그램의 계획 및 운영실제	하정연
	수	1-3	자연건강법으로 아이 키우는 방법	최민희
		4-6	옛 아이들의 노래 놀이의 적용실제	편해문
	목	1-3	산책프로그램의 운영실제 및 실습	진보경
		4-6	텃밭가꾸기 프로그램의 운영실제	조채영
	금	1-3	손끝놀이 프로그램의 운영실제 및 실습	김은주
		4-6	세시풍속 프로그램의 운영실제 및 실습	김정미
	토	1-3	노인·아동 상호작용 프로그램의 운영실제 및 실습	최윤정
		4-6	절제·절약 프로그램의 운영 실제	권미량

특히, 「(사)생태유아공동체」를 비롯한 수도권 생태유아공동체, 광주생태유아공동체, 대구생태유아협의회에서는 주요 사업으로 회원시설의 원장연수, 교사연수, 학부모교육 등을 통해 생태유아교육과 먹을거리 교육활동 및 도농교류활동 등을 지원·강화하고 있다. 한편 한겨레신문사의 한겨레문화센터에서도 1회 2개월 10개 프로그램으로 짜여진 생태유아교육강좌를 2003년부터 2004년 말까지 개설·운영한 바 있다.

참 고 문 헌

강수돌(2004). 생명의 경제를 위한 '살림의 경제학' 시론. 한국의 생명담론과 실천운동. **생명과 평화의 길·경기문화재단, 세계생명문화포럼 - 경기2004 자료집.** (pp.125-152). 11월 13일. 경기도 파주: 아시아출판문화정보센터.

고제순(2004). 왜 생명교육인가? 생명교육연구소 개소식 기념강연.

권미량(2005). 생태유아교사교육 프로그램 모형 개발연구. 부산대학교 대학원 박사학위논문.

김은주(2003). 생태유아교육의 사상체계 및 실천원리 연구. 부산대학교 대학원 박사학위논문.

김지하(2002). 모심의 미학 - 생명사상의 역사와 철학. 모심과 살림. 서울: 한살림.

______(2004). 아이살림에 관한 한 생각. **한국생태유아교육학회, 2004년도 추계학술대회 자료집,** (pp.7-39). 11월 20일, 부산: 부산대학교 학생회관 대강당.

남정걸(2003). 지식기반사회에서의 초등 교사교육의 방향. **교육평론, 128**, 20-30.

박은혜(2004). **유아교사론**. 서울: 창지사.

박지인(2005). 생태유아교육 프로그램 유아교사의 교직생활에 관한 이야기. 부산대학교 대학원 석사학위논문.

보리편집부 편(1997). **작은 학교가 아름답다**. 서울: 도서출판 보리.

사티쉬 쿠마르(1997). **작은 학교가 아름답다**. 보리편집부 편, 작은 학교가 아름답다. (pp.11-24). 서울: 도서출판 보리.

안창선, 남경현, 이욱범(1999). **교사론**. 서울: 교육과학사.

윤구병(1995). **실험학교이야기**. 서울: 도서출판 보리.

이기숙 외(2002). **유아교사교육의 최근 동향**. 서울: 이화여대출판부.

이순자(2001). 초등학교 병설유치원 교직문화의 특질. 중앙대학교 대학원 박사학위논문.

이은화(1991). 교사의 전문성을 기르는 현장. 자율장학요원 연수교재. (pp.27-38). 서울: 한국어린이육영회 부설 연수원.

이은화, 배소연, 이부경(1999). **유아교사론**. 서울: 양서원.

조성일, 장선철(2002). **유아교육기관운영관리**. 서울: 동문사.

편해문(2003). 우리 민속문화에서의 아이들 삶. **한국생태유아교육학회, 2003년도 춘계학술대회 자료집**, (pp.35-67). 6월 21일. 서울: 서울신학대학교 100주년 기념관 대강당.

홍순명(2002). 풀무학교와 홍성 지역공동체. 모심과 살림 연구소 편, **인류의 또 다른 미래: 생태적 대안사회의 모델을 찾아서**. (pp. 125-144). 서울: 모심과 살림연구소.

Katz, L. G.(1985). Research currents: Teachers as learners. *Language Arts, 62*(7), 778-782.

제 10 장

생태유아 교육과 부모

현대 부모와 가정교육의 위기

생태적 부모의 자질과 역할

생태유아교육기관의 부모교육

부모은중경*

회탐수호은(懷眈守護恩 : 품에 품고 지켜주신 은혜)

임산수고은(臨產受苦恩 : 해산의 고통을 이기신 은혜)

생자망우은(生子忘憂恩 : 자식을 낳고 근심을 잊으신 은혜)

연고토감은(咽苦吐甘恩 : 쓴 것은 삼키시고 단 것은 뱉아 먹이신 은혜)

회간취습은(廻乾就濕恩 : 마른자리 아이 누이시고 진자리 나아가신 은혜)

유포양육은(乳哺養育恩 : 젖을 먹여 키워주신 은혜)

세탁부정은(洗濯不淨恩 : 더러운 것을 깨끗하게 씻어 주신 은혜)

원행억념은(遠行憶念恩 : 멀리 떠나면 걱정해 주신 은혜)

위조악업은(爲造惡業恩 : 자식을 위해서 궂은 일도 마다하지 않으신 은혜)

구경연민은(究竟憐愍恩 : 끝까지 염려하시고 사랑해 주신 은혜)

* 『부모은중경』은 조선조에 이르러 한글풀이인 언해본과 함께 그림풀이인 변상도가 전국의 각 사찰에서 목판, 석판, 동판 등으로 제작되어 우리 전통사회에서 태교 및 유아교육에 대한 어머니의 역할을 제시해 주었다고 한다.

서경헌 역(1989). 「부모은중경 · 효경」. 서울: 대한서적.

1. 현대 부모와 가정교육의 위기

1) 부모의 위기

현대사회의 아이들은 전통사회의 아이들에 비해 질병과 가난에서 벗어나긴 했지만, 그보다 더 큰 고통과 위기를 겪으면서 살고 있다. 현대 산업문명의 최대 피해자는 아이들이다. 현대사회의 아이들은 자연과 놀이와 아이다움을 잃어버린 채 몸과 마음과 영혼이 심각하게 병들어 가고 있다. 현재 우리나라 아이들을 둘러싸고 있는 기운은 역사상 지금보다 더 좋지 않은 적이 있었을까 할 정도로 너무나 좋지 않은 상황이라고 할 수 있다.

우리나라 부모들은 아이를 낳고 기르고 가르치는 것이 자연의 순리(順理)와 사람의 도리(道理)를 완전히 벗어나 있는 위기상황에 놓여 있다. 인간은 새끼를 낳아 젖을 먹여 기르는 젖먹이동물이다. 지구상에 살고 있는 인간을 포함한 모든 젖먹이동물 중에서 자연의 이치와 도(道)를 가장 벗어나 있는 동물이 바로 우리나라 사람, 즉 부모들이다. 그 구체적인 증거를 몇 가지 예시하면 다음과 같다.

첫째, 자연의 순리인 종족보존 본능을 포기한 듯 출산율 최하위 수준의 위기이다. 최근 우리나라 아이들의 출산율이 아마도 지구상에 살고 있는 인간을 포함한 모든 젖먹이동물 중에서 최하위 수준일지 모른다. 2005년 말 우리나라 출산율은 1.06명이다. 앞으로 얼마나 더 떨어질지 예상하기 어려운 상황이다.

둘째, 자연적인 방식으로 아이를 낳지 않는 위기이다. 아이를 자연의 순리대로 자연분만으로 낳지 않고 인위적인 방법인 제왕절개로 낳는다. 자연분만율 세계 최하위, 제왕절개율 세계 최상위 수준이다. 신생아 10명 중 6명 정도는 자연분만으로 태어나고, 나머지 4명 정도는 제왕절개로 태어나고 있는 상황이다.

셋째, 자연의 순리대로 어미젖을 먹이지 않는 위기이다. 우리나라 모유수유율은 세계 최하위 수준이고, 분유수유율은 세계 최상위 수준이다. 즉, 신생아 10명 중 1명 정도 제대로 모유를 먹고, 3명 정도는 모유와 분유를 섞어 먹고, 나머지 6명 정도의 아기는 어미젖 냄새도 맡아 보지 보지 못하고 있는 상황이다. 아기 입장에서 보면 참으로 비참한 현실에 직면해 있다.

넷째, 생명의 기운이 담긴 이유식 대신 깡통에 들어 있는 조제이유식을 먹이는 위기이다. 예전에는 유기농산물을 재료로 어머니와 할머니가 손수 만든 이유식을 아이들에게 먹였으나 요즘에는 마트에 가서 깡통에 들어 있는 이유식을 사다가 먹이는 것이 대부분이다.

다섯째, 자연의 순리대로 밥을 먹이지 않는 위기이다. 이유식이 끝난 아이는 밥을 먹어야 한다. 여기서 밥을 먹는다는 것은 흰쌀밥보다 잡곡밥, 특히 현미잡곡밥에 된장국과 김치와 나물을 먹는 것을 말한다. 이처럼 제대로 밥을 먹는 아이는 10명 중 2~3명에 불과하고, 나머지 7~8명의 아이들은 먹어야 할 밥은 먹지 않고 먹지 말아야 할 인스턴트 식품이나 패스트푸드, 스낵이나 탄산음료 등을 주로 먹고 있다.

이처럼 아이들의 잉태, 태교, 출산, 수유, 육아 등 가장 기본적으로 아이를 낳고 먹이고 기르는 일이 자연의 순리와 사람의 도리에서 한참 벗어나 있다. 어찌하여 이 지경에까지 이르렀는가? 지금 우리 아이들이 이런 위기 상황에 이르러 아토피 피부염, 소아비만, 각종 알레르기 등 신체질환은 물론 각종 정서행동장애가 증가하고 있음에도 불구하고 그 심각성을 아직도 인식하지 못하는 부모들이 수없이 많다. 이와 같은 심각한 위기상황에도 불구하고 상당수 부모들은 어린 자녀들에게 조기 문자교육, 숫자교육, 예체능교육, 영어교육, 특기교육 등을 다른 아이들보다 더 일찍, 더 많이, 더 빨리 하도록 강요하고 있다.

다음 두 가지 사례는 그 극치를 보여주고 있다. [사례 1]은 6살 어린 아이 서정주가 허정주가 되어버린 슬픈 사연이다. 이런 사연을 만든 그 부모와 담당의사를 어찌 제 정신을 가진 사람이라고 할 수 있겠는가? 이런 일들이 세계 언론의 주목을 받으면서 소위 서울 상류층 부모들 사이에서 벌어지고 있는 것이 현실이다. [사례 2]의 경우는 지하철, 버스, 식당 등 우리 주변에서 쉽게 들을 수 있는 유아기 자녀를 둔 부모의 평범한 모습일지 모른다. 그렇다고 하더라도 “아직 학교도 안 들어간 어린 아이에게 저러는 것은 아닌데, …” 하는 씁쓸한 느낌을 갖는 사람들이 많을 것이다. 이런 씁쓸한 느낌이 상식이 될 때 우리 아이들이 행복해지고 우리 사회가 정상화될 것이다.

> [사례 1]
>
> “제 이름은 허(서)정주입니다.” 유치원에 다니는 6살 정주는 자신의 성을 발음하지 못합니다. 자신의 이름은 서정주이지만 엄마가 영어 발음을 잘하게 하기 위해 혀 수술을 받았기 때문입니다. 어쩌면 정주는 평생 자신의 성을 제대로 발음하지 못한 채 ‘서정주’가 아니라 ‘허정주’로 살아가게 될지도 모릅니다.
>
> [사례 2]
>
> “엄마가 일찍 나오느라고 자고 있는 널 두고 그냥 나왔는데 일어나면 냉장고 문 열고 우유 한 잔 먹고 토스트 해놨으니까 꼭 챙겨 먹어라. 그리고 유치원 갈 때 빨간 스웨터 입고 바지는 하얀 것 입어. 언니 손 꼭 잡고 나가서 유치원 차 타고 조심해서 가. … 유치원 갔다 오면 엄마가 내준 영어 노트에 단어 열 번 써 놓고 TV는 보지 마. 알았어? 엄마가 가서 검사할테니깐 그대로 안 해 놓으면 야단 맞을거야? 사랑해 우리 딸!!”

이와 같은 상황에서 어린 아이들은 갈수록 몸과 마음과 영혼이 병들어 가고 있을 뿐 아니라 그 부모, 특히 어머니도 함께 몸과 마음과 영혼의 병이 깊어가고 있는 것이 현실이다. 이제 부모와 아이가 함께 몸과 마음의 병을 느끼는 사례가 차츰 늘어나고 있으며, 그 정도가 심각해질수록 자연의 본성으로 돌아가려는 치유노력도 증가할 것으로 보인다. 즉, 양이 극에 달하면 음을 위해 물러나는 이치이다. 우리나라의 천민자본주의적 병든 사회는 병든 부모, 병든 엄마를 만들어 내고, 병든 엄마는 병든 아이들을 만들고 있는 악순환의 연속이다. 앞서 언급한 아이들을 둘러싸고 있는 나쁜 기운이 걷힐 때, 병든 부모들이 위기에서 벗어나 본래 모습대로 돌아올 때, 아이를 낳아 기르는 것이 자연의 순리대로 이루어질 때, 비로소 우리 사회에 진정한 안정이 올 것이다.

이와 같은 현대사회 부모의 위기는 자녀교육에 대한 올바른 가치관과 철학을 갖지 못한 데서부터 출발한다. 요즘 부모들은 자녀 양육·교육과 관련하여 다양한 콤플렉스를 안고 있으며, 더 나아가서는 그러한 콤플렉스를 돈으로 해결하려고 하는 결코 지혜롭지 못한 모습을 보여주고 있다. 이렇게 부모들이 자녀교육과 관련하여 겪고 있는 정신적 콤플렉스는 바로 부모의 교육적 권위와 자신감의 상실로 이어지고 있다(박은미, 2002).

일본의 경우, 아이들 삶의 현실 역시 전후(戰後) 사회의 급격한 변화 속에서 어른들과의 관계를 잃었을 뿐만 아니라, 소자녀화(小子女化)로 형제관계가 줄어들고 놀이의 상실로 친구관계도 희박해지고 있다는 것이다. 게다가 기존의 중층구조(中層構造)의 인간관계 붕괴로 육아 문제는 모두 어머니에게 떠맡겨져 어머니의 불안한 심리 상태가 곧바로 아이들에게 영향을 미치고 있다는 것이다. 이와 같은 '모자 캡슐(mam-kid capsule)'은 부적절한 모자관계로 이어질 뿐만 아니라 당사자인 어머니들에게도 커다란 불행이다. 이런 아이들의 경우, 부모에게 마음 놓고 응석을 부리지 못하기 때문에 부모 앞에서는 착한 아이로 변신하면서 교사에게는 어리광을 부리거나 이상행동을 보인다. '모자 캡슐'이라는 밀폐된 공간에서 부모가 멋대로 정한 '착한 아이' 이미지에 자신을 맞추려고 아이들이 상당한 스트레스를 받고 있는 것으로 보인다. 이런 유형의 엄마들의 경우, 수면이나 식생활, 놀이, 전자매체와 같은 생활요인을 살펴보면 어느 것이든 어른들이 아이들을 자신의 라이프 스타일에 끌어들여 아이들에게 여러 가지 문제를 일으키고 있다는 것이다. 따라서 어른들은 아이들의 문화와 세계를 존중하고 자신들의 라이프 스타일에 아이들을 끌어들이지 말아야 한다고 경고하고 있다(다카이 히로오미 저, 김성기 역, 2005). 여기서 일본의 '모자 캡슐' 내지 '캡슐엄마(capsule mam)'는 마치 아이들의 도(道)교육은 외면한 채 술(術)교육에 빠져 핸드폰만 들고 바쁘게 돌아설치고 다니는 한국의 '핸드폰 엄마(mobile phone mam)'에 비유된다.

2) 가정교육의 위기

교육의 근본이고 핵심은 가정교육이다. 가정교육은 사람됨을 가르치는 도(道)교육의 장이다. 자식의 사람됨의 교육은 자식이 어려서부터 가정에서 조부모나 부모에 의해 이루어져야 한다. 오늘날 가정교육이 무너지고 있다. 지금은 가정교육 부재의 시대이다. 그나마 명맥을 유지하고 있는 가정교육마저 도(道)교육을 하지 않고 술(術)교육에 치우치고 있다. 다시 말해서 가정에서 부모가 아이들에게 자연의 순리와 사람의 도리에 따른 몸과 마음과 영혼을 깨끗하고 건강하게 살리는 몸교육, 마음교육 및 영혼교육은 외면한 채 기술, 기능, 정보, 지식 등을 가르치는 술(術)교육에 치중하고 있다. 예를 들면, 요즘 부모들이 아이들에게 자연분만, 모유수유, 현미잡곡밥 먹이기, 땀 흘리는 바깥놀이나 산책 등은 하지 않고 조기 선행학습이나 영어교육, 특기교육 등에 돈과 시간과 열정을 쏟고 있다.

아이 키우는 일인 유아교육은 원래 가정이 중심이다. 그러나 사회구조적인 변화로 인해 부모들의 일터가 집 밖으로 옮겨짐에 따라 친자접촉시간이 감소하여 가정의 부모 모델링 교육이 약화되었고, 부모들은 자녀교육을 점차 외부 교육기관에 의존해 버리는 경향이 나타났다. 그리고 가족들이 농촌을 떠나 도시로 모여들면서 가정교육에 있어 가장 중요한 교육적 요소인 놀이와 자연을 잃어버렸다. 또한 핵가족화의 확산으로 인해 대가족체제 아래서 누렸던 다면적 인간관계의 형성도 어렵게 되었다. 게다가 정보화 시대를 맞이하여 확산된 정보화 매체들은 가정에서 부모를 대신하여 아이들의 전반적인 성장 발달에 지대한 영향을 끼치는 것으로 자리잡아 버렸다. 이러한 정보화 매체들에 의한 무분별한 정보 유입은 아이와 부모의 사고와 행동에 직접적인 영향을 주기도 하지만 더 나아가서 이러한 정보매체와의 상호작용이 유아기 가정교육에서 가장 중요한 아이와 부모 간의 관계를 대신해 버리려고 하는 것이 더 큰 문제이다(박은미, 2002).

그러나 이와 같은 사회구조적인 변화 속에서 탄생된 사회문화적인 분위기는 유아기 가정교육을 더 큰 위기로 몰아가고 있다. 즉, 도시화, 핵가족화, 맞벌이 부부의 증가, 정보화 시대의 정보매체 확산 등은 현대사회에서 가족이기주의, 물질만능주의, 인간관 부재 등의 위기를 가져오고 있다. 이와 같은 사회문화적인 병폐들은 유아기 가정교육과 결합되면서 과잉교육열(과잉교육경쟁), 육아의 상품화, 가정교육(자녀교육)관의 부재 등의 결과를 가져왔다. 그러나 현재는 유아기 가정교육의 위기들이 또 다시 사회문화적인 위기들을 조장하는 상승요인으로 작동하고 있다. 즉, 사회문화적인 위기와 유아기 가정교육의 위기가 서로 상승작용을 하는 악순환의 고리로 연결되어 있다. 이와 같은 유아기 가정교육의 위기와 그 원인을 박은미(2002, 41)는 다음 [그림 10-1]과 같이 제시하고 있다.

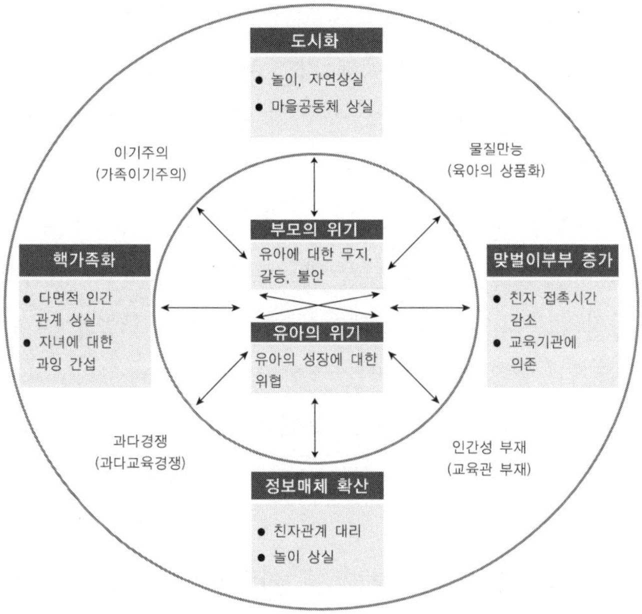

[그림 10-1] 유아기 가정교육의 위기와 그 원인

지금 아이들의 몸과 마음과 생활 전반에 소위 라이프 해저드가 일어나고 있다. 어린 아이들에게 나타나고 있는 비정상적인 다섯 가지 변화는 체력 저하, 자율신경계 이상(생체리듬의 파괴), 면역계 이상(호모 아토피스), 내장 및 혈(血)관계 이상(생활습관병의 시초), 뇌의 발달 부진 등이다. 아이들의 생활 기반, 즉 '무럭무럭 성장하는 기반'이 모조리 무너지고 있기 때문이다. 그 기반은 두 가지 커다란 주류가 있는데, 하나는 수면, 식생활, 놀이, 전자매체 등과 같은 생활 그 자체인 생활요인(生活要因)의 변화이고, 다른 하나는 아이들의 성장을 뒷받침해 주는 모자관계, 가족관계, 놀이동무, 지역공동체 등과 같은 인간관계의 중층구조인 성장요인(成長要因)이 붕괴되고 있

다는 것이다. 아이들에게는 생기 넘치는 나날을 보내기 위한 생활요인과 무럭무럭 자라기 위한 성장요인이 필요한데, 두 요인 모두가 붕괴되는 위기상황, 즉 라이프 해저드에 직면해 있다는 것이다(다카이 히로오미 저, 김성기 역, 2005).

예컨대 아이들의 하루 생활상을 살펴보면 확실히 드러난다. 즉, 주변에서 흔히 보는 가장 전형적인 유형은 아이들이 밤늦도록 잠자리에 들지 않아 생체리듬이 깨지고, 아침에 늦게 일어나 아침밥을 거르며, 오전에 축 늘어져 있거나 불안한 모습을 보이다가 사소한 일에 화를 내며 문제를 일으키는 생활 패턴이다. 바깥놀이의 실종과 텔레비전 및 비디오 시청에 빠진 나날들은 그런 불만족스러운 상태를 한층 더 악화시킨다. 이런 유형의 아이들에게 바깥놀이를 회복시키는 일은 아이들의 생활 전체를 바꾸는 핵심이라고 할 수 있다. 왜냐하면 '늦게 잠자기 → 아침 식사 거르기 → 생체 리듬의 혼란'이라는 악순환을 극복하는 첫걸음이 될 수 있다고 생각하기 때문이다. 바깥놀이가 늘어나면 필연적으로 텔레비전 시청 시간이 줄어들고 그와 동시에 바깥놀이에 따른 피로로 일찍 잠이 들며 배가 고프기 때문에 식사도 거르지 않는 정상적인 생활을 기대할 수 있다는 것이다(다카이 히로오미 저, 김성기 역, 2005).

이와 같은 라이프 해저드의 위기 상황은 전후(戰後)의 일본 사회가 개발이라는 미명 아래 일찍이 '나라는 망했지만 산천은 그대로이다'라고 말했을 정도로 풍부했던 자연환경을 모조리 파괴하고 생명을 키우는 산업인 농업을 아주 간단히 포기해 버린 결과이다. 그동안 우리는 경제성장과 개발의 그늘에 가려 설마 그 안쪽에서 아이들이 이토록 심하게 성장을 빼앗기고 있을 줄은 전혀 예상하지 못했다고 말한다. 이런 상황들의 공통점은 한 마디로 말하면 생명을 경시하는 풍조, 즉 생명을 영위하는 일 자체를 소홀히 생각하는 서구적 가치관을 일본이 비판 없이 받아들여 한껏 부풀려 온 결과라고 할 수 있다(다카이 히로오미 저, 김성기 역, 2005)는 것이다. 우리 아이들과 부모 및 가정교육이 처해 있는 위기상황이 일본의 그것과 크게 다르지 않다는 생각이 든다. 우리는 유아기 가정교육의 위기 상항을 극복하기 위한 올바른 사상의 정립과 실천적 노력이 요청된다.

2. 생태적 부모의 자질과 역할

1) 생태적 부모의 자질

부모는 아이라는 생명을 잉태하고 낳고 기르고 가르치는 사람이므로 본래부터 생태적이다. 아이라는 생명체는 부모의 교합과 삼신할머니의 도움으로 생명이 잉태되어 어머니의 자궁인 '아기집'에서 열 달을 살아가고, 태어나서는 한평생을 '가정집'에서 살아가다가 수명(壽命)이 다하면 본래 고향인 '흙집'으로 돌아간다. 아이라는 생명이 잘 살아갈 수 있도록 아기집과 가정집에서 아이와 뭇생명을 모시고 돌보고 섬기고 살리는 일을 하는 사람이 바로 부모, 특히 어머니이다. 다시 말해서 부모는 천지(天地)가 우주만물의 생명을 낳고 품고 기르듯이 자식을 잉태하고 낳고 기르고 가르치는 성스러운 일을 자신의 생명이 다할 때까지 사랑과 공경과 정성으로 다하는 것이 부모의 진면목이다. 결국 부모는 태중의 태아를 품고 기르는 어미의 마음으로 태어난 아이에게 가슴과 기도로 아이의 영혼을 모시고 섬기며, 젖과 밥으로 아이의 몸을 돌보며, 사랑과 정성으로 아이의 마음을 품는 사람이다.

본래 부모는 밥하고 빨래하고 청소하고 아이를 키우면서 가정집을 살림집으로 일구는 살림살이를 하는 사람이다. 이러한 부모의 일이 바로 아이살림과 생명살림의 일이고, 생태유아교육의 일이다. 따라서 부모의 본래 모습이 생태적인 부모이고, 생명적인 부모이다. 생태적인 부모는 젖과 가슴과 사랑으로 자식을 모시고 살리며, 내 자식뿐만 아니라 자식을 둘러싸고 있는 모든 생명도 함께 모시고 살린다. 이러한 부모의 모습은 동서고금을 막론하고 한결같은 것이다. 오늘날 물질중심, 인간중심의 산업문명사회에서 나타나고 있는 일부 왜곡된 부모의 모습은 본질에서 벗어난 잘못된 모습으로써 어떠한 이유로도 정당화될 수 없다. 그러한 왜곡된 모습은 언젠가는 근본으로 되돌아가게 되어 있다. 부모의 본성, 어머니의 본성은 잘못된 기운과 시류에 의해 일시적으로 왜곡된 행태로 나타날 수 있지만 그 본질은 변하지 않기 때문이다. 밤이 아무리 어두워도 낮이 밝아 오는 것은 밤낮의 이치(理致)가 본래 그렇게 되어 있기 때문인 것과 같다.

태아를 품은 어미가 열 달을 먹는 것, 자는 것, 입는 것을 조심하며 태교를 하는 것은 본래 타고난 모성(母性)이 있기 때문이다. 오늘날 현대과학과 사회적 병리현상에 떠밀리고 가려서 왜곡된 태교 모습을 보이고 있지만 마음을 가다듬고 기운을 바르게 하면 본래의 모성이 되살아나 잠시나마 왜곡된 태교에서 벗어나 올바른 태교로 되돌아가게 될 것이다. 이와 같은 측면에서 자녀양육과 교육의 근본이 어디에 있는가를 사주당 이씨는 그의 『태교신기(胎教新記)』에서 "아버지는 태어나게 하고, 어머니는 기르고, 스승이 가르치는 것은 모두 한 가지 일이다. 명의(名醫)는 병이 나기 전에 다스리고 잘 가르치는 자는 태어나기 전에 가르친다. 고로 스승의 10년 가르침보다는 어머니의 태교 열 달이 낫고, 어머니의 태교 열 달보다는 잉태 당일 아버지의 심신 상태가 더욱 중요하다"고 말하고 있다.

이 세상의 모든 부모들은 생태적 부모의 자질을 지니고 있다. 지금 부모들은 자신의 내면에 잠재되어 있는 자질을 일깨워 내고 실천하는 노력이 필요하다. 그러기 위해서는 요즘 젊은 부모들에게 부모의 근본 모습, 부모의 본성, 부모로서의 도(道)에 관한 올바른 정보와 자료를 제공하고 올바른 지혜를 일러 주어야 한다. 우리의 조상들의 5천년 자녀양육 경험에서 그 지혜를 배워야 한다. 지금 부모의 본성과 본질에서 벗어난 잘못된 사상과 가치관, 왜곡된 사회현상, 가시적이고 기능적인 기술이나 기법 등에 치우친 부모의 자질과 역할에 관한 지식과 정보가 부모들을 잘못된 길로 인도하고 있다. 최근 들어 이러한 왜곡, 변질된 부모의 모습을 정상으로 되돌리는 커다란 사회적 물결이 바로 참살이(well-being) 바람이다. 이 바람은 부모의 본성 회복운동이며, 아이살림·생명살림의 생태교육운동이라고 할 수 있다. 부모의 본성이 회복되기를 기대해 본다.

2) 생태적 부모의 참모습

부모(父母)는 듣기만 하여도 가슴 설레는 말이다. 세상의 말들 중에서 가장 친근한 말은 아마도 부모, 특히 어머니일 것이다. 이 세상의 모든 부모는 거룩하고 훌륭하다. 동서고금을 막론하고 훌륭하지 않는 부모는 없을 것이다. 부모가 훌륭한 것은 자식을 낳고 기르신 분이기 때문이다. 부(父)는 아버지이고, 모(母)는 어머니이다. 아버지는 자식을 낳으시고 어머니는 자식을 기르신 그 자체만으로도 훌륭하다. 아버지는 양(陽)이고 어머니는 음(陰)이며, 부모는 음양의 조화로 자식을 낳고 기른다. 고대 신화에서도 아버지의 역할은 생명을 '주는' 존재이고, 어머니는 생명을 '받아 기르는' 역할을 하는 존재로 묘사하고 있다.

> 단군신화에서 단군의 부모는 환웅과 웅녀이다. 환웅은 하늘 상징이었고 웅녀는 땅의 상징이었으며, 환웅은 남성이고 웅녀는 여성이다. 여기서 환웅과 웅녀의 역할을 보면, 환웅은 홍익인간(弘益人間), 재세이화(在世理化)하였다. 즉, 제반 인간사를 이치로서 주관하여 인간 세상을 이치와 감화로서 통치하였다. 이에 비해 웅녀는 능히 참고 견디는 성격을 가졌으며, 신에게 정성을 바쳐 애를 얻어 낳는 역할을 담당하였다. 여성의 역할을 다한 것이다(안경식, 2005, 32-33).

위의 단군신화는 물론 우리 민족 고대신화인 금와신화, 혁거세신화, 수로신화 등에서도 하늘이 주시거나 하늘에서 내려온 '올[아이]'을 동물이나 조류(鳥類)나 물 등 땅에서 받아 낳고, 품고, 기르고, 먹이고, 감싸는 것으로 묘사하고 있다. 우리의 신화에서 하늘은 조상이고 남성이며, 동물이나 조류나 물 등 땅은 여성과 모성을 상징한다. 특히, 하늘이 주신 주인공을 가슴으로 품고 기르고 젖을 먹이고 숨을 쉬게 하고 감싸고 하는 몸짓은 '어미'적인 속성을 지닌 여성과 모성이 담당하였다. 고대 신화에서 그려진 아이를 낳고, 품고, 기르고, 먹이고, 감싸는 것이 바로 어머니의 역할이며, 이와 같은 역할을 다하는 자애로운 어머니(자모 慈母), 현명한 어머니(현모 賢母)가 바로 어머니의 참모습이라고 할 수 있다.

한편 동학(東學)에서는 부모의 이치와 모습을 인간적 차원을 넘어 우주적 차원에서 밝히고 있다. 예로부터 하늘(天)은 아버지(父)라 부르고, 땅(地)은 어머니(母)라 부른다. 즉, 하늘을 할아버지나 어머니로 부르거나 땅을 할머니나 아버지로 부르는 사람은 아무도 없다. 민간신앙이나 종교에서는 물론 일상생활에서도 '하느님 아버지', '아버지 하느님', '땅은 어머니의 품', '어머니의 대지' 등으로 표현한다. 그렇지만 사람들은 천지와 부모는 일체라는 진리를 깨닫지 못하고 있다. 해월(海月) 최시형(崔時亨) 선생은 "천지(天地)는 곧 부모(父母)요 부모는 곧 천지니 천지부모는 일체이다(天地卽父母 父母卽天地 天地父母一體也)"고 하면서 지금 사람들은 다만 부모 포태(胞胎)의 이치만 알고 천지 포태의 이치와 기운을 알지 못하고 있음을 개탄하고 있다. 해월 선생은 사람이 어려서는 어머니 젖을 먹고 자라서는 천지의 젖인 곡식을 먹으니 젖과 곡식은 천지부모의 녹이니 천지의 이치와 부모의 이치가 같음을 설파하고 있으며, 결국 사람이 밥 한 그릇을 먹는 이치를 알면 천지부모, 우주만유의 이치를 알게 된다는 점을 역설하고 있다. 『해월신사법설(海月神師法說)』「천지부모(天地父母)」 편의 다음 구절에서 그 뜻을 깊이 새겨 볼 필요가 있다.

> [父母之胞胎 卽天地之胞胎 人之幼孩時 唆其母乳 卽天地之乳也 長而食五穀 亦是天地之乳也 幼而哺者非母之乳而何也 長而食者非天地之穀而何也 乳與穀者是天地之祿也]
>
> [부모의 포태가 곧 천지의 포태니, 사람이 어렸을 때에 그 어머니 젖을 빠는 것은 곧 천지의 젖이요, 자라서 오곡을 먹는 것은 또한 천지의 젖이니라. 어려서 먹는 것이 어머님의 젖이 아니고 무엇이며, 자라서 먹는 것이 천지의 곡식이 아니고 무엇인가. 젖과 곡식은 다 이것이 천지의 녹이니라]

> [天依人 人依食 萬事知 食一碗]
>
> [한울은 사람에 의지하고 사람은 먹는데 의지하나니, 만사를 안다는 것은 밥 한 그릇을 먹는 이치를 아는 데 있느니라]

또한 해월 선생은 자식을 낳고 기르는 것도 천지와 부모가 하나로 합하여 함께 하는 것임을 명확히 일러주고 있다. 지금 사람들이 자식은 부모만이 낳고 기르는 것으로 잘못 알고 있음을 일깨워 주고 있다. 해월은 부모와 천지가 아이를 낳고 기르고 가르치는 이치와 역할에 대해 『해월신사법설(海月神師法說)』「도결(道訣)」 편의 다음 구절에서 밝히고 있다.

[父母生我育我 而自然長成者天地之造化也 天地化我成我 而受天命 而敎而養之者父母之恩德也 然則非天地無以化我 非父母無以養我 天地父母覆育之恩何嘗少有間乎]

[부모가 나를 낳고 나를 기르나 자연히 성장하는 것은 천지의 조화요. 천지가 나를 화생하고 나를 성장하게 하나 천명을 받아서 가르치고 기르는 것은 부모의 은덕이니 그런 즉, 천지가 아니면 나를 화생함이 없고 부모가 아니면 나를 양육함이 없을 것이니, 천지부모가 복육하는 은혜가 어찌 조금인들 사이가 있겠는가]

이 가르침은 아이를 낳고 기르고 가르치는 일은 부모만으로 되는 것도 아니고 천지만으로 되는 것도 아니며, 오직 천지와 부모가 함께 하지 않으면 안 되는 일임을 일깨워 주고 있다. 아이의 잉태, 태교, 출산, 양육 및 교육은 사람의 일로만 생각하고 있는 지금 사람들의 오만함을 꾸짖는 가르침으로 여겨진다. 나아가 이 가르침은 인간중심 교육 내지 아동중심 유아교육의 접근으로는 아이의 잉태, 출산, 양육 및 교육을 이해하고 설명하는 데 한계가 있음을 지적한 것이며, 객관적이고 실증적인 연구결과에 의존하는 소위 과학적 접근의 아동심리학과 유아교육의 한계도 함께 일깨워 주고 있다. 결국 이 가르침은 오늘날 부모들로 하여금 천지와 농부가 함께 농사를 짓듯이 아이를 낳고 기르고 가르치는 일도 천지와 부모가 함께 하는 것임을 일깨워 주는 교훈이다. 이러한 관점이 바로 생태유아교육의 세계관, 아동관, 발달관 및 교육관인 동시에 부모관(父母觀)이다. 또한 이러한 부모관이 바로 근본적이고 참된 부모관이다.

결론적으로 예나 지금이나 동서를 막론하고 부모의 참모습은 천지부모(天地父母)이다. 천지부모는 자연의 순리(順理)와 천지의 이치(理致)와 사람의 도리(道理)를 따르는 자애롭고 현명한 부모이다. 이러한 천지부모, 즉 부모의 참모습은 첫째, 자연의 순리대로 아이를 낳고 기르고 가르치는 부모이고, 둘째, 천명(天命)을 받아 아이를 기르고 가르치는 부모이며, 셋째, 천지와 함께 아이를 양육하는 부모이다. 다시 말해서 부모의 참모습은 아이의 잉태, 출산, 양육 및 교육을 생태유아교육의 사상과 이념대로 실천하는 부모이다. 오늘날 부모의 참모습은 생태유아교육을 실천하는 부모, 즉 아이들에게 자연과 놀이와 아이다움을 되찾아 주는 부모라고 할 수 있다.

이와 같은 부모의 참모습을 제8장 생태유아교사의 참모습에 비추어 제시하면, "① 최고의 부모는 자연이다, ② 부모는 농부다, ③ 부모는 '대장금'이다, ④ 부모는 아이를 한울님으로 모시는 사람이다, ⑤ 부모는 생명인(生命人)이다"라고 할 수 있다. 이러한 부모의 다섯 가지 모습을 종합한 "부모의 참모습은 천지부모(天地父母)이다"라고 말할 수 있다.

3) 생태적 부모의 역할

생태적 부모의 역할은 무엇인가? 앞에서 생태적 부모, 즉 부모의 참모습은 천지부모(天地父母)라는 사실을 밝힌 바 있다. 생태적 부모의 역할은 부모의 참모습인 천지부모에서 자연스럽게 우러나온다. 다시 말해서 생태적 부모 역할의 이념, 방향 및 실천방안은 천지부모의 이치(理致) 안에 모두 들어 있다고 할 수 있다. 천지부모는 아이를 잉태(孕胎)하고 낳고 기르고 가르친다. 이 말은 아이를 잉태하고 낳고 기르고 가르치는 일은 모두 천지(天地)와 부모(父母)가 함께 한다는 것을 의미한다. 또한 이 말을 달리 표현하면 아이를 잉태하고 낳고 기르고 가르치는 일은 자연(自然)과 사람이 함께 한다는 것이다. 앞에서 언급한 바와 같이 해월 선생은 사람들이 눈앞에 보이는(즉, 기연 其然) 부모의 포태(胞胎) 이치만 알고 눈앞에 보이지 않는(즉, 불연 不然) 천지의 포태 이치를 알지 못하는 것에 대해 크게 개탄하고 있다. 더욱이 요즘처럼 과학과 기술이 발달된 산업문명사회에서 사람들은 그와 같은 천지부모의 이치를 깨닫지 못하고 있으니 안타깝기 짝이 없는 현실이다. 여기서 천지부모가 아이를 잉태하고 낳고 기르고 가르치는 이치를 구체적으로 살펴보고자 한다.

첫째, 아이를 잉태하는 것은 천지부모이다. 즉, 아이를 잉태하는 것은 천지의 기운과 부모의 기운이 함께 조화를 이루어야 한다는 것이다. 이것은 아버지와 어머니의 교합, 즉 정자와 난자의 결합에 의해서만 아이가 잉태되는 것이 아니라 천지의 기운이 함께 도와주어야 비로소 임신이 된다는 것을 말한다. 우리 민간신앙에서 아이를 잉태하려면 삼신할머니의 점지가 있어야 한다는 것을 단순히 미신(迷信)이나 허무맹랑한 소리로 귀 밖으로 흘렸지만 그것은 눈앞에 보이지 않는 불연의 진리임에 틀림없다. 우리 상고사상이나 민간신앙에서 삼신할미는 조화신(造化神)·교화신(敎化神)·치화신(治化神), 환인(桓因)·환웅(桓雄)·단군(檀君), 천(天)·지(地)·인(人) 등의 삼신(三神)을 가리키지만 천지자연의 기운으로써 정자와 난자의 결합으로 아기가 잉태될 수 있는 주변의 모든 조건의 조화(造化)를 의미한다고 말할 수 있다.

이와 관련하여 불교 원시경전인 『증일아함경』에도 "어머니가 욕심이 있어서 부모가 한 곳에 모여 함께 자더라도 바깥에서 식(識)이 오지 않으면 임신하지 못한다"라거나 "부모가 한 곳에 모이고 부모에게 병이 없으며 식신(識神)이 오고 또 부모에게 모두 자식을 얻을 상이 있으면 그는 곧 임신하게 된다"라고 함으로써 세 가지 인연(因緣)이 합해져야만 비로소 수태(受胎)를 이루게 된다는 것이다(황옥자, 1994). 예전 부모들에 비해 요즘 젊은 부부들이 겉보기에는 모두 건강하고 합방을 하지만 임신이 안 되는 사례가 급증하고 있는 것은 부모의 기운과 천지의 기운이 함께 조화를 이루어야 아이가 잉태한다는 천지부모의 이치에서 벗어난 결과라고 말할 수 있다.

둘째, 아이를 낳는 것은 천지부모이다. 아이를 낳는 것 역시 부모의 기운과 천지의 기운이 함께 조화를 이루어야 한다는 것이다. 아이는 임산부의 기운만으로 낳는 것이 아니라 천지 기운의 조화가 있어야 한다는 말이다. 우리 민간신앙에 의하면 임산부는 제왕님, 즉 삼신할미가 점지한 때가 되어야 아기가 건강하게 태어난다는 것이다. 이 이치는 알 속의 병아리가 밖으로 나오려는 때의 신호와 어미닭이 그 순간 알의 껍질을 쪼아 깨뜨리는 때의 동작이 일치하여 병아리가 부화(孵化)하는 줄탁동시(啐啄同時)의 이치와 상통한다. 아이를 자연분만으로 낳는 것은 줄탁동시의 이치와 같다고 할 수 있으며, 아이는 천지와 부모의 기운으로 태어나면서 수(壽)와 복(福)이라는 운명(運命)을 타고난다는 것이다. 동학(東學)에 따르면, 천명(天命)은 생명(生命), 운명(運命) 및 사명(使命)으로 되어 있는데(박응삼, 1975), 그 중 운명은 아이가 태어나는 때의 기운(氣運)의 조화에 의해 영향을 받는다는 것이다.

셋째, 아이를 기르는 것은 천지부모이다. 아이를 기르는 것도 천지와 부모가 함께 하는 일이다. 아이를 기르는 것은 부모나 사람만이 하는 것이 아니라 천지와 자연의 도움이 있어야 한다는 것이다. 아이는 어려서는 어머니의 젖을 먹고 자라지만 커서는 천지의 젖인 곡식을 먹고 자란다. 특히, 아이는 부모의 기운과 천지의 기운을 먹고 자란다. 부모의 기운은 어머니 젖과 음식의 기운도 있지만 부모의 사랑과 정성과 칭찬과 기다림이라는 생기(生氣), 훈기(薰氣), 온기(溫氣)를 말한다. 천지의 기운은 형상이 없는 음의 기운인 공기(空氣), 형상이 있는 양의 기운인 물(水氣), 음양과 오행의 기운, 생명의 기운이 담긴 곡식, 우주만물의 기운 등을 말하는 것으로 인간을 둘러싸고 있는 지기(至氣)의 조화를 말한다. 요컨대, 아이는 공기와 물과 음식을 먹고 자란다는 것은 천지의 기운과 부모의 기운으로 자라는 것을 말하는데, 그 이유는 공기와 물은 천지의 기운이요, 음식은 천지의 기운인 곡식과 부모의 기운인 사랑과 정성과 손맛이 함께 어우러진 결과물이기 때문이다.

특히, 아이를 기르는 것이 천지부모의 기운이라고 할 때, 그 기운은 눈앞에 보이는 기운(젖, 음식, 물건, 자연물 등)도 중요하지만 눈앞에 보이지 않는 기운(사랑, 정성, 공기, 생기 등)이 매우 중요하다는 것을 인식하는 것이 필요하다. 아이들이 먹는 음식의 열량과 영양소와 맛과 색상은 보면서 그 음식에 담겨 있는 생명의 기운과 어머니의 사랑과 정성은 보지 못하는 경향이 있다. 곡식이 농부의 발자국 기운으로 자라듯이 아이도 부모의 사랑과 정성의 기운을 먹고 자란다는 지혜를 터득하는 것이 필요하다. 이제 우리는 물이 사람의 사랑의 답을 알고 있듯이 아이도 천지의 생명기운과 부모의 사랑기운의 답을 알고 있다는 사실을 깨달아야 한다.

넷째, 아이를 가르치는 것 역시 천지부모이다. 아이를 가르치는 것은 천지와 부모가 함께 하는 일이다. 아이는 부모나 교사를 비롯한 사람들로부터 가르침을 얻을 뿐만 아니라 천지자연의 만물(萬物)로부터 많은 것을 배운다. 이러한 측면에서 부모나 교사는 아이들에게 작은 지혜나 잔머리를 가르쳐 주는 작은 선생님인데 반해 천지자연은 아이들에게 큰 지혜와 자연의 이치와 사람의 도리를 가르쳐 주는 큰 선생님이다. 요즘처럼 부모나 교사가 아이들에게 모든 것을 가르쳐 줄 수 있는 것처럼 행세하는 것은 천지부모의 이치를 모르는 무지의 소치이다. 만약 지금의 아동심리학이나 유아교육학 분야의 이론이 자연의 가르침을 외면한 인위적 가르침의 이론이 주류를 차지하고 있다면 이것 역시 천지부모의 이치를 외면한 절름발이 이론이라고 말할 수 있다. 다시 말해서 어린 아이들의 성장 발달과 교육 관련 이론 서적이나 교육 프로그램, 학습지, 교재・교구 등의 대부분이 아이들에게 사람들의 잔머리를 가르치는 데 치중하고 있다면 그것은 아이들을 잘못된 길로 인도하는 비교육적이고 해악적인 것이라고 할 수 있다. 아이들을 가르치는 데 있어서 천지부모의 원리, 즉 자연과 사람이 함께 가르친다는 원리를 따르지 않는 교육 프로그램은 아무리 좋은 이론과 원리로 포장했다 하더라도 올바른 교육 프로그램이라고 할 수 없다.

지금까지 살펴본 생태적 부모의 역할은 천지부모(天地父母)의 이치를 따라야 한다는 것이다. 다시 말해서 아이를 잉태하고 낳고 기르고 가르치는 것은 천지와 부모가 함께 해야 하고, 자연과 사람이 함께 해야 한다는 이치를 깨달아 생활 속에서 실천해야 한다는 것이다. 이와 같은 이치는 농사(農事)의 이치와 같다. 농사는 천지와 농부가 함께 하는 천지농부의 이치를 따르는 것이 정도이며, 이런 농사는 우리 조상들이 수천 년을 지켜온 소위 자연농업, 생태농업, 생명농업이라고 부르는 농사이다. 그런데 이러한 자연과 사람이 함께 하는 생태농업을 걷어 치우고, 자연의 도움 없이 화학비료와 농약과 기계와 비닐 등을 이용하여 사람이 하는 화학농업, 과학농업, 공장농업을 야심차게 추진한 지 불과 40년도 안 된 지금 우리나라 농업은 망하고 농촌은 붕괴되고 농민은 빚더미에 앉아 있고, 농산물은 독극물에 가까운 지경에 이르러 있다.

마찬가지로 천지와 부모, 자연과 사람이 함께 아이를 잉태하고 낳고 기르고 가르치던 우리의 전통적인 유아교육 내지 생태유아교육을 버리고, 천지나 자연의 별다른 도움 없이 부모나 사람이 주로 하는 유아교육, 그것도 외국에서 수입한 구조기능주의 유아교육을 본격적으로 실행한 지 약 30년 가까운 세월이 흘러가고 있다. 다시 말해서 아이들을 '토종닭'처럼 자연과 사람의 기운으로 키워 온 우리 전통의 생태유아교육을 버리고, 아이들을

'양계닭'처럼 사람과 기계의 힘으로 키우는 현대식 유아교육을 모두가 자부심을 가지고 지난 30년간 적극적으로 실천해 온 결과 우리 아이들의 몸과 마음과 영혼이 병들어 가고 있다는 것이다. 이것이 바로 우리의 고민이고 해결해야만 할 현실적 당면과제이다.

이와 같은 절박한 상황에서 부모들이 해야 할 일은 생태적 부모의 모습으로 되돌아가는 노력이다. 생태적 부모의 모습은 본래적 부모의 모습이고, 천지부모의 모습이다. 즉, 부모의 역할인 아이를 잉태하고 낳고 기르고 가르치는 일은 부모나 사람이 단독으로 하는 일이 아니라 부모와 천지, 사람과 자연이 함께 해야 하는 일임을 자각하는 것이 최우선적으로 필요하다. 만약 부모들이 이런 천지부모의 이치를 확실히 자각하게 되면 부모가 무엇을 어떻게 해야 할 것인가를 자연스럽게 알게 될 것이다. 그러한 부모의 역할은 우리의 전통 가정교육에서의 부모 역할과 상당부분 상통하게 된다. 즉, 우리 전통의 태교(胎敎), 밥상머리교육, 엄부자모의 교육 등에서 생태적 부모의 역할에 관한 지혜를 배울 수 있을 것이다.

여기서는 생태적인 부모의 역할로서 중요하다고 판단되는 몇 가지 사항에 대해 개략적으로 제시하면 다음과 같다.

첫째, 생태적 부모는 아이는 스스로 잘 자랄 수 있는 면역력과 더불어 잘 자랄 수 있는 적응력을 지니고 있다는 믿음을 가지고 있어야 한다. 즉, 아이는 식물의 씨앗처럼 잎과 줄기와 열매로 자라날 수 있는 생명력을 지니고 있으며, 그 생명력은 천지 기운과 사람 기운의 도움으로 정해진 생명 프로그램에 의해 자란다는 사실을 믿어야 한다. 따라서 생태적 부모는 아이들을 모시고 돌보고 섬기고 살리는 일을 자연과 함께 해야 한다.

둘째, 생태적 부모는 몸과 마음과 영혼이 깨끗하고 건강한 아이들을 닮으려고 노력해야 한다. 아이들에 비해 몸과 마음과 영혼이 더러운 부모들은 몸공부, 마음공부, 영혼공부를 통해 몸과 마음과 영혼을 깨끗하고 건강하게 가꾸는 노력을 지속적으로 해야 한다.

셋째, 생태적 부모는 아이들에게 생명의 먹을거리를 먹인다. 생태적 부모는 아이들에게 모유를 가능한 오랫동안 먹이고, 이유식을 유기농 식재료로 만들어 먹이고, 유기농산물을 식재료로 하여 현미잡곡밥, 된장국, 김치, 나물 등 제대로 된 '밥'을 먹이며, 오염된 공기와 죽은 물 대신 생명의 공기와 물을 먹인다. 생태적 부모는 패스트푸드, 인스턴트 식품, 가공식품, 사탕, 아이스크림, 탄산음료, 햄버그, 피자 등 죽임의 먹을거리를 아이들에게 먹이지 않을 뿐만 아니라 자신도 먹지 않도록 노력해야 한다.

넷째, 생태적 부모는 아이들에게 밥상머리교육을 통해 "萬事知 食一碗(만사지 식일완)"의 이치를 깨닫도록 지속적으로 가르친다. 다시 말해서 생태적 부모는 아이들에게 밥상머리교육을 통해서 "만사를 안다는 것은 밥 한 그릇을 먹는 이치를 아는 데 있다"는 것을 깨닫도록 가르치는 것이 필요하다.

다섯째, 생태적 부모는 아이를 '분유와 말과 돈'으로 키우는 것이 아니라 '모유와 가슴과 사랑'으로 키운다. 특히, 생태적 부모는 아이는 부모의 독선과 아집으로 자라는 것이 아니라 부모의 너그러움과 기다림으로 자란다는 진리를 터득해야 한다.

여섯째, 생태적 부모는 아이들에게 자연과 놀이와 아이다움을 되찾아 준다. 생태적 부모는 아이들에게 자연 속에서 마음껏 소리 지르며 가능한 많이 놀도록 해야 하며, 네 살짜리 아이는 네 살짜리로 개구쟁이처럼 신명나는 아이로 키우도록 해야 한다. 생태적 부모는 아이는 자연이 주로 키우고 부모나 교사는 보조 역할을 하는 것이라는 믿음을 지니고 있어야 한다. 이 믿음이 바로 천지부모의 이치를 깨달은 믿음이다. 특히, 생태적 부모들이 잊어서는 안 되는 일은 아이들의 감각을 제대로 일깨워 주어야 하고, 아이들을 충분히 놀려야 하며, 아이들 끼리끼리 어울리게 해야 하고, 자유롭게 느낌과 생각을 드러내도록 부추겨 주어야 한다는 것이다. 살갗도 혀도 코도 귀도 눈도 형태만 남아 있을 뿐 기능이 극도로 퇴화해 버린 뒤에 손발조차 놀리지 못하고 같이 놀 동무 하나 없이 산송장이 되어 홀로 버려진 도시의 아이들에게 자연과 놀이와 아이다움을 되찾아 주는 일이야 말로 선업(善業) 중에도 최고의 선업임에 틀림없다. 이런 선업을 실천하는 부모가 바로 생태적 부모이다.

일곱째, 생태적 부모는 아이들을 '토종닭'처럼 키운다. 생태적 부모는 아이들을 '양계닭'처럼 키우는 것이 아니라 '토종닭'처럼 키우도록 노력해야 한다. 생태적 부모는 '양계닭'과 '토종닭'의 관계와 차이에서 아이살림 · 생명살림의 무궁한 지혜를 터득하게 될 것이다.

여덟째, 생태적 부모는 아이들에게 욕심을 부리지 않는다. 생태적 부모는 아이들에게 '더 빨리, 더 많이, 더 일찍'을 요구하지 않는다. 아이들의 성장과 발달과 변화를 재촉하지 않고, 아이들의 잠재능력을 믿고 보다 멀리 보다 넓게 보려고 노력한다. 결국 이같은 생태적 부모의 삶은 '부자(富者)'와 '승자(勝者)'의 삶보다는 '청빈(淸貧)'과 '달관(達觀)'의 삶을 지향하게 된다.

아홉째, 생태적 부모는 아이들을 행복하고 신명나게 키울 뿐만 아니라 자신과 가족들의 삶도 행복하고 신명나게 생활하려고 끊임없이 노력한다.

3. 생태유아교육기관의 부모교육

1) 부모교육의 성격

생태유아교육기관의 부모교육은 생태유아교육기관에 아이를 보내는 부모를 대상으로 한 교육을 의미한다. 아이살림 · 생명살림의 유아교육을 실천하고 있는 생태유아교육기관에서 생태유아교육이 제대로 실현되기 위해서는 부모의 생태적 소양과 가정의 생태적 생활이 함께 이루어지는 것이 바람직하다. 다시 말해서 아이들이 다니는 유아교육기관이 아이들과 뭇생명을 살리는 살림집이 되려면 아이들이 자라는 각 가정이 생명의 살림집이 되어야 한다. 생태유아교육기관의 교사나 원장이 생태적 소양을 갖추고 있어야 하듯이 아이들을 그런 원(園)에 보내는 부모들도 생태적 소양을 갖추고 있으면 아이들은 자연스럽게 몸과 마음과 영혼이 건강하고 행복한 신명나는 아이로 자랄 수 있을 것이다. 따라서 생태유아교육기관의 부모교육은 생태유아교육의 이론과 실제를 충분히 이해하고 공감하면서 자기 아이는 물론 다른 아이들도 자연과 하나 되고 다른 사람들과 더불어 사는 몸과 마음과 영혼이 건강하고 행복한 신명나는 아이로 키우는 생태적 소양의 부모

자질을 함양하는 일련의 교육활동이라고 할 수 있다.

생태유아교육기관에서 부모교육이 필요한 것은 모든 부모들이 생태적 소양을 제대로 갖춘 생태적 부모가 아니기 때문이다. 따라서 원에서는 부모들을 대상으로 하는 부모교육을 통해서 생태적 소양을 점차적으로 쌓아가도록 분위기를 만들고 여러 가지 부모참여방안을 마련하고 실천하는 것이 필요하다. 일반적으로 아이들은 모두 생태유아교육을 받아들일 준비가 되어 있다. 왜냐하면 아이들의 몸과 마음은 본래 생태적이기 때문이다. 그러나 어른들이 생태유아교육의 이념을 이해하고 그것을 생활 속에서 실천해 가는 데 있어서 걸림돌이 되는 경우가 많다. 상당수 학부모들의 경우, 말로는 자연 속에서의 놀이를 강조하고 생명의 먹을거리를 먹이고 가르치는 데 크게 욕심을 내지 않는다고 하면서 실제 생활 속에서는 인지적 학습이나 특기교육에 대한 사회적인 분위기나 요구의 영향으로 인해 생태유아교육기관에서도 인지적인 교육을 해 주기를 바라고 있다. 이러한 부류의 부모들의 의식 변화를 위하여 부모교육이 지속적으로 이루어져야 한다. 대체로 아버지보다는 어머니가 생태적 소양을 갖추는 데 시간과 노력이 더 필요하다. 아이들 다음으로 생태유아교육을 받아들일 준비가 되어 있는 부류가 아버지들이고, 그 다음이 어머니라는 것이 지난 10년의 경험이다.

생태유아교육기관의 원장과 교사들이 생태적 소양을 갖추고 이를 원(園)의 교육과 생활 속에서 실천하는 데 오랜 시간과 노력이 필요하듯이 부모들의 의식이 하루 아침에 변할 것으로 기대하는 것은 무리이다. 부모교육은 아이들의 생명을 살리는 선업(善業)을 위해 꼭 필요한 것이므로 이해와 안내, 설득과 실습, 포용과 기다림도 필요하지만 때로는 의지와 신념, 용기와 결단이 필요한 경우도 있다. 그러나 생태유아교육기관에서 인식하는 부모는 교육을 받아야 할 피교육자로 보는 것이 아니라 아이살림·생명살림의 동반자(同伴者)로 보고 있다. 이러한 관점은 생태유아교육기관에서 아이들을 교육의 대상자나 피교육자로 바라보지 않는 것과 맥을 같이 한다.

또한 가정과 원, 부모와 교사는 함께 아이를 키우는 공동체이고 공동교육자이다. 즉 원은 부모가 돈을 내고 아이를 맡기거나 교육시키는 곳이 아니라는 인식을 확실히 갖는 것이 필요하다. 생태유아교육에서는 아이를 기르고 가르치는 일은 천지와 부모, 자연과 사람이 함께 하는 일이라는 이치와 가정과 원(園)이 모두 아이살림・생명살림의 '살림집'이 되어야 한다는 인식을 바탕으로 하기 때문이다. 이와 같은 이념을 바탕으로 부산대학교 부설 어린이집의 경우, 1995년 개원하면서부터 지금까지 지키고 있는 원칙으로 첫째, 아이의 등원과 하원은 부모나 가족이 맡아야 하고, 둘째 아이들이 하루 종일 생활하는 교실의 청소는 부모가 담당하며, 셋째 원의 분위기는 부모나 가족이 안방처럼 편안하게 느낄 수 있도록 유지하며, 넷째 원의 교육이념과 방향을 흩뜨리는 부모는 허용하지 않으며, 다섯째 교사의 심기(心氣)를 불편하게 하는 부모는 용납하지 않는다는 등이 있다. 특히, 부모가 아침부터 교사의 심기를 불편하게 하는 경우는 더욱 단호한데, 그 이유는 교사의 심기가 불편하면 그 교사의 좋지 않은 마음과 나쁜 기운이 많은 아이들에게 전해져 아이들의 마음과 기운을 어지럽게 하기 때문이다.

2) 부모참여방안

여기서는 생태유아교육기관에서 실천 가능한 부모참여방안으로써 그동안 부산대학교 부설 어린이집에서 실시한 부모참여방안을 중심으로 간략하게 제시하고자 한다.

첫째, 부모회 운영이다. 생태유아교육기관은 부모와 공동으로 운영하는 것을 원칙으로 한다. 부모로 하여금 시설의 운영 및 발전에 관한 의견이나 정책의 제안자, 의사결정자로서 적극적으로 참여토록 하기 위하여 부모회를 조직하여 운영할 수 있다. 부모회는 가능한 다양한 의견을 반영할 수 있는 대표를 선발하여 조직하는 것이 바람직하다. 새 학기가 시작되는 3월 각 반별 대표를 선발하고, 부모회의 원활한 운영을 위하여 선발된 대표들 중에서 임원단을 선발할 수 있다. 부모회는 각 반 부모들의 의견을 수렴하여 교사나 원 측에 건의하거나 전달하고, 부모들끼리 만나서 의견을 교환할 수 있다. 기관의 행사 계획이나 운영에도 참여할 수 있다.

둘째, 부모참여수업이다. 생태유아교육기관의 부모참여수업은 생태유아교육의 이념을 공유하고, 부모들이 자녀의 원 생활에 참여함으로써 가정과 원의 관계를 긴밀히 하고 나아가 공동육아의 터전을 마련할 수 있는 기회가 될 수 있다. 따라서 '수업'에 부모를 참여시킨다는 소극적인 의미를 벗어나 아이들의 일상적 삶을 엿보고 그 삶 속에 깊숙이 참여할 수 있는 시간이 되도록 한다. 예컨대, 아이들과 학부모가 같이 텃밭에 고구마 모종을 심고 고구마를 수확해서 삶아 먹고, 산책을 가거나 1년 동안 어린이집 식구들이 먹을 간장을 담기 위한 메주를 만들기도 한다. 이는 생태유아교육기관의 부모참여수업이 수업목표와 주제 하에 이루어지는 인위적인 수업이 아니라 천지부모(天地父母), 즉 천지자연과 부모가 같이 어울려 아이를 길러야 함을 의미하는 것이다.

셋째, 자원봉사이다. 생태유아교육기관의 부모와 교사는 서로 허물없는 삶의 동반자이다. 나락 한 알을 기르는 데 천지자연의 섭리가 깃들어야 하듯이, 아이를 기르는 데도 천지의 자연과 더불어 주변의 어른, 즉 교사와 부모의 손길이 빠질 수 없다. 따라서 유아교육기관에서의 교육에도 부모의 손길이 더해질 때, 아이들은 온전한 생명인(生命人)으로 자라날 수 있을 것이다. 이런 면에서 부모의 자원봉사 형태는 다양하다. 먼저, 일일교사로 참여할 수 있다. 일일교사는 부모가 일일교사가 되어 요리나 미술 등을 아이들과 함께 하거나 동화를 들려 줄 수도 있다. 특히 경찰관, 의사, 음악가, 교수 등 특별한 전문직에 종사하는 부모들의 경우, 특정 주제에 관한 일일교사가 되어 아이들에게 유익한 경험을 제공해 줄 수 있다.

그 외에도 보조교사 형태로 아이들의 산책, 텃밭가꾸기, 세시풍속 등을 도울 수 있다. 특히, 생태유아교육기관의 세시풍속 잔치는 어른들의 손이 많이 필요하며, 아이・교사・부모・주변 사람들이 같이 어우러질 때 잔치의 흥은 더해지는 법이다. 따라서 아이들의 부모가 세시풍속 잔치를 도우면서 일손을 덜고, 동시에 다른 사람들과 더불어 잔치를 즐길 수 있어야 한다.

넷째, 부모 청소이다. '어떻게 교실 청소를 교사가 하지 않고 부모가 한단 말인가?' 하고 의아해 할 수도 있을 것이다. 교육의 패러다임을 바꾸려는 의도에서 비롯된 생태유아교육은 교사와 부모와의 관계 패러다임도 새롭게 정립하려 한다. 기관에서 보육의 온전한 책임을 지는 것은 구시대적인 발상이라 할 수 있다. 보육현장에 부모와 교사가 같이 참여하는 것은 생태유아교육 프로그램 실천의 기본이며, 그 구체적인 실천방안으로 부모 청소를 들 수 있다. 부모는 아이들 교실의 청소를 하면서 아이들 생활을 엿볼 수 있으며, 과중한 업무에 시달리는 교사를 도울 수 있다. '신명나는 교사만이 신명나는 아이를 기를 수 있다. 그리고 신명나는 교사 뒤에는 도움의 손길을 아끼지 않는 부모가 있다'는 측면에서도 부모 청소를 활성화할 필요가 있다.

다섯째, 강연회 개최이다. 부모의 인식 전환을 위해서 강연회를 개최할 수 있다. 강연회 주제는 생태유아교육의 이념을 전달할 수 있는 방향으로 실시한다. 예를 들어, '우리 아이들의 먹을거리, 무엇이 문제인가'라든가 '놀이를 잃어버린 아이들', '자연이 최고의 교사이다' 등을 주제로 하여 관련 전문가를 초빙하여 강연회를 개최할 수 있다. 또한 기관의 실천사례를 제시하거나 강연을 듣는 사람들이 직접 몸으로 체험할 수 있는 워크숍을 덧붙인다면 훨씬 더 설득력 있는 강연이 될 수 있다.

여섯째, 각종 행사 참여이다. 생태유아교육기관의 주된 행사로 명절과 절기에 따른 행사와 사람공동체를 지향한 기획행사를 들 수 있다. 즉, 설, 정월대보름, 삼월삼짇날, 단오, 유두, 칠월칠석, 추석, 동지 등과 같은 명절과 절기에 따르는 행사와 한여름 밤의 가족음악회, 어울림 한마당, 감사의 날 등과 같은 사람공동체를 지향한 기획 행사가 그 예다. 이와 같은 행사는 교사들 간의 협력도 기본적으로 필요하지만, 부모들의 적극적인 참여 또한 선행되어야 한다. 부모들이 행사의 준비에서부터 마무리까지 참여해야 하며, 아이, 교사, 지역 주민들이 어울릴 수 있는 구심점의 역할을 해낼 수 있어야 한다.

결국 위에서 언급한 부모참여방안은 아이들이 생활하는 원을 생명의 살림집으로 만들고자 하는 부모와 교사의 공동 노력이라고 할 수 있으며, 나아가 생태적 소양을 갖춘 부모로 성장하도록 돕는 일련의 노력이다. 이러한 노력은 결국 아이살림·생명살림의 유아교육을 통해 우리 아이들을 신명나는 아이로 키우고자 하는 소망을 담고 있는 귀한 일임에 틀림없다.

참고문헌

다카이 히로오미 저, 김성기 역(2005). 내 아이에게 무슨 일이 일어나고 있는가. 서울: 황금가지.

박은미(2002). 현대사회 유아기 가정교육의 위기와 개선방안 모색. 부산대학교 교육대학원 석사학위논문.

박응삼(1975). 동학사상개론. 서울: 원곡문화사.

사주당 이씨, 한재찬 역(1966). 좋은 아기 낳는 법[태교신기 영인본].

안경식(2005). 한국전통교육사상[개정판]. 서울: 학지사.

이민수(1969). 부모은중경. 서울: 을유문화사.

황옥자(1994). 불교아동교육론. 서울: 불교시대사.

제 11 장

생태유아교육의 과제와 전망

- 생태유아교육의 현황과 문제
- 생태유아교육의 과제와 전망

<축 시>

밥상 위에 오른 지구여

- 생태유아공동체 창립 5주년에 부쳐 -

아이들아, 마침내 봄이다
엄마 아빠의 몸을 열고 나온 지 다섯 번째 봄이다

쑥을 먹으면
온몸에 쑥 냄새 폴폴 나는 아이들아
엄마 젖을 먹고 자라
서서히 엄마가 되어가는 아이들아
냉이를 먹으면 온몸 환하게 냉이꽃이 피는
생태유아공동체의 아이들아

텃밭에 가자
올해도 아주 오랜 옛날처럼 때가 왔으니
상추며 쑥갓이며 씨앗들을 뿌리고
고추며 토마토며 모종을 심자

상추 쑥갓이 자라는 만큼
너희들의 키도 자라고
고추 토마토가 열리는 만큼
너희들의 멋진 생각들도 주렁주렁 열리니
밤마다 꿈을 꾸어도
텃밭에 날아온 나비며 잠자리가 아니더냐

아이들아 손을 씻고
오늘도 밥상머리에 둘러앉아 즐겁게 밥을 먹자
콩과 감자와 마늘과 미나리와
전라남도 박씨 할아버지의 유기농 쌀과
너희들이 가꾼 상추며 쑥갓이며 고추와
경상남도 천씨 할아버지의 무농약 과일을 먹자

밥상 위에
논밭이 올라오고
밥상 위에 산과 바다가 올라오고
마침내 밥상 위에 온 지구가 올라와 있으니

아이들아
날마다 하루 세끼 문을 열어
지구를 받아들이자
더불어 온 마음을 열어 우주를 받아들이자

우리시대의 희망인 아이들아
엄마 젖을 먹고 서서히 엄마가 되어가듯이
다섯 살배기 생태유아공동체의 아이들아
지구를 먹고 온몸 지구가 되자
우주를 먹고 온 마음 우주가 되자
아이들아, 그리하여 마침내 세상은 봄이다

이원규(李元圭)

1962년 경북 문경 출생. 84년『월간문학』과 89년『실천문학』을 통해 작품활동 시작하다.
제 16회 신동엽창작상, 제 2회 평화인권문학상을 수상.
시집『옛 애인의 집』『돌아보면 그가 있다』등과
산문집『길을 지우며 길을 걷다』『벙어리달빛』등 출간.
10년 째 지리산에서 시를 쓰며, 지리산생명연대와 생명평화결사 운영위원,
순천대 문예창작과와 실상사 작은학교 강사 등을 맡고 있다.

여기서는 생태유아교육의 현황과 문제를 살펴보고, 생태유아교육의 과제와 전망에 대해 개략적으로 언급하고자 한다.

1. 생태유아교육의 현황과 문제

1) 생태유아교육의 현황

최근 들어 우리 사회를 들여다보면 경제성장과 과학 발달로 생활이 나아지고 편리해졌지만 사람들은 참살이(well-being)를 호소하며 참살이 상품들(먹을거리, 운동, 주거, 의복 등)이 물밀듯이 쏟아져 나오고 있다. 또한 TV 다큐멘터리로 '환경의 역습', '아이를 살리는 생명의 밥상', '경고, 우리 아이들 몸이 이상하다', '생태건축', '아토피' 등의 프로그램이 방영되면서 생태적 삶과 생태교육에 대한 관심이 높아지고 있다. 한편 유아교육 학계와 현장에서도 현행 유아교육에 대한 반성과 함께 새로운 유아교육 패러다임이 모색되어야 한다는 목소리가 높아지고 있다. 사람과 자연이 하나 되고, 사람과 사람이 더불어 살며, 아이들이 행복하게 사는 세상을 만들 수 있는 아이살림·생명살림의 생태유아교육이 바로 그것이다.

생태유아교육은 1990년 「우리 아이들의 보육을 걱정하는 모임」에서 씨앗이 싹트기 시작해서 오늘에 이르기까지 부산대학교 부설 어린이집에서의 생태유아교육 프로그램 개발·적용이라는 실천적 접근, 부산대학교 유아교육학과의 대학원·교육대학원 석·박사과정과 「한국생태유아교육학회」의 이론적 접근 및 「우리 아이들의 보육을 걱정하는 모임」과 「(사)생태유아공동체」 등의 운동적 접근에 의해 짧은 역사적 흐름에서 '연구와 실천과 운동의 조화'를 이루며 진전되어 왔다. 그러나 생태유아교육의 이론적·실천적 정립의 여정은 아직 많이 남아 있다. 지금까지가 생태유아교육을 위한 준비와 실험하는 시기였다면, 이제부터는 생태유아교육을 활성화하고 전국적으로 확산시키면서 현장에 뿌리내리도록 지원하는 데 주력할 시기이다.

지난 10년간 생태유아교육은 기능주의 유아교육이 심화되어 가는 우리 현실에 직면하여 여러 가지 어려움을 겪어 왔다. 생태유아교육은 그 출발에서부터 유아교육 현장에서 산책 프로그램, 텃밭가꾸기 프로그램으로 인식되면서 아이들에게 산책을 시키고 텃밭을 가꾸고 자연물을 교재·교구로 활용하면 되는 것 정도로 인식되고 있었으며, 얼마 후부터는 먹을거리 프로그램이 강조되면서 아이들에게 유기농산물 먹이는 것이 생태유아교육이라고 생각하는 경향이 확산된 것도 사실이다. 그렇지만 뜻있는 교수들과 연구자들, 유치원이나 어린이집 원장과 교사 및 수많은 학부모들이 생태유아교육에 관심을 보이면서 그 인식이 점차 높아지고 꾸준히 확산되고 있다는 점에서 희망의 불빛으로 다가오고 있다.

생태유아교육이 우리 현실에서 뿌리내리기 위해서는 유아교육 관련 당사자들의 생태유아교육에 대한 인식 전환이 중요하다. 여기서 유아교육 관련 당사자는 교수, 원장, 교사, 부모라고 할 수 있는데, 교수는 유아교사의 양성과 연수는 물론 유아교육의 방향 설정에 중요한 영향력을 행사하고 있으며, 원장은 유아교육기관의 경영자로서 유아교육의 방향을 설정하고 이를 추진하는 역할을 담당하며, 교사는 설정된 유아교육의 방향에 따라 아이들에게 적용·실천하는 역할을 담당한다. 아이들의 부모 역시 어떤 아이로 키워 주기를 바란다는 측면에서 유아교육의 방향 설정과 실천에 매우 중요한 영향력을 행사한다.

최근 들어 대학의 관련 학과에서 생태유아교육 강좌를 개설하는 대학이 점차 늘어나고 있다. 강좌의 명칭도 '생태유아교육', '생태유아교육개론', '생태유아교육 프로그램', '유아교육의 생태학적 접근', '생태유아교육 1', '생태유아교육 2' 등으로 다양하다. 전국의 수많은 유치원과 어린이집에서 산책, 텃밭가꾸기, 세시풍속, 명상 등 생태유아교육 프로그램 한두 가지 정도는 적용하고 있으며, 대부분의 유아교육기관에서는 원아 모집 시 부모들의 요구에 따라 생태유아교육 프로그램을 실시하고 있다고 홍보하는 것이 대체적인 분위기이다. 「한국생태유아교육학회」에서 개최하는 춘계와 추계 학술대회에 매년 많은 사람들이 참여하는 것도 생태유아교육에 대한 유아교육 관계자들의 관심도를 말해 준다. 대학의 교수와 연구자들의 관심도가 갈수록 높아지고 있다. 희망이 보이는 좋은 분위기이다. 좋은 기운이 감돈다.

2) 생태유아교육의 장애요인

생태유아교육의 장애요인은 한두 가지가 아니다. 우리 사회 전반의 반생태적 환경과 의식이 가장 중요한 장애요인이다. 특히, 우리가 가지고 있는 반생태적 의식이 문제이다. 산업문명 자체와 천민자본주의적 사회풍토가 생태유아교육의 걸림돌이다.

우리나라 유아교육은 인간중심주의와 자본주의에 바탕을 두고 아이들의 성장과 발달을 촉진하는 데 주된 관심을 두고 있는 구조기능주의 유아교육이라고 할 수 있다. 특히 1980년대 이후 유아교육의 급속한 양적 성장과 함께 서구식, 특히 미국식 유아교육 이론과 실제를 그대로 복사한 '미국식 한국 유아교육'이 되어버렸다. 다시 말해서 우리의 유아교육은 '이중국적(二重國籍) 유아교육'인 셈이다. 더욱이 독일식 유아교육, 이탈리아식 유아교육 등이 겹쳐 국적을 알 수 없는 '다중(多重) 국적 유아교육'이 되다 보니 유아교육 문제의 본질을 파악하기도 어렵고, 그 해결책을 찾는 것은 더욱 어렵게 되어 있다. 이와 같은 문제는 유치원이나 어린이집 현장의 당면문제이기는 하지만 그 원인 제공은 학계에 있으므로 그 근원적 책임 또한 학계에 있다고 보는 것이 타당하다. 유아교육 학계에 몸담고 있는 사람들은 본인을 포함해서 어느 누구도 그 책임에서 자유롭지 못하다. 다음에 제시된 사례는 우리 유아교육계에 시사하는 바 큰 것으로 보인다.

> 미국의 국가 의학 감독관을 역임한 미국 의학계의 중진 로버트 S. 멘델존 박사는 최근 그의 양심적 고백서인 『나는 현대의학을 믿지 않는다』라는 저서를 통해 현대의학의 허상과 의료현장의 비리를 적나라하게 폭로하였다. 이 책에서 밝힌 충격적인 사실은, 미국이나 이스라엘에서 의사들이 파업을 감행하였을 때 파업기간 동안에 환자들의 사망률이 대폭 감소했다는 사실이다. … 신진의학도나 일반 대중이 진보된 과학적인 의학으로만 믿어 온 현대의학이 이렇듯 부실한 결정적인 요인이 다름 아닌 인체 생명학의 부재로 인하여, 인체가 어떻게 생성되고 생명체의 근본인 마음의 실체가 무엇인가를 알지 못함으로써 심신의 생리적·병리적 연관성을 파악할 수 없기 때문이다(김병항, 2002, 116).

현대의학과 현대유아교육을 견주어 보면 어떨지? 유아교육 연구자들은 깊이 고민해 볼 문제이다. 유아교육 연구자들은 아이들의 성장과 발달과 변화를 연구하기에 앞서 연구자 자신의 연구에 대한 철학과 사상 및 이념, 연구에 대한 자세와 태도 및 윤리에 대한 연구가 앞서야 한다. 지금 연구자 자신이 하고 있는 연구 분야나 문제가 전체적인 맥락에서 어느 위치에 있는지, 그 연구의 목적과 가치에 대한 깊은 성찰이 있어야 할 것이다. 연구자는 아이들의 바람직한 사고 변화나 행동 변화의 방안을 찾기 전에 자신의 사고와 행동의 문제가 무엇이며, 어떻게 변화, 발전시킬 것인가에 대한 깊은 성찰이 앞서야 할 것이다. 이러한 측면에서 유아교육학계의 연구 경향과 풍토의 문제점을 다음 몇 가지로 지적하면서 반성과 개선의 계기로 삼고자 한다.

첫째, 한국과 동양의 전통문화와 사상 및 철학보다는 서양, 특히 미국의 문화와 사상과 철학에 치중하는 경향이 있다. 이러한 상황이 지속되다 보니 한국의 유아교육 현장 모습은 한국 아이로 키우고 있다는 느낌보다는 서양 아이로 키우고 있다는 느낌을 지우기 어렵다. 특히, 한국의 유아교육 기관을 방문한 외국인들의 공통된 반응이기도 하다. 세계 몇 나라의 유아교육기관을 방문한 경험에 비추어 보면, 다른 나라들은 우리의 경우와는 달리 자기 나라 아이들을 자기 나라 방식으로 키우고 있다는 것을 금방 느낄 수 있었다. 100년의 유아교육 역사가 이런 모습이라면 우리 모두 깊이 생각해 볼 문제가 아닌가?

둘째, 한국의 유아교육 현실 개선보다는 서구 학문이론의 적합성 검증에 주력하고 있다는 느낌이다. 서양의 유아교육 관련 이론과 방법의 적합성 검증을 위해 우리 유아교육 현장을 실험장으로, 우리 아이들을 실험대상으로 삼아 그 이론이나 방법의 적합성을 검증하고, 그 정도에 따라 연구결과가 깔끔하느니 않느니 운위하면서 학문적 희열을 느끼는 것 같은 인상을 풍기는 분위기가 한국 유아교육 학계의 일반적인 풍토의 단면이다.

셋째, 서구식 유아교육 이론과 방법의 세습화가 한국 유아교육의 발전을 가로막는 주요 걸림돌로 작동하고 있다. 유아교육은 아이 잘 돌보고 모시고 기르는 일이다. 유아교육 관련 학과의 교수를 채용하는 데도 외국 박사,

특히 미국 박사를 선호하는 것이 일반적 추세이다. 우리 아이들을 서구식으로 키우겠다는 의지의 표현이다. 유아교육 분야의 대학 교재나 교육 프로그램의 대다수가 서양 교재에 근거를 두고 있다. 심지어 대학원 석·박사 과정에서는 서양 원서를 교재로 채택하다 보니 수업시간은 원서를 번역하여 발표하는 것이 일반적 추세이다. 소위 '좋다는 대학(?)'일수록 그 정도가 심한 편이며, 그것을 권위로 인식하는 것이 더 문제이다. 지금 비싼 등록금 내놓고, 원서 번역·발표식 수업을 받는 대학원생들은 과연 무슨 생각을 하고 있을까?

넷째, 유아교육 현장이나 아이들의 현실적 삶과 동떨어진 탁상공론적인 이론, 개념, 용어에 매달리고 있다. 유아교육학계는 아이들을 돌보는 삶의 현장에서 나온 유아교육 이론과 방법은 별로 없고, 서양에서 도입된 유아교육 이론과 방법에 우리 유아교육 현장과 아이들의 삶을 맞추려는 경향이 농후하다. 몸에 옷을 맞추는 것이 아니라 옷에 몸을 맞추려는 꼴이다. 또한 학위논문이나 연구물의 상당수는 학술논문 형식에 적합하느니 않느니 혹은 학술용어를 사용했느니 안했느니 등에 매달리고 있다. 특히, 학문적 개념이고 학술적 용어라는 미명 아래 연구자들끼리만 통용되는 '군사암호' 같은 조작적 개념이나 용어를 별다른 부끄럼 없이 일상적인 것처럼 사용하고 있다. '비계설정(Scaffolding)', '문해(Literacy)', '근접발달영역(ZPD, The Zone of Proximal Development)' 등이 그 예다. 언제까지 이런 식으로 유아교육이라는 학문을 즐길 것인가?[1)]

3) 생태유아교육을 통한 변화

생태유아교육이 유아교육 현장에 뿌리를 내리고 학문적으로 정립되는 데는 여러 가지 어려움과 많은 시간과 노력이 필요한 것이 사실이지만 유치원이나 어린이집 현장은 물론 학부모들도 생태유아교육의 필요성과 그 효

---

1) 이와 관련된 문제의식은 다른 학문 분야에서도 활발히 논의되고 있는데, 《역사문제연구소 편(2001), 『전통과 서구의 충돌: 한국적 근대성은 어떻게 형성되었는가』. 서울: 역사비평사》는 많은 참고가 될 것이다. 특히, 그 책 중의 고려대 이승환 교수가 쓴 「황색 피부 하얀 가면: 철학의 식민화」는 우리에게 많은 생각을 해볼 기회를 줄 것으로 사료된다.

과를 어느 정도 인정하는 추세이다. 그동안 생태유아교육의 효과는 체계적이고 실증적 연구를 통해 본격적으로 검증된 결과는 아직 없지만 아이들의 삶과 행동의 변화를 직접 눈으로 보고 가슴으로 느끼고 있는 교사와 학부모의 반응을 통해 짐작할 수 있다. 또한 생태유아교육의 효과에 대해서는 2004년 5월 5일 어린이날 기념 특집 다큐멘터리로 제작·방영된 KBS 1TV의 『다시 쓰는 장난감 이야기』에서 부분적으로 긍정적 효과가 있는 것으로 제시된 바 있다. 특히, 생태유아교육을 통한 더욱 확실한 변화는 생태유아교육의 발상지라고 할 수 있는 부산대학교 부설 어린이집(원아 194명)에 입학하려는 대기자들이 일천 여명에 달하고 있으며, 심지어 아이가 태어나기도 전에 가명을 지어 대기자 명부에 올려놓는 재미(?)있는 현상이 학부모들의 생태유아교육에 대한 관심도를 짐작케 한다.

한편 생태유아교육을 통한 변화에 대해서는 지금까지 개발·보급된 10여 종류의 생태유아교육 실천 프로그램 책자에서 아이·교사·학부모·유아교육기관·지역사회의 변화에 관해 부분적으로 언급한 바 있으므로 참고할 수 있을 것이다. 그러나 여기서는 생태유아교육을 통한 변화의 전반적 추세에 대해 아이, 교사 및 학부모 측면에서 간략하게 언급하고자 한다.

첫째, 아이들의 변화이다. 생태유아교육기관의 아이들은 생기(生氣)가 넘치고 즐거워하며 아이다운 모습을 보인다. 시멘트벽으로 둘러싸인 교실을 떠나 바람, 흙, 풀, 햇빛과 함께 하는 아이들의 눈빛은 교실에서 인공적인 장난감을 갖고 놀 때와는 사뭇 다르다. 아이들이 자연 속에서 놀게 되면 가장 두드러진 변화가 잘 먹고, 잘 놀고, 잘 누고, 잘 잔다는 사실이다. 몸도 튼튼해지고 걸음마를 시작할 때부터 매일 산책을 하기 때문에 신체적인 균형 감각도 두드러지고, 밥을 잘 먹는다. 그 외에도 마음의 여유를 갖고 남을 배려하고 신변안전을 위한 대처능력이 증가하고, 자연물에 대한 탐구력과 지구력이 생긴다. 생명에 대한 사랑과 배려가 생긴 것도 눈에 띄는 변화라고 할 수 있다.

특히 생태유아교육을 통한 아이들의 변화는 체력과 창의력의 향상이다. 부산대 부설 어린이집을 졸업한 아이들의 상당수는 인근 장전초등학교에 입학하게 되는데, 운동회 때 릴레이 선수의 대다수와 수업시간에 질문을 많이 하는 아이들의 대부분은 부산대 부설 어린이집 출신 아이들이라고 하는 학부모들의 반응에서 짐작할 수 있다.

둘째, 교사들의 변화이다. 대체로 유아교사들은 처음에는 '생태'를 어떻게 접근해야 할지 몰라 어려움을 호소한다. 그동안 교사들은 연간, 주간, 일일 교육계획을 구체적으로 세우고 교재·교구를 준비해서 좋은 '수업'을 해야 한다는 심리적인 부담감을 갖고 있었으며, 매 활동마다 '뭔가를 가르쳐야 한다'는 강박관념에 싸여 있었기 때문이다. 이러한 유아교사들의 의식이 생태적 의식으로 바뀌는 데는 많은 노력과 어느 정도의 기다림이 필요하다. 정기적인 교사 세미나, 관련 서적 읽고 토론하기, 생태강좌 수강 등은 물론 국내·외 생태교육 현장 체험도 노력의 일부이다.

한편 교사들은 여러 가지 생태유아교육 프로그램들을 하나씩 적용해 보고 아이들이 즐거워하고 변해가는 모습을 보면서 교사 자신의 생각과 태도와 행동이 조금씩 바뀌어 간다는 것을 알게 된다. 점차 교사들은 자신의 몸과 마음과 영혼을 깨끗하게 하는 데 자연스럽게 관심을 가지면서 아이들과 자신의 몸공부, 마음공부 및 영혼공부에 참여하고 실천하게 된다. 교사들은 생태유아교육을 실천하면서 신명나는 아이들과 더불어 자신도 신명나는 교사가 되어간다는 것을 느끼게 되는데, 이것은 생태유아교사로서의 자질이 쌓여간다는 것을 의미한다. 신명나는 교사, 생태적인 교사가 바로 아이살림, 생명살림의 유아교육을 실천하는 교사의 모습이다.

셋째, 부모들의 변화이다. 우리나라의 아이 키우는 잘못된 풍토가 대변해 주듯이 부모들은 처음에는 글자·숫자·영어공부 등 학습적인 면에 대한 요구가 높기 마련이다. 대부분의 부모들은 생태유아교육을 통하여 놀이와 학습이 같이 이루어진다는 것을 전혀 이해하지 못하고 산책을 가거나 텃밭에서의 작물 재배를 단순히 '놀기만 한다'고 불평을 한다. 이러한 부모들의 의식 변화를 위해 기관에서는 산책, 텃밭가꾸기 등 생태유아교육 관련 통신문 발송과 강연회 개최, 학부모 모임, 소식지, 학급신문, 부모참여수업 등의 노력을 한다.

그 결과, 부모들의 의식은 점차 변해가고 있음을 알게 된다. 예를 들어

'산책'을 주제로 한 부모참여수업에 참가한 학부모들은 매우 만족해 하는데, 특히 아이들의 체력과 순발력, 용감성, 활동성, 인내력, 또래들에 대한 배려, 자연현상에 대한 탐구력과 친화력, 위기대처능력 등에서 놀라울 정도의 변화를 눈으로 직접 보고는 감탄하는 반응을 보인다. 하지만 일부 부모들의 경우 일과 중에 '학습'을 포함시켜 줄 것을 요구하기도 하지만 시간이 지나면서 부모들의 사고와 행동은 물론 가정에서의 삶도 변해가게 된다. 특히, 아토피 등 신체질환이 있는 아이들 부모 경우에는 먹을거리는 물론 가정생활 전반이 생태적 모습으로 변화된 사례를 수없이 목격하게 된다.

2. 생태유아교육의 과제와 전망

1) 생태유아교육의 과제

(1) 생태유아교육의 연구 영역

여기서 생태유아교육의 연구 영역이란 생태유아교육의 관심 영역, 연구 범위 내지 연구 분야를 의미한다. 생태유아교육은 초창기 아무런 바탕이 없는 무(無)에서 출발했으므로 생태유아교육의 연구 영역이나 관심분야를 하나씩 하나씩 넓혀 가면서 그 기본틀을 짜 맞추고 다시 고치는 과정의 연속선상에 있는 셈이다. 제 2 장 '생태유아교육의 흐름'에서 짐작할 수 있듯이 생태유아교육의 연구 영역은 아직도 구상중이다. 특히 2002년 6월 한국생태유아교육학회가 창립되면서 매년 두 차례 학술대회를 통해 연구 영역을 체계화해 가고 있는 과정이다. 어쩌면 생태유아교육의 연구 영역이나 분야는 한정되어 있는 것이 아니라 무한히 열려 있다고 할 수 있다. 생태유아교육은 아이들의 삶이고 생활이다. 아이들의 삶과 생활은 가정생활, 기관(園)생활, 사회생활, 국가, 세계, 우주와 모두 연계되어 있다. 따라서 생태유아교육의 연구 영역은 기존 유아교육에서 구획한 영역보다는 훨씬 광범위하다. 다시 말해서 생태유아교육의 연구 영역은 서구식 현대유아교육의 연구 영역 내지 학문 영역보다 시간적으로나(과거, 현재, 미래) 공간적으로

(가정, 원(園), 사회, 국가, 지구, 우주) 길고도 넓다고 할 수 있다.

생태유아교육이라는 학문 분야는 이제 막 걸음마를 시작한 단계이다. 생태유아교육의 연구 영역은 확립해 가는 과정이다. 생태유아교육은 아이라는 생명체가 스스로 잘 자라고 더불어 잘 자라도록 돌보는 일이라면, 생태유아교육이라는 학문활동 내지 연구활동 역시 '생태유아교육'이라는 생명체가 스스로 잘 자라고 더불어 잘 자라도록 돌보는 일을 하는 것이다. 아이라는 생명체가 잘 자라는 데 다른 많은 생명체들의 오랜 시간과 노력이 필요하듯이 생태유아교육이라는 생명체가 학문적 체계를 확립하는 데도 여러 사람들의 많은 노력과 오랜 시간이 필요할 것이다. 생태유아교육은 한국인의 아이 돌봄의 지혜를 담고 있는 우리의 자존심이고 희망이므로 우리 모두가 잘 가꾸고 키워 나가야 할 것이다. 생태유아교육은 어느 누구의 학문 영역이고 연구 영역이 아니라 우리 모두의, 나아가 아이살림과 생명살림에 관심을 가진 모든 세계인의 학문 영역이고 연구 영역이다.

참고로 그동안 「한국생태유아교육학회」에서 6차례 학술대회를 통해 설정한 연구 영역에 대해 개략적으로 언급하면 다음과 같다.

① 생태유아교육은 우리 아이들이 처한 '지금 여기' 삶의 현실에 관심을 갖는다(제1차 학술대회). 생태유아교육은 21세기 후기 산업문명사회에서 살아가고 있는 우리 아이들의 삶의 현실을 짚어봄으로써 그 반성과 대안으로 아이살림·생명살림의 유아교육, 즉 생태유아교육의 지혜를 얻고자 한다. 이러한 관점에서 자연의 본성을 지닌 아이들의 품성을 이해하고, 아이들의 출산·수유환경과 아이들의 미래, 조기교육과 아이들의 삶, 그리고 아이·농촌·생명을 살리는 먹을거리에 대한 탐구를 통해 생태유아교육의 지혜를 얻고자 한다.

② 생태유아교육은 우리 조상들의 전통적 삶과 생활 및 문화에 관심을 갖는다(제2차 학술대회). 생태유아교육은 서양인들의 삶과 생활과 문화에서 유아교육의 지혜를 배울 것이 아니라 우리 조상들의 5천년의 전통적 삶과 생활 및 문화에서 유아교육의 지혜를 찾고자 한다. 우리 조상들의 아동관을 찾고, 민속문화에서 아이들의 삶인 놀이, 노래, 이

야기, 몸짓을 찾고자 하며, 우리의 어머니와 할머니의 자녀양육법을 배우고, 오늘날과 같은 의료기술과 약품이 없던 시절 우리 조상들은 아이들의 몸과 마음과 영혼의 건강을 돌본 지혜를 오늘의 현실에서 되살리고자 한다.

③ 생태유아교육은 신과학, 자연의학, 생태철학 및 종교에 관심을 갖는다(제3차 학술대회). 생태유아교육은 과학기술 및 공학보다는 신과학에, 현대의학 내지 서양의학보다는 자연의학 내지 한의학에, 일반철학보다는 생태철학에, 인문학뿐 아니라 종교에도 관심을 갖고 그런 분야에서 생태유아교육의 지혜를 얻고자 한다.

④ 생태유아교육은 우리 삶 속의 의식주와 낙(樂)에 관심을 갖는다(제4차 학술대회). 생태유아교육은 우리의 삶과 생활에 대한 탐구를 통해 아이들의 의, 식, 주 및 낙의 근원적 지혜를 얻어 오늘의 반생태적 의식주를 생태적 의식주로 전환하는 계기로 삼고자 한다.

⑤ 생태유아교육은 생태예술과 생태적 예술교육에 관심을 갖는다(제5차 학술대회). 생태유아교육은 예술 영역에 대한 탐구를 통해 아이들의 생명의 근원적 예술성, 생태적 예술성의 원류, 신명, 풍류를 찾아 이를 오늘의 삶과 생활 속에서 되살리고자 한다. 우주 생명이 화생하는 음양오행 원리에 따라 인간의 깊은 뿌리를 이루는 오장(五臟), 오음(五音), 오색(五色), 오미(五味), 오각(五覺), 오식(五識)이 바로 근원적 생태예술의 원류라고 할 수 있을 것이다. 아이들의 생명의 근원에서 생태음악, 생태무용, 생태미술, 생태문학의 원류를 찾는 노력이 필요하다.

⑥ 생태유아교육은 아이들 삶터의 생태건축에 관심을 갖는다(제6차 학술대회). 생태유아교육은 아이들의 삶의 터전을 생태적 공간·살림의 공간으로 만드는 데 관심을 갖고, 생태적 삶과 생명의 살림집, 유아교육기관의 생태건축 – 신축과 리모델링 및 국내·외 실천사례의 발굴과 보급, 생태건축 자재와 재료의 소개 등에 실천적 노력을 하고자 한다.

지금까지 언급한 학술대회에서 발표된 논문들을 포함하여 한 권의 책자 『생태유아교육선집 1』(한국생태유아교육학회 편, 2005)을 출판하였는데, 관심 있는 분들에게는 꽤 도움이 될 것으로 사료된다.

(2) 생태유아교육의 추진과제

이제 생태유아교육은 학문적으로 뿌리를 탄탄하게 내려야 하며, 유아교육 현장에 널리 보급되어야 한다. 그래야 보다 많은 아이들이 신명나는 아이로 자라고, 이들이 어른이 되어 신명나는 세상을 펼쳐 나가게 될 것이다. 이를 위해 생태유아교육 분야에서는 할 일이 많다. 생태유아교육의 실현을 위한 추진과제는 「한국생태유아교육학회」(www.keke2002.or.kr)의 목적과 활동을 살펴보면 어느 정도 짐작할 수 있을 것이다.

> 한국생태유아교육학회는 아이살림·교육살림·생명살림을 위한 생태유아교육의 실현을 위해 생태유아교육에 관한 학문적 연구, 실천적 적용, 강좌와 연수, 홍보 및 운동 등을 추진하고자 한다.
>
> ① 학문적 연구 : 학술대회 개최, 학회지 발간, 생태유아교육 프로그램 개발 보급, 생태유아교육 관련 책자 출판, 관련 학회와의 연대사업 및 연구사업 추진
>
> ② 실천적 적용 : 전국 유치원·어린이집의 생태유아교육 실천사례 발굴 및 소개, 생태유아교육 현장실천 보고대회 개최 등
>
> ③ 강좌와 연수 : 지역별 생태유아교육 강좌 개설, 하계·동계 생태유아교육 교사연수 및 해외 체험 연수 등
>
> ④ 홍보 및 운동 : 유아교육 바로 세우기 운동 추진, 반생태적 양육·교육환경 해소를 위한 대국민 홍보 및 사회운동 전개, 관련 시민사회단체와의 연대사업 추진, 학부모 계몽운동(자연분만 운동, 모유 먹이기 운동, 유기농산물 먹이기 운동 등) 전개 등

또한 「(사)생태유아공동체」와 수도권 생태유아공동체, 광주생태유아공동체 및 대구생태유아협의회에서도 아이살림·농촌살림·생명살림의 이념을 바탕으로 유치원·어린이집 아이들에게 유기농산물을 먹이는 운동을 전국 곳곳에서 전개하고 있는 것 역시 생태유아교육의 중요한 추진과제이다. 이 운동은 아이들의 소득수준에 상관없이 중앙정부나 지방정부의 지원을 받아 모든 영유아들이 유기농산물을 먹도록 함으로써 아이들의 몸과 마음을 살리고 우리 농촌을 살리는 생태유아공동체 운동이 전국적으로 확산되는 방향으로 추진되어야 할 것이다.

위와 같은 점을 고려해 볼 때, 생태유아교육의 실현을 위해 추진해야 할 과제는 매우 폭넓고 다양하지만 시간의 선후와 추진 여건과 역량 등에 맞추어 실천 가능한 것부터 추진해야 할 것이다. 여기서는 개략적으로 몇 가지 사례를 중심으로 추진과제를 요약・제시하고자 한다.

첫째, 생태유아교육의 이론적 토대를 탄탄하게 다지는 연구가 필요하다. 생태유아교육의 뿌리가 튼튼해야 장차 줄기와 가지와 잎이 무성해져 튼실한 열매를 맺을 수 있다. 따라서 생태유아교육의 사회・문화적 뿌리, 사상적・철학적 뿌리, 심리학적 뿌리, 신과학적 뿌리 등을 넓고 깊게 찾아 그 결과들을 그물망으로 엮어 나가야 한다. 우리나라와 동아시아는 물론 서양의 문화와 사상과 철학과 삶의 현실에서 그 지혜를 찾아야 한다.

바라건대 생태유아교육의 이론적 뿌리에 관한 연구는 우리의 '김치 맛'이 우러나는 그런 맛과 방향의 연구가 되었으면 하는 바람이다. 다음은 이어령 교수의 『김치미학 - 김치는 우주다』라는 글의 일부이다.

> 김치는 단순히 김치가 아니다. 한국 음식 맛의 특성은 한국인이 오랫동안 길러온 천지인(天地人)의 조화, 삼재사상(三才思想)이 낳은 조화의 맛이다. 김치를 먹는다는 것은 빨갛고 파랗고 노란 바람개비 모양의 삼태극을 먹는 것이며 삼태극을 먹는다는 것은 우주를 먹는다는 뜻이다. 그래서 나는 우주가 되고 우주는 내가 된다(이어령, 2004, 재인용, p.21).

우리 조상들의 5천년 자녀양육・교육의 지혜는 무궁하게 넓고 깊으며 우리 삶과 직접 맞닿아 있으므로 그 그윽한 수천 년의 김치 맛을 오늘에 되살려내면 우리 아이들에게는 물론 전 세계 모든 아이들의 살림 지혜가 될 것이다. 어려운 원서로 서구 이론을 이해하는 데 골머리를 썩이는 것보다는 한글로 번역해 놓은 한국과 동양의 고전과 현대적 해설서에서 그 지혜를 찾아보면 어떨까 한다.

둘째, 생태유아교육의 확산을 위해서는 생태유치원과 생태어린이집의 시범적 모델이 제시되어야 한다. 생태유아교육을 모범적으로 실천하는 이상적인 유치원과 어린이집 모델은 생태건축, 생태적 실내・외 환경구성 및 생태유아교육 프로그램의 적용 등 겉과 속이 모두 생태적인 모습이어야 한다. 즉, '아이들의 살림집'이어야 한다. 이러한 시범적 모델은 시·도별로 하나씩 만들어 운영할 필요가 있으며, 나아가 시·군·구별로 하나씩 모델을 제시·운영하는 방향으로 확산될 필요가 있다.

앞으로 교육인적자원부와 여성가족부의 관심과 반응이 주목되며, 광역시·도 및 교육청에서도 추진해 볼 만한 충분한 가치가 있는 사업이다. 이미 기초자치단체인 서울의 성동구청(고재득 청장)에서는 어린이집 아이들에게 유기농산물 먹이기 지원 사업에 이어 생태건축으로 어린이집을 신축하고 있으며, 전국의 몇 개 지자체에서도 생태어린이집 신축 및 운영에 적극적인 관심을 보이고 있으므로 머지않아 가시적인 성과가 있을 것으로 기대된다.

셋째, 생태유아교육 프로그램의 개발 및 보급이 필요하다. 지금까지 10여 종의 유아중심의 생태유아교육 실천 프로그램을 개발·보급하고 있으나 부모교육용 프로그램, 생태유아교사의 양성과 연수를 위한 교사교육용 프로그램(대학 교재 포함)을 개발·보급하는 것이 시급하게 추진해야 할 당면과제이다. 특히, 대학의 유아교육 관련학과나 보육교사교육원 등 유치원교사나 보육교사를 양성하는 과정(課程)의 교과목 중에 생태유아교육 강좌가 다양하게 개설될 것으로 예상되기 때문에 관련 교과목의 대학 교재의 연구·개발도 시급한 과제이다. 졸저인 『생태유아교육개론』의 출판은 그 시작이며, 『생태유아교육 프로그램 운영』, 『생태유아교사론』, 『생태유아교육기관 운영관리』, 『생태유아교육 사상 및 철학』 등의 대학 교재 출판이 이어질 것으로 기대된다. 이 일은 참으로 소중한 일임에 틀림없다. 여기에는 많은 교수들과 연구자들의 참여가 요망된다. 유아교육 관련 다양한 분야에서 많은 교수와 연구자들의 동참을 호소한다.

넷째, 생태유아교사 교육센터를 설립·운영하거나 연수 프로그램 체제를 구축하여 체계적인 연수를 실시하는 것이 필요하다. 몬테소리 프로그램, 발도르프 프로그램, 공동육아 프로그램 등 하나의 유아교육 프로그램이 실현되기 위해서는 자체적인 교사양성 프로그램이 마련되어야 하듯이 생태유아교육이 현장에 정착되기 위해서는 생태유아교사 양성이 필수적이다. 여건이 허락한다면, 생태유아교사의 양성과 연수, 관련 프로그램을 개발, 생태유아교사의 자격 관리, 생태유아교육 전문가의 양성 등을 종합적으로 관장할 수 있는 가칭 「생태유아교사교육센터」를 설립·운영하는 것이 바람직하다. 이 센터에는 「생태유아교육전문대학원」을 비롯한 시범 유치원이나 어린이집, 생태농장, 생태유아교육연구소 등이 어우러지면 이상적인 모습이 될 것이다.

이와 같은 센터를 설립하는 데는 상당한 시간이 필요하므로 우선 생태유아교사 연수 프로그램의 체계적 운영과 생태유아교사교육을 담당할 전문가의 양성을 위한 대안학교 형태의 '생태유아교육전문대학원'의 설립·운영을 추진할 수 있다. 앞서 언급한 생태유아교사교육 프로그램과 관련해서는 권미량(2005)의 박사학위논문을 통해 실행 가능성을 검토한 바 있다.

다섯째, 생태유아교육 실천사례 발표대회를 정례적으로 개최하고 모범사례들을 유아교육 현장에 널리 보급하는 노력이 필요하다. 생태유아교육의 현장 확산과 정착은 실천사례를 보여주는 것보다 더 좋은 방법은 별로 없는 것으로 보인다. 유치원이나 어린이집에서의 생태유아교육 관련 실천사례는 생태유아교육 실천 프로그램별 사례, 생태건축 관련 신축 사례나 리모델링 사례, 생태적 교실환경 구성 사례, 부모교육 실천 프로그램 사례, 자체 교사교육 사례 등 수없이 많을 것이다. 이와 같은 좋은 사례들을 전국적으로 널리 알려 다른 유치원이나 어린이집에서 활용할 수 있도록 『한국생태유아교육학회』에서 학술대회나 별도의 실천사례 발표대회를 개최하여 널리 홍보하고 추후 책자로 출판하여 보급할 수도 있을 것이다.

(3) 생태유아교육의 연구과제

생태유아교육은 대안교육이 아니다. 생태유아교육은 주류 유아교육의 개혁 즉, 공교육의 개혁을 지향한다. 생태유아교육은 유아교육의 새로운 패러다임이다. 생태유아교육은 단순한 유아생태교육이 아니다. 따라서 생태유아교육의 연구과제도 그러한 관점에서 접근하는 것이 바람직하다. 또한 생태유아교육은 아이살림·교육살림·생명살림을 지향하고 있으므로 유아교육이라는 이름으로 실행하고 있는 유아교육 관련 당사자들(교수, 연구자, 원장, 유아교사 등)의 활동이 과연 아이살림·교육살림·생명살림에 어느 정도 기여하고 있는가에 연구의 방향이 설정되어야 할 것이다.

아마도 생태유아교육의 연구과제는 졸저의 제 1 장부터 제 10 장까지를 읽어 보는 과정에서 현행 유아교육 이론과 방법, 우리 유아교육의 현실과 문제 등과의 공통점과 차이점을 비교해 보면서 많은 생각을 했을 것인데, 그 생각들이 바로 생태유아교육의 연구과제이고 연구문제일 것으로 생각된다. 졸저의 내용과 관련하여 적극 동의하거나 어느 정도 이해되는 측면도 있지만 이론적·실증적 근거도 부족한 가운데 자신의 주장만을 펴는 것 같은 느낌도 받았을 것으로 생각된다. 다시 말해서 졸저의 각 장과 세부 내용에 관한 각자의 긍정적이거나 부정적인 느낌, 생각, 의견, 주장, 대안 등이 생태유아교육의 크고 작은 연구과제나 연구주제가 될 수 있다는 것이다. 따라서 여기서는 생태유아교육의 연구과제나 연구주제를 구체적으로 나열하거나 언급하지 않는 것이 옳다는 판단에 따르고자 한다.

대학원 석·박사과정 학생들의 논문 주제는 물론 대학의 관련학과 교수나 연구자 및 유치원 어린이집의 원장과 교사의 연구주제도 생태유아교육의 이론적 접근과 실천적 접근에서 수없이 발굴할 수 있을 것이다. 보다 많은 사람들이 생태유아교육 연구과제에 매달릴 때 한국의 유아교육은 '이중국적 유아교육'의 오명에서 벗어날 수 있을 것이다. 이미 몇 년 전부터 공·사립 유치원에서의 현장사례 시범연구 주제로 생태유아교육 분야를 설정하는 사례가 늘어나고 있음은 매우 희망적인 일이다.

제 2 장과 제 4 장에서 언급한 바와 같이 최근 여러 학문분야에서 생태주의 내지 생명주의에 기초한 연구와 접근이 활발하게 시도되고 있다. 생태농업, 생명의학, 생태영양학, 생태건축, 생태문학, 생태미술, 생태경제학, 신과학 등이 그것이다. 생태유아교육도 이러한 학문분야와의 지속적인 교류를 통해 인간을 포함한 지구촌의 모든 생명을 살리는 '생명의 학문'으로 자리 잡을 수 있도록 많은 사람들의 다양한 연구가 필요하다. 또한 생태유아교육 프로그램이 아무리 좋은 교육방안이라고 해도 그 시대 사회의 요구와 흐름을 전혀 무시한다면 지속 가능한 프로그램으로 자리 잡기 힘들 것이다. 현재 생태유아교육을 받은 아이들을 대상으로 한 종단연구나 일반유아교육을 받은 아이들과의 비교연구와 같은 실증적 연구를 통해 긍정적 결과

를 제시한다면 더욱 지지를 얻게 될 것이다.

예컨대, 생태유아교육은 아이들의 몸과 마음과 영혼을 돌보는 데 많은 관심을 가지고 있다. 인간의 마음에 관한 연구는 한국과 동양의 사상과 철학에서 지혜를 찾는 것이 정도이다. 유불도(儒佛道)의 핵심사상이 마음이다. 동서고금을 불문하고 '마음이론의 선구자·대가는 맹자(孟子)다'는 사실은 아무도 부정하지 못할 것이다. 불교사상은 '일체유심조(一切唯心造)'라는 언급에서 알 수 있듯이 마음에 관한 연구의 집대성이고 보고(寶庫)이다. 또한 우리 민족의 삼대 경전인 천부경(天符經), 삼일신고(三一神誥), 참전계경(參佺戒經)의 주요 내용 역시 인간의 마음에 관한 것이며, 우리의 민족종교인 동학(천도교), 대종교, 증산교 및 원불교의 사상 또한 마음이론과 마음공부가 핵심이다. 조선시대 유학자들의 이기일원론(理氣一元論), 이기이원론(理氣二元論)하는 논쟁 또한 마음이론이 그 핵심이다. 이처럼 마음이론과 마음공부에 관한 연구의 보고가 바로 우리 곁에, 그것도 한글로 해석한 원전 자료와 현대적 해설서까지 무한정으로 널려 있는데도 불구하고 10여 년 전부터 유아교육 관련 연구자들의 상당수가 서양에서 역수입된 'Mind Theory(마음이론)'에 관한 원서(原書)를 가지고 연구한 논문들(지은주, 2004)을 수없이 발표하고 있다. 이와 같은 연구풍토를 어떻게 바라볼 것인가? 사람마다 의견이 다를 수 있으니 각자 생각해 볼 일이다.

2) 생태유아교육의 전망

생태유아교육은 산업문명사회 유아교육의 시대적 요청이고, 이 시대 우리 사회 유아교육의 거스를 수 없는 대세(大勢)이다. 미래사회의 지배적 이데올로기는 자본주의나 사회주의가 아니라 생태주의 내지 생명주의라는 주장이 이를 뒷받침하고 있다. 양이 극에 달하면 음을 위해 물러나듯이 기존의 물질론적 세계관에 바탕을 둔 구조기능주의 유아교육은 이제 물러나야 할 시점이다. 생태유아교육은 그 자리를 대신하여 자연의 순리와 사람의 도리를 벗어나버린 우리 사회의 출산, 수유, 육아, 의식주, 교육 등 아이들 삶 전반의 반생태적 환경을 본래 모습대로 정상(正常)으로 되돌려 놓아야 한다. 생태유아교육은 기존의 파행적 유아교육의 정상화를 위한 노력인 동시에 우리 사회 전반의 정상화를 위한 초석이라고 할 수 있다.

아무튼 생태유아교육은 산업문명의 최대 폐해자인 아이들의 몸과 마음과 영혼을 살리고 자연생태계의 모든 생명들을 살리고자 하는 아이살림·생명살림의 유아교육으로 출발하였다. 생태유아교육은 아이들의 본성과 자연의 순리를 따르는 유아교육으로써 유아교육의 본질이며 근본이라고 할 수 있다. 이러한 생태유아교육은 자연 순리(順理)와 사람의 도리(道理)에 바탕을 두고 있으므로 시공을 뛰어넘는 보편적 유아교육으로 제 자리를 잡게 될 것임에 틀림없다.

하루아침에 모든 것을 바꿀 수는 없지만 그렇다고 손 놓고 기다릴 수도 없다. 관련분야의 학문적 연구도 활발히 이루어져야 하고, 여러 가지 실천 프로그램도 다양하게 개발되어야 한다. 또한 정부 부처의 지원과 협력 그리고 언론의 협조와 시민단체와의 연대도 필요하다. 그러나 무엇보다도 유아교육 당사자들(교수, 원장, 유아교사, 학생, 그리고 부모)의 참여와 노력이 필요하다. 지구를 위해, 생명을 위해, 그리고 무엇보다 우리 아이들을 위해 어떤 거창한 일을 도모하는 것이 아니라 우리들의 작은 생각부터 생태적 각성이 필요하다.

그리하여 우리나라의 모든 유치원과 어린이집의 아이들이 생태유아교육의 혜택을 받아 모두가 신명나는 아이로 자라 사람과 자연이 하나 되는 생명공동체, 사람과 사람이 더불어 사는 사람공동체, 아이들이 행복하게 사는 아이행복세상을 희망한다. 지금은 우리나라 유치원과 어린이집 중에서 생태유아교육을 실천하는 곳은 5% 미만에 불과하다. 이것은 우리나라 영유아들의 불과 5% 미만이 신명나는 아이로 자라고 있는데 비해 나머지 95% 이상의 아이들이 학습을 비롯한 반생태적 삶에 찌들려 생기(生氣)와 신명(神明)을 잃은 아이로 자라고 있다는 것을 의미한다. 우리나라 어린아이들의 대부분이 어른들의 헛된 이기심과 그릇된 지식과 정보로 인해 몸과 마음과 영혼이 건강하지 못한 불행한 삶을 살아가고 있다. 우리 아이들이 불행한 만큼 우리 사회의 미래도 그만큼 어두워질 수밖에 없다.

그러나 우리 아이들은 모두가 생태유아교육을 받아들일 준비가 완벽하게 되어 있다. 이같은 아이들의 소망(所望)을 가로막고 있는 사람들이 바로 부모와 유아교육 관계자들이다. 그동안 이런 부류의 어른들은 아이들을 위해 굉장한 일을 해주는 것으로 생각하고 각자 나름대로 열심히 살아왔지만 세월이 지나고 보니 상당 부분 착각이었다는 사실을 자각하기 시작하고 있다.

가장 먼저 자각한 사람이 부모들이다. 자기 아이들의 몸과 마음이 아픈 것을 눈으로 본 부모들이 가장 먼저 자각하기 시작했다. 그 다음이 유아교사이고 원장인데, 이들은 날이 갈수록 몸과 마음이 아픈 아이들이 늘어나고 있음을 눈으로 보고 가슴으로 아픔을 느꼈기 때문이다. 아직도 착각에서 깨어나지 못한 인사들이 주류를 차지하는 부류가 유아교육 관련 교수, 연구자, 장학사 등이다. 주어진 이론과 행사에 매몰되어 아이들의 아픔과 바람이 들리지도 보이지도 않는 모양이다. 더더욱 착각에서 헤어나지 못하는 부류는 유아관련 산업체 인사들이다. 특히 영유아 조기선행학습을 주도하고 있는 업체의 관계자들은 자신들이 유아교육과 국가 발전에 엄청난 기여를 하고 있다는 성취감과 우월감에 도취되어 있어 자신들이 어쩌면 아이들의 간접 학대자 내지 간접 살인자일지도 모른다는 사실을 전혀 감지하지 못하고 있다.

그러나 우리에게는 꿈과 희망이 있다. 생태유아교육에 대한 관심이 점차 고조되고 있다. 최근 들불처럼 번져가고 있는 참살이(wellbeing) 바람이 그 징후이다. 지금 아이들이 절박하게 생태유아교육을 필요로 하고 있다. 아이들은 자연과 놀이와 아이다움을 되찾아 주기를 바라고 있다. 이러한 아이들의 절박한 요구에 부모들이 변하기 시작했고, 유치원과 어린이집의 교사와 원장이 반응을 보이고 움직이기 시작했다. 전국 어느 곳을 가더라도 유치원과 어린이집에서 아이들의 산책, 텃밭가꾸기 모습을 흔하게 볼 수 있다. 이제 교수, 연구자, 장학사들도 시대적 요청과 대세의 흐름에 따라 변해 갈 것이다. 관련 산업체 관계자들의 인식도 변할 것이다. 어른들의 의식과 행동이 변하는 만큼 아이들은 행복할 것이다.

지난 몇 년간 수 차례 일본의 유치원과 어린이집(즉, 보육원)을 방문하고 많은 것을 느낀 바 있다. 일본은 우리의 생태유아교육에 해당하는 자유보육(自由保育) 내지 '숲식 보육'을 실천하는 유치원과 어린이집이 전체의 50%

이상이라고 한다. 다시 말해서 일본에서는 우리나라처럼 일제보육(一齊保育) 내지 '정원식 보육'을 실천하는 유치원이나 어린이집은 채 반도 안 된다는 것이다. 일본 관계자들에 의하면, 자신들의 자유보육은 비록 인간중심주의니 생태주의니 하고 깊이 파고들지는 않지만 아이들의 본성을 살려 삶 속에서 자연친화적으로 보육하고 있으며, 100년 전통을 지금도 거의 그대로 유지하고 있다는 것이다. 대단한 자부심이 느껴졌다. 또한 그들은 스웨덴, 노르웨이, 핀란드, 덴마크, 독일을 비롯한 유럽 국가들은 유아교육기관의 대부분이 일본식의 자유보육, 한국식의 생태교육을 하는 것으로 알고 있다면서 자유보육의 비율을 높이는 것이 자신들의 주요 과제라고 들려 준다.

우리나라도 유아교육현장의 점진적 개혁이 일어날 것이다. 생태유아교육을 실천하는 유치원과 어린이집의 비율이 5% → 10% → 50% → 80%로 점차적으로 늘어날 것이다. 이제 생태유아교육으로의 의식 전환이 필요하다. 사람들의 의식이 바뀌어야 한다. 일종의 의식혁명이 일어나야 한다. 한 사람 한 사람의 의식이 모여 집단의식이 되고, 그 집단의식이 모여 사회의식이 되고, 다시 민족의식, 역사의식, 세계의식, 절대의식으로 발전되어 간다. 이와 같은 생태적 의식이 삶과 생활 속에 녹아들면 생명문화가 된다. 의식혁명은 문화혁명으로 이어지게 마련이다. 유아교육에 관련된 잘못된 생각, 의식, 가치관, 철학, 세계관이 바람직한 쪽으로 바뀌어야 한다.

특히 우리 민족은 본래 경천명(敬天命)하고 순천리(順天理)하는 민족이며, 시대적 기운과 세상 흐름의 변화를 이끌어 갈 수 있는 창조적 잠재력을 지닌 민족이다. 더욱이 지금 한국 유아교육계를 주도하는 교수들을 비롯한 주요 인사들의 대부분이 50대, 60대로서 지천명(知天命)과 이순(耳順)의 연령으로 생태유아교육이 몸과 마음으로 자연스럽게 받아들여지는 시기적 여건도 충분히 갖추어져 있다. 한두 사람이 꾸면 꿈이지만 여러 사람이 함께 꾸면 현실이 되듯이 유아교육 관계자들의 의식 전환과 삶으로의 실천은 아이살림·생명살림의 생태유아교육을 현실로 만들어 낼 것이다.

이제 세계가 생태유아교육에 주목하기 시작했다. 지난 2005년 8월 20일 필자는 일본 도또리현 요나고시 컨벤션센터에서 중국지구보육협의회의 제49회 중국지구보육연구대회에서 외국인으로서는 최초로 「한국 아이들의 삶과 생태유아교육」이라는 주제로 기조강연을 한 바 있다. 그리고 2007년 11월 전미유아교육협회(NAEYC)에서 발행하는 『Young Children』이라는 전문 학술지에 김은주 교수와 필자의 「생태유아교육: 한국의 새로운 유아교육 패러다임」(Eunjun Kim and Jaetack Lim(2007). Eco-Early Childhood Education: A New Paradigm of Early Childhood Education in South Korea. Young Children, Vol.62, No.6, pp.42-45)이 소개되었다. 또한 필자는 2007년 12월 1일 일본유아교육사학회 초청으로 일본 도쿄 성덕대학에서 「한국 유아교육사연구의 동향과 과제 및 생태유아교육의 위상」이라는 주제로 생태유아교육을 일본 유아교육학계에 소개하고 매우 좋은 반응을 확인하게 되었다. 이후 생태유아교육에 대한 관심은 세계 각국으로 확산되어갈 것으로 예상된다.

그리하여 취학 전 아이들에게 영어교육을 전면 금지한 법률을 제정·시행(2005년)하고 있는 대만이나 소, 돼지, 닭들도 야외에서 돌아다니는 실외놀이(?)를 허용하는 동물복지법을 제정·시행(1989년)하고 있는 스웨덴의 경우(임재택, 2003)처럼 우리나라에서도 아이살림·생명살림이 법률로 보장되는 신명나는 세상도 만들어 낼 것이다. 우리도 이미 새벽종을 울렸다. 지난 2005년 6월 30일(목) 국회 의원회관 104호실에서 「아이들의 건강과 지속가능한 사회를 위한 2005인 선언」이라는 뜻 깊은 행사가 있었다. 이 행사는 친환경농업, 건강, 교육, 학부모, 생명평화, 식품안전, 전통의료, 학교급식, 체육, 금연·약물, 환경 등의 관련단체들의 대표와 사회원로 2,005인이 아이들의 건강을 지켜내지 못하고 지속 불가능한 사회로 치닫는 현실에 대한 반성과 참회의 선언을 하고, 향후 아이들의 건강과 지속가능사회를 만들기 위해 관련단체들이 연대하여 가칭 「국민건강기본법」 제정 등 다양한 실천운동을 추진하기로 다짐한 자리였다(성장기 아이들 건강기본권 선언 준비모임, 2005).

그 후 이 모임은 2005년 8월 대표자 회의를 거쳐 단체 결성을 위한 준비위원회 체제로 운영되다가 2007년 3월 30일 39개 시민사회단체들이 모여 『아이들 건강을 위한 국민연대』(www.ihealthnet.or.kr)를 정식으로 발족하여 본격적으로 활동[결성선언문, 부록 참조]하고 있다. 또한 이 모임과 관련하여 대통령자문 지속가능발전위원회에 『아이들 건강과 지속가능사회 정책

연구팀』을 만들어 2006년 초부터 1년간 20여 명의 전문가들이 모여 아이들 건강과 지속가능사회를 위한 정책연구를 통해 종합 보고서(전상일・나영일・임재택・김민선, 2007)를 발간하기도 하였다. 아이들은 신명나는 아이로 자라나서 신명나는 세상을 만들어 갈 인류의 꿈이고 희망이다.

참고문헌

권미량(2005). 생태유아교사교육 프로그램 모형 개발연구. 부산대학교 대학원 박사학위논문.

고주석(1997). **한국적 참 건축을 추구하는 생태건축[지금여기 별책자료 II-3]**. 서울: 미내사클럽.

김병항(2002). 생명의학 - 인체의 발생과 마음의 실체. **지금여기, 11・12월호**, 115-127.

이어령(2004). 김치는 우주다 - 이어령 교수의 김치미학. **미즈엔, 제204호**, 21.

임재택(2003). 가르치지 않는 유아교육. 늦께 피어도 아름다운 꽃 2003. 서남재단 **국제유아 교육심포지엄 자료집**, (pp.111-127), 10월 30일 - 11월 1일. 서울: 이화여대 국제교육관 LG컨벤션홀.

______(2008). 한국 유아교육사연구의 동향과 과제 및 생태유아교육의 위상. 일본유아교육사학회 제3회 대회 심포지움, **「동아시아에 있어서 유아교육사 연구의 도달점과 그 과제」 자료집**, 도쿄 성덕대학 10호관 14층 강당, 12월 1일.

전상일・나영일・임재택・김민선(2007). 아이들 건강과 지속가능한 사회 정책연구. 대통령자문 지속가능발전위원회.

지은주(2004). 마음이론에 관한 연구동향의 분석. 부산대학교 영유아보육연구소, **영유아보육연구, 제10집**, 157-174.

한국생태유아교육학회 편(2005). **생태유아교육선집** 1. 서울: 양서원.

Eunjun Kim and Jaetack Lim(2007). Eco-Early Childhood Education : A New Paradigm of Early Childhood Education in South Korea. *Young Children, Vol.62*, No.6, pp.42-45.

부록『아이들건강을위한국민연대』결성선언문

어느 시대, 어느 사회에서나 아이들이 밝고 건강하게 자라났으면 하는 것은 모든 사람들의 희망이며, 또 아이들이 그렇게 자라날 수 있도록 해주는 것이 모든 사람들의 의무인 동시에 삶의 보람이기도 합니다.

그런데 우리 아이들의 생명에 큰 이상이 생기고 있다는 증후가 곳곳에서 나타나고 있습니다. 이미 아이들의 몸과 마음이 심각하게 병들어 있을 뿐 아니라, 그런 상태가 점점 더 심각해지고, 더 복잡 다양한 형태로 나타나며, 더 폭넓게 퍼져 가고 있습니다. 건강에 이상이 나타나는 데서 그치는 것이 아니라 아예 온전한 생명으로 태어나지 못하는 아이들의 수가 급속도로 늘어나고 있습니다.

만일 이런 상태가 계속된다면 아이들 건강은 다시는 돌이킬 수 없는 최악의 상황으로 치닫고 말 것입니다. 뿐만 아니라, 대를 이을 아이들이 태어나는 것을 기대하기 어려운 상황으로까지 갈 것으로 보입니다. 국내·외의 여러 연구 조사 결과가 상황의 심각성을 말해 주고 있습니다.

60%가 넘는 국내 고등학생들 신체에서 허용기준치 이상의 중금속이 발견되었으며, 학령기 아이들의 30% 이상이 성장기 비만이라는 신종 질병으로 고통 받고 있습니다. 신체의 기본적 구조를 만드는 척추가 비정상적으로 휘어 있는 아이들이 10%가 넘습니다. 신생아의 20% 이상이 아토피 증상을 가지고 태어나고 있으며, 기형과 선천성 난치병을 가지고 태어나는 신생아들 역시 급격히 증가하고 있습니다.

아이들의 건강 이상을 초래하는 요인은 육체를 파괴할 뿐 아니라 정서와 지능 등 정신적인 측면에도 근본적으로 부정적인 영향을 미치고 있습니다. 7%가 넘는 아이들이 정상적인 행동을 할 수 없는 주의력결핍과잉행동장애(ADHD)라는 환경성 정신질환 증세를 보이고 있으며, 15% 이상의 아이들이 컴퓨터 게임에 중독되어 있어 정상적인 생활이 불가능한 상황입니다. 또한 아이들의 '반사회적 인격 장애', '우울증', '충동성 범죄' 등 각종 정신적 이상 증세가 늘어가고 있습니다. 해를 거듭할수록 심각해져 가는 신입생들의 학력 저하 문제는 이런 정신적인 능력의 손상과 무관하지 않습니다.

더욱 근본적인 문제는 이렇게 아이들 건강이 손상당하는 사태로 인해 생명의 지속성 자체가 위협받고 있다는 점입니다. 이미 살아가기 위한 최소한의 능력조차 상실한 아이들이 태어나고 있다는 증거들이 나타나고 있습니다. 소아암, 소아당뇨, 백혈병 등 무서운 난치성 병으로 어린 나이에 세상을 떠나는 아이들이 늘고 있습니다. 신체적·정신적으로 종합적인 생명 위기를 견디지 못하고 자살하는 청소년의 수가 늘어나고 있습니다.

출산율이 급격히 감소하고 있는 것은 부모의 심리적·사회적 요인 때문만은 아닙니다. 생명의 원천인 정자 수가 이전 세대에 비해 1/4로 줄어들었을 뿐 아니라, 수정이 되었다 하더라도 자연유산이나 사산이 되어 세상 빛을 보지 못한 채 스러지는 생명도 많이 늘고 있습니다.

이런 현실은 IMF 사태 이후 지난 10년간 심각성이 가속화되고 있을 뿐 아니라 사회적으로 양극화되어 나타나고 있습니다. 부유한 계층의 자녀는 신체적·정신적 이상 증세로 고통 받는다 하더라도 치료와 보호를 받을 수 있지만, 빈곤계층의 자녀들은 질병과 장애 속에 무방비 상태로 방치되고 있습니다.

지금 선진국을 위시한 세계 모든 나라들이 한국의 식생활 전통에 주목하고 있으며, 전통 의술의 잠재력을 배우려고 하고 있습니다. 이렇게 세계에서 가장 우수한 먹을거리 문화와 전통 의술을 가지고 있는 나라에서 아이들의 건강은 이런 지경으로 치닫고 있는 것입니다.

이런 현실은 우리 시대의 부끄러운 자화상입니다. 이 시대를 이끌어 온 어른들의 무지와 무관심에서 나온 것입니다. 지속적인 경제 성장과 개발에만 몰두했지, 그로 인해 생명 자체가 위협을 당하는 것은 보지 못했기 때문입니다. 서구 선진국이 보여주는 것만 좇아서 달려오느라, 반만년의 역사와 문화를 이어올 수 있게 한, 우리의 탁월한 생활 지혜들을 다 내던져 버렸기 때문입니다.

이제 우리는 이 생명 위기의 본 모습을 직시해야 합니다. 지난 세기 동안

경제 발전을 위해 허리띠를 졸라왔던 것 역시 자식들에게 배고픈 경험을 물려주지 않기 위해서였습니다. 이제 자식들이 이처럼 몸과 마음에 병이 깊어가고, 아예 생명이 지속되기가 어려운 상황에서, 경제 발전을 지속한다는 것이 무슨 의미를 갖겠습니까? 우리는 노력했지만, 그 노력의 방법이 잘못되었다는 점을 받아들여야 합니다. 의도하지 않았던 잘못이지만, 그로 인해 생의 출발에서부터 무거운 짐을 지고 태어나게 된 우리 아이들에게 사죄하는 마음으로 새로운 각오를 다져야 합니다.

새롭고 올바른 방법을 찾는 것은 쉬운 일이 아닙니다. 점점 축소되어 가는 자원을 두고 무한경쟁으로 치닫는 21세기, 국내·외 상황이 급변하고 있습니다. 그 속에서 우리가 지킬 것은 지키면서, 한편으로는 새로운 방법을 찾아내서 우리 사회에 정착시켜 가야 합니다.

지금 선진국들이 오랜 연구 결과 한국의 전통적 건강법이 최고의 것임에 주목하기 시작하고 있습니다. 가장 좋은 방법이 이미 우리 안에 있습니다. 그 전통의 과학적 이치와 근거를 밝혀서 오늘의 상황에 되살린다면, 한반도를 위협하고 있는 생명의 위기를 극복함은 물론, 전 지구적인 생명의 위기를 넘어서는 추동력을 낳을 수 있습니다.

그것은 경쟁과 파괴적인 자원 점유의 논리가 아니라 한정된 생태 공간에서 다른 생명들과 공존하면서 서로의 생명을 북돋우는 원리에 입각한 것입니다. 뭇 생명이 어우러져 서로를 살리는 삶의 방식을 따르면, 경제적인 충족성도 자연스럽게 따라오는 것이 자연의 이치입니다.

이에 오늘 우리는 '자연의 순리와 조상의 지혜 그리고 과학문명의 올바른 결합으로' 아이들이 건강하게 자라나는 사회를 꿈꾸며 '아이들 건강을 위한 국민연대'의 닻을 올리려 합니다.

존경하는 국민 여러분!

현재 무엇인가 잘못되었다고 느껴지게 하는 증후들은 그 문제가 앞으로 발현될 잠재력까지 생각한다면, 빙산에 일각에 지나지 않는 것입니다. 우리는 어렴풋이나마 그런 문제를 일으키는 요인들을 알고 있습니다. 경제 발전 논리를 앞세워 건강한 생태계를 파괴하고 중금속, 방사능, 독성을 환경 속에 만연시키는 현재의 경제 활동 방식, 잘못된 먹을거리의 생산과 소비 구조,

만성적인 운동 부족과 과보호, 지나친 경쟁 중심의 양육 문화와 학교 문화 등이 그 중 큰 줄거리입니다. 이런 것들은 어느 것 하나 쉽게 바로잡을 수 있는 것들이 아닙니다. 국민 전체가 상황을 올바로 인식하고, 몸에 익혀, 한 마음이 되어 노력하지 않으면 고치기 어려운 근본적인 문제들입니다.

그러나 우리는 이런 난국을 돌파해 내지 않으면 안 됩니다. 점점 더 커져 가는 아이들의 고통 속에서, 우리는 아무리 어렵더라도 이 문제를 해결하지 않으면 안 된다는 절박성을 보고 있습니다. 이를 위해서는 먼저 온 국민이 관심을 가지고 현재 아이들 고통의 원인이 무엇인지 올바로 인식해야 하며, 그 원인을 없애고 대안을 실천하기 위해 노력하지 않으면 안 됩니다. 아이들의 건강을 염려하는 어버이의 심정으로 국민 여러분의 성원과 동참을 간곡하게 부탁드립니다.

시민사회 단체에 종사하시는 여러분!

이렇게 국민의 올바른 인식과 실천 의지를 세우는 데 선봉장이 되어야 할 주체는 바로 시민사회 단체입니다. 건강 문제는 사회 각 방면에 걸쳐 다양한 원인이 통합되어 나타나는 문제이므로, 어느 한 단체나 부문의 힘만으론 해결하기 어려운 과업입니다. 우리 모두 아이들의 건강과 이 나라의 미래를 위해 한 마음으로 나서야 합니다. 이 사회의 민주화와 성숙한 시민의식을 키워 온 여러분께서 서로 굳건히 단결하여 새 흐름을 만드는 데 함께 해 주시길 간곡히 요청합니다.

정부 관계자와 정당 및 정치인 여러분!

각 부처와 부문, 그리고 정당의 이해관계를 뛰어 넘어 아이들이 건강하게 자랄 수 있는 사회구조를 만드는 데 힘을 모아 주십시오. 이는 시대적인 요청이며 이 나라의 미래를 위해 우리에게 주어진 최소한의 일입니다. 국민의 뜻을 모으고 각계각층의 지혜를 모아 우리 아이들이 건강하게 자라날 수 있는 나라의 기틀을 마련해 주시길 간곡하게 요청 드립니다.

의료계에 종사하시는 여러분!

정자와 난자가 위협을 받고 있고, 불임 환자가 급증하고 있다는 것은 인간 생명의 원천이 파괴되고 있다는 것입니다. 우리 아이들이 모태에서부터 병들거나 죽어가고 있습니다. 국민의 건강과 질 높은 사회 의료 서비스를 책임지고 계신 여러분들께서 우리 아이들이 건강하고 행복한 삶을 누릴 수 있는 세상을 만드는 데 동참해 주십시오. 병이 생기고 난 이후의 치료보다 지금 우리 아이들이 건강해져 병이 없이 살 수 있게 만드는 일이야 말로 진정한 의료인이 걸어야 할 길이라고 믿습니다. 모쪼록 앞장서 이끌어 주시길 간곡하게 요청드립니다.

마지막으로 종교계 여러분들께 호소합니다.

세계보건기구(WHO)를 비롯한 선진국의 건강 관련 기구들에서는 영성이 건강에서 중요한 요소임을 인정해 가고 있습니다. 영성은 어느 한 종교나 종파의 전유물이 아니라고 생각합니다. 성직자 여러분들께서는 교단과 교파와 교리를 떠나 우리 아이들의 건강을 지키고 불건전한 환경을 바로잡는 데 적극 앞장서 주십시오, 삼보일배의 심정으로, 십자가를 지는 마음으로, 아이들을 한울님으로 모시는 자세로 참여해 주십시오. 우리 아이들이 몸과 마음뿐 아니라 영적으로도 건강하고 생명력 넘치는 생활을 되찾을 수 있도록 지혜를 발휘해주시길 간곡히 바랍니다.

이제 우리는 “가정의 아이들을 건강하게! 학교의 아이들을 안전하게! 사회의 아이들을 행복하게!”라는 구호를 중심으로 일치단결하여 다음과 같은 일들을 국민 여러분과 함께 추진해 나가고자 합니다.

-. 무분별하게 생태계를 파괴하고 환경을 독성으로 오염시키는 개발 관행에서 벗어나, 생태적으로 건전하며 환경이 지탱해줄 수 있는, 진정한 지속가능사회의 발전 관행을 정착시키도록 노력하겠습니다.

-. 환경호르몬, 중금속, 방사능 등 유해물질 및 전자파 등 유해파동으로부터 아이들을 보호하기 위해 노력하겠습니다.

-. 날로 도를 더해가는 청소년의 일탈 행위, 폭력성, 약물 남용, 컴퓨터 및 오락기기를 통한 게임 중독 등 건전한 삶을 저해하는 생활방식을 바로잡기 위해 노력하겠습니다.

-. 이를 위해(삭제) 전통적 지혜와 현대 과학을 아우르는 올바른 생명 교육의 내용을 개발하여 이를 학교 및 각종 사회 교육 장치를 통해 사회적으로 정착시

키도록 노력하겠습니다.

-. 식품안전기본법을 제정하여 먹을거리의 안전성을 높이고, 식생활교육기본법을 제정하여 올바른 식습관 형성과 식생활 문화를 만들어 나가기 위해 노력하겠습니다. 특히 학교와 보육시설 등 아이들 건강에 직결되어 있는 먹을거리 공급처에서 안전한 먹을거리가 공급되도록 다방면의 노력을 기울이겠습니다.

-. 치료 중심의 의료 체계를 건강 증진과 예방 중심의 의료 체계로 만들어 우리 아이들이 모태에서부터 건강을 지키는 사회 체계를 구축하는 데 힘을 쏟겠습니다.

-. 아이들의 운동량이 급격히 줄어 하체 근육의 부실, 비만과 스트레스의 증가 등 건강을 위협하고 있어 아이들 체력 증진을 위해 특단의 대책이 요구되고 있습니다. 이를 위한 범사회적 노력을 다하겠습니다.

-. 단순히 경제 발전이 지속되는 사회가 아니라, 건강한 생명이 지속가능한 사회를 위한 일이 국정지표가 되도록 국민운동을 전개해 나가겠습니다.

-. 궁극적으로는 모든 생명이 평화롭게 공존하면서도 자신들의 삶을 풍요롭게 영위해나갈 수 있는 세상을 만들기 위해, 근본적인 인식의 전환과 생활양식 전환 운동을 전개해 나가겠습니다.

2007년 3월 30일

아이들건강을위한국민연대

찾 아 보 기

인 명

내 용

저자소개

임 재 택 〈林再澤〉

서울대학교 교육학과
서울대학교 대학원 교육학과(교육학 석사)
경북대학교 대학원 교육학과(교육학 박사)
한국행동과학연구소 연구원(1977-79)
부산대학교 사범대학 유아교육과 교수(1979-14)
미국 일리노이대학교 연구교수(1985)
미국 위스콘신대학교 객원교수(1989-90)
부산유아교육학회 회장(1985-02)
교육부 교육과정 심위위원(1986-87)
우리 아이들의 보육을 걱정하는 모임 회장(1990-95)
한국유아교육학회 부회장(1993-95)
부산대학교 보육종합센터 관장(1994-02)
보건복지부 중앙보육위원회 부위원장(1995-98)
부산대학교 부설 어린이집 원장(1995-07)
초등학교 취학전 1년 만 5세 무상교육 실현을 위한 연대모임 상임공동대표(1996-97)
유아교육공교육체제실현을위한범국민연대모임 공동대표(1997-04)
전국보육교사교육원대학협의회 회장(1998-02)
교육부장관자문 유아교육발전추진위원회 위원장(2000-01)
(사단법인)생태유아공동체 회장(2002-11)
한국생태유아교육학회 회장(2002-현재)
인드라망생명공동체 공동대표(2004-09)
한국건강연대 공동대표(2004-10)
안전한 학교급식을 위한 부산시민운동본부 공동대표(2004-11)
아이들 건강과 지속 가능한 사회를 위한 네트워크 공동대표(2005-07)
교육인적자원부 중앙유아교육위원회 위원(2006-08)
교육인적자원부 교육과정심의회(유치원소위원회) 위원(2004-06)
대통령자문지속가능발전위원회 위원(2006-07)
현장귀농학교 교장(2006-09)
지속가능사회를 위한 생태유아교육 연구사업(BK사업) 팀장(2007-12)
아이건강국민연대 상임공동대표(2007-09)
(사단법인)한국숲유치원협회 회장(2010-15)
(사단법인)부울경 생태유아공동체 회장(2011-현재)
산림교육심의위원회 위원(2012-현재)
생태유아교육연구소 이사장(2013-현재)
부산대학교 명예교수(2014-현재)
(사)부모애숲 이사장(2015-현재)

〈저 서〉

- 유치원 운영관리(창지사, 1984)
- 상호작용론적 유아교육 프로그램(창지사, 1989)
- 현대유아교육과정(양서원, 1992)
- 유아교육기관 운영관리: 유치원과 보육시설(양서원, 1995)
- 보육시설 운영관리(양서원, 1997)
- 영유아교육과정(공저, 양서원, 1997)
- 애들아 산책가자(공저, 양서원, 1999)
- 선생님 텃밭가요(공저, 양서원, 2000)
- 유아교육과정(공저, 양서원, 2000)
- 소파 방정환의 유아교육사상(양서원, 2000)
- 할아버지 할머니 함께 놀아요(공저, 양서원, 2001)
- 선생님 세시풍속이 뭐예요(공저, 양서원, 2001)
- 손끝으로 만나는 세상(공저, 양서원, 2002)
- 선생님! 바깥놀이 해요(공저, 양서원, 2002)
- 우리가 아껴쓰고 나눠쓸래요(공저, 양서원, 2002)
- 선생님! 우리도 명상할 수 있어요(공저, 양서원, 2003)
- 초기적응, 이렇게 도와주세요(공저, 양서원, 2003)
- 몸짓으로 자라는 아이들(공저, 양서원, 2005)
- 아이들이 그리는 세상(공저, 양서원, 2005)
- 생태유아교육 프로그램운영(공저, 공동체, 2005)
- 아이들이 차리는 생명밥상(공저, 공동체, 2006)
- 종교성, 미래교육의 새로운 패러다임(공저, 학지사, 2007)
- 생태유아교육개론[제3판](양서원, 2008)
- 흙 · 돌 · 풀 · 꽃 나무와 함께 크는 아이들(공저, 공동체, 2008)
- 도시와 농촌을 이어주는 아이들(공저, 공동체, 2008)
- 생태유아교육 프로그램(공저, 공동체, 2008)
- 유아 식생활 교육(공저, 공동체, 2008)
- 아이들과 함께 하는 세시풍속(공저, 공동체, 2009)
- 생태그림책 100선(공저, 공동체, 2010)
- 자연건강교육(공저, 공동체, 2011)
- 숲유치원 운영 매뉴얼(공저, 공동체, 2012)
- 아이들과 함께 하는 산책(공저, 공동체, 2012)
- 자연물과 함께 노는 아이들(공저, 공동체, 2013)

생태유아교육개론

1판 1쇄 발행 2005년 8월 30일
1판 3쇄 발행 2006년 8월 20일
2판 1쇄 발행 2007년 5월 20일
3판 1쇄 발행 2008년 6월 10일
3판 10쇄 발행 2023년 2월 10일

저 자 | 임재택
발 행 인 | 박철용
발 행 처 | 양서원
주 소 | 경기도 파주시 직지길 522 파주출판도시
전 화 | 031-955-8000(代)
팩 스 | 031-955-8005
홈페이지 | www.yswpub.co.kr
이 메 일 | yswgroup@naver.com
출판등록 | 1987년 11월 24일 제 406-2003-037 호

ISBN 978-89-5964-347-9

정가 23,000원